中国

商事诉讼

裁判规则

担保卷

天同码

中国案例钥匙码

系列

3

天同律师事务所 出品

蒋勇 陈枝辉 主编

陈耀权 彭卿 副主编

法律出版社
LAW PRESS·CHINA

编辑说明

这套“天同码”：

1. 装帧形式是平装，但内容和品质没有降低。
2. 定价比精装书低，可以只买一本，也可以统统收入囊中。
3. 最新修订，修正了原精装版本的一些错漏。
4. 继承并保留了“天同码”精装版本的所有优点。

各位读者朋友在使用本书时，请一定先浏览凡例，因为小编拿到书稿的时候，也常被这些个数字、符号搞晕。

书中的很多地方都和以往法律书有所不同，包括页码的位置、内容段落划分等。书中每个案例被划分为几个模块，信息很快很清晰就能传达，而小小的几个数字，又会让我们直接就能掌握这个案例的来源、级别、发布时间等信息。

此版本“天同码”共有十卷，按合同、担保、公司、金融、程序进行划分，每一大类下根据案例要点不同又进行了归类，有的案例可能既出现在A类中，又出现在B类中，并不是编辑错误导致的重复，而是我们有意为之，是为了方便您的查找与使用。

书中所附的三个序言为原精装版序言，未做改动，原汁原味呈现，让您能更加清晰了解天同码的体系与架构。序言中所指的“五卷天同码”，就是我们这十卷本的母本，目录卷和法官类案裁判标准卷没有收录于本套书中，如果有读者想要，可购买精装版或者致电我们。

对于本书存在的错误和不足，衷心欢迎广大读者朋友批评指正。

2016年4月

序言

现代法治，以公力救济为原则、自力救济为例外。一切民商事争议，除自行协商解决外，主要依赖于法官裁判。法官不仅是各类案件的裁判者，而且负有引导法律解释与适用，促进法律生长与发展的特别使命。立法者依据科学理论制定法律，只是完成了三分之一的工作，剩下的工作有赖于法官去完成，有赖于法官将“纸上的法律”，变成现实生活中真正发挥作用的“活法”。

我国最高人民法院，除发布司法解释文件之外，主要通过发布指导性案例、刊发公报案例及编选重要案例等形式，解释现行法律，填补法律漏洞，并创设裁判规则。特别是在民商事审判领域，已经累积了许多典型案例，产生了一批具有创造性、对社会生活有重大影响的判例规则。有的是结合具体个案如何适用某个法律条文所作阐释，有的是对法律没有规定的空白地带进行漏洞填补。从这些裁判规则的汇集中，我们可以看到一个从“纸上的法律”向“活法”演进的过程，认识到立法者创制的法律如何通过裁判者的智慧而获得、彰显其生命力。

我国法学教育，仍着重于使法科学生掌握一套以法律概念为中心的理论体系，这是大陆法系传统的教学方法。但法官裁判案件并不直接适用法律概念和理论，而是直接适用法律条文。而要正确适用法律条文，除需要掌握立法者创制该法律条文所针对的社会问题、所确定的立法目的、所采用的法律概念和法律理论之外，特别需要掌握裁判实践中法官是如何解释适用该法律条文的，司法解释和案例是否对该条文作了某种补充、扩张或者限缩，是否已针对法律条文的不足创设了某项裁判规则。有鉴于此，我近年提倡，在掌握法律概念体系基础上，采用第三种学习方法，即以法律条文为中心，贯穿立法（立法目的和政策）、理论（法律概念和法理）、实务（司法解释和典型案例）的学习方法。

天同律师事务所耗时两年，投入大量人力、物力，对权威典型民商事案件的裁判规则进行精心梳理，形成这套《中国商事诉讼裁判规则》，对十几年来代表中国商事裁判最高水准的案例进行再加工，化繁为简，将其中最具实践价值和理论意义的内容呈现给读者。在全面、系统整理过往案例的基础上，天同所还探索出一种案例知识的体系化结构，以实现对以往裁判实务经验的便捷检索。不仅极大地方便了法律实务中运用案例，同时也方便了法律教学和学术研究。

是为序。

中国社会科学院学部委员

梁慧星

2015年4月29日

于北京南城清芷园

以分享

和传承的

方式

向裁判者致敬

在更加注重“司法公开”和“司法独立”的新一轮司法改革中，保证司法尺度和裁判标准的统一，正越来越成为法院系统的共识。尤其在裁判文书全面公开、最高人民法院设立巡回法庭等举措实施之后，“同案同判”的呼声比以往任何一个时期都要强烈。让相同或相类似的案件得到同样或同类的裁判结果，不仅符合广大社会民众朴素的正义观，也是维护司法公信和司法权威的应有之义。可以想见，裁判规则统一必然成为未来司法改革的重中之重。

早在上个世纪80年代，最高人民法院就建立起通过公报向社会发布典型案例的制度。到今天，最高人民法院公报案例已发布220多期。近几年来，最高人民法院又着手建立和规范了案例指导制度。从2011年12月20日至2015年4月15日，发布了十批共52个指导性案例。这些公报案例或指导性案例所蕴含的裁判规则，是法律条文在生活中实际运用的结果，也是司法实践中裁判智慧与经验的系统归纳，对于规范司法自由裁量权、统一裁判规则，发挥了举足轻重的作用。

了解裁判者对法律的理解与运用，是律师尤其是诉讼律师执业中不可忽视的一项工作。天同作为专注于高端民商事争议解决的律师事务所，对于此项工作一直给予高度的关注，这既是做好诉讼业务的必然要求，也是培养年青律师快速成长的路径。天同一直尝试以知识管理的方式为律师执业提供智力支持，从而为客户提供更为精准、可靠的法律服务。得益于司法公开的全面铺开，以及司法机关对典型案例的披露，尤其是新一轮司法改革中对于裁判文书的全面公开，天同经过反复的思考和论证，在借鉴国外做法的基础上，形成了对于法院典型案例类型化整理的方式，历时两年，形成了这套“天同码”图书。

蕴含于过往裁判文书中的处理结果及裁判规则，显然都是裁判者司法智慧的结晶。裁判者通过对个案的处理，将抽象的法律规范适用于具体案件，呈现出一个个司法裁判的真实场景。大量相同或类似个案的裁判结果汇集，就能从中观察或抽绎出类案处理裁判规则。熟悉并掌握这些规则不仅是后来的裁判者做到“同案同判”必不可少的工作，同样也是其他诉讼参与人预判案件、说服法官的技术保障。

尽管如此，在过去很长一段时间里，这些裁判规则的价值很难被挖掘、利用。原因在于，我们缺乏统一的案例信息发布系统，也缺少便捷的案例查询平台，即便有了部分发布的案例，往往也都是完整的裁判文书，或基于裁判文书的更复杂的研究分析，这导致裁判者的核心观点、利益衡量、技巧方法等常常淹没在长篇累牍的文字中。一个巨大的需求正在被期待满足，即用专业化、规范化的语言对法律文书进行加工，精炼其中的裁判规则和方法理念，确保案情归纳详略得当，实务要点的提炼准确、严谨。在此基础上，通过行之有效的检索方法，使之具有便捷的回溯查询功能。这无疑是一项非常有意义的工作。我们希望通过天同码这样的案例整理方式，将散落在法海里的珍珠串起来。

起初我们也遇到了很多困难，但我们把这项工作坚持了下来，支撑我们的理由主要在于：第一，天同“三大诉讼法宝”之模拟法庭、诉讼图表、知识管理和案例大数据，需要天同码这样一套全面、系统的知识管理项目来完成案例大数据的梳理。第二，天同码在微信公众号“天同诉讼圈”连续刊发之后所受的欢迎，以及由此引发的法律人对案例的梳理热潮，也让我们看到，天同码带给法律人的正能量。时代向前发展，科技手段更新，法律人潜心钻研、用心码字的精神仍具有意义。第三，我们希望天同码能成为整个法律人传承的一项事业。天同码的编排体例体现了缜密的法律逻辑，其对法律问题的研究方法可能比成果本身更值得借鉴和推广。虽然这种案例编撰方法以“天同”命名，但未来，我们希望能吸引、号召更多的法律人加入我们的队伍，一起来完成这一项浩大工程，尤其在互联网时代，我们希望有更多相互分享、交流的方式来扩大这项工作的规模。

分享始终是天同追求的价值之一。今天，天同码结集出版，煌煌五卷，凡六百万言，每个字都凝结着我们的心血。我们将内部工作流程中所形成的些许成果以此种方式向所有法律人展示，并非为了炫技，而是因为始终相信，分享能让整个法律共同体变得更好。

饮水思源，没有司法机关尤其是最高人民法院制度性地发布公报案例及指导案例，没有裁判文书的上网公开，天同码也难以形成如此规模。即便在案例梳理方面取得了一些成绩，那也是因为我们站在了裁判者的肩膀上，采撷了他们的智慧。正是这些裁判者对法律善良、公正地运用，才让我们的法治进程一直向前。故在五卷天同码之外，我们以裁判者姓名为序，编排了《最高人民法院法官类案裁判标准指引》。我们希望这部图书对于法律人分类检索最高人民法院裁判者观点有所帮助，也希望通过这样的形式，向以最高人民法院法官为代表的一线裁判者致敬。

最后，需要强调的是，荣誉属于裁判者，如有谬误，责任由我们承担。

蒋勇

2015年7月5日

天同码

中国案例
知识体系的
实践探索

浩如烟海的案例标本库，其中必定有一个或几个，在以前发生，由众人思考，而此刻正成为你我求解某个问题的Key——过往案例所蕴藏的经验和智慧，是我们解决当下问题的重要参考。

但我们却不得不常常面临这样的场景：隐约地知道有过那样一个案例，却没有查找线索，功箦于大海捞针；或者，对方代理人提供给法官参阅的案例，我们原本可提供能推翻此案例的更权威的案例知识素材，却因无处着手寻找而作罢。

是的，我们知道它已成定论、极具说服力且一定将启迪我们的智慧，但我们不知道它藏身何处。

所有这些，都使得对案例进行梳理、规整、解构、编排——在案例的海洋中探索规律，显得极为有意义。

“天同码”的编撰正是在这样的背景下启动的。作为天同知识管理与大数据近年来规划的重要项目，“天同码”旨在打造“天网”（天同智库），通过静态和动态数据库的建设，最终为天同胜算系统的建设完善、天同对案件处置能力的进步提升乃至整个诉讼行业的向前发展，发挥其不可替代的作用。

什么是Key Number？

成文法背景下的案例知识钥匙码具有不同于判例法钥匙码的诸多区别。其中最大的区别在于判例的适用在英美法系具有非常正当、充分的理由，而大陆法系法院受限于法律条文明确规定，引用判例并加以比较说明，在相当长时期内，都会被认为是离经叛道之事。随着对成文法与判例法各自优劣及取长补短必要性的清晰认识，也随着我国在裁判文书公开及裁判规则统一上的制度进步，同案同判愈发成为体制内外的共识。这实质也是任何民主法治社会的必然要求。

英美判例法国家有一套完整的“钥匙码”案例编码方式，在此基础上形成钥匙码体系，即Westlaw Key Number System。该系统将所有法律分为400个法律主题，再按级细分为10多万个法律内容，每个内容对应一个钥匙码。Westlaw的法律编辑将每个判例中的法律问题都提炼出来做眉批，每个眉批对应一个或多个钥匙码。通过钥匙码，使用者能快速获取某一具体法律领域的判例。

天同码借鉴了这种“钥匙码”的编码方式，并加以改造，形成“中国案例钥匙码”编码体系。相较而言，天同码的最大不同，在于对重点目标知识的再加工、深加工。在此基础上，以多种便于查阅和检索的方式，实现对过往和现时权威、典型案例的快速回溯。同样的案例码单元，天同码分别提供了“关键词→标题→副标题→裁判要旨→法院处理要点→案情简介”等诸多案例内容还原方式，基本上属于对原案例的重新改造，将原裁判文书出处置于索引部分而不收录，以减轻篇幅上的赘负。天同码希望做到提纲挈领同时，能对以往案例智慧进行最原汁原味的呈现。

一个天同码案例，包括以下七要素：1.标题（核心焦点提炼）；2.副标题（对标题的进一步扩展阅读）；3.标签（关键词体系分检）；4.案情简介（案例个性）；5.法院认为（个案处理结果）；6.实务要点（同类案件裁判规则）；7.索引（深度阅读的检索指示）。

一般而言，一份万字判决书，经整理后，将只有300—600字的核心内容；标题在保证提炼焦点内容准确的情况下，统一成22字；副标题系对标题的扩展阅读，统一为50个字。标签词归类则参照教科书式体系标准，兼顾各类实务情形，以期建立逻辑准确的树形结构。

如何保证案例的完整？

尽管如何建码、如何编码是十分有技巧的一环，但如何保证案例素材的完整同等重要。我们通过地毯式搜索，分领域网罗并整理业界普遍认可的公报案例、指导案例、典型案例、参阅案例，尽最大的努力去打造天同码案例知识体系的完整性。

现在呈现在大家面前的，就是天同码近两年来的一个阶段性整理成果，汇集了近十五年来中国商事诉讼领域发生过的典型疑难案例。主要以银行金融业务为主线，涵盖了合同、担保、公司、金融、程序等领域，囊括了最高院公报系列，商事审判、民事审判、审判监督、立案工作、执行工作指导系列，最高院商事审判指导案例系列、最高院商事审判裁判规范与指导案例、全国法院再审改判案例，以及《人民法院案例选》、《人民司法》、《中国审判案例要览》（民、商事卷系列）、《人民法院报》等权威载体上所出现的案例。下一步，我们冀望能将市面上主要权威图书所涉及案例一网罗尽，提炼观点、精炼结构，在此基础上借用独创检索方式，将实务中的疑难焦点快速与天同码案例知识库对接。

天同码有何独到之处？

由是，天同码最大的价值，在于将海量的历史数据进行浓缩。其区别于传统数据库（包括国内法律人常用的数据检索系统，以及国外Westlaw Key Number）之处，在于不是简易数据库建立，而是在精选、深加工基础上，建立自己的回溯查找体系。因此，天同码的检索方法与内容整理同样重要。在保证全面、科学整理的基础上，我们希望通过多种直观、有效的检索途径，使用户在最短时间提纲挈领、按图索骥。为此，我们将全部天同码案例按专题层级进行第一次分类；在同一专题项下的天同码案例，我们按效力级别，赋予不同的数值代码；在同一效力级别类，又按案例裁判作出或发布年份，进行第三次分类。这样，读者在同一专题项下，查找优先级别的天同码案例，就能获得便捷的逻辑甄别次序。

“天同码”自不必机械受囿于“钥匙码”的应然解读，所谓“钥匙”、“编码”均应系法律最微实务层面解决疑难的路径探索，更多体现在案例整理意旨的契合。在此意义上，“天同码”当然可以称为“中国案例钥匙码”。只是，它自始至终都需要更人性化、更友好、更完美、更突破用户心智，更需要有一种从大至微、无处不在的变革气息。

困惑与前路为何?

自然，我们会遇到困惑。比如，资料收集全面性、整理方法科学性及检索手段的便捷性是始终要重视的方面，如何做到完善与完美，也是我们经常思考的问题。我们也一直在试图凸显“码元素”的逻辑性，希望使之更具说服力。天同码的微观样态层面，成千上万个案例码、知识码，何种体例更严谨、更务实？其宏观层面，在当下信息技术与人们生活和工作方式发生急剧改变的情况下，天同码最后以何种形态来呈现，才能最为适应时代的需求？

总之，我们理想的中国钥匙码——天同码，它是应该在形式上（体系、体例、包装）有比普通知识产品更非同一般的创新之处。如无新思维，能让天同码具有革新性的实用性以及形式美、逻辑美，惟因思想太俗、框架太多，所以无成，怎么都是一件沮丧的事。基于此，我们先在天同内部发起了“天同码好点子奖”活动，通过天同同仁尤其业务部门一线律师的了解、试用，不断提出针对性的改进意见，以保证在检索方法上，实现最短时间提纲挈领、直指目标。同时，我们也对天同码的文字做到了精益求精，以“零废字”的原则来要求我们的案例整理工作，并对天同码的文稿进行了长达数月、数轮的挑错活动，使之接受了最严格的专业审查。

我们相信，国外的案例钥匙码方法及体系，并不一定是最好的。在中国，探索一种全新的案例知识编码形式，没有框架，没有止境。任何一种可能的进步，无论要走多少弯路，都是值得向前探索的。

陈枝辉

2015年6月8日

凡 例

级别	代码	案例来源	举例	释义
1	1.1	最高人民法院公报[1]	1.1(2013:360)-2011	2013年卷第360页，2011年案例[2]
			1.1(201503/221:36)-2013	2015年第3期总第221期第36页，2013年案例
2	2.1	商事审判指导[3]	2.1(201402/38:136)-2013	2014年第2辑总第38辑第136页，2013年案例
	2.2	民事审判指导与参考[4]	2.2(201402/58:92)-2014	2014年第2辑总第58辑第92页，2014年案例
	2.3	立案工作指导[5]	2.3(201401/40:68)-2014	2014年第1辑总第40辑第68页，2014年案例
	2.4	审判监督指导[6]	2.4(201402/48:117)-2014	2014年第2辑总第48辑第117页，2014年案例
	2.5	执行工作指导[7]	2.5(201402/50:70)-2014	2014年第2辑总第50辑第70页，2014年案例
	2.6	最高人民法院商事审判指导案例系列[8]		
		合同卷	2.6(v.1:31)-2007	第1卷第31页，2007年案例
		借款担保卷	2.6(v.2:40)-2006	第2卷第40页，2006年案例
		公司卷	2.6(v.3:66)-2005	第3卷第66页，2005年案例
		金融卷	2.6(v.4:41)-2005	第4卷第41页，2005年案例
		第五卷	2.6(v.5:3)-2010	第5卷第3页，2010年案例
		合同与借贷担保卷	2.6(v.6:608)-2010	第6卷第608页，2010年案例
		公司与金融卷	2.6(v.7:380)-2010	第7卷第380页，2010年案例
		合同与借贷担保	2.6(v.8:41)-2012	第8卷第41页，2012年案例
		公司与金融	2.6(v.9:358)-2011	第9卷第358页，2011年案例
	2.7	最高人民法院商事审判裁判	2.7(2011:53)-2007	2011年版第53页，2007年案例
		规范与案例指导系列[9]	2.7(2010:170)-2006	2010年版第170页，2006年案例
	2.8	全国法院再审典型案例评注[10]	2.8(2011:91)-2011	2011年版第91页，2011年案例
	2.9	司法研究与指导[11]	2.9(2014/4:135)-2014	2014年版总第4辑第135页，2014年案例
3	3.1	人民法院案例选·季版[12]	3.1(201401/87:19)-2012	2014年第1辑总第87辑第19页，2012年案例
	3.2	人民法院案例选·月版[13]	3.2(201003/15:79)-2009	2010年第3辑总第15辑第79页，2009年案例
	3.3	中国审判案例要览[14]	3.3(2011商:27)-2010	2011年商事专辑第27页，2010年案例
	3.4	人民司法·案例版[15]	3.4(201302:39)-2011	2013年第2期第39页，2011年案例
	3.5	人民法院报·案例指导[16]	3.5(20130725:06)-2013	2013年7月25日第6版，2013年案例
	3.6	江苏高院公报[17]	3.6(200902/2:50)-2008	2009年第2辑总第2辑第50页，2008年案例
	3.7	天津高院公报[18]	3.7(201102/5:41)-2011	2011年第2辑总第5辑第41页，2011年案例
	3.8	北京高院公报[19]	3.8(201402/3:32)-2014	2014年第2辑总第3辑第32页，2014年案例
4	4.1	中国裁判文书网[20]	4.1(20150113)-2014	2015年1月13日发布，2014年案例

[1]《最高人民法院公报》，最高人民法院公报编辑部编，人民法院出版社，1995年11月~2015年2月。
[2] 指该案例生效日期或发布日期为2011年。
[3]《商事审判指导》(原《民商审判指导与参考》、《民商事审判指导》)，最高人民法院民事审判第二庭编，人民法院出版社，2002年5月~2014年12月。
[4]《民事审判指导与参考》，最高人民法院民事审判第一庭编，人民法院出版社（早期1-14卷、15-44集为法律出版社），2002年5月~2014年12月。
[5]《立案工作指导》(原《立案工作指导与参考》)，最高人民法院民事审判立案庭编，人民法院出版社，2002年10月~2014年12月。
[6]《审判监督指导》(原《审判监督指导与研究》)，最高人民法院民事审判监督庭编，人民法院出版社，2001年7月~2014年12月。
[7]《执行工作指导》(原《强制执行指导与参考》)，最高人民法院执行局（早期为执行工作办公室）编，人民法院出版社（早期1-16辑为法律出版社），2002年5月~2014年12月。
[8]《最高人民法院商事审判指导案例》(系列)，最高人民法院民事审判第二庭编，中国法制出版社（《合同与借贷担保》、《公司与金融》由中国民主法制出版社出版），2011年1月~2013年10月。
[9]《最高人民法院商事审判裁判规范与案例指导》(系列)，最高人民法院民事审判第二庭编，法律出版社，2010年8月~2011年10月。
[10]《全国法院再审典型案例评注》，最高人民法院审判监督庭编，江必新主编，中国法制出版社，2011年1月。
[11]《司法研究与指导》，最高人民法院研究室编，人民法院出版社，2012年5月~2014年11月。
[12]《人民法院案例选·季版》，最高人民法院中国应用法学研究所编，人民法院出版社，2000年9月~2014年9月。
[13]《人民法院案例选·月版》，最高人民法院中国应用法学研究所编，中国法制出版社，2009年1月~2010年10月。
[14]《中国审判案例要览》，国家法官学院、中国人民大学法学院编，中国人民大学出版社，2002年3月~2011年12月。
[15]《人民司法·案例版》，人民司法杂志社编，人民司法杂志社出版，2007年2月~2015年8月。
[16]《人民法院报·案例指导》(2006年1月~2015年5月)，人民法院报社。
[17]《江苏省高级人民法院公报》，江苏省高级人民法院编，法律出版社，2009年~2014年12月。
[18]《天津市高级人民法院公报》，天津市高级人民法院编，法律出版社，2010年10月~2014年6月。
[19]《北京市高级人民法院公报》，北京市高级人民法院编，法律出版社，2014年7月~2014年12月。
[20] 中国裁判文书网：http://www.court.gov.cn/zgcpwsw/zxhz/。

目录

3 担保卷

3

保证

保证 003

保证成立 003

1 市政府“负责解决”的《承诺函》不构成保证担保 1.1 003
——第三人向债权人出具“督促解决”承诺函，但未明确表示承担保证责任或代为还款的，不能推定其行为构成保证。 2005:341 2004

2 安慰函无担保意思表示，不构成法律意义上的保证 1.1 004
——出函人向不特定第三人出具的介绍性函件或安慰函，不构成中国法律意义上的保证，不具有保证担保的法律效力。 2003:341 2003

3 工商登记的法定代表人核准变更前的签字行为有效 1.1 004
——企业法定代表人虽已被免职但尚未在政府企业登记机关变更登记前，如不违反企业利益，仍可对外行使相应职权。 2004:174 2001

4 企业法人不因伪造的法定代表人的签字而承担责任 1.1 005
——企业的法定代表人不应对他人伪造其签名的行为负责，也不能据此认定签名内容反映了企业法人的真实意思表示。 2004:231 2001

5 合同上加盖变造印章不能认定系公司真实意思表示 1.1 006
——有争议的合同文本经鉴定认定印章系变造，且不构成表见代理的，不应认定或推定该合同系当事人真实意思表示。 2004:231 2001

6 担保函载明的主债务人名称表述不规范时担保效力 1.1 008
——担保函载明的主债务人虽有多个中文名称，但均使用同一枚印章，法定代表人亦同为一人，应认定保证关系成立。 1995-1999:647 1999

7 向债权人承诺“可考虑代替偿还”，可认定为保证 2.3 008
——上市公司就关联子公司债务向债权人承诺“在子公司确实无能力偿还时，可考虑代替偿还”，应认定为一般保证。 201104/31:77 2.7 2011:254 2011

8	**对保证期限的修改属于实质性变更，应视为新要约** ——债权人向保证人出具空白的保证合同，保证人变更保证期限的，是对合同内容作出的实质性变更，应视为新要约。	2.8 2011:359 2011	009
9	**法定代表人以个人名义担保，应承担个人担保责任** ——债务人法定代表人以个人名义承诺在债务人“不按时还款”时负保证责任，应认定系个人连带责任而非一般保证。	2.3 201002/25:136 2010	010
10	**担保合同成立不以原因关系和双方互负义务为必要** ——担保合同系无因合同和单务合同，不以担保人和债权人具有原因关系、原因关系是否成就和双方互负义务为必要。	2.1 200902/18:162 2009	011
11	**承诺“可以考虑代替还款”，可认定构成一般保证** ——公司法人为其全资子公司未能清偿的债务向债权人承诺“可以考虑”承担还款责任，该承诺可认定构成一般保证。	2.6 v.1:738 2009	012
12	**企业兼并产生借款，在兼并解除后保证人责任认定** ——保证人为“兼并转贷”提供担保，在未最终完成审批手续而被政府解除兼并情况下，保证人应承担相应民事责任。	2.1 200804/16:117 2.7 2010:703 2008	012
13	**收款通知书的签收行为，不等于是对担保方式确认** ——收款通知书的签收行为仅是对款项传递方式的确认，而非担保方式的确认，并不构成保证合同成立的要约、承诺。	2.3 200802/17:114 2008	013
14	**企业法人工作人员为企业经营活动所出担保函有效** ——企业法人工作人员为企业经营活动，向债权人所出具的担保付款函件具有法律效力，不能以未盖公章而予以否认。	2.4 200803/25:203 2008	014
15	**保证质押账户资金不低于某金额承诺，不构成担保** ——证券公司向质押权人出具保证质押账户资金不低于某金额及“负责监控”的承诺，不宜将其定性为保证担保性质。	2.6 v.2:423 2008	015
16	**保证人签收有担保要约的催收函，应承担保证责任** ——保证人在债权人发出的明确载有“保证人承担	2.6 v.2:774	016

3

	担保，期限两年”的催收通知上的担保人处盖章，应认定保证成立。	2007	
17	**本案借款合同担保人，亦系委托贷款合同的担保人** ——担保人约定为借款人通过银行委托贷款方式向债权人贷款提供担保的，可认定担保人系为委托贷款关系提供担保。	2.1 200701/11:259 2007	017
18	**“保证负责收回”的承诺，不应认定构成保证担保** ——当事人向债权人书面承诺“保证负责收回贷款”，在未明确约定其承担保证责任的情况下，不应认定为保证担保。	2.1 200501/7:294 2005	018
19	**承诺偿还到期债务的事后担保，构成新的债权债务** ——第三人对到期债务所作承担连带偿还责任承诺有效。未明确约定履行期间的，诉讼时效自债权人主张权利时起算。	2.1 200401/5:159 2004	018
20	**金融机构为公司承包经营合同提供的担保承诺有效** ——公司股东与公司签订承包经营合同，金融机构为承包人上交承包利润和弥补经营亏损义务出具担保函，应为有效。	2.6 v.5:187 2004	020
21	**以股权作为质物提供质押担保的，不适用保证期间** ——以股权作为质押的担保函中虽有“保证”字样，但不是《担保法》意义上的保证，有关保证期间的规定不能适用。	2.4 200502/18:61 2003	020
22	**第三人在调解中所作保证，不因调解书撤销而无效** ——第三人在法院调解过程中向债权人作出的担保还款承诺，在调解书因程序问题被撤销后，并不导致保证因此无效。	2.1 200301/3:399 2002	021
23	**债券发行人与保证人签订的保证合同，应认定有效** ——向社会公开发行债券时，发行人与代理发行人或者第三人签订担保合同的，应对其担保的兑付债券承担保证责任。	2.1 200201/1:88 2001	022
24	**银行监督支付函监督内容不明，不应认定保证成立** ——金融机构出具的监督支付函并未明确、具体约定金融机构拨付被监管款项时的监督审查内容，不应认定保证成立。	2.4 200104/4:176 2001	022

25	**企业借款保证保险，本质上是保险人提供担保行为** ——保证保险虽系保险人开办的一个险种，但其实质是保险人对债权人的一种担保行为，故实质上构成借款保证合同。	2.3 200201/1:127 2000	023
26	**以不特定个人资产作抵押提供担保，应认定为保证** ——当事人之间约定以个人资产作抵押为债权提供担保，但未对个人资产进行特定化说明，实质系个人资产信用保证。	3.4 201216:23 2012	024
27	**第三人先行代付工程款承诺，系债的加入而非保证** ——第三人先行代付工程款的承诺，系债的加入而非保证。债务加入与原债务没有主从债务关系，亦不适用保证期限。	3.6 201102/14:43 2011	025
28	**第三人在欠款人后签字，一般视为并存式债务承担** ——第三人在债务人出具的欠条中“欠款人”后署名，应根据具体情况和日常生活经验法则，认定为并存的债务承担。	3.1 201203/81:226 2011	026
29	**企业债券未盖印章，仍可确定代理发行人民事责任** ——企业债券虽未加盖印章，但综合各方证据，足以印证案件事实情形下，可确定债券发行人和代理发行人民事责任。	3.1 201203/81:268 2011	026
30	**第三人向债权人承诺履行债务的，应视为债务加入** ——债权人与债务人约定债务由第三人履行，第三人向债权人书面表示同意的，应认定构成并存的债务加入而非保证。	3.2 201003/15:46 2008	027
31	**约定亏本则翻番赔偿，应视为违约金计算方法条款** ——双方在资金使用关系中约定“亏本则按提供方所投资金翻番赔偿”应视为双方对违约损失赔偿额计算方法的约定。	3.1 200701/59:273 2006	028
32	**第三人出具确认函，未明确偿债意思的，非为保证** ——第三人出具《确认函》，但未明确表示其承担保证责任或代为还款的，不能推定为构成《担保法》意义上的保证。	3.1 200601/55:262 2005	028
33	**保证人与债务人签保证合同，可认定担保关系成立** ——只要保证人作出愿意担保的意思表示，债权人接受，就可认定保证行为，而不必限定须在保证人	3.1 2004商:73 2004	029

3

	和债权人间订立。		
34	**保证关系可通过其他能表明担保意思的承诺来建立** ——法律并未对保证关系成立的形式作出明确规定，实践中，保证关系可通过其他能表明担保意思表示的承诺来建立。	3.1 2004商:197 2004	029
35	**汽车分期付款购销合同中的担保和反担保关系认定** ——汽车销售方为保证其承担保证责任后自身债权的实现，要求债务人提供反担保，在其承担保证责任后，有权追偿。	3.1 200303/45:266 2001	030
	债务承担		031
36	**债权人接受第三人承担债务承诺，应视为债务加入** ——第三人向债权人表明偿还股权转让款债务加入的意思后，即使债权人未明确表示同意，仍应认定为债务加入成立。	1.1 2012:271 2.6 v.7:170 2010	031
37	**并存的债务承担与附条件免责债务承担，如何区分** ——第三人承诺在满足一定条件时加入债务承担，当该条件成就时，债权人可要求原债务人和该第三人共同偿还债务。	1.1 2008:424 2.7 2010:249 2008	032
38	**第三人出具还款保证，应视为并存的保证债务承担** ——债务人与第三人为债权人另行提供担保并为债权人接受，除债权人和保证人有相反意思表示外，保证责任不免除。	1.1 2006:177 2.6 v.2:890 2005	033
39	**约定以抵押物置换保证，未经债权人同意不能免责** ——无证据证明债权人同意以相关抵押物置换保证担保，保证人仅以债务人的单方置换承诺主张免责的，应不予支持。	2.1 201303/35:235 2013	034
40	**人民银行就行社脱钩债务行政协调意见的法律效力** ——金融监管部门对中国农业银行与农村信用社脱钩遗留债务纠纷行政协调意见，并不具有民事法律	2.6 v.9:398 2012	035

	意义上的约束力。		
41	**免责式债务承担未经债权人同意，不发生债务移转** ——第三人向债权人出具承诺由其代偿债务，除非债权人明确表示，否则不应视为免责式债务承担，不发生债务移转。	2.6 v.6:24 2011	035
42	**第三人代为履行以债务人和债权人明确约定为前提** ——第三人代为履行债务应以债务人和债权人在合同中明确约定为前提，在无约定情况下，不应认定第三人代为履行。	2.6 v.6:360 2011	036
43	**当事人未签章的政府协调会纪要，非民事合同性质** ——政府作为行政主管部门主持和召集相关当事人参与会议，由此形成的会议纪要，一般不应视为具有民事合同性质。	2.1 201204/32:165 2.6 v.6:135 2011	037
44	**债务人注销后，案外人承接债务，不免除保证责任** ——债务人注销后，案外人承接该债务行为，不构成债务转让，其性质属于债务加入，保证人不能因此免除保证责任。	2.6 v.5:353 2010	038
45	**经债权人同意的"代替履行"，并非就是债务转移** ——债权人与债务人虽书面同意第三人代替清偿，但在债的变更及履行中，"代替"相对于债务转移并不具有充分性。	2.1 201002/22:88 2010	039
46	**第三人通过协议及其他行为加入债务，应认定有效** ——第三人与债权人签订协议，愿意代替债务人偿还债务，并通过一系列民事行为相互印证，应认定第三人加入债务。	2.6 v.5:237 2010	040
47	**以起诉方式要求债务加入人担责，应视为接受加入** ——一方当事人以构成债务承担为由诉请第三人承担合同相对方债务的行为，表明其对债务承担的意思表示予以接受。	2.1 201001/21:204 2.7 2011:174 2.7 2010:150 2.6 v.1:345 2009	041

48	**第三人加入债务时原债务人责任免除应有明确约定** ——在并存债务加入的情形下，如无特别约定，推定第三人与原债务人对债务负连带责任，原债务人的责任不能免除。	2.2 200903/39:152 2009	041
49	**地方政府应对公益事业借款所作偿还承诺承担责任** ——受托管理社会公益工程的事业单位借款，地方财政部门出具还款承诺并在借款到期后出具还款计划，应依约履行。	2.6 v.2:744 2008	042
50	**变更主管单位时“一切债权债务”转移，如何解释** ——企业主管单位变更后，新主管单位承诺承担“变更前后的一切债权债务”，应当理解为包括主办单位的出资责任。	2.1 200803/15:27 2.7 2010:414 2008	043
51	**债务加入承诺，自作出时生效，无须经债权人同意** ——债务加入的承诺无须征得债权人同意，自承诺书出具之时起，承诺人即因债务加入的意思表示而成为债务人之一。	2.6 v.2:251 2006	044
52	**国资委行使国有财产管理权，不对债务负连带责任** ——国资部门对国有企业财产行使管理权，与企业资产增减并无直接因果关系，故不对被管理企业债务承担连带责任。	2.6 v.2:567 2006	044
53	**债务人企业更名，不属债务转移，不免除保证责任** ——债务人企业名称变更，不属于企业消灭或设立，亦非债权债务转移。担保人以此主张免除担保责任的，不予支持。	2.6 v.2:595 2006	045
54	**主体变更，债务发生承继非转移，不免除担保责任** ——因企业法人主体变更而发生的债务承继，不同于一般意义上的债务转移，保证人不能以此主张免除担保责任承担。	2.6 v.2:855 2006	046
55	**并存式债务承担人，享有原债务人对债权人的抗辩** ——债务人开办单位对原债务是否已过时效应推定其应知，故其加入债务承担表明其已放弃了原债务人的时效抗辩权。	2.1 200601/9:230 2006	046
56	**名为债务转让实为第三人代为履行债务情形的认定** ——合同中虽有“债务转让”字样，但并未变更原	2.6 v.1:319	047

	合同债权债务关系主体，应按条款实质认定为属于第三人代为履行。	2005	
57	**第三人向债权人承诺承担债务，无需通知原债务人** ——第三人与债权人签订债务承担协议，约定部分承担债务的，无需通知原债务人，第三人与原债务人承担连带责任。	2.6 v.1:395 2005	048
58	**担保人承担担保责任后，向债务人的追偿权可转让** ——担保人就其已承担担保责任后向债务人的追偿权可转让，受让人起诉债务人时，担保人不属于必须追加的当事人。	2.6 v.1:415 2005	049
59	**如无明确约定，保证加入不能推定放弃另一项担保** ——在保证加入情形，不能仅以主合同对一项担保债权进一步约定，推定债权人和债务人系对另一项担保债权的放弃。	2.6 v.4:165 2005	050
60	**免责式与并存式债务承担，应根据合同约定来区分** ——在当事人明确约定或表示，或可确切推知原债务人退出原债权债务法律关系的，方可认定成立免责性的债务承担。	2.1 200602/10:250 2005	051
61	**地方政府单方面转移破产企业债务的，应属于无效** ——未经债权人同意，地方政府承诺原企业不再承担偿还义务而从重组后企业上缴地方的税金中逐年偿还的行为无效。	2.1 200502/8:235 2.6 v.2:390 2004	052
62	**无各方意思表示的行政文件，不能作债务转移证据** ——行政性文件未包含借款保证合同各方当事人的意志体现，亦无各方转移债务的意思表示，不宜认定债务发生转移。	2.1 200402/6:270 2004	053
63	**车辆通行费用于偿贷，是管理人应履行强制性义务** ——车辆通行费的实际收取者在保证债务已过期情况下，仍负有代为将所收取的车辆交通费全部用于偿还贷款的义务。	2.1 200402/6:270 2004	054
64	**补偿承诺因违法无效，不导致补偿的真实意思无效** ——企业法人补偿原股东代偿债务的承诺虽因违法而无效，但仍应根据补偿的真实意思表示确定双方的权利义务关系。	2.4 200501/17:140 2003	054

3

65	**上市公司公告和年报的财务并表，不属于债务承担** ——股份有限公司对全资子公司、控股公司财务上的并表处理，并不能因此认定该企业集团承担了子公司的债权债务。	2.5 200303/7:211 2003	055
66	**原债务人主体更名，并不导致保证人保证责任免除** ——作为主债务人的企业更名，或注销后成立新法人，主体之间的债权债务承接关系均未发生变化，保证责任不免除。	2.1 200401/5:245 2003	056
67	**担保人不能以第三人债务加入未经其同意主张免责** ——第三人自愿加入主债务承担成为共同债务人并不导致担保责任免除，担保人对未减轻部分债务仍应承担保证责任。	2.1 200401/5:274 2003	057
68	**企业整体改制后，新企业与原企业成主体承继关系** ——企业整体改制后，新企业与原企业构成主体承继关系，在涉及债务转移问题时，无须征得债权人和保证人的同意。	2.1 200202/2:209 2002	058
69	**被注销企业开办者就债务承担所作出承诺，应有效** ——被注销企业的开办者、投资者在办理企业注销手续时，承诺对注销企业的债务承担责任，承诺人应受该承诺拘束。	2.1 200202/2:235 2002	058
70	**股东为公司法人设定债务承担的行为，应确认无效** ——公司法人有自己独立意志。股东为公司设定债务属股东侵犯公司独立法人人格，损害公司利益行为，应确认无效。	2.1 200202/2:283 2002	059
71	**协议双方存在同一身份双重代理的，债务承担无效** ——债务承担存在新债务人与债权人的法定代表人或代理人为同一身份的双重代理情形的，该债务承担约定应为无效。	2.1 200202/2:283 2002	060
72	**三方协议约定等额冲抵连环债务，应认定债务转移** ——债权人、债务人、第三人约定由第三人向债权人直接付款以等额冲抵各方连环债务的，应认定成立债务转移关系。	2.4 200401/13:51 2.3 200303/4:80 2001	061
73	**指令付款不属债务转移，保证人不能以此主张免责** ——债权人、债务人和第三人对债务由原债务人转	2.1 200301/3:281	061

由第三人承担须有明确意思表示，且其意思表示须不存在任何瑕疵。 2.1 200201/1:360 2000

74 **企业债券代理发行银行，应履行其到期兑付的承诺** 2.2 200003/3:89 1999 062
——企业债券的发行人对企业债券的持有人负有按债券票面上约定的期限偿付本息的义务，但当事人另有约定的除外。

75 **第三人承诺加入债务，应与债务人共同负还款责任** 3.4 201308:94 2012 063
——第三人债务加入后，除当事人对责任承担方式另有约定外，债权人可以请求该第三人与债务人共同承担清偿责任。

76 **他人以己财产代替债务清偿，构成第三人代物清偿** 3.4 201318:96 2012 063
——第三人与债权人、债务人达成三方协议，同意处分自己的财产来代替债务人给付，不构成债务加入或第三人履行。

3

77 **第三人在欠款人后签字，一般视为并存式债务承担** 3.1 201203/81:226 2011 064
——第三人在债务人出具的欠条中“欠款人”后署名，应根据具体情况和日常生活经验法则，认定为并存的债务承担。

78 **法律不禁止第三人包括居间人自愿为他人承担债务** 3.6 201206/24:53 2011 065
——居间人自愿为合同履行提供保障，作出当义务人不履行合同义务时由自己代为履行承诺的，该意思表示应为有效。

79 **政府部门同意债务人的偿债方案，不构成债务转移** 3.4 201022:90 2010 065
——政府职能部门为解决企业债务问题与债权人签订同意债务人偿债方案的协议，不能认定为债务转移的法律性质。

80 **第三人向债权人承诺履行债务的，应视为债务加入** 3.2 201003/15:46 2008 066
——债权人与债务人约定债务由第三人履行，第三人向债权人书面表示同意的，应认定构成并存的债务加入而非保证。

81 **股东在工商变更登记材料中所作偿债承诺，应有效** 3.1 200601/55:223 2005 067
——中外合作企业出现解散事由后，由新股东以出具承诺书形式，承诺对企业债务进行偿还的，该偿债承诺应为有效。

82	**被吊销营业执照的债务人，仍应具有诉讼主体资格** ——债务人被吊销营业执照后并未清理债权债务，故发生诉讼时，其仍应作为诉讼主体参加诉讼，股东负有清算义务。	3.3 2005商:95 2004	067
83	**金融机构间依行政命令转让债权时通知义务的认定** ——金融机构依行政命令进行债权转让，且能推定债务人知道该转让事实的，债权转让有效，保证人保证责任不免除。	3.3 2004商:111 2003	068
84	**股权转让担保债务转化为借款债务的约定，仍有效** ——保证人为股权转让协议受让方应支付给转让方的股权转让款提供担保，并在嗣后以借款形式确定下来，均应有效。	3.3 2004商:123 2003	069
85	**第三人自愿承担责任的承诺，应属并存式债务加入** ——第三人自愿担责不同于第三人代为履行，亦非债务移转，而是一种独立清偿承诺，其后果是与原债务人共同担责。	3.1 200503/53:220 2003	070
86	**企业改制关于债务划分的内部约定不能约束债权人** ——企业法人分立、合并，其权利义务由变更后法人享有和承担。企业改制关于债务划分的内部约定不能约束债权人。	3.3 2002商:128 2001	070
87	**多边协议时，如何区分债务承担与第三人代为履行** ——债务人以第三人名下房产抵偿债务，第三人与债权人就房屋委托销售达成协议的，应认定该第三人构成债务承担。	3.4 201014:8 2009	071
88	**第三方单方允诺还款，应认定构成并存式债务承担** ——第三人单方允诺偿还债务，应视为加入债的承担，构成并存的债务承担，承诺人与原债务人应共同承担偿还责任。	3.1 201204/82:108 2009	072
89	**第三人加入债务并设定义务，构成并存式债务承担** ——第三人作为一方当事人参加到债权人与债务人的法律关系中，并为自己设定偿债义务的，应属于并存式债务承担。	3.3 2006民:150 2005	072
90	**债权人可依债务承担承诺直接要求第三人履行债务** ——第三人已向债权人作出债务承受表示，即使未取得原合同义务人的意思表示，债权人也可直接请	3.1 2004商:44 2004	073

	求该第三人履行。		
91	**债权人可依债务转移的约定，要求第三人清偿债务** ——债务人与第三人约定由第三人清偿债务，债权人以该约定作为证据，诉请第三人承担债务清偿责任的，应予支持。	3.1 200002/32:165 1999	074

保证保险

075

92	**保险人在保证保险合同中未承诺担保，属保险性质** ——银行与保险公司所签相关保证保险协议、合同中，保险人并未作出任何担保承诺的意思表示，应认定属保险性质。	2.1 201003/23:79 2.7 2011:531 2010	075
93	**名为保险，实为保证担保的，应据实认定合同性质** ——《分期付款销售汽车合作协议》名为保险实为保证担保的法律关系，应按各方当事人真实意思表示认定合同性质。	2.1 200402/6:357 2004	076
94	**循环贷款未超约定的保证保险范围，仍属保证债务** ——借款人使用的循环贷款并未增加原主债务数额及保证保险的保证责任，保险人应在保险金额范围内承担赔偿责任。	2.1 200402/6:357 2004	076
95	**企业借款保证保险，本质上是保险人提供担保行为** ——保证保险虽系保险人开办的一个险种，但其实质是保险人对债权人的一种担保行为，故实质上构成借款保证合同。	2.3 200201/1:127 2000	077
96	**保证保险性质属财产保险，应适用《保险法》调整** ——虽然保证保险合同的标的是借款合同的还款义务，与一般保险合同的标的不同，但仍应适用《保险法》进行调整。	3.1 201201/79:302 2010	078
97	**银行职员挪用资金，属雇员忠诚保证保险责任范围** ——银行投保雇员忠诚保险后，因银行职员挪用资金构成犯罪，由此造成银行损失的，应认定在保证保险责任范围内。	3.1 201002/72:193 3.3 2010商:248 2009	079

3

98	**贷款银行作为被保险人未办按揭车辆抵押登记责任** ——保证保险合同约定以贷款所购车辆作为贷款抵押物，但未办理相关抵押登记手续，保险人可依约不承担保证责任。	3.1 200604/58:339 2005	079
99	**个人按揭购车抵押合同与保证保险合同并存时处理** ——个人按揭购车抵押合同与保证保险合同并存时，银行向保险公司主张保险赔付责任，应适用《保险法》进行调整。	3.3 2006商:330 2005	080
100	**银行可直接要求保险公司履行保证保险的赔偿义务** ——银行与保险公司建立保证保险法律关系，在约定的保险事故发生后，银行可直接要求保险公司履行保险赔偿义务。	3.3 2006商:372 2005	081
101	**保险公司分支机构所作连带责任保证无效后果承担** ——债权人明知保险公司分支机构不具备法人资格而接受其保证担保，由此造成保证无效的损失应由债权人自行承担。	3.3 2005商:78 2004	083
102	**保证保险事故发生后，被保险人可径向保险人索赔** ——保证保险事故发生后，被保险人既可向债务人追偿，亦可向保险人追偿，保险人不得以先向债务人追偿为由拒赔。	3.3 2004商:67 2003	084

案外人担保 085

103	**案外人自愿参与诉讼调解并提供担保的，应为有效** ——诉讼调解中，案外人同意为当事人履行调解协议约定的义务提供担保的，法院应当准许，并在调解书中予以列明。	1.1 2005:235 2004	085
104	**法院可依执行和解及执行担保直接执行第三人财产** ——被执行人未依约履行义务的情况下，法院可依申请，根据执行和解协议及执行担保约定直接强制执行担保人财产。	3.1 201203/81:45 2012	086

3

	担保主体		087
105	**法定代表人以公司名义承诺担保的，视为公司行为** ——公司法定代表人在保证承诺书上签字，系以公司名义所为法律行为，由此产生的权利义务对公司法人具有约束力。	1.1 2011:473 3.1 201003/73:194 3.4 201112:13 2009	087
106	**自来水公司并不属于“以公益为目的的事业单位”** ——自来水公司不属于《担保法》司法解释第3条规定的“以公益为目的的事业单位”，其担保行为不受该法条调整。	1.1 2005:321 2.6 v.2:956 2004	088
107	**上市公司担保人违反证监会规范，不影响担保效力** ——作为上市公司的担保人违反证监会关于上市公司对外担保总额的规定，不构成债权人过错，其担保责任不能免除。	2.6 v.8:443 2012	088
108	**分公司未经授权，提供担保无效后，总公司应担责** ——不具有法人资格的企业法人分支机构，在无法人授权情况下提供的担保行为无效，其民事责任应由企业法人承担。	2.8 2011:527 2011	089
109	**国家机关可作保证人，为使用外贷提供政策性担保** ——国家机关可作为保证人为使用外贷提供政策性担保。该机关被撤销后，承接管理职能的部门应继续承担保证责任。	2.1 201001/21:110 2.7 2010:199 2010	090
110	**企业法人与分公司共同进行担保，应认定构成授权** ——企业法人与其分公司共同进行担保，应认定作为法人的企业对分支机构担保进行授权，两者均应对债务承担责任。	2.6 v.5:304 2009	091
111	**分支机构经法人同意的对外担保无效后的过错责任** ——分支机构对外担保虽经法人同意，但因主合同无效而无效，各方当事人均有过错的，应依法承担相应的民事责任。	2.6 v.5:372 2009	091

112	**两个单位一套班子、两块牌子，并非就是人格混同** ——认定公司之间是否存在人格混同时，应充分考察两公司之间的财产、财务、管理、经营状况，尤其是财产独立性。	2.3 201301/36:158 2009	092
113	**合同原件是确定借款担保关系的最原始和直接证据** ——在一方应持有却未提供原件，又无其他证据推翻对方原件的情况下，应依对方出示的借款合同原件认定其真实性。	2.4 200901/27:98 2009	093
114	**《担保法》施行前国家机关担保无效，应承担责任** ——《担保法》施行前，国家行政机关为借款合同进行担保的行为应认定为无效，缔约方应承担相应的过错赔偿责任。	2.6 v.2:735 2008	094
115	**公司财务负责人在担保文件上签字，视为法人行为** ——公司财务负责人在相关担保合同及担保财产清单上签字，应视为其代表公司实施民事法律行为，应认定担保有效。	2.6 v.2:567 2006	095
116	**分支机构作为保证人，不对以贷还贷借款承担责任** ——企业法人并无法人资格的下属部门提供担保，其中未经保证人同意，债务人和债权人以贷还贷的，企业法人免责。	2.4 200502/18:81 2005	096
117	**法人职能部门对外担保，导致担保无效后责任承担** ——企业法人职能部门提供保证导致保证合同无效的，保证人承担民事责任部分不应超过债务人不能清偿部分的1/2。	2.1 200502/8:215 2005	096
118	**本案当事人主张抵押权的方式，是否符合法律规定** ——诉讼请求包括“在抵押物不足以清偿时”的保证责任，一审中又主张对抵押物优先受偿权，应视为主张了抵押权。	2.6 v.2:324 2005	097
119	**军队企业禁止经商并做替代担保后解除原保证责任** ——军队、武警部队、政法机关不再从事经商活动，对原来所提供保证采取相应安排后，解除原保证单位的保证责任。	2.6 v.2:928 2004	098
120	**法人分支机构，未经法人授权，对外提供担保无效** ——企业法人分支机构未经法人书面授权对外提供担保，该担保合同无效的，该企业法人依法应承担	2.1 200501/7:240 2004	099

相应的民事责任。

121 **财政局未经批准，为国际商业贷款担保，应为无效** 2.2 100
——企业间名为合作实为国际商业贷款的合同被认定无效后，约定承担连带保证责任的政府机关应承担过错赔偿责任。 200102/6:230 2001

122 **明知分支机构被撤销后，仍接受担保的，应负主责** 2.4 101
——明知法人分支机构被撤销后，仍接受该分支机构担保的，应认定担保权人对造成担保无效所致损失承担主要责任。 200101/1:176 1997

123 **法定代表人对公司债务承担连带责任条款，应有效** 3.4 101
——合同约定法定代表人对公司的债务承担连带责任，应认定其签字既代表公司也代表其个人对合同权利义务的确认。 201306:47 2012

124 **家族企业股东为企业担保，应认定为夫妻共同债务** 3.4 102
——家族式股份制企业股东为该企业提供保证，应视为夫妻共同债务，该股东离婚后，原配偶仍应为该保证承担责任。 201314:81 2012

125 **夫妻在共同参与数人保证中，应作为一个责任主体** 3.6 103
——数人提供共同保证时，其中夫妻二人以夫妻名义同时为债务人提供的担保，应视为一个整体共同对外提供的担保。 201204/22:62 2011

126 **债务人死亡后其近亲属所获死亡赔偿金，非属遗产** 3.3 104
——债务人死亡后其近亲属所获死亡赔偿金属于精神损害抚慰金，非属遗产，不应作为该债务人承担保证责任的财产。 2010商:200 2009

127 **夫妻一方擅自作担保人所担保债务，非属共同债务** 3.1 104
——婚姻关系存续期间，夫妻一方作为担保人未经另一方同意擅自为他人提供担保的债务，应属于担保人的个人债务。 200901/67:238 2008

128 **联保小组成员均作为借款人，各自享有法定抗辩权** 3.3 105
——在联保小组成员作为借款人的联保贷款中，各成员均是独立的债务人和保证人主体，故各人均享有法定的抗辩权。 2006商:38 2005

129 **金融机构应对其负责人职权范围内的违法行为负责** 3.3 106
——金融机构应对其负责人在职权范围内代表法人 2006商:42

3

	机构进行的各种行为包括合法行为和违法行为，依法承担民事责任。	2005	
130	**保险公司分支机构所作连带责任保证无效后果承担** ——债权人明知保险公司分支机构不具备法人资格而接受其保证担保，由此造成保证无效的损失应由债权人自行承担。	3.3 2005商:78 2004	106
131	**托管人不因托管经营对托管企业债务承担连带责任** ——托管经营不属企业间的兼并、转让、出售，托管人不因托管经营而对托管企业已发生债务向债权人承担连带责任。	3.1 200303/45:276 2003	108

保证类型

	保证类型		109
132	**对担保方账户可直接扣收的约定，属连带责任保证** ——保证合同约定贷款逾期未偿，贷款方有权在借款方或担保方的存款账户直接扣划的，应视为约定了连带责任保证。	1.1 2009:401 2008	109
133	**借款人不按期偿还时承担保证责任，应属连带性质** ——保证合同约定保证人承担保证责任的条件是借款人“不按期偿还”时，应认定保证人承担的是连带保证性质责任。	1.1 2006:177 2.6 v.2:890 2005	110
134	**保证责任性质约定相互矛盾时，按非格式条款认定** ——保证合同格式条款与非格式条款约定的保证人责任性质相互矛盾的，应按非格式条款认定保证人提供的保证性质。	1.1 2004:273 2003	111
135	**向债权人承诺“可考虑代替偿还”，可认定为保证** ——上市公司就关联子公司债务向债权人承诺“在子公司确实无能力偿还时，可考虑代替偿还”，应认定为一般保证。	2.3 201104/31:77 2.7 2011:254 2011	111
136	**法定代表人以个人名义担保，应承担个人担保责任** ——债务人法定代表人以个人名义承诺在债务人“不按时还款”时负保证责任，应认定系个人连带	2.3 201002/25:136 2010	112

	责任而非一般保证。		
137	**保证人承诺接通知后即代为偿还的，属于连带保证** ——担保人承诺在主债务人逾期未偿还债务情况下，担保人“接到债权人通知后代为偿还”的，应视为连带责任保证。	2.7 2011:351 2.6 v.2:673 2009	113
138	**公告中保证人排列方式，不能推定为连带共同保证** ——金融资产管理公司在报纸上发布催收公告，不能仅以公告中两个保证人名称的排列方式而推定其为连带共同保证。	2.6 v.2:198 2008	113
139	**约定债务到期不能清偿由担保人偿还，属一般保证** ——《担保法》生效前担保合同约定债务人到期不能偿还债务，由担保人偿还的情形，依法应认定为一般保证的性质。	2.6 v.2:855 2006	114
140	**约定“不能履行”和“不履行”承担不同保证责任** ——当事人在保证合同中采用的是“不能履行”还是“不履行”，是确认保证人承担一般保证还是连带保证责任依据。	2.4 200502/18:117 2005	115
141	**约定以贷款方先行偿还不能为前提的，为一般保证** ——《担保法》实施前，当事人约定贷款方先行偿还不能为前提的保证，依法应认定保证人承担保证方式为一般保证。	2.1 200501/7:309 2005	116
142	**《担保法》实施前，一般保证责任期限与时效中断** ——《担保法》实施前的一般保证，债权人未在保证期限内向保证人主张权利但向债务人主张了权利，保证人不免责。	2.4 200402/14:94 2004	116
143	**债务人到期未偿，由保证人代偿的，应属连带责任** ——保证合同约定在主债务人到期未偿借款时，保证人一接通知即应代为偿还的承诺，应认定为连带责任保证的性质。	2.1 200201/1:395 2001	117
144	**贴现保证不属票据保证，应按《担保法》规定处理** ——保证人承诺为票据贴现人的付款行为承担连带责任，该“贴现保证”非为票据保证，应按《担保法》的规定处理。	3.1 200101/35:185 1998	118

3

	保证期间		119
145	**担保债务起算诉讼时效时，不再适用保证期间规定** ——在担保债务已开始计算诉讼时效的情形下，不再适用“债权人在破产程序终结后6个月内向保证人主张”的规定。	1.1 2009:401 2008	119
146	**《担保法》生效前成立的金融债权保证期间的认定** ——债权人自最高人民法院〔2002〕144号通知发布之日起6个月内，向保证人主张权利，视为中断保证债权诉讼时效。	1.1 2006:177 2.6 v.2:890 2005	120
147	**债权人可在破产程序终结后六个月内主张担保债权** ——破产程序终结后，债权人对其在破产程序中未受清偿部分债权继续向保证人主张权利的，保证人应承担法律责任。	1.1 2004:247 2003	121
148	**担保行为发生在《担保法》实施前，如何适用法律** ——担保行为发生在《担保法》实施前应适用当时有效的《关于审理经济合同纠纷案件有关保证的若干问题的规定》。	1.1 2002:306 2002	123
149	**“担保期限至主债权完全清偿时止”，属约定不明** ——保证责任与保证责任期限不同，保证责任明确不等于期限明确。约定担保期限至主债权完全清偿时止属约定不明。	1.1 1995-1999:634 1997	124
150	**保证期间约定不明，保证期间及诉讼时效如何计算** ——连带责任保证期间约定不明，债权人在主债务履行期届满时起6个月内主张保证债权的，自此开始计算保证时效。	2.1 200201/1:207 2.6 v.2:634 2002	124
151	**144号文保证责任承担，适用“举重以明轻”原则** ——符合144号文适用条件，但在该文颁发前已提起诉讼的，得同样适用该文认定债权人有权要求保证人承担保证责任。	2.6 v.8:491 2012	125
152	**未向保证人主张权利，并非适用144号文必要条件** ——《担保法》生效前的保证未约定保证期间，无论债权人是否向保证人主张过权利，均不影响债权	2.8 2011:345 2011	126

人适用144号文。

153	**保证人变更前后法定代表人同一，推定知晓原合同** ——保证人变更，未签订新保证合同，但因新、旧保证人法定代表人系同一人，推定新保证人应知晓原保证合同内容。	2.8 2011:352 2011	127
154	**对保证期限的修改属于实质性变更，应视为新要约** ——债权人向保证人出具空白的保证合同，保证人变更保证期限的，是对合同内容作出的实质性变更，应视为新要约。	2.8 2011:359 2011	128
155	**当事人签订保证合同后，可通过约定变更保证期间** ——保证期间属于应当约定的合同事项，只有在未约定或约定不明时才适用法律的规定。保证期间可协商变更或延长。	2.1 201003/23:123 2.7 2011:322 2010	129
156	**承兑汇票到期日超授信期限，不影响保证责任承担** ——授信额度使用期限不是承兑汇票兑付期限，故承兑汇票的到期日超出授信额度使用期限并不影响保证责任的承担。	2.7 2011:411 2.6 v.2:405 2009	130
157	**《担保法》生效前，主债务人破产终结的保证期间** ——〔2002〕144号文第2条规定中“主债务人进入了破产程序”不应包括“曾经进入破产程序且已经终结”的情形。	2.3 200804/19:76 2008	131
158	**《担保法》前未约定保证期间，包括约定不明情形** ——《担保法》实施之前的司法解释规定“保证合同未约定保证责任期限的”应同时包含“保证期限约定不明”情形。	2.3 200804/19:76 2008	132
159	**《担保法》实施前，保证期限约定不明时法律适用** ——《担保法》实施前保证责任期间约定不明，主债务未超诉讼时效，对保证期间认定，应优先适用〔2002〕144号文。	2.3 200804/19:76 2008	133
160	**债权申报后，至破产程序终结日，诉讼时效应中断** ——主债务人破产的，债权人自申报债权之日起至破产程序终结，诉讼时效中断，破产程序终结后重新开始计算时效。	2.3 200804/19:76 2008	134

3

161	**延期还款未新约定保证期间，不等于按原合同履行** ——借款合同当事人签订延期还款协议，对保证期间未重新约定情况下，不能就此认为保证期间仍按原保证合同约定。	2.6 v.2:726 2008	135
162	**保证期间经过后，又达成新的担保合意，应为有效** ——保证期间经过，债权人与保证人就担保责任达成新的合意形成新的保证关系，如对保证期间约定不明可依法确定。	2.1 200903/19:230 2007	135
163	**保证开始期间早于借款履行期限的，应视为未约定** ——担保授权期限是“自签订担保合同之日起一年”，早于借款合同履行期限届满之日，应认定对保证期间没有约定。	2.1 200803/15:219 2.7 2010:255 2.6 v.2:757 2007	136
164	**主债务诉讼时效中断效力不及于连带责任保证时效** ——连带责任保证的债权人应在保证期间届满前要求保证人承担责任，主债务时效中断不引起保证债务时效中断效果。	2.1 200801/13:297 2.7 2010:278 2007	137
165	**债权转让协议重新约定保证期间，可中断保证时效** ——债权转让协议约定保证条款并明确保证期间的，债权人在保证责任期间内向保证人主张权利，构成诉讼时效中断。	2.1 200601/9:156 2006	138
166	**“主合同生效至失效时止”的保证期间，属约定不明** ——约定保证责任期间至主债务本息还清时为止等内容，应视为约定不明，保证期间为主债务履行期届满之日起二年。	2.6 v.2:855 2006	139
167	**保证期间，可约定超过两年的主债务诉讼时效期间** ——保证合同约定超过两年的保证期间有效。连带责任保证人在主债务诉讼时效完成后，可行使该诉讼时效的抗辩权。	2.6 v.2:949 2005	140
168	**分期偿还债务，保证期间应从债务最后到期日起算** ——分期偿还债务的保证期间，应根据最高人民法院法函〔2004〕23号的答复意见规定，从合同债务	2.1 200602/10:300 2005	141

	最后到期日起算。		
169	**“保证期限自主合同生效至主合同失效时止”效力** ——当事人未约定保证方式或约定不明的，按连带责任保证承担保证责任，保证期间为主债务履行期届满之日起2年。	2.1 200602/10:300 2005	142
170	**担保函至债务全部履行即自动失效，视为约定不明** ——对汇票项下资金支付提供保证的担保函约定保证人承担责任“直至主债务本息还清时为止”的，应视为约定不明。	2.2 200604/28:129 2.6 v.4:144 2005	142
171	**连带责任保证期限届满前主张权利，始算诉讼时效** ——连带责任保证的债权人在保证期间届满前要求保证人承担保证责任的，从主张债权之日起计算保证合同诉讼时效。	2.1 200501/7:248 2004	143
172	**《担保法》适用范围为担保行为时而非纠纷发生时** ——担保行为发生《担保法》施行之前，担保纠纷发生在《担保法》施行之后的，应适用担保行为发生时的司法解释。	2.4 200402/14:72 2004	144
173	**《担保法》实施前，一般保证责任期限与时效中断** ——《担保法》实施前的一般保证，债权人未在保证期限内向保证人主张权利但向债务人主张了权利，保证人不免责。	2.4 200402/14:94 2004	145
174	**《担保法》实施前，保证期限约定不明时责任承担** ——《担保法》实施前，保证责任期限约定不明的，如债权人在两年保证期间内未向保证人主张权利，保证人应免责。	2.4 200401/13:73 2004	146
175	**反担保保证期间不得早于担保人追偿担保债务期间** ——反担保所对应的主债务，非担保人对债权人应履行的保证债务，故反担保保证期间与原合同主债务保证期间不同。	2.3 200901/20:93 2003	147
176	**主合同约定债务履行期，但保证期间约定不明情形** ——在主合同已明确约定债务履行期，但保证合同对保证期间约定不明的情况下，应确定保证期间为2年而非6个月。	2.1 200202/2:316 2002	148

3

177	**总借款期限和分笔期限并存时，按实际履行的确定** ——借款合同约定总借款期限，又约定了分笔偿还期限的，应按分笔贷款最后一笔到期期限作为担保期间的起始时间。	2.1 200201/1:233 2002	149
178	**格式合同中未按要求加注的保证期限条款，亦有效** ——当事人在格式合同中加注保证期限，但加注方式不符合约定，形式上虽不规范，但不因此否定加注条款法律效力。	2.4 200201/5:170 2002	149
179	**应以担保行为发生时，作为确定法律适用的时间点** ——担保发生在最高人民法院《关于审理经济合同纠纷案件有关保证若干问题的规定》之前，可参照《担保法》规定。	2.4 200101/1:98 2001	150
180	**主合同效力待定，保证人撤回保证，仍应承担责任** ——合同未生效不等于无效。主合同效力待定期间，保证人单方撤回保证，既不具备解除法定条件，亦有违诚信原则。	2.3 200403/8:140 2000	151
181	**债务人单方承诺的还款期限，不改变约定保证期间** ——主债务人单方向债权人出具还款保证，承诺在一定期限内偿还债权本息，不构成对担保合同约定保证期间的改变。	2.2 200002/2:323 1999	152
182	**对债权行使是否超过保证期间，法院应当主动审查** ——保证期间为除斥期间。保证人缺席审判情况下，法院仍应对债权人是否在保证期间内向保证人主张权利进行审查。	3.4 201310:89 2012	152
183	**约定保证期间在保证合同无效时，仍具有法律意义** ——主合同及保证合同被认定无效时，保证合同约定的保证期间仍具有法律意义，当事人仍应按该保证期间主张权利。	3.4 201304:39 2011	153
184	**保证期限与董事会决议期限不一致时，应如何处理** ——债权人明知保证人公司真实意思表示情况下，保证期限与保证人董事会决议通过期限不一致的，应以决议的为准。	3.6 201004/10:59 3.5 20101230:06 2010	154
185	**以房产抵押登记作为保证期间终止条件的责任认定** ——在抵押加阶段性保证的担保形式中，约定办妥	3.1 200801/63:212	155

	抵押登记为保证责任解除条件，条件未成就的，保证人责任不解除。	2006	
186	**保证发生在《担保法》实施前，诉讼时效特殊规则** ——保证行为发生《担保法》实施前，债权人行权可能超过保证期间或诉讼时效，可在特定宽限期向保证人主张责任。	3.3 2005商:75 2004	156
187	**保证诉讼时效不受债务人破产程序终结六个月限制** ——债权人在保证合同诉讼时效期间主张连带保证责任的，不受《担保法》司法解释第44条关于“六个月”期限限制。	3.3 2005商:83 2003	157
188	**《担保法》生效前无效担保保证期间约定不明情形** ——最高人民法院《关于处理担保法生效前发生保证行为的保证期间问题的通知》亦适用保证期间不明的无效担保合同。	3.3 2004商:100 2003	158

3

担保范围 159

189	**物的担保范围不包括保证债务的，不适用物保优先** ——抵押担保范围不包括仍由改制前企业约定承担的借款债务，为该借款提供保证的保证人不能以物保优先原则抗辩。	2.6 v.6:433 2011	159
190	**债务人破产的，破产债权停止计息的法律适用问题** ——对于计息的破产债权，破产宣告早于《企业破产法》实施的，根据当时法律规定，利息应计算到破产宣告之日止。	2.6 v.7:420 2011	160
191	**“其他债务”是否应包括担保之债的合同目的解释** ——协议约定担保范围“其他合同项下的债务”是否包括担保之债，应按《合同法》规定的争议条款解释规则作解释。	2.6 v.5:3 2010	161
192	**未按借款合同约定按季结息，不等于放弃利息债权** ——借款合同约定“按季结息”，但该内容并非债权人行使权利期限，不能以此认为债权人未按季结息即为放弃利息。	2.6 v.5:581 2010	162

193	**银行扣收债务人欠款又划回的，不免除保证人责任** ——债权人径行扣划债务人账户内资金用于偿还借款，之后又返还给债务人，不构成主债务解除，担保人责任不免除。	2.6 v.2:899 2005	162
194	**保证担保范围未约定或约定不明的，应包括违约金** ——当事人对保证担保的范围是否包括违约金没有约定或者约定不明确的，依法应当认为保证担保的范围包括违约金。	2.1 200602/10:300 2005	163
195	**循环贷款未超约定的保证保险范围，仍属保证债务** ——借款人使用的循环贷款并未增加原主债务数额及保证保险的保证责任，保险人应在保险金额范围内承担赔偿责任。	2.1 200402/6:357 2004	164
196	**开证保证金与第三人提供的担保，属不同法律关系** ——银行扣除开证保证金后计算的授信额度未超过协议约定的开证授信额度的，担保人应就信用证垫款承担担保责任。	2.4 200302/10:189 2002	165
197	**贷款人核保非法定程序，但可判断是否尽审慎义务** ——贷款人核保虽非法定程序，但涉及到本案当事人是否尽到审慎义务及能否有效防止篡改保证合同行为得逞的问题。	2.4 200101/1:204 2001	165
198	**贷款人有权依协议约定，从借款人账户中扣收贷款** ——在贷款人和借款人有借款协议明确约定情况下，贷款人有权从借款人的账户中扣收贷款，该扣收行为不构成侵权。	2.1 200201/1:403 2000	166
199	**数个保证合同约定保证责任范围，不等于保证份额** ——保证人与债权人之间约定的保证责任范围不等同于约定的保证份额，未约定保证份额的，应认定为连带共同保证。	3.6 201102/14:58 2011	167
200	**破产和解协议约定承担并转移部分债务的，应有效** ——债权银行通过与担保债务人破产和解协议部分受偿，并就余下债权达成由实际借款人偿还协议的，应当认定有效。	2.6 v.5:279 2010	168
201	**信用卡过期后产生的透支债务，不应由保证人承担** ——银行对于持卡人恶意透支行为未尽止付义务，亦未在格式合同中规定相应民事责任的，实质上加	3.3 2009商:337 2008	169

	重了保证人责任。		
202	**债权人对利息担保权利主张，并不当然及于主债权** ——债权人未在保证期间对本金主张请求权，与保证人新约定利息并不当然及于主权利即原保证合同所担保债务本息。	3.1 200503/53:357 2003	170
203	**信用卡持卡人超限额透支债务，不应由保证人承担** ——银行格式条款矛盾，应作出不利于银行的解释。持卡人超额透支系银行管理疏漏造成，其后果不应由保证人承担。	3.1 200302/44:241 2001	171
	债务核销		172
204	**政策性破产的国企债务核销，不影响担保责任承担** ——政策性破产企业债务作为拟核销债务由金融机构予以核销，非合同权利义务终止；相应担保责任的承担不受影响。	2.1 201202/30:237 2.6 v.7:265 2011	172
205	**债权人或债务人内部核销债务，并不具有对外效力** ——债权人内部是否核销债权并不影响其对外向债务人和保证人主张权利，亦不属于保证人可免除其保证责任的理由。	2.6 v.6:455 2011	173
206	**银行对债务作呆坏账核销，不导致担保人责任免除** ——企业债务作为拟核销的呆坏账由债权银行予以核销，担保人对担保债务仍应按法律规定和合同约定承担相应责任。	2.7 2011:348 2.6 v.2:371 2009	174
	最高额保证		175
207	**单笔借款合同的效力，不影响最高额保证合同效力** ——最高额保证通常是为将来一定期间连续发生的债务提供担保，其中某一笔交易效力并不影响最高额保证合同效力。	1.1 2008:291 2.1 200801/13:281 2.7	175

3

		2010:267 2007	
208	**最高额保证范围，应为已发生债权和偿还债务差额** ——最高额保证范围应为最高额保证期间已发生的债权和偿还债务的差额，并非指最高额保证期间已到期的债权余额。	1.1 2008:291 2.1 200801/13:281 2.7 2010:267 2007	176
209	**当事人关于最高额为借款本金的保证合同约定有效** ——担保物权的担保范围包括主债权及其利息、违约金等。当事人另行约定最高额为借款本金的，该保证合同亦有效。	3.1 200804/66:203 2008	177
210	**最高额保证的债权额，应为决算期届满时债权余额** ——确定最高额保证债权额时，不应将保证期间发生总额作为最终债权额，而只应将决算期时的债权余额作为债权额。	3.3 2006民:172 2005	178
211	**新贷与所偿旧贷均发生在最高额保证期间内的处理** ——最高额保证的“最高额”仅指在规定期间届满时债权人享有的担保债权的最高额度，不能理解为发生的债权总额。	3.1 200101/35:201 1998	179
	反担保		180
212	**担保关系，不因担保双方股权投资关系解除而解除** ——担保合同签订时，即使担保人与被担保人存在股权投资关系，亦不因嗣后股权投资关系解除而影响担保合同效力。	2.6 v.8:478 2012	180
213	**担保合同成立不以原因关系和双方互负义务为必要** ——担保合同系无因合同和单务合同，不以担保人和债权人具有原因关系、原因关系是否成就和双方互负义务为必要。	2.1 200902/18:162 2009	181
214	**反担保保证期间不得早于担保人追偿担保债务期间** ——反担保所对应的主债务，非担保人对债权人应	2.3 200901/20:93	181

	履行的保证债务，故反担保保证期间与原合同主债务保证期间不同。	2003	
215	**银行用特种传票扣收贷款，不应视为企业主动还款** ——债权人银行在借款到期后，以内部特种传票将保证人账户资金扣划用于还贷，保证人据此可向借款人行使追偿权。	2.3 200401/6:69 2003	182
216	**《担保法》实施前设备抵押未办登记，抵押权有效** ——《担保法》实施前，以动产设定抵押未办理登记的，抵押权人可就主合同债务在抵押财产范围内主张优先受偿权。	2.3 200401/6:69 2003	183
217	**债务人单方承诺的还款期限，不改变约定保证期间** ——主债务人单方向债权人出具还款保证，承诺在一定期限内偿还债权本息，不构成对担保合同约定保证期间的改变。	2.2 200002/2:323 1999	184
218	**汽车分期付款购销合同中的担保和反担保关系认定** ——汽车销售方为保证其承担保证责任后自身债权的实现，要求债务人提供反担保，在其承担保证责任后，有权追偿。	3.1 200303/45:266 2001	184
219	**连带共同保证的保证人之一可向反担保人追偿范围** ——连带共同保证的保证人之一承担保证责任后，可在其应清偿的全部债务内，就已经清偿部分债务向反担保人追偿。	3.3 2002 商:91 2001	185
220	**为定金担保提供反担保的保证人所负连带责任认定** ——债权人与债务人协议变更主合同内容，但未实际履行的，为定金担保提供反担保的保证人仍应承担连带清偿责任。	3.3 2002 民:106 2001	186

3

担保效力 187

221	**出借公章签约并担保的，不能以此对抗善意相对人** ——当事人在合同书上盖章，表明合同内容是当事人真实意思表示并愿意受其羁束，不因公章系出借而影响合同效力。	1.1 2008:271 2007	187

222	**自来水公司受政府领导协调指示对外担保，应有效** ——保证人所作保证是否受合同以外第三人影响，不涉及合同当事人之间的权利义务关系，亦不影响保证合同的效力。	1.1 2005:321 2.6 v.2:956 2004	188
223	**公司章和公司法定代表人“印”与“章”法律效力** ——当事人对合同签订是否系其真实意思表示有争议的情况下，其他证据能够佐证的，无需再就签章真实性进行鉴定。	1.1 2004:184 2.1 200301/3:267 2002	189
224	**债权人和保证人法定代表人相同，保证合同亦有效** ——作为债权人和保证人的同一法定代表人，在《保证合同》上同时代表两个公司签字，并不违背我国法律法规规定。	1.1 2004:174 2001	190
225	**利用空白担保函变造形成的担保合同，应认定无效** ——利用他人空白的担保函变造而成的担保，虽加盖了公司印章，但因非当事人真实意思表示，该担保应认定为无效。	1.1 1995-1999:649 1999	191
226	**担保关系，不因担保双方股权投资关系解除而解除** ——担保合同签订时，即使担保人与被担保人存在股权投资关系，亦不因嗣后股权投资关系解除而影响担保合同效力。	2.6 v.8:478 2012	192
227	**担保人不能以其与借款人的内部约定对抗担保权人** ——担保人不能以其与债务人之间的内部约定作为约束担保权人的条件，其与债务人之间的约定应属于另一法律关系。	2.6 v.8:188 2012	192
228	**法定代表人变更，不能否定加盖公司公章担保效力** ——企业法人法定代表人变动属于公司内部管理事务，不能由此否定加盖公司真实公章的连带责任保证书的法律效力。	2.6 v.7:43 2010	193
229	**债务人列入政策性关闭破产名单，不免除担保责任** ——债务人被列入全国企业政策性关闭破产规划的，担保人担保责任并不当然免除，债权人可对相关担保人提起诉讼。	2.7 2011:348 2.6 v.2:371 2009	194

230	**债务人政策性关闭破产，债权人仍可主张担保责任** ——主债务人虽已被列入国家政策性关闭破产企业，但没有证据证明其已进入破产程序的，债权人仍可主张担保责任。	2.7 2011:357 2.6 v.2:682 2009	195
231	**担保人保证责任产生，不以债权人是否通知为前提** ——保证合同约定债权人应通知保证人履行保证责任，不属于合同生效要件约定，不因未通知而导致保证合同未生效。	2.6 v.2:939 2006	195
232	**基于无效的主债务合同的资金返还的担保约定有效** ——委托理财合同产生的债务演变为委托人与受托人之间的一般性债权债务，基于该债务返还所签订的保证担保有效。	2.1 200602/10:250 2005	197
233	**未“经各方签字”但加盖公章的，应认定合同有效** ——合同中约定“经各方签字后生效”，但其中一方或各方未经法定代表人签字而加盖法人印章的，应认定合同有效。	2.1 200501/7:300 2005	197
234	**法定代表人免职，未变更登记前，不当然有代表权** ——法定代表人职务免除后未经工商变更登记前仍代表法人对外进行担保有效，但能证明第三人明知或非善意的除外。	2.4 200602/20:243 2005	198
235	**兼并协议解除后，为被兼并方旧债所设担保可免除** ——企业兼并过程中，兼并方对被兼并方的债务予以担保，在兼并协议解除后，应依公平原则免除兼并方的担保责任。	2.6 v.3:66 2005	199
236	**加盖常用印鉴，未举证他人私刻盗盖的，视同签字** ——法定代表人加盖以前常用个人印鉴，且未举证加盖在诉争合同上的个人印鉴系他人私刻盗盖的，应视同本人签字。	2.6 v.4:132 2005	200
237	**担保人明知合同效力重大瑕疵仍担保的，不能免责** ——担保人未对主合同履行情况进行审查，在明知合同效力有重大瑕疵的情况下，仍提供担保，不能免除其担保责任。	2.4 200401/13:78 2004	201
238	**保证人与债务人法定代表人相同，不等于保证无效** ——债务人、保证人的法定代表人虽系同一人，但	2.1 200202/2:316	201

3

	两公司之间无直接持股和交叉持股情况，所为担保行为应认定有效。	2002	
239	**担保人不因主合同解除而免除其应承担的担保责任** ——主合同解除后，参照《担保法》司法解释第10条规定，担保人对债务人应当承担的民事责任仍应承担担保责任。	2.1 200201/1:395 2001	202
240	**为以借用信用卡形式建立的借款所提供的担保有效** ——持卡人转借信用卡并不违反法律、法规禁止性规定，亦不必然损害国家利益和社会公共利益，并不导致合同无效。	3.6 201006/12:62 2010	203
241	**保证合同中另行约定的违约金条款，应认定为无效** ——保证合同中另行约定的违约金条款导致保证责任超出主债务范围，违反了保证债务的从属性原理，应认定为无效。	3.6 200903/3:63 2008	203
242	**员工作为名义借款人及担保人，应依约定承担责任** ——员工出借名义为用人单位向银行借款提供便利，作为名义借款人及名义担保人的员工应承担的民事责任不应免除。	3.3 2007商:51 2006	204
243	**以保证中标为条件收取居间费的合同，应认定无效** ——以保证中标为条件而收取费用，因明显违反招投标活动应遵循的“三公”原则，扰乱市场正常秩序，应认定无效。	3.1 200602/56:293 2004	205
244	**受行政干预或指令而提供保证担保，仍应承担责任** ——保证人即使能证明其提供担保系受到行政干预或指令，但因不属胁迫情形所造成的法律后果，仍应承担担保责任。	3.3 2005商:95 2004	206
245	**借款主合同未成立情况下，亦可认定担保合同无效** ——借款主合同未成立，可参照《担保法》第5条规定，认定担保合同无效，并由保证人根据过错承担相应民事责任。	4.1 20150121 2014	206

合同效力 208

246	**商业银行违反贷款审核义务，不影响贷款合同效力** ——商业银行发放贷款应严格审查属管理性规范，银行即使违反相关规定，亦不影响其与借款人之间的借款合同效力。	1.1 2008:291 2.1 200801/13:281 2.7 2010:267 2007	208
247	**汇票承兑合同无效形成的债权，保证人应承担责任** ——即便汇票承兑协议无效，金融机构仍有权对其因有效票据而进行的承兑所产生的债务，向主债务人主张损害赔偿。	1.1 2008:291 2.1 200801/13:281 2.7 2010:267 2007	209
248	**债务人违约后以不正当理由主张合同无效有违诚信** ——债务人逾期未还款，担保人未承担保证责任，均构成违约而反以不正当理由主张合同无效的，有违诚实信用原则。	1.1 2006:294 2005	210
249	**虚开信用证致开证无效，保证行无过错不承担责任** ——主合同无效而导致担保合同无效的，担保人过错不应指其在主合同无效上的过错。担保人无过错的，不承担责任。	1.1 2006:184 2005	211
250	**为融资而开立信用证，属以合法形式掩盖非法目的** ——当事人为融资目的开立信用证属以合法形式掩盖非法目的，因此导致担保无效的，担保人应根据其过错承担责任。	1.1 2005:259 2003	212
251	**名为委托贷款，实为信托贷款，不免除保证人责任** ——借款合同有效，合同内容虽与合同名称不一致，但不存在对担保人的欺诈问题，故不影响担保人担保责任的承担。	1.1 1995-1999:627 1997	213
252	**以委托购国债之名，行非法借贷之实的，合同无效** ——当事人以委托购买国债为名行非法借贷之实，合同依法应为无效。委托人因此获得的固定收益，	2.6 v.8:56 2012	214

3

	应依法冲抵本金。		
253	**违反向关系人贷款的管理性规定，不导致合同无效** ——《商业银行法》有关不得向关系人提供贷款的规定，系对商业银行监管的管理性规定，并非判断合同效力的依据。	2.7 2011:117 2.6 v.2:31 2009	215
254	**基于无效合同进行价款清算涉及复利部分，应无效** ——基于无效合同进行的价款及复利结算应为无效，担保协议亦无效的，有过错的担保人应依法承担相应的赔偿责任。	3.1 201101/75:214 2009	216
255	**银行无授信协议放贷，不免除借款人及担保人责任** ——金融机构在无授信协议情况下发放贷款，属于在具体监管过程中的弃权行为，并不能得出借款未实际发生的结论。	2.6 v.2:567 2006	216
256	**名为委托理财，实为借贷合同无效后过错责任承担** ——名为委托理财实为借贷的合同因“以合法形式掩盖非法目的”应为无效。借贷双方对合同无效均应承担相应责任。	2.1 200501/7:330 2005	217
257	**债权人受欺诈但不行使撤销权的，借款合同仍有效** ——债权人受欺诈但不行使撤销权的情况下，借款合同仍然有效，债务人和保证人仍应以履行原合同的方式承担责任。	2.1 200202/2:188 2002	218
258	**名为资金投资，实为获取高息的借款合同，应无效** ——为获取高于借款合同的约定利息而以投资名义签订的投资协议，应为无效，贷款人预先扣除的利息不应计入本金。	2.4 200402/14:129 2002	219
259	**银行依借款人指示划转贷款，不影响借款主体认定** ——银行工作人员依借款人的指示，代填转账支票，将银行发放的贷款转至他人，不影响借款合同当事人的主体关系。	2.1 200201/1:420 2001	219
260	**主合同约定经批准后生效，保证人应等待条件成就** ——保证合同约定保证人为股权转让款支付担保，并约定合同经批准才生效的，保证人负有等待生效条件成就的义务。	2.3 200403/8:140 2000	220

261	**不因贷款来源瑕疵而影响借款合同和担保合同效力** ——金融机构再贷款行为不因贷款来源瑕疵而影响借款关系效力，亦不因借款合同履行中的问题而影响担保合同效力。	2.4 200101/1:277 1999	221
262	**期房抵押借款合同效力，不因预售合同终止受影响** ——债务人以预售房产抵押借款并办理登记，抵押借款合同效力不因嗣后债务人与预售人私下终止预售合同而受影响。	3.3 2002商:110 2000	222
263	**超有效期后兑付信用证，原保证人的担保责任免除** ——信用证因修改导致超过有效期，开证行依申请人的承诺垫付款项后可向申请人追偿，但原开证担保人可依法免责。	3.1 200002/32:213 1999	223
264	**信托公司接受金融机构委托，办委托贷款，应无效** ——信托公司违反中国人民银行规定，接受银行和其他金融机构委托办理委托贷款业务的，所签委托贷款合同应无效。	3.1 200001/31:164 1999	224

3

以贷还贷 225

265	**承诺可变更贷款用途的，保证人不因以贷还贷免责** ——保证人承诺对借款人转移贷款用途的行为承担连带责任，应预见到借款人转移贷款用途包括以贷还贷等担保风险。	1.1 2012:265 2011	225
266	**关联企业保证人对借款人以贷还贷行为，推定知晓** ——根据保证人与借款人的关联关系，及保证人代为偿还贷款利息行为，应推定保证人对借款人以贷还贷行为系知晓。	1.1 2012:265 2011	225
267	**主张因以贷还贷免责的，应证明双方共同意思联络** ——保证人主张债权银行与主债务人以贷还贷应免除其保证责任的，应当举证证明借贷双方存在以贷还贷的意思联络。	1.1 2008:291 2.1 200801/13:281 2.7 2010:267 2007	226

268	**借新还旧贷款本质上是旧贷的一种特殊形式的展期** ——借新还旧并未导致原有债权债务关系消除，客观上系延长旧贷还款期限，故本质上是旧贷的一种特殊形式的展期。	1.1 2008:424 2.7 2010:249 2008	227
269	**连续借新还旧，最后两笔同一担保人的，责任不免** ——“新贷与旧贷系同一保证人”应以最后两笔贷款担保人是否为同一担保人来判断，而不宜上溯至此前的担保情况。	1.1 2007:353 2.4 200802/24:125 2.6 v.2:796 2006	228
270	**多次以贷还贷，最后两笔同一保证人的，不能免责** ——多次以贷还贷但最后两笔系同一保证人的，即使保证人不知第一笔贷款偿还了不是由其担保的旧贷，亦不能免责。	1.1 2008:401 2.4 200804/26:179 2005	229
271	**为旧贷延期履行提供担保，视为应知道系以贷还贷** ——保证人为旧贷延期履行提供担保视为应当知道系以贷还贷，嗣后以偿还旧贷为由提出免除保证责任的，不予支持。	1.1 2004:247 2003	231
272	**上级主管单位作为保证人，推定其应知道借款用途** ——保证人作为借款人的上级主管单位对新贷和旧贷提供担保，应当知道贷款实际用途，故其应承担相应的保证责任。	1.1 2000:226 1999	232
273	**借款人以流动资金贷款还旧贷利息不免除保证责任** ——借款人将贷款用于偿还其旧贷利息，亦属于正常使用该流动资金贷款，并不构成以贷还贷保证人应当免责的情形。	2.1 201303/35:235 2013	233
274	**放弃对借款用途知悉权，应包括同意用新贷还旧贷** ——保证合同约定主合同变更，除展期及增加借款金额外，无需征得保证人同意，应视为保证人同意以新贷偿还旧贷。	2.2 201203/51:199 2.3 201201/32:186 2012	234

275	**导致保证债权消灭的还旧借新，应有充分证据证明** ——“还旧借新”不同于“借新还旧”，前者可使原保证债权消灭。但仅有银行单方凭证记载，不能认定为还旧借新。	2.6 v.8:588 2012	235
276	**当事人就借新还旧达成合意，可认定合同关系成立** ——借新还旧协议达成不以办理完整贷款手续为必要。如果双方未约定还款期限，可从达成协议之日起计算诉讼时效。	2.6 v.9:360 2012	235
277	**主合同变更，保证人仍应担责的约定，应认定有效** ——保证合同已明确约定主合同变更保证人仍应承担保证责任，故，即使存在以贷还贷情形，亦不影响保证责任承担。	2.6 v.8:62 2011	236
278	**改变借款用途无须担保人同意约定因借新还旧无效** ——改变借款用途无须担保人同意之约定，不能对抗《担保法》司法解释规定的担保人因借新还旧而免责的法定情形。	2.1 201101/25:222 2010	237
279	**即使旧贷系债务人从第三方承接，仍属于借新还旧** ——旧贷由其他债务人承接后，新债务人与金融机构约定借新还旧时新旧贷为同一债务人的，此种情形亦属借新还旧。	2.1 201004/24:115 2.7 2011:333 2.6 v.5:331 2010	238
280	**银行就未偿债务与债务人办借新还旧手续，亦有效** ——债权银行就债务人未偿债务办理借新还旧手续，双方重新签订的借款合同，系双方真实意思表示，应为合法有效。	2.1 201004/24:268 2.7 2010:515 2.6 v.5:413 2010	239
281	**债务人将贷款转给保证人偿还旧贷，仍属借新还旧** ——债务人向银行借款后立即转给了其中一个保证人，由该保证人偿还了自己对银行的旧贷，仍属于贷新还旧的性质。	2.6 v.5:285 2010	240

282	**银行与关系密切的债务人贷新还旧，应属恶意串通** ——银行向关系密切的债务人发放贷款并用于债务人关联公司偿还旧贷的，应认定恶意串通，保证人可免除担保责任。	2.6 v.5:285 2010	241
283	**无真实资金往来的倒贷行为，不能认定为借新还旧** ——借新还旧的成立，除审查当事人之间是否存在借款担保合同外，还应审查银行与债务人之间是否有实际账款往来。	2.6 v.5:262 2010	242
284	**开证行将垫款转为贷款，不影响担保人的责任承担** ——当事人将签订借款合同之前因申请信用证并支付后形成的欠款，以借款合同方式予以体现，不影响担保责任承担。	2.1 201003/23:179 2.7 2011:402 2008	243
285	**借款用途写明存量盘活，推知担保人明知借新还旧** ——借款合同写明借款用途“(流动资金)存量盘活”，根据银行总行文件，应推知保证人知晓借款用途包含借新还旧。	2.4 201001/31:134 2008	244
286	**保证人对借款用途未加限制的，视为同意以贷还贷** ——保证合同对借款用途未加限制的，应视为保证人放弃以违背借款用途约定包括以贷还贷为由免除保证责任的权利。	2.4 200804/26:164 2008	244
287	**以新贷偿还新贷款人关联公司旧贷，仍属以贷还贷** ——金融机构作为债权人与新贷款人约定以新贷偿还新贷款人关联公司旧贷的，其性质仍系以贷还贷，保证人可免责。	2.4 200802/24:134 2008	245
288	**将借款偿还关联公司旧贷，不应推定为保证人应知** ——以约定的“周转资金”借款用于违法划转偿还关联公司旧贷，新、旧贷非同一保证人的，保证人不承担担保责任。	2.4 200802/24:134 2008	246
289	**保证人在债权转让通知上签章后，仍可提免责抗辩** ——保证人在债权转移通知上盖章签收，不等于确认债权转让行为，保证人向让与人主张的免责抗辩得向受让人提出。	2.4 200802/24:134 2008	247
290	**改变借款用途偿还旧贷，不违反保证合同约定情形** ——在保证合同已约定除展期或增加借款金额外无	2.1 200803/15:219	248

	须征得保证人同意的情况下，保证人不能再以偿还旧贷而主张免责。	2.7 2010:255 2.6 v.2:757 2007	
291	**担保人与债务人紧密关联，应对不知借新还旧举证** ——债务人以贷还贷，担保人非旧贷保证人，但担保人与债务人有关联关系的，应由担保人举证不知晓以贷还贷事实。	2.6 v.2:548 2007	248
292	**主合同当事人有权变更借款用途，视为可借新还旧** ——债权人与保证人所签《最高额保证合同》约定主合同双方当事人有权变更借款用途，应视为包含了借新还旧内容。	2.6 v.2:782 2007	249
293	**担保人与债务人互保关系，不能推定应知以贷还贷** ——债务人与担保人存在互保关系属于正常的商业交易行为，不能由此推定为保证人明知以贷还贷仍提供担保的事实。	2.6 v.2:829 2006	250
294	**同一保证人应对因转贷形成的主债务承担保证责任** ——主合同当事人双方协议以转贷方式借新还旧的，新贷与旧贷系同一保证人的情况下，保证人应承担连带给付义务。	2.1 200601/9:293 2.6 v.2:872 2005	251
295	**购设备贷款用于偿还购设备旧贷，属改变借款用途** ——将购设备贷款用于偿还以前购设备旧贷，亦属改变借款用途，保证人得以此主张在旧贷偿还范围内免除保证责任。	2.1 200501/7:192 2.7 2010:360 2005	252
296	**旧贷存在其他连带责任保证人时以贷还贷责任认定** ——以贷还贷情形，在旧贷还有另一连带责任保证人的情况下，新贷的保证人应就增加的相应保证责任部分予以免除。	2.1 200501/7:192 2.7 2010:360 2005	253
297	**分支机构作为保证人，不对以贷还贷借款承担责任** ——企业法人并无法人资格的下属部门提供担保，其中未经保证人同意，债务人和债权人以贷还贷的，	2.4 200502/18:81 2005	254

3

企业法人免责。

298 **刚还旧贷又借新贷非属贷新还旧，不免除保证责任** 2.6 255
——债权人与债务人在刚还完旧贷款，又向该债权人借款，且借款数额与旧贷款的借款数额相同的，不属于贷新还旧。 v.2:318 2005

299 **保证人曾多次为关联公司担保，视为知道借新还旧** 2.6 256
——签订借款合同前，保证人曾多次为关联公司贷款提供担保，应认定担保人对上述借款实际用于借新还旧应当知情。 v.2:918 2005

300 **以贷还贷非属以合法形式掩盖非法目的的无效行为** 2.1 257
——金融机构的以贷还贷活动，并不违反我国法律和行政法规的禁止性规定，不属于以合法形式掩盖非法目的的行为。 200501/7:213 2005

301 **为确认债务而重复签订的合同提供的保证担保有效** 2.1 257
——债权人与债务人就已有债务以借款合同形式重新确认，为该合同提供的新的保证不因借款合同未实际履行而无效。 200401/5:203 2004

302 **保证人对全资子公司以贷还贷行为，应推定为知晓** 2.1 258
——保证人对作为其全资子公司的借款人以贷还贷应推定知晓，其以不知借款合同为贷新还旧主张免责的，不予支持。 200401/5:245 2003

303 **数次倒贷过程中，推定同一保证人对以贷还贷明知** 2.1 259
——数次倒贷过程中，存在保证人与最后的新贷保证人为同一人情形的，应当推定该保证人对以贷还贷系明知或应知。 200301/3:232 2003

304 **借款人用借款还他人同一银行债务，不属以新还旧** 2.1 260
——新的借款主体借款偿还他人债务，保证人对此所作保证，不应认为是属于司法解释所界定的以新贷偿还旧贷情形。 200301/3:232 2003

305 **关联企业之间资金流转行为，不宜推定为以贷还贷** 2.4 260
——债务人收到银行贷款后，将其中的部分款项转入关联企业账户并用于还贷，该资金流转行为不宜推定为以贷还贷。 200401/13:47 2003

306 **明知以贷还贷，仍承诺保证担保，所签调解书有效** 2.4 261
——保证人明知以贷还贷仍作出愿意承担保证责任 200302/10:198

	并在调解书上签字，嗣后以主合同以贷还贷主张免责的，不应支持。	2003	
307	**《担保法》解释实施前，同一保证人以贷还贷处理** ——以贷还贷发生在《担保法》司法解释实施前，对同一保证人责任认定，有必要就其是否“明知”的事实进行查明。	2.4 200201/5:170 2002	262
308	**借款人单方以新贷偿还旧贷，不能认定为以贷还贷** ——借款人单方将借款用于偿还旧贷，保证人未举证证明借贷双方有以贷还贷共同意思表示的，不应认定为以贷还贷。	2.1 200301/3:388 2002	263
309	**债务人与保证人为同一法定代表人，应知以贷还贷** ——债务人与保证人的法定代表人为同一人，应推定保证人对债务人向银行贷款的真实用途系以贷还贷为明知或应知。	2.1 200202/2:225 2002	263
310	**本案保证人承诺可接受变更内容，应包括以贷还贷** ——在认定借贷双方对借款合同部分修改和变更是否构成对保证人的欺诈时，不应忽视保证人在保证书中的承诺条款。	2.1 200202/2:276 2002	264
311	**为办理抵押而签订借款合同，不构成新的借款关系** ——银行与借款人为办理抵押登记手续，就未到期旧贷签订未实际履行的借款合同，不构成以贷还贷及新的借款关系。	2.1 200201/1:199 2002	265
312	**新贷保证人不知旧贷为偿还旧贷的，免除保证责任** ——同一保证人因借新贷偿还旧贷而不免除保证责任，应当是在旧贷中的保证责任有效和没有免责事由前提下作出的。	2.3 200403/8:163 2002	265
313	**主合同双方欺诈而借新还旧，保证人免除保证责任** ——银行明知借款人企业信誉状况差，为转嫁贷款风险，以打包贷款方式促成他人提供担保并以新还旧的，构成欺诈。	2.3 200402/7:151 2001	266
314	**新贷新增保证人应知以贷还贷的，不免除保证责任** ——新旧贷保证人系同一人或虽非同一人，但新贷保证人应知道主合同债权双方协议以贷还贷的，保证责任不能免除。	3.1 201303/85:229 2012	267

3

315	**保证人为"换约"借款的借新还旧提供保证应有效** ——保证人为借款人借新还旧即"换约"借款提供保证担保，借款人未依约偿还的，保证人应对该借款承担保证责任。	3.1 2004商:243 2004	268
316	**新旧贷同一保证人，不因借新还旧而免除保证责任** ——新、旧借款合同的保证人均为同一主体，保证人又未提供借贷双方系恶意串通证据的，保证人保证责任不能免除。	3.1 2004商:272 2004	268
317	**以新贷还他人旧贷，属变更主合同，免除保证责任** ——债权人与债务人在保证期间内擅自以新贷偿还他人旧贷，属变更主合同内容，未经保证人同意的，保证责任免除。	3.1 2004商:253 2002	269
318	**借贷双方改变借款用途以贷还贷的，免除保证责任** ——借贷双方通过以贷还贷方式变更主合同借款用途，且不能证明保证人对此知道或应当知道的，保证人不承担责任。	3.1 200203/41:242 3.3 2002商:98 2001	269
319	**新贷与所偿旧贷均发生在最高额保证期间内的处理** ——最高额保证的"最高额"仅指在规定期间届满时债权人享有的担保债权的最高额度，不能理解为发生的债权总额。	3.1 200101/35:201 1998	270
320	**借贷双方私下转贷且变更合同期限，免除担保责任** ——借贷双方隐瞒借新还旧的事实，变更借款期限和保证期限，损害担保人合法权益的，担保人依法应免除担保责任。	3.1 200002/32:206 1998	271
	恶意骗保		272
321	**恶意骗保的虚假按揭合同被确认无效后的责任承担** ——开发商与自然人为套取银行贷款所签商品房买卖合同被依法确认无效后，二者应对银行贷款本息负连带清偿责任。	1.1 201409/215:36 2012	272
322	**恶意骗保，须以债权人知道或应知欺诈事实为前提** ——保证人以恶意骗保主张免除其保证责任的，需	1.1 2008:291	273

	证明债权人在签订保证合同时，知道或应当知道主债务人欺诈事实。	2.1 200801/13:281 2.7 2010:267 2007	
323	**以假票据平账，将挂账转为表面正常贷款，属骗保** ——主债务人和债权人隐瞒事实真相，以虚假票据平账将挂账转为形式上正常贷款骗取担保的，保证人不应承担责任。	1.1 1995-1999:629 1997	274
324	**认为串通骗取保证担保的事实，应当由保证人举证** ——保证人主张免除保证责任，需证明债权人与债务人串通欺骗保证人提供担保的事实，否则应承担举证不能的后果。	2.1 201103/27:245 2.6 v.6:445 2010	275
325	**举证主合同双方构成恶意串通，才能免除保证责任** ——在保证人无确切证据证明债权人与债务人就贷款用途改变存在恶意串通情况下，不适用《担保法》第30条规定。	2.3 200701/14:92 2007	276
326	**保证人因被保证人与实际债务人不对应而免除责任** ——担保债务具有从属性，因主合同当事人恶意串通，被担保人与主合同实际债务人并不对应，应认定保证合同无效。	2.6 v.2:766 2007	277
327	**借款人是否骗保，不影响贷款合同和担保合同效力** ——借款人在取得担保时是否存在诈骗行为，不影响贷款合同的效力，亦不影响贷款人与担保人之间担保合同的效力。	2.6 v.2:961 2005	278
328	**债权人对骗保行为存在过错，应承担相应过错责任** ——物的担保被确认无效或者被撤销，在保证合同有效前提下，债权人对骗保行为存在过错的，应承担相应过错责任。	2.1 200301/3:314 2003	278
329	**主合同双方当事人以贷还债，应认定恶意串通骗保** ——主合同双方当事人隐瞒贷款实际用途，以贷还债，应认定恶意串通，欺骗担保，保证人对主合同债务不承担责任。	2.4 200101/1:106 2000	279

3

	越权担保		280
330	**法定代表人越权对外担保，亦有可能构成表见代表** ——担保人抗辩称其法定代表人越权对外担保，债权人以其已尽形式审查义务，主张构成表见代表的，法院应予支持。	1.1 201502/220:30 2.1 201402/38:231 2012	280
331	**法定代表人越权担保，公司仍应对善意第三人负责** ——法定代表人违反公司章程规定，越权对外提供担保的，除相对人知道或应当知道其越权的以外，该代表行为有效。	1.1 2011:473 3.1 201003/73:194 3.4 201112:13 2009	281
332	**公司章程公开，不构成第三人应知和善意与否证据** ——有限责任公司的公司章程作为公司内部决议书面载体，并无对世效力，其公开行为不构成第三人应当知道的证据。	1.1 2011:473 3.1 201003/73:194 3.4 201112:13 2009	282
333	**公司法定代表人越权盖章提供担保的代表行为有效** ——债权人取得盖有保证人真实印章的董事会决议，嗣后保证人以其法定代表人越权盖章提供担保无效的，不予支持。	1.1 2005:287 2002	283
334	**法定代表人超越权限对外所签合同，并不一定无效** ——法定代表人所签合同，除系超越其权限且损害公司利益，并为相对方所知道或应当知道的以外，该代表行为有效。	2.6 v.5:304 2009	284
335	**银行对担保人同意对外担保决议，负形式审查义务** ——企业法人的法定代表人超越权限而订立对外担保合同，如相对人知道或应当知道的，双方订立合同不能认定有效。	2.1 200802/14:170 2.7 2010:398 2008	285

336	**原法定代表人使用作废印章以原企业名称签约效力** ——企业法人原法定代表人使用作废印章受让股权，不符合表见代理成立要件，协议不能约束名称变更后的企业法人。	3.3 2002商:104 2001	286
	公司为股东担保		287
337	**公司为股东担保未经股东会决议，不影响担保效力** ——《公司法》第16条关于公司为其股东担保须经股东会或股东大会决议的规定，宜理解为公司的内部控制管理程序。	1.1 201502/220:30 2.1 201402/38:231 2012	287
338	**公司为股东借款担保，经董事会批准的，应为有效** ——对于符合公司章程，经公司股东会、董事会批准，以公司资产为股东或其他个人债务提供的担保的，可认定有效。	1.1 2006:261 2.1 200601/9:307 2006	289
339	**公司为股东担保，导致合同无效后的各方责任承担** ——股份有限公司以公司资产为本公司的股东提供担保的，担保合同无效。担保人有过错的，应承担相应的民事责任。	1.1 2004:184 2.1 200301/3:267 2002	290
340	**债务人对担保人有控制权，不属于公司为股东担保** ——债务人通过股权转让实现对担保人的控制权，并不等于股东权，非属《公司法》禁止的公司为股东担保禁止情形。	1.1 2004:174 2001	291
341	**被保证人嗣后取得保证人股权不影响保证合同效力** ——保证人提供担保后，被担保人成为保证人股东的，担保行为效力不受《公司法》有关公司为股东担保规定的影响。	2.6 v.5:313 2010	292
342	**债权人和担保人对担保无效均存在过错的责任承担** ——借款担保因违法无效，债权人和担保人均有过错的，担保人承担的责任，不超过债务人不能清偿部分的二分之一。	2.7 2011:117 2.6 v.2:31	293

		2009	
343	**公司章程就公司对外担保额度另有约定的，应有效** ——公司章程未明确规定对外担保额度，当公司债权人与公司股东利益发生冲突时，应当优先保护公司债权人的利益。	2.7 2011:357 2.6 v.2:682 2009	294
344	**经董事会会议研究决定为股东提供担保的行为有效** ——董事会关于担保议案的审议通过是否符合公司章程中关于董事会决议事项的约定，不影响公司所签保证合同效力。	2.1 201002/22:215 2.7 2011:82 2009	295
345	**企业法人以自己名义为股东出具的担保，应为有效** ——企业法人以自己的名义为股东出具担保，合同目的成就后，即反言以自己的行为违法主张合同无效的，不应支持。	2.6 v.2:466 2005	296
346	**公司加盖公章，证明是公司担保而非高管个人行为** ——为股东借款担保的企业法人在担保合同上加盖公章，应认定该担保行为系公司行为，并非该公司高管的个人行为。	2.6 v.2:918 2005	297
347	**以公司资产为股东债务担保，应认定担保合同无效** ——以公司资产为本公司股东提供担保，担保合同无效。有过错的担保人承担责任部分不超过债务人不能清偿的1/2。	2.1 200502/8:257 2004	297
348	**股权转让致一人公司，不适用公司为股东担保规定** ——股东之间股权转让导致公司成为一人公司，因公司为股东担保不存在有表决权股东，故不适用《公司法》第16条。	3.6 201108/18:81 2011	298
349	**公司为股东内部股权转让提供担保的行为，应无效** ——公司为股东之间的股权转让提供担保可能导致公司回购本公司股份，造成公司资本不当减少的结果，应认定无效。	3.6 201108/18:81 2011	299
350	**公司未经股东会决议为股东提供的担保应认定无效** ——根据2004年《公司法》及相关司法解释规定，公司未经股东会决议即以公司资产为股东担保的，该担保应无效。	3.3 2011商:45 2009	300

351 一人公司为股东担保只要公司章程无禁止规定即可 3.4 301
——一人公司为股东担保只要公司章程无禁止规定即可。至于是否损害公司债权人利益，不属于《公司法》调整范围。 201004:76 2009

352 违反公司为股东担保的禁止性规定，保证合同无效 3.3 302
——违反《公司法》关于公司董事、经理以本公司财产为股东提供担保的禁止性规定的，保证合同依法应认定为无效。 2008商:66 2007

353 公司未经董事会或股东会决议同意为股东担保效力 3.3 303
——公司法定代表人在为股东提供的抵押担保书上签名并加盖公司公章，且办理了抵押登记手续的，应认定担保有效。 2008民:207 2007

354 公司董事会经股东会授权同意为股东提供担保有效 3.3 304
——如果公司为股东担保经股东大会批准，或董事会在股东大会授权范围内同意为股东担保作出决议，则担保应有效。 2004商:88 2003

3

355 公司对股东担保禁止性规定主体包括董事和董事会 3.3 305
——违反原《公司法》第60条第3款强制性法律规定的行为当然无效，并不因该行为作出系依董事会决议而被合法化。 2004商:117 2003

356 银行未对借款担保人的主体合法性审查的责任承担 3.3 305
——银行未按个人住房贷款相关规定，对借款人和担保人的主体及相关合同的合法性进行谨慎审查，应认定存在过错。 2003商:50 2002

357 公司可为与其股东有投资关系的其他单位债务担保 3.3 306
——目前我国法律尚未禁止公司为与其股东有一定投资关系的其他单位担保，担保人以此主张担保无效的，不予支持。 2002商:82 2001

对外担保 307

358 外商独资企业对外担保未经登记的，应当认定无效 1.1 307
——外商独资企业提供的对外担保虽无需逐笔审批，但仍需我国外汇管理机关登记，未经登记的，应认 201406/212:16 2010

	定该担保无效。		
359	**规避我国法律禁止性规定的对外担保合同约定无效** ——对外担保合同当事人选择争议解决所适用的法律，规避我国强制性或禁止性法律规范的，其约定不发生法律效力。	1.1 2005:287 2002	308
360	**董事会决议被法院认定无效，不影响对外担保效力** ——董事会决议为债务人提供担保属公司内部事务，即使决议被法院确认无效，亦不影响其对外形成的法律关系效力。	2.6 v.8:443 2012	310
361	**以公司资产为本公司股东以外的法人提供担保有效** ——《公司法》关于不得以公司资产为股东提供担保的禁止性条款，并不涉及为本公司股东以外的法人提供担保情形。	2.3 201001/24:91 2010	310
362	**董事会决议明显不符合章程要求的对外担保应无效** ——公司对外提供担保，所出具的董事会同意担保的会议决议明显不符合公司章程相关要求的，应认定对外担保无效。	3.1 201401/87:243 2012	311
363	**公司同意对外担保的股东会决议上签名真伪的问题** ——担保债权人已对保证人股东会决议作形式审查情况下，决议上股东签字或盖章实质上是否真实已不影响担保效力。	3.3 2009商:203 2008	312
364	**债权人对担保人同意担保的股东会决议作形式审查** ——不管公司对外担保决定权如何分配，相对人对担保意思表示是否符合担保人内部权力分配的审查应限于形式审查。	3.4 200914:81 2008	313
365	**对外担保展期未经外汇管理局批准和登记，应无效** ——对外担保虽经国家有关主管部门批准或登记，但嗣后多次展期且继续担保未到外管局办理担保登记，应认定无效。	3.1 2004商:260 2004	313
	涉外担保		314
366	**国家机关可作保证人，为使用外贷提供政策性担保** ——国家机关可作为保证人为使用外贷提供政策性	2.1 201001/21:110	314

	担保。该机关被撤销后，承接管理职能的部门应继续承担保证责任。	2.7 2010:199 2010	
367	**借用外国政府贷款未清偿企业，不能进入破产程序** ——借用外国政府贷款未偿或未落实债务企业，不能进入破产程序，即便已进入或完成破产程序，亦不因此消灭债权。	2.1 200502/8:235 2.6 v.2:390 2004	315
368	**财政局未经批准，为国际商业贷款担保，应为无效** ——企业间名为合作实为国际商业贷款的合同被认定无效后，约定承担连带保证责任的政府机关应承担过错赔偿责任。	2.2 200102/6:230 2001	316
369	**未经国家有关主管部门批准或登记，对外担保无效** ——境内非金融机构为境外机构担保，可认定属于对外担保范畴，未经依法审批的，该对外担保合同应被认定为无效。	3.4 200916:34 2007	317
370	**对外担保约定适用国外法律，违反法律强制性规定** ——涉外合同当事人选择适用法律规避我国关于对外担保强制性或禁止性规定应为无效，担保人应承担缔约过失责任。	3.1 200601/55:262 2005	317
371	**国家机关对外担保适用域外法的规避约定，应无效** ——国家机关以担保人名义进行担保且担保合同未经外汇管理部门批准的，该行为不发生适用约定的域外法律的效力。	3.3 2004商:83 2003	318
372	**公民个人对外担保，只要债权人接受即具法律效力** ——人民银行《境内机构对外担保管理办法》及其实施细则对对外担保的主体及程序规定针对境内机构而非公民个人。	3.3 2004商:77 2001	319
373	**香港银行分支机构所签借款合同的法律适用与管辖** ——香港银行分支机构所签借款合同未排除内地法院管辖，但约定适用香港法律的，内地法院可受理并适用香港法律。	3.3 2002商:123 2000	320

3

	独立担保		321
374	**独立担保不适用于国内经济活动，否则该约定无效** ——在国内经济活动中，对担保合同的效力仍采用从属性原则，主合同无效担保合同亦无效，独立担保的约定应无效。	2.8 2011:371 2011	321
375	**合同特别约定不免责独立担保条款，并非当然无效** ——判断是否构成独立担保，不能一概而论。合同特别约定变更必要条款不免除保证责任的，法官应尊重当事人意思。	2.3 201001/24:82 2010	322
376	**保证合同中独立担保条款无效不影响保证责任承担** ——保证合同中独立担保条款无效不影响主合同效力。在主合同有效情况下，保证人仍应承担有效的从属性担保责任。	2.6 v.2:441 2007	323
377	**独立担保合同因主合同无效而无效后赔偿责任承担** ——典当企业出借款项未依法设定抵押或质押，违反典当企业“不得从事信用贷款”的禁止性规定，依法应认定无效。	3.6 201101/13:63 2010	324
378	**债务人抵押担保与第三人抵押及保证担保混合情形** ——在债务人与第三人抵押责任、保证人连带保证责任并存情况下，保证人约定的独立担保应转化为从属性连带保证。	3.3 2008商:59 2007	324
379	**委托人无权以违约为由要求扣留独立保函项下款项** ——见索即付保函独立于基础交易，只要没有受益人欺诈的确凿证据，或适用法律允许的其他理由，担保人无权拒付。	3.4 200912:90 2007	325
380	**见索即付保函与反担保函及基础交易各自相互独立** ——见索即付保函独立于基础交易，反担保函亦独立于保函，故保函金额的相应减少并不导致反担保函金额相应减少。	3.4 200904:90 3.3 2008商:85 2006	326
381	**见索即付担保人不能以基础合同的抗辩对抗受益人** ——涉外贸易活动中，见索即付担保一经成立，担保人与受益人间即建立了一种独立于基础合同之外的担保合同关系。	3.3 2007商:44 2006	327

382	**国内企业与银行约定见索即付的独立担保，属无效** ——国内企业、银行之间的独立担保因与被担保债权在效力、抗辩权等方面无从属关系，为我国法律所禁止，应无效。	3.3 2006商:33 2005	328
383	**独立性保函中见索即付保函依惯例独立于基础合同** ——我国无涉外独立性银行保函的具体法律规定，且我国缔结或参加的国际条约亦无相关规定，可适用国际惯例处理。	3.1 200601/55:285 2004	328
	监管义务		330
384	**银行监管义务约定不明，进行目的解释时，应合法** ——对银行监管义务的约定不明时，应按与合同无利害关系的理性第三人通常理解的当事人共同的合同目的进行解释。	1.1 2010:377 2.6 v.6:3 2.6 v.5:3 2009	330
385	**银行违反贷后检查义务，不必然导致保证责任免除** ——商业银行违反法律法规及商业银行内部关于商业银行贷后检查义务的规定，并不必然导致保证人保证责任的免除。	2.1 201303/35:235 2013	331
386	**银行对放贷是否尽到审慎义务不影响担保合同效力** ——银行对借款人是否尽到审慎审查的注意义务，是否存在违规贷款及贷后监管等问题，对担保合同效力不产生影响。	2.6 v.8:431 2011	332
387	**证券资金账户监管协议无效后，账户损失如何承担** ——证券资金账户监管协议无效后的损失，法院应依各当事人过错程度、致损原因力大小等因素，合理确定责任承担。	2.6 v.5:56 2010	333
388	**国债质押合同，以登记机构办质押登记为生效条件** ——以国债出质的，质押合同应以在国债登记管理机构即中国证券登记结算公司及其分支机关办质押登记为生效条件。	2.6 v.5:372 2009	334

389	**证券托管业务，以托管人已取得质押物为前提条件** ——第三人明知自己未取得质押物，却仍与证券营业部签订国债托管协议，无论认定为托管或监管关系，均应为无效。	2.6 v.5:372 2009	335
390	**担保承诺因借款合同无效而无效后的过错责任承担** ——借款合同无效，保证亦无效，各方均有过错的，保证人承担的民事责任不超过主债务人不能清偿部分的三分之一。	2.6 v.5:372 2009	336
391	**银行审查质物是否真实存在的义务，不能协议转移** ——金融机构对借款人的资信，保证人的偿还能力，抵押物、质物的权属和价值等法定审查义务不能协议转移给他人。	2.7 2011:603 2.6 v.3:364 2009	337
392	**保证质押账户资金不低于某金额承诺，不构成担保** ——证券公司向质押权人出具保证质押账户资金不低于某金额及“负责监控”的承诺，不宜将其定性为保证担保性质。	2.6 v.2:423 2008	338
393	**债权人未对虚假质押人和质押物审核，属重大过错** ——债权人接受股票质押时，对被冒用的质押人和虚构的质押物疏于审核，导致质押无效，应承担贷款损失主要责任。	2.8 2011:700 2007	339
394	**银行未履行贷款监管义务应依过错减轻保证人责任** ——债权银行怠于履行约定的监督义务导致保证人承担责任的风险增加，应根据银行过错相应减轻保证人的保证责任。	2.6 v.2:819 2006	340
395	**银行违反风险控制条款，不影响借款保证合同效力** ——银行对借款人主体资格是否已经尽到审查义务，及是否履行风险控制条款，对借款保证合同效力不产生影响。	2.6 v.2:863 2006	342
396	**借款人不能以自己违反借款用途约定诉请银行担责** ——借款人以其自身未按借款合同约定用途使用贷款、银行未尽监管义务为由，诉请银行承担责任的，法院不予支持。	2.6 v.2:961 2005	343
397	**银行对借款人与他人购销合同无法定实质审查义务** ——银行对借款人与案外人购销合同关系不负有实	2.6 v.2:877	343

	质审查义务。担保人主张银行与借款人恶意串通的，应负举证责任。	2005	
398	**第三人违反监督专款专用义务，应负补充赔偿责任** ——第三人向债权人保证监督支付专款专用的，因未尽监督义务造成资金流失的，应对流失的资金承担补充赔偿责任。	2.1 200501/7:294 2005	344
399	**银行监督支付函监督内容不明，不应认定保证成立** ——金融机构出具的监督支付函并未明确、具体约定金融机构拨付被监管款项时的监督审查内容，不应认定保证成立。	2.4 200104/4:176 2001	345
400	**贷款人放贷后，监督资金依约使用，系权利非义务** ——贷款人放贷后监督资金是否依约使用系权利而非义务，故贷款人未依约监督，不构成减免担保人保证责任的理由。	3.2 200911/11:201 2008	346
401	**监管协议独立于委托理财合同，非主、从合同关系** ——委托理财合同当事人与第三方证券公司所签账户监管协议属于独立的委托合同，两合同并不属于主、从合同关系。	3.3 2007商:146 2006	346
402	**券商违反监管协议约定，应承担违约损害赔偿责任** ——证券公司未经委托人同意，违反监管协议约定义务，擅自准许受托人对证券账户撤销指定交易，应承担违约责任。	3.3 2007商:146 2006	347
403	**券商对监管资金去向举证不能，应负侵权赔偿责任** ——委托理财受托人违约责任无法证明情况下，证券公司作为监管人应对监管资金去向承担举证及侵权损害赔偿责任。	3.3 2007商:160 2006	348
404	**合作投资方擅自以共管账户为他人担保，构成违约** ——合作投资证券交易一方擅自将共管委托账户内资金及股票作为其对第三人借款合同担保的，应承担相应违约责任。	3.3 2006商:97 2005	349
405	**券商对监管账户未尽监管义务造成损失的，应赔偿** ——券商作为证券质押账户的监管人，怠于履行或履行监管义务不符合约定，应根据实际损失赔偿原则承担赔偿责任。	3.3 2006商:197 3.4 200705:48 2005	350

3

406	**证券投资者委托他人进行买卖股票的，应自担风险** ——证券投资者委托他人进行股票买卖并授予他人股票买卖操作权的，因股票价格暴跌所产生的风险应由其自行承担。	3.3 2005商:290 2004	350
407	**证券公司未履行证券监管承诺，应负补充赔偿责任** ——承诺监督义务的证券公司履行义务过程中存在过错，导致出质物流失的，应对债务人不能偿还部分承担补充责任。	3.1 2004商:390 2002	351
408	**券商对投资者账户未尽监管责任造成损失，应赔偿** ——证券公司未尽监管责任，使投资者账户在资金不足情况下买卖股票亏损，并在办理提款时未尽审核义务，应赔偿。	3.3 2002商:458 2001	352
	借款用途		353
409	**将“流动资金”用于偿还旧贷款，未超出担保范围** ——担保人同意为债务人“流动资金”借款提供担保，债务人将借款用于支付到期债务，并未超出担保人的担保范围。	1.1 2009:323 2.1 200804/16:128 2.7 2010:865 2.6 v.2:523 2007	353
410	**借款合同当事人文本各不同，并不一定属恶意串通** ——合同当事人分别持有的合同文本内容上虽有出入，但不能据此简单地认定合同某一方当事人存在故意欺诈的情形。	1.1 2009:323 2.1 200804/16:128 2.7 2010:865 2.6 v.2:523 2007	354

411	**主债务人并非实际用款人，不免除保证人保证责任** ——借款人将贷款人已转入其账户的贷款再次转入下属企业，不能认定系对借款主合同的变更，保证人不能据此免责。	1.1 2008:291 2.1 200801/13:281 2.7 2010:267 2007	356
412	**关联企业保证人对借款人名义借款行为应推定知晓** ——与借款人存在关联关系的保证人对借款人名义借款行为应推定知晓，借款人逾期还款时，保证人担保义务不免除。	2.1 201101/25:241 2010	357
413	**最高额保证未区分债务性质的，视为包括借新还旧** ——《最高额保证合同》对主债务性质未作约定的，保证期间内发生的借新还旧亦应包括在最高额保证担保的范围内。	2.1 201004/24:115 2.7 2011:333 2.6 v.5:331 2010	357
414	**明知贷款用途变更，仍放贷的，构成对保证人欺诈** ——贷款人明知借款人改变贷款用途仍发放贷款，违反了合同约定，对保证人构成了欺诈，依法应认定保证合同无效。	2.6 v.6:300 2010	358
415	**担保贷款是否为封闭贷款，应以担保书或合同为准** ——担保贷款是否系封闭式贷款性质，一般应以担保人与债权人银行签订的担保合同约定，而非以政府内部文件为准。	2.7 2011:364 2.6 v.2:692 2.6 v.5:815 2009	359
416	**担保人不因借款人单方划转借款至其他账户而免责** ——债务人取得贷款后单方转款至其他单位，以其他单位名义实际使用贷款，担保人主张免除担保责任的，不予支持。	2.7 2011:364 2.6 v.2:692 2.6 v.5:815	361

3

		2009	
417	**贷款用于炒股未加重担保风险的，不免除担保责任** ——债务人改变贷款用途将贷款用于炒股，但未加重保证人提供担保时所具有的担保风险的，保证人不免除担保责任。	2.1 200902/18:162 2009	362
418	**改变借款用途未加重保证责任的，保证责任不免除** ——债权人与债务人未经保证人同意改变借款用途，但并未因此导致保证责任加重的，保证人仍应依法承担保证责任。	2.6 v.2:441 2007	363
419	**银行未履行贷款监管义务应依过错减轻保证人责任** ——债权银行怠于履行约定的监督义务导致保证人承担责任的风险增加，应根据银行过错相应减轻保证人的保证责任。	2.6 v.2:819 2006	363
420	**借款人不能以自己违反借款用途约定诉请银行担责** ——借款人以其自身未按借款合同约定用途使用贷款、银行未尽监管义务为由，诉请银行承担责任的，法院不予支持。	2.6 v.2:961 2005	364
421	**技改贷款不因项目规模变更而构成贷款用途的改变** ——企业获得技改项目贷款后用于项目支出购买何种设备，无需征得贷款人的同意，亦不因此而构成贷款用途的改变。	2.1 200502/8:235 2004	365
422	**借款人单方改变借款用途，不属法定担保免责情形** ——借款人擅自改变借款用途，但保证人不能证明存在恶意串通、骗取保证及欺诈、胁迫情形的，保证责任不能免除。	2.4 200301/9:171 2003	366
423	**借款人对借款用途的改变，不构成对主合同的变更** ——借款人用“流动资金”贷款偿还他人债务，该借款用途的改变，不构成《担保法》第24条规定的协议变更主合同。	2.1 200202/2:388 2002	367
424	**借贷双方应对借款循环流转回到源头作出合理解释** ——在借款资金最后循环流转回到源头情形，应由资金出借人和收款人共同对借贷行为真实、合法及正当性进行举证。	3.6 201302/26:35 2012	367

	主合同变更		368
425	**担保人对债权转股权后剩余本息，仍承担担保责任** ——主债务人与债权人签订债权转股权协议后对剩余部分利息确认，不构成新的合同关系，保证人仍应承担连带责任。	2.3 201202/33:85 2012	368
426	**银行违反规定发放贷款的，应承担相应的民事责任** ——贷款银行发放贷款，违反固定资产投资项目资本金管理制度规定，未尽谨慎审查义务的，应承担相应的过错责任。	2.6 v.8:443 2012	369
427	**保证合同约定禁止债权变更，不包括禁止债权转让** ——不良金融债权的保证人以保证合同中债权变更的禁止性约定为由，主张债权转让应免除其担保责任的，不应支持。	2.6 v.8:580 2012	370
428	**主合同履行期限擅自变更不影响保证人原保证期间** ——债权人与债务人对主合同履行期限变动，未经保证人书面同意的，保证期间为原合同约定的或者法律规定的期间。	2.8 2011:396 2011	371
429	**擅自变更贷款币种，不属恶意串通，保证责任不变** ——在无其他证据支持情况下，保证人以主合同双方未经其同意变更贷款币种为由，主张存在恶意串通的，不应支持。	2.6 v.6:413 2010	372
430	**债权人放弃约定还款方式，属于变更主合同情形** ——债权人对借款合同约定还款方式的放弃，应属于变更主合同情形，保证人可以此法定免责理由主张担保责任免除。	2.6 v.5:339 2010	373
431	**主合同变更特别约定不能对抗保证人法定免责情形** ——保证合同就主合同变更对保证人责任的影响所作特别约定，不能对抗因借款合同变更导致保证人法定免责的情形。	2.6 v.5:339 2010	374
432	**以展期骗取保证人对新借款担保，可免除保证责任** ——借款人清偿部分贷款后又借入相同金额贷款，保证人在不知情的情况下为原债务展期担保的，不应承担保证责任。	2.7 2011:341 2.6 v.2:716 2009	375

3

433	**主合同约定借款额少于担保额的，不免除保证责任** ——债权人与债务人在主合同中约定的借款数额少于《不可撤销担保书》中承诺的数额，不能成为保证人免责的条件。	2.7 2011:351 2.6 v.2:673 2009	376
434	**贷款数额涂改，保证人仅对认可金额承担保证责任** ——贷款合同、贷款申请书等证据上贷款数额确有明显涂改痕迹，担保人对其认可承担保证责任以外的金额应予免责。	2.3 200804/19:84 2008	377
435	**擅自变更借款人但所附条件未成就时担保责任承担** ——借款人与贷款人擅自变更债务人，在约定的所附条件未成就时，原借款人仍为债务人，担保人不得以此主张免责。	2.4 200803/25:219 2006	377
436	**开证协议适用法律变更，对保证责任并无实质影响** ——债权人与债务人在履行开证协议时在信用证上适用UCP500，开证申请上选择适用UCP400，亦不构成主合同变更。	2.3 200502/11:177 2005	378
437	**借贷双方对借款金额和期限做变更，非属新签合同** ——借款合同双方在不改变借款合同性质及借款用途情况下，仅对借款金额、期限所做的变更，不属于签订的新合同。	2.4 200401/13:38 2004	379
438	**擅自延长信用证付款期限，保证人可免除保证责任** ——接受担保的信用证开证行未经保证人同意，延长信用证付款期限，属于变更主合同，保证人可不再承担保证责任。	2.4 200303/11:176 2003	380
439	**原债务人主体更名，并不导致保证人保证责任免除** ——作为主债务人的企业更名，或注销后成立新法人，主体之间的债权债务承接关系均未发生变化，保证责任不免除。	2.1 200401/5:245 2003	381
440	**主合同修改未加大保证人的责任，不影响保证效力** ——借贷双方未经保证人同意修改主合同内容，该变更未加大保证人责任的，保证人主张免除保证责任的，不予支持。	2.1 200302/4:264 2002	381
441	**企业整体改制后，新企业与原企业成主体承继关系** ——企业整体改制后，新企业与原企业构成主体承	2.1 200202/2:209	382

	继关系，在涉及债务转移问题时，无须征得债权人和保证人的同意。	2002	
442	**经保证人同意的主合同履行期限变更协议，应有效** ——经保证人书面同意，债权人与债务人变更主合同履行期限的，应依变更后主合同履行期限确定保证期间起算时间。	2.1 200201/1:207 2.6 v.2:634 2002	383
443	**变更交货地点和日期，并不一定导致保证责任免除** ——融资租赁合同履行过程中，非因合同当事人原因，导致交货地点和日期变更的，并不一定导致担保责任自动免除。	2.4 200301/9:267 2002	384
444	**主合同当事人擅自变更合同条款的，担保义务免除** ——借款合同实际履行中，金融机构提前扣息，借款人支付存款高息，使主债务人实贷金额大大减少，保证人可免责。	2.4 200101/1:277 1999	385
445	**借款延期又添保证人，并不导致旧的保证关系消灭** ——债权人与债务人、新保证人就到期债权签订借款延期偿还保证合同，并非新建立借款合同，旧的保证关系仍有效。	3.3 2006民:168 2005	386
446	**开证行在单证不符时垫付款，不必然免除保证责任** ——经开证申请人同意，开证行在单证不符时垫付款，保函保证人以主合同当事人变更主合同主张免责的，不予支持。	3.3 2003商:412 2002	387
447	**为定金担保提供反担保的保证人所负连带责任认定** ——债权人与债务人协议变更主合同内容，但未实际履行的，为定金担保提供反担保的保证人仍应承担连带清偿责任。	3.3 2002民:106 2001	387

3

保证责任主张

保证责任主张 388

448	**债权人向保证人之一主张权利效力及于其他保证人** ——债权人在保证期间内，向保证人之一主张权利，该主张行为对另一连带共同保证人也同样发生诉讼时效中断效力。	2.1 201203/31:217 2.6 v.6:476	388

		2011	
449	**债权人已申报破产债权的，可以同时主张保证债权** ——债权人已在债务人破产程序中申报债权，同时又就该借款起诉保证人，法院仍可有条件判决保证人履行保证责任。	2.6 v.7:420 2011	389
450	**债权人退出破产债权申报后，可向保证人主张权利** ——债务人破产程序开始后，债权人向法院申报债权后可以撤回申报，而选择向承担一般保证责任的保证人主张权利。	2.5 200804/28:90 2008	390
451	**银行可诉请连带共同保证人之一承担全部保证责任** ——连带共同保证的债务人在主合同规定的债务履行期届满没有履行债务的，债权人可要求任一保证人承担全部责任。	2.1 200602/10:197 2.6 v.2:966 2005	391
452	**已申报债权的债权人，可诉请保证人承担清偿责任** ——在担保人承担连带责任的案件中，债务人破产的，债权人有选择申报债权或向保证人主张权利或同时主张的权利。	2.1 200501/7:152 2005	392
453	**第三人未分担债务，债权人可另诉债务人和担保人** ——第三人加入债务承担并经法律程序处理，不影响债权人就未分担部分债务及相应担保责任再起诉债务人和担保人。	2.1 200401/5:274 2003	393
454	**债权人可单独向负连带保证责任的保证人提起诉讼** ——债务人逾期未履行债务的，债权人既可要求债务人履行，亦可要求连带责任保证人在其保证范围内承担保证责任。	2.1 200202/2:225 2002	393
455	**被借名人对借名账户资金，一般没有所有权和诉权** ——借名账户的被借名人既非款项所有人，亦非合法占有人，故无权要求银行返还因收取贷款而扣划的借名账户资金。	2.2 200102/6:253 2001	394
456	**债权人向连带共同保证人之一主张权利的法律效果** ——债权人向共同保证人中的任何一人主张权利，都是债权人要求保证人承担保证责任行为，其效力及于所有保证人。	3.6 201104/16:36 2011	395

457	**银行申报保证债权后，可再另诉主债务人主张债权** ——债权人在连带责任保证人破产程序中进行了债权申报后，可同时另行起诉要求主债务人承担还款及抵押担保责任。	3.1 200904/70:123 2008	395
458	**诉讼中设立连带保证债权，可在其后单独起诉主张** ——连带保证中主债务期间届满后，保证人与债务人处同一法律地位，债权人可同时起诉，亦可单独起诉连带保证人。	3.1 200701/59:265 2005	396
459	**债权人申请执行后，又从保证人账户扣款，属侵权** ——在已申请法院强制执行的情况下，债权人擅自从连带保证债务人账户扣划款项的，构成对债务人合法权益的侵害。	3.1 200504/54:324 2005	397
460	**保理商可依约向卖方追索未被回购的应收账款债权** ——在约定了追索权的保理业务中，保理商在保理期满未足额受偿时可直接对卖方行使追索权，卖方应承担回购责任。	3.3 2008商:154 3.2 200903/3:272 2005	397
461	**负补充赔偿责任的保证人，劣后于主债务人被执行** ——生效法律文书确定保证人对主债务人应返还债权人款项不能清偿部分承担民事赔偿责任，其性质是一种补充责任。	3.3 2005商:652 2001	398

3

担保转让 399

462	**债权转让协议重新约定保证期间，可中断保证时效** ——债权转让协议约定保证条款并明确保证期间的，债权人在保证责任期间内向保证人主张权利，构成诉讼时效中断。	2.1 200601/9:156 2006	399
463	**无效合同中免除保证责任的真实意思表示，仍有效** ——主合同变更并免除保证人的保证责任，尽管变更后新的合同因违法而无效，但保证人仍可据此免于承担保证责任。	2.1 200201/1:381 2001	400
464	**担保债权随主债权移转而移转，无须经保证人同意** ——商业银行将最高额抵押担保债权转让后，该债	3.6 201306/30:73	401

	权转让行为发生债权确定的效果，最高额抵押权随该特定债权转让。	2013	
	追偿权		402
465	**保证人之一承担责任后，可向连带保证人比例追偿** ——债权人向连带共同保证中任何一人主张权利，效力及于所有保证人。保证人承担责任可向其他保证人按比例追偿。	1.1 2002:310 2002	402
466	**保证人依框架协议，承担保证责任后，享有追偿权** ——保证人依其集团企业与金融机构所签框架协议，实际承担保证责任后，虽非保证合同当事人，但仍应享有追偿权。	2.3 201104/31:117 2011	403
467	**破产和解后，清偿剩余债务的担保人无权再行追偿** ——担保人承担清偿责任后，因执行和解协议导致主债务消灭的，担保人不能再向破产和解、破产重整的债务人追偿。	2.6 v.5:613 2010	404
468	**进口押汇保证人履行担保责任后，可向债务人追偿** ——进口方取得货物后，如未按期向开证行支付信用证项下的款项，则开证行有权要求连带责任保证人承担保证责任。	2.1 201001/21:176 2.7 2010:243 2009	405
469	**法院已确认连带责任保证人追偿权，无需再经审判** ——连带债务与主债务已一并审理，执行依据亦已确定追偿数额，则连带责任人在承担责任后可直接申请执行追偿额。	2.5 200601/17:270 2006	405
470	**担保追偿权纠纷，可由任一被告住所地的法院管辖** ——作为追偿权纠纷和反担保合同纠纷两个不同诉讼合并审理的四个当事人，在确定案件管辖问题上无先后顺序之分。	2.6 v.2:375 2005	406
471	**保证人承担责任后享有追偿权，判决主文应予明确** ——法院判决保证人承担保证责任或赔偿责任的，应明确保证人享有《担保法》第31条规定的对主债务人享有追偿权。	2.1 200602/10:250 2005	407

472	**银行用特种传票扣收贷款，不应视为企业主动还款** ——债权人银行在借款到期后，以内部特种传票将保证人账户资金扣划用于还贷，保证人据此可向借款人行使追偿权。	2.3 200401/6:69 2003	407
473	**连带共同保证的保证人之一可向反担保人追偿范围** ——连带共同保证的保证人之一承担保证责任后，可在其应清偿的全部债务内，就已经清偿部分债务向反担保人追偿。	3.3 2002商:91 2001	408
	物保与人保		409
474	**以出口退税款质押向银行借款的质押合同，应有效** ——以出口退税账户托管方式贷款，构成出口退税权利质押，借款人逾期未偿时，贷款人有权在其退税款中优先受偿。	1.1 2005:430 3.3 2005商:107 2004	409
475	**债权人部分放弃保证债权，仍可就抵押物优先受偿** ——在物保与人保共存、保证人进入破产程序后，债权人同意保证人重整方案并作部分让步的，不代表放弃保证债权。	2.5 201301/45:128 2012	410
476	**债权人有权依合同和法律规定选择保证人承担责任** ——同一债权在物保、人保同时存在的情况下，债权人有权依合同约定和《物权法》规定，选择保证人承担担保责任。	2.1 201104/28:187 2.6 v.6:465 2011	411
477	**物的担保范围不包括保证债务的，不适用物保优先** ——抵押担保范围不包括仍由改制前企业约定承担的借款债务，为该借款提供保证的保证人不能以物保优先原则抗辩。	2.6 v.6:433 2011	412
478	**保证人在债权人放弃抵押动产范围内免除保证责任** ——贷款到期后，借款人不能依约还款，贷款人未及时行使抵押权，视为放弃部分或全部物的担保，保证人相应免责。	2.8 2011:396 2011	413

3

479	**债务人抵押担保和第三人保证担保并存时处理原则** ——债务人提供的物保与第三人提供的人保并存时，保证人有权要求只对抵押权实现后未获清偿的债务承担担保责任。	2.1 201004/24:115 2.7 2011:333 2.6 v.5:331 2010	414
480	**债权人收到股权证收据，不足以证明股权质押成立** ——债务人将股权证交与债权人，债权人出具收据证明收到的行为，尚不足以证明双方之间形成了股权质押法律关系。	2.7 2011:117 2.6 v.2:31 2009	415
481	**未登记抵押权人以普通债权申报，视为放弃抵押权** ——主债务人破产时，抵押权人仅以普通债权人身份申报债权，应视为放弃抵押权，保证人有权就放弃部分免除责任。	2.7 2011:351 2.6 v.2:673 2009	415
482	**怠于履行保证义务致抵押物减值，不免除保证责任** ——债权人积极主张逾期债权，保证人因怠于履行保证义务所造成抵押物价值的减损，应由债务人和保证人自行承担。	2.7 2011:387 2.6 v.2:475 2009	416
483	**银行同意债务人提前支取保证金，属放弃质押担保** ——债权人银行在承兑汇票未到期前，同意债务人提前支取开立汇票保证金，该行为应认为是其主动放弃了质押担保。	2.7 2011:417 2.6 v.2:414 2009	417
484	**法院可接受当事人以保证方式提供的财产保全担保** ——《担保法》及相关司法解释对担保的方式，并未限定为物的担保，法院可接受当事人以保证提供的财产保全担保。	2.2 200802/34:180 2008	418
485	**保证人因债权人放弃或怠于行使权利而免责有前提** ——债权人是否放弃或怠于行使权利，保证人依此可以向法院请求免除保证责任的前提是“致使该财产不能被执行”。	2.5 200804/28:90 2008	419

486	**担保格式条款不存在理解歧义的，不免除担保责任** ——格式合同述明担保人在抵押物不足以清偿债务时以本单位的其他财产承担连带责任保证的，该约定应认定为有效。	2.6 v.2:542 2007	420
487	**抵押未登记产生的缔约过失责任，由担保双方共担** ——抵押合同成立后未办登记依当时规定导致抵押不生效的缔约过失责任，其法律后果应由担保人和债权人共同承担。	2.3 200502/11:177 2005	420
488	**债权人有权以抵押担保之外的其他方式实现其债权** ——抵押权设立并不限制债权人以抵押之外的其他方式实现债权，就未实现债权，债权人仍有权继续享有优先受偿权。	2.6 v.2:353 2005	421
489	**信用证项下单证货物所有权保留条款，非物的担保** ——银行在保留信用证项下单据和货物所有权前提下，委托申请人销售货物，不构成《担保法》规定的放弃物的担保。	2.6 v.4:165 2005	422
490	**抵押权不成立，亦就不存在债权人放弃抵押权问题** ——抵押物未经登记，抵押合同依当时法律规定不生效，不能视为抵押权人放弃物的担保，不能以此免除保证人责任。	2.1 200401/5:203 2004	423
491	**《担保法》实施前设备抵押未办登记，抵押权有效** ——《担保法》实施前，以动产设定抵押未办理登记的，抵押权人可就主合同债务在抵押财产范围内主张优先受偿权。	2.3 200401/6:69 2003	423
492	**申请解冻或续冻的担保，既包括财保，亦包括人保** ——最高人民法院关于执行工作司法解释中案外人已提供确实有效的“担保”，既应包括财保，亦应包括保证人保证。	2.5 200404/12:89 2003	424
493	**银行放弃提单质押，应在放弃范围内免除保证责任** ——权利质押权人放弃占有出质人交付的权利凭证即押汇提单，应在放弃的提单质押权范围内免除保证人的保证责任。	2.3 200501/10:98 2001	425
494	**主债权转让后，最高额抵押和保证担保范围的认定** ——债权人将最高额抵押担保债权转让后，该债权转让行为发生债权确定的效果，最高额抵押权可随	3.6 201306/30:73 2013	426

	该特定债权转让。		
495	**抵押权因故意或重大过失不成立时，保证人可免责** ——抵押和保证并存情形，抵押人及抵押权人因故意或重大过失致抵押担保不能成立时，保证人可主张免除保证责任。	3.7 201302/9:16 2013	426
496	**物保与人保并存时，“首先实现物保”的期限界定** ——物保与人保并存，“首先实现物保”的合理期间可参照适用《担保法》第25条第2款规定，即6个月的保证期间。	3.6 201203/21:66 2011	428
497	**抵押权因法定原因被撤销，不免除保证人保证责任** ——破产程序中，抵押权因设立时间的法定原因而非抵押合同各方当事人的过错被撤销，不能免除保证人的保证责任。	3.1 201103/77:181 2010	429
498	**抵押登记因相对人未提异议和未提行政诉讼而生效** ——不动产抵押登记办理后，行政相对人未提出异议，亦未在法定期限内提起行政诉讼的，抵押登记的效力应予确认。	3.3 2011民:92 2010	429
499	**债务人自己提供物的担保无效，不免除保证人责任** ——同一债权既有保证又有物的担保，物的担保合同被确认无效后，即便担保物系由债务人提供，保证责任亦不免除。	3.4 201122:96 2010	430
500	**约定以回购担保形式保障债权人债权实现，应有效** ——债权人与回购人可约定在债务人未履行债务时，由回购人支付对价，债权人将合同权利转移给回购人的担保形式。	3.6 201003/9:81 2010	431
501	**因债权人原因致保证期间未成就，应免除保证责任** ——当事人约定的保证期间实质为承担责任条件情况下，因债权人自身原因导致约定期间未届至，保证人责任应免除。	3.1 201101/75:241 2009	431
502	**应收账款质押属于物的担保，可为保证人预先放弃** ——《物权法》第176条所称“物的担保”应包括应收账款质押。保证人在保证合同中放弃先诉抗辩权的约定应有效。	3.4 201214:81 2009	432
503	**履约保函项下被扣保证金，不能直接作为违约损失** ——合同一方违约，对方当事人以其对第三人的见	3.4 201016:91	433

	索即付履约保证金被扣划，主张违约方赔偿该损失的，不能被支持。	2009	
504	**债权人可依法对物保和人保实现方式作出顺序安排** ——被担保债权既有物保又有人保的，在未约定或约定不明时，债权人应依法对物保和人保的实现方式作出明确选择。	3.1 200903/69:107 2008	433
505	**名为保理实为借款关系中，应收账款质押质权效力** ——当事人签订保理合同，但未通知债务人，保理行在约定的融资期满亦未受领应收账款，应认定名为保理实为借款。	3.3 2008商:43 2007	434
506	**债务人抵押担保与第三人抵押及保证担保混合情形** ——在债务人与第三人抵押责任、保证人连带保证责任并存情况下，保证人约定的独立担保应转化为从属性连带保证。	3.3 2008商:59 2007	435
507	**保证人可在债权人放弃存单质押权范围内免除责任** ——同一债务既有保证担保又有存单质押担保，当债权人放弃质押担保时，保证人可在放弃物的担保范围内相应免责。	3.1 200303/45:271 2002	436
508	**按份抵押和保证担保情形，已清偿额应按比例减除** ——按份共同担保的债权人应按份向相应的担保人主张权利，在债务人已为部分清偿时，担保数额应按比例相应减除。	3.1 200301/43:207 2002	436
509	**开证保证金属于形式特定化的担保金，应优先受偿** ——开立信用证的保证金与所保证的信用证是一一对应关系的，每一笔保证金应首先用于清偿所对应信用证项下债务。	3.1 200203/41:253 2002	437
510	**开证行持有信用证项下单据，不等于取得担保物权** ——开证行未获付款时持有单据并不必然享有对进口货物的担保物权，亦无所谓未办理进口押汇手续而放弃担保物权。	3.3 2003商:412 2002	438
511	**用信用证抵押的打包贷款，实质上是一种信用贷款** ——即使合同中明确约定“信用证抵押”，“信用证抵押打包贷款”仍系一种信用贷款，信用证不能认为是物的抵押。	3.3 2002商:76 2001	438

512	**债务人的抵押物灭失，保证人在抵押物价值外担责** ——债务人提供物保与第三人提供保证并存，担保物价值减少或灭失时，保证人应在担保物剩余价值外承担保证责任。	3.3 2002商:134 2001	439
513	**保证人应在抵押房屋不足清偿债务范围内承担责任** ——抵押人虽未取得房产证，但在按揭贷款已办抵押登记情况下，开发商应仅在抵押物不足清偿债务范围内承担责任。	3.1 200004/34:204 2000	440

担保财产转移 441

514	**无偿受让保证人的股权，应在接收范围内承担责任** ——保证人承担保证责任期间，将其股权无偿转让给第三人的，第三人应该在其受让股权价值的范围内承担连带责任。	1.1 2007:353 2.4 200802/24:125 2.6 v.2:796 2006	441
515	**无偿接收债务人全部资产，应连带承担原企业债务** ——企业因全部资产被整体划拨而变更产权关系的，无偿接受资产的新公司应在接受范围内对原有债务承担连带责任。	1.1 2004:279 2004	442
516	**出资主体及性质、名称变更，不免除改制企业责任** ——企业改制仅为法人出资主体、性质和名称的变更，当事人据此主张不承担企业改制前所负债务的，法院不予支持。	2.6 v.9:264 2012	443
517	**控股式收购方不应对目标公司债务负连带清偿责任** ——受让人依股权转让合同受让目标公司股权，在无特别约定情况下，受让人不应对目标公司对外债务承担连带责任。	2.6 v.8:62 2011	444
518	**债务人依规拨转国债专项资金，不属无偿转让财产** ——债务人获得国债项目专项资金，嗣后因项目实施主体发生变更而转拨付新项目承担单位的，不属于无偿转让财产。	2.6 v.6:279 2011	444

519	**通过职工置换身份完成改制企业，仍需承担原债务** ——企业股份制合作制改造过程中，不管是职工买断企业产权，还是企业内部增资扩股，债务均由改制后的企业承担。	2.6 v.5:573 2010	445
520	**职工通过身份置换，买断企业产权，属股份制改造** ——债务人由国有性质改制为股份制，职工通过身份置换买断企业产权，仍属股份制改造范畴而非国有资产行政划拨。	2.6 v.5:581 2010	446
521	**是否以零资产改制，不影响改制企业对债务的承继** ——企业总资产以“零”值转让给职工，改造为股份合作制企业的，原企业的全部债务也应由改制后的企业继续承担。	2.6 v.5:581 2010	447
522	**行政划拨国有资产过程发生的纠纷，法院不予受理** ——政府主管部门在对企业国有资产进行行政调整、划转过程中发生的纠纷，当事人向法院起诉的，法院应不予受理。	2.1 201004/24:251 2.7 2011:391 2.6 v.5:295 2010	448
523	**集团公司改变管理模式，未影响下属公司法人地位** ——国有集团公司应因其管理行为向债权人承担侵权责任，关键在于其是否存在滥用股东地位侵害债权人利益的行为。	2.6 v.2:726 2008	449
524	**证券公司分业经营中的行政调整纠纷，法院不受理** ——信托公司与其所属证券营业部资产，在政府行政性调整、划转过程中发生的纠纷，不属于法院受理民事案件范围。	2.1 200402/6:212 2004	450
525	**国企资产行政性划转，被划入方不承担划出方债务** ——基于国家调控政策对国有企业资产进行的行政性调整、划转，不属于公司分立，被划入方无需承担划出方的债务。	2.1 200301/3:337 2001	451
526	**股东不当控制公司并处置财产的，可刺破法人面纱** ——股东不当控制公司并处置公司财产，致使公司不具备对外独立承担民事责任的资格的，法院可适用公司人格否认。	3.1 200201/39:224 2001	452

	出资责任		453
527	**虚假资金证明与债权人损失无因果关系，无需担责** ——金融机构为债务人出具虚假资金证明，与债权人损失并无因果关系的，其不应承担出具虚假资金证明的赔偿责任。	1.1 2007:346 2.1 200904/20:150 2.1 200702/12:253 2.7 2010:746 2.6 v.2:842 2007	453
528	**股东验资后三日内又收回出资的，应视为抽逃出资** ——股东将资金存入公司账户，在会计师事务所出具验资报告后于3日内又直接或间接地全部收回的，构成抽逃出资。	2.1 201301/33:226 2.6 v.7:244 2011	454
529	**开办单位如无法定事由，不直接承担债务清偿责任** ——作为独立民事主体的企业法人的开办人和主管单位，如无法定事由，其不应直接承担该企业法人的民事法律责任。	2.6 v.6:425 2011	456
530	**股东无正当交易，转出验资账户资金，系抽逃出资** ——股东将资金转入公司账户，经会计师事务所验资后，在无正当交易关系情况下又将出资转出的，系抽逃出资行为。	2.6 v.7:244 2.1 201301/33:226 2011	457
531	**股东抽逃出资的，不因时间长短或股权转让而免责** ——股东抽逃出资，不应以其抽逃出资时间长短或嗣后股权是否转让及转让的次数，作为不承担相应民事责任的依据。	2.6 v.7:244 2011	458
532	**抽逃出资致公司人格否认，股东应负连带偿债责任** ——债务人因股东抽逃注册资金，导致其法人人格被否认的，抽逃出资股东应按合伙关系对公司债务负连带清偿责任。	3.3 2007商:67 2006	459

533	**验资机构未核实财务凭证真实性，应认定虚假验资** ——验资机构验资过程中，未核实财务凭证的真实性，亦未实际查验增资款是否实际汇入账户，其行为构成虚假验资。	3.3 2005商:199 2004	459
534	**验资机构一般验资瑕疵，不承担虚假验资赔偿责任** ——资金来源不属于验资机构审查范围。验资瑕疵与虚假验资不同，仅有一般验资瑕疵的，验资机构不承担赔偿责任。	3.3 2005商:199 2004	460
535	**验资机构虚假验资责任，应排在出资不实责任之后** ——验资机构应在虚假验资的金额范围内对债权人承担补充赔偿责任，该补充赔偿责任应在出资人不能清偿时才承担。	3.3 2005商:199 2004	461
536	**虚假验资、股东出资不实及保证责任竞合情形处理** ——保证人承担的连带清偿责任，已涵盖因出资不实应承担的补充清偿责任的，无需另行追究其出资不实的民事责任。	3.3 2005商:89 2004	462

3

保证重生 463

537	**外国政府贷款债务人和担保人明确的，无需再确定** ——国有企业虽经多次重组、改组，但所欠外国政府贷款债务主体和责任明确，无需政府再重新确定债务人和担保人。	1.1 2004:291 2004	463
538	**主债务人对超过时效债务确认，效力不及于保证人** ——诉讼时效届满后，主债务人放弃诉讼时效抗辩权的行为，不影响保证人可依法行使主债务诉讼时效届满的抗辩权。	2.1 200501/7:309 2005	464
539	**担保人在催款通知上确认担保，应认定成立新保证** ——保证期限届满后保证人在载明主债务数额、保证责任及期间的催收通知上签收的，应当视为订立了新的担保合同。	2.3 201202/33:222 2011	465
540	**在明确记载保证内容的催收单上签字，构成新保证** ——保证债务催收通知清楚、明确记载保证债务金额、保证责任方式及保证期间等内容的，应认定成	2.6 v.6:455 2011	465

	立新的保证合同。		
541	**债权转让合同与公告内容不一致时，应以合同为准** ——债权转让公告不同于物权登记，不产生物权登记公示效力。当公告登载内容与合同不一致时，应以合同约定为准。	2.4 201002/32:85 2010	466
542	**保证债务重生后，因超过保证期间，保证责任免除** ——保证人对超过保证期间的债务确认的，成立新的保证法律关系，但因债权人未在新的保证期间内主张权利而免责。	2.3 200804/19:100 2008	467
543	**刊登催收公告，不能使时效届满债权恢复诉讼时效** ——债权转让本身并不能引起诉讼时效中断的法律效果，催收公告亦不能使诉讼时效期限已届满的债权恢复诉讼时效。	2.2 200804/36:277 2008	468
544	**保证期满后，保证人又在催收单上盖章的责任认定** ——保证期间届满，保证人在催款通知书上签字，除非该通知内容能认定担保合同成立，否则不得认定保证责任继续。	2.1 200502/8:205 200501/7:182 2005	468
545	**对超诉讼时效债务，保证人承担责任条件如何认定** ——保证人收到催款通知及债权转让通知后，明确作出继续履行的承诺，应认定当事人之间成立了新的保证合同关系。	2.1 200501/7:160 2005	469
546	**保证期间届满后，保证人又在催款单上签字的效力** ——主债务人单方面重新确认债务引起诉讼时效再生的行为，其效力不及于保证人，保证人仍可行使诉讼时效的抗辩。	2.1 200401/5:203 2004	470
547	**超保证期限的催款通知，不构成保证债务时效中断** ——债权人如不能证明保证人对超过保证期限的债务重新作出担保承诺，即使有催收行为，亦不构成完整的保证合同。	2.1 200501/7:248 2004	471
548	**企业法人工作人员签收函件，对该法人有法律效力** ——企业法人工作人员签收函件，事后该企业法人以签收人系办公室人员而非收发人员否认签收事实的，不予支持。	2.3 200601/12:164 200301/2:138 2002	472
549	**超过保证期间后，承诺协助催收，保证债务不重生** ——保证人在债权人超过保证期间的催收通知书上	2.3 200601/12:164	473

	签字，并明确表明“协助催收”内容的，不应认定为保证债务重生。	200301/2:138 2002	
550	**保证期间届满，保证人签收催收通知，非重新担保** ——保证期间届满后，保证人仅在催收到期贷款通知单上签字或盖章的行为，不能成为其应重新承担保证责任的依据。	2.4 200302/10:137 2002	474
551	**对超过保证期间债务，保证人在催保单上签字效果** ——保证期间届满债权人未主张保证责任的，保证责任免除。保证人在催款通知单上签章行为并不导致保证责任重生。	3.3 2009商:61 2007	474
552	**债务承担情形，保证债务重生后时效届满如何认定** ——免责的债务承担中，债务人主体发生变更，但其债务性质和内容均不变更，已超过履行期限的债务转移仍然有效。	3.4 200812:32 2007	475
553	**超过诉讼时效期间，保证人在催收单上签章亦无责** ——保证人在超过诉讼时效期间的借款催收通知单回执上签字盖章，只证明收到通知，不足以成为承担保证责任理由。	3.1 2004商:82 2002	477
554	**超过保证期间，保证人在催收单签字，债务不重生** ——最高人民法院《关于超过诉讼时效期间借款人在催款通知单上签字或者盖章的法律效力问题的批复》不适用保证。	3.1 200101/35:193 1999	477

3

诉讼时效 478

555	**债务人放弃对诉讼时效的抗辩权，担保人仍可行使** ——对于债务人放弃的抗辩权，担保人仍可行使，主债务人放弃时效届满抗辩权的行为，对保证人不应发生法律效力。	1.1 2003:277 2003	478
556	**债权人向保证人之一主张权利效力及于其他保证人** ——债权人在保证期间内，向保证人之一主张权利，该主张行为对另一连带共同保证人也同样发生诉讼时效中断效力。	2.1 201203/31:217 2.6 v.6:476 2011	479

557	**保证人替主债务人偿债，可引起担保债务时效中断** ——在保证期间内，保证人同意承担保证债务，由此推定债权人向保证人主张了权利，构成保证债务诉讼时效的中断。	2.1 201003/23:123 2.7 2011:322 2010	480
558	**另案中保证人对保证责任认可，视为诉讼时效中断** ——保证人在另案诉讼中承认对债权人的保证责任并未解除，应视为其愿意承担担保责任，构成保证债务的时效中断。	2.1 201003/23:123 2.7 2011:322 2010	481
559	**债权申报后，至破产程序终结日，诉讼时效应中断** ——主债务人破产的，债权人自申报债权之日起至破产程序终结，诉讼时效中断，破产程序终结后重新开始计算时效。	2.3 200804/19:76 2008	482
560	**保证人发函督促债权人向债务人收款，不中断时效** ——保证期间届满后，保证人督促债权人向主债务人收款或督促主债务人还款，不表明保证人放弃时效期间的抗辩权。	2.6 v.2:812 2006	483
561	**保证合同无效，保证人过错赔偿责任的时效为两年** ——国家机关违反法律规定为债务人提供担保导致保证合同无效，保证人需承担的过错赔偿责任诉讼时效期间为两年。	2.1 200301/3:436 2002	484
562	**债权人向连带共同保证人之一主张权利的法律效果** ——债权人向共同保证人中的任何一人主张权利，都是债权人要求保证人承担保证责任行为，其效力及于所有保证人。	3.6 201104/16:36 2011	484
	管辖		485
563	**数份借款合同分别约定仲裁和法院管辖，均为有效** ——当事人签订的数份借款合同分别约定了仲裁管辖和法院管辖的，应视为当事人真实意思表示，各管辖约定均有效。	1.1 2007:408 2007	485

564	**将付款行为地视为实际履行地，确定借款合同管辖** ——借款合同未约定履行地，以实际履行地来确定管辖时，可将付款行为视为实际履行，不论该履行是否适当、合法。	1.1 2008:280 2006	486
565	**不良资产受让方起诉，受限于原借款合同管辖约定** ——不良债权虽几经转让，但新的债权人均未与债务人、保证人重新约定管辖法院，原协议管辖约定应认定继续有效。	1.1 2007:270 2006	487
566	**基于转让形成的欠款担保纠纷，另行约定管辖有效** ——涉外经济合同当事人以书面形式另行约定或确认担保纠纷适用我国《担保法》有关规定处理的，依法应确认有效。	1.1 2004:174 2001	488
567	**保证合同约定“债权人所在地法院管辖”，应有效** ——担保合同中约定“债权人所在地”法院管辖，可确定双方在保证合同中的管辖约定实际指向的是合同履行地法院。	2.6 v.2:852 2006	490
568	**主合同与从合同约定管辖不一致，应依主合同确定** ——借款合同的借款人和担保人住所地不一致，借款合同和担保合同选择管辖法院亦不一致，应根据主合同确定管辖。	2.6 v.2:852 2006	491
569	**连带责任担保合同纠纷，由担保人住所地法院管辖** ——因借款担保人承担连带责任的担保合同发生纠纷，债权人向担保人主张权利的，应当由担保人住所地的法院管辖。	2.6 v.1:671 2006	492
570	**担保追偿权纠纷，可由任一被告住所地的法院管辖** ——作为追偿权纠纷和反担保合同纠纷两个不同诉讼合并审理的四个当事人，在确定案件管辖问题上无先后顺序之分。	2.6 v.2:375 2005	493
571	**担保纠纷由担保人住所地法院管辖，非属专属管辖** ——担保纠纷由担保人住所地法院管辖不是专属管辖性质。当事人在合同中关于合同履行地法院管辖的约定应为有效。	2.6 v.2:386 2005	493
572	**当事人约定的贷款人所在地法院管辖，应优先适用** ——当事人协议约定贷款人所在地法院管辖应优先适用，唯在当事人未约定情况下，才适用法律规定	2.6 v.1:674 2005	494

3

来确定地域管辖。

573 **借款合同中“乙方所在地”协议管辖条款，应有效** 2.6 495
——当事人在借款担保合同中约定由“乙方所在地法院”管辖，而“乙方所在地”即贷款人银行所在地，该约定有效。 v.1:678 2005

574 **应以名义借款人而非实际借款人的住所地确定管辖** 2.6 496
——作为被告的借款人以其系名义借款人为由，主张应按实际借款人或用资人的住所地来确定管辖的，法院不予支持。 v.1:678 2005

575 **保证人担责后，行使追偿权可由其住所地法院管辖** 2.3 497
——多个连带责任保证人之一代替借款人还款后，作为原告向借款人及其他保证人起诉还款，可以其住所地法院管辖。 200401/6:39 2004

576 **主合同仲裁管辖条款的效力，不及于从合同保证人** 2.1 497
——主合同约定有仲裁条款，从合同即保证合同未约定，债权人单独对保证人起诉时，不受主合同仲裁条款约定拘束。 200201/1:250 2002

577 **债权人申请仲裁后，可单就保证合同纠纷提起诉讼** 2.3 498
——主合同约定了仲裁条款，保证合同未约定，债权人就主合同申请仲裁并在裁决作出后可就保证合同纠纷单独起诉。 200201/1:158 2001

578 **侵权案中有担保纠纷的，按侵权法律关系确定管辖** 3.4 499
——在侵权纠纷中，存在担保纠纷的，亦应根据主合同确定案件管辖，以主诉的侵权法律关系来确定整个案件的管辖。 201002:21 2009

579 **香港当事人在香港获胜诉判决后，仍可在内地起诉** 3.1 499
——香港公司在香港胜诉并获得部分执行后以担保人在我国内地拥有财产为由，在内地另行起诉的，内地法院应受理。 200202/40:300 2000

合并审理 500

580 **同一债权人多笔债权有多个担保人的，应分开审理** 1.1 500
——原告据以提起诉讼的基础法律关系涉及多份借 2008:447

3

	款合同，担保人、担保对象、金额、方式均不相同，不应合并审理。	2007	
581	**担保人与债务人相同的，诉的合并与否，法院决定** ——诉的合并既可基于当事人的申请，亦可由法院决定。担保人与债务人系同一人的，诉的合并与否，可由法院决定。	1.1 2004:197 2.2 200304/16:412 2003	501
582	**同一保证人为同一债权人数笔债担保，可合并审理** ——同一债权人因同一保证人为数个不同主债务人提供连带保证责任而诉请保证人承担保证责任，法院可以合并审理。	2.6 v.9:463 2012	502
583	**债权人可将同一债务人和多个保证人列为共同被告** ——债权人和债务人相同的多笔借款合同，尽管借款期限、金额、保证人不同，各保证人仍可作为共同被告合并审理。	2.6 v.2:782 2007	503
584	**借款人相同，担保人不同的数份合同，可合并审理** ——对于诉讼主体相同，且合同目的、解除条件上均有一定关联性的多份借款担保合同，法院进行合并审理并无不当。	2.6 v.2:324 2005	503
585	**担保追偿权纠纷，可由任一被告住所地的法院管辖** ——作为追偿权纠纷和反担保合同纠纷两个不同诉讼合并审理的四个当事人，在确定案件管辖问题上无先后顺序之分。	2.6 v.2:375 2005	504
586	**同一债权人但债务人、担保人不同的合并审理特例** ——对于案件的诉讼标的属于同一种类，法院认为可以合并审理并经各方当事人同意的，可以作为共同诉讼合并审理。	2.1 200501/7:248 2004	505
587	**违法合并审理，不影响实体公正的，可不发回重审** ——应经而未经各方当事人同意而合并审理的案件，鉴于案件实体审理并无不当，二审可对此案不再作发回重审处理。	2.6 v.2:378 2004	506

	诉讼程序		507
588	**判决将连带责任变为补充赔偿责任，未超诉请范围** ——债权人诉请抽逃出资股东在抽逃出资范围内承担连带责任，法院调整为补充赔偿责任，不违背“不诉不理”原则。	2.6 v.7:244 2011	507
589	**保证人提起消极确认之诉时债权人的举证证明程度** ——保证人以免除保证责任为由，以债权人为被告提起诉讼，因该消极确认之诉符合受案条件，故人民法院应予受理。	2.1 201003/23:164 2.1 200904/20:126 2.7 2010:846 2.6 v.2:708 2009	508
590	**最高院驳回再审申请后，仍可因抗诉启动再审程序** ——最高人民法院裁定驳回申请人再审申请后，因抗诉指令高级人民法院再审的，再审法院应另行组成合议庭予以再审。	2.3 200901/20:71 2009	509
591	**一方变更诉请，对方未提异议，法院可否继续审理** ——一方当事人在庭审期间改变诉讼请求，对方当事人未提出异议，亦未要求法庭休庭，法院未休庭不构成程序违法。	2.6 v.2:774 2007	510
592	**借款人法定代表人涉嫌犯罪不影响借款担保案审理** ——借款人的法定代表人因涉嫌犯罪被追究刑事责任，并不因此影响借款人承担民事责任，亦不需中止民事诉讼程序。	2.6 v.2:836 2006	510
593	**当事人本该享有的实体权利，因未上诉，视为放弃** ——二审当事人未提出诉讼请求，除非一审判决违反法律禁止性规定、侵害社会公共利益或他人利益，否则不予审查。	2.1 200502/8:205 200501/7:182 2005	511
594	**已申报债权的债权人，可诉请保证人承担清偿责任** ——在担保人承担连带责任的案件中，债务人破产的，债权人有选择申报债权或向保证人主张权利或同时主张的权利。	2.1 200501/7:152 2005	512

595	**本案当事人主张抵押权的方式，是否符合法律规定** ——诉讼请求包括“在抵押物不足以清偿时”的保证责任，一审中又主张对抵押物优先受偿权，应视为主张了抵押权。	2.6 v.2:324 2005	513
596	**违法合并审理，不影响实体公正的，可不发回重审** ——应经而未经各方当事人同意而合并审理的案件，鉴于案件实体审理并无不当，二审可对此案不再作发回重审处理。	2.6 v.2:378 2004	514
597	**二审中增加的独立的诉讼请求，不在法院审理范围** ——当事人二审程序中增加独立的诉讼请求，法院可依当事人自愿原则进行调解，调解不成的，告知当事人另行起诉。	2.1 200301/3:436 2002	515
598	**保证人就保证合同效力抗辩，适用一事不再理原则** ——保证人提起确认保证合同效力之诉并获生效判决后，在无新法律事实情况下，不得在另案中再就其效力提出抗辩。	2.1 200202/2:388 2002	515
599	**以裁定书解决实体问题，不属于严重违反法定程序** ——法院对生效判决书中当事人一方应承担的保证责任性质以裁定方式补正，如未影响案件正确审理，不应再审改判。	2.3 200403/8:140 2000	516
600	**香港当事人在香港获胜诉判决后，仍可在内地起诉** ——香港公司在香港胜诉并获得部分执行后以担保人在我国内地拥有财产为由，在内地另行起诉的，内地法院应受理。	3.1 200202/40:300 2000	517

3

刑民交叉

518

601	**民间借贷不因涉嫌非法吸收公众存款罪影响其效力** ——民间借贷涉嫌或构成非法吸收公众存款罪，当事人可能被追究刑事责任的，并不当然影响到民间借贷合同的效力。	1.1 2011:525 2010	518
602	**负责人对外担保构成犯罪，不免除单位的民事责任** ——单位直接主管人员以单位的名义对外签订担保协议或出具监管协议构成犯罪的，同时该单位依法	2.8 2011:700 2007	519

	应承担民事责任。		
603	**借款保证不因涉嫌非法吸收公众存款罪而影响效力** ——民间借贷涉嫌犯罪，不影响民间借贷合同及相对应的担保合同效力，案件无须中止审理，司法实践中可刑民并行。	3.4 201022:79 2009	520
	证据规则		521
604	**对已修改格式条款有异议的，应提交原本予以反驳** ——债权人提交证据证明保证期间格式条款已修改的，已协商变更格式条款不再视为格式条款，不适用不利解释规则。	2.8 2011:365 2011	521
605	**另案中保证人对保证责任认可，视为诉讼时效中断** ——保证人在另案诉讼中承认对债权人的保证责任并未解除，应视为其愿意承担担保责任，构成保证债务的时效中断。	2.1 201003/23:123 2.7 2011:322 2010	522
606	**证明犯罪行为不足的言辞笔录，可作民事证据使用** ——刑事案件虽撤销，但并不因此得出合法讯问采集的证明犯罪行为不足的言词笔录，不得作为民事证据使用的结论。	2.6 v.5:285 2010	522
607	**在反复攻击防御中提出新证据，不受举证期限限制** ——法院对当事人在证据交换后提出反驳并提出的新证据再次进行交换质证，不违反法律规定，亦不受举证期限限制。	2.6 v.7:590 2010	523
608	**企业财务报表对债权未予记载，不等于该债权虚假** ——有其他证据佐证情况下，不能以相关债权人在其财务报表中对债权债务情况未予记载而作出否定其真实性的结论。	2.6 v.5:304 2009	524
609	**生效刑事判决对借款担保合同的定性，应有预决力** ——生效刑事判决已认定借款担保合同系以合法形式掩盖非法目的犯罪行为，民事程序中，亦应依法认定该协议无效。	2.6 v.5:372 2009	525

610	**法院生效法律文书证明力，一般高于其他书面证据** ——法院针对破产程序所作生效法律文书、破产债权申报、破产审计报告等法律文件的证明力一般高于其他书面证据。	2.7 2011:341 2.6 v.2:716 2009	526
611	**合同原件是确定借款担保关系的最原始和直接证据** ——在一方应持有却未提供原件，又无其他证据推翻对方原件的情况下，应依对方出示的借款合同原件认定其真实性。	2.4 200901/27:98 2009	527
612	**贷款数额涂改，保证人仅对认可金额承担保证责任** ——贷款合同、贷款申请书等证据上贷款数额确有明显涂改痕迹，担保人对其认可承担保证责任以外的金额应予免责。	2.3 200804/19:84 2008	527
613	**银行不能凭合同中非合意的涂改添加部分主张权益** ——债权人以借款担保合同中涂改、添加的部分主张权益的，应就该部分外观瑕疵系双方共同意思表示承担举证责任。	2.4 200804/26:186 2005	528
614	**无法核对原件的复印件，不能单独作认定事实依据** ——一方持有无法与原件核对的复印件，对方不予认可其真实性的，该复印件依法不能单独作为认定案件事实的依据。	2.6 v.2:918 2005	529
615	**公安机关询问笔录属证人证言，亦需接受出庭质证** ——刑事询问笔录在其他民事案件中属于证人证言，证人无正当理由亦需接受出庭质证，否则不能作为认定事实依据。	2.6 v.2:918 2005	530
616	**催收通知回执原件，可佐证担保合同复印件真实性** ——即使债权人提交的担保合同为复印件，但因担保人在催款通知回执上加盖公章，足以证明担保人提供担保的事实。	2.6 v.2:950 2004	531
617	**银行职员在办公场所提供虚假保函应承担赔偿责任** ——银行职工私刻单位公章在银行办公场所以银行名义进行担保，行为人构成犯罪的，银行仍应承担相应的民事责任。	2.4 200502/18:159 2003	531
618	**债务人篡改保证数额，不能对抗善意无过失债权人** ——债务人单方篡改保证数额，仅是保证人出具担	2.4 200101/1:204	532

3

	保的原因瑕疵，保证人不具备法定免责条件，其保证责任不能免除。	2001	
619	**券商对监管资金去向举证不能，应负侵权赔偿责任** ——委托理财受托人违约责任无法证明情况下，证券公司作为监管人应对监管资金去向承担举证及侵权损害赔偿责任。	3.3 2007商:160 2006	533

天同码

中国案例钥匙码

系列

3

3

保证

保证成立

1　市政府“负责解决”的《承诺函》不构成保证担保

——第三人向债权人出具“督促解决”承诺函，但未明确表示承担保证责任或代为还款的，不能推定其行为构成保证。

标签： 保证 | 保证成立 | 安慰函

案情简介： 1994年至1996年，市政府为市直属企业的实业公司借款先后3次向香港银行出具《承诺函》，均表述：“本政府愿意督促实业公司切实履行还款责任，按时归还贵行贷款本息。如该公司出现逾期或拖欠贵行的贷款本息情况，本政府将负责解决，不让贵行在经济上蒙受损失。”在香港银行向实业公司出具的授信函中“抵押品及法律文件”项下，《承诺函》被列入区别于“保证”的“其他”文件项下。1998年，为解决实业公司拖欠香港银行贷款事宜，市政府与香港银行之间有三次座谈会并形成会议纪要，市政府表示在适当时机对企业进行资产重组，以解决原有债务。一审认为《承诺函》系保证，非安慰函，属国家机关担保、未经审批的对外担保，故担保无效，市政府应对实业公司

法院认为： 从市政府向香港银行出具的《承诺函》名称看，《承诺函》并非担保函，对于其是否能构成担保应根据其内容来认定。从该函内容看，“负责解决”、“不让贵行在经济上蒙受损失”并无明确的承担保证责任或代为还款的意思表示。在香港银行向实业公司出具的授信函中“抵押品及法律文件”项下，除市政府的《承诺函》外，还有不动产的抵押、保证及存单的质押等，且《承诺函》在这些授信函中均被列入区别于“保证”的“其他”文件项下，这说明香港银行明知《承诺函》并非担保函。为解决包括实业公司在内的市直属企业拖欠香港银行贷款事宜，市政府与香港银行之间有三次座谈会并形成会议纪要。从这三份纪要的记载来看，香港银行从未要求市政府承担保证责任或代实业公司还款，市政府亦未作出过承担保证责任或代企业还款的意思表示。因市政府向香港银行出具的书面文件，到其实际行动，从未有过承担保证责任或代所属企业还款的意思表示，故案涉《承诺函》不构成我国《担保法》意义上的保证。

实务要点： 根据《担保法》第3条规定，担保活动应遵循平等、自愿、公平、诚实信用原则。与借贷合同无关的第三人向合同债权人出具承诺函，但未明确表示承担保证责任或代为还款的，不能推定其出具承诺函的行为构成《担保法》意义上的保证。

案例索引： 最高人民法院（2004）民四终字第5号“某银行与某政府担保纠纷案”，见《佛山市人民政府与交通银行香港

拖欠香港银行债务不能清偿部分承担二分之一责任。

分行担保纠纷案》(审判长王玧，代理审判员陈纪忠、周翔)，载《最高人民法院公报·裁判文书选登》(2005:341)。

1.1

2005:341

2004

2 安慰函无担保意思表示，不构成法律意义上的保证

——出函人向不特定第三人出具的介绍性函件或安慰函，不构成中国法律意义上的保证，不具有保证担保的法律效力。

标签： 保证 | 保证成立 | 安慰函

法院认为： 安慰函从形式上看，非信托公司与特定债权人签订，而是向不特定第三人出具的介绍性函件，内容上并无担保意思表示，未约定当债务人不履行债务时，代为履行或承担还债责任，故安慰函不构成中国法律意义上的保证，不具有保证担保的法律效力，裁定依安慰函申报担保债权不予支持。

3

案情简介： 1999年，信托公司进入破产清算程序。有15家信托公司子公司的债权人持信托公司出具的安慰函申报金额约23亿元的担保债权。

实务要点： 出函人向不特定第三人出具的介绍性函件，内容上并无担保意思表示，未约定当债务人不履行债务时，代为履行或承担还债责任，故该安慰函不构成中国法律意义上的保证，不具有保证担保的法律效力。

1.1

2003:341

2003

案例索引： 广东高院2003年3月8日裁定“某信托公司破产案”，见《广东国际信托投资公司破产案》，载《最高人民法院公报·案例》(2003:341)。

3 工商登记的法定代表人核准变更前的签字行为有效

——企业法定代表人虽已被免职但尚未在政府企业登记机关变更登记前，如不违反企业利益，仍可对外行使相应职权。

标签： 保证 | 保证成立 | 法定代表人 | 企业变更登记

法院认为： 《保证合同》是沈某代表上海置业公司签订，而沈某本人确实在此前被公司董事会决议免去董事长职务，4个月后，经工商核准登记，上海置业公司的法定代表人由沈某变更为尹某。经国务院批准的由国

案情简介： 1997年2月25日，外商独

资的上海置业公司与香港置业公司签订《保证合同》，同意为香港伟成公司欠款提供连带责任保证。沈某作为上海置业公司法定代表人在合同上签字，并加盖公司合同专用章。但早在1997年1月18日，沈某就被上海置业公司董事会决议免去公司董事长职务。同时，该合同专用章未在工商局备案，香港置业公司向香港伟成公司移交时，亦无该公章。1997年6月27日，上海置业公司法定代表人经工商核准更名为尹某。争议焦点：沈某代表行为是否有效？

1.1

2004:174

2001

家工商行政管理局于1998年4月7日发布的《企业法人法定代表人登记管理规定》第3条规定："企业法人的法定代表人经企业登记机关核准登记，取得法定代表人资格。"故在企业登记机关未对上海置业公司的法定代表人作出变更登记前，沈某仍是上海置业公司的法定代表人，其有权代表上海置业公司对外签订相关文件。《保证合同》所涉保证事项虽未经上海置业公司董事会决议同意，但本案有其一定的特殊性，即债权人、债务人及担保人之间有一定关联，尤其是债权人与担保人之间董事会成员有存在交叉，上海置业公司的大部分董事已在有关协议上签字同意上海置业公司作为主债务人的还款担保人，而上海置业公司在本案纠纷形成前亦从未对保证事项提出任何异议。故可认定《保证合同》签订并未损害上海置业公司利益，且符合上海置业公司真实意愿。由于沈某有权代表该公司对外签署文件，"合同专用章"是否被隐匿或被伪造均不影响《保证合同》效力。根据《境内机构对外担保管理办法实施细则》第8条第2款规定："外商独资企业可以自行提供对外担保，无需得到外汇局逐笔批准。"故作为外商独资企业的上海置业公司为香港伟成公司提供保证担保无需经过外汇局批准。综上，案涉《保证合同》是上海置业公司真实意思表示，上海置业公司无证据证明相关当事人之间存在欺诈、恶意串通损害其合法权益情形，《保证合同》亦不违反我国现行法律法规的禁止性规定，应认定有效，判决上海置业公司承担连带保证责任。

实务要点： 企业法定代表人虽已免职但尚未在政府企业登记机关办理变更登记前，如不违反企业利益，仍可对外行使相应职权。

案例索引： 最高人民法院（2001）民四终字第13号"某香港置业公司与上海置业公司等欠款担保纠纷案"，见《香港新建业有限公司等诉上海新建业有限公司等欠款担保纠纷案》（审判长王玧，代理审判员陈纪忠、任雪峰），载《最高人民法院公报·裁判文书选登》（2004:174）。

4 企业法人不因伪造的法定代表人的签字而承担责任

——企业的法定代表人不应对他人伪造其签名的行为负责，也不能据此认定签名内容反映了企业法人的真实意思表示。

法院认为： 《合同法》第32条规定："当事人采用合同书形式订立合同的，自

标签：保证 | 保证成立 | 法定代表人 | 伪造法定代表人签字

案情简介：1996年8月，贸易公司向银行借款450万美元，经鉴定，以建设公司名义出具的《不可撤销担保书》上法定代表人薛某签名系伪造。

1.1

2004:231

2001

3

双方当事人签字或者盖章时合同成立。”该条规定表明，当事人签字或盖章均可使合同成立。当事人签字，包括自然人本人或其委托代理人签字，企业法人或其他经济组织的法定代表人、负责人或其委托代理人签字。《民法通则》第38条规定：“依照法律或者法人组织章程规定，代表法人行使职权的负责人，是法人的法定代表人。”第43条规定：“企业法人对它的法定代表人和其他工作人员的经营活动，承担民事责任。”企业法定代表人签字的合同代表了企业的意思表示，可产生合同成立的法律效果。本案讼争《不可撤销担保书》系法定代表人签字，不存在委托代理人代理行为，但对该法定代表人薛某的签字系他人伪造，薛某不应对非由其签名的行为负责，亦不能据此认定《不可撤销担保书》内容反映了建设公司的真实意思。故伪造签名不能使本案讼争的《不可撤销担保书》成立并生效，建设公司不因伪造的法定代表人签字而产生民事责任。

实务要点： 企业法定代表人签字的合同代表了企业的意思表示，可产生合同成立的法律效果。但法定代表人不应对他人伪造其签名的行为负责，亦不能据此认定签名内容反映了企业法人的真实意思。

案例索引： 最高人民法院（2001）民二终字第155号“某银行诉某建设公司纠纷案”，见《建行浦东分行诉中基公司等借款合同纠纷案》（审判长姜伟，代理审判员钱晓晨、杨征宇），载《最高人民法院公报·裁判文书选登》（2004:231）。

5　合同上加盖变造印章不能认定系公司真实意思表示

——有争议的合同文本经鉴定认定印章系变造，且不构成表见代理的，不应认定或推定该合同系当事人真实意思表示。

标签： 保证 | 保证成立 | 变造合同印章

案情简介： 1996年8月，贸易公司向银行借款450万美元，经鉴定，以建设公司名义出具的《不可撤销担保

法院认为： 盖章可产生合同成立的效果。合同书上盖章的意义在于证明该合同内容是印章记载当事人的意思表示，此时合同书上的印模具有证据作用。加盖真实印章的合同，其权利义务由该当事人承受。本案讼争《不可撤销担保书》加盖的是以建设公司贸发部的印章变造后的建设公司印章，非建设公司正式印章，《不可撤销担保书》并不当然

书》上公章系建设公司贸发部印章变造后的建设公司印章，而建设公司贸发部系1994年由建设公司成立，并由贸易公司经营。

1.1

2004:231

2001

代表建设公司真实意思，当然亦不代表建设公司贸发部的真实意思。建设公司是否应依该《不可撤销担保书》承担担保责任，需根据本案相关事实综合判定。如加盖变造印章的行为是建设公司本人所为，则该印章虽为变造，仍能代表建设公司意思表示，建设公司应承担担保责任。因本案银行不能证明系建设公司加盖的变造印章，而变造印章的多次使用本身并不产生当然代表建设公司意思表示的效果，况且，银行在接受《不可撤销担保书》时，并不知道该印章曾多次被使用，该行是在争议发生后，才收集到有关证据。可见，银行在接受《不可撤销担保书》时，并未将该印章的多次使用作为其相信该印章可代表建设公司意思表示的理由。银行作为专业的金融机构，在从事金融业务时，本应尽到谨慎注意义务，但其经办人员疏于履行职责，接受加盖变造印章的担保，对此，建设公司无过错，不应承担《不可撤销担保书》项下义务。因本案公章系由其他公章变造盖印形成，且经当事人举证和法院查证均不能证明该变造的建设公司章系建设公司自己加盖或授意他人加盖的，不能证明建设公司明知该担保书的存在而不作否认表示，亦不能证明建设公司自己在其他业务活动中使用了该变造的建设公司章，或明知他人使用该变造的建设公司章而不作否认表示，《不可撤销担保书》上的变造的建设公司章不能认定或依法推定为建设公司真实意思表示，故该《不可撤销担保书》不成立，建设公司不应承担贸易公司对银行450万美元借款本息的担保责任。

实务要点： 有争议的合同文本经司法鉴定认定，印章系变造，且经当事人举证和法院查证，均不能证明变造的印章为该当事人自己加盖或授意他人加盖，亦不能证明该当事人有明知争议合同文本的存在而不予否认，或在其他业务活动中使用过变造印章，或明知他人使用变造印章而不予否认等情形，故不能认定或推定争议合同文本为该当事人真实意思的表示。

案例索引： 最高人民法院（2001）民二终字第155号“某银行诉某建设公司纠纷案”，见《建行浦东分行诉中基公司等借款合同纠纷案》（审判长姜伟，代理审判员钱晓晨、杨征宇），载《最高人民法院公报·裁判文书选登》（2004:231）。

6 担保函载明的主债务人名称表述不规范时担保效力

——担保函载明的主债务人虽有多个中文名称，但均使用同一枚印章，法定代表人亦同为一人，应认定保证关系成立。

标签：保证 | 保证成立 | 主体名称

案情简介： 1995年2月，外贸公司与全称系“匈牙利金城豪克国际贸易责任有限公司”的豪克公司签订售货合同，旅游公司提供的担保函载明系给“匈牙利金城企业集团欧洲豪克公司”提供保证担保。1997年，经仲裁裁决，豪克公司应向外贸公司支付货款32万余美元。1998年，外贸公司诉请旅游公司承担保证责任。旅游公司以其担保函载明的公司与主债务人非同一公司，双方之间不存在债权人与保证人的法律关系。但豪克公司在仲裁答辩、推选首席仲裁员函及为案外人提供另案担保时均以“匈牙利金城企业集团欧洲豪克公司”名义，并加盖“匈牙利金城豪克国际贸易责任有限公司”的公章。

3

1.1

1995-1999:647

1999

法院认为： 外贸公司与豪克公司之间的国际货物买卖合同纠纷，业经仲裁裁决，豪克公司应承担给付外贸公司货款及赔偿损失的民事责任，即主合同债务人债务范围已确定。因仲裁裁决不能涉及仲裁协议之外的当事人，即从合同中的保证人旅游公司。外贸公司有权以旅游公司为被告，单独就本案保证合同关系向法院提起诉讼，要求确认外贸公司与旅游公司之间存在保证合同关系并判令旅游公司对主债务人豪克公司的债务承担赔偿责任。豪克公司虽有多个中文名称，但均使用同一枚印章，法定代表人亦同为田某一人，且旅游公司不能举证证明其在匈牙利还开办了第二家豪克公司，应认定担保函上所称被保证人匈牙利金城企业集团欧洲豪克公司即为主合同的债务人豪克公司。外贸公司与旅游公司之间已形成保证合同关系，该合同系当事人真实意思表示且不违法，应认定为有效。旅游公司应对被保证人豪克公司给付货款及赔偿损失的债务承担赔偿责任。

实务要点： 保证人出具的担保函载明的主债务人虽有多个中文名称，但均使用同一枚印章，法定代表人亦同为一人，且保证人不能举证证明多个中文名称的债务人主体单独存在，应认定保证关系成立。

案例索引： 最高人民法院1999年4月24日判决“某外贸公司与某旅游公司保证合同纠纷案”，见《东方国际集团上海市对外贸易有限公司与兰州金城旅游服务（集团）有限责任公司保证合同关系确认纠纷上诉案》，载《最高人民法院公报·案例》（1995-1999:647）。

7 向债权人承诺“可考虑代替偿还”，可认定为保证

——上市公司就关联子公司债务向债权人承诺“在子公司确实无能力偿还时，可考虑代替偿还”，应认定为一般保证。

标签：保证 | 保证成立 | 保证类型 | 一般保证 | 信赖利益

法院认为： 本案中，电器集团作为上市公司，其出具的复函足以使供货方产生信赖利益，相信其会依复函

案情简介：2005年，电源公司向电器公司供货，电器集团作为电器公司控股股东向电源公司出具复函，载明“在子公司确实无能力偿还债务时，可考虑代替偿还”。因电器公司未偿货款致诉。电器集团认为其没有提供保证担保。

内容承担相应责任。该复函应认定为“一般保证”。一般保证人在债务人不履行债务时，应依法承担补充责任。故在收货方未能清偿货款情况下，电器集团对电器公司不能偿还的货款，应承担补充还款责任。

实务要点： 上市公司对其关联子公司债务偿还向债权人承诺“在子公司确实无能力偿还债务时，可考虑代替偿还”，足以使债权人产生信赖的，应认定该承诺构成一般保证。

2.3
201104/31:77
2.7
2011:254
2011

案例索引： 最高人民法院裁定“某电源公司与某能源公司买卖合同纠纷申请再审案”，见《对〈中华人民共和国公司法〉第二十条的理解——中信国安盟固利电源技术有限公司与青岛澳柯玛新能源技术有限公司、青岛澳柯玛新能源配套有限公司买卖合同纠纷申请再审案》（武建华，最高院立案庭），载《立案工作指导·申诉与申请再审疑案评析》（201104/31:77）；另载《最高人民法院商事审判裁判规范与案例指导·裁判文书》（2011:254）。

8 对保证期限的修改属于实质性变更，应视为新要约

——债权人向保证人出具空白的保证合同，保证人变更保证期限的，是对合同内容作出的实质性变更，应视为新要约。

标签：保证 | 保证成立 | 保证期间 | 实质性变更 | 新要约

案情简介：2004年12月，银行信贷科科长傅某将空白保证合同交置业公司，置业公司认为保证期限2年太长，遂在“其他约定事项”手书“担保有效期限为9个月”后加盖公章，傅某表示回去请示领导后才能决定。两天后，银行按保证合同约定实际发放贷款150万元给科技公司。2005年1月，因科技公司发生重大安全事故导致公司歇业。2005年3月，银行催告置业公司，要求履行连带担保责任。置业公司以未取得双方盖章的保证合同，

法院认为： 从本案保证合同形式、内容及缔约过程看，该合同系典型的保证人与债权人之间订立的保证合同，而非保证人单方出具的保证书。本案保证合同签订亦符合一般合同签订所应遵循的要约、承诺等规则，应视为银行向保证人发出的要求置业公司承担保证责任的要约。根据《合同法》第30条“受要约人对要约内容作出实质性变更的，为新要约”规定，保证人置业公司在保证合同上手书“担保有效期限为9个月”行为，是对要约内容即合同履行期限作出实质性变更，应视为新要约，不能视为对保证合同条款的修改，且保证合同明确约定“如确需变更或解除，应经双方协商一致并达成书面协议”，此变更亦未达成书面协议。对此新要约，保证合同约定“本合同经甲、乙双方签字并盖章后生效”，而债权人银行当时并未在该保证合同上签章，经办人明确表示需请示银行才能确定。可见，银行此时并未对置业公司作出承诺，此后又不能举证证明将双方均签章的保证合同送达保证人，即承诺并未在合理期限内到达保证人，故双方缔约行为尚未完成，保

银行未就其变更保证期限的新要约作出承诺为由，主张免除保证责任。

2.8

2011:359

2011

3

证合同不能成立，保证人置业公司不应承担保证责任。银行以其实际贷款行为对新要约作出承诺的做法，并非该行签订保证合同的单一形式，不能视为交易习惯，且既不规范，亦不合法，该种随意性签约方式不应受法律保护。而银行在其后采取的公证送达的明示方式，是在借款人发生事故后，不属于承诺到达的合理期限内，故驳回银行要求置业公司承担保证责任的诉讼请求。

实务要点： 保证合同商定过程中，保证人变更其中的保证期限是对合同内容作出的实质性变更，应视为新要约。债权人不能提供证据证明在承诺到达的合理期限内将双方均签章的保证合同送达保证人的，应视为双方缔约行为尚未完成，保证合同不能成立，保证人不应承担保证责任。

案例索引： 湖南长沙中院再审“某银行与某置业公司等借款合同纠纷案”，见《保证人变更保证期限是对保证合同内容作出的实质性变更，应视为新要约——中国工商银行股份有限公司长沙市汇通支行与长沙盛德里置业发展有限公司、湖南同达富科技化工有限公司借款合同纠纷案》（欧阳华，湖南长沙中院），载《全国法院再审典型案例评注（上）》（2011:359）。

9　法定代表人以个人名义担保，应承担个人担保责任

——债务人法定代表人以个人名义承诺在债务人“不按时还款”时负保证责任，应认定系个人连带责任而非一般保证。

标签：保证 | 保证成立 | 保证类型 | 法定代表人 | 自然人保证

案情简介： 2006年，黄金公司法定代表人聂某就合作协议终止后黄金公司应返还投资公司的投资款344万元出具《保证书》，内容：“本人保证：如黄金公司在2007年10月30日前不按时还款，本人愿负保证责任。”同时，聂某在该《保证书》上注明：“如2007年10月底不能还清，本人要求延期一年，至2008年底利息按银行计

法院认为： 聂某向投资公司出具的保证书明确表示在黄金公司不按时还款时，其愿负保证责任。按《担保法》第19条“当事人对保证方式没有约定或者约定不明确的，按照连带责任保证承担保证责任”规定，聂某应承担连带保证责任。签订《终止合作协议》主体是黄金公司和投资公司，一方违约，当然应由另一方承担责任，没有必要再另行订立保证合同。故聂某认为其出具保证书系以黄金公司法定代表人名义出具，应由黄金公司承担责任，其本人不承担责任的主张不能成立。对于聂某在担保书上注明的还款期限，仅适用于聂某本人，不影响其已承诺连带责任保证性质的认定。故判决聂某对黄金公司债务承担连带清偿责任。

算。”聂某认为其行为代表黄金公司，其本人不应承担保证责任。

实务要点： 债务人法定代表人单独以个人名义出具保证书，承诺在债务人“不按时还款”而非“不能按时还款”时承担保证责任，应认定该法定代表人系以自然人身份出具的连带责任保证而非一般保证。

2.3

201002/25:136

2010

案例索引： 最高人民法院裁定“某黄金公司与某投资公司等合同纠纷申请再审案”，见《论违约金性质及担保责任的认定——封开县金装河生黄金开采有限公司、聂河生与广东国邦投资公司合同纠纷申请再审案的评析》（王慧君，最高院立案庭；秦雯，广西桂林中院行政庭），载《立案工作指导·申诉与申请再审疑案评析》（201002/25:136）。

10 担保合同成立不以原因关系和双方互负义务为必要

——担保合同系无因合同和单务合同，不以担保人和债权人具有原因关系、原因关系是否成就和双方互负义务为必要。

标签： 保证 | 保证成立 | 反担保 | 原因关系

案情简介： 2001年，投资公司以“流动资金”名义向银行借款6000万元，药业公司以其存款作为质押。2004年，科技公司向药业公司提供连带保证责任的反担保。2005年，科技公司登报公告称，因药业公司控股子公司拟与科技公司合作，并以为药业公司提供反担保作为合作条件，因合作未成，故撤销反担保。因投资公司将借款委托理财未能清偿，银行扣划药业公司6000万元质押款后，药业公司起诉科技公司要求承担反担保责任。

法院认为： 本案科技公司并无充分证据证明其系因被欺诈而签订《担保承诺书》，《担保承诺书》为附条件合同。当事人双方签订的借款合同、担保合同与反担保合同系其真实意思表示，不违反法律、行政法规的效力性禁止性规定，应认定有效。主合同及担保合同已实际履行。科技公司提供反担保的意思表示并不以该贷款用途已实际发生改变而改变，本案贷款用途改变并未加重科技公司提供担保时所具有的担保风险，故不能以贷款用途的改变而免除其反担保责任。故判决投资公司偿还药业公司6000万元，科技公司承担连带清偿责任，在科技公司承担连带责任后可向投资公司追偿。

实务要点： 担保合同系无因合同和单务合同，不以担保人和债权人之间具有原因关系和双方互负义务为必要。

案例索引： 最高人民法院判决“某药业公司与某投资公司等借款合同纠纷案”，见《附条件合同的认定以及反担保责任的承担》（张雪楳，最高院民二庭），载《民商事审判指导·民商审判案例分析》（200902/18:162）。

2.1

200902/18:162

2009

11 承诺“可以考虑代替还款”，可认定构成一般保证

——公司法人为其全资子公司未能清偿的债务向债权人承诺“可以考虑”承担还款责任，该承诺可认定构成一般保证。

标签：保证 | 保证成立 | 一般保证 | 复函 | 考虑代替还款

法院认为： 股份公司作为上市公司，其出具的复函足以使空调公司产生信赖利益，相信其会依复函内容承担相应责任，且电器厂系股份公司全资子公司，股份公司出具复函的目的是为了对电器厂拖欠空调公司货款的偿还问题作出债务安排，股份公司对电器厂不能偿还的货款，应承担补充还款责任。

案情简介：2006年，空调公司为主张对股份公司全资子公司的电器厂拖欠的货款2100万余元，向有关部门提交相关报告。集团公司法定代表人批转股份公司总经理张某处理，张某向空调公司出具复函称“请贵公司相信我公司作为上市公司的信誉，如果电器厂确实无能力全部还欠款，对其不能归还的货款，我公司可以考虑代替其对贵公司承担还款责任”。

实务要点： 公司法人为其全资子公司未能清偿的债务向债权人承诺“可以考虑”承担还款责任，在该承诺足以使债权人产生信赖利益的情况下，应认定构成一般担保，作出承诺的公司应对债务人不能清偿的款项，承担补充还款的责任。

3

案例索引： 最高人民法院（2009）民提字第7号“某空调公司与某实业公司等定作合同纠纷案”，见《一般保证人在债务人不履行债务时承担补充责任——杭州杭星汽车空调制造有限公司与青岛澳柯玛集团空调器物资配套有限公司、青岛澳柯玛集团空调器厂、青岛澳柯玛股份有限公司、青岛澳柯玛集团总公司定作合同纠纷案》（审判长付金联，代理审判员王涛、李相波），载《最高人民法院商事审判指导案例·合同卷（下）》（2011:738）。

2.6

v.1:738

2009

12 企业兼并产生借款，在兼并解除后保证人责任认定

——保证人为“兼并转贷”提供担保，在未最终完成审批手续而被政府解除兼并情况下，保证人应承担相应民事责任。

标签：保证 | 保证成立 | 企业改制 | 企业兼并 | 过错责任

法院认为： 案涉保证合同系钢铁集团因兼并钢铁厂，针对钢铁公司就钢铁厂旧贷款“兼并转贷”而提供的担保。因兼并协议未经省政府批准，钢铁厂、钢铁公司、钢铁集团的关系恢复至未兼并前状态，钢铁集团对钢铁厂的兼并已实际解除，故作为钢铁集团兼并钢铁厂重要组成部分的最高额保证合同关系亦应予解除。但由于案涉保证合同签订前，钢铁集团向当地政府提交了兼并申请，随后又实施了一系列促使兼并成功的法律行为和事实行为，说明钢铁集团在兼并之初就知道该兼并行为须得到国家有关主管部门审批方可生效，该兼并一旦不成功的各类

案情简介：1997年，钢铁集团以承担债务的方式兼并钢铁厂，成立钢铁公司。随后，钢铁集团为钢铁公司贷款与银行签订《最高额保证合同》，钢铁公司以“兼并转贷”名义向银行借款2984万元。2002年，因该兼并未

报经省政府批准，故政府解除兼并。银行诉请钢铁集团承担保证责任。

风险均属于该集团应当预见范畴，其中就包括为钢铁公司提供最高额保证给被保证人造成损失可能承担的民事责任，故钢铁集团应在本案中就争议借款向资产公司承担一定的赔偿责任，法院酌定为10%即298.4万元。

2.1

200804/16:117

2.7

2010:703

2008

实务要点： 保证人为“兼并转贷”提供担保，在未最终完成审批手续而被政府解除兼并的情况下，保证人应就被保证人的借款损失承担一定的民事责任。

案例索引： 最高人民法院判决“某资产公司与某钢铁集团等借款担保合同纠纷案”，见《企业兼并产生的借款债务的确认及政府解除该兼并后相关担保人的民事责任——上诉人中国东方资产管理公司武汉办事处与被上诉人冶铁集团有限公司、黄石市国有资产经营有限公司借款担保纠纷上诉案》（李京平，最高院民二庭；审判长王东敏，代理审判员雷继平、李京平），载《民商事审判指导·民商审判案例分析》（200804/16:117）；另载《最高人民法院商事审判裁判规范与案例指导·案例指导》（2010:703）。

13 收款通知书的签收行为，不等于是对担保方式确认

——收款通知书的签收行为仅是对款项传递方式的确认，而非担保方式的确认，并不构成保证合同成立的要约、承诺。

标签： 保证 | 保证成立 | 收款通知书签收

案情简介： 2003年6月，银行与贸易公司、改装厂签订《三方协议》，约定：银行为贸易公司向改装厂购车开具500万元的承兑汇票；贸易公司以提车单证作为质押；改装厂在贸易公司不能偿还银行承兑汇票款项时回购车辆，并将回购款作为银行垫付汇票差额支付款。2004年4月，该协议履行完毕前，改装厂与贸易公司又签订《工业品买卖合同》，贸易公司为支付550万余元购车款向银行申请开具承

法院认为： 《三方协议》与《承兑协议》是两个不同的法律关系。改装厂虽依《三方协议》接收了银行为贸易公司开出的承兑汇票，并由改装厂工作人员以收款通知书签收，但该收款通知书仅是对款项传递方式的确认，而非担保方式的确认，并不具备构成银行与改装厂同意将上述承兑汇票适用《三方协议》的要约和承诺。第二张500万元承兑汇票开出后，本案当事人在相关购销汽车过程中亦均未按《三方协议》约定实际履行，故判决贸易公司偿还银行汇票差额款200万元。

实务要点： 收款通知书的签收仅是对款项传递方式的确认，而非担保方式的确认，并不构成保证合同成立的要约和承诺。

案例索引： 最高人民法院再审审查“某银行与某汽车公司借款合同纠纷申请再审案”，经最高院提审，当事人达成调解协

兑汇票并提供质押担保，随后改装厂工作人员在银行的承兑汇票收款通知上签字，该通知书载明根据前述《三方协议》规定由改装厂签收。就贸易公司未偿还的200万元汇票垫款，银行诉请改装厂依《三方协议》承担连带责任。

议，银行在原审判决用资人不能偿还本金650万元范围承担50%赔偿责任基础上再行支付195万元。见《对汽车买卖中银行融资款项偿还责任人的确定——一汽山东汽车改装厂与济南市商业银行西市场支行、山东捷瑞达汽车贸易有限公司借款合同纠纷申请再审案》（侯建军，最高院立案庭），载《立案工作指导·申诉与申请再审疑案评析》（200802/17:114）。

2.3

200802/17:114

2008

3

14　企业法人工作人员为企业经营活动所出担保函有效

——企业法人工作人员为企业经营活动，向债权人所出具的担保付款函件具有法律效力，不能以未盖公章而予以否认。

标签： 保证 | 保证成立 | 企业法人工作人员

案情简介： 1997年，三方达成口头协议：工贸公司和物资公司向开发公司工地供给钢材，工贸公司所供钢材，由开发公司给物资公司结账，物资公司提取手续费后将款汇给工贸公司。随后，工贸公司与物资公司签订钢材购销协议。履行过程中，开发公司工程队队长亦工地负责人冯某致函工贸公司，内容为“你公司经物资公司供给我开发公司钢材，我方保证及时付款，如物资公司不能及时付款，我公司保证付款。请贵方及时供应钢材”。1999年，工贸公司持14张开发公司收条向法院诉请开发公司给付工程款。

法院认为： 冯某函件系向本案购销合同债权人工贸公司出具，承诺内容的性质是担保付款函。冯某系开发公司工程队队长，工贸公司和物资公司亦知冯某系项目工地负责人，负责工程及会计票据的审签，冯某行为是为工程项目而为。至于冯某是固定工还是聘任工，是否被授权出具担保函，属于开发公司内部管理事务。根据最高人民法院《关于贯彻执行〈民法通则〉若干问题的意见（试行）》第58条规定，“企业法人的法定代表人和其他工作人员，以法人名义从事的经营活动，给他人造成经济损失的，企业法人应承担民事责任”，该函未加盖公章并不妨碍行为后果的成立，冯某所出函对开发公司有效。根据该函承诺，在物资公司不能付款情况下，开发公司应向工贸公司承担保证付款责任。

实务要点： 企业工作人员为企业经营活动向债权人所出具的担保付款函件，足以使人产生信赖利益，该函具有法律效力，不能以未盖公章而予以否认。

2.4

200803/25:203

2008

案例索引： 最高人民法院判决“某建筑公司与某工贸公司等购销合同纠纷案”，见《内部工作人员出具的未盖公章的担保函件是否具有法律效力——北京韩建集团有限公司与保定承钢钢铁工贸有限公司、滦平滦金物资有限公司购销合同纠纷再审案》（贺褆，最高院审监庭），载《审判监督指导·案例评析》（200803/25:203）。

15 保证质押账户资金不低于某金额承诺，不构成担保

——证券公司向质押权人出具保证质押账户资金不低于某金额及“负责监控”的承诺，不宜将其定性为保证担保性质。

标签： 保证 | 保证成立 | 监管义务 | 证券 | 账户监管 | 合同解释 | 质押 | 账户质押

案情简介： 2005年，商贸公司向银行申请办理银行承兑汇票业务，实业公司以名下网上国债提供质押担保。证券公司为此向银行出具承诺鉴证书，约定“证券公司对申请人或出质人的国债交易负责监控，保证申请人或出质人国债账户市值与资金账户余额之和在质押期间不低于1900万元”。嗣后银行据此主张证券公司应承担保证责任。

法院认为： 涉及到条文表述不周延，当事人对合同解释不一的情况下，《合同法》第125条第1款规定：“当事人对合同条款的理解有争议的，应当按照合同所使用的词句、合同的有关条款、合同的目的、交易习惯以及诚实信用原则，确定该条款的真实意思。”依上述解释规则，结合本案承诺鉴证书中所使用的词句、签约目的及证券市场交易习惯等，不宜将案涉承诺鉴证书定性为担保性质，亦不宜将承诺鉴证书中“负责监控”、“保证”解释为证券公司负有保证责任。从使用词句来看，抬头系承诺鉴证书而非保证书；从内容表述来看，承担责任条件限制在“未遵守上述承诺鉴证造成损失”的范围，即证券公司只有在实施了违约行为，且该违约行为给质押权人造成损失的情况下才承担赔偿责任。从鉴证书内容亦无法推出只要账户内低于承诺数额，证券公司即承担保证责任的意思，更推断不出在质押期间国债账户市值与资金账户余额之和低于1900万元时证券公司即负有补足资金的义务。《证券法》第141条明确规定，证券公司不得为客户融资融券。若判定证券公司对账户负有补足资金义务，则势必违反法律禁止性和强制性规定。按照证券公司对客户账户常规的监控，证券公司只需且只能做到不让客户账户内资金被未经授权的人挪走、在账户资金低于监管数额时及时通知客户，故本案承诺鉴证书真实含义应理解为：证券公司应保证监控出质人或出质人的国债交易过程，如出质人的操作可能导致国债账户市值与资金账户余额之和在质押期间低于1900万元，则证券公司应停止其交易行为，而非补足资金。在证券交易中，证券公司为了获取高额回报，违法为客户融资融券，通常要与客户有事先的细节商议，但本案缺乏证据证明当事人之间有过关于融资融券的意思表示，故案涉承诺鉴证书不具备保证性质，所承诺的责任亦非保证责任而是监管责任。

2.6

v.2:423

2008

实务要点： 证券公司向质押权人出具承诺鉴证书，保证国债账户市值与资金账户余额之和在质押期间不低于某一数额的，应结合承诺鉴证书中所使用的词句、签约目的及证券市场交易习惯等，不宜将其定性为担保性质，亦不宜将承诺鉴证书中“负责监控”、“保证”解释为证券公司负有保证责任。

案例索引： 最高人民法院（2008）民二终字第44号“某银行与某证券公司等借款担保合同纠纷案”，见《质权人在质物移交时明知质物有瑕疵而予以接受的，质权人应当对质押物价值的减少所形成的损失自行承担责任——国泰君安证券股份有限公司郑州花园路证券营业部与中国光大银行郑州分行、河南省华润商贸有限公司、深圳市盛力实业发展有限公司、国泰君安证券股份有限公司借款担保合同纠纷案》（审判长叶小青，审判员陈明焰，代理审判员王闯），载《最高人民法院商事审判指导案例·借款担保卷（上）》（2011:423）。

3

16 保证人签收有担保要约的催收函，应承担保证责任

——保证人在债权人发出的明确载有“保证人承担担保，期限两年”的催收通知上的担保人处盖章，应认定保证成立。

标签： 保证 | 保证成立 | 催收通知 | 担保要约 | 担保意思表示

案情简介： 1998年，石材公司为石材厂向银行贷款提供担保。2000年至2004年间，石材厂、石材公司的关联公司即石材集团先后三次在银行催收通知的担保人处盖章，该催收通知上均载明“石材集团承担担保，期限两年”。银行据此诉请石材集团承担担保责任。

法院认为： 案涉催收通知上载明石材集团承担担保，期限两年。石材集团在担保人位置加盖了公章。银行在上述催收通知中要求石材集团承担石材厂欠款的保证责任的意思表示明确，作为债务人石材厂和保证人石材公司的关联公司，石材集团对石材厂欠款和石材公司保证的事实应为知晓，其在催收通知书担保人处加盖公章的行为表明石材集团接受了银行要约。因其不能提供银行利用催收骗取担保的相关证据，应认定石材集团承诺提供担保的意思表示真实。案涉催收通知具有保证合同效力，石材集团应承担本案石材厂欠款的连带保证责任。

实务要点： 保证人在载明“保证人承担担保，期限两年”的债务催收通知上的担保人处盖章，应认定其承担保证责任的意思表示明确，该催收通知具有保证合同效力。

2.6

v.2:774

2007

案例索引： 最高人民法院（2007）民二终字第174号“某资产公司与某石材公司等借款担保合同纠纷案”，见《担保人在涉及债务人欠款的〈催收通知书〉的担保人位置加盖公章的，视为承诺提供担保——哈尔滨玉堂石材集团有限公司与中国信达资产管理公司哈尔滨办事处、北京东方玉堂石材贸易有限公司借款担保合同纠纷案》（审判长张树明，审判员王闯，代理审判员沙玲），载《最高人民法院商事审判指导案例·借款担保卷（下）》（2011:774）。

17 本案借款合同担保人，亦系委托贷款合同的担保人

——担保人约定为借款人通过银行委托贷款方式向债权人贷款提供担保的，可认定担保人系为委托贷款关系提供担保。

标签： 保证 | 保证成立 | 合同解释 | 委托贷款

案情简介： 2003年，药业集团与投资公司、实业公司签订借款合作协议，约定由实业公司为投资公司向药业集团通过银行的委托贷款8000万元提供连带保证责任；两周后，药业集团与银行签订委托贷款协议，约定药业集团委托银行向投资公司发放贷款8000万元。实业公司以后一份委托贷款协议中其非担保人而主张免除担保责任。

法院认为： 案涉借款协议与委托贷款合同约定的贷款数额、利率、借款人与贷款人均相同，尽管委托贷款合同并无实业公司签字，但其并无证据证明除本案贷款外，其对药业集团与投资公司之间的其他款项提供担保。而且，如将本案贷款解释为企业间借贷，则应为无效合同，显然不符目的解释精神。故通过文义解释、整体解释、目的解释的方式，可认定实业公司真实意思系为药业集团与投资公司通过银行的委托贷款提供担保，而非为药业集团与投资公司之间的私相借贷提供担保。另从款项走向分析，其支付、收取均通过银行进行，而非两个企业之间私相交付，故应认定实业公司实为本案委托贷款提供担保，判决投资公司偿还银行贷款本息，实业公司承担连带保证责任。

实务要点： 担保人约定为借款人通过银行委托贷款方式向债权人贷款提供担保的，虽然在嗣后借款人与银行签署的委托贷款合同中非作为担保人，但通过对借款合同文义解释、整体解释和目的解释方法，可以认定担保人系为委托贷款关系提供担保。

2.1

200701/11:259

2007

案例索引： 最高人民法院（2007）民二终字第7号“某投资公司与某银行等委托借款合同纠纷案”，见《合同解释方法的运用与合同效力的认定——北京君泰投资管理有限公司、山东省五洲交通实业有限公司与天津药业集团有限公司、上海浦东发展银行天津分行委托借款合同纠纷一案评析》（张雪楳，最高院民二庭），载《民商事审判指导·判决书选登》（200701/11:259）。

18 "保证负责收回"的承诺，不应认定构成保证担保

——当事人向债权人书面承诺"保证负责收回贷款"，在未明确约定其承担保证责任的情况下，不应认定为保证担保。

标签：保证 | 保证成立 | 保证负责收回 | 违约责任 | 缔约过失

案情简介：2001年，农林公司与信用社、农行签订三方借款协议，约定信用社向农林公司贷款550万元用于"生产流动资金"，农行负责"监督借款使用情况"以"保证负责到期收回贷款"。签约后次日，农林公司与农行在三方协议上增加补充条款，内容为用该笔借款购买土地使用权。因逾期未偿，信用社诉请农行连带偿还。

3

2.1

200501/7:294

2005

法院认为：农行在借款协议中承诺具有两层含义：一是负责监督农林公司借款的使用情况，二是保证负责到期收回贷款偿还给信用社。根据借款合同约定，贷款用途为生产流动资金，而该笔贷款实际用于购买土地使用权，显然与约定不符。况且，购买土地的实际用途是农行与农林公司在借款时背着信用社以补充文字的形式作的私自约定。本案证据足以证明农行未尽监督专款专用的责任，按最高人民法院《关于适用〈担保法〉若干问题的解释》第26条规定："第三人向债权人保证监督支付专款专用的，在履行了监督支付专款专用的义务后，不再承担责任。未尽监督义务造成资金流失的，应当对流失的资金承担补充赔偿责任"，故农行应承担补充赔偿责任。对于农行的第二项承诺，本院认为，不宜按《担保法》上的保证认定责任。理由为：（1）《担保法》意义的保证是保证人提供保证时，以自身财产偿还欠债作为保证内容的，而本案的"保证负责收回"是履行一种行为，二者有所不同。（2）合同中并未明确约定农行承担的是保证责任，在未明确约定的情况下，要求农行承担保证责任缺乏合同依据。故农行违反了承诺义务，属于不作为的违约行为，由此给信用社造成了损失，应承担赔偿责任。

实务要点：当事人向债权人书面承诺"保证负责收回贷款"，在合同未明确约定其承担保证责任的情况下，据此要求该承诺人承担保证责任缺乏合同依据。承诺人违反承诺义务，属于不作为的违约行为，由此给债权人造成损失的，应承担赔偿责任。

案例索引：最高人民法院（2005）民二终字第12号"某农行与某信用社借款合同纠纷案"，见《中国农业银行玉门市支行与玉门市农村信用合作社联合社借款合同纠纷上诉案》（审判长周帆，审判员王洪光，代理审判员王涛），载《民商事审判指导·判决书选登》（200501/7:294）。

19 承诺偿还到期债务的事后担保，构成新的债权债务

——第三人对到期债务所作承担连带偿还责任承诺有效。未明

法院认为：开发公司在资产公司与机床公司的债

确约定履行期间的，诉讼时效自债权人主张权利时起算。

标签：保证 | 保证成立 | 不良资产 | 诉讼时效 | 债务加入 | 事后担保

案情简介：2000年，机床公司与银行共签订13份借款合同，共向银行贷款4亿余元。2001年，债务到期后，受让该不良债权的资产公司与开发公司签订协议，开发公司承诺对机床公司的总债务承担连带保证责任。2002年，在资产公司起诉向机床公司和开发公司追索贷款债务时，开发公司提出保证期限约定不明，资产公司已超过诉讼时效。

务到期后，与资产公司签订协议，承诺为机床公司的4亿余元债务承担连带保证责任。该协议系当事人双方真实意思表示，不违反法律禁止性规定，应为有效。根据《合同法》第8条规定，依法成立的合同，对当事人具有法律约束力。当事人应按约定履行自己的义务，不得擅自变更或解除合同。尽管该协议字面上记载开发公司与资产公司建立了保证法律关系，但鉴于其签订还息协议时，机床公司的债务均已到期，已为实际发生的债务，开发公司向资产公司作出的承担连带保证责任的承诺，实际上是对到期债务承担偿还责任的承诺，而非一般意义上的提供担保。开发公司与资产公司之间形成了新的债权债务关系，即开发公司代机床公司向资产公司偿还4亿余元债务的法律关系。鉴于该协议书对开发公司偿还债务的履行期限未作明确约定，对于诉讼时效应从债权人向债务人主张权利时起算。即资产公司向开发公司主张偿还责任的诉讼时效，应自资产公司向法院提起诉讼时起算，故本案不存在资产公司向开发公司主张权利超过诉讼时效问题。

2.1

200401/5:159

2004

实务要点：第三人对到期债务承担连带偿还责任作出承诺，不是一般意义上的提供担保，应认定在第三人与债权人之间形成了新的债权债务关系。在履行期间未明确约定情况下，诉讼时效应自债权人向债务人主张权利时起算。

案例索引：最高人民法院判决“某资产公司与某开发公司等借款担保合同纠纷案”，见《债务到期后提供担保的法律认定——北京地鑫房地产开发有限责任公司与中国华融资产管理公司北京办事处、中国机床总公司、中国轻工集团公司、北京正一机电技术公司借款担保合同纠纷上诉案》（刘敏，最高院民二庭），载《民商事审判指导·民商事审判》（200401/5:159）。

备注：第三人为他人债务承诺偿还，存在以下法律关系的争议：债务承担或债的加入（免责式的债务承担、并存式的债务承担），债务转让，事后担保。

20 金融机构为公司承包经营合同提供的担保承诺有效

——公司股东与公司签订承包经营合同，金融机构为承包人上交承包利润和弥补经营亏损义务出具担保函，应为有效。

标签：保证 | 保证成立 | 担保性质 | 担保函

案情简介：1992年，实业公司与其股东钢铁公司签订《承包合同》，交行与工行分别向实业公司出具担保函，承诺"《承包合同》项下的承包利润基数5100万元将由承包方按期如数上交，不能上交时将由我行负责偿还"，"如承包期间造成亏损应予弥补时，本行将督促承包方如数弥补，如承包方不能按期如数弥补，则由我行无条件予以弥补"。1996年，因钢铁公司以经营亏损为由拒交承包费致诉。此前，实业公司股东大会于1996年1月28日在钢铁公司代表樊某与会的情况下以决议形式要求钢铁公司履行《承包合同》义务。

3

2.6

v.5:187

2004

法院认为：根据最高人民法院《关于审理经济合同纠纷案件有关保证的若干问题的规定》第5条规定，案涉担保函承诺前句内容构成代为履行的一般保证责任；后句内容，因《承包合同》未约定钢铁公司弥补经营亏损的期限，实业公司股东大会曾于1996年1月28日在钢铁公司代表樊某与会的情况下，以决议形式要求钢铁公司履行《承包合同》义务，钢铁公司未履行，从此时起算或从实业公司向法院提起本案诉讼时起算，《担保函》约定的"承包方不能按期如数弥补"之条件均已成就，实业公司有权直接请求交行和工行履行其"无条件予以弥补亏损"的承诺。故案涉担保函承诺构成连带保证责任担保。因交行和工行对各应承担的保证责任未约定份额，故应依《担保函》约定分别对钢铁公司上交承包利润的责任承担一般保证责任，对钢铁公司弥补经营亏损的责任承担连带保证责任。

实务要点：公司股东与公司签订承包经营合同，金融机构为承包人上交承包利润和弥补经营亏损的义务出具担保函的，应根据担保函的内容确定担保人的担保责任性质。

案例索引：最高人民法院（2004）民二终字第239号"某银行与某实业公司等承包经营合同纠纷案"，见《公司股东与公司签订的承包经营合同，约定内容不违反法律强制性规定的，合同有效——深圳市金源实业股份有限公司与重庆钢铁（集团）有限责任公司、舞阳钢铁有限责任公司、交通银行重庆分行、中国工商银行舞钢市支行承包经营合同纠纷案》（审判长张勇健，代理审判员王宪森、雷继平），载《最高人民法院商事审判指导案例·第五卷（上）》（2011:187）。

21 以股权作为质物提供质押担保的，不适用保证期间

——以股权作为质押的担保函中虽有"保证"字样，但不是《担保法》意义上的保证，有关保证期间的规定不能适用。

标签：保证 | 保证成立 | 诉讼时效 | 一般规定 | 质押 | 股权质押

法院认为：虽然担保函中有"保证"字样，但非《担保法》意义上的保证。从担保函内容看，发展公司用其在

案情简介： 1996年，技术公司向银行贷款7310万元。同年5月，发展公司向银行提供的担保函称：以在旅游公司的股权作为“质抵保证方式”提供“补充保证”。1998年1月和8月，发展公司分别又向银行出具承诺，继续以股权提供担保责任。2000年5月，银行诉请追索借款并主张质押担保权。

旅游公司所拥有的股权为技术公司债务提供担保，并不含有保证意思表示。本案银行与发展公司之间为股权质押担保关系，应适用《担保法》及司法解释关于质押担保的有关规定，《担保法》关于保证期间的规定不适用于本案。发展公司于1998年8月向银行发函承诺承担担保责任，银行于2000年5月向发展公司主张权利，并未超过诉讼时效。

实务要点： 以股权作为质押的担保函中虽有“保证”字样，但非《担保法》意义上的保证，应认定为股权质押担保关系，有关保证期间的规定不能适用。

2.4

200502/18:61

2003

案例索引： 最高人民法院（2003）民监他字第17号“某银行与某发展公司等借款担保合同纠纷案”，见《关于荆州市商业银行与广州世界大观园发展有限公司等借款担保合同纠纷一案的请示与答复——本案是股权质押担保还是保证与股权质押两种形式并存》（李桂顺，最高人民法院），载《审判监督指导·请示与答复》（200502/18:61）。

22 第三人在调解中所作保证，不因调解书撤销而无效

——第三人在法院调解过程中向债权人作出的担保还款承诺，在调解书因程序问题被撤销后，并不导致保证因此无效。

标签： 保证 | 保证成立 | 合同效力 | 调解书被撤销

案情简介： 1995年8月，蜡像宫以实际用资人身份，在贷款人投资公司起诉蜡像馆后，向投资公司致函为蜡像馆向投资公司的贷款承担连带清偿责任。同年9月，经法院调解达成协议：蜡像馆偿还投资公司贷款，蜡像宫按其1995年8月的承诺承担连带责任。该调解书后因蜡像馆诉讼代表人所持委托手续“诉讼法定代表人”意思表示不明而被撤销，蜡像宫据此主张其担保责任应予免除。

法院认为： 蜡像宫作为案涉贷款的实际用资人在投资公司已提起诉讼、当事人在法院主持下进行调解期间作出连带还款责任的承诺，意思表示真实。该承诺并未以法院的生效调解书为前提条件，调解书仅是对当事人调解结果的确认，故该调解书因程序问题被撤销并不导致当事人之间意思表示的无效，更不能认为蜡像宫担保还款承诺生效的条件不成就，故判决蜡像宫应为蜡像馆债务承担连带责任。

实务要点： 第三人在法院调解过程中向债权人作出的担保还款的承诺，在调解书因程序问题被撤销后，并不导致当事人之间担保意思表示的无效。

案例索引： 最高人民法院（2002）民二终字第45号“某投资公司与某蜡像馆等贷款纠纷案”，见《西安秦陵蜡像馆有限公司、北京十三陵明皇蜡像宫有限公司与陕西省国际信托投资股份有

2.1

200301/3:399

2002

限公司贷款纠纷上诉案》(审判长周帆，审判员张勇健，代理审判员贾纬)，载《民商审判指导与参考·裁判文书选登》(200301/3:399)。

23 债券发行人与保证人签订的保证合同，应认定有效

——向社会公开发行债券时，发行人与代理发行人或者第三人签订担保合同的，应对其担保的兑付债券承担保证责任。

标签：保证 | 保证成立 | 债券发行

案情简介：1992年7月，投资公司委托银行代理发行财政贴息债券1亿元，信托公司为此与投资公司签订担保书，约定信托公司为该公开发行的债券承担不可撤销的到期还本付息责任。债券到期后，某认购人要求投资公司还本付息，并要求信托公司承担保证责任。信托公司以其与该认购人未建立保证合同为由进行抗辩。

法院认为：我国《担保法》所规定的保证，是指保证人和债权人约定，当债务人不履行债务时，保证人按约定履行债务或者承担责任的行为。此处“保证人和债权人约定”系指双方均为特定人的一般情况。由于公司向社会公开发行债券时，认购人并不特定，不可能要求每一认购人都与保证人签订书面保证合同，故不能机械地理解和套用《担保法》中关于“保证”的定义。向社会公开发行债券时，债券发行人与代理发行人或第三人签订担保合同，该担保合同同样具有证明担保人之真实意思表示的作用。而认购人的认购行为即表明其已接受担保人作出的担保意思表示。故本案只要信托公司的保证意思系自愿作出，且内容真实，该保证合同即应有效，该公司应对其担保兑付债券承担保证责任。

3

2.1

200201/1:88

2001

实务要点：向社会公开发行债券时，债券发行人与代理发行人或第三人签订担保合同，该担保合同同样具有证明担保人之真实意思表示的作用，而认购人的认购行为即表明其已接受担保人作出的担保意思表示，保证人应对其担保的兑付债券承担保证责任。

案例索引：最高人民法院《关于沈阳市信托投资公司是否应当承担保证责任问题的答复》(法民二〔2001〕50号)“中国工商银行辽宁省分行营业部与沈阳市建设投资公司、沈阳市信托投资公司担保合同纠纷案”，见《发行人向社会公开发行债券时与保证人签订的保证合同应当有效》(王宪森)，载《民商审判指导与参考·请示与答复》(200201/1:88)。

24 银行监督支付函监督内容不明，不应认定保证成立

——金融机构出具的监督支付函并未明确、具体约定金融机构

法院认为：依《担保法》第6条规定，保证成立

拨付被监管款项时的监督审查内容，不应认定保证成立。

标签：保证 | 保证成立 | 监管义务 | 监督支付函 | 约定不明

案情简介：1993年，实业公司与边贸公司签订购销合同，银行向买方实业公司出具《监督支付函》，承诺："如该笔预付款汇入边贸公司账户后，我行负责按合同规定用途监督款项的支付，防止挪用，如款到后不能成交，我行按结算制度规定，监督将款项退给购货单位。"实业公司预付2300万元货款到边贸公司银行账户后，银行根据边贸公司申请，审查了边贸公司与农垦公司的购销合同，开具2200万元的银行汇票，并注明"此款专款专用，按合同监督执行，不用退回，不予转汇"。因农垦公司收款后倒闭未供货，边贸公司退还实业公司131万元后，取走账户余款31万余元。实业公司起诉银行要求承担连带给付货款的责任。

法院认为：保证合同必须是保证人与债权人保证意思表示一致的结果，保证人需作出当债务人不履行债务时，保证以自己的财产代为履行债务或承担责任的意思表示。从案涉监督支付函内容看，并未明确、具体约定银行拨付货款时的监督审查内容，亦不具有保证的意思表示。银行在边贸公司请求拨付货款时，审查了边贸公司与农垦公司签订的购销合同，货款未挪作他用。货款汇出时，已在汇票上特别注明专款专用内容，应认定银行已尽审查之责，履行了监督支付义务。但银行在边贸公司未履行合同、边贸公司账户尚有实业公司剩余货款情况下，仅监督退还实业公司131万元，尚余31万余元未监督退还，被边贸公司挪用，未全部尽到其承诺的监督退款义务，负有过错，应承担与其过错相应的民事责任，故判决银行在边贸公司所欠债务30万元范围内承担连带清偿责任。

实务要点：金融机构出具的监督支付函未明确、具体约定金融机构拨付被监管款项时的监督审查内容，亦不具有保证的意思表示，不应认定担保关系成立。

案例索引：最高人民法院（2000）经提字第1号"某银行与某边贸公司等借款担保合同纠纷案"，见《中国农业银行佳木斯市市区支行与广西防城港区金海岸公司、中国边贸佳木斯中联经贸公司、黑龙江省佳木斯市人民政府购销钢材合同纠纷提审案——银行未尽监督货款专款专用之责，如何承担责任》（刘国华），载《审判监督指导与研究·案例评析》（200104/4:176）。

2.4

200104/4:176

2001

25 企业借款保证保险，本质上是保险人提供担保行为

——保证保险虽系保险人开办的一个险种，但其实质是保险人对债权人的一种担保行为，故实质上构成借款保证合同。

标签：保证 | 保证成立 | 保证保险 | 企业借款保证保险

案情简介：1991年2月，保险公司为

法院认为：根据企业借款保证保险合同的法律关系和具体内容，保证保险虽系保险人开办的一个险种，但其实质是保险人对债权人的一种担保行为，故本案实质上构成了借款保证合同。在企业借款保证保险合同中，

金矿企业贷款71万元提供保证保险，约定保证有效期“至借款方还清借款本息时止”，并收取了相应保费。嗣后，金矿向银行借款71万元，约定借款期限1年。后因金矿破产，发放贷款的银行诉请保险公司承担保证责任时，保险公司以保险期间已过主张免责。

因企业破产或倒闭，银行向保险公司主张权利，应按借款保证合同纠纷处理，适用有关担保的法律。本案保险单中保险期限的约定不符合《企业借款保证保险试行办法》规定，且对债权人没有约束力，保险公司仍应按借款合同中规定的保证期限承担责任。

实务要点： 保证保险虽系保险人开办的一个险种，但其实质是保险人对债权人的一种担保行为，故实质上构成借款保证合同，应适用有关担保的法律规定。

2.3

200201/1:127

2000

3

案例索引： 最高人民法院《对湖南省高级人民法院关于〈中国工商银行郴州市苏仙区支行与中保财产保险有限公司湖南省郴州市苏仙区支公司保证保险合同纠纷一案的请示报告〉的复函》（2000年8月28日〔1999〕经监字第266号），见《中国工商银行郴州市苏仙区支行与中保财产保险有限公司湖南省郴州市苏仙区支公司保证保险合同纠纷案的请示与答复——对保证保险合同性质的认定》（马迎新，最高院立案庭），载《立案工作指导与参考·请示与答复》（200201/1:127）。

26 以不特定个人资产作抵押提供担保，应认定为保证

——当事人之间约定以个人资产作抵押为债权提供担保，但未对个人资产进行特定化说明，实质系个人资产信用保证。

标签： 保证 | 保证成立 | 抵押 | 抵押设立 | 个人资产抵押

案情简介： 2009年，车业公司与贸易公司签订购销合同，约定车业公司无法承担所有债务，则由车业公司签字代表“以其个人资产为抵押负责偿还贸易公司所有货款”。张某代表车业公司在合同上签字。2010年，因车业公司欠贸易公司货款40万余元致诉，法院认为抵押不成立，判决车业公司偿还贸易公司40万余元，驳回贸易公司要求张某承担连带责任的诉讼请求。该案经强制执行，车业公司仍欠

法院认为： 前后两案基于不同的事实、理由、法律关系提出不同的诉讼请求，故不属于重复诉讼。张某以个人资产为抵押负责偿还贸易公司所有货款，但个人资产属集合概念，通常处于动态变化中，不具有特定性，与法律规定的抵押财产须特定化不符，故诉争担保条款不能起到抵押担保作用。诉争条款实质系指在车业公司无法承担所有债务时，由张某个人负责偿还贸易公司所有货款，属张某以其个人资产为信用担保车业公司履行债务的担保方式，符合保证的核心要素，故张某应依此承担相应的保证责任。担保条款明确约定车业公司无法承担所有债务时，由张某负责偿还，且主合同已判决并进入执行程序，故张某应就车业公司结欠贸易公司相关债务承担一般保证责任，即在对车业公司财产依法强制执行后，仍不能履行生效判决确定的债务34万余元，由张某承担保证责任。

贸易公司34万余元。2011年，贸易公司诉请张某承担保证责任。

3.4

201216:23

2012

实务要点： 当事人之间达成以个人资产作抵押为债权提供担保的约定，但未对个人资产进行特定化说明，与《物权法》规定的抵押财产须特定化不符，该约定不能起到抵押担保作用，但该约定实质系指当事人以其个人资产信用为债权提供担保，符合《担保法》关于保证的规定，当事人应承担相应的保证责任。

案例索引： 江苏无锡中院（2012）锡商终字第0169号“江苏省无锡欧翔动力机车贸易有限公司与张玉彪担保纠纷案”，见《以不特定的个人资产作抵押为债权提供担保属于保证》（牛兆祥、姜丽丽），载《人民司法·案例》（201216:23）。

27 第三人先行代付工程款承诺，系债的加入而非保证

——第三人先行代付工程款的承诺，系债的加入而非保证。债务加入与原债务没有主从债务关系，亦不适用保证期限。

标签： 保证 | 保证成立 | 债的加入 | 主从债务关系

案情简介： 2006年，就建筑公司所欠装饰公司工程款，投资公司向装饰公司出具承诺书，载明“工程验收后，建筑公司在1个月内未结清工程款，我公司承诺先行代付工程款”。后投资公司以该承诺系保证，且装饰公司主张权利超过保证责任期限为由进行抗辩。

法院认为： 债务加入是指债务人并不脱离原有的债务关系，而第三人自愿加入到债务关系中，并由第三人与债务人共同向债权人承担债务。债务加入与原债务具有同一性，没有主从债务关系，没有偿债顺序上的区别，亦不适用保证期限。而保证是指保证人和债权人约定，当债务人不履行债务时，保证人按照约定履行债务或承担责任的行为。依《担保法》相关规定保证应设立保证合同，需双方达成合意才能成立。从本案投资公司出具的承诺书内容看，并不具有投资公司为建筑公司与装饰公司之间债务提供保证的意思表示，故不能就此认定投资公司提供了保证，应视为债务加入。投资公司应按其承诺在工程验收后，且建筑公司在1个月内未按约及时结清工程款情况下，先行代建筑公司履行及时结清工程款的义务，判决投资公司对建筑公司所欠装饰公司工程款承担连带清偿责任。

3.6

201102/14:43

2011

实务要点： 债务加入是指债务人并不脱离原有的债务关系，而第三人又自愿加入到债务履行中，并由第三人与债务人共同向债权人承担债务。债务加入与原债务具有同一性，没有主从债务关系，没有偿债顺序上的区别，亦不适用保证期限。

案例索引： 江苏扬州中院（2011）扬民终字第0185号“某装饰公司与某投资公司债务纠纷案”，见《如缘装饰公司诉中

德投资公司自愿加入建设工程合同债务履行纠纷案》，载《江苏省高级人民法院公报》(201102/14:43)。

28 第三人在欠款人后签字，一般视为并存式债务承担

——第三人在债务人出具的欠条中“欠款人”后署名，应根据具体情况和日常生活经验法则，认定为并存的债务承担。

标签：保证 | 保证成立 | 债务承担 | 并存式债务承担 | 日常生活经验法则

案情简介：2010年，王某作为杨某与应某买卖关系的中间人，在杨某出具给应某的欠条上“欠款人”杨某后面签名。应某据此主张王某应共同承担偿还责任，王某称其只是作为中间人见证。

3

3.1

201203/81:226

2011

法院认为：王某作为应某与杨某之间买卖业务关系的介绍人，在杨某出具的欠条中将自己名字签署在欠款人之后，在对该签名未作特别约定情况下，按一般理解，应系王某同意以欠款人身份，加入到杨某与应某的债务关系中，与债务人杨某共同承担债务。根据日常生活经验法则，王某解释其签字系见证人的解释不符合常理，且无相应证据印证，故应认定王某签字行为系并存的债务承担，判决王某、杨某共同支付应某欠款。

实务要点：第三人在债务人出具的欠条中的“欠款人”后署名，判断该行为系保证还是并存的债务承担，应根据具体情况和日常生活经验法则，从保护债权人利益的立法目的出发，未作特别约定情况下，应认定为并存的债务承担。

案例索引：浙江宁波中院（2011）浙甬商终字第569号“应某诉杨某等买卖合同纠纷案”，见《应志伟诉杨定炳、王崇兴买卖合同纠纷案》(刘丽)，载《人民法院案例选》(201203/81:226)。

29 企业债券未盖印章，仍可确定代理发行人民事责任

——企业债券虽未加盖印章，但综合各方证据，足以印证案件事实情形下，可确定债券发行人和代理发行人民事责任。

标签：保证 | 保证成立 | 企业债权 | 举证责任 | 代理发行人

案情简介：2004年，李某从信用社受让100万元银行代理化工厂发行的企业债券。该债券票面记载“偿还期限到期时，由代理发行单位负责兑付本息”。银行以债券只加盖银行下属支

法院认为：综合人民银行批复文件及银行盖有其下属支行印章的债券，可认定银行以包销方式代理发行了化工厂企业债券事实。虽然债券发行人、代理发行人均不能提供债券承销协议等相关文件，不能确定具体包销方式，但无论采取何种方式，债券在发行期内应全部在代理发行人监控之下。由于各方均未提交债券发行的文件资料，银行不能举证证明在债券上签章及经办人签字系必需条件，实践中银行代理发行企业债券亦有不加盖任何戳记的例证，且银行认可由其发行的债券上只有下

行的印章，并无银行签章及经办人签字为由拒绝承兑。

属支行的印章，故应认定银行代理发行了案涉债券，银行应按债券票面记载保证内容承担兑付责任。同时，因涉案债券系无记名债券，购买人、持有人均无证据证明债券到期后曾向兑付义务人主张过权利，故债券本金应按银行同期存款利率计算利息。

3.1

201203/81:268

2011

实务要点： 企业债券虽未加盖印章，但综合各方证据，能形成债券发行审批、代理发行、认购、转让等各环节完整证据链，足以印证案件主要事实的情形下，不应拘泥于债券持有人的举证责任，而应综合全案有效证据，认定事实，确定债券发行人和代理发行人的民事责任。

案例索引： 山东东营中院（2011）东商终字第47号“李某与某银行等企业债权兑付纠纷案”，见《李群英诉中国农业银行股份有限公司东营分行等企业债券兑付纠纷案》（李敏），载《人民法院案例选》（201203/81:268）。

30 第三人向债权人承诺履行债务的，应视为债务加入

——债权人与债务人约定债务由第三人履行，第三人向债权人书面表示同意的，应认定构成并存的债务加入而非保证。

标签： 保证｜保证成立｜债务承担｜并存的债务加入｜第三人履行

案情简介： 2006年，杨某向顾某出具欠据，载明欠顾某1.45万元，于本月15日到孙某处拿。孙某在该条据上签署“同意”并签名。因逾期未偿，顾某诉请孙某与杨某连带清偿。

法院认为： 我国现行担保立法取向和司法实践对保证关系的认定，不仅需要有实质上的保证的意思表示，还需具备一定的表现形式，故不宜认定本案孙某行为构成保证。杨某与顾某约定债务由孙某履行，第三人孙某向债权人顾某书面表示同意的，应认定构成并存的债务加入，由债务人杨某和第三人孙某承担连带责任。鉴于我国立法和司法解释尚未对债务加入予以直接规定，故依《民法通则》关于民事法律行为的相关规定，判决孙某对杨某归还顾某欠款承担连带清偿责任。

3.2

201003/15:46

2008

实务要点： 债权人与债务人约定债务由第三人履行，第三人向债权人书面表示同意的，应认定构成并存的债务加入，由债务人和第三人承担连带责任。

案例索引： 江苏盐城中院（2008）盐民一再终字第0016号“顾某与杨某等借贷纠纷案”，见《并存的债务加入应承担连

带责任——顾爱林与杨昌平、孙跃成民间借贷纠纷再审案》(刘仁海)，载《人民法院案例选（法制社月版）》(201003/15:46)。

31 约定亏本则翻番赔偿，应视为违约金计算方法条款

——双方在资金使用关系中约定“亏本则按提供方所投资金翻番赔偿”应视为双方对违约损失赔偿额计算方法的约定。

标签：保证 | 保证成立 | 违约责任 | 违约金

案情简介：2003年，孙某因生意需要向吕某借8.6万元，并出具保证书：“盈利共分，亏本则按提供方所投资金额翻番赔偿”。因孙某生意亏本仅偿还7.4万余元致诉。

法院认为：将资金提供给他人用于生产经营，其本人不参与经营，资金使用人为证明其经营绝对赚钱而作出盈利承诺。上述协议应按借款合同关系处理。“亏本则按提供方所投资金额翻番赔偿”应视为双方对违约损失赔偿额计算方法的约定，因其过分高于造成的损失，当事人有权请求减少。

实务要点：双方在资金使用关系中约定“亏本则按提供方所投资金额翻番赔偿”应视为双方对违约损失赔偿额计算方法的约定，适用违约金调整规则。

3

3.1

200701/59:273

2006

案例索引：河南内乡法院（2006）内法民初字第2334号“吕某与孙某合同纠纷案”，责任编辑观点认为暴利约定违背公序良俗应为无效。见《吕忠义以资金使用人孙戊寅保证亏本翻番赔偿投资为由诉其双倍给付投资款未予支持案》(杨宗华、薛书敏)，载《人民法院案例选》(200701/59:273)。

32 第三人出具确认函，未明确偿债意思的，非为保证

——第三人出具《确认函》，但未明确表示其承担保证责任或代为还款的，不能推定为构成《担保法》意义上的保证。

标签：保证 | 保证成立 | 保证合同 | 安慰函 | 确认函

案情简介：1994年，香港银行为实业公司贷款，市政府向香港银行出具《确认函》，“愿意督促实业公司切实按时归还贵行贷款本息，如该公司出现逾期或拖欠贷款本息现象，本政府将负责解决，不会让贵行在经济上蒙受损失”。

法院认为：市政府出具的《确认函》是一个完整的语句表述，即在债务人出现逾期拖欠贷款本息情况时，其承担督促债务人还款的责任，“不会让贵行在经济上蒙受损失”是其希望通过督促使债务人能够履行还款义务的一种希望和道义上的表述，从形式到内容均与安慰函的特征相符，故不应认定保证合同成立。

实务要点：第三人出具《确认函》，但未明确表示承担保证责任或代为还款的，不能推定其具函行为构成《担保法》意义上的保证。

3.1
200601/55:262
2005

案例索引： 福建高院（2005）闽民终字第180号“某银行与某电力公司等担保合同纠纷案”，见《中国银行（香港）有限公司诉福建省龙海市电力公司、福建省龙海市人民政府担保合同纠纷案》（曹发贵），载《人民法院案例选》（200601/55:262）。

33 保证人与债务人签保证合同，可认定担保关系成立

——只要保证人作出愿意担保的意思表示，债权人接受，就可认定保证行为，而不必限定须在保证人和债权人间订立。

标签： 保证 | 保证成立 | 非典型保证合同 | 单方承诺

案情简介： 1997年，实业公司向银行借款。交通公司、宾馆分别与实业公司签约承诺为实业公司贷款在300万元限额内提供担保。因实业公司欠银行297万元本息未偿致诉。

法院认为： 只要保证人作出愿意担保的意思表示，债权人予以接受，就可以认定保证行为，而不必限定为必须是在保证人和债权人间订立。就保证合同形式而言，最高人民法院《关于适用〈担保法〉若干问题的解释》第22条只是对司法实践中存在的常见的保证合同形式进行了规定，但并非法定保证合同形式，除了法律规定的典型保证合同外，保证人单方出具承诺书而为债权人接受的，亦应认定保证合同成立。本案保证合同虽产生于债务人和保证人之间，交通公司、宾馆在保证合同中明确表示愿为实业公司在银行的贷款提供担保，在发生贷款行为时可将保证合同径行送达银行，担保行为即告成立，发生法律效力。判决实业公司归还银行贷款297万元本息，逾期不归还，交通公司、宾馆在300万元限额内对银行债务承担连带清偿责任。

3.1
2004商:73
2004

实务要点： 只要保证人作出愿意担保的意思表示，债权人予以接受，就可以认定保证行为，而不必限定为必须是在保证人和债权人间订立。

案例索引： 四川都江堰法院判决“某银行与某实业公司等借款合同纠纷案”，见《工行都江堰支行诉华美公司等借款合同案》（余涛、曹文艳），载《人民法院案例选》（2004/商事·知识产权专辑:73）。

34 保证关系可通过其他能表明担保意思的承诺来建立

——法律并未对保证关系成立的形式作出明确规定，实践中，保证关系可通过其他能表明担保意思表示的承诺来建立。

标签： 保证 | 保证成立 | 债的加入 | 担保意思表示

法院认为： 根据三方合作协议及银行为电器公司开具承兑汇票事实，本案存在两个法律关系，即银行与电器公司

案情简介：2000年，三方合作协议约定，电器公司订购实业公司空调产品，银行依电器公司申请开出以实业公司为收款人的银行承兑汇票作为订货付款，承兑汇票到期日，电器公司未补足票款时，由实业公司承担连带责任。因最终有1903万元承兑票款未在汇票到期日前由电器公司交存银行致诉。

间垫付票款转逾期贷款的法律关系，及银行与实业公司的债权债务关系。银行对电器公司已形成事实上的垫款，电器公司自承兑到期日亦相应产生足额支付票款的义务。合作协议中规定实业公司承担付款责任，但该约定未排斥电器公司对银行的付款义务，亦未对债务转移进行约定，即使依合作协议，电器公司亦系承兑票款最终责任人，合作协议关于实业公司付款责任的约定，属于债的加入，实业公司依约承担责任后有权向电器公司追索。判决电器公司偿还银行承兑汇票款1903万元本息，实业公司承担连带责任。

3.1

2004商:197

2004

3

实务要点： 法律并未对保证关系成立的形式作出明确规定，保证关系可通过书面担保合同，或一方出具的担保函件来建立，亦可通过其他能够表明担保意思表示的承诺来建立。

案例索引： 河南高院判决“某银行与某电器公司等合作合同纠纷案”，见《广东发展银行郑州分行文化路支行诉河南省鹏云电器有限公司等合作合同案》（刘文辉、朱世鹏），载《人民法院案例选》（2004/商事·知识产权专辑:197）。

35 汽车分期付款购销合同中的担保和反担保关系认定

——汽车销售方为保证其承担保证责任后自身债权的实现，要求债务人提供反担保，在其承担保证责任后，有权追偿。

标签：保证 | 保证成立 | 反担保 | 汽车销售贷款

案情简介：2000年，杨某购车，与机电公司签订分期付款购销合同，李某应杨某要求签署被担保人为杨某的担保书，存放在机电公司。次日，杨某与保险公司签订车辆保险合同，与银行签订借款合同，机电公司与银行签订保证合同。2个月后，因杨某酒后超速驾驶致车毁人亡，交警认定杨某负全责。保险公司依约免责。机电公司依保证合同向银行偿还了分期付款2万余元后，以杨某

法院认为： 李某所提供担保属于反担保，其签署的担保书中虽未列明合同相对方，但因该担保书由机电公司出具并持有，故应视其为该担保合同的相对人，亦即机电公司系该反担保合同之担保权人，李某为反担保合同中的担保人。作为一般保证人，在被保证人杨某不能履行债务时，李某应承担保证责任。机电公司作为本担保的保证人，在其承担保证责任取得追偿权后，有权向反担保人追偿。鉴于目前机电公司尚未履行全部债务，故其只能就已履行部分向李某追偿，判决李某给付机电公司2万余元。

实务要点： 汽车销售方在为购车人贷款购车向银行提供担保前，为保证其在承担保证责任后自身债权的实现，要求债务人即购车人或第三人向其提供反担保，在其承担保证责任后，有权向反担保人追偿。

无遗产，起诉要求李某承担反担保责任。

3.1

200303/45:266

2001

案例索引： 北京宣武区法院2001年11月26日判决“某机电公司诉李某担保合同纠纷案”，见《售车人联拓公司为购车人的汽车消费信贷担保并履行部分担保义务后诉李玉兰承担为购车人的分期付款购车合同及汽车消费信贷合同向其提供的反担保责任案》（薛峰、宋洪印），载《人民法院案例选》（200303/45:266）。

债务承担

36 债权人接受第三人承担债务承诺，应视为债务加入

——第三人向债权人表明偿还股权转让款债务加入的意思后，即使债权人未明确表示同意，仍应认定为债务加入成立。

标签： 保证 | 债务承担 | 股权转让 | 付款责任 | 债务加入 | 债务转移

案情简介： 2005年，物业公司与电讯公司所签股权转让协议因无法继续履行，在物业公司向电讯集团发函要求退出合作后，电讯集团出具《承诺函》同意偿还物业公司已交付的3000万元款项。后电讯公司认为债务已转移，电讯集团认为该《承诺函》系担保物业公司与电讯公司之间的《合作合同》而形成。

法院认为： 物业公司向电讯集团发函要求退出合作后，电讯集团向物业公司出具《承诺函》同意偿还物业公司已交付的3000万元款项，该《承诺函》的效力与是否存在《合作合同》无关。物业公司接受该《承诺函》后未表示异议，电讯集团即应受该《承诺函》约束。电讯集团提出其不应向物业公司承担清偿责任的主张与《承诺函》不符，对其主张不予支持，电讯集团应为电讯公司所欠物业公司款项承担连带清偿责任。

实务要点： 合同外的第三人向合同中的债权人承诺承担债务人义务的，如无充分证据证明债权人同意债务转移给该第三人或债务人退出合同关系，不宜认定构成债务转移，一般应认定为债务

1.1

2012:271

2.6

v.7:170

2010

加入。第三人向债权人表明债务加入的意思后，即使债权人未明确表示同意，但只要其未明确表示反对或未以行为表示反对，仍应认定为债务加入成立，债权人可依债务加入关系向该第三人主张权利。

案例索引： 最高人民法院（2010）民提字第153号“某电讯公司与某实业公司等股权转让合同纠纷案”，见《广东达宝物业管理有限公司与广东中岱企业集团有限公司、广东中岱电讯产业有限公司、广州市中珊实业有限公司股权转让合作纠纷案》（审判长王东敏，代理审判员王富博、杜军），载《最高人民法院公报·裁判文书选登》（2012:271）；另见《所涉股权系第三人所有情况下，股权转让合同的效力认定——广东中岱企业集团有限公司、广东中岱电讯产业有限公司、广州市中珊实业有限公司与广东达宝物业管理有限公司股权转让合作纠纷案》，载《最高人民法院商事审判指导案例-7·公司与金融卷》（2012:170）。

3

37 并存的债务承担与附条件免责债务承担，如何区分

——第三人承诺在满足一定条件时加入债务承担，当该条件成就时，债权人可要求原债务人和该第三人共同偿还债务。

标签： 保证 | 债务承担 | 借款合同 | 企业改制 | 债务主体 | 并存的债务承担

案情简介： 2000年，矿业集团在欠银行1.3亿元贷款情况下进行股份制改造，以其优良资产与他人组建矿业公司，将净值9000万余元的资产投入到矿业公司。期间，矿业集团、矿业公司向银行出具《债务转移协议补充承诺》：“1.矿业集团与矿业公司共同对银行的债权负责；2.为了使银行的债权不受矿业集团改制的影响，确保银行信贷资产安全，矿业集团再以十万吨电解铝扩建工程竣工后总资产作为偿还银行债务的保证，如果矿业集团确实无力归还银行的债务，那么

法院认为： 案涉《债务转移协议补充承诺》实际上向银行承诺了以下三项内容：第1条为并存的债务承担，即债的加入，矿业集团不脱离原来的债务关系，矿业公司加入到矿业集团对银行的债务当中，承诺与矿业集团共同承担还款责任。第2条为债的保证，即矿业集团以十万吨电解铝的资产作为还款保证，在其不能偿还债务的情况下，矿业公司承担保证责任。第3条实际为附条件的免责债务承担，即以十万吨电解铝的资产进入矿业公司为条件，当该条件成就时，矿业集团脱离原来的债务关系，矿业公司直接向银行承担还款责任。银行认可《债务转移协议补充承诺》，十万吨电解铝中有6.9万吨资产在矿业公司成立时即进入该公司，剩余3.1万吨资产自2004年6月13日起由矿业公司租赁，并于2005年10月27日以承担矿业集团债务和支付部分现金等方式收购。根据上述事实，法院认为，《债务转移协议补充承诺》所附条件已成就，要求矿业公司承担矿业集团还款责任的诉请，应予支持，故矿业公司与矿业集团应对本案贷款本息承担共同偿还责任。

由矿业公司负责归还；3.如十万吨电解铝工程竣工后资产需进入矿业公司，银行债权随同该资产同步转移。”

争议焦点：矿业公司是否承担保证责任？

1.1

2008:424

2.7

2010:249

2008

实务要点： 第三人承诺满足一定条件时加入债务承担，当该条件成就时，债权人可向债务人和该第三人主张共同的偿还责任。

案例索引： 最高人民法院（2008）民二终字第81号“某银行与某矿业公司等借款担保合同纠纷案”，见《中国工商银行股份有限公司三门峡车站支行与三门峡天元铝业股份有限公司、三门峡天元铝业集团有限公司借款担保合同纠纷案》（审判长张树明，代理审判员王华菊、沙玲），载《最高人民法院公报·裁判文书选登》（2008:424）；另载《最高人民法院商事审判裁判规范与案例指导·裁判文书》（2010:249）。

38 第三人出具还款保证，应视为并存的保证债务承担

——债务人与第三人为债权人另行提供担保并为债权人接受，除债权人和保证人有相反意思表示外，保证责任不免除。

标签： 保证 | 债务承担 | 借款合同 | 保证人变更 | 并存的债务承担

案情简介： 1993年，化肥公司为玻璃厂向银行贷款提供担保。1995年，玻璃公司向银行出具承诺书，承诺“我公司对归还该笔贷款本息承担连带还款责任，并放弃一切抗辩权”。2004年，受让该银行债权的资产公司同时对化肥公司、玻璃公司、玻璃厂进行了公告催收。化肥公司认为依该承诺，已发生担保债务转移。

1.1

2006:177

法院认为： 根据《民法通则》第85条、第91条规定，保证合同是当事人之间合意的结果，保证人变更须建立在债权人同意基础上。即使债务人与第三人为债权人另行提供相应的担保，除债权人和保证人之间有消灭保证责任的意思表示外，原保证责任并不免除。本案并无债权人同意变更或解除化肥公司保证责任的明确意思表示。本案中，玻璃公司虽表示愿意承担连带还款责任，但债权人银行在接受同时，并无明确的意思表示同意债务人由玻璃厂变更为玻璃公司，故玻璃公司的承诺行为不能构成债务转移，即不能构成债务人的变更。无论是保证人的增加还是债务人的增加，二者在案件性质上并无不同，只是合同性质上有所不同：保证系从合同，保证人是从债务人，是为他人债务负责；并存的债务承担系独立的合同，承担人是主债务人之一，是为自己的债务负责，也是单一债务人增加为二人以上的共同债务人。判断一个行为究竟是保证，还是并存的债务承担，应根据具体情况确定。如承担人承担债务的意思表示中有较为明显的保证含义，可认定为保证；如没有，则应从保护债权人利益的立法目的出发，认定为并存的债务承担。故本案中，根据承诺书具体内容及催收通知中的担保人身份注

2.6

v.2:890

2005

明，均对玻璃公司的保证人身份有较为明确的表示与认可，资产公司主张玻璃公司承诺系保证人增加的理由成立，故化肥公司担保责任不能免除。

实务要点： 保证合同是当事人之间意思表示一致的结果，保证人的变更须经债权人同意。债权人和保证人之间没有形成消灭保证责任的合意，即使债务人或第三人为债权人另外提供了相应的担保，债权人亦表示接受，也不能因此免除保证人的保证责任。

案例索引： 最高人民法院（2005）民二终字第200号“中国信达资产管理公司石家庄办事处与中国—阿拉伯化肥有限公司、河北省冀州中意玻璃钢厂借款担保合同纠纷案”，见《信达公司石家庄办事处与中阿公司等借款担保合同纠纷案》（审判长吴庆宝，代理审判员宫邦友、刘敏），载《最高人民法院公报·裁判文书选登》（2006:177）；另见《保证人的变更需要建立在债权人同意的基础上，即使债务人或第三人为债权人另为提供相应的担保》，载《最高人民法院商事审判指导案例·借款担保卷（下）》（2011:890）。

3

39 约定以抵押物置换保证，未经债权人同意不能免责

——无证据证明债权人同意以相关抵押物置换保证担保，保证人仅以债务人的单方置换承诺主张免责的，应不予支持。

标签： 保证 | 债务承担 | 抵押 | 抵押置换 | 保证担保置换 | 内部约定

案情简介： 2003年，实业公司为食品公司向银行贷款2800万元购买设备提供连带责任保证。此前，食品公司分别向实业公司和银行承诺，待所购设备安装投产后，以设备作抵押从银行撤出实业公司的担保。事后，实业公司以银行明知贷款未用于购买设备而虚构购买设备的事实，主张免责。

法院认为： 食品公司单方向实业公司出具的明示待食品进口设备安装投产后，以设备作抵押从银行撤出实业公司担保的承诺，在银行明确同意以对相关设备的抵押撤回实业公司保证担保，且食品公司实际将相关设备进行抵押之前，对银行不产生任何约束力。实业公司未提供证据证明银行向其或食品公司作出过以设备抵押担保置换实业公司保证担保的意思表示，且事实上食品公司亦未进口相关设备并进行抵押，故实业公司仍应按保证合同约定，履行连带责任保证。

实务要点： 保证人无证据证明债权人同意以相关抵押物置换保证担保，且事实上债务人或第三人未就相关财产进行抵押的，保证人仅以债务人的单方置换承诺主张免责的，法院不予支持。

2.1

201303/35:235

2013

案例索引： 最高人民法院（2013）民提字第51号“某银行与某实业公司等借款纠纷案”，见《再审申请人中国农业银行股份有限公司大连甘井子农行与被申请人大连础明集团有限公司、大连冰凌花天然食品有限公司借款合同纠纷案》（审判长宫邦友，审判员朱海年，代理审判员林海权），载《商事审判指导·商事裁判文书选登》（201303/35:235）。

40 人民银行就行社脱钩债务行政协调意见的法律效力

——金融监管部门对中国农业银行与农村信用社脱钩遗留债务纠纷行政协调意见，并不具有民事法律意义上的约束力。

标签： 保证 | 债务承担 | 借款合同 | 行社脱钩 | 仲裁 | 行政调处

案情简介： 1996年，信用社向农行开办的金融公司发放贷款1亿余元。1998年，人民银行当地分行按“行社脱钩”政策精神，对双方遗留债务进行行政协调并作出《仲裁书》，裁决前述债务应由农行向信用社清偿。信用社据此诉请农行清偿。

法院认为： 案涉仲裁书系人民银行下属分行作为金融监管机关，对农村信用社与农业银行之间的资金纠纷作出的行政协调，是一种履职行为。《仲裁书》实际上是协调意见书，并不具有民事法律意义上的约束力。农行如自愿履行，属于其对监管机关协调意见的接受，应予认可；如不愿履行，则属对监管机关协调意见的拒绝，此时不应强行要求农行按照仲裁书清偿款项。本案无证据表明农行同意按仲裁书承担相应债务，故本案不构成债务加入，农行不应承担清偿责任。

实务要点： 金融监管部门对中国农业银行与农村信用社脱钩遗留债务纠纷所作的行政协调意见，并不具有民事法律意义上的约束力。

2.6

v.9:398

2012

案例索引： 最高人民法院（2012）民二终字第16号“某银行与某开发公司等借款合同纠纷案”，见《金融监管部门对中国农业银行与农村信用社脱钩遗留债务纠纷行政协调意见的法律效力——广州农村商业银行股份有限公司与中国农业银行股份有限公司广东省分行营业部、广州市银农城镇建设开发公司借款合同纠纷案》（审判长王闯，代理审判员王富博、杜军），载《最高人民法院商事审判指导案例（2012）·公司与金融》（2013:398）。

41 免责式债务承担未经债权人同意，不发生债务移转

——第三人向债权人出具承诺由其代偿债务，除非债权人明确表示，否则不应视为免责式债务承担，不发生债务移转。

法院认为： 案涉承诺书的文字表述是由信托公司继续执行实业公司与银行之间的

标签： 保证 | 债务承担 | 免责式债务承担 | 债权人同意 | 债务移转

案情简介： 2000年，实业公司向银行借券并共同委托证券公司监管。2001年，证券公司转交了信托公司出具给银行的《债券承诺书》，表明证券由信托公司所借，承诺原借券协议由信托公司继续执行，并由信托公司承担归还责任。但银行并未接受。因实业公司到期未偿借券等值款，银行起诉证券公司、实业公司，并前述承诺书主张信托公司承担连带责任。

借券协议，其性质并非是在保留实业公司责任的基础上由信托公司加入债务，而系免除实业公司责任的债务承担，故该承诺书须经债权人银行的同意才能生效。由于银行当时并未认可该承诺书，该债务承担的要约因银行的拒绝而失去效力，双方之间的债务承担合同关系并未成立。信托公司不应对实业公司债务承担连带责任。

实务要点： 第三人向债权人出具承诺由其代偿债务，从而免除债务人责任，除非债权人明确表示，否则不应视为免责式债务承担，不发生债务移转。

案例索引： 最高人民法院（2011）民提字第68号“某银行与某信托公司等其他证券合同纠纷案”，见《事实合同的认定，民刑交叉案件的裁判依据和举证责任——新华信托股份有限公司与重庆农村商业银行股份有限公司忠县农行、重庆迪奥新产业发展有限公司、大鹏证券有限责任公司破产清算组其他证券合同纠纷案》（审判长周帆，审判员沙玲，代理审判员周伦军），载《最高人民法院商事审判指导案例·合同与借贷担保卷（6）》（2012:24）。

3

2.6

v.6:24

2011

42 第三人代为履行以债务人和债权人明确约定为前提

——第三人代为履行债务应以债务人和债权人在合同中明确约定为前提，在无约定情况下，不应认定第三人代为履行。

标签： 保证 | 债务承担 | 第三人代为履行 | 债权转让

案情简介： 1997年，建筑公司因施工享有对汽车公司的400万元工程款债权。2000年，建筑公司与陶某达成以货物换现金的意向性口头协议：因配件厂欠汽车公司货款，陶某在配件厂提取抵债物资后变卖并扣取27%贴点后支付给建筑公司。陶某隐瞒了其个人欠汽车公司252.25万元债务的事实。随后，建筑公司向汽车公司出具“报告”，内容为“兹有贵公司欠我单

法院认为： 案涉400万元工程款，建筑公司虽在报告中有“其中包括还以前的252.25万元货款”的表述，但建筑公司仅明确表示抵配件厂欠汽车公司债务，并无替陶某清偿个人债务的意思表示，故汽车公司该行为没有合同依据。余下款项147.75万元，汽车公司到配件厂提取等值货物并交给陶某，陶某用以变现或换取其他货物，但并未给付建筑公司。对此，建筑公司虽与陶某订立了货物换现金的协议，但该协议仅为双方之间的协议，建筑公司并未向汽车公司出具任何委托陶某代为处理债权的授权，且未参与到配件厂提货，故汽车公司的上述行为不能视为向建筑公司的给付。由上可知，报告虽有以汽车公司对配件厂债权冲抵汽车公司对建筑公司债务的约定，但在实际履行中配件厂并未向建筑公司履行债务，汽车公司亦未向建筑公司给付其他对价，其仍应向建筑公司偿还未结工程款及相应利息。另外，根据《合同法》

位工程款400万元，现我单位申请将此款抵配件厂欠贵公司的货款，其中包括还以前的252.25万元货款”。陶某遂持此报告抵偿其个人债务252.25万元，汽车公司到配件厂提取余下147.75万元等值货物后交给陶某。因陶某未给付建筑公司款项，并因涉嫌诈骗被羁押。2003年，建筑公司起诉汽车公司要求偿还工程款。

第65条规定，第三人代为履行债务应以债务人和债权人在合同中明确约定为前提，而本案并非配件厂与汽车公司约定由建筑公司代配件厂向汽车公司履行债务，不符合第三人代为履行债务的法律要件。故判决汽车公司偿还建筑公司工程款400万元。

实务要点： 第三人代为履行债务应以债务人和债权人在合同中明确约定为前提，在债权人与债务人并无约定由第三人代为履行的情况下，不符合第三人代为履行债务的法律要件。

2.6

v.6:360

2011

案例索引： 最高人民法院（2011）民提字第47号“某汽车公司与机械公司等欠款纠纷案”，见《第三人代为履行债务应以债务人和债权人在合同中明确约定为前提——东风汽车有限公司、东风汽车有限公司商用车车身厂与湖北省工业建筑总承包集团机械化施工公司三分公司及十堰市德维汽车零部件有限公司欠款纠纷案》（审判长王东敏，代理审判员刘崇理、曾宏伟），载《最高人民法院商事审判指导案例·合同与借贷担保卷（6）》（2012:360）。

43 当事人未签章的政府协调会纪要，非民事合同性质

——政府作为行政主管部门主持和召集相关当事人参与会议，由此形成的会议纪要，一般不应视为具有民事合同性质。

标签： 保证 | 债务承担 | 借款合同 | 会议纪要 | 债的加入

案情简介： 1996年10月，市政府召集纤浆厂产权股份转让会议，形成会议纪要，达成如下意向：企业债务5407万元从纤浆厂转出，其中2310万元由银行贷款；化纤集团出资3800万元收购市国资办持有纤浆厂产权，国资办将该款按比例偿付银行贷款即1617万元，余下贷款以企业地方税收偿还；经贸局负责办理新的营业执照。当日，经贸局发放营业执照，企业名称系棉浆厂。棉浆厂成立后，与银行签订了2310万元的借款合同。同时，

法院认为： 案涉会议纪要是在市政府作为行政主管部门的主持和召集下，为纤浆厂产权转让问题召开会议，相关当事人在会上对各自权利义务进行了安排，市政府只是起到召集协调作用，形成的会议纪要也只是对会议情况的记载。该会议纪要没有相关当事人的签字盖章，其功能和作用体现为存档备查。故对投资公司提出的会议纪要具有民事合同性质的主张，不应予以支持。银行作为债权人与棉浆厂签订的借款合同及后来的历次债权转让合同均有效。债权转让后，其仅在让与人即原债权人、受让人以及合同债务人之间发生效力，债权受让人行使权利不得超越其所受让的原权利的范围。故投资公司作为受让人，其仅能向借款合同债务人棉浆厂主张还款责任，而不能向并非借款合同当事人的市政府主张。此外，借款合同均未约定担保人，银行催收逾期贷款时并未将市政府作为债务人或担保人，亦未通知市政府承担还款义务，在之后的债权催收与历次转让公告中，亦未将市政府列为债务人或担保人。即，无论是本案的原始债权人，还是本案历次债权受让人，

国资办与化纤集团签订协议，约定将持有纤浆厂57.85%的全部产权以3800万元转让给化纤集团，国资办将其银行债务从原纤浆厂转出。1998年，国资办以棉浆厂名义偿还银行930万元。2000年，银行将该金融债权计算为1837万余元转让给资产公司；2003年，资产公司将债权计算为2221万余元转让给某律所；2008年，律所将该债权转让给投资公司。投资公司诉请棉浆厂清偿债权，并认为1996年的会议纪要具有民事合同性质，市政府应承担共同清偿责任。

均未将市政府视作债务人。现投资公司要求市政府承担还款责任，不应予以支持。银行签订借款合同时，认可了棉浆厂的独立法人地位，并依约发放了贷款，如投资公司认为棉浆厂没有注册资金，市政府对其出资不到位，其亦仅可要求市政府承担出资不实的责任，而非在本案中直接承担借款合同项下的还款责任。国资办基于与化纤集团签订的股权转让协议，通过转让其所有的化纤厂产权所得的转让款3800万元，该款属国资办所有，如何处置系国资办即市政府的权利，并非本案借款合同所涉内容，与投资公司无关，故对于投资公司提出市政府扣留687万元转让款构成侵权的主张亦不予支持，判决投资公司687万元债权由棉浆厂偿还。

实务要点： 政府作为行政主管部门主持和召集相关当事人参与会议并形成会议纪要，对会议情况进行记载，以存档备查，该会议纪要虽对各自权利义务进行安排，但无相关当事人签字盖章，不应视为具有民事合同性质。

3

2.1

201204/32:165

2.6

v.6:135

2011

案例索引： 最高人民法院（2011）民提字第322号“某市政府与某投资公司等借款合同纠纷案”，见《债权受让人行使权利不得超越其所受让的原权利范围——藁城市人民政府与北京孚厚投资咨询有限公司、河北省藁城市棉浆厂、河北省藁城市国有资产监督管理委员会办公室借款合同纠纷案》（赵柯，最高院民二庭；审判长刘敏，代理审判员赵柯、杜军），载《商事审判指导·商事审判案例分析》（201204/32:165）；另见《债权受让人行使权利不得超越其所受让的原权利的范围》，载《最高人民法院商事审判指导案例·合同与借贷担保卷（6）》（2012:135）。

44 债务人注销后，案外人承接债务，不免除保证责任

——债务人注销后，案外人承接该债务行为，不构成债务转让，其性质属于债务加入，保证人不能因此免除保证责任。

标签： 保证 | 债务承担 | 债务转移 | 注销 | 债的加入

案情简介： 1992年，机械公司为锯材厂向银行贷款提供担保。2000年，锯材厂被其主管单位申请注销，门窗厂

法院认为： 原锯材厂的债务并未因其注销及门窗厂承接债务的行为而消灭，故门窗厂承接该债务的行为，其性质属于债务加入，而非其与锯材厂之间的债务转让。在《担保法》第23条规定的保证人免责的情形中，其法定适用条件为“在保证期间内，债权人许可债务人转让债务并应取得保证人书面同意”，以避免出现因债权人转让债务的行为而增加

承担了锯材厂遗留的债权债务。嗣后，机械公司以债务转移未经其同意为由，主张免除保证责任。

保证人民事责任负担的不公平结果。鉴于本案中不存在锯材厂与门窗厂之间进行债务转让的事实，门窗厂承接债务时锯材厂已注销，二者之间不构成债务转让。原债务人锯材厂注销后，门窗厂自愿承担锯材厂债务的行为，亦未加重保证人机械公司的该项保证责任。故机械公司保证责任不应免除。

2.6

v.5:353

2010

实务要点： 债务人注销后，案外人承接该债务的行为，不构成债务转让，其性质属于债务加入，保证人不能因此免除保证责任。

案例索引： 最高人民法院（2010）民提字第130号“某资产公司与某机械公司等借款合同纠纷案”，见《债务人注销后，案外人自愿承诺承担债务清偿责任，是否应以此免除保证人的保证责任——中国长城资产管理公司济南办事处与山东省机械进出口集团公司、青岛裕丰工商公司、青岛市丰田塑料门窗厂、青岛市金山实业发展总公司、青岛市土产畜产进出口公司、青岛工贸合营包装厂、青岛安全器材厂借款担保合同纠纷案》（审判长王宪森，审判员殷媛，代理审判员杨征宇），载《最高人民法院商事审判指导案例·第五卷（上）》（2011:353）。

45 经债权人同意的“代替履行”，并非就是债务转移

——债权人与债务人虽书面同意第三人代替清偿，但在债的变更及履行中，“代替”相对于债务转移并不具有充分性。

标签： 保证 | 债务承担 | 股权转让 | 付款责任 | 并存的债务承担 | 代替清偿

案情简介： 2003年，投资公司、材料公司受让实业公司对建筑集团的全部股权，办理完股权变更手续后，建筑集团与实业公司签订《合作意向书》，约定股权转让余款1120万元，“双方同意由建筑集团代替投资公司、材料公司向实业公司清偿”。在逾期未偿的情况下，投资公司、材料公司应否

法院认为： 《合作意向书》虽约定建筑集团代替投资公司、材料公司向实业公司清偿债务，但“代替”一词不能说明投资公司、材料公司将该债务转移给了建筑集团。债务转移需债权人同意，但经债权人同意的债务履行的变化并不一定就是债务转移。尤其在该意向书签订后，实业公司多次向投资公司、材料公司送达催款函，进一步说明实业公司并不认可该债务已转移给建筑集团。建筑集团与实业公司约定的违约责任虽不同于投资公司、材料公司的违约责任，但这是建筑集团的自由意思表示，不能说明投资公司、材料公司退出了对实业公司的债的关系，故仅凭合作意向书，不足以证明实业公司同意债务转移，故建筑集团对清偿案涉债务构成债的加入，应与投资公司、材料公司共同偿还实业公司债务。

与建筑集团共同承担对实业公司的债务清偿责任，成为争议焦点。投资公司、材料公司认为债务已转移，实业公司认为属于债的加入。

实务要点： 债权人与债务人虽然书面同意第三人代替清偿，但在债的变更及履行情况中，“代替”的含义至少包括第三人代为履行、债务加入（并存的债务承担）或者债务转移（免责的债务承担）等情形，“代替”这一用语相对于债务转移并不具有充分性。

2.1

201002/22:88

2010

案例索引： 最高人民法院判决“某投资公司与某开发公司等股权转让纠纷案”，见《并存债务承担的认定及各债务人的责任承担依据——中实投资有限责任公司、杭州欣融金属材料有限公司与北京隆瑞投资发展有限公司、北京京华都房地产开发有限公司、嘉成企业发展有限公司股权转让纠纷申请再审案》（杜军，最高院民二庭），载《商事审判指导·商事审判案例分析》（201002/22:88）。

3

46 第三人通过协议及其他行为加入债务，应认定有效

——第三人与债权人签订协议，愿意代替债务人偿还债务，并通过一系列民事行为相互印证，应认定第三人加入债务。

标签： 保证 | 债务承担 | 借款合同 | 企业改制 | 债的加入 | 代为偿还

案情简介： 1991年至1999年，电线厂先后向银行借款3800万余元。2004年，开发公司与银行签订《偿还贷款协议书》，约定开发公司愿代电线厂偿还欠银行的贷款本息。随后，开发公司办理了电线厂《国有土地使用证》的交接、权利人的变更、土地挂牌拍卖等手续，并向当地土地局、土地储备拍卖中心提交申请、请示等，均表示开发公司愿意承债式兼并电线厂，整体承担电线厂有关债权债务。2007年，受让该金融债权的资产公司诉请开发公司承担偿债责任。

法院认为： 开发公司系与银行签订《偿还贷款协议书》的主体，约定自己成为偿债责任人，使得双方之间建立了新的债务承担民事法律关系。开发公司此后所实施的一系列民事行为，均进一步印证了上述《偿还贷款协议书》的内容。开发公司兼并电线厂的整个过程与实际结果说明该公司实际享受了当地政府的相关优惠政策。故应认定开发公司为本案债务人，应承担本案争议债务。

实务要点： 第三人通过与债权人签订愿代债务人偿还债务的协议，约定自己成为偿债责任人，并通过一系列民事行为相互印证的，应认定第三人与债权人之间建立了新的债务承担法律关系。

案例索引： 最高人民法院（2010）民二终字第26号“某资产公司与某房地产公司等借款合同纠纷案”，见《综合考量合同签订背景、合同内容及合同实际履行情况确定债务人的身份；利息计算标准应当划分合同期内与合同期外两种情况——内蒙古中银房地产集团股份有限公司与中国长城资产管理公司呼和浩特办事处、内蒙古漆包线厂借款合同纠纷案》（审判长钱晓晨，审判员刘敏，代理审

2.6

v.5:237

2010

判员李京平），载《最高人民法院商事审判指导案例·第五卷（上）》（2011:237）。

47 以起诉方式要求债务加入人担责，应视为接受加入

——一方当事人以构成债务承担为由诉请第三人承担合同相对方债务的行为，表明其对债务承担的意思表示予以接受。

标签：保证 | 债务承担 | 债的加入 | 起诉行为 | 合意

法院认为： 案涉债务协商及诉讼期间，工业集团多次致贸易公司的函件及还款方案均有承担其4家子公司债务的意思表示。贸易公司虽未明确对工业集团所作债务承担的意思表示进行承诺，但其在诉讼期间，以工业集团为被告，并以构成债务承担为由诉请其承担本案债务的行为表明，其对工业集团债务承担的意思表示予以接受，故应认定双方对债务承担达成合意。由于工业集团与贸易公司并未表示工业集团承担债务后其4家子公司退出债权债务关系，故该债务承担应为债务加入。本案中，贸易公司只起诉债务加入人工业集团，故工业集团应依约承担清偿债务的责任。

案情简介：工业集团4家子公司欠贸易公司货款3000万余元，工业集团诉讼前后多次致函贸易公司表示“我们不会赖”并提出多套还款方案。2003年，贸易公司起诉工业集团要求偿还欠款。

2.1

201001/21:204

2.7

2011:174

2.7

2010:150

2.6

v.1:345

2009

实务要点： 一方当事人以对方为被告，并以构成债务承担为由诉请其承担本案债务的行为表明其对债务承担的意思表示予以接受，应认定双方就债务承担达成合意。

案例索引： 最高人民法院（2009）民二终字第18号“某贸易公司与某工业公司货款纠纷案”，见《一汽贸易总公司与吉林省汽车工业贸易集团股份有限公司拖欠货款纠纷案》（审判长刘竹梅，代理审判员张雪楳、潘勇锋），载《商事审判指导·裁判文书选登》（201001/21:204）；另载《最高人民法院商事审判裁判规范与案例指导·裁判文书》（2011:174）、（2010:150）；另见《合同义务的移转》，载《最高人民法院商事审判指导案例·合同卷（上）》（2011:345）。

48 第三人加入债务时原债务人责任免除应有明确约定

——在并存债务加入的情形下，如无特别约定，推定第三人与

法院认为： 建筑公司与科贸公司达成由科贸公司

原债务人对债务负连带责任，原债务人的责任不能免除。

标签：保证 | 债务承担 | 并存式债务承担 | 连带责任

偿还100万余元的协议，该还款协议在性质上属于债务加入，即第三人科贸公司加入到建筑公司与科技局的债务关系中并承担偿还工程款的责任。该还款协议并未免除发包人科技局作为原债务人的还款责任。科贸公司宣告破产后，建筑公司仅从科贸公司破产财产中实现了部分债权，建筑公司仍有权就其未实现的债权要求科技局承担偿还责任。

案情简介：2000年，建筑公司因与科技局施工合同欠付工程款100万余元问题，与科贸公司达成还款协议。2004年，建筑公司起诉科技局、科贸公司要求连带偿还工程款。期间，科贸公司宣告破产，建筑公司仅从破产财产中实现了部分债权。

实务要点：连带责任是民事责任中较为严厉的一种责任，须有当事人的约定或法律的明确规定为依据，故在并存债务加入的情形下，如无特别约定，推定第三人与原债务人对债务负连带责任，原债务人的责任不能免除。

2.2

200903/39:152

3

2009

案例索引：见《第三人债务加入原债务人应否免责》（陈丹，广州中院民一庭；徐瑞柏，最高院民一庭），载《民事审判指导与参考·指导性案例》（200903/39:152）。

49 地方政府应对公益事业借款所作偿还承诺承担责任

——受托管理社会公益工程的事业单位借款，地方财政部门出具还款承诺并在借款到期后出具还款计划，应依约履行。

标签：保证 | 债务承担 | 诉讼时效 | 债务加入 | 地方政府 | 还款承诺

法院认为：银行与水务公司债权债务关系，系由市政府实施的调水工程所形成，该工程系市政府实施的社会公益事业，其所需工程款属市财政预算列支款项，理应由市财政支出。但因当时财政局财力紧张，财政局为筹措工程款，在与水务公司与银行的三方协议中作出还款承诺。借款到期后，财政局向银行出具的还款计划合法有效，依法应予履行，故判决财政局对水务公司债务承担连带清偿责任。

案情简介：1997年至1999年，市政府因列入财政预算的调水工程资金不足，故在水务公司向银行贷款的协议中，由财政局承诺到期承担共同偿还责任。借款到期后，财政局又向银行出具还款计划。2005年，银行据此诉请财政局对水务公司债务承担连带清偿责任。

实务要点：地方政府实施的社会公益事业工程所需款项属地方财政预算列支款项，受托管理社会公益事业工程的事业单位向银行借款，地方财政部门出具还款承诺并在借款到期后出具还款计划，应依约履行。

案例索引：最高人民法院（2008）民二终字第5号“某资产公司与某水务公司等借款担保合同纠纷案”，见《债权超过诉

2.6
v.2:744
2008

讼时效后，债务人又在债权转让及催收通知书回执上加盖了单位印章的，应视为对原债务的重新确认——威海市财政局、威海市水务集团有限责任公司与中国东方资产管理公司青岛办事处、威海市开发投资公司借款担保合同纠纷案》（审判长付金联，代理审判员王涛、张树明），载《最高人民法院商事审判指导案例·借款担保卷（下）》（2011:744）。

50 变更主管单位时“一切债权债务”转移，如何解释

——企业主管单位变更后，新主管单位承诺承担“变更前后的一切债权债务”，应当理解为包括主办单位的出资责任。

标签： 保证 | 债务承担 | 借款合同 | 合同解释 | 出资责任 | 企业改制

案情简介： 1993年8月，建筑公司注册资金5000万元，实际投资150万元，主管部门为管委会。1998年12月，主管部门变更为开发公司，新、老主管部门相互约定，建筑公司变更主管部门后，其“变更前后的一切债权债务均由开发公司承担”。2005年，银行依生效法律文书对建筑公司执行未果的情况下，起诉开发公司要求承担补充赔偿责任。

法院认为： 开发公司与管委会协议约定，建筑公司变更主管部门后，其变更前后的一切债权债务均由开发公司承担。从签订协议主体看，并非开发公司与建筑公司或开发公司与银行；从协议内容看，并无开发公司与建筑公司共同承担债务的意思表示，故协议约定因缺少要件而不构成债务加入。对于协议中的“债权债务”，应理解为原主办单位管委会对建筑公司所负的责任，而非建筑公司自身的债权债务。该约定仅表明，开发公司在成为建筑公司的主办单位后，原主办单位的责任和义务将无条件地转给开发公司，包括出资不足的责任。在无证据证明该约定不是开发公司真实意思表示情况下，因该约定并不违反法律规定，故应认定有效。建筑公司作为独立的企业法人，应以其自身财产对外承担民事责任。在建筑公司财产不足以清偿对外债务时，主管部门依法应在出资不实范围内承担补充民事责任，故开发公司应在原主管部门出资不实的范围内对建筑公司的债务承担补充民事责任。

2.1
200803/15:27
2.7
2010:414
2008

实务要点： 企业主管单位变更后，新主管单位与原主管单位约定，“变更前后的一切债权债务”均由新主管单位承担，其中的“债权债务”应当理解为包括原主办单位对被主管企业所负的责任，而非仅被主管企业自身的债权债务。新主管单位应在原主管单位出资不实的范围内，依据前述约定，对被主管企业的债务承担补充民事责任。

案例索引： 最高人民法院〔2008〕民二他字第2号函（2008年5月15日），见《企业主管单位变更后，新主管单位应否在原主管部门出资不实的范围内对被主管企业的债务承担民事责任》

（叶小青，最高院民二庭；隋汶兵，某证券公司项目经理），载《民商事审判指导·请示与答复》（200803/15:27）；另载《最高人民法院商事审判裁判规范与案例指导·案例指导》（2010:414）。

51 债务加入承诺，自作出时生效，无须经债权人同意

——债务加入的承诺无须征得债权人同意，自承诺书出具之时起，承诺人即因债务加入的意思表示而成为债务人之一。

标签：保证 | 债务承担 | 借款合同 | 债务加入 | 承诺生效

案情简介：2002年至2003年，工程公司向电信公司借款，其中1.1亿余元流入开发公司账户。对于至2003年8月仍欠的7000万余元，开发公司向电信公司出具承诺书，载明“开发公司及所属企业承诺：按期归还电信公司资金”。2006年，电信公司起诉时，开发公司主张工程公司并非其“所属企业”。

3

法院认为：因电信公司无金融许可证，不具有从事金融业务的主体资格，违反法律、行政法规强制性规定，依法应认定借款合同无效。无论开发公司与电信公司之间是否存在直接的借款关系，但依开发公司出具的承诺书亦可认定开发公司之关于债务加入的意思表示，且该债务加入的承诺无须征得债权人电信公司的同意，即自开发公司出具承诺书之时起，开发公司即因债务加入而成为债务人之一。按其承诺，开发公司应与工程公司共同归还工程公司所欠电信公司的3200万余元本金及资金占用期间的利息损失。另外，案涉承诺尽管未指明借款数额、期限、利息，但根据本案资金流向可认定，开发公司所占有的1.1亿余元资金确系通过工程公司从电信公司处划出。开发公司既有占有电信公司资金的事实，又有归还借款的承诺，故判决其共同承担还款责任并无不当。

2.6

实务要点：债务加入的承诺无须征得债权人同意，自承诺书出具之时起，承诺人即因债务加入而成为债务人之一。

v.2:251

2006

案例索引：最高人民法院（2006）民二终字第199号“某开发公司与某电信公司等借款合同纠纷案”，见《债务加入自加入人出具承诺书之时起，无须征得债权人的同意——杭州迪佛房地产开发有限公司与迪佛电信集团有限公司、浙江同方建设有限公司借款纠纷案》（审判长贾纬，代理审判员沙玲、苑多然），载《最高人民法院商事审判指导案例·借款担保卷（上）》（2011:251）。

52 国资委行使国有财产管理权，不对债务负连带责任

——国资部门对国有企业财产行使管理权，与企业资产增减并无直接因果关系，故不对被管理企业债务承担连带责任。

法院认为：国资委代表食品公司等几家国有企业，成为实业公司股东，实质上是国

标签：保证 | 债务承担 | 借款合同 | 企业改制 | 出资责任 | 特殊出资人

案情简介：2001年，实业公司股东会决议决定原出资人食品公司等不再作为法人股东，统一由国资委代表国有资产出资，并办理了股权变更登记。2003年，实业公司为食品公司向银行贷款提供保证担保。2006年，受让银行不良债权的资产公司起诉食品公司、实业公司连带偿还贷款，并以国资委无偿取得食品公司财产，侵害债权人利益为由，要求承担连带责任。

2.6

v.2:567

2006

资委对国有企业的国有财产行使管理权的体现。且该事实发生在先，本案借款行为发生在后，该事实与食品公司资产增减并无直接的因果关系，亦并不导致食品公司偿债能力的降低，从而侵害食品公司债权人利益的后果，故国资委对食品公司借款不应承担连带清偿责任。

实务要点：国资部门对国有企业财产行使管理权，与国有企业资产增减并无直接因果关系，亦不导致该公司偿债能力降低而侵害食品公司债权人利益的后果，对企业债务不承担连带清偿责任。

案例索引：最高人民法院（2006）民二终字第230号“某资产公司与某实业公司等借款担保合同纠纷案”，见《公司总会计师在相关担保合同及担保财产清单上签字，视为其代表公司实施的民事法律行为——中国信达资产管理公司郑州办事处、河南邦杰实业集团有限公司与周口市人民政府国有资产监督管理委员会、周口市食品总公司借款担保合同纠纷案》（审判长王东敏，代理审判员雷继平、李京平），载《最高人民法院商事审判指导案例·借款担保卷（下）》（2011:567）。

53 债务人企业更名，不属债务转移，不免除保证责任

——债务人企业名称变更，不属于企业消灭或设立，亦非债权债务转移。担保人以此主张免除担保责任的，不予支持。

标签：保证 | 债务承担 | 企业改制 | 企业名称变更

案情简介：1998年，钢铁公司为化工厂向银行贷款960万元提供保证担保。2002年，工商局出具证明称，依化工厂申请其名称变更为化工公司，二者组织机构代码证不一致，但工商注册号相同。随后，化工公司向银行出具承诺其承担原化工厂贷款。嗣后，钢铁公司以化工厂并未注销，化工厂将债务转移给化工公司未经其同意为由，主张免除其保证责任。

法院认为：工商局将化工厂企业名称变更为化工公司，只是该局依《公司法》规定，对企业名称进行规范的行为，不属于原有企业法人的消灭以及新的企业法人的成立，该一系列变更只是同一主体名称的变更，也就不存在债权债务转移的问题。故钢铁公司应对化工厂借款提供担保责任。

实务要点：债务人企业名称变更，不属于原有企业法人的消灭及新的企业法人的成立，不属于债权债务转移性质。担保人以此为由主张免除担保责任的，不予支持。

案例索引：最高人民法院（2006）民二终字第41号“某银行与某钢铁公司等借款担保合同纠纷案”，见《工商行政管理

2.6

v.2:595

2006

局将企业名称变更，不属于原有企业法人的消灭以及新的企业法人的成立，也不存在债权债务转移的问题——水城钢铁（集团）有限责任公司与中国农业银行贵州省水城县支行、六盘水精细化工有限公司、水城县玉舍林场、六盘水市雨田实业有限公司借款担保合同纠纷案》（审判长于松波，代理审判员宫邦友、刘敏），载《最高人民法院商事审判指导案例·借款担保卷（下）》（2011:595）。

54 主体变更，债务发生承继非转移，不免除担保责任

——因企业法人主体变更而发生的债务承继，不同于一般意义上的债务转移，保证人不能以此主张免除担保责任承担。

标签：保证 | 债务承担 | 企业改制 | 债务承继

法院认为：政府文件表明机械公司因政策性改制而变更为冶金公司，应依照最高人民法院《关于审理与企业改制相关的民事纠纷案件若干问题的规定》第26条规定认定两者之间的债务承继关系。此种因主体变更而发生的债务承继不同于一般意义上的债务转移，故热电厂担保责任不能免除。

案情简介：1994年，热电厂为机械公司向银行贷款提供担保。1998年，遵照市政府文件安排，设立冶金公司对机械公司以承担全部债权债务、接收安置全部员工的形式进行一次性零价整体收购。热电厂据此认为债务转移未经其同意故应免除其担保责任。

3

实务要点：因主体变更而发生的债务承继不同于一般意义上的债务转移，不需经保证人的同意，保证人不能以此主张免除担保责任。

2.6

v.2:855

2006

案例索引：最高人民法院（2006）民二终字第33号“某资产公司与某热电厂等借款担保合同纠纷案”，见《因主体变更而发生的债务承继不同于一般意义上的债务转移，不需经担保人的同意——中国信达资产管理公司郑州办事处、漯河市热电厂与漯河中贯冶金机械有限公司借款担保合同纠纷案》（审判长裴莹硕，审判员朱海年，代理审判员宫邦友），载《最高人民法院商事审判指导案例·借款担保卷（下）》（2011:855）。

55 并存式债务承担人，享有原债务人对债权人的抗辩

——债务人开办单位对原债务是否已过时效应推定其应知，故其加入债务承担表明其已放弃了原债务人的时效抗辩权。

标签：保证 | 债务承担 | 诉讼时效 | 债务加入 | 开办单位

法院认为：国有商业银行对其分支机构实行授权授信制。在授权范围内，其分支机构可以自己名义对外独立从事民事活动，其是否越权属于内部

案情简介：2003年，银行与信用社签订《还款协议》，约定根据国家清理“三产”政策，银行对其开办的8家经济实体欠信用社的1100万余元贷款，由银行分期偿还给信用社。在信用社依此主张债权时，银行抗辩称其作为分支机构，无权签署上述还款协议；其系配合信用社做账而受欺骗、胁迫签订该协议；在签订还款协议时，部分债务已过诉讼时效，部分原经济实体已清理完毕，不存在所谓贷款。

2.1

200601/9:230

2006

关系，不能对抗善意第三人。银行亦无证据证明《还款协议》系在被欺诈、胁迫情形下签订，或损害了国家利益，故银行关于协议无效的抗辩不能成立。《还款协议》约定由银行对由其负有清理义务的经济实体所欠信用社的借款进行偿还，故该协议实为债务承担协议。由于债务承担系第三人承担原债务人的债务，而非设定新债务，债的同一性并不丧失，故原债务人的抗辩权自然移转于债务承担人，债务承担人可以主张原债务人的诉讼时效抗辩权。但本案中，银行作为清理单位，应推定银行在签订《还款协议》时知道或应当知道该8家经济实体的债务是否已过诉讼时效期间，故在签订《还款协议》之时，应认定银行放弃了原债务人的诉讼时效抗辩权。在《还款协议》签订前，部分经济实体已以整体转让方式进行了清理，根据企业转让的一般法理，转让方的债务由受让方承继。在《还款协议》签订之时，银行承诺承担上述实体债务的目的及标的物均已不存在，故银行不应承担上述部分债务的清偿责任，判决银行偿还信用社520万余元本金及利息。

实务要点：并存式债务承担或债务加入法律关系中，由于在债务加入人与债权人之间并未产生新的债权债务关系，债务具有同一性，故债务加入人享有原债务的诉讼时效抗辩权。但对原债务人负有管理及清理义务的开办单位及清理单位，知道或应当知道原债务已过诉讼时效，仍表示加入债务承担的，表明其已放弃了原债务人的诉讼时效抗辩权。

案例索引：最高人民法院判决“某银行与某信用社借款合同纠纷案”，见《债的同一性与债务加入人的诉讼时效抗辩权——中国工商银行内蒙古自治区通辽分行与通辽市科尔沁区工商农村信用合作社借款合同纠纷案》（张雪楳，最高院民二庭），载《民商事审判指导·案例分析》（200601/9:230）。

56 名为债务转让实为第三人代为履行债务情形的认定

——合同中虽有“债务转让”字样，但并未变更原合同债权债务关系主体，应按条款实质认定为属于第三人代为履行。

标签：保证 | 债务承担 | 第三人代为履行债务 | 债务转让

案情简介：2002年，实业公司与开发

法院认为：本案《合资经营合同》无论是从名称上还是实质上并不能认定其为完全的债务转让性质，虽然合同有关条款中有“债务转让”字样，但就该条款实质来看，仍属于第三人代为履行债务情形，未给原债权

公司签订《合资经营合同》，约定双方合资组建酒店公司，同时约定了“债务转让”条款：开发公司代实业公司支付银行及建筑公司共7000万余元债务，由实业公司根据代偿情况，将相应价值的房屋作为实物出资移转至联营企业。嗣后开发公司据此认为该约定系债务转让性质，因未经债权人同意，故应认定无效。

2.6

v.1:319

2005

3

人设定义务，其与债务转让最本质的区别在于有无变更原合同债权债务关系的主体，而在债权人主张权利时所指向的对象不同。第三人代为履行债务并未实质变更原合同债权债务关系的主体，当第三人代为履行债务未实际发生或未全面履行时，债权人只能向原债务人主张，而不能向第三人主张；而债务转让是新债务人就转让的债务取代原合同债务人成为原合同债务关系当中的债务主体，原债务人脱离原合同关系。本案《合资经营合同》有关实业公司债务由开发公司偿还等条款内容，其前提是双方之间的合资联营，开发公司代为履行债务实际上是一种履行出资的方式，只是在整个合资合同内容中的一种投资形式，该条款内容只是整个合同内容中的一小部分，故本案双方当事人之间关系的性质不论是属于联营关系还是合资关系，均不应认定为债务转让。从本案双方当事人洽谈、签订及实际履行合同过程可反映双方当事人的根本目的并不在于债务的转换承担，而在于将其作为双方之间的一种投资方式，从而合资成立新的合资企业谋求互利发展，故合同内容并不违反法律强制性规定，应为有效。

实务要点： 合同中虽有“债务转让”字样，但并未变更原合同债权债务关系的主体，未给原债权人设定义务，故应按条款实质认定为属于第三人代为履行债务情形。

案例索引： 最高人民法院（2005）民二终字第35号“某发展公司与某实业公司联营合同纠纷案”，见《债务转让与第三人代为履行债务的区分——宁夏金泰实业有限公司与宁夏基荣实业发展有限公司联营合同纠纷案》（审判长叶小青，审判员陈明焰、朱海年），载《最高人民法院商事审判指导案例·合同卷（上）》（2011:319）。

57 第三人向债权人承诺承担债务，无需通知原债务人

——第三人与债权人签订债务承担协议，约定部分承担债务的，无需通知原债务人，第三人与原债务人承担连带责任。

标签： 保证 | 债务承担 | 通知义务

案情简介： 2003年，就实业公司因补偿贸易所欠焦炭公司的2亿余元及其

法院认为： 案涉协议就实业集团承担实业公司对焦炭公司相应债务的共同意思表示，属于债务承担协议，不违反法律法规的禁止性规定。因该种债务承担协议并不损害原债务人利益，故债务承担人与债权人签订协议不需要通知原债务人。本案中，秦某作为实业集团与实业公司共同

他债务，实业集团与焦炭公司签订协议，约定由实业集团分期还清其中的两笔补偿贸易款共计1亿余元。实业公司与实业集团法定代表人同一。嗣后实业集团抗辩称该协议未通知原债务人应无效，其不应承担连带责任。

2.6

v.1:395

2005

的法定代表人，在上述协议上签字亦说明实业公司对该协议系明知，故实业集团以转让协议未通知而无效的理由没有事实和法律依据。因上述协议是在实业集团和焦炭公司之间形成，无免除实业公司相应还款责任的内容，故实业公司仍应承担该笔债务，实业集团应对该笔债务承担连带还款责任。案涉协议确定的实业公司对焦炭公司的其他债务，焦炭公司提交的证据不足以证明实业集团有承担债务的意思表示。实业集团与实业公司虽系母子公司关系，但系两个独立的法人，焦炭公司提交的证据亦不足以证明二者属于人格混同，故实业集团不应对案涉协议确定的补偿贸易款以外的债务承担责任。

实务要点： 第三人与债权人签订债务承担协议时，约定部分承担债务的，无需通知原债务人。第三人与原债务人对该债务承担连带清偿责任。对于原债务人的其他债务，如第三人无承担该债务的意思表示，且无证据表明原债务人与第三人人格混同的，该第三人不应对其他债务承担连带责任。

案例索引： 最高人民法院（2005）民二终字第155号“某焦化公司与某供销公司等合作合同纠纷案”，见《第三人代为清偿——山西城财焦化集团有限公司、孝义市城财焦化集团有限公司诉山西省乡镇企业焦炭供销有限责任公司合作合同纠纷案》（审判长付金联，代理审判员李京平、苑多然），载《最高人民法院商事审判指导案例·合同卷（上）》（2011:395）。

58 担保人承担担保责任后，向债务人的追偿权可转让

——担保人就其已承担担保责任后向债务人的追偿权可转让，受让人起诉债务人时，担保人不属于必须追加的当事人。

标签： 保证 | 追偿权 | 不良资产 | 主体资格 | 债权转让 | 转让效力

案情简介： 1997年，国资公司向银行贷款1.42亿元，实业公司提供担保。2000年，受让该金融债权的资产公司起诉，生效调解书确认实业公司向资产公司支付了2000万元借款和90万元诉讼费。2004年，实业公司对国

法院认为： 生效裁判文书已认定实业公司支付2000万元款项系履行担保义务。根据《担保法》第31条规定，担保人向债权人履行担保义务后，享有对原债务人的追偿权，即实业公司在其承担担保责任范围内享有对国资公司的追偿权。实业公司与投资公司签订书面债权转让协议，约定将其对国资公司享有的部分债权转让给投资公司并履行了通知债务人的义务，该合同应为有效。投资公司作为债权受让人有权行使原债权人实业公司的债权权利，国资公司针对原债权人实业公司的抗辩理由亦可向投资公司提出，故实业公司是否参加本案并不影响事实认

资公司的前述担保责任追偿债权中的1206万元转让给投资公司，并公证送达通知给国资公司。随后，投资公司起诉国资公司主张该债权。

定。实业公司就其已明确转让的债权不享有独立的请求权，不属于必须追加的当事人。故判决国资公司偿还投资公司欠款1206万元。

实务要点： 担保人就其已承担担保责任后向债务人的追偿权可以转让，受让人起诉债务人时，债务人针对担保人的抗辩理由及于受让人，担保人作为转让人不属于必须追加的当事人。

2.6

v.1:415

2005

案例索引： 最高人民法院（2005）民二终字第54号“某投资公司与某投资集团债权转让合同纠纷案”，见《债权转移后债务人的抗辩——新疆维吾尔自治区投资公司与新疆宏景投资有限责任公司债权转让合同纠纷案》（审判长姜伟，代理审判员陈百灵、杨征宇），载《最高人民法院商事审判指导案例·合同卷（上）》（2011:415）。

3

59 如无明确约定，保证加入不能推定放弃另一项担保

——在保证加入情形，不能仅以主合同对一项担保债权进一步约定，推定债权人和债务人系对另一项担保债权的放弃。

标签： 保证 | 债务承担 | 保证人加入 | 担保债权放弃

案情简介： 2003年，物资公司为钢铁公司向银行融资提供最高额为4000万元的连带责任保证。同日，经贸公司亦向银行出具还款担保书，明确为钢铁公司向银行不高于2000万元的融资额度提供连带责任保证。随后，依钢铁公司申请，银行垫付共计1000万元的商业汇票承兑款、115万余美元的进口押汇款，双方所签融资协议中约定由物资公司承担保证责任。经贸公司据此认为其保证责任已免除。

法院认为： 银行接受经贸公司担保书且未表示不同意见，应认定双方之间保证法律关系成立。钢铁公司先后与银行签订商业汇票承兑协议和进口押汇合同，由此形成对银行的债务性质属于约定的担保范围。虽然，钢铁公司融资时，其与银行约定欠款由另一保证人物资公司承担保证责任，但因物资公司和经贸公司未对钢铁公司的债务约定分担的份额或进行其他区分，银行亦未以任何明示的方式表示放弃对经贸公司担保债权，故仅以银行与钢铁公司在主合同中对一项担保债权作出进一步约定的事实不能推定其系对另一项担保债权的放弃。

实务要点： 债务人与债权人约定欠款由另一保证人承担保证责任，但因各保证人未对主债务约定分担份额或进行其他区分，债权人亦未以任何明示方式放弃某一担保债权，故仅以主合同中对一项担保债权作出进一步约定的事实不能推定债权人和债务人系对另一项担保债权的放弃。

案例索引： 最高人民法院（2005）民二终字第32号“某银行与某钢铁公司等票据纠纷案”，见《进口押汇行为的性

2.6

v.4:165

2005

质——中国银行新疆维吾尔自治区分行与新疆国标经贸有限公司、新疆金邦钢铁有限公司、新疆金邦房地产开发有限公司、新疆世达国际贸易有限公司、阿拉山口世达物资有限公司、新疆心脑血管病医院（有限公司）、新疆天基钢铁有限公司、孙新云、鲁新民、鲁新安、鲁建新票据纠纷案》（审判长叶小青，审判员王洪光，代理审判员雷继平），载《最高人民法院商事审判指导案例（4）·金融卷》（2011:165）。

60 免责式与并存式债务承担，应根据合同约定来区分

——在当事人明确约定或表示，或可确切推知原债务人退出原债权债务法律关系的，方可认定成立免责性的债务承担。

标签：保证 | 债务承担 | 免责性债务承担 | 第三人代为履行

案情简介：2002年，科技公司与物资公司签订《资产委托管理合同》，科技公司将5000万元委托物资公司管理，并约定了18%的固定保底收益。2004年6月，就物资公司未偿还的委托资金本息4000万余元，实业公司同意承担连带保证责任，并约定担保协议独立于前述《资产委托管理合同》，不因《资产委托管理合同》无效而无效。2004年8月，物资公司、科技公司、证券公司、实业公司签订四方协议，约定如果物资公司未将拖欠的委托资金及部分收益3163万元打回科技公司再由科技公司打给证券公司进行委托理财，则形成的物资公司欠科技公司的债务，"该债务转移至证券公司及担保人，由其代为偿还。"实业公司同意将其在证券公司拥有的股权为物资公司、证券公司应支付给科技公司的本金及收益进行连带责任担保。

法院认为：综合整个四方协议的文义作整体解释，可看出，当事人真实意思表示是在科技公司与证券公司未能成立委托理财法律关系的情况下，将物资公司与科技公司之间的债务转移给证券公司及担保人，由二者进行偿还。故证券公司实质作为债务人加入到原债权债务关系中，承担偿债责任，而并非债权债务关系外的第三方主体，并非只是代物资公司履行债务。依四方协议约定，证券公司成为债务人，向科技公司偿还物资公司应偿还的基于《委托资产管理合同》而产生的债务，故上述三方在本案中的法律关系不符合《合同法》第65条关于第三人代为履行的规定，而应为债务承担。证券公司未依约履行清偿债务本息义务，故其应对科技公司承担违约责任。一般而言，在当事人明确约定或表示原债务人退出原债权债务法律关系中，或根据合同约定可确切推断原债务人退出原债权债务法律关系，方可认定成立免责性的债务承担。本案中，当事人之间并无免除物资公司债务的明确约定。而且，四方协议约定，"实业公司同意将其在证券公司拥有的股权为物资公司、证券公司应支付给科技公司的本金及收益进行连带责任担保"，简言之，该协议约定，实业公司为科技公司对物资公司、证券公司享有的本金及收益的债权进行担保，由此可推断，物资公司、证券公司同为债务人对科技公司负有偿债责任。故判决物资公司和证券公司共同偿还科技公司委托资金，实业公司承担连带偿还责任。

实务要点：在当事人明确约定或表示原债务人退出原债权债务法律关系中，或根据合同约定可确切推断原债务人退出原债权债务法律关系的，方可认定成立免责性的债务承担。

2.1

200602/10:250

2005

案例索引： 最高人民法院（2005）民二终字第217号“某证券公司与某科技公司等委托理财合同纠纷案”，见《债务承担的认定及责任承担——泰阳证券有限责任公司与海南洋蒲华洋科技发展有限公司等单位资产管理委托合同纠纷上诉案》（张雪棋，最高院民二庭），载《民商事审判指导·案例分析》（200602/10:250）。

61 地方政府单方面转移破产企业债务的，应属于无效

——未经债权人同意，地方政府承诺原企业不再承担偿还义务而从重组后企业上缴地方的税金中逐年偿还的行为无效。

标签： 保证 | 债务承担 | 不良资产 | 破产 | 破产债权 | 政府担保

3

案情简介： 1992年，财政厅为水泥厂向银行借用外国政府贷款提供保证担保。2000年，银行将该不良金融债权转让给资产公司。2002年，在水泥厂被法院裁定破产还债程序中，市政府和法院分别向银行出具了偿还借用外国政府贷款的承诺函和偿还说明，由破产重组后的水泥公司从上缴的地方税金中逐年偿还，直至债权还清为止；市政府无能力偿还借款，则由担保单位偿还。2003年3月，法院裁定终结破产程序。2003年8月，资产公司起诉财政厅要求承担担保责任。

法院认为： 水泥厂破产案件审理中，市政府和法院分别向银行出具的承诺函和偿还说明，并未消灭资产公司对水泥厂的债权和对财政厅的担保债权。首先，2000年6月，银行将部分转贷外国政府贷款的债权转移给资产公司并已履行了通知义务，资产公司亦分别向主债务人水泥厂和财政厅催收债权。故资产公司和银行是转贷外国政府贷款的共同债权人，但市政府在落实偿还水泥厂借用外国政府贷款债务的承诺并未向资产公司作出，使资产公司的债权因水泥厂破产可能落空。其次，由地方政府承诺原借款企业不再承担偿还义务而从重组后企业上缴地方的税金中逐年偿还的行为，本质上系债务转移。根据《合同法》第84条“债务人将合同的义务全部或者部分转移给第三人的，应当经债权人同意”的规定，水泥厂转移该债务时，应征得资产公司同意或认可，否则地方政府单方面转移破产企业债务的行为无效。再次，市政府虽承诺以重组后企业逐年上缴的地方税金来偿还外国政府贷款形成的债务，但未对偿还的具体金额、期限及担保偿还的内容作出承诺，实际难以执行。综上，借用外国政府贷款未偿还或未落实债务的企业，不能进入破产程序，即便已进入或完成破产程序，亦不因此而消灭该债权。故资产公司仍有权向原债务人水泥厂和保证人财政厅追偿其受让的债权。

2.1

200502/8:235

2.6

v.2:390

2004

实务要点： 未经债权人同意，地方政府承诺原企业不再承担偿还义务，而从重组后企业上缴地方的税金中逐年偿还的行为无效。

案例索引： 最高人民法院（2004）民二终字第84号“某资产公司与某财政厅借款担保合同纠纷案”，见《中国东方资产

管理公司兰州办事处与宁夏回族自治区财政厅借款担保合同纠纷上诉案》(审判长周帆，代理审判员贾纬、沙玲)，载《民商事审判指导·判决书选登》(200502/8:235)；另见《我国政府利用外国政府等贷款为地方国有企业进行技术改造或项目建设，地方政府提供担保的，其担保责任不能因地方国有企业破产而免除》，载《最高人民法院商事审判指导案例·借款担保卷（上）》(2011:390)。

62 无各方意思表示的行政文件，不能作债务转移证据

——行政性文件未包含借款保证合同各方当事人的意志体现，亦无各方转移债务的意思表示，不宜认定债务发生转移。

标签： 保证 | 债务承担 | 债务转移 | 行政性文件 | 意思表示

案情简介： 1991年至1992年，公路局向银行贷款5000万元，省交通厅提供担保。1993年，省交通厅和银行联合向公路局发出通知文件，明确将公路收费权由担保单位省交通厅直接管理，公路局所收费用上解到省交通厅在银行开设的通行费专户。2002年，公路局财务科长李某在银行提供的逾期贷款逐年催收通知书回执上加盖公章。

法院认为： 案涉借款保证合同明确约定，借款人为公路局，出借人为银行，保证人为省交通厅。现借款人虽以债务已转移为由拒绝还款，但各方当事人均不能提供曾签订过转移该笔债务协议的证据。借款人在2002年逾期贷款催收通知书回执上加盖公章的行为证明，公路局不仅承认尚欠上述债务，且其作为借款人的身份未发生变化。至于省交通厅文件，因非借款保证合同三方当事人的意志体现，更非三方当事人转移债务的意思表示，故不能视同为当事人之间的债务转移协议。其性质属于行政性文件，文件亦仅明确省交通厅为该路段的直接管理人，并未明确由谁还贷，而收费仍由公路局负责。故根据本案当事人庭审中提供的现有证据，不宜认定本案当事人之间转移了债务。

实务要点： 行政性文件未包含借款保证合同各方当事人的意志体现，亦无各方当事人转移债务的意思表示，不宜认定当事人之间转移了债务。

2.1

200402/6:270

2004

案例索引： 最高人民法院判决“某银行与某公路局等借款担保合同纠纷案”，见《山西省交通厅在本案中的责任应当如何认定——上诉人中国建设银行大同市新建路支行与被上诉人山西省公路局大同分局、山西省交通厅、原审第三人山西省公路局借款担保合同纠纷案件》(叶小青，最高院民二庭)，载《民商事审判指导·案例评析》(200402/6:270)。

63 车辆通行费用于偿贷，是管理人应履行强制性义务

——车辆通行费的实际收取者在保证债务已过期情况下，仍负有代为将所收取的车辆交通费全部用于偿还贷款的义务。

标签：保证 | 债务承担 | 债务转移 | 行政性文件 | 意思表示

案情简介：1991年至1992年，公路局向银行贷款5000万元，省交通厅提供担保。1993年，省交通厅和银行联合向公路局发出通知文件，明确将公路收费权由担保单位省交通厅直接管理，公路局所收费用上解到省交通厅在银行开设的通行费专户。2002年，银行诉请公路局偿贷，省交通厅在收取的6900万余元通行费范围内对公路局贷款承担连带责任。期间，公路局对逾期贷款做了确认，但长达6年时间内，银行未向省交通厅主张保证债务。

3

2.1

200402/6:270

2004

法院认为：省交通厅通知属行政性文件，其下发和执行，必然带来一定的行政法律后果，即导致应由借款人公路局收取并应用于还贷的车辆通行费全部上缴给省交通厅。车辆通行费用偿还贷款，不仅是本案借款合同的约定，而且也是行政法规的规定。《公路管理条例实施细则》规定收取的通行费，除用于收费公路或桥梁、隧道的养护及收费人员、设施等正常开支，只能用于偿还贷款和需要偿还的集资。交通部、财政部、国家物价局1988年联合发布的《贷款修建高级公路和大型桥梁、隧道收取车辆通行费规定》亦有相关规定。车辆通行费用于偿还贷款，是国家规定的车辆通行费收取者（管理人）应履行的强制性义务。省交通厅身为借款合同保证人和公路局的主管部门对以收取的车辆通行费偿还贷款是明知的。根据行政法规的规定和借款合同约定，省交通厅作为车辆通行费管理人亦实际收取者，负有代为将所收取的车辆交通费全部用于偿还贷款的义务。省交通厅应在其所收取的车辆通行费范围内承担代为偿还义务。

实务要点：车辆通行费用于偿还贷款，是国家规定的车辆通行费收取者（管理人）应履行的强制性义务。车辆通行费的管理人（实际收取者）在保证债务已过期情况下，仍负有代为将所收取的车辆交通费全部用于偿还贷款的义务。

案例索引：最高人民法院判决“某银行与某公路局等借款担保合同纠纷案”，见《山西省交通厅在本案中的责任应当如何认定——上诉人中国建设银行大同市新建路支行与被上诉人山西省公路局大同分局、山西省交通厅、原审第三人山西省公路局借款担保合同纠纷案件》（叶小青，最高院民二庭），载《民商事审判指导·案例评析》（200402/6:270）。

64 补偿承诺因违法无效，不导致补偿的真实意思无效

——企业法人补偿原股东代偿债务的承诺虽因违法而无效，但仍应根据补偿的真实意思表示确定双方的权利义务关系。

法院认为：本案系一方当事人因国家金融政策调整而致投资利益受损，依

标签：保证 | 债务承担 | 行社合并 | 股东权益 | 补偿承诺

案情简介：1995年，电力公司以代偿370万元债务和投入20万元成为信用社股东。1996年，根据国务院关于信用社合并到银行的金融政策调整，银行承诺4年内偿还电力公司因代偿信用社370万元债务而享有的债权。4年后，银行以该承诺违反国务院通知要求无效拒绝清偿。

2.4

200501/17:140

2003

约请求另一方当事人给予补偿的经济纠纷。综观本案事实，因国家金融政策调整而决定的信用社并入银行，从而致电力公司作为股东在加入信用社后享有的独立经营、融资等权益不满一年就无法再享有，其为信用社代偿债务和支付股金共同构成取得信用社股东资格的对价，本质上虽系其为获取信用社股东才有的经营权、融资权进行的一种特殊形式投资，理应自负市场风险，即使有损失，亦不必然将自愿代偿债务理解并转化为对信用社的债权，但在银行作出弥补电力公司承担的代偿债务意思表示，电力公司对此承诺不持异议并加入银行后，银行就有了依承诺向电力公司弥补的法律责任和风险，客观上形成了合同意义上的债权债务关系。银行根据国务院通知中关于妥善解决信用社并银行有关问题的精神，承诺给予电力公司补偿符合公平原则，虽承诺弥补方式有违国务院通知规定而归于无效，但承诺弥补方式的无效并不导致给予弥补的真实意思无效。根据本案实际情况，为合法合理地妥善解决纠纷，判决银行承担电力公司代偿债务的50%即185万元。

实务要点：以代偿债务作为取得企业法人股东的资格，在该企业法人因国家金融政策调整合并，合并后的企业法人承诺补偿原股东代偿债务的，尽管该承诺因违反法律或行政法规而无效，但应根据双方当事人之间的真实意思表示，公平合理确定双方的权利义务关系。

案例索引：四川高院（2003）川民再字第1号“某银行与电力公司等经济纠纷案”，见《成都市商业银行与成都市华西电力（集团）股份有限公司其他经济纠纷再审上诉案》（审判长陈伯军，审判员宋荣萍、罗登亮），载《审判监督指导·案例评析》（200501/17:140）。

65 上市公司公告和年报的财务并表，不属于债务承担

——股份有限公司对全资子公司、控股公司财务上的并表处理，并不能因此认定该企业集团承担了子公司的债权债务。

标签：保证 | 债务承担 | 上市公司公告 | 年度报表 | 财务并表

案情简介：2000年，在法院强制执行

法院认为：实业公司将全资子公司或控股公司的债权债务欠款，一并公布在其上市公告书及随后的年报中，系根据《公司法》有关规定，及相关法律对上市公司有关财务制度的要求，这种财务上的公开披露是实业

开发公司过程中，实业公司将全资子公司的开发公司的100%股权全部转让给投资公司，并收取1000万元转让款。实业公司作为上市公司在当年公告和年度财务表中将开发公司的债权债务列为其债权和负债，法院据此裁定追加实业公司为被执行人。

公司义务。该种整体财务情况的公开披露，在法律上并不会否定被投资企业的独立法人地位，亦不会发生债权债务的转移和变更，投资主体对原被投资企业享有的仍只是投资权益或投资收益，而不能因此直接取代被投资企业，成为债权债务承继者，并由此取代被投资企业对外承担民事责任。故实业公司将开发公司债权债务列为本公司债权债务，并不构成债务承担，本案不应追加实业公司为被执行人。

实务要点： 股份有限公司将全资子公司、控股公司债权、债务情况公布在其上市公告书及年度报告中，是一种财务上的并表关系，并不能因此认定该企业集团承担了子公司的债权债务。

2.5

200303/7:211

2003

案例索引： 最高人民法院执行工作办公室《关于股份有限公司转让其正在被执行的独资开办的企业能否追加该股份有限公司为被执行人问题的复函》（2003年7月30日〔2002〕执他字第2号）"中国四川国际合作股份有限公司与北海中川国际房地产开发公司、广西城乡房地产开发北海公司执行纠纷案"，见《关于股份有限公司转让其正在被执行的独资开办的企业能否追加该股份有限公司为被执行人问题的请示与答复》（项存奇），载《强制执行指导与参考·最高法院案例分析》（200303/7:211）。

3

66　原债务人主体更名，并不导致保证人保证责任免除

——作为主债务人的企业更名，或注销后成立新法人，主体之间的债权债务承接关系均未发生变化，保证责任不免除。

标签： 保证 | 债务承担 | 企业改制 | 主合同变更 | 主体承继

案情简介： 1996年，实业集团兼并原酒厂，并承接原酒厂向银行的贷款债务，随后注销原酒厂，重新注册为实业酒厂。1997年，实业集团为实业酒厂向银行的6197万元贷款提供最高额保证，并在嗣后与银行签订《偿还贷款协议书》，约定实业酒厂在银行的6197万元贷款由实业集团偿还。1999年，实业集团为实业酒厂向银行

法院认为： 原酒厂、实业酒厂、现酒厂之间存在承继关系，无论是纯粹的更名，或是注销原法人，成立新法人，主体之间的债权债务承接关系均未发生变化，所成立的新的法人资产亦系从原法人主体承接而来，其承担前一主体债务的责任不能免除。虽然《偿还贷款协议书》确定实业集团系作为主债务人应承担还款义务，与前后其作为保证人身份不符，且主债务和保证债务重叠，但本案银行系以保证合同为依据主张实业集团承担责任，而《偿还贷款协议书》仅作为证明本案事实的证据，银行据此主张保证责任并不违反法律规定。且实业集团未能证明其已向债权人履行了《偿还贷款协议书》所承接债务而产生的义务，故其不能以该协议的主债务人身份对债权人要求其履行保证责任的主张进行有效的抗辩。

的新贷款提供连带责任保证，银行在发放新贷款当日予以扣划用于偿还旧贷。2002年，实业酒厂更名为现酒厂。实业集团以原酒厂、实业酒厂、现酒厂为各自独立的主体，其系《偿还贷款协议书》的主债务人而非保证人为由进行抗辩。

2.1

200401/5:245

2003

实务要点： 企业更名，或是注销后成立新法人，主体之间的债权债务承接关系均未发生变化，所成立的新的法人资产亦系从原法人主体承接而来，其承担前一主体债务的责任不能免除，保证人据此主张债务人更名前后或注销前后的主体应各自承担民事责任的，不予支持。

案例索引： 最高人民法院（2003）民二终字第56号“某银行与某实业集团等借款合同纠纷案”，见《三九企业集团与中国工商银行哈尔滨市北环支行借款合同纠纷上诉案》（审判长张勇健，代理审判员王东敏、殷媛），载《民商事审判指导·裁判文书选登》（200401/5:245）。

67 担保人不能以第三人债务加入未经其同意主张免责

——第三人自愿加入主债务承担成为共同债务人并不导致担保责任免除，担保人对未减轻部分债务仍应承担保证责任。

标签： 保证 | 债务承担 | 债的加入

案情简介： 2001年，银行、投资公司签订《协议书》，约定银行将5000万元客户资金委托投资公司管理，轻工集团同意为银行资金安全提供连带责任保证。2003年，就投资公司未偿还的委托资金，银行、投资公司、商贸公司签订《还款协议》，约定商贸公司作为共同债务人，以其所有的境内法人股分担投资公司前述债务部分偿还义务。嗣后，银行以债务转移未通知保证人为由主张免责。

法院认为： 银行依约将客户资金交付投资公司，因投资公司未依约履行还款义务，故嗣后三方的《还款协议》，在确认投资公司欠款事实基础上，明确约定投资公司、商贸公司作为银行的共同债务人，商贸公司以股票分担投资公司所欠银行部分还款义务。实际上系商贸公司自愿成为银行的共同债务人，共同负担投资公司所欠银行债务，故该约定属于债务加入，并不属于债务转让。尽管商贸公司自愿代偿行为变更了作为主合同《协议书》的内容，且未经担保人轻工集团同意，但鉴于该约定和行为减轻了投资公司的债务责任，故根据最高人民法院《关于适用〈担保法〉若干问题的解释》第30条规定，轻工集团对未减轻部分的债务承担连带保证责任。

实务要点： 未经保证人同意，第三人自愿加入主债务承担成为共同债务人，根据最高人民法院《关于适用〈担保法〉若干问题的解释》第30条规定，并不导致担保责任免除，担保人对未减轻部分的债务仍应承担保证责任。

2.1

200401/5:274

2003

案例索引： 最高人民法院（2003）民二终字第172号“某银行与某投资公司等委托管理资金合同纠纷案”，见《中国轻骑集团有限公司与华夏银行济南市高新支行、山东天源资产投资管理有限公司委托管理资金合同纠纷上诉案》（审判长叶小青，代理审判员朱海年、王闯），载《民商事审判指导·裁判文书选登》（200401/5:274）。

68 企业整体改制后，新企业与原企业成主体承继关系

——企业整体改制后，新企业与原企业构成主体承继关系，在涉及债务转移问题时，无须征得债权人和保证人的同意。

标签： 保证 | 债务承担 | 主合同变更 | 企业改制 | 债务主体 | 承继关系

案情简介： 1994年至1995年，化工厂共向银行贷款395万美元，卷烟厂提供连带责任保证。1996年，根据市政府的会议纪要，化工厂进行全厂改制，组建成化工公司，原化工厂在改制后按政府文件精神仍一直年检，但未经营。卷烟厂以债务转移未通知保证人为由，主张其保证责任应免除。

3

法院认为： 案涉改制事实证明，化工厂改制性质应属于整体改制，该厂原有的债权债务一并转移给化工公司，化工厂实际上已不复存在。化工厂改制后保留了其法人营业执照，是依据地方政府文件的有关精神的结果，并不能改变该厂整体改制的性质。化工厂的这种债权债务的概括转移属于债的法定转移，即债主体的法定变更。化工厂与化工公司之间应是主体承继关系，故涉及债务转移问题时，无须征得债权人银行的同意，亦不存在需要保证人卷烟厂同意的问题，原化工厂债权债务由变更后的化工公司承担，原主债务上从属的担保债务也不能消灭，故卷烟厂应对化工公司的银行贷款承担连带清偿责任。

实务要点： 因原企业整体改制全部并入新企业，新企业承担其全部债权债务，此种债权债务的概括转移属于债主体的法定变更，即债的法定转移。此种情形下，新企业与原企业之间构成主体承继关系，在涉及债务转移问题时，无须征得债权人和保证人同意。

2.1

200202/2:209

2002

案例索引： 最高人民法院判决“某银行与某卷烟厂等借款担保合同纠纷案”，见《企业整体改制与借款担保人的担保责任——中国银行芜湖市分行与芜湖卷烟厂、芜湖山江化学有限公司借款担保合同纠纷上诉案》（李京平），载《民商审判指导与参考·案例评析》（200202/2:209）。

69 被注销企业开办者就债务承担所作出承诺，应有效

——被注销企业的开办者、投资者在办理企业注销手续时，承诺对注销企业的债务承担责任，承诺人应受该承诺拘束。

法院认为： 工贸公司在工商管理部门办理注销手续时，其开办单位治安分

标签：保证 | 债务承担 | 企业注销 | 开办单位

案情简介：1996年，公安局下属职能部门治安分局开办的工贸公司向银行贷款1500万元。1998年，治安分局办理工贸公司注销手续时，在企业人员、债务等处理情况栏内载明“企业的人员、设备、设施、物资一并归入保安公司。债权债务由治安分局承担”，并提交了接收工贸公司的2900万余元的财产清单。2001年，银行起诉公安局和保安公司追索贷款本息。

局在企业的人员安置、债务等处理情况栏内载明内容有效，结合其提交的工贸公司财产清单备案，意思表示明确，应按其承诺内容由其在接收工贸公司财产范围内承担责任。因治安分局系公安局下属职能分局，不具备独立法人资格，根据最高人民法院《关于审理军队、武警部队、政法机关移交、撤销企业与党政机关脱钩企业相关纠纷案件若干问题的规定》第7条规定，公安局和保安公司在其接收财产范围即2900万余元内对工贸公司1500万元借款本息承担偿还责任。鉴于治安分局和保安公司在工贸公司注销时所接收的财产系账面金额，并未经过评估，故公安局和保安公司承担偿还责任时应首先以接收的实物偿还，实物不能偿还时，应以相应的价款偿还。

2.1

200202/2:235

2002

实务要点：被注销企业的开办者、投资者在办理企业注销手续时，承诺对注销企业的债务承担责任，一般情况下，由作出该承诺的主体对被注销企业的债务承担全部民事责任，但明确承诺以接收财产范围为限的除外。

案例索引：最高人民法院判决“某银行与某保安公司等借款合同纠纷案”，见《企业被撤销后其民事主体资格的确定及其债务承担问题——中国农业银行新疆维吾尔自治区分行营业部与乌鲁木齐市公安局、乌鲁木齐市保安服务公司、乌鲁木齐市公安局公共交通治安分局借款合同纠纷上诉案》(刘敏)，载《民商审判指导与参考·案例评析》(200202/2:235)。

70 股东为公司法人设定债务承担的行为，应确认无效

——公司法人有自己独立意志。股东为公司设定债务属股东侵犯公司独立法人人格，损害公司利益行为，应确认无效。

标签：保证 | 债务承担 | 信托 | 公司法人人格

案情简介：1996年，就银行从信托公司脱钩问题，信托公司的两股东银行、市财政局与市政府达成会议纪要，约定银行从信托公司退股，信托公司子公司租赁公司承担债务的约定，

法院认为：案涉会议纪要中涉及信托公司为其子公司租赁公司承担债务的约定，因债务承担者信托公司和租赁公司未参加会议，故该约定非当事人的意思表示。该约定的形成，虽有信托公司两股东即银行、财政局的参加及认可，但信托公司作为公司法人有自己的独立意志，股东无权为公司法人设定还款义务。两股东的行为属股东侵犯公司独立法人人格，最终损害公司的利益，故该约定应确认无效。

公司租赁公司所欠银行债务由信托公司承担。

实务要点： 公司法人有自己的独立意志，股东无权为公司法人设定还款义务。股东为公司法人设定债务行为属股东侵犯公司独立法人人格，损害公司利益行为，应确认为无效。

2.1

200202/2:283

2002

案例索引： 最高人民法院判决“某银行与某投资公司等资金拆借合同纠纷案”，见《本案债务承担约定的效力应当如何认定——上诉人四川省德阳市信托投资公司与被上诉人中国建设银行德阳市分行、原审第三人海南盛兴租赁公司资金拆借合同纠纷案》（叶小青），载《民商审判指导与参考·案例评析》（200202/2:283）。

71 协议双方存在同一身份双重代理的，债务承担无效

——债务承担存在新债务人与债权人的法定代表人或代理人为同一身份的双重代理情形的，该债务承担约定应为无效。

标签：保证 | 债务承担 | 信托 | 双重代理

3

案情简介： 1996年，就银行从信托公司脱钩的债务承担问题，信托公司的两股东银行、市财政局与信托公司达成退股和还款协议，约定银行从信托公司退股，信托公司的子公司租赁公司所欠银行债务由信托公司承担，银行副行长李某分别代表银行和信托公司在协议上盖章。

法院认为： 退股及还款协议中涉及的信托公司为其子公司租赁公司还款约定，属于债务承担性质，因其法律后果是由新债务人代替原债务人向债权人承担债务，原债务人不再承担责任，故关于债务承担的约定，新债务人的意思表示应无瑕疵。而本案信托公司当时的法定代表人李某虽在上述协议上签字，并加盖信托公司公章，但因其同时具有银行副行长的双重身份，存在着代理人人格混同，实质上系双重代理的一种表现形式。李某行为违背了诚实信用原则。尤其是李某签订上述协议后即回到银行继续任职，更进一步表明其与银行有着直接的利害关系。且在李某离任后，信托公司即多次表示上述约定非其真实意思表示而拒绝为租赁公司承担债务。故上述协议中关于信托公司为租赁公司承担债务的约定，因非信托公司真实意思表示，应确认无效。债务承担约定无效后，考虑到当事人过错，对租赁公司偿债不足部分，由银行和信托公司按7∶3的比例分担。

2.1

200202/2:283

2002

实务要点： 债务承担约定的形成，存在新债务人与债权人的法定代表人或代理人为同一身份的双重代理情形，因违背诚实信用原则，该债务承担约定无效。

案例索引： 最高人民法院判决“某银行与某投资公司等资金拆借合同纠纷案”，见《本案债务承担约定的效力应当如何认定——上诉人四川省德阳市信托投资公司与被上诉人中国建设银行德

阳市分行、原审第三人海南盛兴租赁公司资金拆借合同纠纷案》（叶小青），载《民商审判指导与参考·案例评析》（200202/2:283）。

72 三方协议约定等额冲抵连环债务，应认定债务转移

——债权人、债务人、第三人约定由第三人向债权人直接付款以等额冲抵各方连环债务的，应认定成立债务转移关系。

标签：保证 | 债务承担 | 债务转移 | 连环债务 | 第三人代为履行

案情简介： 1996年，焦化厂、实业公司与物资公司签订货款结算协议：物资公司所欠实业公司400万元因实业公司欠焦化厂货款700万元，故由物资公司直接付款400万元给焦化厂。事后由焦化厂向实业公司出具了收款收据。

法院认为： 案涉三方协议采取由物资公司向焦化厂直接付款的方式，是为了达到"冲减三方欠款"，以免除实业公司对焦化厂债务的目的，故债务主体已由原实业公司变更为物资公司。该协议符合有关债务转移的法律规定。新债务人物资公司是否向焦化厂支付货款，是另一个法律关系，不属本案审查范围。

实务要点： 第三人对债务人、债务人对债权人存在连环债务，三方协议约定由第三人向债权人直接付款以等额冲抵各方债务的，应认定三方成立债务转移关系。

案例索引： 最高人民法院（2001）民二提字第16号"某实业公司与某炼铁厂购销合同纠纷提审案"，见《福建省福州兴华实业总公司与宁夏博宇焦铁集团有限公司购销合同纠纷再审案——债务转移和第三人代为履行的区别》（贺榥、谭红），载《审判监督指导·案例评析》（200401/13:51）；另见《福建省福州兴华实业总公司与宁夏焦化炼铁总厂购销合同拖欠货款纠纷申请再审案》（王靖红，最高院立案庭），载《立案工作指导与参考·再审复查案例评析》（200303/4:80）。

2.4

200401/13:51

2.3

200303/4:80

2001

73 指令付款不属债务转移，保证人不能以此主张免责

——债权人、债务人和第三人对债务由原债务人转由第三人承担须有明确意思表示，且其意思表示须不存在任何瑕疵。

标签：保证 | 债务承担 | 指令付款 | 债务转移

案情简介： 1993年，橡胶公司为技术公司向银行贷款提供连带责任担保。银行依技术公司出具的函，将款项直

法院认为： 银行根据技术公司指令，将贷款划至电机公司贷款账户，并由电机公司实际使用，并未构成借款合同债务转移，橡胶公司以债务转移未经其同意，其不再承担保证责任的理由不成立，橡胶公司应依其向银行出具的担保书承担担保责任。

接划转至电机公司账户。橡胶公司据此主张债务转移未经其同意应免除其保证责任。

实务要点： 债务转移须有以债务转移为内容和目的的协议，债权人、债务人和第三人对债务由原债务人转由第三人承担须有明确的意思表示，且其意思表示须不存在任何瑕疵。

2.1

200301/3:281

2.1

200201/1:360

2000

案例索引： 最高人民法院（2000）经终字第180号“某银行与某橡胶公司等借款担保合同纠纷案”，见《指令付款不构成债务转移，保证人不能以此主张免责——桂林南方橡胶（集团）公司与中国光大银行南宁星湖支行、桂林辰山新技术发展总公司、桂林凯杰印制电机公司、桂林电器科学研究所借款合同纠纷上诉案》（刘敏），载《民商审判指导与参考·案例评析》（200301/3:281）；另见《桂林南方橡胶（集团）公司与中国光大银行南宁星湖支行借款合同纠纷上诉案》（审判长叶小青，代理审判员曹士兵、刘敏），载《民商审判指导与参考·裁判文书选登》（200201/1:360）。

备注：本案银行将贷款实际使用人电机公司追加为共同被告，不属于《民事诉讼法》规定的必须共同进行诉讼的当事人，鉴于电机公司并未对法院追加其为共同被告提出异议，且愿意作为实际用款人承担偿还责任，故二审对此未予审理。

3

74 企业债券代理发行银行，应履行其到期兑付的承诺

——企业债券的发行人对企业债券的持有人负有按债券票面上约定的期限偿付本息的义务，但当事人另有约定的除外。

标签： 保证 | 债务承担 | 债务转移 | 企业债券 | 代理发行人

案情简介： 1992年，银行与水泥厂签订《企业债券代销合同》，约定银行代理发行水泥厂企业债券。随后，信用社认购了400万元，认购的企业债券票面载明3年期限届满后，“凭此券到发售单位兑付本息”，并加盖了银行公章。同年，水泥厂与信用社签订《债券利息合同》，约定400万元债券利息由水泥厂直接付给信用社。

法院认为： 信用社购买案涉企业债券，系因银行接收了水泥厂企业债券的兑付义务，有足够的信誉保证。根据水泥厂与银行所签《企业债券代销合同》和债券票面记载，银行应负有债券兑付义务。但根据信用社与债券发行人水泥厂的约定，债券利息，不应由银行支付。

实务要点： 企业债券的发行人对企业债券的持有人负有按债券约定的期限偿付本息的义务，但当事人另有约定的除外。

案例索引： 最高人民法院《关于中国农业银行汝州市支行与中国建设银行汝州市支行债券兑付纠纷案的复函》（1999年3月17日〔1998〕民他字第29号），见《关于中国农业银行汝州市支行

2.2

200003/3:89

1999

与中国建设银行汝州市支行债券兑付纠纷一案的请示与答复》（杨永清），载《民事审判指导与参考·请示与答复》（200003/3:89）。

75 第三人承诺加入债务，应与债务人共同负还款责任

——第三人债务加入后，除当事人对责任承担方式另有约定外，债权人可以请求该第三人与债务人共同承担清偿责任。

标签：保证 | 债务承担 | 股权转让 | 付款责任 | 债务加入 | 公司债务加入

案情简介：2008年，徐某将其在实业公司的股权转让给许某、肖某，徐某及其担任法定代表人、实际控制人的化工公司为此出具承诺，载明对股权转让前实业公司的债权债务承担一切责任。2010年，许某、肖某、实业公司据此诉请徐某、化工公司对已垫付股权转让前形成的债务100万余元承担连带清偿责任。

法院认为：《公司法》虽规定公司对外担保需公司权力机关作出决议，但案涉承诺书不具备法律规定的担保要件，且化工公司亦无提供保证的意思表示，故该承诺书不属于担保，性质上属于典型的第三人、债务人向债权人出具承诺，由第三人、债务人共同向债权人履行债务，由此，化工公司对徐某结欠实业公司债务进行了债务加入。债务加入又称并存的债务承担，第三人对债务人所负担的债务进行债务加入后，除当事人对责任承担方式另有约定外，债权人可请求第三人与债务人共同承担责任。实业公司承担股权转让前的债务100万余元后，徐某、化工公司应依约承担相应法律后果，判决徐某、化工公司偿付实业公司100万余元及利息。

实务要点：第三人对债务人所负担的债务进行债务加入后，除当事人对责任承担方式另有约定外，债权人可以请求第三人与债务人共同承担责任。现行公司法律法规对公司如何进行债务加入行为未规定，第三人公司作出债务加入承诺时应产生约束力。

3.4

201308:94

2012

案例索引：江苏无锡中院（2012）锡商终字第0581号“许晓磊、许建明、江苏省江阴市建恒化工有限公司与江苏省常州蓝浩化工有限公司债务纠纷案”，见《公司债务加入行为的效力》（潘亚伟、吴玉凤），载《人民司法·案例》（201308:94）。

76 他人以己财产代替债务清偿，构成第三人代物清偿

——第三人与债权人、债务人达成三方协议，同意处分自己的财产来代替债务人给付，不构成债务加入或第三人履行。

标签：保证 | 债务承担 | 第三人代物清偿 | 债务加入 | 第三人代为履行

法院认为：案涉协议明确约定了对周某所有的车辆进行扣押、提车、过户等事宜，周某作为完全民事行为能力人和

案情简介：2010年，就电动车公司所欠科技公司货款17.6万元本息，协议约定以周某名下越野车扣押并过户给科技公司，周某在协议上签字。因嗣后周某将该车以6万元价格转让过户给他人，科技公司诉请周某与电动车公司连带清偿。

3.4

201318:96

2012

车辆所有权人在协议上签字，即表明其同意以自己车辆为电动车公司抵偿债务，协议内容对其产生法律约束力，其应承担违约责任，即在车辆价值范围内就电动车公司债务承担清偿责任。由于签订协议时各方未约定车辆价值，案件审理中亦无法通过评估确定，故可以周某另行转让车辆的实际交易价格确定，判决周某对电动车公司所欠科技公司货款17.6万元本息在6万元范围内承担清偿责任。

实务要点：第三人与债权人、债务人达成三方协议，同意处分自己财产来代替债务人给付全部或部分债务，应成立第三人代物清偿合同，不构成债务加入或第三人履行。

案例索引：江苏无锡中院（2012）锡商终字第0391号“重庆帕特龙智通电子科技有限公司与周海丰、江苏省无锡市振环电动车有限公司债务纠纷案”，见《第三人代物清偿的司法认定和责任承担》（卢文兵），载《人民司法·案例》（201318:96）。

3

77 第三人在欠款人后签字，一般视为并存式债务承担

——第三人在债务人出具的欠条中“欠款人”后署名，应根据具体情况和日常生活经验法则，认定为并存的债务承担。

标签：保证 | 债务承担 | 保证成立 | 并存式债务承担 | 日常生活经验法则

案情简介：2010年，王某作为杨某与应某买卖关系的中间人，在杨某出具给应某的欠条上“欠款人”杨某后面签名。应某据此主张王某应共同承担偿还责任，王某称其只是作为中间人见证。

3.1

201203/81:226

2011

法院认为：王某作为应某与杨某之间买卖业务关系的介绍人，在杨某出具的欠条中将自己名字签署在欠款人之后，在对该签名未作特别约定情况下，按一般理解，应系王某同意以欠款人身份，加入到杨某与应某的债务关系中，与债务人杨某共同承担债务。根据日常生活经验法则，王某解释其签字系见证人的解释不符合常理，且无相应证据印证，故应认定王某签字行为系并存的债务承担，判决王某、杨某共同支付应某欠款。

实务要点：第三人在债务人出具的欠条中的“欠款人”后署名，判断该行为系保证还是并存的债务承担，应根据具体情况和日常生活经验法则，从保护债权人利益的立法目的出发，未作特别约定情况下，应认定为并存的债务承担。

案例索引：浙江宁波中院（2011）浙甬商终字第569号“应某诉杨某等买卖合同纠纷案”，见《应志伟诉杨定炳、王崇兴

买卖合同纠纷案》（刘丽），载《人民法院案例选》（201203/81:226）。

78 法律不禁止第三人包括居间人自愿为他人承担债务

——居间人自愿为合同履行提供保障，作出当义务人不履行合同义务时由自己代为履行承诺的，该意思表示应为有效。

标签：保证 | 债务承担 | 居间合同 | 债的加入

案情简介：2010年，就郑某居间为服装公司委托制衣公司定作拖欠的加工费17万余元，郑某在结算单中承诺货款由其收回并立下欠据。

3.6

201206/24:53

2011

法院认为：郑某居间介绍与定作人达成口头服装加工合同，双方并按合同作了部分履行，该合同应认定合法有效。郑某作为居间人，理应只有向合同双方提供订立合同机会及媒介服务的义务，享有要求支付相应报酬的权利。然而，郑某在与制衣公司结算时，在结算清单中承诺货款由其收回并立下欠据，从而自愿承诺替定作人代为履行偿还加工费的义务，使自己成为该服装加工业务中拖欠加工费的债务人。郑某作为独立民事行为能力人，有独立处分自己权利并对自己行为承担责任的能力，法律不禁止第三人自愿为债务人承担偿还债务责任。且服装公司已倒闭无偿还能力，制衣公司亦放弃对服装公司追偿此笔债务，故制衣公司对郑某诉讼请求，应予支持，判决郑某给付制衣公司加工费17万余元。

实务要点：法律不禁止第三人自愿为债务人承担偿还债务责任。居间人自愿为合同履行提供保障，作出当义务人不履行合同义务时由自己代为履行承诺的，该意思表示应为有效。

案例索引：江苏建湖法院（2011）建商再初字第0002号"郑某与某制衣公司债务纠纷案"，见《盛春公司诉郑中在居间合同中承诺代偿债务欠款纠纷案》，载《江苏省高级人民法院公报》（201206/24:53）。

79 政府部门同意债务人的偿债方案，不构成债务转移

——政府职能部门为解决企业债务问题与债权人签订同意债务人偿债方案的协议，不能认定为债务转移的法律性质。

标签：保证 | 债务承担 | 借款合同 | 不良资产 | 出资责任 | 行政管理

案情简介：1996年，县政府下发通知，成立卷烟办，履行卷烟厂监事会职能，

法院认为：卷烟办与银行所签偿债协议，只是表示卷烟办对卷烟厂偿债方案的同意或认可，并非承接有关债务或义务的承诺。银行仍参与卷烟厂破产财产分配这一事实，印证了卷烟办与卷烟厂并未就债务转移达成合意，故卷烟办未取代卷烟厂承担合同债务。从县政府所发通知的背

成员从各级政府机关抽调。1998年，就卷烟厂所欠银行800万余元贷款，卷烟办与银行签订偿还协议，协议载明卷烟办同意将卷烟厂设备抵押给银行，并以每年租金逐步归还。2009年，从资产公司购买该银行不良金融资产的实业公司，以前述偿还协议构成债务转移为由，诉请县政府偿还。

景资料看，卷烟办虽为县政府设立，但其履行的是卷烟厂监事会职能，其人员组成、工作目标表明其系政府组织成立的管理性机构，其与银行签订协议具有行使管理职能的目的，并无成为债务承担者的目的。故本案卷烟办与银行签订协议不构成债务转移，实业公司起诉县政府因与本案无直接利害关系，故裁定驳回起诉。

实务要点： 政府职能部门为解决企业债务问题与债权人签订同意债务人偿债方案的协议，应认定为行使管理职能的行为，不能认定为债务转移，对债权人以政府职能部门为被告的起诉应当驳回。

3.4

201022:90

2010

案例索引： 重庆高院（2010）渝高法民终字第27号“四川英祥实业集团有限公司与酉阳土家族苗族自治县人民政府债务纠纷案”，见《政府职能部门对债务人偿债方案的同意不构成债务转移》（王敏），载《人民司法·案例》（201022:90）。

3

80 第三人向债权人承诺履行债务的，应视为债务加入

——债权人与债务人约定债务由第三人履行，第三人向债权人书面表示同意的，应认定构成并存的债务加入而非保证。

标签：保证 | 债务承担 | 保证成立 | 并存的债务加入 | 第三人履行

案情简介：2006年，杨某向顾某出具欠据，载明欠顾某1.45万元，于本月15日到孙某处拿。孙某在该条据上签署“同意”并签名。因逾期未偿，顾某诉请孙某与杨某连带清偿。

法院认为： 我国现行担保立法取向和司法实践对保证关系的认定，不仅需要有实质上的保证的意思表示，还需具备一定的表现形式，故不宜认定本案孙某行为构成保证。杨某与顾某约定债务由孙某履行，第三人孙某向债权人顾某书面表示同意的，应认定构成并存的债务加入，由债务人杨某和第三人孙某承担连带责任。鉴于我国立法和司法解释尚未对债务加入予以直接规定，故依《民法通则》关于民事法律行为的相关规定，判决孙某对杨某归还顾某欠款承担连带清偿责任。

实务要点： 债权人与债务人约定债务由第三人履行，第三人向债权人书面表示同意的，应认定构成并存的债务加入，由债务人和第三人承担连带责任。

3.2

201003/15:46

2008

案例索引： 江苏盐城中院（2008）盐民一再终字第0016号“顾某与杨某等借贷纠纷案”，见《并存的债务加入应承担连带责任——顾爱林与杨昌平、孙跃成民间借贷纠纷再审案》（刘仁海），

载《人民法院案例选（法制社月版）》(201003/15:46)。

81 股东在工商变更登记材料中所作偿债承诺，应有效

——中外合作企业出现解散事由后，由新股东以出具承诺书形式，承诺对企业债务进行偿还的，该偿债承诺应为有效。

标签： 保证 | 债务承担 | 公司清算 | 公司解散 | 出资责任

案情简介： 2001年，中外合作企业家具公司未经清算、注销程序而变更为同名内资企业，注册资金由原来的41万美元减为77万余元人民币，新股东皮业公司和杜某在工商局变更登记文件中作出承诺，"变更前所负的债务由皮业公司和杜某共同承担"，进出口公司向家具企业主张变更前的货款本息300万余元，并要求皮业公司、杜某依承诺函承担连带责任。

法院认为： 家具公司在原中外合作企业终止后，未依法清算而是通过变更工商登记形式变更为内资企业，现有内资企业是原中外合作企业主体的延续，应承接原有中外合作同名企业的债务，进出口公司诉请内资家具公司返还债务应予支持。皮业公司和杜某出具由新股东对原外资企业债务清偿的承诺书构成对原外资企业债权人的一种承诺，应视为并存的债的加入，该承诺在工商部门登记备案，对外形成公示、公信效力，具有法律效力，皮业公司和杜某应依此承诺对进出口公司债权负连带清偿责任。

实务要点： 中外合作企业出现解散事由，但其法人资格并不因此当然终止，其未依法进行清算并办理注销手续，而是由新股东以出具承诺书形式，承诺对企业债务进行偿还，并通过办理工商变更登记形式变更为现有的内资同名企业，应认定性质上非新设公司，而是原企业主体延续，依法应由其承接原企业债务。

3.1

200601/55:223

2005

案例索引： 福建高院（2005）闽民终字第188号"某畜产公司与某投资公司债务纠纷案"，见《土畜产公司因原中外合作上海隆邦公司未经清算变更为内资公司，诉现有内资公司上海隆邦公司承担原公司债务，并由出具承诺函的现有内资公司的股东承担连带清偿责任案》（尤冰宁），载《人民法院案例选》(200601/55:223)。

82 被吊销营业执照的债务人，仍应具有诉讼主体资格

——债务人被吊销营业执照后并未清理债权债务，故发生诉讼时，其仍应作为诉讼主体参加诉讼，股东负有清算义务。

标签： 保证 | 债务承担 | 公司清算 | 诉讼主体 | 企业改制 | 债务主体

案情简介： 1999年，投资公司为实业公司向银行贷款3500万元提供连带

法院认为： 实业公司虽被当地工商部门吊销营业执照，但因其并未对自身债权债务进行清理，故发生诉讼时，其仍应作为诉讼主体参加诉讼。同时，由于实业公司作为有限责任公司，其在被吊销营业执照后的债权债务清理工作理应由其股东来进行。实业公司原有三个股东中国电缆

责任保证。2001年，实业公司逾期未偿并被吊销营业执照，其三个股东中，电缆公司和工程公司均相继被吊销营业执照或办理了注销登记，线缆厂改制为线缆集团。2003年，银行诉请线缆集团与实业公司、投资公司连带清偿债务。

公司和工程公司均相继被吊销营业执照或办理了注销登记，故由线缆厂改制而成的线缆集团应承担起实业公司债权债务的清理责任。线缆集团如不履行或不当、迟延履行对实业公司的清算责任，导致实业公司清算财产灭失、毁损的，应在实业公司清算财产灭失、毁损的价值范围内承担赔偿责任，故判决实业公司偿还银行逾期贷款本息，线缆集团在本判决生效之日起1个月内成立清算组织，对实业公司进行清算，投资公司对实业公司所欠银行贷款本息承担连带责任。

3.3

实务要点： 债务人虽被工商部门吊销营业执照，但因其并未对自身债权债务进行清理，故发生诉讼时，其仍应作为诉讼主体参加诉讼，股东负有清算义务。

2005商:95

2004

案例索引： 最高人民法院（2004）民二终字第9号“某银行与某实业公司等借款合同纠纷案”，见《中国建设银行石家庄市自强路支行诉河北宇通实业有限公司等借款合同案（担保）》（审判长叶小青，审判员朱海年，代理审判员陈明焰；编写人傅强，河北高院），载《中国审判案例要览》（2005商事:95）。

3

83　金融机构间依行政命令转让债权时通知义务的认定

——金融机构依行政命令进行债权转让，且能推定债务人知道该转让事实的，债权转让有效，保证人保证责任不免除。

标签：保证 | 债务承担 | 借款合同 | 债权转让 | 转让通知 | 事实通知

案情简介：1997年，工贸公司为畜牧公司向农发行贷款提供连带责任保证。1998年，依人民银行、农行、农发行、财政部联合下发的通知，农发行将案涉贷款划转至农行。嗣后，工贸公司以该债权转让未通知债务人为由主张免除责任。

法院认为： 农发行与农行之间转让债权，系因作为国家管理行的中国人民银行对各商业银行之间业务分工进行调整后由各商业银行落实中国人民银行下发的《关于把农业发展银行扶贫、开发等专项贷款业务划转到农业银行的通知》（银传〔1998〕21号）等文件规定的行为。该债权的转让，并非平等主体之间的自由转让，不能认定农发行擅自转让了该债权，故该债权转让行为并不违反当事人之间不得擅自转让的约定，应视为合法有效。从理论上讲，《合同法》第80条第1款规定债权人转让权利应通知债务人中的“通知”，是一种事实通知，并非要求意思表示一致，债权人为通知义务，只要达到对方即生效，而无需相对方同意。基于此，可进一步认为，即使债权人未为通知义务，但根据事实能推定债务人知道债权人转让债权的，亦应认为该转让对债务人发生效力。从本案事实看，不仅有关文件要求转让债权，而且作为债务人的畜牧公司在作为债权受让方的农行的催款通知上加盖了公章，

3.3

2004商:111

2003

足以证明畜牧公司是知道债权人将对其的债权转让给第三人农行，故应认为该债权转让对畜牧公司有效。根据最高人民法院《关于适用〈担保法〉若干问题的解释》第28条规定，保证期间，债权人依法将主债权转让给第三人的，保证债权同时转让，保证人在原保证担保的范围内对受让人承担保证责任。故工贸公司应对畜牧公司所欠农行贷款承担连带清偿责任。

实务要点： 金融机构依行政命令和合同当事人意愿进行债权转让，非平等主体之间的自由转让，虽未为通知义务，但根据事实能推定债务人知道债权人转让债权的，该债权转让有效，保证人在原保证担保范围内对受让人承担保证责任。

案例索引： 新疆高院（2003）新民二终字第66号“某银行与某畜牧公司等借款担保合同纠纷案”，见《中国农业银行阿勒泰地区分行诉新疆畜田有限责任公司等借款、担保合同案（债权转让）》（杨善明），载《中国审判案例要览》（2004商事:111）。

84 股权转让担保债务转化为借款债务的约定，仍有效

——保证人为股权转让协议受让方应支付给转让方的股权转让款提供担保，并在嗣后以借款形式确定下来，均应有效。

标签： 保证 | 债务承担 | 借款合同 | 合同性质 | 股权转让

案情简介： 2002年，贸易公司股东林某将股权转让给陈某，就股权转让款，陈某立下欠条，机械公司在该欠条上盖章并同意担保。两个月后，就陈某未支付的9万元余款，林某与机械公司立下借条、借款计划及还款明细表。因逾期未偿，林某诉请机械公司清偿。

法院认为： 股权转让协议有效，是否办理工商变更登记，属转让方附随义务。未办登记，原则上不得对抗善意第三人，但并不影响新旧股东之间转让股权的事实和效力。机械公司为贸易公司股东转让股权的受让人提供担保，是受让人向林某支付股权转让款的担保人。股权受让人与林某之间并未形成借款关系，而是股权转让形成的债务关系。机械公司为陈某债务担保时，未约定保证方式，依《担保法》第19条规定，应承担连带保证责任。且机械公司随后又对林某债权单独作了还款承诺，并以借条、借款计划及还款明细形式加以确定，故诉争欠款并非机械公司向林某的借款，而是从其为陈某担保的债务转化而来。判决机械公司向林某偿还9万元。

实务要点： 保证人为股权转让协议受让方应支付给转让方的股权转让款提供担保，并在嗣后以借款形式确定下来，担保人并不因其与债权人之间无真实的借款关系而免除债务清偿责任。

3.3

2004商:123

2003

案例索引： 福建龙岩新罗区法院（2003）龙新经初字第299号“林某与某机械公司等保证合同纠纷案”，见《林国春等诉龙岩南亚建材机械有限公司等保证合同案（股权转让）》（赖海波），载《中国审判案例要览》（2004商事:123）。

85 第三人自愿承担责任的承诺，应属并存式债务加入

——第三人自愿担责不同于第三人代为履行，亦非债务移转，而是一种独立清偿承诺，其后果是与原债务人共同担责。

标签： 保证 | 债务承担 | 债务加入 | 并存式债务加入 | 债务转移

案情简介： 2002年，旅行社经理谢某对旅行社欠旅游公司的业务往来欠款出具欠条，并加注其离职则由其个人承担付款责任。因谢某离职未偿债，旅游公司持欠条诉旅行社和谢某。

法院认为： 案涉欠条意思表达明确，应视为三方就谢某自愿偿债行为达成了一个新的合意，旅游公司有权在条件成就后依据欠条要求谢某履行偿债义务，但该欠条并未否定旅行社的付款义务，因债务移转必须征得债权人旅游公司同意，谢某个人自愿承担旅行社所欠旅游公司债务行为，不构成免责的债务承担，而应视为并存的债务承担，旅游公司可向旅行社和谢某主张连带清偿责任。

3

实务要点： 第三人自愿担责，不同于第三人代为履行，亦不同于债务移转，而是一种独立清偿债务的承诺，是自愿加入到债的关系中承担债务的并存债务人，引起的后果是与原债务人共同担责。

3.1

200503/53:220

2003

案例索引： 江苏丹阳法院（2003）丹民初字第3037号“某旅行社与谢某等欠款纠纷案”，见《海口民间旅行社有限公司以第三人承诺履行为由诉丹阳中国旅行社、谢伟力欠款纠纷案》（张智慧），载《人民法院案例选》（200503/53:220）。

86 企业改制关于债务划分的内部约定不能约束债权人

——企业法人分立、合并，其权利义务由变更后法人享有和承担。企业改制关于债务划分的内部约定不能约束债权人。

标签： 保证 | 债务承担 | 借款合同 | 企业改制 | 企业分立

案情简介： 1994年，乡财政所为供电所向银行借款2万元提供担保。1999年，供电所由于电力体制改革，由乡

法院认为： 借款人供电所被电力公司和乡政府接收，故依《民法通则》第44条第2款“企业法人分立、合并，它的权利义务由变更后的法人享有和承担”规定，供电所借款本息应由电力公司和乡政府共同承担。电力公司与乡政府关于供电所债务划归的内部约定，未经债权人银行同意，对银行不具有约束力。乡财政所属于乡政府内设机构，不具备

政府移交给电力公司接收。2001年，银行诉请电力公司和乡政府、乡财政所连带清偿。

法人资格，其为供电所提供保证应确认无效，所承担的责任应由乡政府承担，故判决电力公司、乡政府共同偿还银行借款本金2万元及相应利息。

3.3

2002商:128

2001

实务要点： 企业法人分立、合并，其权利义务由变更后的法人享有和承担。企业改制过程中关于债务划分的内部约定不能约束债权人。

案例索引： 福建龙岩中院（2001）岩经终字第55号“某银行与某电力公司等借款合同纠纷案”，见《中国农业银行永定县支行诉永定县电力公司等借款合同案》（苏月华、王秀华），载《中国审判案例要览》（2002商事:128）。

87 多边协议时，如何区分债务承担与第三人代为履行

——债务人以第三人名下房产抵偿债务，第三人与债权人就房屋委托销售达成协议的，应认定该第三人构成债务承担。

标签： 保证 | 债务承担 | 第三人代为履行

案情简介： 1997年，投资公司以确认书形式要求开发公司将投资公司所购房产直接办在制品公司名下以抵偿债务。开发公司据此亦以确认书形式向制品公司承诺“可随时办理产权登记手续”。1999年1月，开发公司与制品公司签订委托售楼合同，约定1年内出售完毕，否则开发公司有义务回购未售房产。2003年12月，制品公司要求开发公司履行回购义务。2004年8月，制品公司提起诉讼。

法院认为： 投资公司同意就案涉房产办理产权登记手续，开发公司在知道并认可的情况下向制品公司作出承诺，意味着开发公司自愿将投资公司已购房产随时过户至制品公司或其指定公司，该承诺合法有效。制品公司有权依此要求开发公司随时履行将约定房产过户的义务。又依委托售楼约定，开发公司有义务将约定楼房销售或予以回购，并将款项交付制品公司。由于该合同系开发公司对投资公司债权人制品公司直接作出，有明确的权利义务关系，故应认定开发公司愿意通过售楼或回购方式来清偿投资公司对制品公司债务的行为系债务承担。无论是免责的债务承担还是并存的债务承担，开发公司作为委托售楼合同的义务主体，均应履行其应尽的合同义务，即依约销售楼房或将剩余楼房回购，并将所得款项交付给制品公司。但开发公司在最初同意为制品公司办理产权登记手续，而后变更为将售楼款或回购款支付给制品公司，即开发公司履行义务方式实际已变更，因制品公司主张权利已超过诉讼时效，故应驳回其诉讼请求。

实务要点： 债务人以第三人名下应属债务人所有的房产抵偿债权人债务，第三人获得债务人确认后向债权人承诺可随时办理产权过户手续，债权人据此与第三人就房屋委托销售达成协议的，

3.4

201014:8

2009

应认定第三人与债权人之间构成债务承担。

案例索引： 最高人民法院（2009）民申字第855号“粤海轻工业品有限公司与广州市东迅房地产发展有限公司、超霸投资有限公司合同纠纷案”，见《第三人代为履行与债务承担的甄别》（宋建立，最高人民法院），载《人民司法·案例》（201014:8）。

88 第三方单方允诺还款，应认定构成并存式债务承担

——第三人单方允诺偿还债务，应视为加入债的承担，构成并存的债务承担，承诺人与原债务人应共同承担偿还责任。

标签： 保证 | 债务承担 | 并存式债务承担 | 单方允诺 | 债务转移

案情简介： 2008年，胡某为薛某向王某借款用于承包工程提供担保，工程实际施工方杨某为胡某承诺该债务由其偿还。因薛某未偿，胡某代偿后，向杨某追偿。

3

法院认为： 案涉承诺并未明确薛某退出债务关系，胡某亦无同意该债务转移的明确表示。根据债的发生原因分析杨某承诺行为，结合当时杨某知晓该借款用于该工程，而该工程又实际由杨某继续在建情形，应认定杨某承诺属于单方允诺，自愿加入到债的关系中成为承担债务的并存债务人。依法理，并存的债务承担，是指债务人并不脱离合同关系，而由第三人加入到合同关系中来，与债务人连带承担合同义务的债务承担方式，引起的后果是与原债务人共同担责。《民法通则》第57条规定：“民事法律行为从成立时起具有法律约束力。行为人非依法律规定或者取得对方同意，不得擅自变更或者解除。”故胡某提出薛某、杨某共同担责的诉请应予支持。由于被告对债务承担并无约定，故判决薛某、杨某连带清偿胡某债务。

3.1

201204/82:108

2009

实务要点： 第三人单方允诺偿还债务，应视为自动加入债的承担，构成并存的债务承担，承诺人与原债务人应共同承担偿还债务责任。

案例索引： 江苏大丰法院（2009）大民二初字第0041号“胡某诉杨某等追偿权纠纷案”，见《胡春延诉胡学军、杨烨担保追偿权纠纷案》（刘金霞），载《人民法院案例选》（201204/82:108）。

89 第三人加入债务并设定义务，构成并存式债务承担

——第三人作为一方当事人参加到债权人与债务人的法律关系中，并为自己设定偿债义务的，应属于并存式债务承担。

法院认为： 实业公司作为一方当事人参加到信托公司与电子公司的债权债务关系

标签：保证 | 债务承担 | 并存式债务承担 | 第三人代为履行

案情简介：1998年，信托公司与电子公司、实业公司签订三方协议，约定就电子公司所欠信托公司拆借款2183万元，由电子公司以其全资子公司实业公司的房产抵偿，信托公司取得上述房产产权后，与电子公司的债权债务即告终结，否则债权债务仍有效。2004年5月，电子公司取得案涉房产的土地使用权，但拒绝办理过户手续。2005年，信托公司起诉。

中，明确为自己设定了以其拥有的资产抵偿上述债务的义务，同时约定不履行该义务应承担的违约责任。实业公司上述意思表示不符合法律所规定的第三人代为履行的法律特征，不应适用法律关于第三人代为履行的处理原则，实业公司应严格按协议约定履行相应义务。因案涉协议明确约定以实业公司房产抵偿电子公司债务，而电子公司于2004年5月才实际取得案涉土地使用权，始具备以其资产抵债的可能，应自此开始计算诉讼时效，故判决实业公司以案涉房产为信托公司办理过户手续。

实务要点：第三人作为一方当事人参加到债权人与债务人的债权债务关系中，明确为自己设定了以其拥有的资产抵偿上述债务的义务，同时约定不履行该义务应承担的违约责任。第三人上述意思表示不符合法律所规定的第三人代为履行的法律特征，而属于并存式的债务承担。

3.3

2006民:150

2005

案例索引：北京一中院（2005）一中民初字第569号“某投资公司与某实业公司等债务纠纷案”，见《中国民族国际信托投资公司诉海南瑞南实业发展总公司等债务案（债务承担与第三人代为履行）》（杜卫红、杨钊），载《中国审判案例要览》（2006民事:150）。

90 债权人可依债务承担承诺直接要求第三人履行债务

——第三人已向债权人作出债务承受表示，即使未取得原合同义务人的意思表示，债权人也可直接请求该第三人履行。

标签：保证 | 债务承担 | 并存式债务承担 | 第三人承诺

案情简介：2001年，实业公司收购管件公司资产基础上成立管业公司，实业公司持有管业公司80%股权。管业公司向管件公司确认被收购资产398万元“由我公司负责支付”。2002年，管件公司诉请管业公司履行承诺。

法院认为：本案管件公司与管业公司之间履行债务，较管件公司同实业公司之间履行更为便利，故作为实业公司出资80%的管业公司接收实业公司库存物资，并为实业公司履行支付相应货款的债务并不损害实业公司利益，反而对其有益。管业公司向管件公司作出债务承担表示之说明，应系其真实意思表示，且不违反法律、行政法规的强制性规定，管件公司可据此请求管业公司承担其确认的付款义务，如管业公司为履行此债务造成实业公司损失，应由管业公司向实业公司赔偿，判决管业公司给付管件公司货款398万余元。

3.1

2004商:44

2004

实务要点： 第三人已向债权人作出债务承受表示，在未取得原合同义务人意思表示情况下，债权人可直接请求该第三人履行。

案例索引： 浙江宁波中院裁定“某管件公司与某管业公司债务纠纷案”，见《慈溪市新亚管件有限公司诉宁波东沅管业有限公司买卖合同债务承担是否须通知债务人案》（黄文琼），载《人民法院案例选》（2004/商事·知识产权专辑:44）。

91 债权人可依债务转移的约定，要求第三人清偿债务

——债务人与第三人约定由第三人清偿债务，债权人以该约定作为证据，诉请第三人承担债务清偿责任的，应予支持。

标签： 保证 | 债务承担 | 借款合同 | 债务转移 | 债权人同意

3

案情简介： 1997年，建委主管的建筑公司与银行签订抵债协议，约定建筑公司以其土地使用权及房产转移给银行，用以抵偿建筑公司所欠银行贷款880万元及信用社贷款80万元。随后建筑公司被撤销。1999年，信用社以前述抵债协议为据，诉请银行偿还原建筑公司所欠其贷款80万元本金及利息。

法院认为： 借款人被其主管机关撤销后，其借款应由该主管机关承担。建委与银行以土地使用权抵偿贷款协议约定符合法律法规规定，该协议虽无信用社书面同意，但信用社以该协议为主要证据起诉，能证明信用社认可该协议，故该协议有效，银行应按协议约定承担偿还诉争借款本息责任。

实务要点： 债务人与第三人约定由第三人清偿债务，债权人以该约定诉请第三人承担债务的，应予支持。

案例索引： 河北高院1999年11月16日判决“某建行与某商业银行债务纠纷案”，见《沧州市商业银行西环支行诉中国建设银行沧州分行接受债务转移后应偿还债务案》（孙树国），载《人民法院案例选》（200002/32:165）。

3.1

200002/32:165

1999

保证保险

92 保险人在保证保险合同中未承诺担保，属保险性质

——银行与保险公司所签相关保证保险协议、合同中，保险人并未作出任何担保承诺的意思表示，应认定属保险性质。

标签：保证 | 保证保险 | 意思自治 | 担保承诺

案情简介：2002年11月，保险公司、银行和汽车销售公司签订《机动车消费贷款保证保险业务合作协议》，约定保险公司对银行发放的机动车消费贷款提供保证保险，对贷款本息承担90%的赔偿责任。因购车人逾期偿还购车贷款，银行起诉保险公司，要求承担连带保证责任。

法院认为：汽车消费贷款保证保险是保险公司开办的一种保险业务。在该险种的具体实施中，由于合同约定的具体内容并不统一，在保险公司、银行和汽车销售代理商、购车人之间会形成多种法律关系。在当时法律规定尚不明确的情况下，应依当事人意思自治原则确定合同性质。本案银行与保险公司相关协议、合同中，保险人未作出任何担保承诺的意思表示，故案涉保险单虽名为保证保险单，但性质上应属于保险合同，即本案保证保险属于保险性质。

实务要点：汽车消费贷款保证保险关系中，保险公司开具的保险单虽名为保证保险单，在保险人未作出任何担保承诺的意思表示情况下，保证保险单的性质应属于保险合同。

案例索引：最高人民法院（2006）民二他字第43号《关于保证保险合同纠纷案件法律适用问题的答复》，见《解读关于保证保险合同纠纷案件法律适用问题的答复》（宫邦友，最高院民二庭），载《商事审判指导·请示与答复》（201003/23:79），案见“中国人民保险公司葫芦岛分公司与中国建设银行股份有限公司葫芦岛分行保证保险合同纠纷案”；另见《解读关于保证保险合同纠纷案件法律适用问题的答复》（宫邦友，最高院民二庭），载《最高人民法院商事审判裁判规范与案例指导·专题研讨》（2011:531）。

2.1

201003/23:79

2.7

2011:531

2010

93　名为保险，实为保证担保的，应据实认定合同性质

——《分期付款销售汽车合作协议》名为保险实为保证担保的法律关系，应按各方当事人真实意思表示认定合同性质。

标签：保证 | 保证保险 | 名为保险实为担保

案情简介：1998年，银行与汽车销售公司、保险公司签订《分期付款销售汽车合作协议》，约定银行向汽车销售公司提供1.5亿元贷款，汽车销售公司向保险公司购买分期付款购车保险，保险公司承诺“若汽车销售公司未按照约定偿还贷款本息并逾期2个月，保险公司应在45日内就汽车销售公司未偿还部分向银行进行理赔结案。”保险公司向汽车销售公司签发的分期付款购车保险单载明被保险人为银行，保险金额为1.9亿元。

法院认为：本案系借款及保证保险合同纠纷。在三方协议中均载明了保险公司对汽车销售公司的贷款本金、利息及可能发生的罚息承担保证责任的意愿；且在《分期付款购车保险单》中，保险公司将该项保证责任明确在1.9亿余元范围之内。在此情况下，银行根据合同约定，履行了向汽车销售公司发放1.5亿元贷款的义务。双方关于保证的意思表示真实，据此银行与保险公司之间形成了保证合同关系。本案上述主、从合同法律关系的构建方式借用了保险合同的形式，虽有别于传统的借款担保合同关系的模式，但两者的本质相同。该保证合同记载的内容明确且不违反法律，应为有效合同。

3

实务要点：名为保险实为担保的法律关系，应按各方当事人真实意思表示认定合同性质。

案例索引：最高人民法院（2004）民二终字第38号“某银行与某保险公司借款及保证保险合同纠纷案”，见《中国平安保险（集团）股份有限公司与中国建设银行营业部等借款及保证保险合同纠纷上诉案》（审判长徐瑞柏，代理审判员王宪森、杨咏梅），载《民商事审判指导·判决书》（200402/6:357）。

2.1

200402/6:357

2004

94　循环贷款未超约定的保证保险范围，仍属保证债务

——借款人使用的循环贷款并未增加原主债务数额及保证保险的保证责任，保险人应在保险金额范围内承担赔偿责任。

标签：保证 | 保证保险 | 担保范围 | 循环贷款

案情简介：1998年，银行与汽车销售公司、保险公司签订《分期付款销售汽车合作协议》，约定银行向汽车销售公司提供1.5亿元贷款，可循环使

法院认为：案涉三方协议明确约定，允许汽车销售公司有条件地循环使用1.5亿元贷款中的部分资金。实际操作中，银行在发放每笔循环贷款时，由保险公司事先进行审核并签署同意发放的意见。保险公司关于银行发放贷款时有过错，增大了保险标的的风险而未及时通知保险人，保险公司不承担保险赔偿责任的理由，因证据不足，不予支持。另据《分期付款购车保险单》载明的保险期限、每月还款

用；汽车销售公司向保险公司购买分期付款购车保险，保险公司承诺“若汽车销售公司未按照约定偿还贷款本息并逾期2个月，保险公司应在45日内就汽车销售公司未偿还部分向银行进行理赔结案”。保险公司向汽车销售公司签发的分期付款购车保险单载明被保险人为银行，保险金额为1.9亿元。银行诉请保险公司对汽车销售公司循环使用并逾期未偿的贷款1.1亿余元承担连带清偿责任。保险公司认为银行累计发放贷款2.6亿元，超过约定的1.5亿元承保范围，累计偿还1.3亿余元，只应对1000万余元的承保范围承担责任。

金额、还款次数计算，证明保险公司在签发《分期付款购车保险单》时，已考虑到了“循环发放贷款”这种操作方式并予以认可，这与三方协议关于循环使用贷款的约定相吻合。本案所涉资金运行过程表明：1.1亿余元循环贷款系依据三方当事人的约定而发生，就特定的3年借款期限及汽车销售公司实际使用的资金数额而言，循环贷款并未增加原主债务的数额以及保险公司的保证责任，故保险公司应在保险金额1.9亿元范围内对汽车销售公司的欠款本息向银行承担赔偿保险金的责任。

实务要点： 借款人依照约定实际使用的循环贷款并未增加原主债务的数额以及保证保险的保证责任，承担保证责任的保险公司应在保险金额范围内对主债务承担赔偿责任。

案例索引： 最高人民法院（2004）民二终字第38号“某银行与某保险公司借款及保证保险合同纠纷案”，见《中国平安保险（集团）股份有限公司与中国建设银行营业部等借款及保证保险合同纠纷上诉案》（审判长徐瑞柏，代理审判员王宪森、杨咏梅），载《民商事审判指导·判决书》（200402/6:357）。

2.1

200402/6:357

2004

95 企业借款保证保险，本质上是保险人提供担保行为

——保证保险虽系保险人开办的一个险种，但其实质是保险人对债权人的一种担保行为，故实质上构成借款保证合同。

标签：保证 | 保证保险 | 保证成立 | 企业借款保证保险

案情简介： 1991年2月，保险公司为金矿企业贷款71万元提供保证保险，约定保证有效期“至借款方还清借款本息时止”，并收取了相应保费。嗣后，金矿向银行借款71万元，约定借款期限1年。后因金矿破产，发放贷款的银行诉请保险公司承担保证责

法院认为： 根据企业借款保证保险合同的法律关系和具体内容，保证保险虽系保险人开办的一个险种，但其实质是保险人对债权人的一种担保行为，故本案实质上构成了借款保证合同。在企业借款保证保险合同中，因企业破产或倒闭，银行向保险公司主张权利，应按借款保证合同纠纷处理，适用有关担保的法律。本案保险单中保险期限的约定不符合《企业借款保证保险试行办法》规定，且对债权人没有约束力，保险公司仍应按借款合同中规定的保证期限承担责任。

任时，保险公司以保险期间已过主张免责。

实务要点： 保证保险虽系保险人开办的一个险种，但其实质是保险人对债权人的一种担保行为，故实质上构成借款保证合同，应适用有关担保的法律规定。

2.3

200201/1:127

2000

案例索引： 最高人民法院《对湖南省高级人民法院关于〈中国工商银行郴州市苏仙区支行与中保财产保险有限公司湖南省郴州市苏仙区支公司保证保险合同纠纷一案的请示报告〉的复函》（2000年8月28日〔1999〕经监字第266号），见《中国工商银行郴州市苏仙区支行与中保财产保险有限公司湖南省郴州市苏仙区支公司保证保险合同纠纷案的请示与答复——对保证保险合同性质的认定》（马迎新，最高院立案庭），载《立案工作指导与参考·请示与答复》（200201/1:127）。

3

96 保证保险性质属财产保险，应适用《保险法》调整

——虽然保证保险合同的标的是借款合同的还款义务，与一般保险合同的标的不同，但仍应适用《保险法》进行调整。

标签： 保证 | 保证保险 | 保险合同 | 保证合同

案情简介： 2003年，银行、保险公司、实业公司签订《汽车消费贷款保证保险合作协议》，约定保险公司为银行汽车按揭贷款债权提供保证保险。嗣后周某购车与银行、保险公司签订《借款合同》并办理了强制执行公证。截至2009年，经强制执行，因周某未偿还贷款本金1.9万余元，银行诉请保险公司承担保险给付责任。

法院认为： 界定民事法律行为的法律性质的依据应系该行为本身而非行为目的或功能。保证保险是指当投保人不能履行与被保险人所签合同约定义务，给被保险人造成经济损失时，由保险人按其对投保人承诺向被保险人承担代为补偿的法律责任的保险形式。保证保险在法律性质上属于财产保险，应适用《保险法》调整。本案周某逾期未还款，致使保险事故发生，诉讼时效开始计算，由于合同项下债权已公证赋予强制执行效力，银行申请强制执行，应构成诉讼时效中断，后因周某无财产可供执行，诉讼时效重新开始计算，故本案银行起诉未超过2年诉讼时效。保证保险法律责任不同于其他责任主体应承担的法律责任，银行向其他责任主体主张权利，并不影响其向保险公司主张保证保险责任，其行为不违反"一事不再理"诉讼原则，但不能获得重复赔偿，故判决保险公司应给付银行周某未偿借款本金，保险公司履行后可向周某追偿。

3.1

201201/79:302

2010

实务要点： 虽然保证保险合同标的是借款合同的还款义务，与一般保险合同标的不同，但界定民事法律行为性质依据应系该行为本身而非行为目的或功能，故保证保险合同关系应适用《保险法》来调整。

案例索引： 安徽黄山中院（2010）黄中法民二终字第00095号“某银行与某保险公司等保证保险合同纠纷案”，见《中国农业银行股份有限公司黄山滨江路支行诉中国人民财产保险股份有限公司绩溪支公司、安徽亚夏实业股份有限公司保证保险合同纠纷案》（程巧云），载《人民法院案例选》（201201/79:302）。

97 银行职员挪用资金，属雇员忠诚保证保险责任范围

——银行投保雇员忠诚保险后，因银行职员挪用资金构成犯罪，由此造成银行损失的，应认定在保证保险责任范围内。

标签：保证 | 保证保险 | 雇员忠诚保险 | 挪用资金

案情简介：2007年，银行根据保险公司宣传及建议，投保了现金保险和附加雇员忠诚保险，附加险责任限额200万元。保险期间内，银行职员曾某因挪用银行资金183万余元被判处刑罚。保险公司以贪污和侵占才属于约定的保证保险责任范围拒付保险金。

法院认为：根据中国保险学会对雇员忠诚保险的解释，结合生效刑事判决认定曾某挪用资金犯罪事实，从诉争保险合同条款及双方当事人签订雇员忠诚保险合同的目的进行整体解释，应认定曾某挪用资金行为符合雇员忠诚保险合同关于不忠诚行为的约定，属于本案保险责任范围。根据《保险法》第45条规定，因第三者对保险标的损害而造成保险事故的，保险人自向被保险人赔偿保险金之日起，在赔偿金额范围内代位行使被保险人对第三者请求赔偿的权利，故判决保险公司支付银行保险金183万余元。

实务要点：银行投保雇员忠诚保险后，因银行职员挪用资金构成犯罪，由此造成银行损失的，应认定为保证保险责任范围之内。

3.1

201002/72:193

3.3

2010商:248

2009

案例索引：福建厦门中院（2009）厦民终字第1095号“某银行与某保险公司保证保险合同纠纷案”，见《厦门市商业银行股份有限公司诉中华联合财产保险公司厦门中心支公司保证保险合同纠纷案》（王及），载《人民法院案例选》（201002/72:193）；另载《中国审判案例要览》（2010商事:248）。

98 贷款银行作为被保险人未办按揭车辆抵押登记责任

——保证保险合同约定以贷款所购车辆作为贷款抵押物，但未办理相关抵押登记手续，保险人可依约不承担保证责任。

标签：保证 | 保证保险 | 抵押 | 未办登记 | 机动车按揭贷款

法院认为：借款合同有效，孟某应按期偿还贷款本息，孟某将车辆转让给白某营运未经债权人银行同意，故债务转让不成立，孟某仍有义务按借

案情简介： 2002年，银行、保险公司、贸易公司签订汽车消费贷款保证保险合作的三方协议，约定银行向保险公司索赔时应交付抵押车辆及权益凭证，并依约向保险公司依法转让车辆处分权，同时明示“各相关协议不得与本协议相抵触”。随后孟某与贸易公司签订购车协议，高某为孟某担保，孟某与银行签订借款协议，贸易公司以保留的车辆所有权担保但未办抵押登记。孟某又与保险公司签订了以银行为被保险人的贷款保证保险合同，约定“被保险人从保险责任事故当日起6个月内不向保险人提交规定单证，即视为自愿放弃权益”，后孟某经贸易公司同意，将车转让给白某营运，因交通事故致车辆损毁，保险公司以超过6个月才接到索赔通知，车辆未办抵押而拒赔。

3

款合同约定偿还贷款本息。高某系贸易公司与孟某购车合同保证担保人，银行与孟某借款合同保证人为贸易公司，故银行无权向高某主张担保责任。孟某与银行所签抵押合同因所有权由贸易公司保留，在未付清贷款前对该车不享有所有权，故无权对车辆设立抵押权，抵押合同无效，故贸易公司依保证合同约定承担连带清偿责任。《保险法》第22条，“人寿保险以外的其他保险的被保险人或受益人，对保险人请求赔偿或者给付保险金的权利，自其知道保险事故发生之日起二年不行使而消灭”，该条规定的索赔时效，当事人不得自行确定。保险公司关于银行6个月的索赔时效违反《保险法》关于2年时效的强制性规定而无效，保险责任事故发生后，银行在2年法定时效内提起诉讼，其主张应予支持，但因未办抵押，保险公司有权依三方协议约定行使先履行抗辩权和同时履行抗辩权而拒赔。判决孟某偿还银行借款23万余元，贸易公司承担连带责任。

实务要点： 保证保险合同约定以贷款所购车辆作为贷款抵押物，但作为被保险人和贷款人在发放贷款时，未办理相关抵押登记手续，使保险标的潜在危险程度增加，并造成贷款人不享有抵押权，影响保险人代位求偿权实现的，保险人可依约不承担保证责任。

案例索引： 山西太原中院（2005）并民终字第892号“某银行与某保险公司等保证保险合同纠纷案”，见《中国工商银行太原市迎宾路支行诉永安财产保险公司山西分公司等借款保证合同及保证保险合同纠纷案》（程庆华），载《人民法院案例选》（200604/58:339）。

3.1

200604/58:339

2005

99 个人按揭购车抵押合同与保证保险合同并存时处理

——个人按揭购车抵押合同与保证保险合同并存时，银行向保险公司主张保险赔付责任，应适用《保险法》进行调整。

标签： 保证 | 保证保险 | 个人分期付款购车 | 物的担保

案情简介： 2003年，谢某因分期付款购车与银行签订《抵押借款合同》并办理了抵押登记手续。同时，银行与

法院认为： 案涉抵押合同和保证保险合同都是基于借款合同而产生，两者都具有为不能履行的债务提供履约担保的功能，但抵押合同确不能等同于保证保险合同。抵押合同是借款合同的从合同，是保证合同的一种，其发生纠纷时应适用《担保法》进行调整，而保证保险是财产保险公司在《保险法》和《保险公司管理规定》核定的经营范围内开展的保

保险公司依双方上级单位签订的《保证保险合作协议》，由保险公司为谢某签发保证保险单。因谢某连续3个月未偿还贷款，银行诉请保险公司支付剩余贷款1万余元及利息。保险公司以保险单后附的“被保险人索赔时，应先行处分抵押物扣减投保人欠款”内容主张先诉抗辩权。

3.3

2006商:330

2005

险业务。它是保险人在义务人违反合同义务给合同权利人造成损失时，承担赔偿责任的一种财产保险，是保险人对义务人的履约信誉进行保险，其具备保险合同的一切特征，是一种独立的商事合同，其实质是保险合同。保证保险法律关系当事人是保险人、投保人和被保险人，而非抵押合同的抵押权人和抵押人，保证合同及《保险法》不能完全涵盖或调整保证保险合同，保险合同特有的责任免除、保险金额等问题依《担保法》根本不能解决，相关当事人基于《保险法》享有的特有权利亦无法以《担保法》加以调整和维护，故当事人因保证保险合同发生纠纷时应适用《保险法》而不应适用《担保法》进行调整。鉴于保证保险合同特有性质，故本案保险公司关于其只对物的担保以外的债权承担保证责任的主张不能成立。虽然保险单后附条款有“被保险人索赔时，应先行处分抵押物扣减投保人欠款”内容，但保险公司开展该类保险业务的基础是其上级部门与银行上级单位签订的保证保险合作协议，依该协议，只要保险事故发生，保险赔偿责任即产生。故保险公司向投保人签发的保险单后附条款对银行不具有约束力，保险公司不能据此享有先诉抗辩权，因本案谢某连续3个月以上未偿还贷款本息，保险事故已发生，判决保险公司赔偿银行剩余借款本金及利息。

实务要点： 个人分期贷款购车与银行签订借款抵押合同，同时银行与保险公司又存在保证保险合同关系情况下，银行在保险事故发生时向保险公司主张保险赔付责任，应适用《保险法》而不应适用《担保法》进行调整。保险公司关于其只对物的担保以外的债权承担保证责任的主张不能成立。

案例索引： 福建龙岩中院（2005）岩民终字第178号“某银行与谢某保险合同纠纷案”，见《中国建设银行龙岩分行新罗支行诉谢建棋等保险合同案（保证保险）》（傅红星），载《中国审判案例要览》（2006商事:330）。

100 银行可直接要求保险公司履行保证保险的赔偿义务

——银行与保险公司建立保证保险法律关系，在约定的保险事故发生后，银行可直接要求保险公司履行保险赔偿义务。

标签：保证 | 保证保险 | 关联协议 | 个人汽车消费贷款 | 先诉抗辩权

法院认为： 《合作协议》是银行与保险公司及销售公司为合作开展汽车消费贷款保证保险业务而协商一致达成的，

案情简介：2001年，银行与保险公司、销售公司就开展个人汽车消费贷款保证保险业务签订《合作协议》。银行据此向借款人刘某发放购车贷款18.9万元。2003年，因刘某累计3月未还款，银行依约向保险公司索赔时，保险公司回复以存在销售公司担保而未予赔付。诉讼中，保险公司称银行提交的索赔资料缺少邮局出具的催款通知书挂号信回单、购车发票、车辆登记证，并主张先诉抗辩权。

3.3

2006商:372

3

2005

该协议根据中国人民保险公司制定颁布的《保证保险条款》等文件，约定了汽车消费贷款保证保险业务开展的具体操作规程和各方在合作开展此项业务中的权利义务，并进一步解释、说明或确定了《保证保险条款》中相关内容。本案中借款人向保险公司投保汽车消费贷款保证保险、保险公司向借款人出具保证保险单的事实过程，亦系基于《合作协议》的约定而发生。故《合作协议》与《保证保险条款》在约定的内容和履行的事实上均构成关联关系，银行与保险公司作为《合作协议》与保证保险合同当事人，其权利义务应以《合作协议》和《保证保险条款》为约束，本案中，《合作协议》和《保证保险条款》亦应是认定各方责任的依据。对于借款人个人情况和购车情况，在保险公司审核的文件中均已载明，则保险公司对此应为知晓，其仍按《合作协议》规定程序作出承保决定，并收取保费，即应依约承担保险责任。保险公司收到银行索赔申请资料后拒赔理由是由于存在销售公司为借款人提供担保问题，并未提出缺少索赔资料问题，即使索赔资料中缺少邮局出具的催款通知书挂号信回单，亦不足以构成免除保险公司承担保险责任的情形。购车发票依《合作协议》约定由保险公司保管，其再要求银行提供不合乎常理，而车辆登记证不属于《合作协议》和《保证保险条款》约定内容，保险公司以此提出索赔资料缺失理由不成立。根据《合作协议》约定，保险公司应本着先赔后诉原则按《保证保险条款》承担保险责任，故在约定的保险事故发生后，银行可直接要求保险公司履行保险赔偿义务，判决保险公司给付银行9.8万余元。

实务要点： 银行与保险公司、汽车销售方根据中国人民保险公司制定颁布的《保证保险条款》等文件，就个人汽车消费贷款保证保险业务开展达成《合作协议》，《合作协议》和《保证保险条款》应是认定各方责任的依据。在约定的保险事故发生后，银行可直接要求保险公司履行保险赔偿义务。

案例索引： 北京二中院（2005）二中民终字第05467号“某银行与某保险公司保险合同纠纷案”，见《北京银行股份有限公司天坛支行诉中国人民财产保险股份有限公司北京市昌平支公司机动车辆消费贷款保证保险合同案》（徐庆），载《中国审判案例要览》（2006商事:372）。

101 保险公司分支机构所作连带责任保证无效后果承担

——债权人明知保险公司分支机构不具备法人资格而接受其保证担保，由此造成保证无效的损失应由债权人自行承担。

标签：保证 | 保证保险 | 担保主体 | 分支机构保证 | 汽车消费贷款

案情简介：2001年，信用社、保险公司营业部与汽车销售公司签订《汽车消费贷款合作协议》，约定由购车人向保险公司营业部购买约定保险，如购车人不能依法偿还贷款，由该营业部在保险责任范围内向信用社代偿，并因之取得追索权。据此，保险公司营业部在嗣后的《汽车消费贷款推荐书》中，承诺为购车人王某借款34万元提供连带责任保证。2003年，因王某连续未偿贷超过3个月，信用社诉请解除与王某所签《汽车消费贷款借款合同》，由保险公司承担担保责任。

3.3

2005商:78

2004

法院认为：《汽车消费贷款合作协议》约定由购车人向保险公司营业部购买约定保险，如购车人不能依法偿还贷款，由该营业部在保险责任范围内向信用社代偿，并因之取得追索权，营业部在合同中承诺承担的是与其经营范围一致的保险责任。而《汽车消费贷款推荐书》所承诺的是保险公司为购车人借款提供连带责任保证，加盖的是营业部的业务专用章。推荐书承诺的连带保证责任与保险责任在性质上、构成要件上、责任形式上有严格区别，且营业部的业务专用章的使用，从其刊刻的印章内容上，亦仅限于其自身保险业务范围内，由营业部的名称以及印章的内容即可知其属企业法人的职能部门。《担保法》第10条规定："企业法人的分支机构、职能部门不得为保证人。企业法人的分支机构有法人书面授权的，可以在授权范围内提供保证。"企业法人分支机构、职能部门作为保证人已为法律所禁止，违反该法律的规定，产生的法律后果应根据最高人民法院《关于适用〈担保法〉若干问题的解释》第18条第1款"企业法人的职能部门提供保证的，保证合同无效。债权人知道或者应当知道保证人为企业法人的职能部门的，因此造成的损失由债权人自行承担"的规定来确认法律关系中当事人的权利和义务。保险公司分属在各地的经营机构和组织均不具备法人的主体资格，而本案信用社应当知道保险公司的职能部门并不能代表保险公司作出超出其原承担保险责任承诺业务范围外的保证责任承诺，且该保证责任承诺并未得到其法人的授权，故案涉推荐书上保险公司对连带保证责任的承诺无效，造成无效的根本原因在于信用社知晓了营业部不具备法人资格、未获得法人授权，仅是企业法人的职能部门情况下而认同推荐书上保证内容，由此造成保证合同无效的过错在于信用社，相应损失应由信用社自行承担。鉴于信用社在诉讼请求中仅只要求解除其与王某所签订的《汽车消费贷款借款合同》，对于解除后形成的权利在诉讼中未主张，故不予审理，判决确认解除信用社与王某所签《汽车消费贷款借款合同》。

实务要点：保险公司分属在各地的经营机构和组织均不具备法人主体资格，债权人在明知该分支机构不具备法人资格、未获得法人授权，仅是企业法人的职能部门情况下而同意其提供连带责任保证，由此造成保证合同无效的过错在于债权人，相应损失应由债权人自行承担。

案例索引： 云南昆明中院（2004）昆民五终字第193号“某信用社与某保险公司等借款合同纠纷案”，见《昆明市官渡区金马农村信用合作社诉中国人民财产保险股份有限公司昆明市分公司靖国营业部等借款合同案》（郑健），载《中国审判案例要览》（2005商事:78）。

102 保证保险事故发生后，被保险人可径向保险人索赔

——保证保险事故发生后，被保险人既可向债务人追偿，亦可向保险人追偿，保险人不得以先向债务人追偿为由拒赔。

标签： 保证 | 保证保险 | 合并审理 | 下落不明 | 通知义务

3

案情简介： 2000年，甘某与贸易公司签订《汽车消费贷款合同》，随后银行依与保险公司所签《汽车消费保证保险合作协议》向甘某发放贷款17万余元。2001年，因甘某连续3期未偿还贷款，银行依约诉请解除与甘某的合同，并要求保险公司承担保证保险责任。保险公司以甘某下落不明、银行未履行通知义务为由，主张免责。

3.3

2004商:67

2003

法院认为： 虽然银行与甘某之间系借贷关系，与保险公司系保险人与被保险人关系，但上述两法律关系相互关联，该保证保险是为促进借贷合同之债的实现而订立，其保险标的即为借贷合同债权，无论是对保险事故、保险责任的确定，还是减少讼累，两种法律关系合并审理均有必要。同时，保证保险事故发生后，被保险人既有权向投保的债务人追偿，亦有权向保险人追偿，保险人不得以先向债务人追偿为由拒赔；保险人代为赔付后还有权向投保人追偿，即投保人风险并未完全转移，只是附条件地将连带责任转移给了保险人，投保人与保险人对被保险的债权人责任的连带性，亦为两种法律关系合并审理的必要因素。本案保险事故已发生，银行向保险公司提出索赔，由于保证保险单是最后约定条款，并约定了绝对免赔率1%，故格式保证保险条款和《汽车消费保证保险合作协议》中订明的其他免赔率不应适用。由于甘某下落不明，不可能要求其承认违约事实或作出证明，而银行对账信息单是对甘某还款情况自动生成的电脑记录单，在无相反证据情况下可作为损失金额的依据。同时，依保证保险条款规定，银行虽有做好欠款催收工作及记录的义务，但该义务是为了督促借款人按时还款和有利于确认损失额，对保险人免责权利而言，仅在出现借款人未按时履行还款义务时，银行未履行书面通知义务，不利于保险人及时做好防范工作，这才对保险人有影响，保险人才有权拒赔。同时，由于保证保险关系中的投保人与被保险人身份分离，在保证保险合同中，被保险人并非签约人，在保险人未对被保险人明确指出并加以说明情况下，即单方以格式条款形式规定被保险人的义务并作为保险人免责事由，

有失诚实信用和公允，故该免责条款不产生法律效力；且格式条款规定的“因此造成的损失额”无论从语义解释还是从有利于被保险人的原则解释，均应指“被保险人未履行相应通知义务而造成的损失额”之意，但本案银行作为被保险人的损失，并非其不履行相应通知义务造成，故保险人不能引用该条约定获得免赔。判决解除银行与甘某所签《汽车消费贷款合同》，甘某偿还银行欠款本息，保险公司承担连带赔偿责任。

实务要点： 保证保险事故发生后，被保险人既有权向投保的债务人追偿，亦有权向保险人追偿，保险人不得以先向债务人追偿为由拒赔。

案例索引： 广东广州白云区法院（2003）云法民二初字第4号“某银行与甘某等借款合同纠纷案”，见《中国银行广州市白云支行诉干卫等借款合同案（汽车信贷、保证保险）》（魏子杰），载《中国审判案例要览》（2004商事:67）。

案外人担保

103 案外人自愿参与诉讼调解并提供担保的，应为有效

——诉讼调解中，案外人同意为当事人履行调解协议约定的义务提供担保的，法院应当准许，并在调解书中予以列明。

标签： 保证 | 案外人担保 | 调解

案情简介： 2003年，一审法院判决市

法院认为： 二审诉讼中，经法院调解，案外人供热公司愿意参与本案调解，为热电厂向建设公司提供债务履行担保并出具了保证合同，根据最高人民法院《关于人民法院民事调解工作若干问题的规定》第11条规

政府、热电厂偿付建设公司工程款900万余元。二审期间，案外人供热公司参与法院调解，同意为热电厂向建设公司履行债务提供保证担保，建设公司放弃对市政府的诉讼请求。

定，应予准许，故对各方当事人达成的调解协议予以确认。

实务要点： 诉讼调解中，案外人同意为当事人担保履行调解协议的，法院应当准许，并在调解书中予以列明。

案例索引： 最高人民法院（2004）民一终字第98号“某化工公司与某热电厂等施工合同纠纷案”，见《沈阳化工总公司诉本溪热电厂等建设工程施工合同纠纷案》（审判长胡仕浩，审判员张雅芬，代理审判员张颖新），载《最高人民法院公报·裁判文书选登》（2005:235）。

1.1

2005:235

2004

3

104 法院可依执行和解及执行担保直接执行第三人财产

——被执行人未依约履行义务的情况下，法院可依申请，根据执行和解协议及执行担保约定直接强制执行担保人财产。

标签： 保证 | 案外人担保 | 执行 | 执行和解 | 执行担保 | 既判力扩张

案情简介： 2011年，华某申请执行董某欠款纠纷案中达成和解协议，李某作为董某履行和解协议的担保人，承诺“保证董某按约定期限履行，逾期不履行的，则承担相应法律责任”。因逾期未履行，法院裁定查封李某名下房产。李某以和解协议未履行，依法应“恢复对原生效法律文书的执行”为由抗辩。

法院认为： 《担保法》第19条规定：“当事人对保证方式没有约定或者约定不明确的，按照连带责任保证承担保证责任。”《民事诉讼法》第208条规定：“在执行中，被执行人向人民法院提供担保，并经申请执行人同意的，人民法院可以决定暂缓执行及暂缓执行的期间。被执行人逾期仍不履行的，人民法院有权执行被执行人的担保财产或者担保人的财产。”根据案涉和解协议及担保书，担保人李某在本案中依法应承担连带保证责任，在被执行人董某未按约履行情况下，可以执行李某财产，故裁定驳回李某执行异议。

实务要点： 被执行人未依约履行义务情况下，可依执行和解协议及执行担保约定直接强制执行担保人财产。

案例索引： 浙江宁波镇海法院（2012）甬镇执异字第7号“华某与李某等执行异议案”，见《华宏良与宁波海泰科医疗设备制造有限公司、李初东民间借贷纠纷执行异议审查案》（吕宏伟、李辉），载《人民法院案例选》（201203/81:45）。

3.1

201203/81:45

2012

担保主体

105 法定代表人以公司名义承诺担保的，视为公司行为

——公司法定代表人在保证承诺书上签字，系以公司名义所为法律行为，由此产生的权利义务对公司法人具有约束力。

标签：保证 | 担保主体 | 法人行为 | 法定代表人

案情简介：2006年，科技公司为经贸公司所欠建材公司款项的偿还出具承担连带保证责任的承诺书，科技公司法定代表人何某在加盖公司公章的承诺书复印件上签字。嗣后，科技公司否认担保效力。

1.1

2011:473

3.1

201003/73:194

3.4

201112:13

2009

法院认为：科技公司出具的承诺书具备相应的形式要件。该承诺书虽系复印件，但该承诺提供担保的函件得到了当时科技公司法定代表人何某的签字确认。根据《合同法》第32条关于“当事人采用合同书形式订立合同的，自双方当事人签字或者盖章时合同成立”规定，公司承诺书有效成立。此外，公司行为能力及意思表示通过法定代表人以公司名义所为行为，是公司法人的法律行为，由此产生的权利义务对公司法人具有约束力，故依《民法通则》第38条关于“依照法律或者法人组织章程规定，代表法人行使职权的负责人，是法人的代表人”，及第43条关于“企业法人对它的法定代表人和其他工作人员的经营活动，承担民事责任”规定，何某行为在法律上即视为科技公司自身行为，其在承诺书上签字行为，应认定为科技公司对承诺书的确认，判决确认担保成立。

实务要点：公司法定代表人在承诺书上签字，系以公司名义所为法律行为，由此产生的权利义务对公司法人具有约束力。

案例索引：北京高院（2009）高民终字第1730号“某建材公司与某科技公司等担保合同纠纷案”，见《中建材集团进出口公司诉北京大地恒通经贸有限公司、北京天元盛唐投资有限公司、天宝盛世科技发展（北京）有限公司、江苏银大科技有限公司、四川宜宾俄欧工程发展有限公司进出口代理合同纠纷案》，载《最高人民法院公报·案例》（2011:473）；另见《中建材集团进出口公司诉江苏

银大科技有限公司等担保合同纠纷案》（何波），载《人民法院案例选》（201003/73:194）；另见《公司法定代表人越权对外签署的担保合同的效力》（何波），载《人民司法·案例》（201112:13）。

106 自来水公司并不属于“以公益为目的的事业单位”

——自来水公司不属于《担保法》司法解释第3条规定的“以公益为目的的事业单位”，其担保行为不受该法条调整。

标签： 保证 | 担保主体 | 以公益为目的的事业单位

案情简介： 2003年，领取企业法人营业执照的自来水公司依当地政府领导指示为实业公司一笔2800万元贷款向银行提供连带保证担保。2004年，因实业公司到期未偿，银行起诉自来水公司承担保证责任。自来水公司认为其系“以公益为目的的事业单位”，主张担保无效。

3

1.1

2005:321

2.6

v.2:956

2004

法院认为： 自来水公司领取的是企业法人营业执照，属于以营利为目的的企业法人，其经营活动虽具有一定的公共服务性质，但不属于《担保法》司法解释第3条规定意义上的“以公益为目的的事业单位”，其担保行为不应受该法条调整。虽然自来水公司的经营活动存在公益成分，根据《担保法》司法解释第16条“从事经营活动的事业单位、社会团体为保证人的，如无其他导致保证合同无效的情况，其所签订的保证合同应当认定为有效”规定的精神，自来水公司签订的保证合同并无其他导致合同无效的情形，其所签订的担保合同亦应认定有效。

实务要点： 自来水公司领取的是企业法人营业执照，属于以营利为目的的企业法人，其经营活动虽具有一定的公共服务性质，但不属于《担保法》司法解释第3条规定意义上的“以公益为目的的事业单位”，其担保行为不应受该法条调整。

案例索引： 最高人民法院（2004）民二终字第262号“某银行与某自来水公司等借款担保纠纷案”，见《长乐自来水公司与工行五四支行借款担保纠纷案》（审判长姜伟，代理审判员陈百灵、杨征宇），载《最高人民法院公报·裁判文书选登》（2005:321）；另见《保证合同是否受合同以外第三人影响的问题并不涉及合同当事人之间的权利义务关系——长乐市自来水公司与中国工商银行福州市五四支行、和顺（中国）实业集团有限公司借款担保纠纷案》，载《最高人民法院商事审判指导案例·借款担保卷（下）》（2011:956）。

107 上市公司担保人违反证监会规范，不影响担保效力

——作为上市公司的担保人违反证监会关于上市公司对外担保总额的规定，不构成债权人过错，其担保责任不能免除。

法院认为： 证监会2003年8月23日发布的《关于规范上市公司与关联方资金往来

标签：保证 | 担保主体 | 证监会规范 | 上市公司 | 净资产要求

案情简介：2004年，科技公司为热电公司向银行贷款提供连带责任保证。嗣后科技公司以其担保总额超过上一年度会计报表净资产的50%，违反证监会规定为由，主张担保无效。

及上市公司对外担保若干问题的通知》规定："上市公司对外担保总额不得超过最近一个会计年度合并会计报表净资产的50%。"此通知系为规范上市公司与控股股东及其他关联方的资金往来，有效控制上市公司对外担保风险，保护投资者合法权益而发布的。证监会关于上市公司担保的规定规范的是上市公司行为，且作为上市公司的科技公司明知此通知，应首先遵守，而不能将自己违反规定责任推诿成银行过错。故其担保责任不能免除。

2.6

v.8:443

2012

实务要点：证监会关于"上市公司对外担保总额不得超过最近一个会计年度合并会计报表净资产的50%"的通知系为规范上市公司与控股股东及其他关联方的资金往来，有效控制上市公司对外担保风险，保护投资者合法权益而发布的。作为上市公司的担保人违反规定，其担保责任不能免除。

案例索引：最高人民法院（2012）民二终字第35号"某银行与某科技公司等保证合同纠纷案"，见《公司依法定程序作出的决议不得对抗善意第三人——方大炭素新材料科技股份有限公司与中国农业银行股份有限公司陕县支行、三门峡惠能热点有限责任公司、辽宁方大集团实业有限公司保证合同纠纷案》（审判长付金联，代理审判员李相波、梅芳），载《最高人民法院商事审判指导案例（2012）·合同与借贷担保》（2013:443）。

108 分公司未经授权，提供担保无效后，总公司应担责

——不具有法人资格的企业法人分支机构，在无法人授权情况下提供的担保行为无效，其民事责任应由企业法人承担。

标签：保证 | 担保主体 | 分支机构担保 | 未经授权 | 分公司

案情简介：2005年8月，许某持加盖工程公司第九分公司公章的担保介绍信与李某签订租赁合同。2007年，因许某拖欠2万余元租赁费，李某诉请工程公司承担担保责任。

法院认为：依《担保法》第10条规定："企业法人的分支机构、职能部门不得为保证人。企业法人的分支机构有法人书面授权的，可以在授权范围内提供保证。"最高人民法院《关于适用〈担保法〉若干问题的解释》规定，"企业法人的分支机构未经法人书面授权提供保证的，保证合同无效。因此给债权人造成损失的，应当根据担保法第五条第二款的规定处理。"《担保法》第5条第2款规定，"担保合同被确认无效后，债务人、担保人、债权人有过错的，应当根据其过错各自承担相应的民事责任。"本案造成担保合同无效的过错在第九分公司，根

2.8

2011:527

2011

据《公司法》第13条第1款规定，“公司可以设立分公司，分公司不具有企业法人资格，其民事责任由公司承担。”第九分公司是工程公司分支机构，故工程公司应对分公司的行为承担民事责任。判决工程公司对许某所欠李某债务承担连带清偿责任。

实务要点： 不具有法人资格的企业分支机构在无总公司授权情况下提供的担保行为无效，其民事责任由总公司承担。

案例索引： 宁夏银川中院再审“某工程公司与许某等租赁合同纠纷案”，见《公司设立的分公司不具有法人资格，其民事责任应由公司承担——宁夏机械化工程总公司与李生、宁夏机械化工程总公司第九分公司、许和青租赁合同纠纷案》（刘利英，宁夏银川中院），载《全国法院再审典型案例评注（下）》（2011:527）。

3

109 国家机关可作保证人，为使用外贷提供政策性担保

——国家机关可作为保证人为使用外贷提供政策性担保。该机关被撤销后，承接管理职能的部门应继续承担保证责任。

标签：保证 | 担保主体 | 涉外担保 | 国家机关 | 政策性担保

案情简介： 1988年，市纺织局为毛巾厂使用世界银行贷款向国内转贷银行提供保函。2001年，纺织局被撤销，相关职能由市经委、财政局承担。银行诉请市经委、财政局为毛巾厂贷款承担担保责任。

法院认为： 纺织局提供的外汇担保属于为使用外国贷款而转贷的政策性担保。根据国家相关行政法规及政策规定，纺织局被撤销后，承接其管理职能的市经委、财政局应继续承担保证责任，故判决市经委、财政局对毛巾厂所欠银行的贷款承担连带清偿责任。

实务要点： 经国务院批准为使用外国政府或国际经济组织贷款进行转贷的，国家机关可以为保证人。作为保证人的国家机关被撤销后，承接其管理职能的部门应继续承担保证责任。

案例索引： 最高人民法院判决“某银行与某经贸委等借款担保合同纠纷案”，见《国家机关为地方政府使用的外国政府及国际组织的贷款提供担保之效力认定和责任承担——中国光大银行沈阳分行与沈阳市经济贸易委员会等单位借款担保合同纠纷案》（王宪森，最高院民二庭），载《商事审判指导·案例分析》（201001/21:110）；另载《最高人民法院商事审判裁判规范与案例指导·案例指导》（2010:199）。

2.1

201001/21:110

2.7

2010:199

2010

110 企业法人与分公司共同进行担保，应认定构成授权

——企业法人与其分公司共同进行担保，应认定作为法人的企业对分支机构担保进行授权，两者均应对债务承担责任。

标签：保证 | 担保主体 | 分支机构担保 | 视为授权 | 共同担保

案情简介：2008年，船务公司通过债权转让协议受让贸易公司对钢铁公司的债权8000万余元，实业公司法定代表人蔡某在担保合同上签字，实业公司的当地分公司加盖了公章。

法院认为：根据最高人民法院《关于适用〈担保法〉若干问题的解释》第17条规定，分支机构进行担保，须经作为法人的公司书面授权方为有效，而本案中实业公司与其分公司共同进行担保，应认定构成授权；分公司虽被吊销营业执照，但其民事主体资格依然存在，故实业公司与其分公司应对本案债务承担连带责任。

实务要点：企业法人与其分公司共同进行担保，应认定作为法人的企业对分支机构担保进行授权。

2.6

v.5:304

2009

案例索引：最高人民法院（2009）民二终字第140号“某贸易公司与某实业公司等欠款及担保合同纠纷案”，见《法定代表人签订担保合同的效力——南京华新瑞实业有限公司与武汉瑞通船务疏浚工程有限公司、无锡华业钢铁有限公司、江苏海外集团海通国际贸易有限公司及南京市华新瑞实业有限公司泰州钢铁分公司欠款及担保合同纠纷案》（审判长周帆，代理审判员殷媛、杜军），载《最高人民法院商事审判指导案例·第五卷（上）》（2011:304）。

111 分支机构经法人同意的对外担保无效后的过错责任

——分支机构对外担保虽经法人同意，但因主合同无效而无效，各方当事人均有过错的，应依法承担相应的民事责任。

标签：保证 | 担保主体 | 证券 | 分支机构 | 法人同意 | 担保无效 | 过错责任

案情简介：2003年，朱某借用汽车公司名义向银行贷款1.5亿元，并以在证券营业部所购价值1.67亿元的记账式国债为质押并在该营业部办理了登记，证券营业部经证券公司经纪业务部副总经理钟某同意，向银行出具了承诺函，载明“对汽车公司在银行

法院认为：证券营业部系证券公司下设的不具有法人资格的分支机构，其向银行出具的承诺函经过了原证券公司经纪业务总部副总经理钟某的同意，且证券公司在本案交易中收取了相关费用。根据生效刑事判决书认定，钟某为贷款诈骗罪共犯。对于本案损失形成，证券公司有过错，因证券公司在其向银行出具的承诺函中承诺，对汽车公司在银行的贷款1.5亿元本金及利息承担连带保证责任。依此，证券公司与银行之间形成事实上借款担保法律关系。本案借款合同无效，担保法律关系亦无效，各方当事人对此均有过错，依最高人民法院《关于适用〈担保法〉若干问题的解释》第8条规定，判决证券公司、证券营业部作为借款担保法律关系中的保证

的贷款1.5亿元的本金及利息承担连带保证责任”。生效刑事判决认定朱某、钟某、银行行长龚某等人因操作贷款构成违法放贷罪被判处有期徒刑，同时认定“龚某明知贷款资金将用于炒股且汽车公司国债质押虚假……”2004年，银行就未追回的贷款损失7000万余元以借款担保合同纠纷诉请汽车公司、证券公司、证券营业部、朱某连带偿还。

人承担民事责任的范围不超过朱某不能清偿部分的三分之一。

实务要点： 分支机构对外担保虽经法人同意，但担保法律关系因主合同无效亦应无效，各方当事人对此均有过错的，应依最高人民法院《关于适用〈担保法〉若干问题的解释》第8条规定，保证人承担民事责任的范围不超过主债务人不能清偿部分的三分之一。

案例索引： 最高人民法院（2009）民二终字第146号“某银行与某证券公司等借款担保合同纠纷案”，见《以国债出质的，质押合同以国债登记管理机构办理质押登记为生效条件——中国银行股份有限公司武汉汉阳支行与长江证券股份有限公司、长江证券股份有限公司武汉友谊大道证券营业部、湖北元通汽车销售有限公司借款担保合同纠纷案》（审判长贾纬，代理审判员沙玲、周伦军），载《最高人民法院商事审判指导案例·第五卷（上）》（2011:372）。

2.6

v.5:372

3

2009

112 两个单位一套班子、两块牌子，并非就是人格混同

——认定公司之间是否存在人格混同时，应充分考察两公司之间的财产、财务、管理、经营状况，尤其是财产独立性。

标签：保证 | 担保主体 | 出资责任 | 关联公司 | 公司人格否认

案情简介： 1992年，市政府成立旅游区管委会，同时成立的实业公司注册资金5000万元，由市、区财政局核拨，该款实际来源于管委会收取的土地出让金。市政府文件明确管委会与实业公司“一套班子、两块牌子，独立核算、自负盈亏”。因实业公司为装潢公司向投资公司借款1500万元提供连带责任保证，关于管委会是否应与实业公司承担连带责任成为争议焦点。

法院认为： 管委会是市委、市政府的派出机构，是机关法人，而实业公司则是由市、区两级财政局投资设立的全民所有制企业，是企业法人，故二者是两个各自独立的法人，性质上不存在混同。作为政府派出机构的管委会行使国有土地有偿出让、转让等职能系政府管理职能，其与实业公司受让转让业务并不能混同。虽然实业公司营业执照中所载经营范围与市政府文件的经营范围有所不同，但仍可看出，实业公司是以经营为目的的，并不具有行政管理的权限，而管委会只能侧重于行政管理，实业公司职能则在于经营盈利，二者在职能上亦不可能存在混同。管委会作为政府派出机构，其经费由市财政统一拨付，其工作人员属于国家行政编制，人员经费亦由市政府统一核发，而实业公司作为企业，其资金来源于股东投资，二者资金来源不同。市政府文件虽有实业公司与管委会系“一套班子、两块牌子”表述，但亦明确为“独立核算、自负盈亏”，由此可见，实业公司仍系独立法人，其与管委会“一套班子、两块牌子”表述应是从机构、人员的设置力求精干、

2.3

201301/36:158

2009

高效角度而言，仅以此即认定二者人员混同显然依据不足。本案发生在20世纪90年代初期，人员混同情况是当时历史条件下的特殊产物，亦为常见现象，但这并不必然导致该公司没有独立的经营管理人员和独立的财产。况且，即使在设立之初存在人员混同的管理问题，在发展过程中亦有可能发生变化，因此仅人员混同不能成为认定主体混同的依据。即使实业公司注册资金由管委会实际出资，亦仅存在出资人即股东的认定问题，并不存在资产混同问题。且实业公司在成立后的发展过程中是否资产混同、资金走向是否不分彼此、是否同一账户账册，并无事实证明，亦无证据证明实业公司资产是由管委会掌控，故认定二者人员混同、资产混同的依据不足。管委会不应对实业公司为装潢公司向投资公司欠款的保证责任承担连带责任。

实务要点： 认定公司之间是否存在人格混同时，应充分考察两公司之间的财产、财务、管理、经营状况，其中尤其是财产的独立性。

案例索引： 最高人民法院（2009）民监字第598号“某管委会与某实业公司等借款纠纷案”，见《对法人人格混同的认定与处理——无锡太湖国家旅游度假区管理委员会与中商企业集团公司、无锡太湖国家旅游度假区发展总公司、无锡市锡佛建筑装潢装饰总公司借款纠纷案》（梁爽，最高院立案庭），载《立案工作指导·申诉与申请再审疑案评析》（201301/36:158）。

113 合同原件是确定借款担保关系的最原始和直接证据

——在一方应持有却未提供原件，又无其他证据推翻对方原件的情况下，应依对方出示的借款合同原件认定其真实性。

标签：保证 | 担保主体 | 证据规则 | 合同文本 | 借款合同 | 合同原件

案情简介：1992年，物资公司和贸易公司联营协议约定一方借贷，另一方担保，“物资公司贷款逾期未偿时，由贸易公司盘清库存以物抵债”。1993年，信用社于同一日分别与贸易公司和物资公司签订了贷款1000万

法院认为： 依证据适用规则，原始证据、直接证据的证明力一般大于其他形式的证据。涉案借款担保合同是确定各方当事人权利义务的原始证据和直接证据，依合同自由原则，合同确定的内容应是各方当事人共同的真实意思表示，应对各方当事人有约束力。本案中，合同明确载明实业公司系保证方，实业公司已签章承诺对物资公司不能偿还的涉案到期债务承担担保责任。审理中，信用社提交了合同原件，其他当事人不能提供原件，在无其他令人信服的证据推翻原始证据、不能否定实业公司签章真实性的前提下，因借款合同的实际履行，

元的借款合同，实业公司作为保证人。随后，信用社将1000万元贷款转入物资公司账户，物资公司将其中800万元汇给贸易公司购货，自用200万元购货使用。本案历经再审、重审、最高人民法院两次审理，焦点在于：贸易公司是否为借款人、保证人？

应认定实业公司为物资公司与信用社借款合同的保证人，依约承担民事责任。

实务要点： 在当事人应持有却未提供合同原件，又无其他令人信服的证据推翻原始证据或当事人签章真实性的情况下，应依借款合同原件认定借款合同的保证人，按合同约定承担民事责任。

案例索引： 最高人民法院判决“某银行与某供销公司等借款担保合同纠纷案”，见《应依据合同原件确定借款合同的保证人——咸阳市商业银行与咸阳市渭城区乡镇企业供销公司、咸阳市渭城区经委物资供应公司、咸阳市金源物资总公司借款担保合同纠纷再审案》（马东旭，最高院审监庭），载《审判监督指导·案例评析》（200901/27:98）。

2.4

200901/27:98

2009

3

114 《担保法》施行前国家机关担保无效，应承担责任

——《担保法》施行前，国家行政机关为借款合同进行担保的行为应认定为无效，缔约方应承担相应的过错赔偿责任。

标签： 保证 | 担保主体 | 国家机关 | 合同无效 | 缔约过失 | 过错赔偿

案情简介： 1992年，财政局为棉纺厂向银行借款提供连带责任保证。

法院认为： 案涉担保行为发生在《担保法》施行前，应适用担保行为发生时的法律、法规和司法解释。最高人民法院《关于贯彻执行〈民法通则〉若干问题的意见（试行）》第106条第2款规定：“国家机关不能担任保证人。”最高人民法院《关于国家机关能否作为经济合同的保证人及担保条款无效时经济合同是否有效问题的批复》第1条规定：“国家机关不应作为经济合同的保证人，经济合同中以国家机关作为保证人的，其保证条款，应确认为无效。”根据上述规定，财政局作为国家行政机关，为本案债务人借款合同进行担保的行为应认定无效。无效担保作为一种缔约过失，缔约方应根据各自过错承担相应的民事责任。本案中，担保人和债权人对此均有过错，故判决财政局对债务人不能偿还债务承担50%的赔偿责任。

实务要点： 《担保法》施行前国家行政机关为借款合同进行担保的行为应认定为无效，缔约方应根据各自过错程度承担相应的民事责任。

2.6

v.2:735

2008

案例索引： 最高人民法院（2008）民二终字第17号“某资产公司与某钢铁公司等借款担保合同纠纷案”，见《〈担保法〉施行前国家行政机关为借款合同进行担保的行为应当认定为无效行为，缔约方应当根据各自的过错程度承担相应的民事责任——中国信达资产管理公司郑州办事处、舞钢市财政局与河南省舞钢市银龙集团公司、舞钢市银龙纺织有限责任公司、河南省舞钢市水泥厂借款担保合同纠纷案》（审判长张树明，代理审判员王华菊、沙玲），载《最高人民法院商事审判指导案例·借款担保卷（下）》（2011:735）。

115 公司财务负责人在担保文件上签字，视为法人行为

——公司财务负责人在相关担保合同及担保财产清单上签字，应视为其代表公司实施民事法律行为，应认定担保有效。

标签： 保证 | 担保主体 | 抵押 | 抵押设立 | 法人行为 | 财务负责人签字

案情简介： 2003年，食品公司向银行贷款，实业公司向银行出具董事会同意抵押担保的决议及授权总会计师黄某办理抵押合同签字的委托书。嗣后黄某在相关最高额抵押和保证合同及所附抵押财产清单上签字，食品公司系实业公司控股股东，两公司法定代表人及公司地址均同一。

法院认为： 实业公司向银行出具董事会决议、授权书内容与借款合同、抵押合同、保证合同及抵押财产清单等所涉被担保主债权种类、金额、贷款期间，抵押物名称、数量、价值、担保范围，以及合同签订日期、签字人等均一一对应，实业公司对此未提出反驳证据。且案涉抵押合同签订时，食品公司仍为实业公司控股股东和核心企业，两公司法定代表人至今仍同为一人，公司地址亦相同，故作为实业公司总会计师的黄某在涉案担保合同上签字，应视为黄某代表实业公司实施的民事法律行为，故案涉抵押担保实际上是食品公司与实业公司共同实施完成，系包括实业公司在内的各方当事人的真实意思表示，并非食品公司的无权处分行为，且不违反法律和行政法规的禁止性规定，应认定该抵押权合法有效，银行对抵押财产享有优先受偿权。

2.6

v.2:567

2006

实务要点： 公司财务负责人在相关担保合同及担保财产清单上签字，应视为其代表公司实施的民事法律行为。

案例索引： 最高人民法院（2006）民二终字第230号“某资产公司与某实业公司等借款担保合同纠纷案”，见《公司总会计师在相关担保合同及担保财产清单上签字，视为其代表公司实施的民事法律行为——中国信达资产管理公司郑州办事处、河南邦杰实业集团有限公司与周口市人民政府国有资产监督管理委员会、周口市食品总公司借款担保合同纠纷案》（审判长王东敏，代理审判员雷继平、李京平），载《最高人民法院商事审判指导案例·借款担保卷（下）》（2011:567）。

116 分支机构作为保证人，不对以贷还贷借款承担责任

——企业法人并无法人资格的下属部门提供担保，其中未经保证人同意，债务人和债权人以贷还贷的，企业法人免责。

标签： 保证 | 担保主体 | 以贷还贷

案情简介： 1995年5月，玻璃厂向银行贷款500万元购买原材料，实业公司下属营业部提供连带责任保证。银行在向玻璃厂贷款当天，又扣划450万元用于偿还旧贷。

法院认为： 经营部系实业公司下属部门，不具备法人资格，其与银行所签保证条款无效，但依最高人民法院《关于审理经济合同纠纷案件有关保证的若干问题的规定》第20条规定，实业公司应对其中50万元本息承担连带赔偿责任。其余450万元，因协议明确载明贷款用途系流动资金贷款，购买原材料，但实际却用于偿还旧贷。债权人银行与债务人玻璃厂恶意串通实际变更主合同的贷款用途，未征得保证人同意，违背保证人真实意思表示，依前述司法解释第19条规定，实业公司不应承担民事责任。

2.4

200502/18:81

3

2005

实务要点： 企业法人不具有法人资格的下属部门为债务人提供担保，其中未经保证人同意，债务人和债权人以贷还贷的，企业法人对该部分贷款不承担民事责任。

案例索引： 最高人民法院判决“某银行与某实业公司等借款担保合同纠纷案”，见《中国农业银行临安市支行与上海宏广达实业公司杭州分公司、杭州临安医药玻璃厂借款合同纠纷再审案——担保人的追偿权没有得到实现，是否还可就借款担保合同纠纷申请再审》（何抒，最高人民法院），载《审判监督指导·案例评析》（200502/18:81）。

117 法人职能部门对外担保，导致担保无效后责任承担

——企业法人职能部门提供保证导致保证合同无效的，保证人承担民事责任部分不应超过债务人不能清偿部分的1/2。

标签： 保证 | 担保主体 | 下属职能部门

案情简介： 1997年，机械公司与贸易公司签订设备进出口代理协议，研究院下属职能部门贸易中心提供连带责任保证。机械公司出具研究院贷款时提交给银行的《授权委托书》，证明

法院认为： 研究院出具给银行的《授权委托书》系该院专为向银行借贷所用，研究院贸易中心以研究院名义作出保证的承诺，显系越权代理行为。且本案代理进出口协议上加盖的保证人研究院的印章均系研究院贸易中心负责人王某私自刻制，应认定本案所涉担保无效。王某私刻研究院公章并以研究院名义出具担保，构成对机械公司的欺诈，对此造成的损失，应根据其过错承担相应的民事赔偿责任。鉴于研究院贸易中心系研究院的职能部门，无独立承担民事责任的能力，其过错应由研

贸易中心总经理王某系有权代理。经鉴定，进出口代理协议上的贸易中心公章系王某私刻。

2.1

200502/8:215

2005

究院承担。机械公司在知道该贸易中心为非独立法人、未提供有关营业执照的情况下，未依合同约定进一步要求该贸易中心提供法人身份证明、营业执照等有关担保资格的法律文件；其在接受上述《授权委托书》时又未要求王某提供原件，在此情况下仍与研究院贸易中心签约，接受该担保，表明机械公司缺乏应有的谨慎注意义务，对所引起的法律后果亦应承担相应的民事责任。故依最高人民法院《关于适用〈担保法〉若干问题的解释》第7条规定，判令研究院在本案中对贸易公司不能清偿部分在1/3范围内承担过错赔偿责任。

实务要点： 根据最高人民法院《关于适用〈担保法〉若干问题的解释》第7条、第18条规定，企业法人的职能部门提供保证导致保证合同无效的，保证人承担民事责任的部分不应超过债务人不能清偿部分的1/2。

案例索引： 最高人民法院判决“某研究院与某进出口公司等进出口代理纠纷案”，见《法人的职能部门对外担保的法律后果——中国运载火箭技术研究院与甘肃省机械进出口公司等进出口代理纠纷上诉案》（李京平，最高院民二庭），载《民商事审判指导·案例分析》（200502/8:215）。

118 本案当事人主张抵押权的方式，是否符合法律规定

——诉讼请求包括“在抵押物不足以清偿时”的保证责任，一审中又主张对抵押物优先受偿权，应视为主张了抵押权。

标签： 保证 | 担保主体 | 诉讼程序 | 抵押 | 合并审理 | 增加诉讼请求

案情简介： 2004年，线缆公司向银行抵押借款。2005年，银行起诉，诉讼请求中提出“在抵押物不足以清偿借款本息时”，判令各保证人承担保证责任，庭审中又再次请求对抵押物进行拍卖或变卖并主张优先受偿权。二审时，线缆公司提出银行增加抵押权的诉讼请求超出法定期限。

法院认为： 银行起诉书中提出的诉讼请求包括“在抵押物不足以清偿借款本息时”，判令各保证人承担保证责任，庭审中又再次请求对抵押物进行拍卖或变卖并主张优先受偿权。上述两次意思表示内容一致，即银行作为抵押权人请求法院依法支持其行使抵押权利。根据最高人民法院《关于适用〈民事诉讼法〉若干问题的意见》第156条规定，在案件受理后，法庭辩论结束前，原告增加诉讼请求，被告提出反诉，第三人提出与本案有关的诉讼请求，可以合并审理的，人民法院应当合并审理。可见，无论是将银行在庭审中的意思表示认定为对其诉讼请求的进一步明确，还是认定为新增加的诉讼请求，银行在原审期间提出行使抵押权利的主张都不违反法律的规定，不存在增加诉讼请求超出法定期限的情形。

2.6

v.2:324

2005

实务要点： 根据最高人民法院《关于适用〈民事诉讼法〉若干问题的意见》第156条规定，无论是将当事人在庭审中的意思表示认定为对其诉讼请求的进一步明确，还是认定为新增加的诉讼请求，当事人在原审期间提出行使抵押权利的主张都不违反法律规定，不存在增加诉讼请求超出法定期限的情形。

案例索引： 最高人民法院（2005）民二终字第224号“某银行与某线缆公司等借款合同纠纷案”，见《合同系附解除条件的合同的，解除条件成立时，债权人可以立即解除合同——河北宝丰线缆有限公司与中国建设银行股份有限公司沧州新华路支行及河北惠丰塑料制造有限公司、河北神力电工机械有限公司、河北振海铝业集团有限公司借款合同纠纷案》（审判长金剑锋，代理审判员陈百灵、杨征宇），载《最高人民法院商事审判指导案例·借款担保卷（上）》（2011:324）。

3

119 军队企业禁止经商并做替代担保后解除原保证责任

——军队、武警部队、政法机关不再从事经商活动，对原来所提供保证采取相应安排后，解除原保证单位的保证责任。

标签： 保证 | 担保主体 | 军队企业 | 保证责任解除

案情简介： 1996年，银行向远望公司提供1.5亿元贷款，从事卫星发射的测控系统部提供连带责任保证。2001年，银行与远望公司签订债务重组意见书，约定以投资公司房产作为抵押并办理了登记手续。测控系统部据此主张其保证责任免除。

2.6

v.2:928

2004

法院认为： 合同履行期间，中共中央办公厅、国务院办公厅、中央军委办公厅分别下发《关于印发〈军队、武警部队不再从事经商活动的实施方案〉的通知》（中办发〔1998〕24号）和《关于印发军队、武警部队和政法机关不再从事经商活动实施方案四个配套文件的通知》（中办发〔1998〕29号），两份文件均明确了军队企业提供保证的解决方案，前述29号文指出：“移交企业由军队、武警部队和政法机关的部门、单位或撤销企业提供保证的，应由移交企业向银行等金融机构重新提供经债权人认可的保证单位并签订保证合同，原保证合同解除；企业无法重新提供保证单位的保证贷款，改为抵押或质押贷款。”该条意见在充分考虑到债权人利益同时，对相关保证作出安排，并不与法律规定矛盾，可以理解为，军队、武警部队、政法机关不再从事经商活动，对原来所提供的保证采取相应安排后，解除原保证单位的保证责任。测控系统部保留的目的仅是承担卫星的发射任务，已不再从事其他经营活动，且原本可用于承担保证责任的经营性资产已全部无偿划拨给地方，丧失了承担保证责任的能力，从主体上说，测控系统部属于上述通知所指的军队企业。且上述通知下发后，银行与远望公司签订债务重组意向书，明确由远望公司提供房产抵押并办理了登记，符合前述通知关于“企业无法重新提供保证单位的保证贷款，改为抵押或质押贷款”的要求，至此，银行理应放弃对测控系统部保证责任的追索，解除测控系统部保证责任。故从测控系统部角度看，已完成了经营性资产的剥离，且债务人也提供了替代担保，测控系统部无须为解除保证责任再有任何进一步行动，即已满足了前述29号通知的要求，从而解除了保证责任。银行为保证贷款安全争取有关当事人承担保证责任，固然无可厚非，但在国家对军队不再从事经商活动的重大举措面前，理应服从大局，采取依法方式，追究有关当事人的民事责任，而不应把重点放在已经没有承担保证责任能力的测控系统部身上。故判决驳回银行对测控系统部的诉讼请求。

实务要点： 军队、武警部队、政法机关不再从事经商活动，对原来所提供的保证采取相应的安排后，解除原保证单位的保证责任。

案例索引： 最高人民法院（2004）民二终字第159号“某银行与某开发公司等借款担保合同纠纷案”，见《军队、武警部队、政法机关不再从事经商活动，对原来所提供的保证采取相应的安排后，解除原保证单位的保证责任——中国卫星发射测绘系统部与中国进出口银行、中国远望（集团）总公司、广州中原房地产开发有限公司借款担保合同纠纷案》（审判长姜伟，审判员钱晓晨，代理审判员杨征宇），载《最高人民法院商事审判指导案例·借款担保卷（下）》（2011:928）。

120 法人分支机构，未经法人授权，对外提供担保无效

——企业法人分支机构未经法人书面授权对外提供担保，该担保合同无效的，该企业法人依法应承担相应的民事责任。

标签： 保证 | 担保主体 | 分支机构担保 | 担保无效 | 过错责任

案情简介： 1996年至2000年，电缆公司向银行贷款8000万余元，电力集团下属的领取营业执照的分支机构供电公司提供连带责任保证。

法院认为： 因供电公司违反《担保法》第10条关于企业法人的分支机构未经法人书面授权不得为保证人的规定向银行提供担保，该担保合同应为无效。供电公司在明知自己不具备法人资格且未经集团公司授权的情况下提供担保，对上述保证条款无效负有过错，应承担相应民事责任；银行作为银行金融机构，在订立合同时疏于审查保证人主体资格等即接受供电公司担保，对保证条款无效有一定过错，亦应承担相应

2.1

200501/7:240

2004

民事责任。依最高人民法院《关于适用〈担保法〉若干问题的解释》第7条关于主合同有效而担保合同无效，债权人和担保人有过错的，担保人承担民事责任的部分不应超过债务人不能清偿部分的二分之一的规定，供电公司对该笔债务在电缆公司不能清偿部分的二分之一范围内承担赔偿责任。

实务要点： 企业法人分支机构未经法人书面授权对外提供担保，该担保合同无效，债权人和担保人有过错的，担保人承担民事责任的部分不应超过债务人不能清偿部分的二分之一。

案例索引： 最高人民法院（2004）民二终字第31号“某资产公司与某电力集团等借款担保合同纠纷案”，见《中国长城资产管理公司北京办事处与中国华北电力集团公司北京供电公司借款担保合同纠纷上诉案》（审判长吴庆宝，代理审判员宫邦友、刘敏），载《民商事审判指导·判决书选登》（200501/7:240）。

3

121 财政局未经批准，为国际商业贷款担保，应为无效

——企业间名为合作实为国际商业贷款的合同被认定无效后，约定承担连带保证责任的政府机关应承担过错赔偿责任。

标签： 保证 | 担保主体 | 涉外担保 | 国际商业贷款合同 | 国家机关

案情简介： 1995年6月，技术公司与新加坡人杨某就娱乐城装修与经营，签订合作协议，约定杨某投入1000万元，不参与经营和管理，技术公司分期偿还资金。银行和财政局分别提供了连带责任保证。

法院认为： 案涉协议名为合作实为借贷，应为无效。银行作为国家金融机构，知道或应知道主合同无效而提供担保；财政局作为国家机关依法不应为企业提供担保，且应知道境内企业借用国际商业贷款须经批准，但仍为无效的借款协议提供担保，应各自承担相应的过错责任。

实务要点： 企业之间名为合作实为国际商业贷款的合同被认定无效后，约定承担连带保证责任的金融机构、政府机关应对主合同无效承担相应的过错赔偿责任。

案例索引： 最高人民法院判决“某银行与某财政局等借款合同纠纷案”，见《泰兴市财政局与杨家德、中国江苏国际经济合作公司泰兴分公司、中国建设银行泰兴市支行借贷纠纷上诉案——名为合作实为国际商业贷款纠纷的处理》（于晓白），载《民事审判指导与参考·最高人民法院二审案件解析》（200102/6:230）。

2.2

200102/6:230

2001

122 明知分支机构被撤销后，仍接受担保的，应负主责

——明知法人分支机构被撤销后，仍接受该分支机构担保的，应认定担保权人对造成担保无效所致损失承担主要责任。

标签：保证 | 担保主体 | 企业改制 | 企业分立 | 分支机构担保

案情简介： 1990年，政府部门发文撤销银行下属信托公司和财政局下属开发处。1991年，百货公司向信托公司借款200万元，开发处提供担保。随后，百货公司分立为新百货公司和批发部两个法人单位。

法院认为： 批发部系百货公司借款后分立的企业法人，应与百货公司共同承担清偿欠款本息的责任。开发处系财政局分支机构，不具备法人资格，其被撤销后所为的担保行为应确认无效。信托公司负有对保证人审查的义务，原信托公司与开发处曾在同一个文件中被撤销，信托公司应知开发处被撤销，仍提出由开发处提供担保，对造成担保无效负主要过错，因担保无效导致的损失，信托公司应承担主要责任。财政局作为开发处主管单位，在开发处被撤销后未及时办理注销手续并收回印鉴，放任其违规开展原业务，对造成无效担保亦有过错，判决财政局对百货公司、批发部尚欠信托公司的债务承担20万元本息的赔偿责任。

2.4

200101/1:176

1997

实务要点： 明知作为担保人的法人分支机构被撤销后，仍提出由该分支机构提供担保的，应认定担保权人对造成担保无效导致的损失承担主要责任。

案例索引： 最高人民法院（1997）经提字第16号“某银行与某百货公司等借款合同纠纷案”，见《金华县财政局与金华市信托投资股份有限公司、金华县百货公司、金华县百货批发部、金华县财务开发公司借款合同纠纷申请再审案——保证人被撤销后，其上级主管部门应否承担连带清偿责任》（贾静），载《审判监督指导与研究·案例评析》（200101/1:176）。

123 法定代表人对公司债务承担连带责任条款，应有效

——合同约定法定代表人对公司的债务承担连带责任，应认定其签字既代表公司也代表其个人对合同权利义务的确认。

标签：保证 | 担保主体 | 连带责任 | 法定代表人

案情简介： 2009年，货代公司作为甲方与作为乙方的运输公司签订合作协议，约定甲方委托乙方办理货物出

法院认为： 商业活动中由一方先提出合同草案，经对方审核确认后签章，这一操作亦符合常理，不能仅因合同文本系一方制作就认定合同未经协商、合同条款为格式条款而认定无效。张某在合同上签名可认定为系根据合同要求作为法定代表人代表运输公司签字，同时亦可认定为系张某个人对合同内容的确认。争议条款约定一方法定代表人作为独立

口运输代理业务，并约定“乙方的法定代表人对乙方的债务承担连带责任”。双方盖章，其中运输公司法定代表人张某在合同“乙方签字”处签名。2011年，货代公司就运输公司拖欠的货款诉请张某承担连带责任。张某以其未独立地以个人名义在合同上再次签字为由主张合同对本人无效。

主体对公司债务承担连带责任，签订合同时运输公司法定代表人就是张某，直至纠纷诉至法院张某亦一直都是运输公司的法定代表人，故本案中张某作为合同指向的连带责任承担人是明确的、唯一的。同时，涉案合同约定的履行方式系由货代公司先行垫付费用，且该费用每月金额高达数十万元，现货代公司要求由既是法定代表人又是实际股东的张某对公司债务承担连带责任，在张某本人已在合同上签字的情况下，张某仅以其未独立地以个人名义在合同上再次签字为由就主张合同对张某本人无效，此观点有违诚信原则，故不予支持，判决运输公司向货代公司支付拖欠费用，张某承担连带责任。

3.4

201306:47

2012

实务要点： 合同约定法定代表人对公司债务承担连带责任，当法定代表人在公司签章栏签字，且未明确表示该签字效力仅及于公司的，从维护交易诚信目的出发，应认定该签字既代表公司也代表法定代表人个人对合同权利义务的确认。

案例索引： 上海高院（2012）沪高民四（海）终字第65号“上海巨帆国际货运代理有限公司与上海鼎祺国际货物运输代理有限公司、张佳合同纠纷案”，见《法定代表人对公司债务承担连带责任条款的效力》（方懿），载《人民司法·案例》（201306:47）。

124 家族企业股东为企业担保，应认定为夫妻共同债务

——家族式股份制企业股东为该企业提供保证，应视为夫妻共同债务，该股东离婚后，原配偶仍应为该保证承担责任。

标签： 保证 | 担保主体 | 夫妻共同债务 | 家族式企业 | 无偿性

案情简介： 2004年，张某为其担任法定代表人的家族企业制鞋厂向信用社贷款1000万元提供担保。2008年，张某与周某离婚，约定张某办厂期间的债权债务，周某概不负责。2010年，信用社诉请张某及周某为制鞋厂债务承担连带责任。

法院认为： 根据《婚姻法》第19条第3款、最高人民法院《关于适用〈婚姻法〉若干问题的解释（二）》第24条规定，该案涉保证之债系张某与周某婚姻关系存续期间以张某个人名义所负债务，属于夫妻共同债务，除非周某举证证明银行与张某明确约定保证之债属于张某个人债务，或其与张某系夫妻分别财产制，且银行对此知晓，但周某并未提供相应证据。且胶鞋厂系股份制企业，但从股东变化情况看，胶鞋厂经营管理由家庭（族）控制，张某股份始终占绝对优势，又一直担任胶鞋厂法定代表人，表明其系胶鞋厂实际经营管理人，则胶鞋厂大部分利益由其享有，一般情况下均由张某与周某的家庭受益。故张某为胶鞋厂生产发展需要进行担保，并非一般意义上为第三人提供担保，缺乏通常情况下保证合同具有的无偿性。是否从保证合同中受益的举证责

3.4

201314:81

2012

任应由周某承担，而周某未提供相关证据，故周某应对张某应负保证责任承担连带责任。

实务要点： 家族式股份制企业股东为该企业债务提供保证已丧失保证合同通常具有的无偿性。在保证债务到期前该股东与配偶协议离婚并约定原配偶不承担债权债务，该约定对债权人无效，除非原配偶能举证证明其未从该股东的保证之债或家族企业中受益，否则原配偶应为该保证之债承担连带责任。

案例索引： 重庆高院（2012）渝高法民提字第00007号“重庆农村商业银行股份有限公司璧山支行与重庆市璧山胶鞋厂等借款抵押合同纠纷案”，见《家庭式企业股东为该企业保证的有偿性分析》（陈宏宇、邓忠明），载《人民司法·案例》（201314:81）。

125 夫妻在共同参与数人保证中，应作为一个责任主体

——数人提供共同保证时，其中夫妻二人以夫妻名义同时为债务人提供的担保，应视为一个整体共同对外提供的担保。

标签：保证 | 担保主体 | 共同保证 | 夫妻关系

案情简介： 2008年，铜业公司、投资公司、程某及妻子余某共同为工贸公司向银行借款提供连带责任担保。铜业公司在代偿银行1960万余元后向投资公司、程某、余某追偿。

法院认为： 从保证内容分析，因程某、余某夫妇系在夫妻关系存续期间以夫妻名义同时为借款人提供担保，从双方真实意思出发，应为夫妻共同对外提供担保，应作为一个责任主体对待。铜业公司与程某、余某、投资公司系三个保证责任主体，对于工贸公司不能清偿部分，因保证人之间未约定比例，故应均担，各自承担三分之一保证责任。判决工贸公司偿还铜业公司1960万余元，如工贸公司不能偿还，程某、余某承担工贸公司不能偿还部分的三分之一。

3.6

201204/22:62

2011

实务要点： 数人提供共同保证时，如果夫妻二人在夫妻关系存续期间以夫妻名义同时为债务人提供担保，从我国《婚姻法》关于夫妻关系存续期间财产为共同共有的规定，以及夫妻二人均作为保证人提供担保的真实意思进行考量，该保证应视为夫妻作为整体共同对外提供担保，该夫妻二人在民事法律关系中应作为一个民事主体和责任主体对待。

案例索引： 江苏宿迁中院（2011）宿中商初字第0051号“某铜业公司与某工贸公司等担保追偿权纠纷案”，见《江苏天

天铜业公司与江苏泰达公司、程制海、余卫萍担保追偿权纠纷案》，载《江苏省高级人民法院公报》(201204/22:62)。

126 债务人死亡后其近亲属所获死亡赔偿金，非属遗产

——债务人死亡后其近亲属所获死亡赔偿金属于精神损害抚慰金，非属遗产，不应作为该债务人承担保证责任的财产。

标签：保证 | 担保范围 | 死亡赔偿金 | 遗产 | 精神抚慰金

3

案情简介：2007年9月，夏某为黄某向信用社贷款3万元提供连带责任保证。此前，黄某向保险公司投保人身意外伤害综合保险，指定第一受益人为信用社。同年10月，黄某因交通事故身亡，肇事方赔偿17.5万元由黄某近亲属持有。信用社诉请保险公司支付保险金被法院驳回后，起诉夏某承担清偿责任。

法院认为：死亡赔偿金是死者死亡后责任方对死者近亲属所支付的赔偿，不属于《继承法》规定的遗产范围。故信用社以黄某因交通事故死亡后取得的死亡赔偿金清偿债务，不予支持。夏某系本案借款合同约定的连带责任保证人，信用社已对保险公司行使请求权，但被法院驳回诉讼请求。同时，主债务人死亡时无任何遗产，故主债务人黄某债务并未得到任何抵减。作为连带保证责任的保证人夏某应对主债务人所欠借款本金及利息承担连带清偿责任，判决债务人黄某所欠信用社本息3万余元，由夏某清偿。

实务要点：债务人死亡后其近亲属获得的死亡赔偿金性质是精神损害抚慰金，是对死者近亲属的精神抚慰，不属《继承法》规定的遗产范围。

3.3

2010商:200

2009

案例索引：广西钦州市浦北法院(2009)浦民初字第500号“某信用社诉黄某等借款合同纠纷案”，见《浦北县农村信用合作联社江城信用社诉黄君霞等借款合同案(死亡赔偿金、遗产)》(吴海)，载《中国审判案例要览》(2010商事:200)。

127 夫妻一方擅自作担保人所担保债务，非属共同债务

——婚姻关系存续期间，夫妻一方作为担保人未经另一方同意擅自为他人提供担保的债务，应属于担保人的个人债务。

标签：保证 | 担保主体 | 担保债务 | 夫妻共同债务 | 个人债务

案情简介：2005年，陈某为程某向银行贷款8万元提供连带责任保证。保证期间内，陈某死亡。2008年，银行诉请陈某妻子王某及其他继承人承担

法院认为：根据《婚姻法》第17条、最高人民法院《关于适用〈婚姻法〉若干问题的解释(一)》第17条，及最高人民法院《关于人民法院审理离婚案件处理财产分割问题的若干具体意见》第2条、第17条规定，可以看出，夫妻共同债务范围应是夫妻一方或双方为共同生活需要所负债务。夫妻一方以个人财产为他人提供担保或擅自为他人提供担保所负的债务应为个人债务，不属夫妻共同债务之列。故陈某生前为程

连带责任。

某贷款提供的担保非属共同债务，王某及其他继承人已明确表示放弃继承的情况下，不应承担连带清偿责任。

3.1

200901/67:238

2008

实务要点： 婚姻关系存续期间，夫妻一方作为担保人未经另一方同意擅自为他人提供担保的债务，且非为夫妻共同生活所必需，应属于担保人个人债务。

案例索引： 福建南安法院（2008）南民初字第749号“某银行与陈某等借款合同纠纷案”，见《福建南安农村合作银行仓苍支行诉陈存祥等人金融借款合同纠纷案》（陈纯金），载《人民法院案例选》（200901/67:238）。

128 联保小组成员均作为借款人，各自享有法定抗辩权

——在联保小组成员作为借款人的联保贷款中，各成员均是独立的债务人和保证人主体，故各人均享有法定的抗辩权。

标签：保证 | 担保主体 | 联保贷款 | 法定抗辩权 | 共同保证

案情简介： 2004年，联保小组的夏某、尚某、刘某、董某、王某以夏某名义向信用社各自借款1万元并签订联保协议，约定相互承担连带责任保证。贷款逾期后，信用社在保证期间内未要求刘某、尚某承担保证责任。

法院认为： 根据中国人民银行《农村信用合作社农户联保贷款管理试行办法》和《农村信用社农户联保贷款管理指导意见》规定，信用社向农户在自愿基础上组成的联保小组发放联保贷款，各借款人向金融机构所作的保证，应属共同保证。因在联保小组中，各个成员均系独立的债务人主体和保证人主体，故各人均享有法定的抗辩权，作为债权人的信用社在保证期间未要求刘某、尚某承担保证责任，其保证责任免除，判决夏某、董某、王某偿还信用社借款3万元及利息，刘某偿还信用社借款1万元及利息，夏某、董某、王某负连带保证责任，尚某偿还信用社1万元及利息，夏某、董某、王某负连带保证责任。

3.3

2006商:38

2005

实务要点： 在联保小组成员作为借款人的联保贷款中，各个成员均系独立的债务人和保证人主体，故各人均享有法定的抗辩权。

案例索引： 新疆巴里坤法院（2005）巴民二初字第237号“某信用社与尚某等联保贷款纠纷案”，见《新疆维吾尔自治区巴里坤哈萨克自治县花园信用社诉尚海霞等联保贷款协议案（联保借款）》（杨善明），载《中国审判案例要览》（2006商事:38）。

129 金融机构应对其负责人职权范围内的违法行为负责

——金融机构应对其负责人在职权范围内代表法人机构进行的各种行为包括合法行为和违法行为，依法承担民事责任。

标签： 保证 | 担保主体 | 委托贷款 | 职务行为 | 私刻印章

案情简介： 2003年，银行负责人即其《内资企业登记情况》上的“代表人”王某用私刻的印章，与棉业公司向开发公司的委托贷款合同提供连带责任保证。2004年，刑事判决认定开发公司法定代表人李某行为构成合同诈骗罪，王某行为构成非法出具金融票证罪和伪造公司印章罪。2005年，棉业公司诉请银行承担担保责任。

3

3.3

2006商:42

2005

法院认为： 王某在委托贷款协议上签字时系银行负责人，即法定“代表人”，其在职权范围内代表银行进行的各种行为即为银行行为，银行既要对其合法行为承担民事责任，亦要对其在执行职务中的违法行为承担民事责任。基于此，王某在与棉业公司和开发公司所签委托贷款协议中承诺承担还款的连带责任，使银行与棉业公司之间依法成立了担保合同关系。由于李某签署委托贷款协议目的系利用此协议进行诈骗，即以合法形式掩盖非法目的，故委托贷款协议应属无效。银行与棉业公司之间依法成立的担保合同关系作为委托贷款协议从合同，因委托贷款合同无效而无效。此情形下，担保人的责任决定于担保人对合同无效的过错，即担保人承担民事责任的前提依法系担保人对合同无效具有过错。本案中王某在签订协议时在协议上加盖的印章虽系私刻，但鉴于并无证据证明王某对李某诈骗目的明知或因重大过失应知而未知，故应认定银行对合同无效并无过错，依法不应承担责任，判决确认银行与棉业公司之间的担保合同关系无效。

实务要点： 金融机构应对其负责人在职权范围内代表法人机构进行的各种行为包括合法行为和违法行为承担民事责任。

案例索引： 北京一中院（2005）一中民终字第3692号“某银行与某棉业公司担保合同纠纷案”，见《九采罗彩棉产业有限公司诉北京银行股份有限公司玉海园路支行担保合同案（委托贷款）》（支建成），载《中国审判案例要览》（2006商事:42）。

130 保险公司分支机构所作连带责任保证无效后果承担

——债权人明知保险公司分支机构不具备法人资格而接受其保证担保，由此造成保证无效的损失应由债权人自行承担。

标签： 保证 | 担保主体 | 保证保险 | 分支机构保证 | 汽车消费贷款

案情简介： 2001年，信用社、保险公司营业部与汽车销售公司签订《汽车

法院认为： 《汽车消费贷款合作协议》约定由购车人向保险公司营业部购买约定保险，如购车人不能依法偿还贷款，由该营业部在保险责任范围内向信用社代偿，并因之取得追索权，营业部在合同中承诺承担的是与其经营范围一致的保险责任。而《汽车消费贷款推荐书》所承诺的

消费贷款合作协议》，约定由购车人向保险公司营业部购买约定保险，如购车人不能依法偿还贷款，由该营业部在保险责任范围内向信用社代偿，并因之取得追索权。据此，保险公司营业部在嗣后的《汽车消费贷款推荐书》中，承诺为购车人王某借款34万元提供连带责任保证。2003年，因王某连续未偿贷超过3个月，信用社诉请解除与王某所签《汽车消费贷款借款合同》，由保险公司承担担保责任。

3.3

2005商:78

2004

是保险公司为购车人借款提供连带责任保证，加盖的是营业部的业务专用章。推荐书承诺的连带保证责任与保险责任在性质上、构成要件上、责任形式上有严格区别，且营业部的业务专用章的使用，从其刊刻的印章内容上，亦仅限于其自身保险业务范围内，由营业部的名称以及印章的内容即可知其属企业法人的职能部门。《担保法》第10条规定："企业法人的分支机构、职能部门不得为保证人。企业法人的分支机构有法人书面授权的，可以在授权范围内提供保证。"企业法人分支机构、职能部门作为保证人已为法律所禁止，违反该法律的规定，产生的法律后果应根据最高人民法院《关于适用〈担保法〉若干问题的解释》第18条第1款"企业法人的职能部门提供保证的，保证合同无效。债权人知道或者应当知道保证人为企业法人的职能部门的，因此造成的损失由债权人自行承担"的规定来确认法律关系中当事人的权利和义务。保险公司分属在各地的经营机构和组织均不具备法人的主体资格，而本案信用社应当知道保险公司的职能部门并不能代表保险公司作出超出其原承担保险责任承诺业务范围外的保证责任承诺，且该保证责任承诺并未得到其法人的授权，故案涉推荐书上保险公司对连带保证责任的承诺无效，造成无效的根本原因在于信用社在知晓营业部不具备法人资格、未获得法人授权，仅是企业法人的职能部门情况下而认同推荐书上保证内容，由此造成保证合同无效的过错在于信用社，相应损失应由信用社自行承担。鉴于信用社在诉讼请求中仅只要求解除其与王某所签订的《汽车消费贷款借款合同》，对于解除后形成的权利在诉讼中未主张，故不予审理，判决确认解除信用社与王某所签《汽车消费贷款借款合同》。

实务要点： 保险公司分属在各地的经营机构和组织均不具备法人主体资格，债权人在明知该分支机构不具备法人资格、未获得法人授权，仅是企业法人的职能部门情况下而同意其提供连带责任保证，由此造成保证合同无效的过错在于债权人，相应损失应由债权人自行承担。

案例索引： 云南昆明中院（2004）昆民五终字第193号"某信用社与某保险公司等借款合同纠纷案"，见《昆明市官渡区金马农村信用合作社诉中国人民财产保险股份有限公司昆明市分公司靖国营业部等借款合同案》（郑健），载《中国审判案例要览》（2005商事:78）。

131 托管人不因托管经营对托管企业债务承担连带责任

——托管经营不属企业间的兼并、转让、出售，托管人不因托管经营而对托管企业已发生债务向债权人承担连带责任。

标签：保证 | 担保主体 | 企业改制 | 债务主体 | 托管经营

案情简介：1995年，制药公司与银行签订借款合同，贷款80万元，肉联厂提供连带责任保证，后制药公司又借款160万元，并以自有仪器设备进行抵押担保。后制药公司与生物公司签订资产委托经营管理合同，约定由后者对前者进行经营管理，并对托管前的债务不承担责任。因制药公司逾期未偿贷致诉。关于托管经营人生物公司是否承担责任成为争议焦点。

3

3.1

200303/45:276

2003

法院认为：制药公司以自有部分资产进行抵押担保，在其不能及时履行偿还义务时，银行享有以抵押物优先受偿的权利，肉联厂作为保证人，应依法在其担保的范围内承担连带清偿责任。生物公司对制药公司进行托管经营，不属企业间的兼并、转让、出售，制药公司不因托管经营而丧失自己的资产和独立的法人资格，故生物公司不应承担本案还款责任，判决制药公司偿还银行借款本息，逾期未偿，银行得以抵押物优先受偿，肉联厂在担保借款80万元及利息范围内承担连带清偿责任。

实务要点：托管经营不属企业间的兼并、转让、出售，被托管人不因托管经营而丧失自己的资产和独立的法人资格，其对托管企业已发生的债务不应向债权人承担连带清偿责任。

案例索引：江西新余中院判决“某银行与某制药公司等借款合同纠纷案”，见《工行新余市城北支行诉健力士制药有限公司偿还借款并要求对该公司进行托管经营的新余市北大高新生物工程有限公司对该债务承担连带责任案》（张葳），载《人民法院案例选》（200303/45:276）。

保证类型

132 对担保方账户可直接扣收的约定，属连带责任保证

——保证合同约定贷款逾期未偿，贷款方有权在借款方或担保方的存款账户直接扣划的，应视为约定了连带责任保证。

标签：保证 | 保证类型 | 不良金融债权 | 连带责任保证

案情简介：1989年至1993年期间，银行与化肥厂签订了数份借款期限从1989年至1999年的《借款合同》，共计借款2450万元。其中关于矿产公司的保证责任，有两种表述：一是："全部贷款到期，贷款方发出逾期通知三个月后，仍未归还，贷款方可以直接从借款方或担保方的各项投资和存款中扣收。"二是："贷款到期，借款方如不能按期偿还，由担保单位代为偿还，担保单位在接到银行还款通知三个月后仍未归还，银行有权从借款方或担保单位的投资或存款账户中扣收，或委托其他金融机构扣收。"1993年，矿业公司向银行出具《借款担保书》，承诺"当借款单位不能履行借款合同如期偿还借款本息条件时，本公司（厂）将无条件承担责任，保证按照借款合同的规定，代借款单位偿还所欠借款本息。本担保书

法院认为：区分连带责任保证和一般保证的重要标志就是保证人是否享有先诉抗辩权，即债权人是否必须先行对主债务人主张权利并经强制执行仍不能得到清偿时，方能要求保证人承担保证责任。上述借款合同中的第一种表述，只要贷款达到约定期限仍未归还，即将担保方与借款方的责任一并对待，并未区分保证人应否在主债务人客观偿还不能，即先向主债务人主张权利不能后，方承担保证责任，故此处保证责任约定清楚，系连带责任保证。上述借款合同中的第二种表述有"不能"字样，如单纯使用"不能"字样，则具有客观上债务人确无能力偿还借款的含义，此时保证人方承担保证责任可以认定为一般保证责任。但是，该"不能"字样与"按期"结合在一起使用，则不能将其理解为确实无力偿还借款的客观能力的约定，仅是表明到期不能偿还即产生保证责任，故第二种表述亦应认定为连带保证责任。至于矿业公司为借款合同提供的《借款担保书》则更为明确的将保证责任界定为无条件承担，亦为约定清楚的连带责任保证。故本案讼争保证责任为连带责任保证性质。由于本案讼争借款的主债务人化肥厂已破产，且破产程序已终结，即使借款合同约定为一般保证责任，此时保证人的责任因主债务人的破产亦已产生。

实务要点：保证合同约定"贷款到期，借款方如不能按期偿还，由担保人代为偿还，担保单位接到还款通知后三个月内仍未归还，贷款方有权在借款方或担保方的存款账户直接扣划"，应视为连带责任保证。连带责任保证和一般保证相区别的重要标志

不可撤销。本担保书作为借款合同的附属文件，其有效期直至全部还清借款单位应归还借款本息为止”。2004年，化肥厂被宣告破产。争议焦点之一：矿业公司保证责任类型系一般保证还是连带责任保证？

在于：一般保证的保证人享有先诉抗辩权，即债权人必须先行对主债务人主张权利，在经强制执行仍不能得到清偿的情况下，方能要求保证人承担保证责任；而连带责任保证的保证人不享有先诉抗辩权。

案例索引： 最高人民法院（2008）民二终字第106号“某资产公司与某矿产公司借款合同纠纷案”，见《中国信达资产管理公司贵阳办事处与贵阳开磷有限责任公司借款合同纠纷案》（审判长钱晓晨，代理审判员刘敏、杨征宇），载《最高人民法院公报·裁判文书选登》（2009:401）。

1.1

2009:401

2008

133 借款人不按期偿还时承担保证责任，应属连带性质

——保证合同约定保证人承担保证责任的条件是借款人“不按期偿还”时，应认定保证人承担的是连带保证性质责任。

标签： 保证 | 保证类型 | 连带责任保证 | 不按期偿还

3

案情简介： 1993年，化肥公司为玻璃厂向银行贷款提供担保。《担保书》约定借款人“不按期偿还”时，化肥公司承担担保责任。

法院认为： 案涉担保书未明确约定担保责任方式，但根据其内容，担保人承担保证责任的条件是借款人“不按期偿还”时。根据最高人民法院《关于涉及担保纠纷案件的司法解释的适用和保证责任方式认定问题的批复》（法释〔2002〕38号）第2条规定，“保证合同中明确约定保证人在被保证人不履行债务时承担保证责任，且根据当事人订立的合同的本意推不出为一般保证责任的，视为连带责任保证。”故应认定本案保证人化肥公司承担的是连带责任保证。

实务要点： 担保人承担保证责任的条件是借款人“不按期偿还”时，根据最高人民法院《关于涉及担保纠纷案件的司法解释的适用和保证责任方式认定问题的批复》第2条规定，应认定保证人承担的是连带责任保证。

1.1

2006:177

2.6

v.2:890

2005

案例索引： 最高人民法院（2005）民二终字第200号“中国信达资产管理公司石家庄办事处与中国—阿拉伯化肥有限公司、河北省冀州中意玻璃钢厂借款担保合同纠纷案”，见《信达公司石家庄办事处与中阿公司等借款担保合同纠纷案》（审判长吴庆宝，代理审判员宫邦友、刘敏），载《最高人民法院公报·裁

判文书选登》（2006:177）；另见《保证人的变更需要建立在债权人同意的基础上，即使债务人或第三人为债权人另为提供相应的担保》，载《最高人民法院商事审判指导案例·借款担保卷（下）》（2011:890）。

134 保证责任性质约定相互矛盾时，按非格式条款认定

——保证合同格式条款与非格式条款约定的保证人责任性质相互矛盾的，应按非格式条款认定保证人提供的保证性质。

标签：保证 | 保证类型 | 一般保证 | 非格式条款

案情简介： 1996年至1997年，化肥厂向银行两次借款共计3800万余元。工业公司与银行签订的保证合同约定“保证方式为连带责任保证”，同时以非格式条款约定“保证人在借款人确实无偿还能力时，才承担偿还未偿款项的责任”。

法院认为： 保证合同约定的保证责任方式虽为连带责任担保，但因该约定系格式条款，双方在合同中又以非格式条款约定工业公司同意必须在借款人确实无偿还能力时才承担偿还未偿还款项的责任，故应认定工业公司向银行提供的保证性质上为一般保证。

实务要点： 保证合同格式条款约定连带责任担保，但又以非格式条款约定保证人须在借款人确实无偿还能力时才承担偿还未偿还款项的责任，应认定保证人提供的保证性质上为一般保证。

1.1

2004:273

2003

案例索引： 最高人民法院（2003）民二终字第106号“某银行诉某化工集团等借款合同纠纷案”，见《工商银行山东分行诉信诚公司等借款合同纠纷案》（审判长吴庆宝，代理审判员宫邦友、刘敏），载《最高人民法院公报·裁判文书选登》（2004:273）。

135 向债权人承诺“可考虑代替偿还”，可认定为保证

——上市公司就关联子公司债务向债权人承诺“在子公司确实无能力偿还时，可考虑代替偿还”，应认定为一般保证。

标签：保证 | 保证类型 | 保证成立 | 一般保证 | 信赖利益

案情简介： 2005年，电源公司向电器公司供货，电器集团作为电器公司控股股东向电源公司出具复函，载明“在子公司确实无能力偿还债务时，可考虑

法院认为： 本案中，电器集团作为上市公司，其出具的复函足以使供货方产生信赖利益，相信其会依复函内容承担相应责任。该复函应认定为“一般保证”。一般保证人在债务人不履行债务时，应依法承担补充责任。故在收货方未能清偿货款情况下，电器集团对电器公司不能偿还的货款，应承担补充还款责任。

代替偿还”。因电器公司未偿货款致诉。电器集团认为其没有提供保证担保。

实务要点： 上市公司对其关联子公司债务偿还向债权人承诺“在子公司确实无能力偿还债务时，可考虑代替偿还”，足以使债权人产生信赖的，应认定该承诺构成一般保证。

2.3

201104/31:77

2.7

2011:254

2011

案例索引： 最高人民法院裁定“某电源公司与某能源公司买卖合同纠纷申请再审案”，见《对〈中华人民共和国公司法〉第二十条的理解——中信国安盟固利电源技术有限公司与青岛澳柯玛新能源技术有限公司、青岛澳柯玛新能源配套有限公司买卖合同纠纷申请再审案》(武建华，最高院立案庭)，载《立案工作指导·申诉与申请再审疑案评析》(201104/31:77)；另载《最高人民法院商事审判裁判规范与案例指导·裁判文书》(2011:254)。

3

136 法定代表人以个人名义担保，应承担个人担保责任

——债务人法定代表人以个人名义承诺在债务人“不按时还款”时负保证责任，应认定系个人连带责任而非一般保证。

标签： 保证 | 保证类型 | 保证成立 | 法定代表人 | 自然人保证

案情简介： 2006年，黄金公司法定代表人聂某就合作协议终止后黄金公司应返还投资公司的投资款344万元出具《保证书》，内容：“本人保证：如黄金公司在2007年10月30日前不按时还款，本人愿负保证责任。”同时，聂某在该《保证书》上注明：“如2007年10月底不能还清，本人要求延期一年，至2008年底利息按银行计算。”聂某认为其行为代表黄金公司，其本人不应承担保证责任。

法院认为： 聂某向投资公司出具的保证书明确表示在黄金公司不按时还款时，其愿负保证责任。按《担保法》第19条“当事人对保证方式没有约定或者约定不明确的，按照连带责任保证承担保证责任”规定，聂某应承担连带保证责任。签订《终止合作协议》主体是黄金公司和投资公司，一方违约，当然应由另一方承担责任，没有必要再另行订立保证合同。故聂某认为其出具保证书系以黄金公司法定代表人名义出具，应由黄金公司承担责任，其本人不承担责任的主张不能成立。对于聂某在担保书上注明的还款期限，仅适用于聂某本人，不影响其已承诺连带责任保证性质的认定。故判决聂某对黄金公司债务承担连带清偿责任。

实务要点： 债务人法定代表人单独以个人名义出具保证书，承诺在债务人“不按时还款”而非“不能按时还款”时承担保证责任，应认定该法定代表人系以自然人身份出具的连带责任保证而非一般保证。

2.3

201002/25:136

2010

案例索引： 最高人民法院裁定“某黄金公司与某投资公司等合同纠纷申请再审案”，见《论违约金性质及担保责任的认定——封开县金装河生黄金开采有限公司、聂河生与广东国邦投资公

司合同纠纷申请再审案的评析》（王慧君，最高院立案庭；秦雯，广西桂林中院行政庭），载《立案工作指导·申诉与申请再审疑案评析》（201002/25:136）。

137 保证人承诺接通知后即代为偿还的，属于连带保证

——担保人承诺在主债务人逾期未偿还债务情况下，担保人“接到债权人通知后代为偿还”的，应视为连带责任保证。

标签：保证 | 保证类型 | 连带责任保证 | 接到债权人履行通知

案情简介：1990年，卷烟厂为氮肥厂向银行贷款495万美元提供保证担保，约定“同意在接到银行书面通知后十四天内代为偿还借款本息。如我单位不能履行上述担保责任，银行可直接在账户扣收贷款本息”。

法院认为：本案担保行为发生在《担保法》实施前，根据最高人民法院《关于涉及担保纠纷案件的司法解释的适用和保证责任方式认定问题的批复》（法释〔2002〕38号）第2条规定：“担保法生效之前订立的保证合同中对保证责任方式没有约定或者约定不明的，应当认定为一般保证。保证合同中明确约定保证人在债务人不能履行债务时始承担保证责任的，视为一般保证。保证合同中明确约定保证人在被保证人不履行债务时承担保证责任，且根据当事人订立合同的本意推定不出为一般保证责任的，视为连带责任保证。”根据案涉担保书约定，本案卷烟厂承担的应为连带责任保证。

实务要点：担保人承诺在主债务人逾期未偿还债务情况下，担保人“接到债权人通知后代为偿还”的，应视为连带责任保证。

案例索引：最高人民法院（2009）民二终字第34号“某资产公司与某卷烟厂等借款担保合同纠纷案”，见《中国东方资产管理公司西安办事处与宝鸡卷烟厂、陕西省宝鸡氮肥厂破产管理人借款担保合同纠纷案》（审判长贾纬，代理审判员沙玲、周伦军），载《最高人民法院商事审判裁判规范与案例指导·裁判文书》（2011:351）；另见《主合同中约定的借款数额少于〈不可撤销担保书〉中承诺的数额，这种变化即使未经保证人同意，也不能够成为保证人免责的条件》，载《最高人民法院商事审判指导案例·借款担保卷（下）》（2011:673）。

2.7
2011:351
2.6
v.2:673
2009

138 公告中保证人排列方式，不能推定为连带共同保证

——金融资产管理公司在报纸上发布催收公告，不能仅以公告

法院认为：公告中载明的保证人未列明保证人承

中两个保证人名称的排列方式而推定其为连带共同保证。

标签：保证 | 保证类型 | 不良资产 | 公告 | 排列方式 | 连带共同保证

案情简介：2003年，铝业公司向银行贷款360万美元，制品公司与铝业集团分别对其中的200万美元和160万美元提供连带责任保证。2005年，银行将该不良债权转让给资产公司，双方联合发布的公告中，载明担保人为制品公司、铝业集团。嗣后铝业集团据此认为该通知显示系连带共同保证，看不出公告债权与诉争债权有任何法律联系。

法院认为：……担保证责任的方式和各自的保证数额，该种表述方式只说明制品公司与铝业集团都是该笔债权的保证人，仅以公告中两个保证人名称的排列方式不能推定其为连带共同保证。故铝业集团抗辩不能成立。

实务要点：金融资产管理公司在报纸上发布催收公告，仅以公告中两个保证人名称的排列方式不能推定其为连带共同保证。

案例索引：最高人民法院（2008）民二终字第75号“某资产公司与某铝业公司等借款合同纠纷案”，见《金融资产管理公司对已承接的债权可以在全国或省级有影响的报纸上以发布催收公告的方式取得诉讼时效中断的法律效果——中国长城铝业公司与中国长城资产管理公司郑州办事处、河南长城铝业鑫旺有限公司、河南鑫旺铝业有限公司其他借款合同纠纷案》（审判长金剑锋，代理审判员殷媛、潘勇锋），载《最高人民法院商事审判指导案例·借款担保卷（上）》（2011:198）。

3

2.6

v.2:198

2008

139 约定债务到期不能清偿由担保人偿还，属一般保证

——《担保法》生效前担保合同约定债务人到期不能偿还债务，由担保人偿还的情形，依法应认定为一般保证的性质。

标签：保证 | 保证类型 | 法律适用 | 不能偿还

案情简介：1994年，机械公司向银行贷款，约定“借款到期，机械公司如不能偿还，由担保单位代为偿还”。同日，热电厂向银行出具不可撤销担保书，承诺如机械公司未按期归还贷款，其无条件承担还本付息责任。

法院认为：依案涉借款合同表述，该约定应属对保证方式约定不明。热电厂于主合同签订当天向债权人发出不可撤销担保书，亦未明确保证方式。依最高人民法院《关于审理经济合同纠纷案件有关保证的若干问题的规定》第7条、最高人民法院《关于处理担保法生效前发生保证行为的保证期间问题的通知》规定，对当事人约定债务人到期不能偿还债务，由担保人偿还的情形，应认定为一般保证。本案资产公司在保证期间向热电厂主张了保证责任，热电厂应承担担保责任。

实务要点：《担保法》生效前担保合同约定债务人到期不能偿还债务，由担保人偿还的情形，应认定为一般保证。

2.6

v.2:855

2006

案例索引： 最高人民法院（2006）民二终字第33号“某资产公司与某热电厂等借款担保合同纠纷案”，见《因主体变更而发生的债务承继不同于一般意义上的债务转移，不需经担保人的同意——中国信达资产管理公司郑州办事处、漯河市热电厂与漯河中贯冶金机械有限公司借款担保合同纠纷案》（审判长裴莹硕，审判员朱海年，代理审判员宫邦友），载《最高人民法院商事审判指导案例·借款担保卷（下）》（2011:855）。

140 约定“不能履行”和“不履行”承担不同保证责任

——当事人在保证合同中采用的是“不能履行”还是“不履行”，是确认保证人承担一般保证还是连带保证责任依据。

标签： 保证 | 保证类型 | 连带责任保证 | 不能履行 | 不履行

案情简介： 1994年，化工公司为研究所向银行贷款150万元提供保证担保。签订的保证合同约定：“当借款方不履行合同、不能按期偿还贷款本息时，担保方无条件承担偿还全部本息的责任。”关于保证责任性质成为争议焦点之一。

法院认为： 根据最高人民法院《关于涉及担保纠纷的司法解释的适用和保证责任方式认定问题的批复》（法释〔2002〕38号）规定：“担保法生效之前订立的保证合同中对保证责任方式没有约定或者约定不明的，应当认定为一般保证。保证合同中明确约定保证人在债务人不能履行债务时承担保证责任的，视为一般保证。保证合同中明确约定保证人在被保证人不履行债务时承担保证责任，且根据当事人订立合同的本意推定不出为一般保证责任的，视为连带责任保证。”故保证合同中采用的“不能履行”还是“不履行”是确认保证人承担何种责任的依据。“不能履行”是指因客观原因债务人不能履行债务，在此情况下，保证人享有先诉抗辩权，应为一般保证。“不履行”是指客观上没有履行债务的能力和主观上不履行债务两种情形。此情况下，保证人不享有先诉抗辩权，故在性质上应为连带责任保证。本案中，根据借款合同“当借款方不履行合同”明确约定，可见本案担保人应承担连带保证责任。

2.4

200502/18:117

2005

实务要点： 根据最高人民法院《关于涉及担保纠纷的司法解释的适用和保证责任方式认定问题的批复》，保证合同中采用的“不能履行”还是“不履行”是确认保证人承担何种责任的依据。

案例索引： 辽宁高院判决“某银行与某化工公司等借款担保合同纠纷案”，见《关于沈阳沈抚石油化工联营公司与沈阳市商业银行滨河支行、沈阳市沈河工业科学技术第二研究所借款担保合同纠纷案——〈担保法〉生效之前订立的保证合同中对保证责任方式约定不明的，保证人应承担何种责任》（王淑俐、孙维良，辽宁高院），载《审判监督指导·案例评析》（200502/18:117）。

141 约定以贷款方先行偿还不能为前提的，为一般保证

——《担保法》实施前，当事人约定贷款方先行偿还不能为前提的保证，依法应认定保证人承担保证方式为一般保证。

标签：保证 | 保证类型 | 一般保证

案情简介：1993年，冶金公司向银行贷款，焦化厂提供担保。《借款担保合同》第5条约定："贷款方如不能按期偿还，由担保单位代为偿还。担保单位在收到乙方还款通知三个月后仍未归还，乙方有权从甲方（或担保单位）的投资或存款账户中扣收，或变卖甲方抵押的财产归还其借款。"

3

2.1

200501/7:309

2005

法院认为：案涉担保行为发生于《担保法》实施之前，且当事人对保证方式约定不明，故根据最高人民法院《关于涉及担保纠纷案件的司法解释的适用和保证责任方式认定问题的批复》（法释〔2002〕38号）第2条规定："担保法生效之前订立的保证合同中对保证责任方式没有约定或者约定不明的，应当认定为一般保证。保证合同中明确约定保证人在债务人不能履行债务时始承担保证责任的，视为一般保证。保证合同中明确约定保证人在被保证人不履行债务时承担保证责任，且根据当事人订立合同的本意推定不出为一般保证责任的，视为连带责任保证。"本案保证人承担的保证方式应为一般保证。

实务要点：《担保法》实施前，当事人对保证方式约定不明，根据最高人民法院《关于涉及担保纠纷案件的司法解释的适用和保证责任方式认定问题的批复》第2条规定，应认定保证人承担的保证方式为一般保证。

案例索引：最高人民法院（2005）民二终字第50号"某资产公司与某冶金公司等借款担保合同纠纷案"，见《中国信达资产管理公司西安办事处与西安市冶金工业公司等单位借款担保合同纠纷上诉案》（审判长徐瑞柏，审判员张树明，代理审判员张雪楳），载《民商事审判指导·判决书选登》（200501/7:309）。

142 《担保法》实施前，一般保证责任期限与时效中断

——《担保法》实施前的一般保证，债权人未在保证期限内向保证人主张权利但向债务人主张了权利，保证人不免责。

标签：保证 | 保证类型 | 保证期间 | 诉讼时效 | 法律适用

案情简介：1992年至1993年，房产公

法院认为：因本案担保行为发生在《担保法》施行前，根据保证责任方式约定，本案应认定为一般保证。对于一般保证责任方式，最高人民法院《关于审理经济合同纠纷案件有关保证的若干问题的规定》并未规定

司向银行先后贷款500万余元，开发公司提供担保，保证责任方式约定为“代为偿还责任”，保证责任期限为“本担保书自签订之日起生效，在你行同意被担保人延期还款后继续有效，还清被担保人所欠全部借款本息后失效。”房产公司与银行先后对各笔贷款做了相应展期至1994年12月。1998年3月，银行起诉时，开发公司以银行仅向房产公司主张债权而从未向其主张权利，认为其担保责任应免除。

债权人必须在保证责任期限内向保证人主张权利，故债权人只要在保证责任期限内向债务人主张了权利，保证责任期限即适用诉讼时效中断的规定。银行在两年保证责任期限内向债务人开发公司主张了权利，主债务诉讼时效发生中断。根据前述司法解释第29条：“保证合同未约定保证责任期限的，主债务的诉讼时效中断，保证债务的诉讼时效亦中断”规定，本案保证债务诉讼时效亦发生中断，开发公司仍应承担保证责任。同时根据前述司法解释第12条规定，未经保证人同意签订展期协议的，保证人仍应在原保证责任期限内，或被保证人原承担责任的期限内承担保证责任，故本案不存在免除开发公司担保责任的法定事由。

实务要点： 《担保法》实施前的一般保证，债权人未在保证期限内向保证人主张权利，但向债务人主张了权利，保证人不能因此免除保证责任。

2.4

200402/14:94

2004

案例索引： 见《丹东市建设银行土地房屋开发总公司与中国光大银行丹东支行、丹东市房地产业开发总公司、辽东房地产业开发集团公司借款合同纠纷再审案——担保法实施前的一般保证，债权人未在保证责任期间内向保证人主张权利，保证人不能因此免除保证责任》（刘国华），载《审判监督指导·案例评析》（200402/14:94）。

143 债务人到期未偿，由保证人代偿的，应属连带责任

——保证合同约定在主债务人到期未偿借款时，保证人一接通知即应代为偿还的承诺，应认定为连带责任保证的性质。

标签：保证 | 保证类型 | 连带保证责任

案情简介： 1991年至1993年，银行与建材厂签订了四份借款合同，均由建筑公司提供连带责任保证。担保书约定“贷款到期后，借款方如未偿清本息，保证人同意在接到银行通知后三个月内代为偿还。该担保书自签发之日起生效，至建材厂还清借款本息时失效”。

法院认为： 案涉借款担保合同中建筑公司所提供的担保均约定在建材厂未按期清偿借款本息时，由其代为偿还，如保证人不自动履约，则允许债权人委托有关银行从保证人账户中扣收全部贷款本息，而建材厂未能按期还贷、银行向建筑公司催款后，建筑公司应无条件地代建材厂偿还贷款，故上述约定应认定为连带责任保证。案涉借款担保行为发生在《担保法》实施前，保证合同均未约定保证责任期限，依据最高人民法院《关于审理经济合同纠纷案件有关保证的若干问题的规定》第11条，建筑公司应在借款合同履行期限届满后两年内承担保证责任。

2.1

200201/1:395

2001

实务要点： 保证合同约定在主债务人到期未能偿还借款时，由保证人代为偿还的承诺，应认定为连带责任保证性质。如未约定保证期间，应认定为借款合同履行期限届满后两年。

案例索引： 最高人民法院（2001）民二终字第68号“某资产公司与某建筑公司等借款担保合同纠纷案”，见《中国新型建筑材料（集团）公司与中国信达资产管理公司长沙办事处等借款担保合同纠纷上诉案》（审判长付金联，审判员臧玉荣，代理审判员李京平），载《民商审判指导与参考·裁判文书选登》（200201/1:395）。

144 贴现保证不属票据保证，应按《担保法》规定处理

——保证人承诺为票据贴现人的付款行为承担连带责任，该“贴现保证”非为票据保证，应按《担保法》的规定处理。

标签： 保证 | 保证类型 | 票据 | 票据保证 | 贴现保证 | 一般保证

3

案情简介： 1997年，贸易公司为履行购销合同，向实业公司签发面额490万元的商业承兑汇票，并向银行出具了承兑确认书，工贸公司为该汇票贴现向银行出具了贴现保证单，汇票粘单上注明“贴现保证”。银行据此向实业公司办理贴现。贴现到期后，银行因贸易公司存款不足遭退票，银行以票据纠纷诉请实业公司、贸易公司返还票款，并要求工贸公司承担保证责任。

法院认为： 诉争汇票系实业公司通过贴现贷款交付，该票据记载事项合法，银行享有的汇票权利应受保护。实业公司以该票据向银行取得贴现贷款，其作为银行的前手应保证票据到期承兑。现该汇票到期未能承兑，实业公司应承担支付票据金额和逾期利息的票据责任。贸易公司系该汇票的出票人和承兑人，在实业公司不能支付到期款项时，应对其付款义务承担连带责任。银行所持票据及粘单，在票据保证形式要件上有明显缺陷，且均无工贸公司关于票据保证的明确意思表示，根据最高人民法院《关于审理票据纠纷案件若干问题的规定》第62条，该保证不属于票据保证，应按《担保法》的规定处理，故工贸公司不承担票据保证责任。

实务要点： 保证人承诺为贴现人的付款行为承担连带责任，该“贴现保证”并非票据保证，应按《担保法》规定处理。

案例索引： 上海高院1998年10月26日判决“某银行与某实业公司等票据纠纷案”，见《黄河银行诉汇德丰公司贴现的汇票到期被退票以票据纠纷为由向贴现申请人、贴现保证人及出票人追索案》（上海高院），载《人民法院案例选》（200101/35:185）。

3.1

200101/35:185

1998

保证期间

145 担保债务起算诉讼时效时，不再适用保证期间规定

——在担保债务已开始计算诉讼时效的情形下，不再适用“债权人在破产程序终结后6个月内向保证人主张”的规定。

标签：保证 | 保证期间 | 不良资产 | 诉讼时效 | 破产 | 破产程序

案情简介：1989年至1991年期间，银行与化肥厂签订了三份《借款合同》，借款最长到期日为1997年10月；1992年和1993年，又签订了两份《借款合同》，借款最长到期日为1999年10月。两次借款金额共计2450万元，均约定由矿业公司承担连带保证责任。1999年12月，银行将上述债权转让给资产公司并通知了矿业公司。资产公司随后在2001年9月、2003年8月、2005年5月、2007年5月，分别在当地日报上向借款人和保证人刊登催收公告。2004年12月，法院裁定化肥厂进入破产程序，资产公司申报了债权。法院于2005年12月裁定终结破产程序并在法院公告栏刊登张贴公告，2006年1月在《人民法院报》再次刊登该公告。2007年6月，资产公司在法院领取了终结破产程序的裁定。2007年11月，资产公司起诉矿

法院认为：本案银行作为债权人，向矿业公司主张权利的期间分为两种情况：一是前三笔借款，银行未在主债务人承担责任期限的2年内向保证人矿业公司主张权利；二是后两笔借款，银行在主债务人承担责任期限的2年内向保证人矿业公司主张了权利。对第一种情况，银行虽未在保证责任期间内向矿业公司主张权利，但其将债权转让给资产公司后，根据最高人民法院《关于处理担保法生效前发生保证行为的保证期间问题的通知》第1条规定：“对于当事人在担保法生效前签订的保证合同中没有约定保证期限或者约定不明确的，如果债权人已经在法定诉讼时效期间内向主债务人主张权利，使主债务没有超过诉讼时效期间，但未向保证人主张权利的，债权人可以自本通知发布之日起6个月（自2002年8月1日至2003年1月31日）内，向保证人主张权利。逾期不主张的，保证人不再承担责任”，资产公司可在2002年8月1日至2003年1月31日6个月期间内，向保证人矿业公司主张权利。资产公司是否在上述期间内向矿业公司主张了权利是本案的事实问题。在原审法院对上述三笔借款判决矿业公司免除保证责任后，资产公司在本院审理期间，针对原审法院的认定，为表明其在上述期间内向保证人主张了权利，举示公证处2003年1月2日出具的公证书。该公证书构成新的证据，表明资产公司在前述司法解释确定的期间内主张了权利，故该公证书公证的事实应予确认，即资产公司在司法解释指定的期间内向矿业公司主张了权利，并于2002年12月12日起算诉讼时效。对于第二种情况，银行在主债务人承担责任期限的2年内向保证人矿业公司主张了权利，从其

业公司要求承担保证责任，偿还贷款本息7200万余元。一审贵州高院认为：保证责任方式约定不明，依法应认定为一般保证；资产公司1999年12月第一次向矿业公司主张前三份借款的保证责任时，已超过诉讼时效；法院公告终结化肥厂破产程序后6个月内，即2006年7月17日之前未主张权利，故丧失胜诉权，判决驳回资产公司诉讼请求。一审后，资产公司提交了一份公证处2003年1月出具的公证书，载明2002年12月16日，资产公司上门通知矿业公司履行担保义务。争议焦点之一：资产公司主张担保义务是否超过诉讼时效？

3

1.1

2009:401

2008

主张权利起开始计算诉讼时效。而最高人民法院《关于处理担保法生效前发生保证行为的保证期间问题的通知》第2条规定的“债权人可以在破产程序终结后6个月内向保证人主张”仍然是延续该司法解释第1条关于6个月保证期间的规定。在讼争借款已开始起算诉讼时效的情形下，不必再适用6个月保证期间的规定。由于上述两种情况下起算诉讼时效后，银行与资产公司连续主张权利，使诉讼时效多次中断，故应认定资产公司在法定期间内向保证人矿业公司主张了权利，矿业公司应承担保证责任。

实务要点： 最高人民法院《关于处理担保法生效前发生保证行为的保证期间问题的通知》第2条规定的“债权人可以在破产程序终结后6个月内向保证人主张”仍然是延续该司法解释第1条关于6个月保证期间的规定，在担保债务已经开始计算诉讼时效的情形下，不再适用有关保证期间的规定。

案例索引： 最高人民法院（2008）民二终字第106号“某资产公司与某矿产公司借款合同纠纷案”，见《中国信达资产管理公司贵阳办事处与贵阳开磷有限责任公司借款合同纠纷案》（审判长钱晓晨，代理审判员刘敏、杨征宇），载《最高人民法院公报·裁判文书选登》（2009:401）。

146 《担保法》生效前成立的金融债权保证期间的认定

——债权人自最高人民法院〔2002〕144号通知发布之日起6个月内，向保证人主张权利，视为中断保证债权诉讼时效。

标签： 保证 | 保证期间 | 不良资产 | 保证时效 | 诉讼时效

案情简介： 1993年，化肥公司为玻璃厂向银行贷款提供连带责任保证。1998年，借款到期后，银行向玻璃厂催收。1999年11月，银行向玻璃厂发出债权转让通知。1999年12月，资产公司受让该不良资产并在2000年12月向玻璃厂催收。2002年11月，资

法院认为： 本案借款合同签订在《担保法》生效之前，故应适用最高人民法院1994年颁布的《关于审理经济合同纠纷案件有关保证的若干问题的规定》。同时，最高人民法院〔2002〕144号通知亦应作为处理本案的法律依据之一。依最高人民法院《关于审理经济合同纠纷案件有关保证的若干问题的规定》第11条和第29条规定，没有约定保证责任期间或约定不明确的保证合同，保证人应在被保证人承担责任的期限内承担保证责任，主债务诉讼时效中断，保证债务诉讼时效亦中断。银行在1998年7月对玻璃厂进行催收，即产生了对主债务人玻璃厂诉讼时效中断的法律效力，亦产生了对担保人化工

产公司以公证方式向化肥公司催收。2004年4月，资产公司在当地省级日报对玻璃厂和化肥公司进行了公告催收。2004年11月，资产公司起诉玻璃厂、化肥公司要求连带清偿贷款本息。化肥公司认为超过保证债务诉讼时效。

集团保证债务诉讼时效中断的法律效力。其后，根据最高人民法院〔2002〕144号通知规定，即“对于当事人在《担保法》生效前签订的保证合同中没有约定保证期限或约定不明确的，如果债权人已经在法定诉讼时效期间内向主债务人主张了权利，使主债务没有超过诉讼时效期间，但未向保证人主张权利的，债权人可以自本通知发布之日起6个月内，向保证人主张权利，逾期不主张的，保证人不再承担责任”，资产公司在该通知发布之日起6个月内，即自2002年8月1日起至2003年1月31日止的6个月内，于2002年11月以公证方式向化工集团进行了催收，从而中断担保债权诉讼时效。其后，资产公司于2004年4月在当地省级日报对玻璃厂和化工集团进行了公告催收，再次中断担保债权的诉讼时效。至资产公司起诉时，对化工集团的担保债权尚在诉讼时效之内。故判决化工集团对玻璃厂债务182万美元承担连带清偿责任。

1.1

2006:177

2.6

v.2:890

2005

实务要点： 当事人在《担保法》生效前签订的保证合同中未约定保证期限或约定不明确的，如债权人已在法定诉讼时效期间内向主债务人主张了权利，使主债务未超过诉讼时效期间，但未向保证人主张权利的，债权人自最高人民法院〔2002〕144号通知发布之日起6个月内，向保证人主张权利的，视为中断了对担保债权的诉讼时效。

案例索引： 最高人民法院（2005）民二终字第200号“中国信达资产管理公司石家庄办事处与中国—阿拉伯化肥有限公司、河北省冀州中意玻璃钢厂借款担保合同纠纷案”，见《信达公司石家庄办事处与中阿公司等借款担保合同纠纷案》（审判长吴庆宝，代理审判员宫邦友、刘敏），载《最高人民法院公报·裁判文书选登》（2006:177）；另见《保证人的变更需要建立在债权人同意的基础上，即使债务人或第三人为债权人另为提供相应的担保》，载《最高人民法院商事审判指导案例·借款担保卷（下）》（2011:890）。

147 债权人可在破产程序终结后六个月内主张担保债权

——破产程序终结后，债权人对其在破产程序中未受清偿部分债权继续向保证人主张权利的，保证人应承担法律责任。

标签：保证 | 保证期间 | 破产 | 诉讼时效 | 破产程序

法院认为： 根据羊毛公司与银行签订的延期还款协议书，案涉300万元贷款本息偿还延期至1998年2月27日，案

案情简介：1997年和1998年，银行与羊毛公司分别就两次贷款签订延期协议，约定将300万元到期贷款延期至1998年2月27日，将1100万元到期贷款延期至1999年9月29日。同日，农牧公司向银行提供两份不可撤销担保书，分别承诺为两笔贷款承担连带保证责任。2000年1月，银行向羊毛公司、农牧公司催要300万元逾期贷款。2000年5月8日，法院裁定宣告羊毛公司破产还债。2002年5月20日，法院裁定终结破产程序，银行仅获偿4万余元。2002年11月14日，银行诉请农牧公司承担保证责任。农牧公司认为银行申报债权后，未再向农牧公司主张权利，保证债务的保证期间不发生延续，两笔保证债务因超过诉讼时效而应免除保证人责任。

3

1.1

2004:247

2003

涉1100万元贷款本息的偿还延期至1999年9月29日。因农牧公司于1998年12月分别为该两笔贷款提供的两份担保的保证期间约定不明确，根据最高人民法院《关于适用〈担保法〉若干问题的解释》第32条第2款的规定，其保证期间应为主债务履行期届满之日起二年。故该300万元贷款的保证期间应认定为1998年2月27日至2000年2月27日，该1100万元贷款的保证期间应认定为1999年9月29日至2001年9月29日。在2000年5月8日法院裁定宣告主债务人羊毛公司破产前，该300万元贷款的保证期间已届满，仅有该1100万元贷款的保证期间仍在发生法律效力。本案主债务人羊毛公司被宣告破产还债前，银行已于2000年1月向农牧公司催要该300万元贷款，系在保证期间内向保证人主张权利，应自主张权利之日起开始计算其保证债权的诉讼时效。在该300万元贷款保证债务的诉讼时效期间内，本案主债务人羊毛公司被宣告破产，银行依法向法院申报了债权。在破产程序终结前，银行对其能得以分配的破产财产数额不能确定，其无法同时就其未受清偿的部分向保证人农牧公司主张担保权利，只有在破产程序终结后，才能就未受清偿的部分向保证人主张权利。故在主债务人羊毛公司破产案件的破产程序终结后6个月内，银行就其未受清偿的部分再向保证人农牧公司主张权利，符合最高人民法院《关于适用〈担保法〉若干问题的解释》第44条的规定。银行在本案1100万元贷款的合同履行期限内于1999年9月6日向农牧公司发出催款通知，因本案主债务的履行最后截止日为1999年9月29日，此时其保证期间尚未开始计算，后在保证期间内主债务人羊毛公司被宣告破产，银行依法申报了债权，并在羊毛公司破产程序终结后，依最高人民法院《关于适用〈担保法〉若干问题的解释》第44条的规定，就该1100万元贷款未得以清偿的部分向保证人农牧公司主张权利，依法应予支持，判决农牧公司对羊毛公司所欠两笔银行贷款本息承担连带责任。

实务要点：最高人民法院《关于适用〈担保法〉若干问题的解释》第44条规定："保证期间，人民法院受理债务人破产案件的，债权人既可以向人民法院申报债权，也可以向保证人主张权利。债权人申报债权后在破产程序中未受清偿的部分，保证人仍应当承担保证责任。债权人要求保证人承担保证责任的，应当在破产程序终结后六个月内提出。"在债务人被宣告破产前，债权人已在保证债务的诉讼时效期间内向保证人主张了权利，破产程序终结后，债权人对其在破产程序中未受清偿的部分债权继续向保证人主张权利的，保证人应承担法律责任。

案例索引： 最高人民法院（2003）民二终字第83号“某银行诉某农牧公司担保合同纠纷案”，见《农业发展银行青海分行营业部诉青海农牧总公司担保合同纠纷案》（审判长周帆，代理审判员沙玲、李成玉），载《最高人民法院公报·裁判文书选登》（2004:247）。

148 担保行为发生在《担保法》实施前，如何适用法律

——担保行为发生在《担保法》实施前应适用当时有效的《关于审理经济合同纠纷案件有关保证的若干问题的规定》。

标签： 保证 | 保证期间 | 诉讼时效 | 保证债务诉讼时效 | 《担保法》实施前

案情简介： 1994年，开发公司作为担保人，为借款人向银行借款50万美元提供保证担保，约定“当借款人违约时，在接到银行书面索偿通知15天内，代借款人偿还”。因借款人被吊销营业执照，其中方投资者亦被吊销营业执照，外方投资者情况不明，借款到期后两年内，银行诉请开发公司承担清偿责任。

法院认为： 开发公司担保行为发生在1994年，故应适用最高人民法院《关于审理经济合同纠纷案件有关保证的若干问题的规定》。依此开发公司承担责任期限，是自借款期满后两年，故开发公司主张权利，未超过此两年保证期间。《担保法》第25条规定的6个月保证期间，对本案不适用。开发公司本案中承担的是一般保证，依法享有先诉抗辩权。本案被保证人住所不明、营业执照被吊销，其中方投资者营业执照也被注销，外方投资者情况不明，此情况下，银行向借款人请求清偿债务发生很大困难，符合《担保法》第17条第2款可限制先诉抗辩权情形，判决开发公司偿还银行借款50万美元本息。

实务要点： 担保行为发生在《担保法》实施前，应适用当时有效的、最高人民法院发布的《关于审理经济合同纠纷案件有关保证的若干问题的规定》。

1.1

2002:306

2002

案例索引： 北京高院2002年5月20日判决“某银行诉某开发公司保证合同案”，见《中信实业银行诉北京市京工房地产开发总公司保证合同纠纷案》，载《最高人民法院公报·案例》（2002:306）。

149 “担保期限至主债权完全清偿时止”，属约定不明

——保证责任与保证责任期限不同，保证责任明确不等于期限明确。约定担保期限至主债权完全清偿时止属约定不明。

标签：保证 | 保证期间 | 约定不明

案情简介： 1995年2月，银行向鞋业公司借款80万元，服装公司提供担保，约定“本担保书将持续有效至借款合同项下借款方所欠贷款方的全部贷款本息、逾期加息及其他费用完全清偿时为止”。1995年5月，贷款到期后，鞋业公司未偿还贷款，1995年8月，服装公司以电报和特快专递等书面形式通知银行向鞋业公司主张权利。1996年10月，银行起诉鞋业公司和服装公司。

3

法院认为： 保证责任期限应是一个恒定的时间段，即有明确的起始时间和终止时间。没有这个时间段，就无法确定义务人何时履行义务，履行义务是否违约。本案担保书由于借款方的实际还款日期不能确定，保证人的保证责任期限也就无法确定。这种约定具有不确定性，实际操作中没有意义。保证责任与保证责任期限是两个不同的概念，保证责任明确不等于保证责任期限也是明确的。故这一条约定，正是《关于审理经济合同纠纷有关保证的若干问题的规定》第11条所指的情况。司法解释针对保证责任期限未约定或约定不明确的情况，规定了保证人向债权人行使催告权的期间，有利于督促债权人及时行使权利，保证人及时履行义务。服装公司在保证责任期限约定不明确的情况下，以电报和特快专递等书面形式通知银行向鞋业公司主张权利，银行作为债权人却无视自己的权利，在接到服装公司的函电后，未根据函电要求在规定期限内起诉，直至1996年10月才提起诉讼，已逾催告期限，故服装公司保证责任应免除。

1.1

实务要点： 保证责任与保证责任期限是两个不同的概念，保证责任明确不等于保证责任期限明确。

1995-1999:634

1997

案例索引： 福建厦门中院1997年10月22日判决“某银行诉某鞋业公司等借款合同纠纷案”，见《厦门国际银行诉晋江厚泰鞋业有限公司、晋江晓升服装实业有限公司借款合同纠纷案》，载《最高人民法院公报·案例》(1995-1999:634)。

150 保证期间约定不明，保证期间及诉讼时效如何计算

——连带责任保证期间约定不明，债权人在主债务履行期届满时起6个月内主张保证债权的，自此开始计算保证时效。

标签：保证 | 保证期间 | 诉讼时效 | 连带保证 | 约定不明

案情简介： 1997年至1998年，贸易公司向银行贷款共计1000万余元，贸易

法院认为： 贸易公司和贸易集团虽认为1999年9月17日的协议仅填写借款金额而未填写还款日期，但双方均认可银行于该日以该协议书形式向其催收借款。依《担保法》及其司法解释规定，保证期间从性质上属于一种除斥期间，在该除斥期间内，只要债权人按法律规定的方式主

集团提供连带责任保证。1999年9月17日，三方签订还款协议后，因贸易公司仍未偿还借款，银行于2000年11月13日起诉。贸易公司和贸易集团认可还款协议中的借款金额。

张了权利，则保证期间不再发生作用。本案银行在法定的保证期间内向贸易集团主张了权利，其对贸易集团享有的担保债权得以存续，其担保债权因此不再受6个月保证期间的制约。根据最高人民法院《关于适用〈担保法〉若干问题的解释》第34条第2款规定，本案应从1999年9月17日计算保证合同的诉讼时效，银行在2000年11月13日起诉，未超过2年的诉讼时效。

2.1

200201/1:207

2.6

v.2:634

2002

实务要点： 保证期间约定不明的，保证期间为主债务履行期届满之日起6个月。连带责任保证人在此期间向保证人主张担保债权的，保证合同诉讼时效从债权人要求保证人承担保证责任之日起算。

案例索引： 最高人民法院判决“某银行与某进出口公司等借款担保合同纠纷案”，见《保证期间与诉讼时效的区别与联系——中国银行哈尔滨市兆麟支行、哈尔滨进出口集团公司与哈尔滨进出口集团公司国际贸易公司借款担保纠纷案》(刘贵祥)，载《民商审判指导与参考·案例评析》(200201/1:207)；另见《抵押合同中债权金额处有刮磨痕迹的具体认定问题以及对发生于最高额抵押期限之前的债权是否属于担保范围的认定问题》，载《最高人民法院商事审判指导案例·借款担保卷(下)》(2011:634)。

151 144号文保证责任承担，适用“举重以明轻”原则

——符合144号文适用条件，但在该文颁发前已提起诉讼的，得同样适用该文认定债权人有权要求保证人承担保证责任。

标签： 保证 | 保证期间 | 不良资产 | 保证时效 | 诉讼时效

案情简介： 1994年，糖业公司为造纸厂向银行贷款提供保证担保，约定保证期间“自签发保证书之日起生效，至还清全部借款本息时止”。至2000年5月，该银行不良债权转让至资产公司期间，银行一直向造纸厂主张债权，但未向糖业公司主张债权。2001年6月，资产公司诉请糖业公司承担

法院认为： 案涉担保发生在《担保法》实施前，依最高人民法院《关于适用〈担保法〉若干问题的解释》第133条规定，应适用当时法律或司法解释。《民法通则》公平原则只有在法律或司法解释无明确规定情况下适用，故本案无适用余地。案涉担保条款约定“自签发保证书之日起生效，至还清全部借款本息时止”属保证期间约定不明，依最高人民法院《关于审理经济合同纠纷案件有关保证的若干问题的规定》第11条规定，保证人应在被保证人承担责任的期限内承担保证责任。关于“被保证人承担责任的期限”如何理解，相关司法尺度有一个变化过程。本案一审期间，审判实践一般将其理解为诉讼时效内的两年，其性质属除斥期间。本案二审期间，针对四家资产管理公司所接收国

保证责任。糖业公司以超过主债务履行期间届满之后两年为由，主张免除保证责任。

2.6

v.8:491

2012

有商业银行不良贷款金额特别巨大，且积淀时间较长等现实情况，为最大限度保全该部分国有资产，避免金融机构因法律规定不明、主张权利不当而丧失保证债权，最高人民法院于2002年8月1日发布《关于处理担保法生效前发生保证行为的保证期间问题的通知》（法〔2002〕144号），对保证责任期限给予了政策性宽限期。其中，该通知关于主债务没有超过诉讼时效期间，但债权人未向保证人主张权利的，可在宽限期即2002年8月1日至2003年1月31日向保证人主张权利。但对于“主债务没有超过诉讼时效期间，债权人向保证人主张权利的行为发生在主债务履行期限届满两年之后、2002年8月1日之前”的保证责任承担，前述通知虽未明确，根据“举重以明轻”的法律解释方式，债权人在2002年8月1日之前未向保证人主张权利的尚且给予宽限期，则债权人已在此前向保证人主张了权利的，应解释为保证人应承担保证责任。故应认定本案债权未罹于时效，糖业公司应承担连带清偿责任。

3

实务要点： 《担保法》实施前成立的担保行为，主债务未超过诉讼时效，债权人向保证人主张权利行为发生在主债务履行期限届满两年之后，但在2002年8月1日之前的，保证人应承担保证责任。

案例索引： 最高人民法院（2012）民提字第137号“某资产公司与某实业公司等借款担保合同纠纷案”，见《主债务没有超过诉讼时效期间，债权人向保证人主张权利的行为发生在主债务履行期限届满两年之后担保合同效力的认定——中国东方资产管理公司南宁办事处与广西贵糖（集团）股份有限公司、贵港市人民政府国有资产监督管理委员会、贵港市经济委员会借款担保合同纠纷案》（审判长宫邦友，审判员朱海年，代理审判员林海权），载《最高人民法院商事审判指导案例（2012）·合同与借贷担保》（2013:491）。

152 未向保证人主张权利，并非适用144号文必要条件

——《担保法》生效前的保证未约定保证期间，无论债权人是否向保证人主张过权利，均不影响债权人适用144号文。

标签： 保证 | 保证期间 | 诉讼时效 | 法律适用

法院认为： 根据本案实际情况及最高人民法院对《关于处理担保法生效前发生保证行为的保证期间问题的通知》（法〔2002〕144号）的解释，该

案情简介：1993年，信用社为粮油公司向信托公司贷款350万美元提供还款保证，未约定保证期间。至2003年1月27日信托公司诉请信用社承担保证责任前，信托公司持续向粮油公司主张债权，其间于1997年10月向信用社主张过保证债权。

2.8

2011:345

2011

144号文件不仅应适用于债权人没有向保证人主张的情形，亦应适用于债权人向保证人主张过权利的情形。该文第1条规定中所载“未向保证人主张权利的”内容，系对债权的状态描述，并非适用该通知的必要条件。若因债权人向保证人主张过权利，而不适用该文，不符合逻辑，且与144号文立法本意相悖，违反了公平原则。144号文立法本意在于填补过去因法律规则不完善而造成适用上的混乱，以便正确审理《担保法》实施前有关保证合同纠纷案件，给债权人一个宽限期行使自己权利。故对《担保法》生效前签订的保证合同中没有约定保证期间或约定不明确的，只要主债务未超过诉讼时效期间，无论债权人是否向保证人主张过权利，均不影响债权人依照144号文规定向保证人主张权利。

实务要点：《担保法》生效前所签保证合同未约定保证期间或约定不明确的，只要主债务未超过诉讼时效期间，无论债权人是否向保证人主张过权利，均不影响债权人依照最高人民法院对法〔2002〕144号《关于处理担保法生效前发生保证行为的保证期间问题的通知》的规定向保证人主张权利。

案例索引：山东高院再审“某银行与某信托公司等担保合同纠纷案”，见《担保法生效前签订的保证合同没有约定保证期间或约定不明确的，只要主债务没有超过诉讼时效期间，无论债权人是否向保证人主张过权利，保证人均应承担保证责任——山东省国际信托投资有限公司与日照市商业银行股份有限公司担保合同纠纷案》（黄为，山东高院），载《全国法院再审典型案例评注（上）》（2011:345）。

153 保证人变更前后法定代表人同一，推定知晓原合同

——保证人变更，未签订新保证合同，但因新、旧保证人法定代表人系同一人，推定新保证人应知晓原保证合同内容。

标签：保证 | 保证期间 | 保证人变更 | 约定不明 | 关联公司

案情简介：1995年11月，石油公司为置业公司向银行贷款90万元提供连带责任保证，约定保证期限“自主合同

法院认为：石油公司与银行变更担保人，未对保证方式及期间重新约定，因变更前后的担保人法定代表人同一，应认定生物公司对担保合同内容知晓，故仍应适用原担保合同约定，而原担保合同对保证方式及期间约定不明，按最高人民法院《关于适用〈担保法〉若干问题的解释》第32条第2款规定，“保证合同约定保证人承担保证责任直至主债务

生效开始至主合同终止时止”。期间，保证人变更为与石油公司系同一法定代表人的生物公司，但未新签保证合同。在银行起诉时，生物公司以连带责任保证未约定保证期间，债权人未在主债务履行期届满之日起6个月内主张保证责任为由，主张免责。

本息还清时为止等类似内容的，视为约定不明，保证期间为主债务履行期届满之日起二年。”故本案生物公司保证期间应为2年，本案银行主张权利未超过诉讼时效，生物公司应承担连带清偿责任。

实务要点： 保证人变更，未签订新的保证合同，但因新保证人与原保证人法定代表人系同一人，新保证人应知晓原保证合同内容，应适用原保证合同约定。

2.8

2011:352

2011

案例索引： 陕西高院再审“某资产公司与某置业公司等借款担保合同纠纷案”，见《保证人变更，未签订新的保证合同，但新保证人与原保证人法定代表人相同，仍应适用原保证合同的约定——中国东方资产管理公司西安办事处与陕西中元置业公司、咸阳绿世纪生化有限公司借款担保合同纠纷案》（王建敏，陕西高院），载《全国法院再审典型案例评注（上）》（2011:352）。

3

154 对保证期限的修改属于实质性变更，应视为新要约

——债权人向保证人出具空白的保证合同，保证人变更保证期限的，是对合同内容作出的实质性变更，应视为新要约。

标签： 保证 | 保证期间 | 保证成立 | 实质性变更 | 新要约

案情简介： 2004年12月，银行信贷科科长傅某将空白保证合同交置业公司，置业公司认为保证期限2年太长，遂在“其他约定事项”手书“担保有效期限为9个月”后加盖公章，傅某表示回去请示领导后才能决定。两天后，银行按保证合同约定实际发放贷款150万元给科技公司。2005年1月，因科技公司发生重大安全事故导致公司歇业。2005年3月，银行催告置业公司，要求履行连带担保责任。置业公司以未取得双方盖章的保证合同，银行未就其变更保证期限的新要约作出承诺为由，主张免除保证责任。

法院认为： 从本案保证合同形式、内容及缔约过程看，该合同系典型的保证人与债权人之间订立的保证合同，而非保证人单方出具的保证书。本案保证合同签订亦符合一般合同签订所应遵循的要约、承诺等规则，应视为银行向保证人发出的要求置业公司承担保证责任的要约。根据《合同法》第30条“受要约人对要约内容作出实质性变更的，为新要约”规定，保证人置业公司在保证合同上手书“担保有效期限为9个月”行为，是对要约内容即合同履行期限作出实质性变更，应视为新要约，不能视为对保证合同条款的修改，且保证合同明确约定“如确需变更或解除，应经双方协商一致并达成书面协议”，此变更亦未达成书面协议。对此新要约，保证合同约定“本合同经甲、乙双方签字并盖章后生效”，而债权人银行当时并未在该保证合同上签章，经办人明确表示需请示银行才能确定。可见，银行此时并未对置业公司作出承诺，此后又不能举证证明将双方均签章的保证合同送达保证人，即承诺并未在合理期限内到达保证人，故双方缔约行为尚未完成，保证合同不能成立，保证人置业公司不应承担保证责任。银行以其实际贷款行为对新要约作出承诺的做法，并非该行签订保证合同的单一形

2.8
2011:359
2011

式，不能视为交易习惯，且既不规范，亦不合法，该种随意性签约方式不应受法律保护。而银行在其后采取的公证送达的明示方式，是在借款人发生事故后，不属于承诺到达的合理期限内，故驳回银行要求置业公司承担保证责任的诉讼请求。

实务要点： 保证合同商定过程中，保证人变更其中的保证期限是对合同内容作出的实质性变更，应视为新要约。债权人不能提供证据证明在承诺到达的合理期限内将双方均签章的保证合同送达保证人的，应视为双方缔约行为尚未完成，保证合同不能成立，保证人不应承担保证责任。

案例索引： 湖南长沙中院再审“某银行与某置业公司等借款合同纠纷案”，见《保证人变更保证期限是对保证合同内容作出的实质性变更，应视为新要约——中国工商银行股份有限公司长沙市汇通支行与长沙盛德里置业发展有限公司、湖南同达富科技化工有限公司借款合同纠纷案》（欧阳华，湖南长沙中院），载《全国法院再审典型案例评注（上）》（2011:359）。

155 当事人签订保证合同后，可通过约定变更保证期间

——保证期间属于应当约定的合同事项，只有在未约定或约定不明时才适用法律的规定。保证期间可协商变更或延长。

标签： 保证 | 保证期间 | 协议变更

案情简介： 1997年，银行与电子公司和电子集团签订《保证担保借款合同》，约定电子公司向银行借款，期限自1997年11月24日至2000年11月24日，电子集团提供连带保证责任，保证期间为1997年11月至2000年11月。2000年11月13日，电子集团向银行出具《担保承诺》，双方将保证期间变更至2002年11月12日。电子集团认为协议变更保证期间无效。

法院认为： 本案当事人对于保证期间的具体截止日是11月的哪一天并未明确，应视为对保证期间约定不明。但当事人均认可保证期间与主债务履行期一致，根据《担保法》司法解释第32条第1款规定，对此种情形，视为没有约定，故本案保证期间应为主债务履行期届满之日起6个月。根据《合同法》第77条，《担保法》第15条、第26条第1款规定，保证期间属于当事人应当约定的合同事项，只有在当事人未约定或约定不明的情况下才适用法律的规定。法律允许当事人协商确定保证期间，亦可在协商一致基础上，对保证期间作出变更或延长。《担保法》司法解释第31条规定旨在强调保证期间不因任何事由发生类似诉讼时效的中断、中止、延长的法律后果，以敦促权利人尽快行使权利，避免权利处于不确定状态。当事人以约定方式变更保证期间与该条规定并不相悖。

2.1

201003/23:123

2.7

2011:322

2010

实务要点： 保证期间属于当事人应当约定的合同事项，只有在当事人未约定或约定不明的情况下才适用法律的规定。法律允许当事人协商确定保证期间，亦可在协商一致基础上，对保证期间作出变更或延长。

案例索引： 最高人民法院判决"某银行与某电子公司等借款担保合同纠纷案"，见《保证期间和诉讼时效的认定以及同一抵押物上多个抵押权的实现——中国电子进出口总公司与中国农业银行股份有限公司昆明经济技术开发区支行、中电云南进出口公司借款合同纠纷再审案》（高燕竹，最高院民二庭），载《商事审判指导·商事审判案例分析》（201003/23:123）；另载《最高人民法院商事审判裁判规范与案例指导·案例指导》（2011:322）。

3

156 承兑汇票到期日超授信期限，不影响保证责任承担

——授信额度使用期限不是承兑汇票兑付期限，故承兑汇票的到期日超出授信额度使用期限并不影响保证责任的承担。

标签： 保证 | 保证期间 | 票据 | 票据承兑 | 承兑汇票到期日 | 授信期限

案情简介： 2006年8月，银行为实业公司开具票面金额为5800万元、付款期限为2007年3月的承兑汇票，实业公司为此提供了1950万元和950万元的保证金。银行与制管公司所签《最高额保证合同》约定保证范围为实业公司与银行"自2006年9月20日起至2007年2月24日止所发生的授信债权余额"，银行与实业公司所签《授信额度协议》约定"已经发生的授信余额视为该授信额度协议内发生的授信；实业公司能够提供足额保证金2900万元做质押担保的，不占用授信额度"。

法院认为： 尽管本案争议的承兑汇票开出之日在银行与制管公司所签订的保证合同之前，但根据《最高额保证合同》和《授信额度协议》约定，该承兑汇票应属于制管公司保证范围。尽管银行开出了总计为5800万元的承兑汇票，但实业公司已按约定向银行支付了2900万元的足额保证金，保证金的数额符合承兑协议约定，该2900万元保证金不占用授信额度。故制管公司认为保证金数额应与承兑汇票票面金额一致才为足额的理由不能成立。授信额度使用期限是授信银行向客户授予办理相关授信业务的期限，而不是授信业务项下债务履行的期限即承兑汇票的兑付期限，故承兑汇票的到期日超出授信额度使用期限并不影响保证责任的承担。本案承兑汇票到期日虽超过了授信额度使用期限，但并不属于授信额度使用期限的延展情形，故制管公司认为承兑汇票到期日超过了授信额度使用期限的理由亦不能成立。本案保证合同虽为格式合同，但关于保证责任范围、期间、方式等内容的约定具体明确，虽有部分专有名词，亦不影响制管公司保证责任范围的确定，故制管公司应承担连带清偿的保证责任。

实务要点： 授信额度使用期限是授信银行向客户授予办理相关授信业务的期限，而不是授信业务项下债务履行的期限即承

2.7

2011:411

2.6

v.2:405

2009

兑汇票的兑付期限，故承兑汇票的到期日超出授信额度使用期限并不影响保证责任的承担，最高额保证人以承兑汇票到期日超过了授信额度使用期限的理由亦不能成立。

案例索引： 最高人民法院（2009）民提字第82号“某银行与某实业公司等借款担保合同纠纷案”，见《唐山京华制管有限公司与中国银行股份有限公司唐山分行、河北滦河实业集团有限公司借款担保合同纠纷案》（审判长付金联，代理审判员王涛、李相波），载《最高人民法院商事审判裁判规范与案例指导·裁判文书》（2011:411）；另见《承兑汇票的到期日超出授信额度使用期限并不影响保证责任的承担》，载《最高人民法院商事审判指导案例·借款担保卷（上）》（2011:405）。

157 《担保法》生效前，主债务人破产终结的保证期间

——〔2002〕144号文第2条规定中“主债务人进入了破产程序”不应包括“曾经进入破产程序且已经终结”的情形。

标签： 保证 | 保证期间 | 破产 | 诉讼时效 | 破产程序

案情简介： 1992年，实业公司向银行贷款1500万元，贷期至1993年5月22日。外贸公司提供连带责任保证，保证期间至“全部还清贷款本息止”。1994年12月，实业公司进入破产程序。2001年8月，破产程序终结，银行仅得受偿14万余元。2003年1月28日，银行诉请外贸公司承担保证责任。外贸公司认为按最高人民法院2002年8月1日发布的《关于处理担保法生效前发生保证行为的保证期间问题的通知》第2条规定，银行未在破产程序终结后6个月内向外贸公司主张保证责任，其保证责任应免除。

法院认为： 根据最高人民法院2002年8月1日发布的《关于处理担保法生效前发生保证行为的保证期间问题的通知》第1条规定：“对于当事人在担保法生效前签订的保证合同中没有约定保证期限或约定不明的，如果债权人已经在法定诉讼时效期间向主债务人主张权利，使主债务没有超过诉讼时效期间，但未向保证人主张权利的，债权人可以自本通知发出之日起6个月内，向保证人主张权利。”该通知目的是解决《担保法》生效前发生的保证行为的保证期间直至该通知发布之日尚未明确的情形。第2条作为特别条款，规定“主债务人进入破产程序，债权人没有申报债权的，债权人亦可以在上述期间内向保证人主张债权；如果债权人已申报了债权，对其在破产程序中未受清偿的部分债权，债权人可以在破产程序终结后6个月内向保证人主张”中，“主债务人进入了破产程序”，应指“在通知发布之时，主债务人进入了破产程序但尚未终结”情形，而不包括“曾经进入破产程序且已经终结”情形。案涉保证期限至“全部还清贷款本息止”属约定不明。本案担保行为发生在《担保法》实施前，故适用最高人民法院1994年发布的《关于审理经济合同纠纷案件有关保证的若干问题的规定》第29条“保证合同未约定保证责任期限的，主债务的诉讼时效中断，保证债务的诉讼时效亦中断”的规定，

2.3

200804/19:76

2008

本案银行在2003年1月向法院起诉，未超过诉讼时效期间。

实务要点： 最高人民法院2002年8月1日发布《关于处理担保法生效前发生保证行为的保证期间问题的通知》，是为了解决《担保法》生效前发生的保证行为的保证期间直至该通知发布之日尚未明确的情形，故第2条中“主债务人进入了破产程序”，应指“在通知发布之时，主债务人进入了破产程序但尚未终结”情形，而不包括“曾经进入破产程序且已经终结”情形。

案例索引： 最高人民法院裁定“某外贸公司与某投资公司借款担保合同纠纷申请再审案”，见《担保法生效前保证期间主债务人破产应如何适用法律的探析——外贸公司与投资公司借款担保合同纠纷申请再审案》（王洪光、晏景，最高院立案庭），载《立案工作指导·申诉与申请再审疑案评析》（200804/19:76）。

3

158 《担保法》前未约定保证期间，包括约定不明情形

——《担保法》实施之前的司法解释规定“保证合同未约定保证责任期限的”应同时包含“保证期限约定不明”情形。

标签： 保证 | 保证期间 | 破产 | 诉讼时效

案情简介： 1992年，实业公司向银行贷款1500万元，贷期至1993年5月22日。外贸公司提供连带责任保证，保证期间至“全部还清贷款本息止”。1994年12月，实业公司进入破产程序。2001年8月，破产程序终结，银行仅得受偿14万余元。2003年1月28日，银行诉请外贸公司承担保证责任。外贸公司认为最高人民法院《关于审理经济合同纠纷案件有关保证的若干问题的规定》第29条仅规定“保证期限没有约定”，并未规定“保证期间约定不明”，故不应适用于本案。

法院认为： 本案担保行为发生在《担保法》实施前，故应适用最高人民法院1994年发布的《关于审理经济合同纠纷案件有关保证的若干问题的规定》第29条“保证合同未约定保证责任期限的，主债务的诉讼时效中断，保证债务的诉讼时效亦中断”的规定。案涉保证期限至“全部还清贷款本息止”属约定不明。虽然前述司法解释中只规定“未约定保证期限”而未规定“约定不明”情形。但立法者的本意是认为两个概念或者说在案件中出现的这两种情形无须进行区分和界定，司法实践中，法院在处理《担保法》生效前发生保证行为的保证期间问题时，基本上将这两种情形相等同。正因如此，前述司法解释没有对“保证期限约定不明”的情形进行规制，说明立法本意是“保证合同没有约定保证期限”能够代表前述情形，后者规制效力能够及于前者。但前述司法解释第11条“保证合同中没有约定保证责任期限或者约定不明确的，保证人应当在被保证人承担责任的期限内承担保证责任……”中之所以将两种情形完整列出，而在第29条省略后者，主要系基于行文方便和文字简约。理解法律条文时，主要应从条文立法本意和立法精神出发，而不应执泥于文字的字面意义。外贸公司认为

2.3

200804/19:76

2008

前述司法解释第29条并未规定“保证期限约定不明”而不应适用，不应支持。

实务要点： 最高人民法院1994年4月15日发布的《关于审理经济合同纠纷案件有关保证的若干问题的规定》第29条规定“保证合同未约定保证责任期限的”同时包含“保证期限约定不明”情形。

案例索引： 最高人民法院裁定“某外贸公司与某投资公司借款担保合同纠纷申请再审案”，见《担保法生效前保证期间主债务人破产应如何适用法律的探析——外贸公司与投资公司借款担保合同纠纷申请再审案》（王洪光、晏景，最高院立案庭），载《立案工作指导·申诉与申请再审疑案评析》（200804/19:76）。

159 《担保法》实施前，保证期限约定不明时法律适用

——《担保法》实施前保证责任期间约定不明，主债务未超诉讼时效，对保证期间认定，应优先适用〔2002〕144号文。

标签： 保证 | 保证期间 | 破产 | 诉讼时效 | 约定不明

案情简介： 1992年，实业公司向银行贷款1500万元，贷期至1993年5月22日。外贸公司提供连带责任保证，保证期间至“全部还清贷款本息止”。1994年12月，实业公司进入破产程序。2001年8月，破产程序终结，银行仅得受偿14万余元。2003年1月28日，银行依据最高人民法院《关于审理经济合同纠纷案件有关保证的若干问题的规定》第29条、最高人民法院《关于审理经济合同纠纷案件有关保证的若干问题的规定》第1条，诉请外贸公司承担保证责任。

法院认为： 本案担保行为发生在《担保法》实施前，故可同时适用最高人民法院1994年发布的《关于审理经济合同纠纷案件有关保证的若干问题的规定》，以及最高人民法院2002年8月1日发布的《关于处理担保法生效前发生保证行为的保证期间问题的通知》。案涉保证期限至“全部还清贷款本息止”属约定不明，尽管从立法本意和司法实践来看，前述规定第29条中“保证合同未约定保证责任期限”同时包含“保证期限约定不明”情形，但毕竟该法条内容文字表述明显与本案情况不完全相符，故该法条应避免适用。本案属于《担保法》生效前发生的保证行为的保证期间直至前述通知发布之日尚未明确的情形，因银行作为债权人已在法定诉讼时效期间向主债务人实业公司主张了权利，使主债务没有超过诉讼时效期间，故按该通知第1条规定，银行可以自本通知发出之日起6个月内，即2002年8月1日至2003年1月31日之内，向保证人主张权利。故本案银行起诉保证人要求承担保证责任未超诉讼时效期限。

实务要点： 《担保法》实施前保证责任期间约定不明，主债务未超过诉讼时效，对保证责任期间的认定，应优先适用最高

2.3

200804/19:76

2008

人民法院2002年8月1日发布的《关于处理担保法生效前发生保证行为的保证期间问题的通知》，避免适用最高人民法院1994年4月15日发布的《关于审理经济合同纠纷案件有关保证的若干问题的规定》第29条。

案例索引： 最高人民法院裁定“某外贸公司与某投资公司借款担保合同纠纷申请再审案”，见《担保法生效前保证期间主债务人破产应如何适用法律的探析——外贸公司与投资公司借款担保合同纠纷申请再审案》（王洪光、晏景，最高院立案庭），载《立案工作指导·申诉与申请再审疑案评析》（200804/19:76）。

3

160 债权申报后，至破产程序终结日，诉讼时效应中断

——主债务人破产的，债权人自申报债权之日起至破产程序终结，诉讼时效中断，破产程序终结后重新开始计算时效。

标签： 保证 | 保证期间 | 诉讼时效 | 破产 | 破产程序 | 时效中止

案情简介： 1992年，实业公司向银行贷款1500万元，贷期至1993年5月22日。外贸公司提供连带责任保证，保证期间至“全部还清贷款本息止”。1994年12月，实业公司进入破产程序，银行申报了破产债权。2001年8月，破产程序终结，银行仅得受偿14万余元。2003年1月，银行诉请外贸公司承担保证责任。

法院认为： 按诉讼时效中断的含义，诉讼时效应自中断之日起重新计算，不应剔除任何时间段。只有在中止情况下才存在将诉讼时效障碍原因排除在外不予计算的情况。本案主债务人承担责任期限应为借款合同期限届满后两年内，即1993年5月22日至1995年5月22日，根据最高人民法院《关于审理经济合同纠纷案件有关保证的若干问题的规定》第11条规定，本案保证人外贸公司的保证期限亦在该两年之内。实业公司因1994年12月进入破产程序，且债权人银行在破产程序中申报了债权而导致诉讼时效中断，根据前述司法解释第29条规定，“主债务的诉讼时效中断，保证债务的诉讼时效亦中断”，故本案债权人银行在2001年8月28日破产程序终结后，重新开始起算保证债务的诉讼时效两年，其于2003年1月起诉并未超过规定的诉讼时效期间。

2.3

200804/19:76

2008

实务要点： 最高人民法院《关于审理经济合同纠纷案件有关保证的若干问题的规定》第29条中“主债务的诉讼时效中断，保证债务的诉讼时效亦中断”，在主债务人破产情形，债权人自申报债权之日起至破产程序终结，诉讼时效中断。

案例索引： 最高人民法院裁定“某外贸公司与某投资公司借款担保合同纠纷申请再审案”，见《担保法生效前保证期间主债务人破产应如何适用法律的探析——外贸公司与投资公司借款担保

合同纠纷申请再审案》（王洪光、晏景，最高院立案庭），载《立案工作指导·申诉与申请再审疑案评析》（200804/19:76）。

161 延期还款未新约定保证期间，不等于按原合同履行

——借款合同当事人签订延期还款协议，对保证期间未重新约定情况下，不能就此认为保证期间仍按原保证合同约定。

标签：保证 | 保证期间 | 合同解释 | 延期还款协议 | 缔约目的

案情简介：2003年，电力集团为电力公司向银行贷款提供连带责任保证。2004年，借款到期后，银行、电力公司、电力集团三方签订延期1年还款协议，约定“当事人权利义务按照原借款合同和保证合同约定条款执行的约定”，但并未重新约定保证期间。2007年，银行诉请电力集团对电力公司债务承担连带清偿责任时，电力集团主张延期协议未约定保证期间，原保证期间已解除。

法院认为：借款合同到期后，各方主体签订了延期还款协议，将案涉借款还款期限延续1年。协议关于当事人权利义务按照原借款合同和保证合同约定条款执行的约定，并不能得出保证人的保证期间仍按原保证合同约定的结论，故电力集团关于其保证责任按原保证合同已解除的理由，因不符合当事人订立延期还款协议的合同目的，故不予支持，判决电力集团对电力公司债务承担连带清偿责任。

实务要点：保证人参与的借款合同当事人延期还款协议约定各方权利义务按原借款合同和保证合同约定条款执行，对保证期间未重新约定情况下，应从当事人缔约目的出发，探寻当事人真意，不能就此认为保证期间仍按原保证合同约定。

案例索引：最高人民法院（2008）民二终字第68号“某银行与某电力公司等借款担保合同纠纷案”，见《延期还款协议对保证人的保证期间未重新约定的，应当从当事人之间的缔约目的出发，探寻当事人的真意，不能就此认为保证人的保证期间仍然按照原保证合同的约定——内蒙古电力（集团）有限责任公司与中国银行乌兰浩特分行、兴安电力有限责任公司、北方联合电力有限责任公司、兴安富恒热力有限责任公司借款担保合同纠纷一案》（审判长张树明，代理审判员沙玲、王华菊），载《最高人民法院商事审判指导案例·借款担保卷（下）》（2011:726）。

2.6

v.2:726

2008

162 保证期间经过后，又达成新的担保合意，应为有效

——保证期间经过，债权人与保证人就担保责任达成新的合意形成新的保证关系，如对保证期间约定不明可依法确定。

标签：保证 | 保证重生 | 不良资产 | 债务重生 | 诉讼时效 | 新的合意

法院认为：开发公司在《会议纪要》中承担抵押担保责任的明确承诺，系其真实意思表示，符合《合同法》与《担保法》中有关合同成立的法

案情简介：1999年，进出口公司向银行借款，约定履行期间至2000年5月5日。开发公司为此向银行提供2年保证期间的连带责任保证。2002年7月，有开发公司法定代表人签字的《会议纪要》载明：银行一直向进出口公司主张债权；开发公司同意承担担保责任。2003年8月，银行向开发公司公证送达要求履行担保责任的函。2004年，资产公司受让该不良金融债权并在2005年进行了催收。2006年，资产公司起诉进出口公司，并要求开发公司承担连带保证责任。

3

2.1

200903/19:230

2007

律规定，构成新的保证合同法律关系。各方虽就继续承担保证合同项下担保责任进行了约定，但对担保方式和保证期间并未具体明确，根据《担保法》第19条关于“当事人对保证方式没有约定或者约定不明确的，按照连带责任保证承担保证责任”的规定，《会谈纪要》所确立的保证责任方式应认定为连带责任保证。依《担保法》第26条规定，连带责任保证的保证人与债权人未约定保证期间的，保证期间为主债务履行期限届满之日起6个月。该《会谈纪要》中债务人认可债权人此前不断向其追索，故该纪要构成主债务诉讼时效中断同时应视为主债务履行期限届满，故新的保证期间应自该纪要作出后计算6个月。因银行送达催告函时已超过保证期间，依法应免除开发公司保证责任。资产公司受让本案债权时，银行对保证人开发公司的担保债权已消灭，依据《合同法》第81条关于“债权人转让权利的，受让人取得与债权有关的从权利，但该从权利专属于债权人自身的除外”的规定，作为从权利的保证债权已消灭，不存在受让问题，受让人获得的只是相应的主债权，故判决进出口公司偿还资产公司债务，开发公司免除保证责任。

实务要点：　保证期间经过，债权人与保证人就担保责任达成新的合意的，符合《合同法》和《担保法》中有关合同成立的法律规定，双方形成了新的保证合同法律关系。在当事人未对保证期间进行约定的情形下，应根据《担保法》第26条的规定，确定保证期间为主债务履行期限届满之后6个月。

案例索引：　最高人民法院（2007）民二终字第86号“某资产公司与某开发公司借款担保合同纠纷案”，见《上诉人广州珠江广场房地产开发有限公司与被上诉人中国信达资产管理公司北京办事处、中基嘉发进出口公司借款担保合同纠纷案》（审判长裴莹硕，审判员朱海年、宫邦友），载《商事审判指导·裁判文书选登》（200903/19:230）。

163 保证开始期间早于借款履行期限的，应视为未约定

——担保授权期限是“自签订担保合同之日起一年”，早于借款合同履行期限届满之日，应认定对保证期间没有约定。

标签：保证 | 保证期间 | 授权范围 | 约定不明

法院认为：　气化厂作为煤气公司分支机构，在煤气公司授权情况下与银行签订保证合同，因授权书上对保证期间

案情简介：2005年1月9日，银行和热电厂签订借款合同，约定借款期间自2005年1月7日 至2006年1月18日。同日，煤气公司授权其下属单位气化厂为热电厂上述借款提供保证担保，《授权书》载明担保期限为“自签订担保合同之日起一年”。2005年1月9日，气化厂与银行签订的保证合同约定“借款合同双方协议变更合同内容，除展期或增加借款金额外，无需征得保证人同意，保证人仍在变更后的保证范围内承担保证责任”；关于保证期间的约定内容为“从借款合同生效之日起到借款合同履行期届满之日起经过两年”。2006年6月，银行诉请各债务人承担连带清偿责任。

2.1

200803/15:219

2.7

2010:255

2.6

v.2:757

2007

的授权是“自签订担保合同之日起一年”，即自2005年1月9日至2006年1月8日，早于借款合同履行期限届满之日2006年1月18日，参照最高人民法院《关于适用〈担保法〉若干问题的解释》第32条关于“保证合同约定的保证期间早于或者等于主债务履行期限的，视为没有约定，保证期间为主债务履行期届满之日起六个月”规定，应视为煤气公司对保证期间未授权，该保证合同的保证期间应自2006年1月19日起至2006年7月18日。银行于此期间向气化厂主张权利，未超出法定的保证期间。气化厂应对借款本息承担连带清偿责任。根据前述司法解释第17条第3款关于“企业法人的分支机构经营管理的财产不足以承担保证责任的，由企业法人承担民事责任”规定，煤气公司应在气化厂经营管理的财产不足以承担本案借款本息的保证责任时承担民事责任。

实务要点： 企业法人向其分支机构出具同意其对外担保的《授权书》，《授权书》对担保期限的授权是“自签订担保合同之日起一年”，早于借款合同履行期限届满之日，参照最高人民法院《关于适用〈担保法〉若干问题的解释》第32条的规定，应认定对保证期间没有授权，保证期间应为主债务履行期届满之日起6个月。

案例索引： 最高人民法院判决（2007）民二终字第233号“某银行与某煤气公司等借款担保合同纠纷案”，见《河南省煤气（集团）有限责任公司义马气化厂、河南省煤气（集团）有限责任公司、河南省富达电力集团有限公司与中国银行股份有限公司义马支行、河南省义马热电厂借款担保合同纠纷案》（审判长付金联，代理审判员王涛、李相波），载《民商事审判指导·裁判书选登》（200803/15:219）；另载《最高人民法院商事审判裁判规范与案例指导·裁判文书》（2010:255）；另见《在保证合同已经约定除展期或增加借款金额外无须征得保证人同意的情况下，保证人不能再以借款用途变更为由主张担保合同无效》，载《最高人民法院商事审判指导案例·借款担保卷（下）》（2011:757）。

164 主债务诉讼时效中断效力不及于连带责任保证时效

——连带责任保证的债权人应在保证期间届满前要求保证人承担责任，主债务时效中断不引起保证债务时效中断效果。

法院认为： 保证合同约定的保证期间为主借款合同履行期限届满之日后2年止，

即保证期间截止日为1999年12月30日。根据最高人民法院《关于适用〈担保法〉若干问题的解释》第34条第2款规定，“连带责任保证的债权人在保证期间届满前要求保证人承担保证责任的，从债权人要求保证人承担保证责任之日起，开始计算保证合同的诉讼时效”，债权人银行应在1999年12月30日之前要求保证人电力公司承担保证责任，并从债权人要求保证人承担保证责任之日起，开始计算保证合同诉讼时效。资产公司受让债权后，虽多次向电力公司发出催收电报及对担保人的催收公告，但资产公司并未提供证据证明其在保证期间，即1997年12月30日至1999年12月30日之间向电力公司主张过权利，其于2000年至2005年之间向电力公司发出的催收电报和催收公告，不能对本案催收事实产生实质性影响，故电力公司不承担连带清偿责任。

标签：保证 | 保证期间 | 不良资产 | 保证时效 | 诉讼时效 | 一般规定

案情简介：1996年12月，热电厂向银行借款，约定借款期限至1997年12月30日。电力公司提供连带保证担保，保证期间为主借款合同履行期限届满之日后2年止。1999年12月2日，资产公司受让该银行不良债权并向热电厂主张权利，并在2000年4月19日之后多次向债务人发出催收电报，同时在当地省级日报刊登了对债务人和保证人的催收公告。

3

2.1

200801/13:297

2.7

2010:278

2007

实务要点：连带责任保证中，主债务诉讼时效中断不会引起保证债务诉讼时效中断的效果。

案例索引：最高人民法院（2007）民二终字第208号“某资产公司与某电力公司等借款担保合同纠纷案”，见《河南省安阳灵锐热电有限责任公司与中国信达资产管理公司郑州办事处、安阳市建设委员会、安阳市热电厂和河南省第七建筑工程公司借款担保合同纠纷上诉案》（审判长吴庆宝，审判员王宪森，代理审判员张雪楳），载《民商事审判指导·判决书选登》（200801/13:297）；另载《最高人民法院商事审判裁判规范与案例指导·裁判文书》（2010:278）。

165 债权转让协议重新约定保证期间，可中断保证时效

——债权转让协议约定保证条款并明确保证期间的，债权人在保证责任期间内向保证人主张权利，构成诉讼时效中断。

标签：保证 | 保证期间 | 担保转让 | 诉讼时效 | 债权转让

案情简介：1992年，银行与照明厂、纺织公司签订借款担保合同，未约定保证责任期间。1999年5月10日，纺织公司在银行发送的逾期贷款催收

法院认为：银行与照明厂、纺织公司所签借款担保合同中虽未约定保证责任期间，但在1999年5月10日的逾期贷款催收通知书担保人意见栏内所写内容，可视为各方当事人重新约定了保证责任期间，即自1999年5月10日至2001年5月10日。在上述保证责任期间，根据债权转让协议约定内容，不仅表明新旧债权人已将债权转让事实通知了债务人和保证人，且表明纺织公司向新债权人资产公司明确承诺其将继续履行

通知书担保人意见栏“保证期间为本催收通知之日起两年”处加盖公章。2000年5月，银行、资产公司与照明厂、纺织公司签订债权转让协议，约定：“以保证方式提供担保的，担保人承诺向资产公司继续履行原保证合同项下的保证义务。”资产公司于2001年11月和2003年1月相继在《金融时报》上发布催收公告主张债权，并于2004年9月24日起诉到法院。

原保证合同项下的保证义务。该项约定，是保证人纺织公司应债权人资产公司的债权主张所作出的，有具体的保证内容，本质上是资产公司主张债权得到了保证人承诺继续履行保证义务的结果。故该项约定的达成，应视为债权人在保证责任期间内向保证人纺织公司主张了债权，债权人放弃了期间利益，由此导致保证合同诉讼时效的起算，即自2000年5月25日至2002年5月25日两年为诉讼时效期间。资产公司于2001年11月6日和2003年1月30日相继在《金融时报》上发布催收公告主张债权，致使本案诉讼时效期间多次中断。资产公司于2004年9月24日起诉到法院，未超过诉讼时效期间，故保证人纺织公司的保证责任不能免除。

2.1

200601/9:156

2006

实务要点： 当事人在债权转让协议中重新约定保证条款并明确保证期间的，债权人在保证责任期间内向保证人主张权利，构成诉讼时效中断。

案例索引： 最高人民法院判决“某资产公司与某纺织公司等借款担保合同纠纷案”，见《本案保证人的保证责任应否免除——林州市锦丰纺织有限公司与中国华融资产管理公司郑州办事处、河南省林州市东方红机械制造有限公司、河南省华星照明电器总厂借款担保合同纠纷案件》（叶小青，最高院民二庭），载《民商事审判指导·案例分析》（200601/9:156）。

166 “主合同生效至失效时止”的保证期间，属约定不明

——约定保证责任期间至主债务本息还清时为止等内容，应视为约定不明，保证期间为主债务履行期届满之日起二年。

标签： 保证 | 保证期间 | 约定不明 | 本息还清时止

案情简介： 1999年1月，商贸公司与电脑公司签订购销合同，由商贸公司开户银行向电脑公司开具以商贸公司为付款人、电脑公司为收款人的商业承兑汇票。银行同时向电脑公司出具担保函，载明对汇票项下的3000万余元资金的支付义务提供担保，“担

法院认为： 案涉商业承兑汇票由银行提供担保函，根据《票据法》第46条、最高人民法院《关于审理票据纠纷案件若干问题的规定》第62条规定，该担保函因未在票据或粘单上记载“保证”字样，不属于票据保证而构成保证担保。依照最高人民法院《关于适用〈担保法〉若干问题的解释》第32条规定：“保证合同约定保证人承担保证责任直至主债务本息还清时为止等类似内容的，视为约定不明，保证期间为主债务履行期届满之日起二年。”本案担保函约定内容应属于保证期间约定不明，依法应适用2年保证期间。本案事实表明，商业承兑汇票到期后，电脑公司经由其开户行向商贸公司办理了委托收款手续，并向

保函自本行签发之日起生效，至本行全部履行上述义务即告自动失效”，但未在票据或粘单上记载“保证”字样。汇票到期后，电脑公司经由其开户行向商贸公司办理了委托收款手续，并于2000年3月向银行发出了《对外担保情况调查表》。2000年7月，因商贸公司未能如期兑付，电脑公司诉请商贸公司支付票款，银行承担连带责任。是否超过诉讼时效成为争议焦点。

2.6

v.2:855

3

2006

银行发出了《对外担保情况调查表》，均构成诉讼时效中断，故电脑公司于2000年7月向法院起诉，未超过诉讼时效。

实务要点： 保证合同约定保证人承担保证责任“直至主债务本息还清时为止”等类似内容的，视为约定不明，保证期间为主债务履行期届满之日起二年。

案例索引： 最高人民法院（2006）民二终字第33号“某资产公司与某热电厂等借款担保合同纠纷案”，见《因主体变更而发生的债务承继不同于一般意义上的债务转移，不需经担保人的同意——中国信达资产管理公司郑州办事处、漯河市热电厂与漯河中贯冶金机械有限公司借款担保合同纠纷案》（审判长裴莹硕，审判员朱海年，代理审判员宫邦友），载《最高人民法院商事审判指导案例·借款担保卷（下）》（2011:855）。

167 保证期间，可约定超过两年的主债务诉讼时效期间

——保证合同约定超过两年的保证期间有效。连带责任保证人在主债务诉讼时效完成后，可行使该诉讼时效的抗辩权。

标签： 保证 | 保证期间 | 诉讼时效 | 自行约定

案情简介： 2001年，保证合同约定连带责任保证期间为主债务期满之日起5年。债权人在主债务到期后3年后向保证人主张保证债权，应否支持？

2.6

v.2:949

2005

法院认为： 保证合同约定的保证期间超过两年的主债务诉讼时效期间的，应认定该约定有效。连带责任保证的保证人应在保证期间内承担保证责任。主债务在诉讼时效期间内，发生中断或连续中断的，连带责任保证人应在保证合同约定的保证期间内承担保证责任。主债务诉讼时效完成后，债权人在保证合同约定的保证期间内向连带责任保证人主张权利的，保证人可行使主债务诉讼时效完成的抗辩权。保证人未行使主债务诉讼时效完成的抗辩权而履行了保证责任后，向债务人行使追偿权的，法院不予支持。

实务要点： 保证合同约定超过两年的保证期间有效。连带责任保证人在主债务诉讼时效完成后，可行使主债务诉讼时效完成的抗辩权。

案例索引： 最高人民法院《关于保证合同约定的保证期间超过两年诉讼时效是否有效的答复》(2005年6月8日〔2001〕民而他字第27号)，见《债务诉讼时效完成后，保证人可以行使主债务诉讼时效完成的抗辩权。没有行使该抗辩权而履行了保证责任后，向债务人行使追偿权的，法院不予支持——关于保证合同约定的保证期间超过两年诉讼时效是否有效的答复》，载《最高人民法院商事审判指导案例·借款担保卷(下)》(2011:949)。

168 分期偿还债务，保证期间应从债务最后到期日起算

——分期偿还债务的保证期间，应根据最高人民法院法函〔2004〕23号的答复意见规定，从合同债务最后到期日起算。

标签： 保证 | 保证期间 | 不良资产 | 保证时效 | 诉讼时效 | 分期债务

案情简介： 1995年，化肥厂向银行借款2000万元，约定了分四期分别为1998年至2001年12月偿还的条款，热电厂、化工厂提供按份共同保证责任。1999年12月，资产公司受让银行该金融不良债权并同时进行了催收。2001年4月，资产公司向化肥厂进行了催收；2003年1月，资产公司在当地省级日报向化肥厂及担保人热电厂、化工厂进行了催收。诉讼中，债务人提出分期偿付的债务应根据最高人民法院《关于分期履行合同诉讼时效期间及保证期间应如何计算问题的答复》规定分别计算诉讼时效。

法院认为： 本案借款合同约定分期偿还借款本息，无论最高人民法院《关于借款合同中约定借款分期偿还应如何计算诉讼时效期间的答复》(法经〔2000〕244号)，还是2004年4月6日最高人民法院《关于分期履行合同诉讼时效期间及保证期间应如何计算问题的答复》(法函〔2004〕23号)，均是最高人民法院针对个别案件的不同情况所作出的个别答复，没有普遍适用的效力。在本案所涉担保合同中，担保人承诺"保证期限自主合同生效开始至主合同失效时止"。对本案债务期限作出了概括性承诺，故本案分期偿还的债务的保证期间应从合同债务最后到期日起算。根据本案资产公司催收情况，化工厂、热电厂所担保的全部担保债务均未超过诉讼时效，应承担连带清偿责任。

实务要点： 分期偿还债务的保证期间，应根据最高人民法院《关于分期履行合同诉讼时效期间及保证期间应如何计算问题的答复》规定，从合同债务最后到期日起算。

案例索引： 最高人民法院(2005)民二终字第185号"某资产公司与某化工厂等借款担保合同纠纷案"，见《中国信达资产管理公司办事处与河南省郸城县生物化工厂、郸城金丹乳酸实业有限公司、郸城县技术改造资金开发中心、河南金丹乳酸有限公司、河南省郸城县化肥厂借款担保合同纠纷上诉案》(审判长叶小青，审判员陈明焰、朱海年)，载《民商事审判指导·判决书选登》(200602/10:300)。

2.1

200602/10:300

2005

169 “保证期限自主合同生效至主合同失效时止”效力

——当事人未约定保证方式或约定不明的，按连带责任保证承担保证责任，保证期间为主债务履行期届满之日起2年。

标签：保证 | 保证期间 | 保证方式 | 约定不明

案情简介：1995年12月，化肥厂向银行借款2000万元。热电厂、化工厂依据与化肥厂的《贷款担保合同》约定的“贷款到期，化肥厂不能按时归还，热电厂和化工厂负责偿还本息，履行担保责任”，向银行出具不可撤销的担保函，载明热电厂、化工厂各自提供1000万元的按份共同保证责任，“该保函自签发之日起生效，至债务人清偿全部贷款本息后失效”。1996年10月，化肥厂再次向银行借款1250万元，热电厂和乳业公司分别与银行签订保证合同，约定各自承担625万元的本息连带清偿责任，“保证期限自主合同生效开始至主合同失效时止”。

法院认为：案涉两笔借款均有两个保证人，根据保证合同和担保函约定，两个保证人之间属按份共同保证，担保责任比例各为50%。由于热电厂和化工厂出具的两份担保函与热电厂和乳业公司签订的两份保证合同中，对保证方式均约定不明。按《担保法》第19条规定：“当事人对保证方式没有约定或者约定不明确的，按照连带责任保证承担保证责任”。故本案的保证方式均为连带责任保证。关于保证期间，按最高人民法院《关于适用〈担保法〉若干问题的解释》第32条第2款规定，本案的保证期间为主债务履行期届满之日起2年。

实务要点：按照《担保法》第19、32条规定，当事人对保证方式没有约定或者约定不明确的，按照连带责任保证承担保证责任，保证期间为主债务履行期届满之日起2年。

案例索引：最高人民法院（2005）民二终字第185号“某资产公司与某化工厂等借款担保合同纠纷案”，见《中国信达资产管理公司办事处与河南省郸城县生物化工厂、郸城金丹乳酸实业有限公司、郸城县技术改造资金开发中心、河南金丹乳酸有限公司、河南省郸城县化肥厂借款担保合同纠纷上诉案》（审判长叶小青，审判员陈明焰、朱海年），载《民商事审判指导·判决书选登》（200602/10:300）。

3

2.1

200602/10:300

2005

170 担保函至债务全部履行即自动失效，视为约定不明

——对汇票项下资金支付提供保证的担保函约定保证人承担责任“直至主债务本息还清时为止”的，应视为约定不明。

标签：保证 | 保证期间 | 票据 | 案由时效 | 约定不明

法院认为：案涉商业承兑汇票由银行提供担保函，根据《票据法》第46条、最高人民法院《关于审理票据纠纷案件若干问题的规定》第62条规

案情简介： 1999年1月，商贸公司与电脑公司签订购销合同，由商贸公司开户银行向电脑公司开具以商贸公司为付款人、电脑公司为收款人的商业承兑汇票。银行同时向电脑公司出具担保函，载明对汇票项下的3000万余元资金的支付义务提供担保，"担保函自本行签发之日起生效，至本行全部履行上述义务即告自动失效"，但未在票据或粘单上记载"保证"字样。汇票到期后，电脑公司经由其开户行向商贸公司办理了委托收款手续，并于2000年3月向银行发出了《对外担保情况调查表》。2000年7月，因商贸公司未能如期兑付，电脑公司诉请商贸公司支付票款，银行承担连带责任。是否超过诉讼时效成为争议焦点。

2.2

200604/28:129

2.6

v.4:144

2005

定，该担保函因未在票据或粘单上记载"保证"字样，不属于票据保证而构成保证担保。依最高人民法院《关于适用〈担保法〉若干问题的解释》第32条规定："保证合同约定保证人承担保证责任直至主债务本息还清时为止等类似内容的，视为约定不明，保证期间为主债务履行期届满之日起二年。"本案担保函约定内容应属于保证期间约定不明，依法应适用2年保证期间。本案事实表明，商业承兑汇票到期后，电脑公司经由其开户行向商贸公司办理了委托收款手续，并向银行发出了《对外担保情况调查表》，均构成诉讼时效中断，故电脑公司于2000年7月向法院起诉，未超过诉讼时效。

实务要点： 保证合同约定保证人承担保证责任"直至主债务本息还清时为止"等类似内容的，视为约定不明，保证期间为主债务履行期届满之日起二年。

案例索引： 最高人民法院（2005）民二终字第181号"某银行与某电脑公司票据、债务纠纷案"，见《为票据支付关系提供保证担保的民事责任承担问题——成都市商业银行与中国长城计算机深圳股份有限公司、四川银通电脑系统有限公司票据、债务纠纷上诉案》（徐瑞柏，最高法院民一庭），载《民事审判指导与参考·最高人民法院二审案件解析》（200604/28:129）；另见《当事人未在票据或粘单上记载"保证"字样，不构成票据保证，保证人的抗辩权可以延伸到基础关系》（审判长徐瑞柏，审判员张树明，代理审判员张雪楳），载《最高人民法院商事审判指导案例·金融卷》（2011:144）。

171 连带责任保证期限届满前主张权利，始算诉讼时效

——连带责任保证的债权人在保证期间届满前要求保证人承担保证责任的，从主张债权之日起计算保证合同诉讼时效。

标签： 保证 | 保证期间 | 诉讼时效 | 不良资产 | 保证时效 | 连带责任保证

法院认为： 矿产公司为冶炼厂借款提供连带责任担保，上述三份合同履行期限均截至1997年12月30日，保证期间约定为2年。故保证期间应截至1999年12月30日。由于矿产

案情简介： 1996年，冶炼厂向银行贷款260万元，约定1997年12月30日清偿；矿产公司提供连带责任保证，保证期间约定为2年。银行主张1999年12月20日向冶炼厂和矿产公司发出催收通知，但无担保人矿产公司签章。审理中，矿产公司认可银行如下事实：1998年12月7日、1999年1月17日、19日银行向冶炼厂和矿产公司发出催收通知；2000年6月15日、2001年1月15日银行向其直接送达催收通知；2001年11月23日、2002年12月11日、2003年5月23日、11月12日银行以公证方式向其送达催收通知。2004年，受让银行该不良金融债权的资产公司起诉追索债权。

3

2.1

200501/7:248

2004

公司对债权人分别于1998年12月7日、1999年1月17日、19日向冶炼厂和矿产公司发出的催收通知表示认可，故根据最高人民法院《关于适用〈担保法〉若干问题的解释》第34条第2款规定，保证期间失去意义，保证债务从或然债务转变为实然债务，应从上述通知送达之日开始计算保证合同的诉讼时效。对于债权人于1999年12月20日向冶炼厂和矿产公司发出的三份催收通知，由于没有担保人矿产公司签章，故不能证明债权人已向担保人主张的事实。鉴于担保人矿产公司对债权人于2000年6月15日、2001年1月15日向其直接送达催收通知的事实表示认可，故保证合同诉讼时效应分别于上述日期中断。矿产公司对债权人分别于2001年11月23日、2002年12月11日、2003年5月23日、11月12日以公证方式向其送达催收通知的真实性和所要证明的问题无异议，故对债权人分别于上述日期向保证人主张权利的事实应予确认，保证债务的诉讼时效应分别于上述日期再次中断。本案资产公司于2004年提起诉讼追索债权未超过诉讼时效。

实务要点： 根据最高人民法院《关于适用〈担保法〉若干问题的解释》第34条第2款规定，连带责任保证的债权人在保证期间届满前要求保证人承担保证责任的，从债权人要求保证人承担保证责任之日起，开始计算保证合同的诉讼时效。

案例索引： 最高人民法院（2004）民二终字第208号“某资产公司与某进出口公司等借款担保合同纠纷案”，见《中国信达资产管理公司银川业务部与宁夏五金矿产进出口公司等借款担保合同纠纷上诉案》（审判长吴庆宝，代理审判员宫邦友、刘敏），载《民商事审判指导·判决书选登》（200501/7:248）。

172《担保法》适用范围为担保行为时而非纠纷发生时

——担保行为发生《担保法》施行之前，担保纠纷发生在《担保法》施行之后的，应适用担保行为发生时的司法解释。

标签： 保证 | 保证期间 | 诉讼时效 | 法律适用

案情简介： 1994年10月，运输公司为物资公司与出租车公司所签租赁期限为1994年10月至1997年10月承租合

法院认为： 根据最高人民法院《关于适用〈担保法〉若干问题的解释》第133条第1款规定：“担保法施行以前发生的担保行为，适用担保行为发生时的法律法规和有关司法解释。”本案运输公司担保行为发生在1994年10月，故应适用《担保法》施行以前的相关法律和司法解释。根据最高人民法院《关于审理经济合同纠纷案件有关保证的若干问题

同提供价值920万元的抵押物作为担保。1999年9月，出租车公司与物资公司就承租经营合同主债务650万余元达成还款协议。运输公司以本案应适用《担保法》的保证期间认定担保债权超过诉讼时效。

的规定》第12条规定："债权人与被保证人未经保证人同意，变更主合同履行期限的，如保证合同中未约定保证责任期限，保证人仍在被保证人原承担责任的期限内承担保证责任。"第29条规定："保证合同未约定保证责任期限的，主合同的诉讼时效中断，保证债务的诉讼时效亦中断。"本案承租合同并未约定运输公司保证责任期限，故应在债务人原承担责任的期限内承担保证责任，并适用诉讼时效中断的规定。物资公司与出租汽车公司签订的还款协议系双方真实意思表示，内容不违反法律的禁止性规定，应认定有效。变更后的主合同实际减轻了债务人的责任，保证人运输公司应在减轻后的债务范围内承担保证责任。

2.4

200402/14:72

2004

实务要点： 《担保法》司法解释是以担保行为而非担保纠纷发生时间确定法律适用标准。担保行为发生在《担保法》施行以前，担保纠纷发生在《担保法》施行之后的，应适用最高人民法院《关于审理经济合同纠纷案件有关保证的若干问题的规定》。

案例索引： 见《关于一汽实业公司捷达出租汽车公司与长春市交通建筑运输总公司物资经销公司、长春市交通运输总公司、长春市爱路汽车双燃料设备有限公司承租汽车纠纷一案的请示与答复——担保法实施前后发生的担保行为如何适用法律、法规和司法解释》（宋建立），载《审判监督指导·案例评析》（200402/14:72）。

173 《担保法》实施前，一般保证责任期限与时效中断

——《担保法》实施前的一般保证，债权人未在保证期限内向保证人主张权利但向债务人主张了权利，保证人不免责。

标签： 保证 | 保证期间 | 保证类型 | 诉讼时效 | 法律适用

案情简介： 1992年至1993年，房产公司向银行先后贷款500万余元，开发公司提供担保，保证责任方式约定为"代为偿还责任"，保证责任期限为"本担保书自签订之日起生效，在你行同意被担保人延期还款后继续有效，还清被担保人所欠全部借款本息

法院认为： 因本案担保行为发生在《担保法》施行前，根据保证责任方式约定，本案应认定为一般保证。对于一般保证责任方式，最高人民法院《关于审理经济合同纠纷案件有关保证的若干问题的规定》并未规定债权人必须在保证责任期限内向保证人主张权利，故债权人只要在保证责任期限内向债务人主张了权利，保证责任期限即适用诉讼时效中断的规定。银行在两年保证责任期限内向债务人开发公司主张了权利，主债务诉讼时效发生中断。根据前述司法解释第29条"保证合同未约定保证责任期限的，主债务的诉讼时效中断，保证债务的诉讼时效亦中断"规定，本案保证债务诉讼时效亦发生中断，开发公司仍应承

后失效。”房产公司与银行先后对各笔贷款做了相应展期至1994年12月。1998年3月，银行起诉时，开发公司以银行仅向房产公司主张债权而从未向其主张权利，认为其担保责任应免除。

担保证责任。同时根据前述司法解释第12条规定，未经保证人同意签订展期协议的，保证人仍应在原保证责任期限内，或被保证人原承担责任的期限内承担保证责任，故本案不存在免除开发公司担保责任的法定事由。

实务要点： 《担保法》实施前的一般保证，债权人未在保证期限内向保证人主张权利，但向债务人主张了权利，保证人不能因此免除保证责任。

2.4

200402/14:94

2004

案例索引： 见《丹东市建设银行土地房屋开发总公司与中国光大银行丹东支行、丹东市房地产业开发总公司、辽东房地产业开发集团公司借款合同纠纷再审案——担保法实施前的一般保证，债权人未在保证责任期间内向保证人主张权利，保证人不能因此免除保证责任》（刘国华），载《审判监督指导·案例评析》（200402/14:94）。

3

174 《担保法》实施前，保证期限约定不明时责任承担

——《担保法》实施前，保证责任期限约定不明的，如债权人在两年保证期间内未向保证人主张权利，保证人应免责。

标签： 保证 | 保证期间 | 诉讼时效 | 除斥期间

案情简介： 1995年6月，油田公司为出租汽车公司向银行贷款提供担保，约定“若借款方不能按期还款，担保人在收到银行书面通知5日内无条件偿还借款本息”；“本担保函从即日起生效，有效期直至借款人偿还全部本金和利息后为止”。1998年12月，银行诉请偿债时，油田公司以银行仅向债务人主张权利而未向保证人主张权利主张免除担保责任。

法院认为： 本案担保行为发生在《担保法》实施前，担保期限约定不明，故应适用最高人民法院《关于审理经济合同纠纷案件有关保证的若干问题的规定》第11条规定：“保证合同中没有约定保证责任期限或者约定不明确的，保证人应当在被保证人承担责任的期限内承担保证责任。”被保证人承担责任的期限为诉讼时效2年，保证人承担保证责任的期限亦为2年，且该保证责任期限为除斥期间，不发生中断、中止的法律后果。如债权人在诉讼时效期间内向债务人主张过权利，同时在保证责任期间内亦向保证人主张过权利，主债务诉讼时效中断，保证债务的诉讼时效亦中断。本案银行虽在诉讼时效期间内向出租汽车公司主张过权利，但未在保证责任期间内向油田公司主张权利，故油田公司的担保责任应予免除。

实务要点： 《担保法》实施前，保证责任期限约定不明的，如债权人在两年内诉讼时效内仅向债务人主张权利，未在保证期间内向保证人主张权利，保证人应免除担保责任。

2.4

200401/13:73

2004

案例索引： 见《哈尔滨市商业银行中关支行与黑龙江省油田开发股份有限公司、哈尔滨市隆辉出租汽车有限公司借款合同纠纷申请再审案——担保法实施前，保证期限约定不明，如何承担保证责任》（刘国华、谭红），载《审判监督指导·案例评析》（200401/13:73）。

175 反担保保证期间不得早于担保人追偿担保债务期间

——反担保所对应的主债务，非担保人对债权人应履行的保证债务，故反担保保证期间与原合同主债务保证期间不同。

标签： 保证 | 保证期间 | 反担保 | 质押 | 主债务履行届满之日

案情简介： 1998年3月，投资公司向银行贷款，约定贷款期限至2000年4月1日。证券公司提供连带责任保证，保证期间为1998年4月1日至2001年4月1日。投资公司以1864万股法人流通股质押给证券公司作为反担保。1998年3月18日，财务公司为证券公司提供反担保，保证期间为“签发之日起两年”。因投资公司未及时还款，银行于2000年4月30日扣收了证券公司3019万元。2000年8月16日，证券公司处置了投资公司质押的73万余股股票。2001年1月，证券公司向财务公司出具促请履行承担反担保责任的函。

法院认为： 由于财务公司为证券公司债务提供反担保，保证期间至2000年3月18日，而投资公司所欠证券公司债务的履行届满日为2000年4月30日，该反担保保证期间早于主债务履行届满之日，根据最高人民法院《关于适用〈担保法〉若干问题的解释》第32条第1款“保证合同约定的保证期间早于或者等于主债务履行期限的，视为没有约定，保证期间为主债务履行届满之日起六个月”的规定，财务公司的保证期间为债务人投资公司对证券公司的债务履行期满之日起6个月，即自2000年4月30日至2000年10月30日。在此期间，因证券公司未向财务公司主张权利，故财务公司免责理由成立。2000年8月，证券公司处置了投资公司质押股票，该行为只会导致证券公司对投资公司债权数额相应减少，并不构成对债权成立的影响。故证券公司关于投资公司质押股票变现后，债权数额才得以明确，此前，其无法对财务公司主张权利的理由不能成立。证券公司处置投资公司质押股票实现部分债权时既未告知投资公司，亦未给其履行义务宽限期，故证券公司关于其2001年1月向财务公司具函至提起诉讼为债务人履行义务的宽限期，证券公司在保证期间内向财务公司主张权利的理由不能成立。判决财务公司不承担反担保责任。

2.3

200901/20:93

2003

实务要点： 反担保人承担的反担保债务所对应的主债务，应为担保人在承担担保责任后，基于对债务人产生的追偿权所负的债务，而非担保人对债权人应履行的保证债务，故反担保保证期间与原合同主债务的保证期间不同。

案例索引： 最高人民法院（2003）民二监字第11号、北京高院（2003）高民再终字第996号“某证券公司与某投资公司等担保合同纠纷申请再审案”，见《反担保债务对应的主债务的确定——兵器财务有限责任公司与联合证券有限责任公司、中物投资有限公司担保合同纠纷申请再审案》（杨秀玲，最高院立案庭），载《立案工作指导·申诉与申请再审疑案评析》（200901/20:93）。

176 主合同约定债务履行期，但保证期间约定不明情形

——在主合同已明确约定债务履行期，但保证合同对保证期间约定不明的情况下，应确定保证期间为2年而非6个月。

标签： 保证 | 保证期间 | 约定不明 | 一般保证

3

案情简介： 1999年，工程公司向银行贷款，实业公司提供最高额连带责任保证，约定“本担保书持续有效，其效力至本担保书项下由申请人应付的款项还清时为止”。借款合同约定的债务到期日为1999年9月15日。2000年4月，银行起诉。实业公司主张应依担保法司法解释第37条规定的最高额保证期间约定不明情况下确定保证期间为6个月，银行主张适用第32条一般保证的期间约定不明时的2年保证期间。

2.1

200202/2:316

2002

法院认为： 借款合同载明的保证期限约定不明，依最高人民法院《关于适用〈担保法〉若干问题的解释》第32条第2款规定，保证期间应确定为主债务履行期届满之日起2年。上述司法解释条款规定对保证期间起算的一般原则既适用于一般保证，又适用于最高额保证。本案借款合同明确约定了债务履行期限，其最高额保证责任期间亦应自债务履行期限届满之日起算。只有在主合同未约定债务履行期，保证合同亦未约定保证履行期限的情况下，才适用上述司法解释第37条的规定，故本案保证期间不适用该司法解释第37条规定。银行对案涉借款合同的起诉未超过法定诉讼时效期间，法院对银行依法行使的诉讼权利予以确认和保护。

实务要点： 最高人民法院《关于适用〈担保法〉若干问题的解释》第32条第2款关于借款合同载明的保证期限约定不明时，保证期间应确定为主债务履行期届满之日起2年。该规定对保证期间起算的一般原则既适用于一般保证，又适用于最高额保证。只有在主合同未约定债务履行期，保证合同亦未约定保证履行期限的情况下，才适用第37条的规定。

案例索引： 最高人民法院判决“某银行与某实业公司担保合同纠纷案”，见《关于对担保法司法解释第三十七条的理解与适用——中国工商银行厦门分行与中福实业股份有限公司担保合同纠纷上诉案》（陈明焰），载《民商审判指导与参考·案例评析》（200202/2:316）。

177 总借款期限和分笔期限并存时，按实际履行的确定

——借款合同约定总借款期限，又约定了分笔偿还期限的，应按分笔贷款最后一笔到期期限作为担保期间的起始时间。

标签：保证 | 保证期间 | 诉讼时效 | 分期债务 | 借款期限 | 分笔期限

案情简介：1996年，交电公司向银行贷款，所签5份借款合同约定的总借款期限均被改动，但14笔分笔借款还款期限最迟为1996年9月10日。药业公司提供连带责任保证，未约定保证期限。

法院认为：本案借款双方和担保人药业公司所签的5份借款担保合同，每份合同均约定了总的用款期限和分笔用款、还款期限，因每份合同总还款期限均已被改动，且合同的实际履行亦按分笔款项的约定实施，故应认定各分笔贷款构成贷款合同的主要内容，应按照各笔贷款的最后一笔到期期限作为担保期间的起始时间。本案5份借款合同共14笔用款计划，其中最迟一笔还款时间为1996年9月10日，银行起诉时间为1997年5月19日，因本案所诉5笔借款合同均是在我国《担保法》实施之后签订，合同又未约定担保期限，故应依照法定担保期限6个月计算。按此期限，药业公司的担保期限至起诉时已全部超过6个月，担保人应免除担保责任。

2.1

200201/1:233

2002

实务要点：借款合同既约定总的借款期限，又在合同条款中对合同总借款金额约定了分笔贷出、还进的具体时间和金额并实际履行，应认定各笔贷款构成贷款合同的主要内容，应按照各分笔贷款的最后一笔到期期限作为担保期间的起始时间。

案例索引：最高人民法院判决"某银行与某药业公司等借款担保合同纠纷案"，见《借款合同中总借款期限和分笔贷款期限并存，如何认定合同的主要内容以及以什么时间计算诉讼时效和担保期间——长春市天诚药业有限公司与中国农业银行长春市分行南关办事处借款担保纠纷案》（王洪光），载《民商审判指导与参考·案例评析》（200201/1:233）。

178 格式合同中未按要求加注的保证期限条款，亦有效

——当事人在格式合同中加注保证期限，但加注方式不符合约定，形式上虽不规范，但不因此否定加注条款法律效力。

标签：保证 | 保证期间 | 合同解释 | 加注条款 | 格式合同

案情简介：1994年9月，水电公司为印务公司向银行贷款400万元提供连

法院认为：格式合同是一方当事人将对所有相对人采用的交易条件预先拟定，由相对人决定是否承诺的合同。在格式合同中相对人丧失了选择合同条款的权利，但并未排除双方对格式合同中的条款进行变更或补充，故从探究合同双方的真实意思出发，格式合同的补充条款较之原来条

带责任保证，《保证合同》上有水电公司加注并经双方盖章确认的条款，述明保证期限为“97年9月底”。但银行提供的该格式合同第5条明确约定：“合同当事人认为应当在合同中约定的其他事项，而本合同条款未涉及的，由各方协商一致后在第二条中填写。”1997年11月，银行起诉。水电公司以超过保证责任期间为由，主张免责。

2.4

200201/5:170

3

2002

款更加符合双方订约本意。案涉保证合同系银行提供的格式合同书，其使用说明只是对填加合同内容的一般要求，不具有强制力。水电公司在保证合同签章处加注保证期限条款虽不规范，但不违背当事人真实意思表示，且该保证期限长于借款合同还款期限约定，应认定有效。银行起诉时，已超过保证合同约定的保证期限，根据《担保法》第25条第2款规定，水电公司应免除保证责任。

实务要点： 在格式合同中未按要求加注的条款形式上虽不规范，但不因此否定加注条款的效力。

案例索引： 最高人民法院判决“某银行与某印务公司等借款合同纠纷案”，见《中国银行重庆渝北支行与重庆富源数码广告印务公司、重庆市渝北区水电建设总公司借款合同纠纷抗诉案——格式合同中未按使用说明加注的条款是否有效》（窦郎卫、王朝辉），载《审判监督指导与研究·案例评析》（200201/5:170）。

179 应以担保行为发生时，作为确定法律适用的时间点

——担保发生在最高人民法院《关于审理经济合同纠纷案件有关保证若干问题的规定》之前，可参照《担保法》规定。

标签： 保证 | 保证期间 | 诉讼时效 | 法律适用

案情简介： 1992年，化工公司向银行贷款90万美元，信用社提供担保，约定担保期限至“还清借款方所欠的全部借款本息为止”。1997年，银行诉请化工公司偿债，并诉请信用社承担保证责任。

2.4

200101/1:98

2001

法院认为： 本案担保行为发生在1992年，当时法律法规对保证期间没有明确规定。根据最高人民法院《关于认真学习、贯彻票据法、担保法的通知》第3条第1款的规定，在《担保法》实施以前所发生的担保行为，应当适用该行为发生时的有关规定；如果行为发生时没有规定的，可参照《担保法》的规定。故本案可参照《担保法》的有关规定处理。虽然最高人民法院1994年4月15日发出的《关于审理经济合同纠纷案件有关保证的若干问题的规定》对没有约定或约定不明的处理有规定，但与1995年6月30日公布的《担保法》关于保证责任期间的规定不相符，且本案债权人起诉时间是1997年7月30日，在《担保法》生效之后，故最高人民法院《关于审理经济合同纠纷案件有关保证的若干问题的规定》不能作为本案的法律依据。本案保证责任期间约定不明，可参照诉讼时效规定将保证期间推定为2年。本案银行起诉前5年内从未要求信用社承担保证责任，已过保证责任期间，信用社不应再承担保证责任。

实务要点： 担保行为发生在最高人民法院《关于审理经济合同纠纷案件有关保证若干问题的规定》之前，根据最高人民法院《关于认真学习、贯彻票据法、担保法的通知》规定，如果行为发生时对保证期间没有规定的，可参照《担保法》规定。

案例索引： 见《湛江商业银行霞山支行与中国建设银行湛江分行欠款纠纷案的请示与答复》（毛端稚），载《审判监督指导与研究·请示与答复》（200101/1:98）。

180 主合同效力待定，保证人撤回保证，仍应承担责任

——合同未生效不等于无效。主合同效力待定期间，保证人单方撤回保证，既不具备解除法定条件，亦有违诚信原则。

标签： 保证 | 保证期间 | 付款时间 | 合同未生效 | 合同无效

案情简介： 1994年11月，中外合资经营企业的旅游集团港方股东香港建材公司就转让出资额与中方股东之一旅业公司达成协议，并约定经政府有关部门批准和变更注册登记后，转让即成立，旅业公司应在1995年6月30日前付清259万余美元转让款给香港建材公司。1994年12月，银行向香港建材公司出具担保函，保证旅业公司须于1995年6月30日前付清出资额。1995年12月，银行认为保证期间截至1995年6月30日，股权转让合同在该期间内未经主管部门批准，应视为主合同无效，故向香港建材公司出具终止保证合同通知。1996年1月，政府主管部门批复同意该股权转让合同，并要求办理工商变更登记及注销手续。因旅业公司未予办理上述变更手续，香港建材公司诉请旅业公司或银行支

法院认为： 本案担保行为发生在《担保法》实施前，由于保证合同未约定保证期间，根据最高人民法院《关于审理经济合同纠纷案件有关保证的若干问题的规定》第11条，保证合同中没有约定保证责任期限或约定不明的，保证人应在被保证人承担责任的期限内承担保证责任。银行虽未参与股权转让合同的商定，但从其担保函内容可明显看出，其系依据股权转让合同向香港建材公司出具担保函的，其对旅业公司支付股权转让款的支付是以政府批准为条件的，并同意为该债务提供保证，就应负有等待条件成就的义务。经批准生效的合同，在生效的条件未到来之前，暂处于未生效状态，但未生效不等于无效，只是效力待定。1996年1月，在政府主管部门批复同意股权转让，旅业公司不能付款情况下，保证人应依其承诺承担保证责任。故在主合同生效前，保证人单方撤回保证，既不具备解除合同的法定条件，亦有违诚实信用原则。在主合同有效情况下，银行应承担保证责任。

实务要点： 经批准生效的合同，在生效条件成就前，暂处于未生效状态，但未生效不等于无效。效力待定期间即主合同生效前，保证人单方撤回保证，既不具备解除合同的法定条件，亦有违诚实信用原则。

案例索引： 最高人民法院（2000）经监字第353-1号“某银行与某建材公司等转让合同纠纷申请再审案”，见《中国银行海南省分行与香港建材国际有限公司、海南大进实业股份有限公司出

付出资额转让款259万余美元及迟延利息。

资额转让合同纠纷申请再审案》（于金陵，最高院立案庭），载《立案工作指导·申诉与申请再审疑案评析》（200403/8:140）。

2.3

200403/8:140

2000

181 债务人单方承诺的还款期限，不改变约定保证期间

——主债务人单方向债权人出具还款保证，承诺在一定期限内偿还债权本息，不构成对担保合同约定保证期间的改变。

标签：保证 | 保证期间 | 反担保 | 单方承诺

3

案情简介：1993年，银行为织造公司境外贷款提供外汇贷款担保，农场为银行提供反担保。在银行因织造公司未履行到期债务而垫付160万余美元后，诉请农场对织造公司偿还债务承担连带责任。期间，织造公司向银行出具《还款保证书》，承诺2个月内还清。

法院认为：农场自愿为银行给织造公司境外借款提供的担保做反担保，应对织造公司向银行偿还垫款本息和担保手续费承担连带责任。织造公司出具的《还款保证书》系其单方意思表示，并未改变外汇担保合同和外汇贷款反担保书中约定的担保责任，故根据当时有效的最高人民法院《关于审理经济合同纠纷案件若干问题的规定》，农场应对织造公司偿还银行垫款及手续费160万余美元承担连带责任。

实务要点：主债务人单方向债权人出具还款保证，不改变担保合同约定的保证期间。

案例索引：最高人民法院（1999）民终字第127号"某银行与某农场等债务纠纷案"，见《湖北省国营农场农工商联合总公司与中国农业银行武汉市江城支行、武汉菲力斯毛绒织造有限公司、湖北省国营人民大垸农场债务纠纷上诉案》（审判长于晓白，审判员刘竹梅、张章），载《民事审判指导与参考·最高人民法院裁判文书选登》（200002/2:323）。

2.2

200002/2:323

1999

182 对债权行使是否超过保证期间，法院应当主动审查

——保证期间为除斥期间。保证人缺席审判情况下，法院仍应对债权人是否在保证期间内向保证人主张权利进行审查。

标签：保证 | 保证期间 | 诉讼时效 | 除斥期间 | 抗辩范围

法院认为：实业公司就诉争还款计划书提供担保，该担保承诺未提及具体的担保物清单，故应视为实业公司以公司

案情简介：2008年，开发公司就偿还置业公司委托贷款，向置业公司出具还款计划书，承诺到2008年12月底还清，并写明“以上款项归还同时由实业公司提供担保”，实业公司在计划书上加盖公章。此后，置业公司与开发公司多次变更还款期限。2011年，置业公司起诉发放委托贷款的银行，并以开发公司、实业公司为第三人要求归还借款本息。第三人均未到庭。

信誉和资产作出对债务人履行债务的担保，是一种保证担保。该保证未具体约定保证方式和保证期间，依法应按连带责任保证承担保证责任，保证期间依法应为自主债务履行期届满之日起6个月。由于债权人与债务人之后自行商定推延了债务履行期限，实业公司并未就债务人不断变更的承诺提供保证。根据法律规定，债权人与债务人对主合同履行期限作了变动、协议延长主合同履行期限的，须取得保证人同意，如未取得保证人书面同意，则保证人责任不受该变更的影响，仍在原合同约定的保证期间或法律规定的6个月保证期间内承担保证责任。本案置业公司无证据表明其在保证期间届满前向实业公司主张过权利，依法免除实业公司保证责任，故判决开发公司偿还置业公司借款600万元及利息。

3.4

201310:89

2012

实务要点：根据《担保法》第25条关于“保证期间适用诉讼时效的中断”的规定，保证期间性质应为除斥期间，故在保证人缺席审判的情况下，法院仍应对债权人是否在保证期间内向保证人主张权利进行审查。

案例索引：上海二中院（2012）沪二中民六（商）终字第88号“上海庆宁置业有限公司与中国工商银行股份有限公司上海市第二支行、上海彭浦沐浴有限公司、上海惠伟实业有限公司担保合同纠纷案”，见《保证责任的期限和免除的实践探索》（陈红），载《人民司法·案例》（201310:89）。

183 约定保证期间在保证合同无效时，仍具有法律意义

——主合同及保证合同被认定无效时，保证合同约定的保证期间仍具有法律意义，当事人仍应按该保证期间主张权利。

标签：保证 | 保证期间 | 保证合同无效

案情简介：2008年，丁某为顾某向担保公司的200万元借款转贷合同提供连带责任保证。2010年，约定的2年借款保证期间届满，担保公司诉请丁某与顾某连带清偿尚欠的逾期贷款50万元。担保公司并未取得中国人

法院认为：未经中国人民银行依法批准，任何单位和个人不得擅自从事贷款业务活动。担保公司未取得中国人民银行从事贷款业务活动批准，案涉借款转贷合同无效。顾某应返还已取得的借款，并按银行同期贷款基准利率赔偿利息损失。主合同无效从合同亦无效，故丁某保证合同归于无效。保证合同中双方约定的保证期间是双方对各自权利义务行使期限的唯一合理预期，按该期间确定双方的利益关系，符合双方缔约本意。在保证合同被认定无效情况下，保证合同约定的保证期间仍具有法律意义，当事人仍应按该保证期间主张权利。且在保证合同无

民银行从事贷款业务活动批准。

3.4

201304:39

2011

效情况下，债权人所获得的利益不应超过保证合同有效时所获得的利益。担保公司未在举证期限内举证证明其在保证期间内按《担保法》相关规定向保证人主张过权利，故其要求丁某承担赔偿责任的诉请，法院不予支持，判决顾某归还担保公司借款及相应利息。

实务要点： 主合同及保证合同被认定无效情况下，保证合同约定的保证期间仍具有法律意义，当事人仍应按该保证期间主张权利。且在保证合同无效情况下，债权人所获得的利益不应超过保证合同有效时所获得的利益，故债权人未在保证期间内主张权利的，无权要求保证人就保证合同的无效承担相应的赔偿责任。

案例索引： 浙江奉化法院（2011）甬奉商初字第698号“浙江省宁波力邦融资担保有限公司与顾汉明、丁军、沈锡雷债务纠纷案”，见《债权人不能在主合同和保证合同无效时要求保证人担责》（陈佳强、张远金），载《人民司法·案例》（201304:39）。

3

184 保证期限与董事会决议期限不一致时，应如何处理

——债权人明知保证人公司真实意思表示情况下，保证期限与保证人董事会决议通过期限不一致的，应以决议的为准。

标签：保证 | 保证期间 | 合同变更 | 董事会决议

案情简介： 2005年，电子公司董事会决议为实业公司向银行贷款提供6个月期限的担保。银行据此与实业公司签订借款合同，并持打印2年保证期间的保证合同至电子公司办公室获得盖章。事后，电子公司以银行主张保证责任超过6个月期限提出免责。

3.6

201004/10:59

法院认为： 《公司法》第37条规定，股东会是公司权力机构。该法第47条规定，董事会对股东会负责，执行股东会决议、决定公司经营计划。故董事会作为公司意志机关，其决议应系公司意志。而当该意志以董事会决议等特定形式固定并向相对人送达后，应认定公司真实意思已向相对人明示。本案中，电子公司就保证期间为6个月形成董事会决议，并提供给银行，故电子公司真实意思已向银行明示。银行在明知电子公司保证期限为6个月后，持保证期间与董事会决议不一致的保证合同到电子公司盖章，其主张保证合同系经双方协商确定，但并未举出双方就保证期间问题再行协商证据，更未举出电子公司变更保证期间为2年的董事会决议。且从保证合同文本看，保证期间内容属打印部分，该打印条款具有预先拟订、重复使用特点，亦属于《合同法》第39条规定的格式条款，银行无证据证明就该条款修改已与电子公司磋商并达成新的合意。故银行主张保证责任超过6个月，电子公司保证责任免除。

3.5

20101230:06

2010

实务要点： 尽管董事会决议是公司内部意思表示，但银行作为贷款人在收到担保人公司的董事会决议，明知其真实意思表示情况下，持含有与董事会决议内容不一致的有关担保期限延长格式条款的保证合同取得保证人盖章，不能因此认定保证期间已变更。

案例索引： 江苏高院（2010）苏商终字第0020号“某银行与某电子公司担保合同纠纷案”，见《江苏银行镇江分行明知担保人意思却在合同中增加其义务而不告知诉捷诚公司保证期限合同纠纷案》，载《江苏省高级人民法院公报》（201004/10:59）；另见《合同签订过程中公司真实意思的确定——江苏高院判决江苏银行诉捷诚公司保证合同纠纷案》（李道丽），载《人民法院报·案例指导》（20101230:06）。

185 以房产抵押登记作为保证期间终止条件的责任认定

——在抵押加阶段性保证的担保形式中，约定办妥抵押登记为保证责任解除条件，条件未成就的，保证人责任不解除。

标签： 保证 | 保证期间 | 抵押 | 按揭购房 | 不正当地阻止条件成就

案情简介： 2003年，刘某按揭买房，《个人住房抵押贷款加阶段性保证借款合同》约定刘某负责办证，银行协助配合；开发商保证期间自借款合同生效之日起至办妥房屋抵押登记止对刘某的贷款承担连带责任。2004年，开发商办好房产证后交至银行，过了1年银行亦未办理抵押登记，后因刘某涉嫌犯罪其房产被查封。2005年，银行诉请刘某履行全部还款责任，开发商承担连带责任。

法院认为： 刘某未依约还贷，银行有权解除合同，提前收回贷款本息，因所涉房屋至今未办妥抵押登记，故开发商解除保证责任的条件未成就。刘某是办妥房屋抵押登记的合同义务人，银行作为抵押权人负有配合刘某办理抵押登记的义务。在刘某未亲自办理又不授权他人办理情况下，即使银行单方申请也不能完成抵押登记，故除非有证据证明刘某积极办理房屋抵押登记而银行怠于配合，否则，不能认定银行的不作为属于不正当地阻止条件成就。因担保物权未成立，故亦不存在银行放弃物的担保的问题。但银行在长达近1年时间里，其未举证证明曾催促过刘某共同向登记机关申请抵押登记，致使抵押权不成立，开发商本可解除的保证责任未能解除，银行和刘某具有一定过错，故判决开发商对刘某未清偿的借款本息中的80%承担保证责任。

实务要点： 在抵押加阶段性保证的担保形式中，约定办妥抵押登记为保证责任解除的，在条件未成就前，保证人的保证责任不能解除，但债权人和被保证人对未办妥抵押登记具有过错的，保证人有权在此过错范围内减轻保证责任。

3.1

200801/63:212

2006

案例索引： 北京高院（2006）高民终字第547号“某银行与刘某等购房贷款合同纠纷案”，见《中国建设银行北京朝阳支行诉刘五一、北京香江花园房地产开发公司购房贷款合同纠纷案》（李琴），载《人民法院案例选》（200801/63:212）。

186 保证发生在《担保法》实施前，诉讼时效特殊规则

——保证行为发生《担保法》实施前，债权人行权可能超过保证期间或诉讼时效，可在特定宽限期向保证人主张责任。

标签： 保证 | 保证期间 | 不良资产 | 破产 | 诉讼时效

案情简介： 1993年，酿酒公司为化肥厂向银行贷款80万元提供保证担保。2000年，受让银行该不良债权的资产公司分别在2002年4月、2003年1月17日、2004年4月依法公告催收，因化肥厂破产程序已终结，故资产公司在2004年10月诉请酿酒公司承担保证责任。

法院认为： 案涉保证行为发生在《担保法》生效前，依最高人民法院《关于审理经济合同纠纷案件有关保证的若干问题的规定》第11条，和最高人民法院《关于处理担保法生效前发生保证行为的保证期间问题的通知》关于“对于当事人在担保法生效前签订的保证合同中没有约定保证期间或者约定不明确的，如果债权人已经在法定诉讼时效期间内向主债务人主张权利，使主债务没有超过诉讼时效期间，但未向保证人主张权利的，债权人可以自本通知发布之日起6个月内，向保证人主张权利。逾期不主张的，保证人不再承担责任”及“主债务人进入破产程序，如果债权人已申报了债权，对其在破产程序中未受清偿的部分债权，债权人可以在破产程序终结后6个月内向保证人主张”规定，资产公司在2003年1月17日通过催收公告向保证人主张了权利，且及时向已宣告破产的主债务人化肥厂申报了债权，并不超过上述通知的期间，即2002年8月1日至2003年1月31日。故酿酒公司作为保证人仍应对资产公司未受清偿债权承担保证责任，判决酿酒公司偿还资产公司80万元。

3

3.3

2005商:75

2004

实务要点： 未约定保证期间的保证行为发生在《担保法》实施前，主债务未超过诉讼时效但保证债务可能超过保证期间或诉讼时效的，债权人在2002年8月1日至2003年1月31日向保证人主张了权利的，保证债务诉讼时效重新计算。

案例索引： 安徽淮南中院（2004）淮民二初字第055号“某资产公司与某酿酒公司借款合同纠纷案”，见《中国华融资产管理公司合肥办事处诉安徽省凤台县酿酒有限公司借款合同案（债权转让）》（卢小峰），载《中国审判案例要览》（2005商事:75）。

187 保证诉讼时效不受债务人破产程序终结六个月限制

——债权人在保证合同诉讼时效期间主张连带保证责任的，不受《担保法》司法解释第44条关于“六个月”期限限制。

标签：保证 | 保证期间 | 破产 | 诉讼时效 | 破产程序

案情简介：1998年，机电公司向银行借款1250万元，约定还款期限1999年3月13日。电缆厂提供连带责任保证，约定保证责任直至主债务本息还清时为止。因逾期未偿，银行先后于1999年6月29日、2000年11月15日向电缆厂发出催款通知。期间，机电公司进入破产程序。2001年12月12日，破产程序终结。2002年8月21日，银行起诉电缆厂要求承担连带清偿责任。电缆厂以其未依最高人民法院《关于适用〈担保法〉若干问题的解释》第32条第2款规定，“在破产程序终结后六个月内提出”主张免责。

法院认为：案涉保证属于期间约定不明。根据最高人民法院《关于适用〈担保法〉若干问题的解释》第32条第2款规定：“保证合同约定保证人承担保证责任直至主债务本息还清时为止等类似内容的，视为约定不明，保证期间为主债务履行期届满之日起二年。”故本案电缆厂承担连带责任保证期间应为1999年3月13日至2001年3月12日。又根据前述司法解释第34条第2款规定：“连带责任保证的债权人在保证期间届满前要求保证人承担保证责任的，从债权人要求保证人承担保证责任之日起，开始计算保证合同的诉讼时效。”本案中银行在保证期间的1999年6月29日已向电缆厂发出催款通知，此时应开始计算保证合同的诉讼时效。机电公司破产程序未发生在保证合同的保证期间，而是发生在保证合同诉讼时效期间，故不应适用上述司法解释第44条第2款关于“债权人申报债权后在破产程序中未受清偿的部分，保证人仍应当承担保证责任。债权人要求保证人承担保证责任的，应当在破产程序终结后六个月内提出”规定。事实上，此后又确实发生了诉讼时效中断的法定事由，即银行于2000年11月15日向电缆厂发出催告通知，银行2002年8月21日起诉并未超过两年诉讼时效，故判决电缆厂偿还银行1250万元及利息。

3.3

2005商:83

2003

实务要点：债权人在保证期间要求连带责任保证人承担保证责任后，债务人进入破产程序，该债权在破产程序终结后未获清偿，债权人在保证合同诉讼时效期间再要求保证人承担连带保证责任的，不受最高人民法院《关于适用〈担保法〉若干问题的解释》第44条关于“六个月”期限规定的限制。

案例索引：云南高院（2003）云高民二终字第151号“某银行与某电缆厂等借款合同纠纷案”，见《交通银行昆明分行诉昆明电缆厂等借款合同案（保证期间、诉讼时效、破产）》（代晓明），载《中国审判案例要览》（2005商事:83）。

188《担保法》生效前无效担保保证期间约定不明情形

——最高人民法院《关于处理担保法生效前发生保证行为的保证期间问题的通知》亦适用保证期间不明的无效担保合同。

标签： 保证 | 保证期间 | 不良资产 | 保证时效 | 诉讼时效 | 合同无效

案情简介： 1992年，财政局为环保局向银行贷款提供保证担保，保证期间约定不明。2003年6月，银行诉请财政局和环保局连带清偿。期间，银行一直向环保局主张债权。

法院认为： 最高人民法院《关于处理担保法生效前发生保证行为的保证期间问题的通知》（法〔2002〕144号）是为保护金融债权而实施的特别规定，其适用有两个前提，一是主债权未过诉讼时效，二是保证期间约定不明。该文件中并未指出适用的前提是仅针对有效的保证合同而言。本案中，银行主债权未过诉讼时效，且财政局对此债务的担保期间约定不明，故财政局作为借款合同的担保人，完全符合适用前述司法解释的两个前提，故其在本案中仍应承担保证责任。因财政局作为国家机关而担保行为无效，依《担保法》司法解释规定，判决财政局对环保局不能清偿的逾期贷款本息承担三分之一的民事责任。

3.3

2004商:100

2003

3

实务要点： 最高人民法院《关于处理担保法生效前发生保证行为的保证期间问题的通知》（法〔2002〕144号）同样适用保证期间约定不明的无效担保合同。

案例索引： 湖北高院（2003）鄂民二终字第144号"某银行与某环保局等借款合同纠纷案"，见《中国建设银行三峡分行猇亭支行诉宜昌市猇亭区规划建设与环境保护局等借款合同案（担保的效力）》（秦小兵），载《中国审判案例要览》（2004商事:100）。

担保范围

189 物的担保范围不包括保证债务的，不适用物保优先

——抵押担保范围不包括仍由改制前企业约定承担的借款债务，为该借款提供保证的保证人不能以物保优先原则抗辩。

标签： 保证 | 担保范围 | 物保与人保 | 企业改制 | 债务承担 | 先后顺序

案情简介： 2002年9月，粮油集团与银行签订债务重组协议，约定粮油集团所欠银行3.5亿元中的1.2亿元由新设粮油公司承接，余下2.3亿元仍由粮油集团承担；银行同意粮油集团将抵押财产作为对粮油公司的出资或作为粮油公司承接该1.2亿元负债相对应的资产转入粮油公司。随后，粮油集团就抵押财产办理了抵押登记。2003年2月，粮油集团、机械公司等签订粮油公司发起人协议书。同年11月，粮油公司成立。2004年11月，粮油公司与银行签订借款合同，借款1.2亿元，用途为承接粮油集团老贷款，粮油集团为此与银行签订担保本金不超过6770万元的最高额抵押合同并办理了抵押登记。2007年，就粮油集团在2003年7月的一笔由机械公司承担连带责任保证的3000万元贷款，银行单独起诉粮油集团。机械公

法院认为： 粮油集团经银行同意后在落实债务重组协议基础上进行股份制改制。机械公司虽未参与债务重组协议签订，其为案涉债务提供担保亦在协议签订之后，但机械公司作为粮油公司发起人之一，于保证合同签订前签署了粮油公司发起人协议书，并在其后8个月时间内派人参与粮油公司一系列设立活动以及在有关设立文件上签字，其对粮油公司将依债务重组协议接收粮油集团资产并承担债务的情况应当知道。即便机械公司未实际出资，亦不能以此否定机械公司实际参与粮油集团设立过程，并对粮油集团资产将要进入粮油公司知道或应当知道的事实。机械公司在签订发起人协议后，于粮油公司设立过程中，为案涉3000万元借款提供保证，系其真实意思表示，机械公司应依保证合同承担相应责任。该借款虽发生在案涉最高额抵押合同约定担保的债权期限内，但根据债务重组协议的约定及其实际履行情况，该最高额抵押担保项下的抵押物是作为粮油集团的出资投入到粮油公司，并为粮油公司所承接债务再次设定最高额抵押担保，该最高额抵押合同亦系债务重组协议约定内容的一部分，二者之间存在紧密关系。最高额抵押合同的签订有其特殊目的，即为落实债务重组协议以保障粮油公司将要承接的债务能获得清偿，其担保范围应不包括仍由粮油集团承担的本案所涉3000万元债务。故机械公司以债权人放弃物保、转移优质资产为由，主张免除其保证责任，不予支持。

实务要点： 企业改制过程中，借款虽发生在最高额抵押合同约定担保的债权期限内，但根据债务重组协议约定及实际履行

司以银行放弃物保、债权人同意债务人转移优质资产为由，主张免除保证责任。

情况，最高额抵押合同签订有其特殊目的，其担保范围不包括仍由改制前企业承担的该借款。参与该改制活动的保证人以债权人放弃物保、转移优质资产为由，主张免除其保证责任的，不予支持。

2.6

v.6:433

2011

案例索引： 最高人民法院（2011）民提字第71号“某资产公司与某粮油公司等借款保证合同纠纷案”，见《保证合同与抵押合同共存时的适用——中国信达资产管理股份有限公司辽宁省分公司与辽宁省机械（集团）股份有限公司以及辽宁粮油进出口股份有限公司、中粮辽宁粮油进出口公司借款保证合同纠纷案》（审判长张勇健，代理审判员赵柯、杜军），载《最高人民法院商事审判指导案例·合同与借贷担保卷（6）》（2012:433）。

190 债务人破产的，破产债权停止计息的法律适用问题

——对于计息的破产债权，破产宣告早于《企业破产法》实施的，根据当时法律规定，利息应计算到破产宣告之日止。

标签： 保证 | 担保范围 | 不良资产 | 利息 | 破产 | 停止计息 | 法律适用

3

案情简介： 2001年，实业公司为化工公司向银行贷款提供连带责任保证。2005年12月12日，化工公司被法院宣告破产。2010年，受让该不良债权的资产公司诉请保证人实业公司承担清偿责任，并要求支付至实际清偿日的利息。

法院认为： 债务人化工公司已于2005年12月12日被法院宣告破产，早于修订后的《企业破产法》的施行时间。根据当时的法律规定，即最高人民法院《关于贯彻执行〈企业破产法（试行）〉若干问题的意见》第64条之规定，计息的破产债权，计算到破产宣告之日止。则本案主债权的利息应计算至2005年12月12日止。实业公司作为连带责任保证人，其承担的偿还责任不应超过主债务人化工公司责任范围，亦应计算利息至2005年12月12日。

2.6

v.7:420

2011

实务要点： 审理与破产有关的案件，应首先适用当时实施的法律及行政法规规定，破产时没有规定的才能类推适用生效在后的相关规定。对于计息的破产债权，债务人破产宣告早于《企业破产法》实施时间的，根据当时的法律规定，即最高人民法院《关于贯彻执行〈企业破产法（试行）〉若干问题的意见》第64条之规定，利息应计算到破产宣告之日止。

案例索引： 最高人民法院（2011）民二终字第5号“某资产公司与某实业公司保证合同纠纷案”，见《金融资产管理公司承接银行债权如何认定诉讼时效中断——宁夏大荣实业集团有限公司与中国信达资产管理股份有限公司陕西省分公司保证合同纠纷案》

（审判长张勇健，代理审判员李京平、王富博），载《最高人民法院商事审判指导案例-7·公司与金融卷》（2012:420）。

191 “其他债务”是否应包括担保之债的合同目的解释

——协议约定担保范围“其他合同项下的债务”是否包括担保之债，应按《合同法》规定的争议条款解释规则作解释。

标签：保证 | 担保范围 | 抵押 | 期限范围 | 合同解释 | 目的解释

案情简介：2005年，项目联建方供销公司、实业公司与银行签订《账户封闭管理协议》，约定供销公司以在建工程为实业公司在银行的4480万元授信债务提供抵押，三方同意联建项目售房款实行账户封闭管理，其中75%转入实业公司在银行开立的封闭结算账户，用于归还实业公司在银行“其他合同项下的债务”。2006年，生效判决确定实业公司为物资公司偿还银行4100万余美元本息承担连带保证责任。因实业公司未履行该判决，银行以供销公司未履行将售房款1.3亿余元的75%转入约定的封闭账户的义务为由，诉请供销公司承担赔偿责任。供销公司以银行同意解押表明双方已协议变更履行方式。

法院认为：银行所以介入案涉项目，目的是通过为实业公司、供销公司开发项目提供新贷资金，由供销公司提供在建工程抵押，并通过封闭账户管理方式，在收回授信额度项下贷款4480万元本息同时，部分收回实业公司之前所欠担保债务。故三方所签封闭管理协议中“其他合同项下的债务”应理解为除4480万元贷款本息之外的其他合同项下已确定的债务，包括担保之债。账户封闭管理协议履行中，供销公司未按约定比例划转，银行仍对相应房屋进行了解押，仅能说明双方对于已履行部分的履行方式进行了变更，不能说明双方对打款总额和未履行部分进行了变更，更不能得出供销公司不必继续履行的结论，供销公司仍应全面履行账户封闭管理协议。供销公司仅将部分资金转入封闭账户，并未将全部资金转入用于归还生效判决所确定的实业公司的担保债务，致使银行合同目的落空，故判决供销公司应承担赔偿责任，赔偿数额为全部售房款的75%减去授信额度协议项下已还贷款本息，即为银行实际损失5200万余元。

实务要点：当事人对合同条款理解有争议的，应按合同所使用词句、合同有关条款、合同目的、交易习惯及诚实信用原则，确定该条款真实意思。当事人对部分合同条款变更的，不影响合同其他条款效力。

2.6

v.5:3

2010

案例索引：最高人民法院（2010）民二终字第33号“某银行与某开发公司等合同纠纷案”，见《合同条款的解释与变更——南京供销房地产开发有限责任公司与中国银行股份有限公司江苏省分行、江苏广全集团有限公司合同纠纷案》（审判长刘竹梅，审判员宫邦友、朱海年），载《最高人民法院商事审判指导案例·第五卷（上）》（2011:3）。

192 未按借款合同约定按季结息，不等于放弃利息债权

——借款合同约定“按季结息”，但该内容并非债权人行使权利期限，不能以此认为债权人未按季结息即为放弃利息。

标签：保证 | 担保范围 | 借款合同 | 利息 | 破产 | 按季结息 | 政策性破产

案情简介： 1997年，电机公司为机械厂向银行贷款715万元提供连带责任保证，借款合同约定“贷款利率按月息×%计算，按季结息”。2005年，法院宣告机械厂破产，银行申报债权1200万余元未获受偿。随后，受让银行债权的资产公司诉请电机公司履行担保责任。电机公司以债权人长期未“按季结息”主张利息债权已放弃。一审以机械厂系政策性破产未支持利息部分。

3

2.6

v.5:581

2010

法院认为： 案涉借款合同虽约定了“贷款利率按月息×%计算，按季结息”，但该“按季结息”并非债权人行使权利期限，电机公司以此约定主张债权人未按季结息应为放弃利息权利的理由不予支持。债权人向债务人和担保人主张的权利包括了债务本金和利息，并无放弃利息债权的意思表示。原审以本案属借款人机械厂政策性破产的历史遗留问题，结合案件实际情况，依据公平原则等为由，认定电机公司不再承担借款利息部分，缺乏事实和法律依据，故予改判支持资产公司要求电机公司偿还所欠债务及利息的主张，其中，利息自借款之日起计算至机械厂破产宣告之日止。

实务要点： 借款合同虽约定“按季结息”，但该内容并非债权人行使权利的期限，借款人以此约定主张债权人未按季结息应为放弃利息权利的理由不予支持。

案例索引： 最高人民法院（2010）民二终字第111号“某资产公司与某电机公司等保证合同纠纷案”，见《是否以零资产改制并不影响改制企业对原企业遗留债务的承担——中国信达资产管理股份有限公司陕西省分公司与宁夏三一西北骏马电机制造股份有限公司双方保证合同纠纷案》（审判长钱晓晨，审判员刘敏，代理审判员赵柯），载《最高人民法院商事审判指导案例·第五卷（下）》（2011:581）。

193 银行扣收债务人欠款又划回的，不免除保证人责任

——债权人径行扣划债务人账户内资金用于偿还借款，之后又返还给债务人，不构成主债务解除，担保人责任不免除。

标签：保证 | 担保范围 | 诉讼时效 | 扣款行为

案情简介： 1996年，汽车厂为实业公司向银行贷款850万元提供连带责任保证，并承诺“本担保书在贷

法院认为： 银行的“扣收又划回”行为不构成债权人与债务人之间解除原有债务并重新建立起新的债权债务关系。解除原有的借款合同并达成新的借款协议，需合同双方有明确的意思表示，并就合同主要条款协商一致，签订书面合同。银行为追讨欠款扣收实业公司帐内款项，后又根据实业公司要求划回，仅仅体现为实业公司欠款的继续。由于款项划

款人同意借款人延期还款时继续有效”。1998年，银行从实业公司账户扣收816万元，其中450万元用于偿还逾期贷款。在实业公司提出异议后，银行又将816万元划回实业公司账户。实业公司用该划回款项的450万元支付案外人货款，余下366万元偿还其他贷款。汽车厂据此认为银行通过自行扣收行为已收回贷款，再行划回属于新的借款关系，故其保证责任免除。

回实业公司后，其中部分用于支付该公司货款，其余部分用于归还该公司在银行的其他贷款，汽车厂担保的借款实际未得到清偿。由于汽车厂在担保书中均承诺“本担保书在贷款人同意借款人延期还款时继续有效”，故汽车厂仍应对其担保的该借款及利息承担连带保证责任。

实务要点： 借款合同履行过程中，债权人未经债务人同意，径行扣划其账户内资金用于偿还借款，之后又返还给债务人，则这种“扣收又划回”行为不构成债权人与债务人之间解除原有债务并重新建立起新的债权债务关系。担保人仍需对原债务承担担保责任。

2.6

v.2:899

2005

案例索引： 最高人民法院（2005）民二终字第174号“某资产公司与某实业公司等借款担保合同纠纷案”，见《担保人与另一企业法人系关联企业，法定代表人为同一人，两关联企业存在一定程度混同的，债权人对担保人发出的催收通知由关联企业法定代表人盖的章，可以视为担保人收到债权人的催收并同意履行保证责任——中国东方资产管理公司兰州办事处与新疆金舸实业有限责任公司、第一汽车集团新疆汽车公司、新疆第一汽车厂借款担保合同纠纷案》（审判长徐瑞柏，审判员张树明，代理审判员张雪楳），载《最高人民法院商事审判指导案例·借款担保卷（下）》（2011:899）。

194 保证担保范围未约定或约定不明的，应包括违约金

——当事人对保证担保的范围是否包括违约金没有约定或者约定不明确的，依法应当认为保证担保的范围包括违约金。

标签： 保证 | 担保范围 | 保证范围 | 违约金

案情简介： 1995年12月，化肥厂向银行借款2000万元。热电厂、化工厂提供按份共同保证责任，但未约定担保债务是否包括违约金。

法院认为： 本案担保合同对担保债务的约定未包括违约金，依《担保法》第21条“保证担保的范围包括主债权及利息、违约金、损害赔偿金和实现债权的费用。保证合同另有约定的，按照约定。当事人对保证担保的范围没有约定或者约定不明确的，保证人应当对全部债务承担责任”的规定，担保人担保范围应包括违约金。

实务要点： 当事人对保证担保的范围是否包括违约金未约定或约定不明确的，按《担保法》第21条规定，应认为担保范围包括违约金。

2.1

200602/10:300

2005

案例索引： 最高人民法院（2005）民二终字第185号“某资产公司与某化工厂等借款担保合同纠纷案”，见《中国信达资产管理公司办事处与河南省郸城县生物化工厂、郸城金丹乳酸实业有限公司、郸城县技术改造资金开发中心、河南金丹乳酸有限公司、河南省郸城县化肥厂借款担保合同纠纷上诉案》（审判长叶小青，审判员陈明焰、朱海年），载《民商事审判指导·判决书选登》（200602/10:300）。

195 循环贷款未超约定的保证保险范围，仍属保证债务

——借款人使用的循环贷款并未增加原主债务数额及保证保险的保证责任，保险人应在保险金额范围内承担赔偿责任。

标签： 保证 | 担保范围 | 保证保险 | 循环贷款

3

案情简介： 1998年，银行与汽车销售公司、保险公司签订《分期付款销售汽车合作协议》，约定银行向汽车销售公司提供1.5亿元贷款，可循环使用；汽车销售公司向保险公司购买分期付款购车保险，保险公司承诺“若汽车销售公司未按照约定偿还贷款本息并逾期2个月，保险公司应在45日内就汽车销售公司未偿还部分向银行进行理赔结案”。保险公司向汽车销售公司签发的分期付款购车保险单载明被保险人为银行，保险金额为1.9亿元。银行诉请保险公司对汽车销售公司循环使用并逾期未偿的贷款1.1亿余元承担连带清偿责任。保险公司认为银行累计发放贷款2.6亿元，超过约定的1.5亿元承保范围，累计偿还1.3亿余元，只应对1000万余元的承保范围承担责任。

法院认为： 案涉三方协议明确约定，允许汽车销售公司有条件地循环使用1.5亿元贷款中的部分资金。实际操作中，银行在发放每笔循环贷款时，由保险公司事先进行审核并签署同意发放的意见。保险公司关于银行发放贷款时有过错，增大了保险标的的风险而未及时通知保险人，保险公司不承担保险赔偿责任的理由，因证据不足，不予支持。另据《分期付款购车保险单》载明的保险期限、每月还款金额、还款次数计算，证明保险公司在签发《分期付款购车保险单》时，已考虑到了“循环发放贷款”这种操作方式并予以认可，这与三方协议关于循环使用贷款的约定相吻合。本案所涉资金运行过程表明：1.1亿余元循环贷款系依据三方当事人的约定而发生，就特定的3年借款期限及汽车销售公司实际使用的资金数额而言，循环贷款并未增加原主债务的数额以及保险公司的保证责任，故保险公司应在保险金额1.9亿元范围内对汽车销售公司的欠款本息向银行承担赔偿保险金的责任。

实务要点： 借款人依照约定实际使用的循环贷款并未增加原主债务的数额以及保证保险的保证责任，承担保证责任的保险公司应在保险金额范围内对主债务承担赔偿责任。

案例索引： 最高人民法院（2004）民二终字第38号“某银行与某保险公司借款及保证保险合同纠纷案”，见《中国平安保险（集团）股份有限公司与中国建设银行营业部等借款及保证保险合同纠纷上诉案》（审判长徐瑞柏，代理审判员王宪森、杨咏梅），载

2.1

200402/6:357

2004

《民商事审判指导·判决书》(200402/6:357)。

196 开证保证金与第三人提供的担保，属不同法律关系

——银行扣除开证保证金后计算的授信额度未超过协议约定的开证授信额度的，担保人应就信用证垫款承担担保责任。

标签：保证 | 担保范围 | 信用证 | 保证金 | 授信额度

法院认为：银行在第一笔足额开出的信用证项下垫款未收回时，即应贸易公司要求开出第二笔信用证，表面上扩大了银行授信额度，但银行将贸易公司所付保证金扣除后计算的授信额度并未超过协议中约定的开证授信额度总额200万美元，亦未加重电子厂担保责任。协议约定“甲方开证时，原则上单笔使用的授信额度不超过授信额度的三分之一”，但该条并非明确禁止约定，故银行在本案中的开证行为并不违反该约定。开证申请人提供的开证保证金与第三人向开证银行提供的担保属两个法律关系。本案电子厂应依抵押合同约定，以其设定抵押的财产向银行承担担保责任。

案情简介：1997年，电子厂为贸易公司向银行申请进口开证授信协议提供房产抵押担保。电子厂与银行所签授信协议约定额度为200万美元，可循环使用。贸易公司按30%比例交纳第一笔开证保证金496万元后，银行足额开出200万美元信用证。1个月后，在第一笔开证垫款未收回情况下，银行应贸易公司申请，在贸易公司交纳30%保证金217万元后，又开出第二笔85.05万美元的信用证。因贸易公司到期未偿垫付款，银行起诉，电子厂以银行超过授信额度开立信用证为由抗辩。

实务要点：开证申请人提供的开证保证金与第三人向开证银行提供的担保属两个法律关系。银行扣除保证金后计算的授信额度并未超过协议中约定的开证授信额度总额，担保人应就开证未收回垫款承担担保责任。

案例索引：最高人民法院(2002)民事监字第15号“某银行与某电子厂等借款担保合同纠纷案”，见《太原电子厂与中国银行山西省分行、山西省国际贸易广告公司开立信用证及抵押担保合同纠纷申请再审案——对银行授信额度和在单据不符时银行责任的认定》(贺禔、谭红)，载《审判监督指导与研究·案例评析》(200302/10:189)。

2.4

200302/10:189

2002

197 贷款人核保非法定程序，但可判断是否尽审慎义务

——贷款人核保虽非法定程序，但涉及到本案当事人是否尽到审慎义务及能否有效防止篡改保证合同行为得逞的问题。

法院认为：根据有关规定，保险公司追究王某刑事责任，并不能免除其依据保证

标签：保证 | 担保范围 | 核保 | 篡改保证金额 | 审慎义务

案情简介： 1996年，实业公司经理王某将与保险公司签订的保证合同上的“伍”字篡改为“佰”字，将5万元保证数额改为500万元保证金额，同时在保险公司盖章签字的两份空白保证合同上补填上保证金额500万元。随后，实业公司据此向银行贷款，银行核保后发放贷款400万元。因实业公司逾期未偿被诉，王某在刑事立案后潜逃。保险公司以实业公司篡改保证金额为由，主张免责。

合同对银行所应承担的保证责任。

核保不是《担保法》或《贷款通则》规定的法定程序，亦非本案当事人约定的必经程序，但本案是否核保，涉及到本案当事人是否尽到审慎义务及能否有效防止王某篡改行为得逞问题。从本案证人证言及实业公司工作人员在公安机关供述分析，虽然核保内容双方说法不一，但足以认定银行去保险公司核过保，保险公司未予审查，故从保证合同签订到贷款发放，保险公司负有重大过错，正是其过错，为王某篡改合同提供了可乘之机。债务人单方篡改保证合同保证数额，仅是保证人出具担保的原因上有瑕疵，其不能对抗善意且无过失的债权人，保证人不具备法律规定的免责条件，故本案保险公司应承担保证责任。

实务要点： 核保不是《担保法》或《贷款通则》规定的法定程序，亦非本案当事人约定的必经程序，但本案是否核保，涉及到本案当事人是否尽到审慎义务及能否有效防止篡改保证合同行为得逞问题。

3

2.4

200101/1:204

2001

案例索引： 山东高院再审“某银行与某实业公司等借款担保合同纠纷案”，见《潍坊市商业银行与中国太平洋保险公司潍坊分公司、潍坊市盛益实业总公司、潍坊金冠实业总公司借款担保合同纠纷申请再审案——债务人单方篡改保证数额，保证人仍应承担保证责任》（黄建中，山东高院审监庭），载《审判监督指导与研究·案例评析》（200101/1:204）。

198 贷款人有权依协议约定，从借款人账户中扣收贷款

——在贷款人和借款人有借款协议明确约定情况下，贷款人有权从借款人的账户中扣收贷款，该扣收行为不构成侵权。

标签：保证 | 担保范围 | 借款合同 | 资金扣划 | 扣划贷款

案情简介： 1996年，银行和实业公司签订金额为1亿元的借款合同，用于“出口农用车专贷”，由投资公司提供连带责任保证。随后，银行将等额银行汇票交给实业公司，实业公司随即

法院认为： 案涉借款行为已发生，实业公司已收到款项，当实业公司到期不能偿还时，投资公司应按保证合同约定承担保证责任。银行以交付银行汇票方式履行贷款义务，自银行汇票交付时起，其支付款项的义务即完成，对实业公司享有债权。银行交付给实业公司的汇票上的收款人为实业公司，实业公司作为汇票合法持有人和汇票项下款项的合法所有人，其有权决定将汇票上的资金解付到哪一个账号和如何处分该资金。我国《票据法》和银行结算办法都未要求银行汇票须记载账号

将该汇票到信用社解汇，并存入实业公司在信用社所设账户。1998年，实业公司致函银行，解释其提前启动出口农用车项目，从信用社贷款，并承诺待银行贷款取得后抵还信用社欠款。因信用社将该款扣划还贷致诉。

和须按票面记载账号解付的强制性规定，该票据又无其他不得解付情况，故信用社解付行为并无过错。本案证据证明在银行专贷资金未落实情况下，实业公司向信用社申请出口农用车专贷，并承诺在银行贷款到位后归还，即实业公司对信用社扣划其账户款项归还其欠款行为是明知的、认可的。在贷款所有权转移至实业公司后，信用社按实业公司意愿解付款项进入该公司账户，又在实业公司认可情况下扣划其账户内款项用于归还该公司欠款，其行为对银行不构成侵权。故判决投资公司对实业公司借款承担连带清偿责任，驳回银行对信用社的诉讼请求。

2.1

200201/1:403

2000

实务要点： 在贷款人和借款人有借款协议约定的情况下，贷款人有权从借款人的账户中扣收贷款。

案例索引： 最高人民法院（2000）经终字第232号“某银行与某实业公司等借款合同纠纷案”，见《中国工商银行湛江分行与中国进出口银行等借款合同纠纷上诉案》（审判长姜伟，代理审判员陈百灵、钱晓晨），载《民商审判指导与参考·裁判文书选登》（200201/1:403）。

199 数个保证合同约定保证责任范围，不等于保证份额

——保证人与债权人之间约定的保证责任范围不等同于约定的保证份额，未约定保证份额的，应认定为连带共同保证。

标签： 保证 | 担保范围 | 数个保证 | 保证份额 | 连带保证 | 按份保证

案情简介： 2008年，电子公司、科技公司分别为债务人向银行向银行借款在200万美元范围内提供连带责任保证。投资公司亦承诺在100万美元范围内提供连带责任保证。因债务人逾期借款595万元及89万余美元及利息未偿，投资公司承担了683万余元担保责任后，诉请电子公司、科技公司连带清偿。

法院认为： 本案中保证人承担保证责任的总金额超过了债权总额。如若将该三项保证数额直接认定为保证人与债权人约定的保证份额的话，即出现了各份额之和大于实际债权的情形，则可能导致债权人可向保证人主张的权利远远超出了主债务，明显于法无据，故该三项保证金额不应认定为约定的保证份额，而仅为三者各自确认承担保证责任的范围。依最高人民法院《关于适用〈担保法〉若干问题的解释》第19条规定，两个以上保证人对同一债务同时或分别提供保证时，各保证人与债权人未约定保证份额的，应认定为连带共同保证。故电子公司、科技公司其与投资公司之间系按份共同保证的理由不能成立，判决电子公司、科技公司分别给付投资公司227万余元，并偿付相应利息损失。

3.6

201102/14:58

2011

实务要点： 保证人与债权人之间约定的承担保证责任的范围不能等同于约定的保证份额，未明确约定保证份额的，共同保证人之间应认定为连带共同保证。连带共同保证的保证人承担保证责任后，对于不能向债务人追偿的部分，可向其他保证人追偿。

案例索引： 江苏苏州中院（2011）苏中商终字第0054号“某投资公司与某电子公司担保追偿权纠纷案”，见《苏州邑富公司诉顶嘉公司、顶伦公司履行担保义务后追偿纠纷案》，载《江苏省高级人民法院公报》（201102/14:58）。

200 破产和解协议约定承担并转移部分债务的，应有效

——债权银行通过与担保债务人破产和解协议部分受偿，并就余下债权达成由实际借款人偿还协议的，应当认定有效。

标签： 保证 | 担保范围 | 破产 | 破产和解协议 | 企业改制 | 债务承担

3

案情简介： 2002年，机械集团在尚欠银行借款本金1亿余元，已不具备再行贷款条件的情况下，由其下属单位机床公司与银行签订3000万元的借款合同，机械公司提供担保。贷款到账次日即被机床公司转到机械集团账上。2003年，机械公司进入破产程序，银行申报了债权。破产和解协议约定，前述3000万元本金的40%由机械公司承担，余下60%由机械集团承担。此后，机床公司进行股份制改造，本案债务未被机床公司审计在内。银行获得机械公司40%偿付后，就余下60%贷款本息向机床公司主张清偿责任。

法院认为： 本案事实说明，银行应知机械集团系实际借款人。另外，机械公司与各债权人签订破产和解协议后，机床公司进行股份制改造，本案债务未被机床公司审计在内。如银行不放弃对机床公司剩余60%债务的追索，按企业改制相关规定，机床公司应将本案60%的债务列入企业改制审计资产负债表。根据机械公司破产和解协议的内容看，银行是以债权人身份参加了债权人会议，行使了对和解协议的表决权，由此可见，银行认可本案借款是其对机械公司的普通债权。通过和解协议，机械集团承担了包括银行本案债权在内的机械公司60%的债务本金偿还责任。在机械公司按和解协议履行了40%的还款义务后，机械公司与银行之间建立了新的债权债务关系。根据上述贷款发生的背景、流向、偿还情况、余下60%贷款的承接情况，以及机械集团出具的说明情况、银行的函告及承诺等一系列事实，可证实银行取得了通过机械公司债务和解得到的40%本金偿还额，以及将剩余的60%债务转移给机械集团的这一真实意思表示，本案债务主体已由机床公司变更为机械集团，机床公司不应再承担本案的还款责任。

实务要点： 债权银行通过与担保债务人破产和解协议获得部分受偿，并就余下债权达成由实际借款人偿还的协议，根据贷款发生的背景、流向、偿还情况，应认定名义借款人不再作为债务承担主体。

2.6

v.5:279

2010

案例索引： 最高人民法院（2010）民提字第18号“某银行与某机床公司借款合同纠纷案”，见《关于债务转移的认定——中国工商银行股份有限公司济南历下支行与济南四机数控机床有限公司借款合同纠纷案》（审判长贾纬，代理审判员沙玲、周伦军），载《最高人民法院商事审判指导案例·第五卷（上）》（2011:279）。

201 信用卡过期后产生的透支债务，不应由保证人承担

——银行对于持卡人恶意透支行为未尽止付义务，亦未在格式合同中规定相应民事责任的，实质上加重了保证人责任。

标签：保证 | 担保范围 | 储蓄合同 | 信用记录 | 恶意透支 | 止付义务

案情简介：2006年7月9日，王某贷记卡已过2年有效期后继续透支2230元，连上之前的透支款共计1.3万余元，银行诉请王某偿还，同时起诉保证人陈某连带清偿。

3.3

2009商:337

2008

法院认为： 信用卡担保期限非指严格意义上的保证期间，而是指最高额保证合同中特有的决算期。此处“决算期”是指最高额保证合同所约定的被保证债权发生期的截止日。决算期虽非保证期间，但其系保证期间的起算点，决算期的变动，应视为保证期间变更。根据《担保法》第24条规定，持卡人和银行协议变更决算期而未征得保证人书面同意，该决算期变动则不对保证人发生法律效力，保证人只在原决算期内承担保证责任。信用卡允许透支额度并非保证人最高担保数额。中国人民银行《〈关于信用卡业务管理办法〉中对透支限额的复函》（银函〔1998〕363号）规定，关于持卡人透支限额的规定，是中国人民银行要求发卡银行对信用卡业务进行风险管理的内部控制指标，不能作为发卡银行与信用卡担保人对保证责任范围约定的依据，担保人必须对持卡人实际透支金额承担连带责任。根据约定，信用卡章程和保证合约亦系保证合同一部分，对银行和保证人具有法律约束力，但无论是保证条款，还是信用卡章程或保证合约，均为银行单方面预先制定的格式条款。当银行和保证人对“保证责任范围”产生不同理解时，依《合同法》第41条规定，应作出不利于银行一方的解释，银行不能以信用卡章程规定的透支限额是行业进行风险管理的内部控制指标，保证合约中规定的保证责任范围才是双方约定进行抗辩。另外，从透支性质看，保证人保证责任范围应系善意透支。现实生活中没有一个理性的人会因为血缘或朋友之间的信任关系而愿意为其提供无期限、无限额的无偿担保。当持卡人超过信用卡章程规定的信用额度透支并在约定期限内未归还本息，经银行发出通知催收后仍不归还，继续突击取现或进行消费，应认定为恶意透支。对于持卡人的恶意透支行为，银行应负有止付义务，但在银行提供的信用卡担保格式合同中，却未规定银行因自身疏忽大意或放任等过失未及时止付所应承担的民事责

任，这实质上是加重了保证人的责任。这种免除自己责任，加重对方责任的格式条款（对持卡人因使用信用卡而产生的全部债务承担连带责任）显失公平，依《合同法》第40条规定，应属无效。本案中，王某在2年有效期届满后，未更换新卡仍继续透支，银行未按信用卡章程及领用合约规定停止该卡使用，故陈某对上述期间发生的透支金额2230元不必承担保证责任。判决王某偿还银行1.3万余元，陈某对上述透支本息中截至2006年7月9日的款项承担连带清偿责任。

实务要点： 银行对于持卡人的恶意透支行为未尽止付义务，亦未在其提供的信用卡担保格式合同中规定银行因自身疏忽大意或放任等过失未及时止付所应承担的民事责任，实质上是加重了保证人的责任。这种免除自己责任，加重对方责任的格式条款显失公平，依《合同法》第40条规定，应属无效。

案例索引： 福建厦门中院（2008）厦民终字第203号“某银行与王某信用卡纠纷案”，见《中国工商银行股份有限公司厦门市分行诉王益民等信用卡透支案》（林晞吟），载《中国审判案例要览》（2009商事:337）。

202 债权人对利息担保权利主张，并不当然及于主债权

——债权人未在保证期间对本金主张请求权，与保证人新约定利息并不当然及于主权利即原保证合同所担保债务本息。

标签： 保证 | 担保范围 | 除斥期间 | 从权利 | 主债权

案情简介： 1999年，物资公司向银行借款170万元，机械厂为保证人，保证期限至2002年5月15日。2000年，银行与物资公司签订协议，要求物资公司归还借款本金170万元。物资公司归还80万元本金后，银行又与机械厂签订协议，约定机械厂对物资公司所欠贷款利息30万元承担担保责任。2002年12月4日，在机械厂履行前述担保还息30万元的义务后，

法院认为： 银行于借款期满签订的协议中仅要求物资公司偿付借款本金，未涉及利息内容，而银行与机械厂所签协议仅要求机械厂偿付利息，对借款本金亦未提及，应推定银行签订两份协议同时，实际已对原借款合同借款人的责任及保证人的责任做了变更，免除了机械厂偿付本金责任，在机械厂依约归还利息后，不再承担其他责任，故应驳回银行诉讼请求。

实务要点： 保证期间为除斥期间，债权人未在保证期间内对本金主张请求权，因对从权利的主张并不当然及于主权利，应认定债权人已对原保证责任范围作了变更，且新约定的利息不应及于原保证合同所产生的债务未支付的其他利息。

因物资公司未归还余下欠款90万元，银行起诉机械厂连带偿付该款本息。

案例索引： 上海二中院（2003）沪二中民三（商）终字第376号“某银行与某机械厂借款合同纠纷案”，见《中国工商银行上海市杨浦支行诉华东建筑机械厂借款合同案》（朱胜利），载《人民法院案例选》（200503/53:357）。

3.1

200503/53:357

2003

203 信用卡持卡人超限额透支债务，不应由保证人承担

——银行格式条款矛盾，应作出不利于银行的解释。持卡人超额透支系银行管理疏漏造成，其后果不应由保证人承担。

标签：保证 | 担保范围 | 储蓄合同 | 信用记录 | 超限透支 | 不利解释规则

案情简介： 1998年，周某申领信用卡，王某为保证人，信用卡章程规定保证人对持卡人因使用信用卡发生的债务承担连带责任，同时规定普通卡账户透支限额1000元。因周某用该卡透支超过1万余元，银行起诉王某。

法院认为： 依信用卡自相矛盾的条款，可理解为保证人对持卡人透支的款项承担连带责任，这种因透支而产生的债权债务关系具体数字是一个未知数，也可理解为保证人在规定的透支限额1000元内承担连带责任。根据格式条款解释规则，应作出不利于提供格式条款一方的解释，判决王某给付银行透支本金1000元及利息。

实务要点： 持卡人超额透支系银行管理疏漏造成，其后果不应由保证人承担。

案例索引： 河南高阳法院2001年2月13日判决“某银行诉王某信用卡纠纷案”，见《工商行高阳县支行诉保证人王钊承担信用卡限额透支保证下申领人实际透支额的偿还责任案》（周晓萍、张永平），载《人民法院案例选》（200302/44:241）。

3.1

200302/44:241

2001

|

债务核销

204 政策性破产的国企债务核销，不影响担保责任承担

——政策性破产企业债务作为拟核销债务由金融机构予以核销，非合同权利义务终止；相应担保责任的承担不受影响。

标签： 保证 | 债务核销 | 借款合同 | 债务确认 | 不良资产 | 破产 | 破产债权

3

案情简介： 1998年，酒精厂向银行借款6466万元，实业集团提供担保。2005年，资产公司受让该不良金融债权。2006年，酒精厂被全国企业兼并破产和职工再就业工作领导小组列入国家政策性破产计划。实业集团主张主债务人酒精厂属政策性破产且上述债权已被国家纳入核销计划，故其不应再承担保证责任。

2.1

201202/30:237

2.6

v.7:265

2011

法院认为： 政策性破产企业债务作为拟核销的债务由金融机构予以核销，系金融机构按国家政策对呆坏账所实施的特殊财务处理方式，并非法律意义上的合同权利义务终止。上述政策层面的核销处理仅针对进入政策性破产的债务人，并未同时针对担保人。国务院《关于在若干城市试行国有企业兼并破产和职工再就业有关问题的补充通知》（国发〔1997〕10号）、国务院通知转发的《关于进一步做好国有企业政策性关闭破产工作的意见》（国办发〔2006〕3号）并未规定政策性破产中主债务人债务核销后担保人免除担保责任，也无法律、行政法规或国家有关企业破产的相关规定明确此种情况下担保人可免除担保责任。而且，国务院《关于在若干城市试行国有企业破产有关问题的通知》（国发〔1994〕59号）第4条"担保的处理"中规定："一个企业为另一个企业提供担保的，被担保企业破产后，担保企业应当按照担保合同承担担保责任"；全国企业兼并破产和职工再就业工作领导小组《关于债权金融机构审查政策性破产建议项目的有关问题的通知》（〔2002〕9号）第7条也规定："关于担保责任问题。实施政策性破产企业的贷款担保人应当履行担保责任"。因本案所涉债权被核销并不影响实业集团承担保证责任，故资产公司在受让债权时是否知道该债权将被核销与本案无关。国务院通知转发的《关于进一步做好国有企业政策性关闭破产工作的意见》（国办发〔2006〕3号）第3条规定"担保企业履行担保责任确有困难的，由国有金融机构与企业协商，酌情予以适当减免"。本案中实业集团与资产公司未就债务减免协商达成一致，亦无其他法律、行

政法规及国家有关企业破产的相关规定明确可直接减免担保企业债务。故实业集团主张其无偿债能力，应依照相关规定减免保证责任的依据不足。判决实业集团应向资产公司承担连带清偿责任。

实务要点： 政策性破产企业债务作为拟核销的债务由金融机构予以核销，系金融机构按照国家政策对呆坏账所实施的特殊财务处理方式，并非法律意义上的合同权利义务的终止；相应担保责任承担不受影响。

案例索引： 最高人民法院（2011）民提字第348号“某资产公司与某实业集团借款担保纠纷案”，见《中国长城资产管理公司西安办事处与陕西宝光集团有限公司借款担保纠纷案》（审判长刘敏，代理审判员赵柯、杜军），载《商事审判指导·商事裁判文书选登》（201202/30:237）；另见《政策性破产企业的债务处理及担保责任的承担》，载《最高人民法院商事审判指导案例-7·公司与金融卷》（2012:265）。

205 债权人或债务人内部核销债务，并不具有对外效力

——债权人内部是否核销债权并不影响其对外向债务人和保证人主张权利，亦不属于保证人可免除其保证责任的理由。

标签：保证 | 债务核销 | 借款合同 | 债务确认 | 不良资产

案情简介：1992年至1996年，冶炼厂为电容器厂向银行贷款提供连带责任保证。1997年，经银行同意，冶炼厂以承债式兼并电容器厂。2000年，冶炼厂与其他单位联合成立电子公司，电子公司承接了冶炼厂债务。2004年，资产公司受让银行该不良债权并进行了债权转让及催收公告。2006年，根据国资委批复，冶炼厂债务由实业公司吸收合并。2007年，电子公司政策性关闭破产。2009年，冶炼厂注销。2010年，资产公司诉请实业公司承

法院认为： 根据《金融企业呆账核销管理办法》规定，核销呆账是金融机构内部对债权进行处理的一种方式，不能据此认定本案债权已经消灭。债权人内部是否核销债权并不影响其对外向债务人和保证人主张权利，亦不属于保证人免除其保证责任的理由。本案中，资产公司受让案涉债权并不违反《金融资产管理公司条例》中关于金融资产管理公司受让不良贷款的有关规定。国务院《关于进一步做好国有企业政策性关闭破产工作意见的通知》（国办发〔2006〕3号）的规定不应作为确认案涉债权转让协议效力的依据。且银行与资产公司转让行为发生在2004年，故电子公司的关闭破产不影响本案所涉债权的转让。电子公司的审计报告记载事项未列入本案所涉债务，系因实业公司和冶炼厂自行“核销”所致，与债权人没有关系。该审计报告及国资委的确认函，均属于冶炼厂和实业公司的内部行为，不具有对抗债权人的效力。且国资委作为实业公司的出资人，其与本案诉争结果存在明显的利害关系，其在确认函中记载的内容不具有客观公正性，不应采纳。因实

担保证责任。实业公司以资产公司已内部核销该债务主张免责，同时提供了电子公司审计报告及国资委确认函，证明实业公司并未承继电子公司债务，案涉贷款债务已由实业公司、冶炼厂核销。

业公司以吸收合并方式承继了冶炼厂的债权债务，故其依法应承担本案债务的保证责任。

实务要点： 债权人内部是否核销债权并不影响其对外向债务人和保证人主张权利，亦不属于保证人免除其保证责任的理由。债务人自行核销债务的内部行为，不具有对抗债权人的效力。

2.6

v.6:455

2011

案例索引： 最高人民法院（2011）民二终字第27号“某资产公司与某实业公司保证合同纠纷案”，见《保证人在债权人催收通知书上盖章的行为的法律效力——中色（宁夏）东方集团有限公司与中国信达资产管理股份有限公司陕西省分公司保证合同纠纷案》（审判长王宪森，审判员殷媛，代理审判员张雪楳），载《最高人民法院商事审判指导案例·合同与借贷担保卷（6）》（2012:455）。

3

206 银行对债务作呆坏账核销，不导致担保人责任免除

——企业债务作为拟核销的呆坏账由债权银行予以核销，担保人对担保债务仍应按法律规定和合同约定承担相应责任。

标签： 保证 | 债务核销 | 借款合同 | 债务确认 | 不良资产 | 破产 | 保证债权

案情简介： 2007年11月，全国企业兼并破产和职工再就业工作领导小组将实业公司列入《全国企业关闭破产项目表》。银行对实业公司所欠借款本息9000万余元予以核销。同年12月，受让银行金融债权的资产公司起诉实业公司偿还借款，并要求保证人化工集团承担担保责任。

法院认为： 最高人民法院《关于审理涉及金融不良债权转让案件工作座谈会纪要》（法发〔2009〕19号）对此类案件受理问题作出专门规定，明确“债权人向已列入经国务院批准的全国企业政策性关闭破产总体规划并拟实施关闭破产的国有企业债务人主张清偿债务的”，法院不予受理。根据《民事诉讼法》规定，当事人起诉必须属于法院受理民事诉讼的范围，故资产公司对实业公司的起诉因不符合上述法律和司法政策的规定，依法应予驳回。但前述纪要仅针对被列入政策性破产企业债务人作为被告的案件，并不排除债权人对相关担保人提起诉讼的情形。同时，担保人的担保责任亦不因主债务人进入破产程序而当然免除。政策性破产企业的债务作为拟核销的呆坏账由债权银行予以核销，系金融企业对呆坏账按照国家政策性破产所实施的特殊财务处理方式，并不因此导致从债务即担保法律关系的消灭，担保人对担保债务仍应按法律规定和合同约定承担相应责任。故资产公司对担保人化工集团的起诉符合法律规定，亦不与前述纪要和相关政策相冲突，其诉权应受法律保护。

2.7

2011:348

2.6

v.2:371

2009

实务要点： 企业债务作为拟核销的呆坏账由债权银行予以核销，系金融企业对呆坏账按照国家政策性破产所实施的特殊财务处理方式，并不因此导致从债务即担保法律关系的消灭，担保人对担保债务仍应按法律规定和合同约定承担相应责任。

案例索引： 最高人民法院（2009）民二终字第28号“某资产公司与某化工公司等借款担保合同纠纷案”，见《中国长城资产管理公司乌鲁木齐办事处与新疆昆仑股份有限公司、新疆化工（集团）有限责任公司、新疆新化化肥有限公司借款担保合同纠纷案》（审判长裴莹硕，审判员宫邦友，代理审判员刘崇理），载《最高人民法院商事审判裁判规范与案例指导·裁判文书》（2011:348）；另见《政策性破产企业的债务作为拟核销的呆坏账由债权银行予以核销的，担保法律关系并不因此而消灭》，载《最高人民法院商事审判指导案例·借款担保卷（上）》（2011:371）。

最高额保证

207 单笔借款合同的效力，不影响最高额保证合同效力

——最高额保证通常是为将来一定期间连续发生的债务提供担保，其中某一笔交易效力并不影响最高额保证合同效力。

标签：保证 | 最高额保证 | 保证数额

案情简介： 2004年6月，轮胎公司与商贸公司签订《互保合同》，约定互相为对方的银行贷款提供信用担保，

法院认为： 最高额保证较之普通保证最大的区别就在于其与主债务的关系具有更强的独立性。《担保法》第14条规定：“保证人与债权人可以就单个主合同分别订立保证合同，也可以协议在最高债权额限度内就一定期间连续发生的借款合同或者某项商品交易合同订立一个保证合同。”最高额保证通常是为将来一定期间连续发生的债务提供保证，

担保总额不超过2亿元。基于上述互保约定，银行于2005年5月16日与轮胎公司签订《最高额保证合同》，轮胎公司承诺为商贸公司未来1年内发生的最高额度为7000万元的授信提供连带保证担保。同日至2005年10月，银行4次以借款或开立承兑汇票方式向商贸公司发放共计7000万元。因商贸公司逾期未还，银行起诉，并要求轮胎公司承担担保责任，轮胎公司认为银行违规发放贷款和开立银行承兑汇票，加重了其责任，其不应承担担保责任。

其中某一笔交易的效力并不影响最高额保证合同的效力；而普通保证则因主合同无效而无效。在最高额保证情形下，即使主债务无效，基于主债务无效而确定的债务额亦要作为最高额保证计算债务余额的基数。最高额保证人的责任是在订立合同时确立的，通过最高额保证期间和最高限额限定保证责任，不因最高额保证期间发生的债务余额之增加而加重最高额保证人的保证责任。故只要是发生在最高额保证期间内，不超过最高限额的债务的余额，最高额保证人均应承担保证责任。虽然据此可不再考察本案最高额保证期间发生债权债务关系的效力，但是轮胎公司强调在最高额保证期间银行违规发放贷款和开立银行承兑汇票，加重了该公司责任，故有必要对其主张的每笔业务进行分析。综合分析每笔融资业务的结果，轮胎公司在《最高额保证合同》约定的最高限额7000万元范围内对商贸公司的债务向银行承担连带责任，并未加重轮胎公司的保证责任，故轮胎公司应对商贸公司7000万元借款承担连带给付责任。

3

1.1

2008:291

2.1

200801/13:281

2.7

2010:267

2007

实务要点： 最高额保证，通常是为将来一定期间连续发生的债务提供保证，其中某一笔交易的效力并不影响最高额保证合同的效力。在最高额保证的情形下，即使主债务无效，基于主债务无效而确定的债务额也要作为最高额保证计算债务余额的基数。

案例索引： 最高人民法院（2007）民二终字第36号“某轮胎公司与某银行等借款担保合同纠纷案”，见《风神轮胎股份有限公司与中信银行股份有限公司天津分行、河北宝硕股份有限公司借款担保合同纠纷案》（审判长钱晓晨，代理审判员刘敏、杨征宇），载《最高人民法院公报·裁判文书选登》（2008:291）；另载《民商事审判指导·判决书选登》（200801/13:281）；载《最高人民法院商事审判裁判规范与案例指导·裁判文书》（2010:267）。

208 最高额保证范围，应为已发生债权和偿还债务差额

——最高额保证范围应为最高额保证期间已发生的债权和偿还债务的差额，并非指最高额保证期间已到期的债权余额。

标签： 保证 | 最高额保证 | 最后决算期 | 贷款余额

案情简介： 2005年5月16日，轮胎公

法院认为： 此问题涉及到对《担保法》司法解释第23条的理解。该条规定：“最高额保证合同的不特定债权确定后，保证人应当对在最高债权额限度内就一定期间连续发生的债权余额承担保证责任。”该条规

司与银行签订《最高额保证合同》，承诺为商贸公司未来1年内发生的最高额度为7000万元的授信提供连带保证担保。轮胎公司认为银行2005年10月21日发放、借款金额为2170万元的1年期贷款到期时，已超过了2006年5月16日，即《最高额保证合同》的最后决算期，不应归于该《最高额保证合同》项下。

定了最高额保证范围为发生的债权余额，该余额为最高额保证期间已发生的债权和偿还债务的差额，并非指最高额保证期间已到期的债权余额。从此意义上讲，本案讼争2170万元贷款系发生于最高额保证期间，虽其到期日超过最高额保证期间，仍应属最高额保证人应承担保证责任的范围。此外，从《最高额保证合同》中轮胎公司向银行承诺看，对2005年5月16日至2006年5月16日期间银行向商贸公司授信而发生的一系列债权提供最高额7000万元的最高额保证。而本案所有债务都形成于最高额担保合同约定的期间内，包括该笔贷款，并未超出担保合同约定期间，故不能认为该笔贷款超过了决算期。故轮胎公司提出该笔贷款超过《最高额保证合同》决算期因而不应承担责任的主张不能成立。

1.1

2008:291

2.1

200801/13:281

2.7

2010:267

2007

实务要点： 最高人民法院《关于适用〈担保法〉若干问题的解释》第23条规定："最高额保证合同的不特定债权确定后，保证人应当对在最高债权额限度内就一定期间连续发生的债权余额承担保证责任。"其中的"债权余额"，应为最高额保证期间已发生债权和偿还债务的差额，并非指最高额保证期间已到期的债权余额。

案例索引： 最高人民法院（2007）民二终字第36号"某轮胎公司与某银行等借款担保合同纠纷案"，见《风神轮胎股份有限公司与中信银行股份有限公司天津分行、河北宝硕股份有限公司借款担保合同纠纷案》（审判长钱晓晨，代理审判员刘敏、杨征宇），载《最高人民法院公报·裁判文书选登》（2008:291）；另载《民商事审判指导·判决书选登》（200801/13:281）；载《最高人民法院商事审判裁判规范与案例指导·裁判文书》（2010:267）。

209 当事人关于最高额为借款本金的保证合同约定有效

——担保物权的担保范围包括主债权及其利息、违约金等。当事人另行约定最高额为借款本金的，该保证合同亦有效。

标签： 保证 | 最高额保证 | 保证范围 | 债权余额

案情简介： 2006年，信用社与范某签订借款合同，并与郭某签订最高额为

法院认为： 《物权法》第173条规定："担保物权的担保范围包括主债权及其利息、违约金、损害赔偿金、保管担保财产和实现担保物权的费用。当事人另有约定的，按照约定。"最高人民法院《关于适用〈担保法〉若干问题的解释》第23条规定："最高额保证合同的不特定债权确定

借款本金的保证合同。因范某逾期未偿致诉。

3.1

200804/66:203

2008

后，保证人应当对最高债权额限度内就一定期间连续发生的债权余额承担保证责任。”同时根据法律规定，连带责任保证的债务人在主合同规定的债务履行期届满未履行债务的，债权人可以要求债务人履行债务，也可要求保证人在其保证范围内承担保证责任，任何一个保证人承担还款责任后，有权向债务人追偿，或要求另一保证人清偿其承担的份额，判决范某偿还信用社借款本息，郭某在借款本金范围内对债务承担连带清偿责任。

实务要点： 担保物权的担保范围包括主债权及其利息、违约金、损害赔偿金、保管担保财产和实现担保物权的费用。当事人另有约定的，按照约定。当事人关于最高额为借款本金的保证合同约定有效。

案例索引： 山东淄博博山区法院（2008）博民初字第386号“某信用社与范某等借款合同纠纷案”，见《山东省淄博市博山农村信用社诉范世三等借款合同案》（张大鹏），载《人民法院案例选》（200804/66:203）。

3

210 最高额保证的债权额，应为决算期届满时债权余额

——确定最高额保证债权额时，不应将保证期间发生总额作为最终债权额，而只应将决算期时的债权余额作为债权额。

标签： 保证 | 最高额保证 | 决算期 | 债权额 | 债权余额

案情简介： 2000年，器件厂与银行签订最高额保证合同，为制衣厂2000年1月26日至2001年1月25日期间向银行贷款提供最高额为100万元的连带责任保证。2000年1月28日，银行发放100万元贷款。同年11月24日，银行又与制衣厂签订100万元的借款合同，约定还款期限至2001年8月11日。3天后，该款用于偿还旧贷，银行同日依11月24日的借款合同再发放100万元，制衣厂将该款汇往副食

法院认为： 《担保法》第14条规定：“保证人与债权人可以就单个主合同分别订立保证合同，也可以协议在最高债权额限度内就一定期间连续发生的借款合同或者某项商品交易合同订立一个保证合同。”最高人民法院《关于适用〈担保法〉若干问题的解释》第23条规定：“最高额保证合同的不特定债权确定后，保证人应当对在最高债权额限度内就一定期间连续发生的债权余额承担保证责任。”故最高额保证是对一定期间内连续发生的不特定债权承担保证责任，在此段期间内可能发生多笔债权，多笔债权的总额无论多大，只有在该合同约定期限届满时，才发生保证责任，即债权额的确定应以决算期为准，最高额保证中合同所约定的期间的的终点为债权额的决算期。本案制衣厂在器件厂担保的最高额贷款期限内贷款，故判决器件厂对该笔贷款承担连带保证责任。

品公司。2004年，因制衣厂到期未偿致诉。

实务要点： 最高额保证是对一定期间内连续发生的不特定债权承担保证责任。确定债权额时，不应将此期间发生的总额作为最终债权额，而只应将决算期时的债权余额作为债权额。

3.3

2006民:172

2005

案例索引： 福建泉州中院（2005）泉民再终字第3号“某银行与某制衣厂等借款保证合同纠纷案”，见《中国工商银行泉州市鲤城支行诉泉州市东升福利制衣厂、泉州鲤城佳音微波通讯器件厂借款、保证合同纠纷案（最高额保证合同）》（黄卓辉），载《中国审判案例要览》（2006民事:172）。

211 新贷与所偿旧贷均发生在最高额保证期间内的处理

——最高额保证的“最高额”仅指在规定期间届满时债权人享有的担保债权的最高额度，不能理解为发生的债权总额。

标签： 保证 | 最高额保证 | 以贷还贷 | 最高额

案情简介： 1996年4月，服装厂向银行借款100万元，开发公司提供“保证金总额为100万元”的保证函。保证期间内，服装厂在借款期限届满时，又与银行签订第二笔100万元的借款合同，并以该借款用于偿还第一笔借款。开发公司据此主张免除保证责任。

法院认为： 案涉担保函应认定为开发公司自愿为服装厂在100万元本息的最高债权额度内向银行就一年期间内发生的借款合同提供连带责任保证。在第一份借款合同期限届满时，银行与服装厂所签第二份借款合同，此时仍在开发公司的保证函期限内，借款金额未超过100万元，借款期限亦未超过保证函期限，且该笔借款实际用于偿还第一笔贷款，并未增加开发公司的保证责任，故开发公司应对保证总金额额度内的债务余额承担连带清偿责任。

实务要点： 最高额保证的“最高额”仅指在规定期间届满时债权人享有的担保债权的最高额度，即不论在规定的“一定期间”内债权债务如何变动，保证人担保的最高额是以决算日时实际存在的债权数额来衡量的，不能将最高额理解为在规定期间内发生的债权总额。

3.1

200101/35:201

1998

案例索引： 福建厦门中院1998年11月3日判决“某银行与某制衣厂等借款合同纠纷案”，见《厦门兴业银行诉厦门市东区联合开发公司应在最高额额度内对在保证期限内债务人的借款承担连带责任案》（黄冬阳、魏炜），载《人民法院案例选》（200101/35:201）。

I

反担保

212 担保关系，不因担保双方股权投资关系解除而解除

——担保合同签订时，即使担保人与被担保人存在股权投资关系，亦不因嗣后股权投资关系解除而影响担保合同效力。

标签：保证 | 反担保 | 担保效力 | 合同解除 | 整体解除

3

案情简介： 2007年，开发公司及其关联公司就城建四公司的资产盘活与城建公司签订《资产重组协议》，并对反担保作出约定。2008年，城建四公司向银行贷款，城建公司提供连带责任保证，开发公司及其关联公司向城建公司提供反担保。城建公司在承担保证责任后诉请开发公司承担反担保责任。

法院认为： 《资产重组协议》签订于2007年，案涉借款担保及反担保合同签订于2008年，虽然前一协议对反担保作出约定，但各份合同中均未将《资产重组协议》是否成立作为担保合同、反担保合同的效力要件。且各反担保人均系在工商登记注册具有完全行为能力的法人，其对外亦系依自己判断独立进行意思表示，即使协议签署时存在股权投资关系，亦不影响《反担保保证合同》中各担保人向城建集团分别作出的承诺。此外，生效判决认定《资产重组协议》解除系开发公司违约原因导致，故其再以该解除事宜主张免责，显不成立。故《资产重组协议》无论解除与否，均不影响反担保效力。

实务要点： 担保合同签订时，即使担保人与被担保人存在股权投资关系，亦不因嗣后股权投资关系解除而影响担保合同效力。

2.6

v.8:478

2012

案例索引： 最高人民法院（2012）民提字第57号"某开发公司与某建筑公司等借款担保合同纠纷案"，见《担保人对外作出的担保行为，应当承担相应的法律责任——北京瑞丰恒泰房地产开发有限公司、北京瑞丰恒基房地产开发有限公司、北京现代家园置业有限公司与北京城建集团有限责任公司、北京城建四建设工程有限责任公司借款担保合同纠纷案》（审判长付金联，代理审判员李相波、梅芳），载《最高人民法院商事审判指导案例（2012）·合同与借贷担保》（2013:478）。

213 担保合同成立不以原因关系和双方互负义务为必要

——担保合同系无因合同和单务合同，不以担保人和债权人具有原因关系、原因关系是否成就和双方互负义务为必要。

标签：保证 | 反担保 | 保证成立 | 原因关系

案情简介： 2001年，投资公司以“流动资金”名义向银行借款6000万元，药业公司以其存款作为质押。2004年，科技公司向药业公司提供连带保证责任的反担保。2005年，科技公司登报公告称，因药业公司控股子公司拟与科技公司合作，并以为药业公司提供反担保作为合作条件，因合作未成，故撤销反担保。因投资公司将借款委托理财未能清偿，银行扣划药业公司6000万元质押款后，药业公司起诉科技公司要求承担反担保责任。

法院认为： 本案科技公司并无充分证据证明其系因被欺诈而签订《担保承诺书》，《担保承诺书》为附条件合同。当事人双方签订的借款合同、担保合同与反担保合同系其真实意思表示，不违反法律、行政法规的效力性禁止性规定，应认定有效。主合同及担保合同已实际履行。科技公司提供反担保的意思表示并不以该贷款用途已实际发生改变而改变，本案贷款用途改变并未加重科技公司提供担保时所具有的担保风险，故不能以贷款用途的改变而免除其反担保责任。故判决投资公司偿还药业公司6000万元，科技公司承担连带清偿责任，在科技公司承担连带责任后可向投资公司追偿。

实务要点： 担保合同系无因合同和单务合同，不以担保人和债权人之间具有原因关系和双方互负义务为必要。

案例索引： 最高人民法院判决“某药业公司与某投资公司等借款合同纠纷案”，见《附条件合同的认定以及反担保责任的承担》（张雪楳，最高院民二庭），载《民商事审判指导·民商审判案例分析》（200902/18:162）。

2.1

200902/18:162

2009

214 反担保保证期间不得早于担保人追偿担保债务期间

——反担保所对应的主债务，非担保人对债权人应履行的保证债务，故反担保保证期间与原合同主债务保证期间不同。

标签：保证 | 反担保 | 保证期间 | 质押 | 主债务履行届满之日

案情简介： 1998年3月，投资公司向银行贷款，约定贷款期限至2000年4月1日。证券公司提供连带责任保证，保证期间为1998年4月1日至2001年

法院认为： 由于财务公司为证券公司债务提供反担保，保证期间至2000年3月18日，而投资公司所欠证券公司债务的履行届满日为2000年4月30日，该反担保保证期间早于主债务履行届满之日，根据最高人民法院《关于适用〈担保法〉若干问题的解释》第32条第1款“保证合同约定的保证期间早于或者等于主债务履行期限的，视为没有约定，保证期间为主债务履行届满之日起六个月”的规定，财务公司的保证期间

4月1日。投资公司以1864万股法人流通股质押给证券公司作为反担保。1998年3月18日，财务公司为证券公司提供反担保，保证期间为“签发之日起两年”。因投资公司未及时还款，银行于2000年4月30日扣收了证券公司3019万元。2000年8月16日，证券公司处置了投资公司质押的73万余股股票。2001年1月，证券公司向财务公司出具促请履行承担反担保责任的函。

2.3

200901/20:93

3

2003

为债务人投资公司对证券公司的债务履行期满之日起6个月，即自2000年4月30日至2000年10月30日。在此期间，因证券公司未向财务公司主张权利，故财务公司免责理由成立。2000年8月，证券公司处置了投资公司质押股票，该行为只会导致证券公司对投资公司债权数额相应减少，并不构成对债权成立日的影响。故证券公司关于投资公司质押股票变现后，债权数额才得以明确，此前，其无法对财务公司主张权利的理由不能成立。证券公司处置投资公司质押股票实现部分债权时既未告知投资公司，亦未给其履行义务宽限期，故证券公司关于其2001年1月向财务公司具函至提起诉讼为债务人履行义务的宽限期，证券公司在保证期间内向财务公司主张权利的理由不能成立。判决财务公司不承担反担保责任。

实务要点： 反担保人承担的反担保债务所对应的主债务，应为担保人在承担担保责任后，基于对债务人产生的追偿权所负的债务，而非担保人对债权人应履行的保证债务，故反担保保证期间与原合同主债务的保证期间不同。

案例索引： 最高人民法院（2003）民二监字第11号、北京高院（2003）高民再终字第996号“某证券公司与某投资公司等担保合同纠纷申请再审案”，见《反担保债务对应的主债务的确定——兵器财务有限责任公司与联合证券有限责任公司、中物投资有限公司担保合同纠纷申请再审案》（杨秀玲，最高院立案庭），载《立案工作指导·申诉与申请再审疑案评析》（200901/20:93）。

215 银行用特种传票扣收贷款，不应视为企业主动还款

——债权人银行在借款到期后，以内部特种传票将保证人账户资金扣划用于还贷，保证人据此可向借款人行使追偿权。

标签： 保证 | 反担保 | 追偿权 | 借款合同 | 资金扣划 | 特种银行传票

案情简介： 1995年，信托咨询公司为实业公司向银行贷款1000万元提供连带责任保证，酒楼以设备为信托咨询公司提供反担保。1996年借款到期后，银行用特种转账传票直接在信托

法院认为： 特种转账借方传票和贷方传票作为银行专用凭证，除用于银行给客户回单汇总凭证、应解汇款超期退回、银行承兑汇票到期划转备用金及司法机关扣划款项外，主要用于银行扣收到期贷款。该两种传票的填写是银行行为，是扣划而非企业自身的主动还款行为。在该笔贷款偿还过程中，无论是信托咨询公司还是实业公司均是被动的，信托咨询公司正是基于担保义务的存在，才不得不默视银行的扣划行为；而银行所以能将信托咨询公司存款划入实业公司的贷款账户用于还贷，

咨询公司账户扣划1123万余元至实业公司存款账户，同日，又用特种转账传票将该款转入实业公司贷款账户用于还贷。在信托咨询公司起诉实业公司、酒楼追偿担保债务时，实业公司提出系其自身还贷，银行支付到实业公司存款账户款项系应支付给实业公司的货款。

行使的正是担保债权。故信托咨询公司在其存款被银行扣划后再向实业公司及酒楼行使担保债务的追偿权完全合法，实业公司对信托咨询公司代其支付的贷款本息1123万余元负有清偿责任，酒楼对上述债务在抵押财产范围内承担连带清偿责任。

实务要点： 债权人银行在借款到期后以内部特种传票将保证人账户资金划至借款人存款账户，再由存款账户划至贷款账户用于还贷，保证人据此可向借款人或反担保人行使追偿权。借款人主张系自行偿还借款的，不予认定。

2.3

200401/6:69

2003

案例索引： 最高人民法院（2003）法办联复141函“某银行与某酒楼等借款担保合同纠纷申请再审案”，见《珠海市新康达有限公司、珠海经济特区奇阁海新火锅酒楼与中国银行六安支行借款担保纠纷申请再审案》（湛雄辉，最高院立案庭），载《立案工作指导·申诉与申请再审疑案评析》（200401/6:69）。

216 《担保法》实施前设备抵押未办登记，抵押权有效

——《担保法》实施前，以动产设定抵押未办理登记的，抵押权人可就主合同债务在抵押财产范围内主张优先受偿权。

标签： 保证 | 反担保 | 物保与人保 | 抵押 | 未办登记 | 动产抵押 | 设备抵押

案情简介： 1995年9月，信托咨询公司为实业公司向银行贷款1000万元提供连带责任保证，实业公司以房产、酒楼以设备为信托咨询公司提供反担保，但均未办抵押登记手续。1996年借款到期后，银行在信托咨询公司账户扣划1123万余元用于连带清偿后，信托咨询公司起诉实业公司、酒楼追偿担保债务。

法院认为： 实业公司、酒楼向信托咨询公司提供反担保，其中实业公司提供抵押的是房产，酒楼提供抵押的是设备，均未办理抵押物登记手续。该反担保协议签订均在《担保法》生效前。实业公司房产抵押未办抵押登记，违反了《房地产管理法》有关强制性规定，不产生抵押担保的法律效力。因此前并无法律规定动产设备抵押须在工商部门办理登记手续，故酒楼以设备财产进行抵押为内容的反担保应为有效。判决实业公司对信托咨询公司代其支付的贷款本息1123万余元负有清偿责任，酒楼对上述债务在抵押财产范围内承担连带清偿责任。

实务要点： 《担保法》实施前以不动产设定抵押未办登记，因违反《房地产管理法》有关强制性规定，不产生抵押担保的法律效力。抵押人以动产设定抵押未办理登记的，抵押权人可就主合同债务在抵押财产范围内主张优先受偿。

2.3

200401/6:69

2003

案例索引： 最高人民法院（2003）法办联复141函“某银行与某酒楼等借款担保合同纠纷申请再审案”，见《珠海市新康达有限公司、珠海经济特区奇阁海新火锅酒楼与中国银行六安支行借款担保纠纷申请再审案》（湛雄辉，最高院立案庭），载《立案工作指导·申诉与申请再审疑案评析》（200401/6:69）。

217 债务人单方承诺的还款期限，不改变约定保证期间

——主债务人单方向债权人出具还款保证，承诺在一定期限内偿还债权本息，不构成对担保合同约定保证期间的改变。

标签： 保证 | 反担保 | 保证期间 | 单方承诺

案情简介： 1993年，银行为织造公司境外贷款提供外汇贷款担保，农场为银行提供反担保。在银行因织造公司未履行到期债务而垫付160万余美元后，诉请农场对织造公司偿还债务承担连带责任。期间，织造公司向银行出具《还款保证书》，承诺2个月内还清。

3

法院认为： 农场自愿为银行给织造公司境外借款提供的担保做反担保，应对织造公司向银行偿还垫款本息和担保手续费承担连带责任。织造公司出具的《还款保证书》系其单方意思表示，并未改变外汇担保合同和外汇贷款反担保书中约定的担保责任，故根据当时有效的最高人民法院《关于审理经济合同纠纷案件若干问题的规定》，农场应对织造公司偿还银行垫款及手续费160万余美元承担连带责任。

实务要点： 主债务人单方向债权人出具还款保证，不改变担保合同约定的保证期间。

2.2

200002/2:323

1999

案例索引： 最高人民法院（1999）民终字第127号“某银行与某农场等债务纠纷案”，见《湖北省国营农场农工商联合总公司与中国农业银行武汉市江城支行、武汉菲力斯毛绒织造有限公司、湖北省国营人民大垸农场债务纠纷上诉案》（审判长于晓白，审判员刘竹梅、张章），载《民事审判指导与参考·最高人民法院裁判文书选登》（200002/2:323）。

218 汽车分期付款购销合同中的担保和反担保关系认定

——汽车销售方为保证其承担保证责任后自身债权的实现，要求债务人提供反担保，在其承担保证责任后，有权追偿。

标签： 保证 | 反担保 | 保证成立 | 汽车销售贷款

案情简介： 2000年，杨某购车，与机电公司签订分期付款购销合同，李某

法院认为： 李某所提供担保属于反担保，其签署的担保书中虽未列明合同相对方，但因该担保书由机电公司出具并持有，故应视其为该担保合同的相对人，亦即机电公司系该反担保合同之担保权人，李某为反担保合同中的担保人。作为一般保证人，在被保证人杨某不能履行债务时，

应杨某要求签署被担保人为杨某的担保书，存放在机电公司。次日，杨某与保险公司签订车辆保险合同，与银行签订借款合同，机电公司与银行签订保证合同。2个月后，因杨某酒后超速驾驶致车毁人亡，交警认定杨某负全责。保险公司依约免责。机电公司依保证合同向银行偿还了分期付款2万余元后，以杨某无遗产，起诉要求李某承担反担保责任。

3.1

200303/45:266

2001

李某应承担保证责任。机电公司作为本担保的保证人，在其承担保证责任取得追偿权后，有权向反担保人追偿。鉴于目前机电公司尚未履行全部债务，故其只能就已履行部分向李某追偿，判决李某给付机电公司2万余元。

实务要点： 汽车销售方在为购车人贷款购车向银行提供担保前，为保证其在承担保证责任后自身债权的实现，要求债务人即购车人或第三人向其提供反担保，在其承担保证责任后，有权向反担保人追偿。

案例索引： 北京宣武区法院2001年11月26日判决“某机电公司诉李某担保合同纠纷案”，见《售车人联拓公司为购车人的汽车消费信贷担保并履行部分担保义务后诉李玉兰承担为购车人的分期付款购车合同及汽车消费信贷合同向其提供的反担保责任案》（薛峰、宋洪印），载《人民法院案例选》（200303/45:266）。

219 连带共同保证的保证人之一可向反担保人追偿范围

——连带共同保证的保证人之一承担保证责任后，可在其应清偿的全部债务内，就已经清偿部分债务向反担保人追偿。

标签： 保证 | 反担保 | 追偿权 | 连带共同保证 | 追偿范围

案情简介： 1999年，电子公司、电器公司为贸易公司向银行贷款1000万元提供连带共同保证，实业公司向电子公司提供反担保。2000年，生效判决认定电子公司、电器公司应偿还银行1000万元本息。电子公司据此被执行734.8万元后，诉请实业公司承担反担保责任。

法院认为： 实业公司在案涉反担保书上未明确其保证方式，依反担保书内容及有关法律规定，应认定为连带责任。生效判决已判令电子公司与电器公司共同对贸易公司从银行取得的贷款本息承担还款责任。由于电子公司与电器公司就该共同还款责任未约定比例，依最高人民法院《关于适用〈担保法〉若干问题的解释》第20条第1款规定，电子公司与电器公司对全部债务均有还款义务，故对电子公司已承担的全部担保责任，实业公司应依反担保书承诺承担偿还责任，判决实业公司向电子公司清偿734.8万元。

实务要点： 连带共同保证的保证人承担保证责任后，向债务人不能追偿的部分，由各连带保证人按其内部约定比例分担；没有约定的，平均分担。其中之一的连带共同保证人作为反担保权人，亦可在其应清偿的全部债务内，就已清偿部分债务向反担保人追偿。

3.3

2002商:91

2001

案例索引： 福建厦门中院（2001）厦经初字第13号“某电子公司与某实业公司反担保合同纠纷案”，见《中外合资经营企业厦新电子有限公司诉外商独资企业厦门佳利企业有限公司反担保合同案》（曹发贵），载《中国审判案例要览》（2002商事:91）。

220 为定金担保提供反担保的保证人所负连带责任认定

——债权人与债务人协议变更主合同内容，但未实际履行的，为定金担保提供反担保的保证人仍应承担连带清偿责任。

标签： 保证 | 反担保 | 主合同变更 | 定金担保

案情简介： 2001年，郭某购买陈某货物2000吨，双方签订买卖合同，郭某支付定金4万元，丁某同意为陈某提供担保。2002年，郭某与陈某协议变更货物供应量由2000吨减少为1000吨、定金由4万元变为2万元。但陈某退还2万元后未实际履行供货义务。郭某诉请陈某、丁某连带偿还。

3

法院认为： 案涉买卖合同及丁某为陈某收取定金提供保证，均属合法有效。合同履行期间，陈某未按约供货，属违约行为，依法应双倍返还定金。依《担保法》及其司法解释有关规定，保证期间，债权人与债务人对主合同数量、价款、币种、利率等内容作了变动，未经保证人同意的，如果减轻债务人的债务的，保证人仍应当对变更后的合同承担保证责任；如果加重债务人的债务的，保证人对加重的部分不承担保证责任。债权人与债务人协议变更主合同内容，但并未实际履行的，保证人仍应承担保证责任。本案中，债权人郭某与债务人陈某变更原合同内容，达成新的协议，减轻了债务人的债务，且该新协议并未实际履行，故丁某仍应承担保证责任。判决陈某双倍返还郭某定金4万元，丁某承担连带责任。

3.3

2002民:106

2001

实务要点： 债权人与债务人协议变更主合同内容，但并未实际履行的，为定金担保提供反担保的保证人仍应承担连带清偿责任。

案例索引： 新疆阿克苏中院（2001）阿中民终字第1338号“郭某与陈某等反担保合同纠纷案”，见《郭佳鑫诉陈甫平等案（买卖合同、反担保）》（杨善明），载《中国审判案例要览》（2002民事:106）。

担保效力

221 出借公章签约并担保的，不能以此对抗善意相对人

——当事人在合同书上盖章，表明合同内容是当事人真实意思表示并愿意受其羁束，不因公章系出借而影响合同效力。

标签：保证 | 担保效力 | 善意相对人

案情简介：2005年，实业公司为能贷款，借用建材公司印章与银行签订三方保兑仓业务合作协议：由实业公司卖货给建材公司，建材公司向银行申请开立3000万余元承兑汇票给实业公司，建材公司支付首期保证金900万余元给银行，实业公司对该承兑协议提供连带保证责任。后实业公司因经营不善破产，形成2000万余元的银行逾期贷款，建材公司以董事会是否同意担保的决议未作为合同附件提交、借用印章受欺骗、企业间贷款违规、合作协议未受益为由，主张合同无效。

法院认为：建材公司出借相关印章系基于实业公司承诺，无论后者是否存在欺骗，出借印章与承诺的效力仅存在于建材公司与实业公司间。出于保护交易安全需要，除非证明合同相对人即银行存在恶意，建材公司以印章被骗出借的理由不能对抗银行向其主张合同项下的权利。建材公司董事会决议未作为附件，依约定条款文义解释，并不影响合同成立与效力。法律不禁止第三人代为履行合同义务，故保证金即使为实业公司交纳，亦不影响合同有效和继续履行。建材公司通过保兑仓业务确定实业公司在一定期间内供货，本身即可认定建材公司因合作协议而受益，存在对价，至于事实上其遭致严重损失，系其出借印章及实业公司经营失败而破产带来的风险所致，不足以否定合作协议效力。即使认定实业公司存在欺诈，但无证据证明银行知道或应当知道实业公司借用建材公司印章订立合同，更无证据证明对借用印章行为银行与实业公司有意思联络。贷款具有融资作用，银行承兑汇票亦具有融资效果，不能以此二者共同点，即认定后者有规避金融法规的目的，故建材公司主张银行与实业公司恶意串通，规避金融法规，损害国家和第三人利益，合作协议应无效的理由不成立，建材公司应偿还银行逾期贷款本息，实业公司负连带保证责任。

实务要点：当事人在合同书上的签字、盖章表明合同内容是当事人真实意思表示并愿意受约定的权利义务羁束，还具有使合同相对人确信交易对方，从而确定合同当事人的作用。

1.1

2008:271

2007

案例索引： 最高人民法院（2007）民二终字第35号“某建材公司与某银行等票据纠纷案”，见《河北胜达永强新型建材有限公司与中信银行股份有限公司天津分行、河北宝股份有限公司银行承兑汇票协议纠纷案》（审判长钱晓晨，代理审判员刘敏、杨征宇），载《最高人民法院公报·裁判文书选登》（2008:271）。

222 自来水公司受政府领导协调指示对外担保，应有效

——保证人所作保证是否受合同以外第三人影响，不涉及合同当事人之间的权利义务关系，亦不影响保证合同的效力。

标签： 保证 | 担保效力 | 受第三人影响提供担保

3

案情简介： 自1997年以来就为实业公司向银行贷款提供多次保证担保的自来水公司，在2003年依当地政府领导指示继续为实业公司一笔2800万元贷款提供连带保证担保。2004年，因实业公司到期未偿，银行起诉自来水公司承担保证责任。

1.1

2005:321

2.6

v.2:956

2004

法院认为： 保证合同不应仅因保证人的保证系因地方政府指令而确认无效。本案保证合同从1997年就开始一直延续至今，自来水公司作为企业享有经营自主的权利，完全有能力拒绝担保，但其对政府的所谓“强令”至本案诉讼前从未提出过任何异议，而是一而再地为实业公司持续借款提供了担保，放弃了《担保法》第11条所赋予的“银行等金融机构或者企业对强令其为他人提供保证的行为，有权拒绝”的权利，所提交的证据亦不足以认定其是受胁迫而提供担保。同时，自来水公司是地方国有企业，其资产用于为他人借款提供担保时，通过市政府、有关上级部门领导批准或是有关部门和领导协调指示并不违反有关法律规定，该担保行为既不违背其真实意思表示，亦不属于《担保法》规定的无效情形。最高人民法院法〔1998〕85号《关于正确确认企业借款合同纠纷案件中有关保证合同效力问题的通知》，亦认为保证合同除确因违反担保法及有关司法解释的规定等应当依法确认为无效的情况外，不应仅以保证人的保证因地方政府指令而违背了保证人意志，而确认保证合同无效，并以此免除保证责任。自来水公司是否受合同以外第三人影响的问题并不涉及合同当事人之间的权利义务关系。由于合同一方当事人无义务了解合同相对人签约行为以外的其他因素，自来水公司一方面承认其在本案保证合同上盖章的事实，另一方面否认该签约行为是其真实意思表示，这对被保证人银行是不公平的，故自来水公司应承担担保责任。

实务要点： 保证人作为具有完全民事行为能力的法人，应依法对其所从事民事法律行为独立承担民事责任，其所作保证是否受合同以外第三人影响的问题不涉及合同当事人之间的权利义务关

系，亦不影响保证合同效力。

案例索引： 最高人民法院（2004）民二终字第262号“某银行与某自来水公司等借款担保纠纷案”，见《长乐自来水公司与工行五四支行借款担保纠纷案》（审判长姜伟，代理审判员陈百灵、杨征宇），载《最高人民法院公报·裁判文书选登》（2005:321）；另见《保证合同是否受合同以外第三人影响的问题并不涉及合同当事人之间的权利义务关系——长乐市自来水公司与中国工商银行福州市五四支行、和顺（中国）实业集团有限公司借款担保纠纷案》，载《最高人民法院商事审判指导案例·借款担保卷（下）》（2011:956）。

223 公司章和公司法定代表人“印”与“章”法律效力

——当事人对合同签订是否系其真实意思表示有争议的情况下，其他证据能够佐证的，无需再就签章真实性进行鉴定。

标签：保证｜担保效力｜法定代表人｜法定代表人印章

案情简介： 1998年5月，“湖北幸福（集团）实业股份有限公司”更名为实业公司。1998年11月，湖北国投将对集团公司的360万美元债权转让给温州国投，罗某持加盖集团公司和实业公司法定代表人“周作亮印”的《授权书》，在前述债权债务转让协议上代签并加盖“湖北幸福（集团）实业股份有限公司”印章，承诺对集团公司向温州国投的还款义务承担连带责任。经鉴定，该印章与“湖北幸福（集团）实业股份有限公司”工商备案公章非同一枚印章。1999年，实业公司《年度报告》关于《重大关联交易事项》及财务会计报告载明前述债权债务转让及担保事宜。2000年，温州国投起诉集团公司还款，并要求实

法院认为： 现虽尚无充足证据证明《债权债务转让协议》上加盖的“湖北幸福（集团）实业股份有限公司”公章系实业公司真实公章，但根据实业公司次年的年度报告《重大关联交易事项》和财务会计报告均明确载明的内容可看出，实业公司对其为温州国投提供担保一事应是明知的，且现尚无证据证明实业公司当时对提供担保一事提出过异议。当事人各方对上述年度报告形式上的真实性无异议，应作为证据认定，故实业公司为温州国投360万美元本金及利息等提供担保应认定为其当时的真实意思表示，实业公司应对该笔债务承担相应的民事责任。法院无需再对公司印章进行鉴定。在签订《债权债务转让协议》时，周作亮同为集团公司和实业公司的法定代表人，其“周作亮印”和“周作亮章”两枚私章是否分别代表集团公司和实业公司，只是其内部区别，对外无法律约束力，故应认定实业公司提供担保系其真实意思表示。

实务要点： 当事人对合同签订是否系其真实意思表示存在争议的情况下，其他证据能够佐证的，无需再就合同签章的真实性进行鉴定。公司法定代表人私人“印”与“章”的内部区分使用，对外无法律约束力。

业公司承担连带保证责任。实业公司称《授权书》上应为“周作亮章”，罗某无权代理；转让协议上的章不代表实业公司，故担保无效。

案例索引： 最高人民法院（2002）民二终字第67号“某信托公司诉某实业公司债权债务转让合同纠纷案”，见《温州信托公司清算组诉幸福实业公司等债权债务转让合同纠纷案》（审判长宋晓明，审判员吴庆宝，代理审判员刘敏），载《最高人民法院公报·裁判文书选登》（2004:184）；另见《关于保证人身份的确定及保证合同的效力认定——温州国际信托投资公司与湖北省幸福实业股份有限公司、幸福集团公司债权债务转让合同纠纷上诉案》（刘敏），载《民商审判指导与参考·案例评析》（200301/3:267）。

1.1

2004:184

2.1

200301/3:267

2002

3

224 债权人和保证人法定代表人相同，保证合同亦有效

——作为债权人和保证人的同一法定代表人，在《保证合同》上同时代表两个公司签字，并不违背我国法律法规规定。

标签： 保证 | 担保效力 | 法定代表人 | 双重代表

案情简介： 1997年，上海置业公司与香港置业公司签订《保证合同》，上海置业公司同意为主债务人欠款提供连带责任保证。沈某作为上海置业公司和香港置业公司的双重法定代表人在合同上签字。争议焦点：沈某代表行为是否有效？

法院认为： 根据我国法律、法规的有关规定，具备企业法人条件的企业，经国家授权的审批机关或主管部门审批和登记主管机关核准登记注册，其代表法人行使职权的主要负责人是企业法人的法定代表人。我国现行法律法规并未禁止个人同时担任两个或两个以上企业的法定代表人，亦未限制法定代表人为同一人的企业之间实施民事法律行为。故沈某当时作为香港置业公司和上海置业公司的法定代表人，在《保证合同》上同时代表两个公司进行签字，并不违背我国现行法律法规的规定。案涉《保证合同》是上海置业公司真实意思表示，上海置业公司无证据证明相关当事人之间存在欺诈、恶意串通损害其合法权益的情形，《保证合同》亦不违反我国现行法律法规禁止性规定，应认定有效，判决上海置业公司承担连带保证责任。

1.1

2004:174

2001

实务要点： 我国现行法律法规并未禁止个人同时担任两个或两个以上企业法人法定代表人的规定，亦无限制法定代表人为同一人的企业之间实施民事法律行为的规定。故作为债权人和保证人的同一法定代表人，在《保证合同》上同时代表两个公司进行签字，并不违背我国现行法律法规的规定。

案例索引： 最高人民法院（2001）民四终字第13号“某香港置业公司与上海置业公司等欠款担保纠纷案”，见《香港新建业有限公司等诉上海新建业有限公司等欠款担保纠纷案》（审判长王玩，代理审判员陈纪忠、任雪峰），载《最高人民法院公报·裁判文书选登》（2004:174）。

225 利用空白担保函变造形成的担保合同，应认定无效

——利用他人空白的担保函变造而成的担保，虽加盖了公司印章，但因非当事人真实意思表示，该担保应认定为无效。

标签： 保证丨担保效力丨变造空白担保函

案情简介： 1993年11月，信托公司与酒楼签订委托贷款协议，约定信托公司提供酒楼贷款300万元，载明贷款期限至1994年2月10日，同时约定了利息、贷款手续费。合同保证条款栏中约定，电力公司出具了无条件不可撤销的担保函。该担保函系酒楼利用以往与电力公司的业务往来，利用加盖了电力公司公章的空白的担保函变造而成，手写体的保证期载明保证期限“至1994年1月15日”。酒楼偿还贷款逾期后，三次向信托公司承诺还款。电力公司直至诉讼才知有此担保。

法院认为： 信托公司与酒楼所签委托贷款协议实为借款合同，故双方关于手续费的约定明显违反国家法律规定，应属无效。案涉担保并非电力公司真实意思表示，该公司从未接到酒楼的担保请求，亦未为该借款向信托公司出具过担保函。本案担保函上虽盖有电力公司印鉴，但非为该笔贷款提供担保而盖章，且法定代表人张某签字系仿冒。更为明显的是，担保函上保证人的开户银行和银行帐号是债权人信托公司而非电力公司；“担保函”上手写体注明的有效期早于主合同的借款期限不合情理，且借款合同的贷款期限届满时，该担保已失效。即使该“担保函”成立，信托公司在借款合同期限届满后，未经保证人电力公司同意，三次向酒楼承诺延期还款，依最高人民法院《关于借款合同双方当事人未经保证人同意达成延期还款协议后保证人是否继续承担担保责任的批复》的规定，亦应免除电力公司的担保责任。故案涉担保合同关系，无论从当事人意思表示，还是从担保形式和担保约定内容上看，都是不真实的，且违背我国担保法律制度，故该担保应认定为无效，电力公司不应承担该笔贷款的赔偿责任。

实务要点： 利用他人空白的担保函变造而成的担保，虽加盖了公司印章，但因非当事人真实意思表示，该担保应认定无效。

1.1

1995-1999:649

1999

案例索引： 北京高院1999年1月27日判决“某信托公司诉某酒楼等借款合同纠纷案”，见《北京国际信托投资公司诉韩俄式大酒楼有限公司、华北电力成套设备公司借款合同纠纷上诉案》，载《最高人民法院公报·案例》（1995-1999:649）。

226 担保关系，不因担保双方股权投资关系解除而解除

——担保合同签订时，即使担保人与被担保人存在股权投资关系，亦不因嗣后股权投资关系解除而影响担保合同效力。

标签：保证 | 担保效力 | 反担保 | 合同解除 | 整体解除

案情简介：2007年，开发公司及其关联公司就城建四公司的资产盘活与城建公司签订《资产重组协议》，并对反担保作出约定。2008年，城建四公司向银行贷款，城建公司提供连带责任保证，开发公司及其关联公司向城建公司提供反担保。城建公司在承担保证责任后诉请开发公司承担反担保责任。

法院认为：《资产重组协议》签订于2007年，案涉借款担保及反担保合同签订于2008年，虽然前一协议对反担保作出约定，但各份合同中均未将《资产重组协议》是否成立作为担保合同、反担保合同的效力要件。且各反担保人均系在工商登记注册具有完全行为能力的法人，其对外亦系依自己判断独立进行意思表示，即使协议签署时存在股权投资关系，亦不影响《反担保保证合同》中各担保人向城建集团分别作出的承诺。此外，生效判决认定《资产重组协议》解除系开发公司违约原因导致，故其再以该解除事宜主张免责，显不成立。故《资产重组协议》无论解除与否，均不影响反担保效力。

3

实务要点：担保合同签订时，即使担保人与被担保人存在股权投资关系，亦不因嗣后股权投资关系解除而影响担保合同效力。

2.6

v.8:478

2012

案例索引：最高人民法院（2012）民提字第57号“某开发公司与某建筑公司等借款担保合同纠纷案”，见《担保人对外作出的担保行为，应当承担相应的法律责任——北京瑞丰恒泰房地产开发有限公司、北京瑞丰恒基房地产开发有限公司、北京现代家园置业有限公司与北京城建集团有限责任公司、北京城建四建设工程有限责任公司借款担保合同纠纷案》（审判长付金联，代理审判员李相波、梅芳），载《最高人民法院商事审判指导案例（2012）·合同与借贷担保》（2013:478）。

227 担保人不能以其与借款人的内部约定对抗担保权人

——担保人不能以其与债务人之间的内部约定作为约束担保权人的条件，其与债务人之间的约定应属于另一法律关系。

标签：保证 | 担保效力 | 合同相对性

案情简介：2008年，开发公司为实业公司履行与贸易公司所签代理进口协

法院认为：开发公司参加签订的合同中均未载明其提供担保系以实业公司提供借款为生效要件的内容，根据合同相对性原则，开发公司与实业公司之间借款合同的约定，对贸易公司无约束力。开发公司与实业公司系借款合同签约人，该借款属另一法律关系，非本案开发公司提供担

议提供抵押担保，嗣后以其与实业公司所签借款协议为由，主张因实业公司未依约向其提供借款8000万元，故担保合同未生效。保所附条件，故开发公司担保责任不能免除。

实务要点： 担保人不能以其与债务人之间的内部约定作为约束担保权人的条件。

2.6

v.8:188

2012

案例索引： 最高人民法院（2012）民提字第64号“某实业公司与某贸易公司等进出口代理合同纠纷案”，见《违约金约定偏高的，调整应当依照法定程序——北京安捷联科技发展有限公司、北京晓松房地产开发有限公司与中外运国际贸易公司进出口代理合同纠纷案》（审判长王东敏，审判员刘崇理，代理审判员曾宏伟），载《最高人民法院商事审判指导案例（2012）· 合同与借贷担保》（2013:188）。

228 法定代表人变更，不能否定加盖公司公章担保效力

——企业法人法定代表人变动属于公司内部管理事务，不能由此否定加盖公司真实公章的连带责任保证书的法律效力。

标签： 保证 | 担保效力 | 法定代表人 | 内部变更 | 公章效力 | 公司行为

案情简介： 1998年，开发公司就铸造公司向信用社的逾期贷款1600万余元偿还出具连带责任保证书。1999年，信用社诉请开发公司履行保证责任，开发公司以1997年9月其法定代表人张某已变更登记为刘某为由，主张张某在保证书上的签字应属其个人行为。

法院认为： 开发公司章程中并未对公司对外担保作出限制性规定，同时开发公司向信用社出具还款承诺担保书时，其公章是真实的，应视为开发公司真实意思表示。至于签约时张某已不再是开发公司工商注册登记的法定代表人问题，因法定代表人变动属于开发公司内部管理事务，不能由此否定加盖了真实公章的担保书效力。因本案还款承诺担保书系以开发公司名义出具，不能认定为是张某个人行为。故开发公司应依还款承诺担保书向信用社履行相应的担保责任。

实务要点： 法定代表人变动属于公司内部管理事务，不能由此否定加盖公司真实公章的担保书效力。

2.6

v.7:43

2010

案例索引： 最高人民法院（2010）民提字第79号“某信用社与某煤电公司等借款合同纠纷案”，见《公司减少注册资本的法律要求——安徽新集煤电（集团）有限公司与如东县农村信用合作联社、上海恒德置地有限公司借款合同纠纷案》（审判长贾纬，代理审判员沙玲、周伦军），载《最高人民法院商事审判指导案例-7 · 公司与金融卷》（2012:43）。

229 债务人列入政策性关闭破产名单，不免除担保责任

——债务人被列入全国企业政策性关闭破产规划的，担保人担保责任并不当然免除，债权人可对相关担保人提起诉讼。

标签：保证 | 担保效力 | 不良资产 | 法院受理 | 破产 | 保证债权

案情简介：2007年11月，全国企业兼并破产和职工再就业工作领导小组将实业公司列入《全国企业关闭破产项目表》。同年12月，受让银行金融债权的资产公司起诉实业公司偿还借款，并要求保证人化工集团承担担保责任。

3

2.7

2011:348

2.6

v.2:371

2009

法院认为：最高人民法院《关于审理涉及金融不良债权转让案件工作座谈会纪要》（法发〔2009〕19号）对此类案件受理问题作出专门规定，明确“债权人向已列入经国务院批准的全国企业政策性关闭破产总体规划并拟实施关闭破产的国有企业债务人主张清偿债务的”，法院不予受理。根据《民事诉讼法》规定，当事人起诉必须属于法院受理民事诉讼的范围。故资产公司对实业公司的起诉因不符合上述法律和司法政策的规定，依法应予驳回。但前述纪要仅针对被列入政策性破产企业债务人作为被告的案件，并不排除债权人对相关担保人提起诉讼的情形。同时，担保人的担保责任亦不因主债务人进入破产程序而当然免除。政策性破产企业的债务作为拟核销的呆坏账由债权银行予以核销，系金融企业对呆坏账按照国家政策性破产所实施的特殊财务处理方式，并不因此导致从债务即担保法律关系的消灭，担保人对担保债务仍应按法律规定和合同约定承担相应责任。故资产公司对担保人化工集团的起诉符合法律规定，亦不与前述纪要和相关政策相冲突，其诉权应受法律保护。

实务要点：债权人向已列入全国企业政策性关闭破产总体规划并拟实施关闭破产的国有企业债务人主张债务的，法院不予受理，但并不排除债权人对相关担保人提起诉讼的，担保人的担保责任亦不因主债务人进入破产程序而当然免除。

案例索引：最高人民法院（2009）民二终字第28号“某资产公司与某化工公司等借款担保合同纠纷案”，见《中国长城资产管理公司乌鲁木齐办事处与新疆昆仑股份有限公司、新疆化工（集团）有限责任公司、新疆新化化肥有限公司借款担保合同纠纷案》（审判长裴莹硕，审判员宫邦友，代理审判员刘崇理），载《最高人民法院商事审判裁判规范与案例指导·裁判文书》（2011:348）；另见《政策性破产企业的债务作为拟核销的呆坏账由债权银行予以核销的，担保法律关系并不因此而消灭》，载《最高人民法院商事审判指导案例·借款担保卷（上）》（2011:371）。

230 债务人政策性关闭破产，债权人仍可主张担保责任

——主债务人虽已被列入国家政策性关闭破产企业，但没有证据证明其已进入破产程序的，债权人仍可主张担保责任。

标签：保证 | 担保效力 | 不良资产 | 法院受理 | 破产 | 管辖

法院认为： 根据最高人民法院《关于审理涉及金融不良债权转让案件工作座谈会纪要》的有关精神，债权人向国家政策性关闭破产的国有企业债务人主张清偿债务的，法院不予受理。抚顺特钢虽已被列入国家政策性关闭破产企业，但没有证据证明其已进入破产程序，更何况本案债权人是要求债务人抚顺特钢的担保人东北特钢承担担保责任，而非向债务人抚顺特钢自身主张清偿债务，故法院受理本案并无不当。

案情简介：2003年，东北特钢为抚顺特钢向银行先后贷款7835万元提供担保。2007年9月，受让银行该金融债权的资产公司起诉东北特钢要求承担担保责任。二审中，东北特钢提出抚顺特钢已被全国企业兼并破产和职工再就业工作领导小组列入国家政策性关闭破产企业，故法院不应受理此案。

实务要点： 债务人虽已被列入国家政策性关闭破产企业，但没有证据证明其已进入破产程序，在债权人要求债务人的担保人承担担保责任，而非向债务人自身主张清偿债务的，法院应予受理。

案例索引： 最高人民法院（2009）民二终字第51号“某资产公司与某钢材公司等借款担保合同纠纷案”，见《东北特殊钢集团有限责任公司与中国长城资产管理公司沈阳办事处借款及担保合同纠纷案》（审判长刘竹梅，审判员宫邦友，代理审判员刘崇理），载《最高人民法院商事审判裁判规范与案例指导·裁判文书》（2011:357）；另见《在公司章程并未明确规定一定额度以下为股东提供担保是否需要董事会或者股东会决议通过，且当公司债权人与公司股东的利益发生冲突时，应当优先保护公司债权人的利益》，载《最高人民法院商事审判指导案例·借款担保卷（下）》（2011:682）。

2.7

2011:357

2.6

v.2:682

2009

231 担保人保证责任产生，不以债权人是否通知为前提

——保证合同约定债权人应通知保证人履行保证责任，不属于合同生效要件约定，不因未通知而导致保证合同未生效。

标签：保证 | 担保效力 | 诉权 | 起诉权 | 期待胜诉权 | 通知义务

法院认为： 诉权是当事人请求法院行使审判权以保护其民事权益的权利，包括程序意义上的诉权和实体意义上的诉权。程序意义上的诉权是当事人请求法院给予司法救济的权利，其外延对原告而言即为起诉权。实体意义上的诉权是当事人请求法院通过审判强制实现其民事权益的权利，外延表现为其期待胜诉权，原告在提起诉讼时，即在行使其期待胜诉权，一旦法院受理，该权利本身就得到了实现，至于其所期待的

案情简介：2004年，实业公司为光电公司向银行借款提供保证担保，约定“债务人逾期还款时，保证人在债权人向其发出通知后20日内，将通知

中所要求支付的金额付到债权人指定的账号中。债权人的通知须以书面形式作出。”

2.6

v.2:939

2006

3

内容能否得以实现属于实体法审理的范畴，而非诉权的内容。故对于民事案件当事人是否具备诉权问题，应依《民事诉讼法》规定的起诉条件予以认定。只要满足法定条件起诉的，即应认定原告具备了诉权，法院依法应受理。本案银行提起诉讼，符合上述法律规定，应认定其具备诉权。实业公司以银行未履行保证合同中设置的通知义务为由，主张银行在本案中无诉权，缺乏法律依据，故不予支持。案涉合同中通知义务条款是对实业公司承担保证责任方式作出的约定，所表达的核心内容是只要债务人未偿还款项，在保证人发出通知后，保证人应及时履行保证责任，而并未作出“如债权人不通知保证人则保证人不承担保证责任或保证合同不生效”等约定，故上述约定不是对保证合同生效要件的约定。保证合同不因银行未通知实业公司履行保证责任而未生效。因实业公司提供的系连带责任担保，故只要债务人到期未履行偿还责任，债权人银行即有权直接向保证人实业公司主张权利。银行主张权利的方式，既可按保证合同约定以书面通知的方式要求实业公司自动履行债务，亦可以直接诉讼方式向实业公司主张权利。实业公司保证责任的产生并不以债权人银行是否通知为前提。即使银行未通知实业公司履行保证责任，只要债务人到期未偿还债务，实业公司的保证责任即已客观存在，银行选择何种方式实现债权是其权利行使的范畴，法律并无禁止性规定。实业公司关于银行未在诉讼前通知其履行保证义务就应免除其保证义务的主张，亦无事实和法律依据，本院不予支持。

实务要点： 合同中对担保人承担保证责任方式作出的约定，不是对保证合同生效要件的约定，保证合同不因债权人未通知担保人履行保证责任而未生效。担保人保证责任的产生并不以债权人是否通知为前提，只要债务人到期未偿还债务，担保人的保证责任即已客观存在，债权人既可依约通知担保人履行，亦可以直接诉讼方式向其主张权利。

案例索引： 最高人民法院（2006）民二终字第80号“某银行与某实业公司担保合同纠纷案”，见《债权人向承担连带责任的担保人主张权利的方式，既可以按照保证合同的约定以书面通知的方式要求其自动履行债务，也可以直接以诉讼的方式向其主张权利，债权人如何选择，法律并无禁止性规定——深圳市亚奥数码技术有限公司与中国银行内江分行担保合同纠纷案》（审判长于松波，代理审判员官邦友、刘敏），载《最高人民法院商事审判指导案例·借款担保卷（下）》（2011:939）。

232 基于无效的主债务合同的资金返还的担保约定有效

——委托理财合同产生的债务演变为委托人与受托人之间的一般性债权债务，基于该债务返还所签订的保证担保有效。

标签：保证 | 担保效力 | 证券 | 无效后果 | 一般债权债务

案情简介：2002年，科技公司与物资公司签订《资产委托管理合同》，科技公司将5000万元委托物资公司管理，并约定了18%的固定保底收益。两年后的2004年，就物资公司未偿还的委托资金本息4000万余元，投资公司、商贸公司、实业公司与科技公司分别签订《担保协议》，同意承担连带保证责任，并约定担保协议独立于前述《资产委托管理合同》，不因《资产委托管理合同》无效而无效。

法院认为：从担保协议约定可见，当事人真实意思表示是原委托理财债务已变为委托人与受托人之间的一般性债权债务，该三份担保协议不是依附于前面的资产委托合同的从合同，而是具有独立性。故前述委托理财合同效力对此三份担保合同效力不产生实质影响，该担保协议应认定有效。投资公司、商贸公司、实业公司作为保证人应对科技公司上述委托资金本金及逾期利息承担连带偿还责任。

实务要点：委托理财合同产生的债务依约已变为委托人与受托人之间的一般性债权债务，基于该债务返还所签订的保证担保协议具有独立性，非依附于前面的委托合同而存在，故委托理财合同效力对担保合同效力不产生实质影响。

案例索引：最高人民法院（2005）民二终字第217号“某证券公司与某科技公司等委托理财合同纠纷案”，见《债务承担的认定及责任承担——泰阳证券有限责任公司与海南洋蒲华洋科技发展有限公司等单位资产管理委托合同纠纷上诉案》（张雪楳，最高院民二庭），载《民商事审判指导·案例分析》（200602/10:250）。

2.1

200602/10:250

2005

233 未“经各方签字”但加盖公章的，应认定合同有效

——合同中约定“经各方签字后生效”，但其中一方或各方未经法定代表人签字而加盖法人印章的，应认定合同有效。

标签：保证 | 担保效力 | 法定代表人 | 签字盖章

案情简介：1996年，银行与开发公司、进出口公司签订《借款合同》，约定

法院认为：进出口公司承认本案借款合同上加盖的公章真实，且其又未举证证明该公章系他人盗盖，故应认定进出口公司已为本案借款合同提供了保证担保。进出口公司关于合同约定“本合同经各方签字后生效”，应解释为“各方法定代表人签字”后才生效的理由不能成立，故不予

银行向开发公司发放贷款，进出口公司提供连带责任保证担保，同时约定“本合同经各方签字后生效”。后进出口公司以合同仅加盖公章未经各方法定代表人签字为由，主张合同未生效。

支持。案涉保证担保系当事人之间真实意思表示，且不违反法律和行政法规的禁止性规定，应认定合法有效。

实务要点： 当事人在合同中约定“经各方签字后生效”，但其中一方或各方未经法定代表人签字而加盖法人印章的，应视为当事人意思的真实表示，应认定合同有效。

2.1

200501/7:300

2005

案例索引： 最高人民法院（2005）民二终字第31号“某开发公司与某进出口公司等借款担保合同纠纷案”，见《陕西宏华房地产开发公司与中国航空器材进出口总公司西北公司等借款担保合同纠纷上诉案》（审判长徐瑞柏，代理审判员王宪森、张雪楳），载《民商事审判指导·判决书选登》（200501/7:300）。

3

234 法定代表人免职，未变更登记前，不当然有代表权

——法定代表人职务免除后未经工商变更登记前仍代表法人对外进行担保有效，但能证明第三人明知或非善意的除外。

标签： 保证 | 担保效力 | 法定代表人 | 变更登记

案情简介： 1997年1月，外商独资企业实业公司法定代表人沈某被免职，但未办理工商部门的变更登记。同年2月，沈某代表实业公司与同时担任法定代表人的香港公司签署一系列担保文件；明知沈某被免职的投资公司从香港公司获得担保债权后诉请实业公司承担保证责任。

法院认为： 法定代表人职务随免除决议生效之日即刻免除，凡知道该法定代表人职务免除事实却仍接受其代表行为的，该代表行为效力应为无效，但对未经工商部门正式变更登记前善意信赖其为法定代表人所实施交易的第三人而言，被代表公司仍应负责。沈某在其法定代表人职务被免除后的时间内，仍代表实业公司与香港公司签署一系列担保文件。由于沈某同时代表以上两方签署同一文件，故作为债权人的香港公司应知沈某已不再是保证人的法定代表人，该保证行为显然不应视为保证人的真实意思表示，故香港公司不应因此获得保证效力。本案证据表明投资公司对沈某作为实业公司法定代表人职务被更换一事是明知的，但其仍接受沈某的无权代表行为，不应视为善意第三人，且投资公司无权凭香港公司在所获保证无效后转让的债权诉请实业公司承担保证责任。故本案实业公司不应承担担保责任。

2.4

200602/20:243

2005

实务要点： 法定代表人职务免除后未经工商部门变更登记前，仍代表法人对外进行担保有效，但能证明第三人明知或非善意的除外。

案例索引： 最高人民法院（2005）民四再字第1号“某房产公司与某地产公司等借款担保合同纠纷案”，见《潍坊富华新建业房地产有限公司破产清算组与新建业地产（香港）有限公司等欠款担保纠纷案》（审判长何抒，代理审判员孙基刚、虞政平），载《审判监督指导·裁判文书选登》（200602/20:243）。

235 兼并协议解除后，为被兼并方旧债所设担保可免除

——企业兼并过程中，兼并方对被兼并方的债务予以担保，在兼并协议解除后，应依公平原则免除兼并方的担保责任。

标签： 保证 | 担保效力 | 企业改制 | 企业兼并 | 历史债务 | 主合同解除

案情简介： 1997年，实业公司与材料公司签订兼并协议，实业公司依此为材料公司的历史债务向银行提供担保。后因法定原因导致兼并协议解除，银行要求实业公司承担担保责任。

2.6

v.3:66

2005

法院认为： 案涉债权在兼并协议前即已形成，属于材料公司对银行的历史债务，在当时的情况下，材料公司已属严重亏损企业，银行债权已形成了事实上的呆坏账。而实业公司向银行承诺对上述债务承担连带保证责任，系基于其与材料公司之间的兼并行为。合同中虽未约定兼并是担保的前提条件，但不能否认，实业公司提供担保是兼并行为总体安排的一部分，不能脱离当时国家鼓励国有优势企业帮助亏损企业摆脱困境，并给予被兼并企业的银行债务一系列优惠政策这一历史背景。对上述事实，银行在签订担保合同时亦系明知。实业公司兼并材料公司后，投入了一定人力、财力，而现有证据不能证明其从兼并中获得了相应收益，享受了优惠政策，实业公司为此已付出了兼并成本，且兼并协议应依法予以解除的情况下，还要承担材料公司原有巨额旧债的担保责任，对其而言确实显失公平，故应免除其担保责任。根据《民法通则》基本原则，担保责任免除后的债权债务关系应恢复至原来状态，作为债权人的银行可向原债务人主张权利。

实务要点： 最高人民法院《关于适用〈担保法〉若干问题的解释》第10条规定：“主合同解除后，担保人对债务人应当承担的民事责任仍应承担担保责任。但是，担保合同另有约定的除外。”企业兼并过程中，兼并方对被兼并方的历史债务与债权银行签订担保协议，在兼并协议依法解除的情况下，应依公平原则免除兼并方的担保责任。

案例索引： 最高人民法院（2005）民二终字第38号“某银行与某实业公司等合并纠纷案”，见《〈兼并协议〉是双方真实意思表示，内容不违反法律禁止规定，该协议有效——中国远大集团

有限责任公司与天津市一轻集团（控股）有限公司、天津远大感光材料公司、中国东方资产管理公司天津办事处、中国工商银行天津市分行广厦支行公司合并纠纷案》（审判长张勇健，审判员于松波，代理审判员殷媛），载《最高人民法院商事审判指导案例（3）· 公司卷》（2011:66）。

236 加盖常用印鉴，未举证他人私刻盗盖的，视同签字

——法定代表人加盖以前常用个人印鉴，且未举证加盖在诉争合同上的个人印鉴系他人私刻盗盖的，应视同本人签字。

标签： 保证 | 担保效力 | 法定代表人 | 签字 | 个人印鉴 | 举证责任

3

案情简介： 2003年，信用联社为科技公司向信用社申请承兑汇票3000万元提供保证担保，保证合同约定“自双方法定代表人（或授权代理人）签字并加盖公章后生效”。嗣后信用联社以其法定代表人杜某加盖的个人印鉴非其真实意思表示为由，主张合同未生效。信用社举证杜某的个人印鉴还曾在其他函件、报表、合同上使用过，且上述文件约定的借款、还款事项已履行完毕。

法院认为： 案涉保证合同明确约定生效条件“自双方法定代表人（或授权代理人）签字并加盖公章后生效”。依《合同法》第45条关于“当事人对合同的效力可以约定附条件。附生效条件的合同，自条件成就时生效”规定，本案所涉保证合同应自双方当事人约定的特殊生效条件成就之时生效。本案事实表明，加盖在案涉保证合同上的信用联社法定代表人杜某的个人印鉴还曾在其他函件、报表、合同上使用过，且上述文件约定的借款、还款事项已履行完毕。不能以上述文件与本案有关联为由否认其证明力。依最高人民法院《关于民事诉讼证据的若干规定》第2条关于“当事人对自己提出的诉讼请求所依据的事实或者反驳对方诉讼请求所依据的事实有责任提供证据加以证明。没有证据或者证据不足以证明当事人的事实主张的，由负有举证责任的当事人承担不利后果”的规定，信用联社有责任证明但未举证加盖在保证合同上的杜某个人印鉴非其真实印鉴，而是他人私刻的，或虽真实，但系他人盗窃后加盖的，故应认定该印鉴真实且系信用联社工作人员或杜某本人加盖，本案双方当事人约定的特殊生效条件已于本案所涉保证合同上加盖杜某个人印鉴之时成就（即加盖杜某个人印鉴与其签字具有同等法律效力），保证合同已生效。

2.6

v.4:132

2005

实务要点： 双方当事人约定合同生效条件是“自双方法定代表人（或授权代理人）签字并加盖公章后生效”。该合同上加盖了双方当事人的公章及其中一方法定代表人的个人印鉴，另一方的授权代理人在该保证合同上签了字。在前述单位法定代表人的个人印鉴还曾在其他函件、报表、合同上使用过，且其不能证明其法定代表人的个人印鉴并非真实印鉴，而是他人私刻的，或虽真实，但系他人盗窃后加盖的情况下，应认定双方当事人约定的特殊生效条件已经成就。

案例索引： 最高人民法院（2005）民二终字第171号“某银行与某信用社票据纠纷案”，见《以欺诈手段所签订的合同，若只是使对方违背真实意思属于可变更可撤销合同——泰安市商业银行股份有限公司与沂南县农村信用合作社联合社返还票据垫付款纠纷案》（审判长叶小青，审判员王洪光，代理审判员王涛），载《最高人民法院商事审判指导案例（4）·金融卷》（2011:132）。

237 担保人明知合同效力重大瑕疵仍担保的，不能免责

——担保人未对主合同履行情况进行审查，在明知合同效力有重大瑕疵的情况下，仍提供担保，不能免除其担保责任。

标签： 保证 | 担保效力 | 重大瑕疵

案情简介： 1996年，外贸公司与报社器材公司签订代理进口协议。1998年，报社为器材公司委托外贸公司代为进口所欠各项费用2600万余元的还款协议提供连带责任保证。后报社以代理进口协议系外贸公司与器材公司利用虚假进口合同骗汇应无效为由，主张免除其担保责任。

法院认为： 报社在签订担保合同时，并未对代理进口合同履行情况进行审查就出具了担保。其在明知合同有重大瑕疵的情况下，仍出具担保的行为应为有效。

实务要点： 担保人明知合同效力有重大瑕疵，仍提供担保，不能免除其担保责任。

案例索引： 见《汕头日报社与中国（福建）对外贸易中心集团、汕头日报新闻器材总公司外贸代理合同纠纷案——担保人明知合同效力有重大瑕疵，仍提供担保，不能免除其担保责任》（陈佳、何抒），载《审判监督指导·案例评析》（200401/13:78）。

2.4

200401/13:78

2004

238 保证人与债务人法定代表人相同，不等于保证无效

——债务人、保证人的法定代表人虽系同一人，但两公司之间无直接持股和交叉持股情况，所为担保行为应认定有效。

标签： 保证 | 担保效力 | 公司人格否认 | 关联公司

案情简介： 1999年，工程公司向银行

法院认为： 实业公司原法定代表人虽具有同时兼任工程公司法定代表人特殊身份，但两公司之间无直接持股和交叉持股情况，二者之间关联关系仅限于系同一法定代表人，而非实业公司所称“股东控股的子公司”。

贷款，实业公司提供连带责任保证。工程公司与实业公司法定代表人为同一人，但两公司不存在交叉持股或直接持股情形。

2.1

200202/2:316

2002

依我国法人制度，实业公司与工程公司互为独立的民事主体，各自对外独立享有民事权利，承担民事义务。依《民法通则》第43条关于“企业法人对它的法定代表人和其他工作人员的经营活动，承担民事责任”规定，实业公司法定代表人及该公司工作人员以该公司名义对外实施担保行为，应认定为企业法人行为，由此发生的法律后果，应由企业法人承担，故实业公司应为工程公司所欠银行贷款承担连带保证责任。

实务要点： 债务人、保证人的法定代表人虽系同一人，但两公司之间无直接持股和交叉持股情况，依据我国法人制度，两公司互为独立的民事主体，各自对外独立享有民事权利，承担民事义务，所为担保行为有效。

案例索引： 最高人民法院判决“某银行与某实业公司担保合同纠纷案”，见《关于对担保法司法解释第三十七条的理解与适用——中国工商银行厦门分行与中福实业股份有限公司担保合同纠纷上诉案》（陈明焰），载《民商审判指导与参考·案例评析》（200202/2:316）。

3

239 担保人不因主合同解除而免除其应承担的担保责任

——主合同解除后，参照《担保法》司法解释第10条规定，担保人对债务人应当承担的民事责任仍应承担担保责任。

标签： 保证 | 担保效力 | 主合同解除

案情简介： 1991年至1993年，银行与建材厂签订了四份借款合同，均由建筑公司提供连带责任保证。银行发放了贷款，但建材厂并未依约分期偿还。2000年，受让该不良金融债权的资产公司以建材厂已列入2000年全国企业兼并破产第三批审查项目名单为由，诉请解除第三、四份借款合同，提前还贷，建筑公司承担连带在保证责任。

法院认为： 第三、四份借款合同虽尚未到期，但由于建材厂始终未能按期偿还任何贷款并已濒临破产，被列入兼并破产审查名单，其行为已构成根本违约，依《合同法》第94条第4款规定，银行有权要求解除尚未到期的第三、四份借款合同。建筑公司与银行签订的保证合同系本案借款合同的从合同，而银行已将上述债权合法转让给资产公司，参照最高人民法院《关于适用〈担保法〉若干问题的解释》第10条“主合同解除后，担保人对债务人应当承担的民事责任仍应承担担保责任”规定，资产公司要求解除合同、提前收贷符合法律规定，建筑公司仍应承担担保责任。

实务要点： 主合同解除后，担保人对债务人应承担的民事责任仍应承担担保责任。

2.1

200201/1:395

2001

案例索引： 最高人民法院（2001）民二终字第68号“某资产公司与某建筑公司等借款担保合同纠纷案”，见《中国新型建筑材料（集团）公司与中国信达资产管理公司长沙办事处等借款担保合同纠纷上诉案》（审判长付金联，审判员臧玉荣，代理审判员李京平），载《民商审判指导与参考·裁判文书选登》（200201/1:395）。

240 为以借用信用卡形式建立的借款所提供的担保有效

——持卡人转借信用卡并不违反法律、法规禁止性规定，亦不必然损害国家利益和社会公共利益，并不导致合同无效。

标签： 保证 | 担保效力 | 储蓄合同 | 借名账户 | 借用信用卡

案情简介： 2009年，叶某将其透支额度为9万元的信用卡借给程某使用，并由程某书写9万元的借据，张某、苏某为程某提供连带共同保证。因程某实际透支8万余元未还，叶某起诉保证人张某、苏某要求归还。

法院认为： 叶某与银行之间建立的申领信用卡合同关系合法有效，其享有的由银行为其支付消费款项的权利是一种合法的权利。叶某与程某之间借用信用卡行为虽违反了银行关于信用卡使用的规定，对银行不发生债务转移的效力，但并不违反法律法规禁止性规定，亦不必然损害国家利益和社会公共利益，故叶某与程某之间以借用信用卡形式建立的债权债务关系合法有效。叶某对银行所负债务最终须由叶某直接向银行承担，故不论叶某是否履行其对银行债务，并不影响程某与叶某之间的债权债务关系的成立，叶某要求程某或担保人承担责任无须以其向银行履行相应还款义务为前提，故判决张某、苏某归还叶某借款8万余元。

3.6

201006/12:62

2010

实务要点： 持卡人转借信用卡行为并不违反法律、法规禁止性规定，亦不必然损害国家利益和社会公共利益，借用人和持卡人之间因借用信用卡所产生的债权债务关系合法有效。借用人及其保证人应对持卡人承担相应的民事责任。

案例索引： 江苏宿迁中院（2010）宿中民终字第0345号“叶某与张某等保证合同纠纷案”，见《叶书德诉张令建、苏丽借用信用卡保证合同纠纷案》，载《江苏省高级人民法院公报》（201006/12:62）。

241 保证合同中另行约定的违约金条款，应认定为无效

——保证合同中另行约定的违约金条款导致保证责任超出主债务范围，违反了保证债务的从属性原理，应认定为无效。

法院认为： 担保公司依约向银行履行保证义务后，依法取得向贸易公司和各反担保

标签：保证 | 担保效力 | 违约责任 | 违约金 | 从属性

案情简介：2007年，担保公司为贸易公司向银行贷款提供保证担保，蒋某以房产向担保公司提供抵押反担保，蒋某、李某等4人另行为担保公司提供信用反担保，信用反担保合同约定如蒋某等违约，应按担保公司承担代偿金额的15%另行支付违约金。

3.6

200903/3:63

2008

3

人的追偿权，故本案案由为担保追偿权纠纷。担保公司有权就其在保证范围内承担的责任向主债务人贸易公司追偿，并基于《委托保证合同》约定，有权要求贸易公司支付律师费并承担贷款金额15%的违约金。对于蒋某、李某等抵押及信用反担保人，担保公司有权要求其在各自担保范围内承担担保责任。对于担保公司要求信用反担保人各自承担12万元违约金的主张，因担保公司作为格式条款提供方，在签订合同时未要求各信用担保人在记载违约金条款页面上签章或加盖骑缝章，更未采取合理方式向各信用担保人说明该违约金条款。且担保合同中另行约定违约金条款，导致担保人承担的责任超出主债务范围，不但违反担保合同的从属性，也不符合公平诚信原则，故该违约金条款无效，判决贸易公司支付担保公司代偿款及逾期付款违约金，并赔偿律师费，逾期未付时，担保公司有权就抵押房产优先受偿，蒋某等4人对上述债务承担连带清偿责任。

实务要点：保证合同中另行约定违约金条款导致保证人承担的责任超出主债务范围，违反保证债务的从属性原理，进而导致保证人最终无法向主债务人进行追偿；同时，债权人会因该违约金条款而重复获利，违反公平原则，故保证合同另行约定的违约金条款应认定无效。

案例索引：江苏苏州中院（2008）苏中民二终字第0520号“某担保公司与某贸易公司等追偿权纠纷案”，见《苏州信联投资担保有限公司诉吴江市震宇贸易有限公司等担保追偿权纠纷案》，载《江苏省高级人民法院公报》（200903/3:63）。

242 员工作为名义借款人及担保人，应依约定承担责任

——员工出借名义为用人单位向银行借款提供便利，作为名义借款人及名义担保人的员工应承担的民事责任不应免除。

标签：保证 | 担保效力 | 借款合同 | 实际借款人 | 名义担保人 | 虚假按揭

案情简介：2003年，物资公司员工郝某向银行借款252万元购车，杨某及

法院认为：郝某、杨某对其所称在空白合同上签字的事实未能提供证据予以证明，亦未提供证据证明银行明知其系在空白合同上签字，故对郝某、杨某有关在合同上的签字不代表其真实意思表示的主张不予采纳。现有证据表明，郝某与银行建立了有效的借款法律关系，银行亦按其与郝某约定将借款合同项下贷款发

物资公司提供连带责任保证。嗣后郝某、杨某以受物资公司领导诱使在空白合同上签字为由，主张免除还款及担保责任。

放给了物资公司，郝某对此明知，杨某为该借款提供连带责任保证亦系明知。郝某、杨某所称各自系受物资公司领导诱使签字应免责，但根据现有证据，双方之间的问题应另行解决，不能因此导致其责任免除。故判决郝某偿还银行逾期借款及未到期借款本息，杨某、物资公司承担连带清偿责任。

3.3

2007商:51

2006

实务要点： 员工出借名义为公司向银行借款提供便利，由此导致个人汽车消费贷款业务纠纷的，作为名义借款人及名义担保人的员工应承担的民事责任不应被免除。

案例索引： 北京一中院（2006）一中民终字第767号“某银行与郝某等借款合同纠纷案”，见《中国工商银行北京市昌平支行诉郝学明等借款合同案（汽车消费贷款）》（张印龙），载《中国审判案例要览》（2007商事:51）。

243 以保证中标为条件收取居间费的合同，应认定无效

——以保证中标为条件而收取费用，因明显违反招投标活动应遵循的“三公”原则，扰乱市场正常秩序，应认定无效。

标签： 保证 | 担保效力 | 居间合同 | 工程招标 | 以合法形式掩盖非法目的

案情简介： 2000年，建筑公司就其法人股东作为发包方的建设项目工程与工程公司暗中签订联合协议，保证工程公司拿到工程，但工程公司需支付工程款的10%作为居间报酬。工程公司竞标成功后，因未支付约定的10%即587万余元费用被诉。

法院认为： 涉案工程项目施工，系发包方依法以招投标方式进行发包的，但在发包方公开招标、工程公司投标行为开始前，联合协议约定建筑公司保证工程公司获得该项目，明显违反了招投标活动中应遵循的公开、公平、公正和诚实信用原则，属于以合法形式掩盖非法目的，扰乱了建筑市场的正常秩序，损害了其他参与招投标活动当事人的合法权益，工程公司虽中标并承包该工程，但联合协议无效，双方均有过错，故判决驳回建筑公司诉讼请求。

3.1

200602/56:293

2004

实务要点： 以保证中标为条件收取费用因明显违反招投标活动应遵循的“三公”原则，扰乱市场正常秩序，应认定无效。

案例索引： 北京高院（2004）高民终字第00408号“某建筑公司与某开发公司居间合同纠纷案”，见《北京戎信建筑装饰工程有限公司以居间保证光大国际建设工程总公司获得公开招标工程为由起诉对方要求给付保证中标费用被驳回案》（闫辉），载《人民法院案例选》（200602/56:293）。

244 受行政干预或指令而提供保证担保，仍应承担责任

——保证人即使能证明其提供担保系受到行政干预或指令，但因不属胁迫情形所造成的法律后果，仍应承担担保责任。

标签：保证 | 担保效力 | 行政干预 | 胁迫

案情简介：1999年10月，投资公司为实业公司向银行贷款3500万元提供连带责任保证。嗣后投资公司以生效刑事判决证明，其提供保证系受到行政干预所致，主张免责。

3.3

2005商:95

3

2004

法院认为：从我国现有法律规定来看，法律目前只是明确规定当事人对于合同之外的第三人强迫其从事某种民事行为包括强令提供担保等行为均有权拒绝。那么，相应的法律后果应理解为，受到强迫命令的一方如果对该强令未拒绝或虽经拒绝但最终仍与相对方签订了相应的民事合同，其在合同中的民事责任仍须承担。但其在承担合同民事责任后，可向强令方提出损害赔偿的追偿，此不同于合同当事人之间存在胁迫情形所造成的法律后果。本案中出借方银行与实业公司签订借款合同时有无对借款人的贷款资格及偿债能力等尽到审慎的审查义务，并不影响本案借款合同的效力，亦不影响本案借款保证合同效力，只是对出借人就该笔贷款可能存在的风险承担有意义。故本案借款合同及保证合同对有关当事人应具有拘束力，当事人应履行合同约定的权利义务。判决投资公司对实业公司所欠银行贷款承担连带清偿责任。

实务要点：保证人即使能举证证明其提供担保的意思表示系存在受到行政干预或指令的情况，但不同于合同当事人之间存在胁迫情形所造成的法律后果，保证人仍应承担担保责任。

案例索引：最高人民法院（2004）民二终字第9号“某银行与某实业公司等借款合同纠纷案”，见《中国建设银行石家庄市自强路支行诉河北宇通实业有限公司等借款合同案（担保）》（审判长叶小青，审判员朱海年，代理审判员陈明焰；编写人傅强，河北高院），载《中国审判案例要览》（2005商事:95）。

245 借款主合同未成立情况下，亦可认定担保合同无效

——借款主合同未成立，可参照《担保法》第5条规定，认定担保合同无效，并由保证人根据过错承担相应民事责任。

标签：保证 | 担保效力 | 主合同不成立 | 主合同无效

案情简介：2003年始，担保公司与银行开始合作贷款担保业务。2005

法院认为：①案涉借款合同、借款借据上有关丁某的签名均非丁某本人所签，案涉款项系划入置业公司账户，丁某未要求银行向置业公司划款，事实上丁某未取得上述款项，亦未取得合同所涉房屋所有权，且还款均系置业公司在支付，故本案借款合同真实借款人并非丁某，银行与

年，担保公司向银行提供加盖公章的空白《个人住房贷款担保通知书》及《保证合同》，其中约定担保公司将对借款主体资格的审查义务授予银行。2008年，诉争逾期借款所涉借款合同、借款借据上丁某签名经鉴定非丁某本人所签，证据显示系置业公司假借丁某名义借款。担保公司以借款合同未成立，其非置业公司与银行借款合同当事人主张不承担保证责任。

4.1

20150121

2014

丁某之间的借款合同关系不成立。②担保公司与银行之前存在个人住房贷款担保合作业务关系。本案《个人住房按揭（抵押）贷款合同》订立时间在《保证合同》之后，故应认定担保公司在《保证合同》中的承诺对银行订立本案贷款合同起到了促成作用。担保公司作为担保人对其担保的事项包括借款人、主债权种类等的真实性负有审查义务，但其通过《保证合同》约定将本应属于自己的审查义务完全授权给银行，并明确表示同意银行对借款人主体资格的审查意见，同时将空白《个人住房贷款担保通知书》交银行填写发放，故担保公司应与银行共同承担对上述事项审查失当的法律后果。③《担保法》第5条规定："担保合同是主合同的从合同，主合同无效，担保合同无效。担保合同另有约定的，按照约定。担保合同被确认无效后，债务人、担保人、债权人有过错的，应当根据其过错各自承担相应的民事责任。"该规定明确规定担保合同无效后，担保人有过错的，应承担民事责任。在担保公司对本案借款发生存在过错的情形下，参照最高人民法院《关于适用〈担保法〉若干问题的解释》第8条规定，判决担保公司对本案债务不能清偿部分承担三分之一的赔偿责任，并无不当。

实务要点： 借款主合同未成立，可参照《担保法》第5条规定，认定担保合同无效，同时参照适用最高人民法院《关于适用〈担保法〉若干问题的解释》第8条规定，判决保证人对主债务不能清偿部分承担相应的赔偿责任。

案例索引： 最高人民法院（2014）民抗字第68号"某投资公司与丁某等借款合同纠纷案"，见《无锡汇源投资担保有限公司与丁国华、崔阳、中国银行股份有限公司无锡惠山支行、无锡富民置业有限公司借款合同纠纷审判监督民事判决书》（审判长董华，审判员贺禔、李桂顺、马东旭，助理审判员张爱珍），载《中国裁判文书网》（20150121）。

I

合同效力

246 商业银行违反贷款审核义务，不影响贷款合同效力

——商业银行发放贷款应严格审查属管理性规范，银行即使违反相关规定，亦不影响其与借款人之间的借款合同效力。

标签： 保证 | 合同效力 | 借款合同 | 内部规定 | 管理性规范

3

案情简介： 2005年5月，轮胎公司与银行签订《最高额保证合同》，承诺为商贸公司未来1年内发生的最高额度为7000万元的授信提供连带保证担保。同日至2005年10月，银行4次以贷款或开立承兑汇票方式向商贸公司发放共计7000万元。因商贸公司逾期未还，银行起诉，并要求轮胎公司承担担保责任。轮胎公司举证证实商贸公司财务状况在2005年已严重恶化，银行违反《商业银行法》、《贷款通则》中规定的严格审查义务，其担保责任应当免除。

1.1

2008:291

法院认为： 《商业银行法》、《贷款通则》等相关法律法规并未规定商业银行违反贷款中严格审查义务的民事责任，上述规定与银行的内部规定，均是从商业银行风险控制角度加以规范，属管理性规范，银行即使违反相关规定，亦不影响银行与商贸公司之间的信贷行为的效力和《最高额保证合同》的效力。况且，正是由于轮胎公司为商贸公司提供了最高额保证，大大降低了商贸公司因财务状况恶化而导致的信贷风险程度，才使银行继续为商贸公司提供信贷支持，故轮胎公司称银行违规发放贷款和开立银行承兑汇票，加重了该公司责任，其保证责任应予免除的主张不予支持。

实务要点： 《商业银行法》、《贷款通则》等相关法律法规并未规定商业银行违反贷款中严格审查义务的民事责任。上述规定与银行的内部规定，均是从商业银行风险控制角度加以规范，属管理性规范，银行即使违反相关规定，亦不影响银行与借款人之间的借款合同效力。

案例索引： 最高人民法院（2007）民二终字第36号“某轮胎公司与某银行等借款担保合同纠纷案”，见《风神轮胎股份有限公司与中信银行股份有限公司天津分行、河北宝硕股份有限公司借款担保合同纠纷案》（审判长钱晓晨，代理审判员刘敏、杨征宇），载《最高人民法院公报·裁判文书选登》（2008:291）；另载《民商事审判指导·判决书选登》（200801/13:281）；载《最高人民法院商事审

2.1

判裁判规范与案例指导·裁判文书》(2010:267)。

200801/13:281

2.7

2010:267

2007

247 汇票承兑合同无效形成的债权，保证人应承担责任

——即便汇票承兑协议无效，金融机构仍有权对其因有效票据而进行的承兑所产生的债务，向主债务人主张损害赔偿。

标签：保证 | 合同效力 | 票据 | 票据保证 | 汇票承兑主合同

案情简介：2005年5月，轮胎公司与银行签订《最高额保证合同》，承诺为商贸公司未来1年内发生的最高额度为7000万元的授信提供连带保证担保。轮胎公司认为2005年10月25日，银行为商贸公司开立3000万元银行承兑汇票，本笔银行承兑汇票的收款人物流公司，注册资金仅为50万元、经营范围主要为普通货物仓储、且为商贸公司关联公司，该汇票并无真实交易背景，银行开立该笔银行承兑汇票加重了轮胎公司的保证责任，应免除相应款项的保证责任。

1.1

2008:291

2.1

200801/13:281

法院认为：从目前有效的证据来看，虽然该汇票的收款人物流公司注册资金仅为50万元且为商贸公司关联公司，但并不意味着其不能从事3000万的商业交易。即使汇票项下没有真实交易背景，也不能认定票据行为无效。根据票据无因性理论，票据的基础关系独立于票据关系，票据基础关系（包括票据原因关系）的效力不影响票据关系的效力。根据《票据法》第10条规定“票据的签发、取得和转让，应当遵循诚实信用的原则，具有真实的交易关系和债权债务关系”，票据行为应有真实的票据原因关系，即真实的交易关系。但该条应属管理性规定，基础关系欠缺并不当然导致票据行为无效。根据《票据法》第13条规定“票据债务人不得以自己与出票人或者与持票人的前手之间的抗辩事由，对抗持票人”，票据基础关系（包括票据原因关系）的效力不影响票据关系本身。本案中3000万元银行承兑汇票项下即便不存在真实交易背景、票据基础关系无效，该汇票仍因符合《票据法》相关规定应为有效。即便银行与商贸公司之间的汇票承兑协议因不具有真实交易背景，违反《银行承兑汇票承兑协议》约定而无效，银行仍有权对其因有效票据关系而进行的承兑所产生的债务，对商贸公司主张损害赔偿，即对商贸公司仍享有债权。而《最高额保证合同》中轮胎公司向银行承诺，对2005年5月16日至2006年5月16日期间银行向商贸公司授信而形成的一系列债权提供最高额7000万元的最高额保证。该合同并未排除因银行与商贸公司合同无效而形成的债权提供保证。故轮胎公司关于银行违反审查真实交易背景的法定义务、该笔承兑协议无效，轮胎公司就相应的债务应免于承担保证责任的主张不能成立。

2.7

2010:267

2007

实务要点： 即便金融机构与主债务人之间的汇票承兑协议无效，金融机构仍有权对其因有效票据关系而进行的承兑所产生的债务，对主债务人主张损害赔偿，在最高额保证合同并未排除主合同无效形成的债权提供保证情况下，保证人不能免除保证责任。

案例索引： 最高人民法院（2007）民二终字第36号“某轮胎公司与某银行等借款担保合同纠纷案”，见《风神轮胎股份有限公司与中信银行股份有限公司天津分行、河北宝硕股份有限公司借款担保合同纠纷案》（审判长钱晓晨，代理审判员刘敏、杨征宇），载《最高人民法院公报·裁判文书选登》（2008:291）；另载《民商事审判指导·判决书选登》（200801/13:281）；载《最高人民法院商事审判裁判规范与案例指导·裁判文书》（2010:267）。

3

248 债务人违约后以不正当理由主张合同无效有违诚信

——债务人逾期未还款，担保人未承担保证责任，均构成违约而反以不正当理由主张合同无效的，有违诚实信用原则。

标签：保证 | 合同效力 | 借款合同 | 证券 | 违约责任 | 责任承担 | 禁反言

案情简介： 2004年，证券公司与银行签订资金拆借协议，约定拆借3603万元，拆借期限为7天。由担保公司提供担保。因逾期未还，银行起诉时，证券公司和担保公司称，双方拆借违反中国人民银行《关于禁止银行资金违规流入股票市场的通知》和国务院《金融违法行为处罚办法》关于拆借期限为1天及拆借场所规定，应为无效。

法院认为： 中国人民银行《关于禁止银行资金违规流入股票市场的通知》属部门规章，不能作为确认合同无效的依据。国务院《金融违法行为处罚办法》第17条规定相应处罚后果与合同效力无关，故不能依据该办法确认资金拆借合同无效。资金拆借合同签订后，证券公司将所得资金依约用于弥补头寸，并不存在利用银行资金进行证券交易的行为，故拆借行为是双方当事人真实意思表示，未违反法律、行政法规的强制性规定，也未损害国家利益和社会公共利益，案涉资金拆借合同应认定为有效。担保公司出具担保函，明确表示承担连带保证责任，在主合同有效，担保合同亦不存在其他无效情形下，担保公司的保证责任不应免除。证券公司在合同已实际履行，即得到急需款项后，作为还款义务人无正当理由未在约定期限内还款，担保公司亦未依约承担保证责任，均构成违约，本应承担违约责任，但证券公司和担保公司反以资金拆借超过法定期限等理由主张合同无效于法无据，并有违诚实信用原则，不应得到支持。

1.1

2006:294

2005

实务要点： 债务人无正当理由未在合同约定的期限内还款，担保人未依约承担保证责任，均构成违约，本应承担违约责任，而债务人、担保人反以不正当理由主张合同无效的，有违诚实信用原则，依法不应支持。

案例索引： 最高人民法院（2005）民二终字第150号“某银行与某担保公司等借款担保合同纠纷案”，见《西安市商业银行与健桥证券股份有限公司、西部信用担保有限公司借款担保合同纠纷案》（审判长姜伟，审判员于松波，代理审判员殷媛），载《最高人民法院公报·裁判文书选登》（2006:294）。

249 虚开信用证致开证无效，保证行无过错不承担责任

——主合同无效而导致担保合同无效的，担保人过错不应指其在主合同无效上的过错。担保人无过错的，不承担责任。

标签： 保证 | 合同效力 | 信用证 | 开证效力 | 虚开信用证

案情简介： 1997年，外贸公司以受实业公司委托代理进口钢材为名，向中行申请开立信用证，先后申请开立4笔共计1400万余美元，农行向中行出具不可撤销担保书。1998年，中行调查组认定外贸公司以所谓转口贸易为名利用无贸易背景信用证进行逃套汇。外贸公司法定代表人因信用证诈骗罪被判无期徒刑。1999年，中行起诉外贸公司、农行要求连带承担偿付其信用证垫款1400万余美元本息。

1.1

2006:184

2005

法院认为： 根据《审计报告》及《情况报告》的内容，案涉四单信用证是在无贸易背景的情况下开立，是外贸公司虚构进口事实、骗开信用证套取国家外汇的行为，根据《民法通则》第58条第1款第3项即“一方以欺诈、胁迫的手段或者乘人之危，使对方在违背真实意思的情况下所为的民事行为无效”的规定，本案开证法律关系应认定无效。根据《担保法》第5条即“担保合同是主合同的从合同，主合同无效，担保合同无效”的规定，本案担保法律关系亦应认定无效。在主合同无效导致担保合同无效的情形下，担保人并非主合同当事人，主合同无效不应要求非合同当事人的担保人承担无效结果。故担保人的过错不应是指担保人在主合同无效上的过错。担保人的过错应包括：担保人明知主合同无效仍为之提供担保、担保人明知主合同无效仍促使主合同成立或为主合同的签订作中介等。就本案而言，开证法律关系无效是由于外贸公司欺诈开证行开立无贸易背景的信用证造成的，担保人农行从申请开证环节上无法获知合同的违法性。故应认定农行无过错。根据最高人民法院《关于适用〈担保法〉若干问题的解释》第8条即“主合同无效而导致担保合同无效，担保人无过错的，担保人不承担民事责任；担保人有过错的，担保人承担民事责任的部分，不应超过债务人不能清偿部分的三分之一”的规定，农行不承担民事责任。

实务要点： 因主合同无效而导致担保合同无效，担保人无过错的，不承担民事责任；担保人有过错的，应依法承担民事责任。所谓担保人过错，是指担保人明知主合同无效仍为之提供担

保，或明知主合同无效仍促使主合同成立或为主合同的签订作中介等情形。

案例索引： 最高人民法院（2005）民四终字第21号“某中行与某农行等信用证垫款纠纷案”，见《江北中行与樊东农行等信用证垫款纠纷案》（审判长王玧，代理审判员高莎薇、陈纪忠），载《最高人民法院公报·裁判文书选登》（2006:184）。

250 为融资而开立信用证，属以合法形式掩盖非法目的

——当事人为融资目的开立信用证属以合法形式掩盖非法目的，因此导致担保无效的，担保人应根据其过错承担责任。

标签： 保证 | 合同效力 | 信用证 | 法律性质 | 以合法形式掩盖非法目的

3

案情简介： 1998年，海洋馆先后24次向银行申请开立不可撤销跟单信用证，信托公司出具了不可撤销的付款保函，银行为此对外垫付共计526万美元，即2460万元人民币。2000年，外汇管理部门以银行和海洋馆在无真实交易背景情况下支付非贸易项下贷款或为信托公司融资，违反《外汇管理条例》、《境内机构借用国际商业贷款管理办法》、中国人民银行《关于商业银行国际结算远期信用证业务经营风险管理的通知》，而对银行和海洋馆作出均罚款50万元的行政处罚。银行诉请海洋馆偿还信用证垫款并由信托公司承担连带保证责任。争议焦点：本案委托开证关系的效力是否影响信托公司的担保责任？

法院认为： 本案系因银行为海洋馆开立信用证并支付信用证款项后，海洋馆及其担保人信托公司未能偿还银行对外支付的信用证项下的款项，而形成的信用证垫付款及担保纠纷案。从本案查明事实看，银行开证时间过于集中，即在短期内，连续为海洋馆开出几十份信用证，本案涉及24份，且数额巨大。按银行规定，开立信用证超过100万美元的，须经中国银行总行批准，银行为规避这一规定，使信用证顺利开出，将每笔信用证控制在100万美元以下。可认定银行应当知道海洋馆所开立的信用证并不具有真实的基础交易背景，据此，银行在本案中具有过错，应承担相应过错责任。银行关于一审判决结果显失公平的主张，没有事实和法律依据，本院不予支持。经审理查明，海洋馆申请开立信用证的真实意思并非为了进口货物，而是为了融资，套取国家外汇。根据法律规定，当事人的民事法律行为应意思表示真实。本案中，银行与海洋馆签订合同的意思表示并不真实一致，其结果是以合法形式掩盖非法目的，并导致银行大笔资金外流，损害国家利益。故银行与海洋馆之间委托开证合同无效。本案银行根据海洋馆的开证申请对外开出信用证，银行与海洋馆之间虽未达成一项明确的开证协议，但双方之间存在委托开立信用证申请书。而开证申请书明确约定了信用证申请人海洋馆与开证行银行的权利义务，成为规范海洋馆与银行法律行为的基础法律文件。当海洋馆未按开证申请书约定偿付信用证项下款项时，银行便依据开证申请书，请求海洋馆付款。故从开证申请书的内容和开证行行为可认定在银行与海洋馆之间已形成委托开证法律关系。根据信用证独立原则，信用证一经开出，委托开证法律关系即与信用证相互独立，开证申请人不能以信用证以外的理由要求开

1.1

2005:259

2003

证行撤回已开立的信用证，银行在处理信用证业务时亦不受委托开证合同的约束。本案银行无视其与海洋馆之间已存在的委托开证法律关系，将委托开证法律关系与信用证本身相混淆，该行关于银行与海洋馆之间不存在委托开证合同，委托开证合同不是一个独立的法律行为，本案属于信用证纠纷，不是委托开证合同纠纷的理由不能成立。本案当事人明确选择适用UCP500，从该惯例前三条的规定可看出，该惯例的适用排除了开证行与开证申请人之间的委托开证法律关系，开证行与开证申请人之间的委托开证关系不受其调整，本案银行与海洋馆之间的申请开证法律关系应适用国内法有关规定。信托公司根据信用证开证申请人海洋馆要求，出具的不可撤销的付款保函，其担保的是海洋馆的付款责任，对于担保合同而言，主合同是海洋馆与银行之间的开证法律关系。判决确认海洋馆与银行之间的委托开证合同无效，海洋馆偿还银行信用证垫款本金526万美元，即2460万元人民币本息，信托公司对海洋馆不能清偿部分的三分之一承担赔偿责任。

实务要点： 当事人之间并无真实的贸易背景，却以进口货物为名，向银行申请开立信用证，导致银行大量资金外流，损害国家利益的，应认定申请开证关系以合法形式掩盖非法目的而无效，担保人为此所作担保亦应无效，担保人应根据其过错承担相应责任。

案例索引： 最高人民法院（2003）民四终字第15号“某银行诉某海洋馆等信用证垫款纠纷案”，见《中行北京分行诉利达海洋馆信用证垫款纠纷案》（审判长王玧，代理审判员高莎薇、陈纪忠），载《最高人民法院公报·裁判文书选登》（2005:259）。

251 名为委托贷款，实为信托贷款，不免除保证人责任

——借款合同有效，合同内容虽与合同名称不一致，但不存在对担保人的欺诈问题，故不影响担保人担保责任的承担。

标签： 保证 | 合同效力 | 信托 | 合同性质 | 合同名称与内容不一致

案情简介： 1993年4月6日，配件公司与信托公司签订委托贷款协议，配件公司依约将5000万元委托信托公司放贷收息。同月12日，信托公司

法院认为： 信托公司与借款人房产公司所签合同，虽名为委托贷款实为信托贷款合同，但该合同是在自愿、平等互利、协商一致基础上订立，各方权利义务内容明确，除利率条款略高违反规定外，其他条款均不违反国家法律法规，符合《民法通则》第55条规定，应为有效。材料公司作为担保人在该合同上签字盖章，并向信托公司出具了不可撤销的担保函，其担保金额、期限及承担连带担保责任等条款意思表示真实、

与房产公司签订委托贷款合同，前者向后者实际发放贷款390万余元，并约定了月利率18%，材料公司作为保证人出具了不可撤销的担保函。因房产公司逾期未偿，信托公司起诉材料公司依约承担代偿责任。

1.1

1995-1999:627

1997

3

明确，内容合法，且为信托公司所接受，故担保合同亦应有效。在房产公司不能按期归还所借款项及其利息时，经信托公司催款，材料公司仍未按约定履行代为偿还的义务，已构成违约。在此情况下，依《民法通则》第111条规定，信托公司有权要求材料公司履行连带偿还的义务，并有权要求材料公司赔偿损失。信托公司在签约时没有故意欺骗对方或故意隐瞒真实情况。相反，合同中的贷款对象、金额、期限、包括利率及担保责任约定得非常明确。无论合同名称为信托贷款还是委托贷款，均未改变担保人的担保责任，亦不存在对担保人的欺诈问题，判决房产公司尚欠银行借款390万余元本息由材料公司承担连带责任。

实务要点： 借款合同有效，合同内容虽与合同名称不一致，但未改变担保人的担保责任，亦不存在对担保人的欺诈问题的，不影响担保人担保责任的承担。

案例索引： 北京高院1997年4月2日判决“某信托公司诉某材料公司信托贷款担保纠纷案”，见《中国农业银行信托投资公司诉中国轻工业原材料总公司信托贷款担保合同纠纷上诉案》，载《最高人民法院公报·案例》（1995-1999:627）。

252 以委托购国债之名，行非法借贷之实的，合同无效

——当事人以委托购买国债为名行非法借贷之实，合同依法应为无效。委托人因此获得的固定收益，应依法冲抵本金。

标签： 保证 | 合同效力 | 借款合同 | 合同性质 | 证券 | 信托 | 委托购买国债

案情简介： 2002年，汽车公司与信托公司签订《委托购买国债合同》，前者依此将7000万元交给后者“用于购买记账式国债”。合同签订后，汽车公司依合同附件约定，在7日内收取了信托公司支付的固定“国债收益”840万元。证券公司为此提供连带责任保证。到期后，因信托公司尚

法院认为： 案涉《委托购买国债合同》附件中明确约定，信托公司应于签约后7日内将固定国债收益支付给委托人，且已实际履行。同时案涉委托款项亦未用于购买国债。故双方当事人系以委托购买国债为名，行非法借贷之实，依《合同法》规定，应为无效。汽车公司因信托公司履行上述无效合同获得的840万元收益，应依法冲抵信托公司尚欠债务本金，故判决信托公司返还汽车公司1460万元及相应利息。主合同无效，担保合同亦应无效，证券公司应按其过错承担相应责任。

实务要点： 当事人以委托购买国债为名行非法借贷之实，依《合同法》规定，委托合同应无效，委托人因履行上述无效合

欠本金2300万元致诉。

同所获固定收益，应依法冲抵受托人尚欠债务本金。

2.6

v.8:56

2012

案例索引： 最高人民法院（2012）民二终字第254-1号“某信托公司与某汽车公司等委托合同纠纷案”，见《以委托购买国债为名行非法借贷之实，合同应为无效——金新信托投资股份有限公司与江苏亚星汽车集团有限公司委托合同纠纷案》（审判长刘敏，代理审判员赵柯、杜军），载《最高人民法院商事审判指导案例（2012）· 合同与借贷担保》（2013:56）。

253 违反向关系人贷款的管理性规定，不导致合同无效

——《商业银行法》有关不得向关系人提供贷款的规定，系对商业银行监管的管理性规定，并非判断合同效力的依据。

标签： 保证 | 合同效力 | 借款合同 | 违规放贷 | 向关系人放贷

案情简介： 1993年，实业公司发起成立实业集团。1995年，实业公司认购银行法人股6000万股，实业公司总经理王某被选举为银行董事。1996年，实业公司向银行借款4000万元，实业集团提供保证担保。2003年，银行主张借款债权时，实业公司以银行向关系人发放贷款为由，主张合同无效。

法院认为： 《商业银行法》第40条“商业银行不得向关系人发放贷款，向关系人发放担保贷款的条件不得优于其他借款人同类贷款的条件……”及第36条“商业银行贷款，借款人应当提供担保。商业银行应当对保证人偿还能力、抵押物、质物的权属和价值以及实现抵押权、质权的可行性进行严格审查”等规定，均系对商业银行进行监管的管理性规定，并非判断民事行为效力的依据。故本案借款合同不应认定无效，实业公司应依法偿还所借款项本息。

实务要点： 《商业银行法》有关不得向关系人提供贷款的规定，均系对商业银行进行监管的管理性规定，并非判断民事行为效力的依据。

2.7

2011:117

2.6

v.2:31

2009

案例索引： 最高人民法院（2009）民提字第99号“某银行与某实业公司等借款合同纠纷案”，见《海南发展银行与海南泛华高速公路股份有限公司、海南泛华实业有限公司借款合同纠纷案》（审判长张勇健，代理审判员刘敏、杨征宇），载《最高人民法院商事审判裁判规范与案例指导 · 裁判文书》（2011:117）；另见《银行违反规定向关系人发放贷款，对借款合同的影响》，载《最高人民法院商事审判指导案例 · 借款担保卷（上）》（2011:31）。

254 基于无效合同进行价款清算涉及复利部分，应无效

——基于无效合同进行的价款及复利结算应为无效，担保协议亦无效的，有过错的担保人应依法承担相应的赔偿责任。

标签：保证 | 合同效力 | 清算合同 | 复利

案情简介：2005年，石材公司出地、投资公司出钱、开发公司跑手续，三方为此签订《合作协议》。2007年，投资公司已投入1250万元的情况下，三方达成《终止合作确认书》，确认石材公司应偿还投资公司各项资金和支出共计2190万元，石材公司法定代表人王某、开发公司及其法定代表人温某承诺承担连带担保责任。2009年，从投资公司受让该债权的周某起诉，主张欠款及担保债权。

法院认为：案涉合作协议系名为合作开发房地产，实为转让集体土地，依法应确认无效。《终止合作确认书》实为对投资公司支付给石材公司的土地使用权转让款及其复利的结算，亦为无效。石材公司基于无效协议取得的转让款1250万元应返还投资公司。债权合法是债权有效转让的前提条件，故投资公司仅有权转让该1250万元债权及石材公司占用期间的利息，超出部分的转让无效。主合同无效，保证合同无效，担保人亦有过错，故开发公司、王某、温某承担的责任份额确定为三分之一。判决石材公司返还周某1250万元并按中国人民银行同期同类贷款利率计算利息，开发公司、王某、温某在石材公司上述债务不能清偿部分的三分之一范围内向周某承担连带赔偿责任。

3

实务要点：基于无效合同进行的价款支付及其复利的结算应认定无效。主合同无效，保证合同亦无效，担保人有过错的，应依法承担相应的赔偿责任。

3.1

201101/75:214

2009

案例索引：福建厦门中院（2009）厦民初字第411号“周某与某石材公司等债权转让合同纠纷案”，见《周依娟诉豪德（厦门）石材有限公司、厦门市万邦实业有限公司、王和平、王文虎、厦门市融泰投资担保有限公司债权转让合同纠纷案》（林巧玲），载《人民法院案例选》（201101/75:214）。

255 银行无授信协议放贷，不免除借款人及担保人责任

——金融机构在无授信协议情况下发放贷款，属于在具体监管过程中的弃权行为，并不能得出借款未实际发生的结论。

标签：保证 | 合同效力 | 借款合同 | 违规放贷 | 授信协议

法院认为：本案所涉借款合同有关授信协议的约定，属于银行发放贷款的条件，该行在无授信协议的情况下依然发放贷款，属于该行在具体监管过程中的弃权行为，并不能得出本案借款未实际发生的结论。本案事实表明，食品公司如期收到借款合同项下贷款，实业公司主张本案系借新还旧的主张，因缺乏证据，故不予支持。

案情简介：2003年，食品公司向银行贷款，实业公司提供最高额保证，担保的债权为“债权人与债务人之间依据【借款合同授信协议】所产生的全

部债务”，其中“借款合同”项下划了横线。嗣后实业公司以银行未提供授信协议，认为案涉贷款系借新还旧，并未实际发放，主张免除担保责任。

实务要点： 借款合同有关授信协议的约定，属于金融机构发放贷款的条件，金融机构在无授信协议情况下依然发放贷款，属于在具体监管过程中的弃权行为，并不能得出借款未实际发生的结论。

2.6

v.2:567

2006

案例索引： 最高人民法院（2006）民二终字第230号“某资产公司与某实业公司等借款担保合同纠纷案”，见《公司总会计师在相关担保合同及担保财产清单上签字，视为其代表公司实施的民事法律行为——中国信达资产管理公司郑州办事处、河南邦杰实业集团有限公司与周口市人民政府国有资产监督管理委员会、周口市食品总公司借款担保合同纠纷案》（审判长王东敏，代理审判员雷继平、李京平），载《最高人民法院商事审判指导案例·借款担保卷（下）》（2011:567）。

256 名为委托理财，实为借贷合同无效后过错责任承担

——名为委托理财实为借贷的合同因“以合法形式掩盖非法目的”应为无效。借贷双方对合同无效均应承担相应责任。

标签： 保证 | 合同效力 | 证券 | 无效后果 | 实为借贷 | 双方过错

案情简介： 2003年，矿业公司委托证券公司理财，双方签订《受托国债投资管理合同》，担保公司提供连带责任保证。同日，矿业公司与证券公司又签订《补充协议》，约定矿业公司同意证券公司对国债进行回购交易，回购所得资金由证券公司自主使用；证券公司承诺在国债管理期末向矿业公司归还受托本金时，按投资年收益率9%支付矿业公司投资收益，作为对矿业公司授予证券公司回购资金使用权的补偿。因证券公司到期未偿还回购资金致诉。

法院认为： 双方补充协议将委托理财合同内容进行了修改，实质内容已变更为矿业公司同意证券公司使用国债回购后的资金，由证券公司向矿业公司支付一定比例的资金使用费。实际上在双方当事人间成立了以委托理财为表现形式的借贷关系，资金出借人为矿业公司，借款人为证券公司。故该案案由应确定为借款合同纠纷。上述借贷关系的条款违反了企业间不得相互借贷的禁止性法律规定，应属无效条款。而该无效条款所涉内容正是矿业公司与证券公司交易的关键性、实质性条款，是整个合同目的的指向。故该关键性条款的无效导致《补充协议》整体无效。根据《合同法》第52条第3项关于“以合法形式掩盖非法目的的合同无效”的规定，上述合同应认定为无效合同。因双方系非法借贷的民事关系，证券公司取得的是国债回购所得资金，而非国债，故在返还因上述无效合同取得的财产时，证券公司应返还其取得的相应资金。证券公司和矿业公司对于合同无效均有过错。证券公司作为专业证券公司，其对合同无效应承担主要过错责任，矿业公司承担次要过错责任。对此，原审判决在对返还的5730万元的利息计付上已有体现，即按照活期利率计付利息，符合法律规定，法院予以维持。担保公司因保证合同无效及其未对补充协议提供担保、对主合同的无

2.1

200501/7:330

2005

效状态不应知而不承担民事责任。

实务要点： 名为委托理财实为借贷的合同因“以合法形式掩盖非法目的”应认定为无效。借贷双方对合同无效均应承担相应的过错责任。

案例索引： 最高人民法院（2005）民二终字第29号“某证券公司与某投资公司等委托理财合同纠纷案”，见《健桥证券股份有限公司与宝鸡钛业股份有限公司、陕西健桥投资担保有限公司委托理财合同纠纷上诉案》（审判长吴庆宝，代理审判员宫邦友、刘敏），载《民商事审判指导·判决书选登》（200501/7:330）。

3

257 债权人受欺诈但不行使撤销权的，借款合同仍有效

——债权人受欺诈但不行使撤销权的情况下，借款合同仍然有效，债务人和保证人仍应以履行原合同的方式承担责任。

标签：保证 | 合同效力 | 撤销权 | 欺诈 | 质押 | 存单质押

案情简介： 1996年，工贸公司向银行质押贷款1亿余元，实业公司提供连带责任保证。后经鉴定，工贸公司提供的质押存单虽名为电子公司开具，但开户函、公章、人名章均非真印章盖印，电子公司以存单虚假为由拒绝承担责任。1999年，工贸公司因未按期年检被吊销营业执照，投资公司作为开办单位未组织清算，3000万注册资金实际出资仅1400万余元。2001年，银行依借款保证合同起诉投资公司、实业公司、电子公司追索债权。投资公司认为借款保证合同因民事欺诈应为无效。

法院认为： 工贸公司用于借款质押的存单无真实存款关系，且该存单上的人名章非加盖真实印章，故应认定为虚假存单。以该虚假存单设定的质押关系应为无效。无效存单出具方电子公司和接受方银行对此均存在过错，应各自承担相应责任。工贸公司为实现取得贷款的目的，用虚假存单出质，并以虚假开户证明和承诺书欺骗银行，构成民事欺诈。工贸公司欺诈行为导致银行损失，在银行起诉未请求对原合同进行变更或撤销的情况下，工贸公司应以履行原合同的方式承担责任，保证人实业公司应依约对借款人债务承担连带保证责任。工贸公司出资单位投资公司，因未对工贸公司注册资金实际足额出资，应在不足范围内对工贸公司所欠债务承担赔偿责任。同时，投资公司作为开办单位，对工贸公司因被吊销营业执照后未成立清算组进行债权债务清理，还应履行法定清算义务，并以清理财产偿还工贸公司所欠债务。

实务要点： 债权人受欺诈但不行使撤销权情况下，借款合同仍有效，债务人和保证人仍应以履行原合同的方式承担责任。

案例索引： 最高人民法院（2002）民二终字第20号“某银行与实业公司等借款合同纠纷案”，见《债权人受欺诈但不行

2.1

200202/2:188

2002

使撤销权的借款合同仍应为有效——中国农业银行北京市丰台区支行与上海银丰企业（集团）有限公司、中国电子租赁有限公司、北京万翔实业总公司担保借款合同纠纷案》（朱海年），载《民商审判指导与参考·案例评析》（200202/2:188）。

258 名为资金投资，实为获取高息的借款合同，应无效

——为获取高于借款合同的约定利息而以投资名义签订的投资协议，应为无效，贷款人预先扣除的利息不应计入本金。

标签： 保证 | 合同效力 | 借款合同 | 合同性质 | 名为投资实为借款

案情简介： 1992年，商场为争取电视机厂的总代理权，双方签订引资协议后，由商场向银行借款1000万元并签订《借款合同》，同日签订的《流动资金投资协议》约定银行投资1000万元并分取固定比例的保底红利。机械厂为商场担保，电视机厂为机械厂提供反担保。银行扣除了100万元利息保证金后将900万元交付商场，商场依引资协议转付电视机厂。因商场到期未偿，银行起诉。

法院认为： 银行与商场签订的《流动资金投资协议》虽名为投资协议，但协议约定分红等内容不具有投资的法律特征，该协议实为银行为获取高于借款合同的约定利息，而与商场签订的虚假投资协议，应认定无效。商场与银行实际履行的是借款合同。鉴于银行扣除利息保证金后发放贷款，依法应以实际发放的贷款计算本金利息。机械厂作为借款保证人，应承担保证责任。电视机厂按引资协议获得商场和银行的资金，应返还并承担利息损失。为实现引资目的向机械厂出具担保，电视机厂亦应对机械厂所承担的保证义务承担连带责任。判决商场返还银行900万元本息，机械厂负连带责任，电视机厂对机械厂承担连带责任，电视机厂返还商场引资借款900万元本息。

实务要点： 为获取高于借款合同的约定利息而以投资名义签订的投资协议，应认定无效，贷款人依约定预先扣除的利息保证金不应计算在借款本金内。

2.4

200402/14:129

2002

案例索引： 最高人民法院（2002）民二抗字第20号"某资产公司与某电视机厂等借款合同纠纷案"，见《中国科学院长春光学精密机械研究所工厂与中国华融资产管理公司长春办事处、长春市南关区民政局、三亚市电视机厂借款合同纠纷抗诉案》（审判长宫鸣，代理审判员刘国华、马东旭），载《审判监督指导·案例评析》（200402/14:129）。

259 银行依借款人指示划转贷款，不影响借款主体认定

——银行工作人员依借款人的指示，代填转账支票，将银行发放的贷款转至他人，不影响借款合同当事人的主体关系。

法院认为： 尽管转账支票是由银行工作人员付某代填，但加盖了范某提供的财务

标签：保证 | 合同效力 | 借款合同 | 实际借款人 | 贷款发放 | 代填支票

案情简介：1996年，银行依借款合同划转贷款资金850万元到酒店账户当日，酒店董事长周某即指派出纳员范某携带财务手续办理转款手续，由银行工作人员代填转账支票，并由范某加盖财务章和周某个人名章后，将850万元资金转到与酒店有工程项目承接关系的工贸公司、实业公司账户。

2.1

200201/1:420

3

2001

章和周某个人名章，应认定付某"代填支票"行为得到了酒店认可，付某本人亦不应作为本案第三人。依出纳员通常应具备的业务能力和职业常识，范某对"到银行转哪笔款"、"将款转给谁"等问题，应该清楚。本案事实及证据表明，酒店将850万元划转，系其自行处分的结果，反映了其当时真实的意思表示。至于酒店与工贸公司、实业公司之间在开发和承接房地产项目过程中是否形成了债权债务关系，不属本案审理范围，应另案主张。故判决酒店偿还借款，保证人建筑公司承担连带清偿责任。

实务要点：银行工作人员依借款人指示，代填转账支票，将银行发放的贷款转出，不影响借款合同当事人的主体关系。

案例索引：最高人民法院（2001）民二终字第37号"某银行与某建筑公司等借款担保合同纠纷案"，见《新疆裕富大酒店有限公司与新疆生产建设兵团第一建筑安装工程公司借款担保合同纠纷上诉案》（审判长张永平，代理审判员王宪森、殷媛），载《民商审判指导与参考·裁判文书选登》（200201/1:420）。

260 主合同约定经批准后生效，保证人应等待条件成就

——保证合同约定保证人为股权转让款支付担保，并约定合同经批准才生效的，保证人负有等待生效条件成就的义务。

标签：保证 | 合同效力 | 股权转让 | 付款责任 | 附条件保证合同

案情简介：1994年11月，中外合资经营企业的旅游集团港方股东香港建材公司就转让出资额与中方股东之一旅业公司达成协议，并约定经政府有关部门批准和变更注册登记后，转让即成立，旅业公司应在1995年6月30日前付清259万余美元转让款给香港建材公司。1994年12月，银行向香港建材公司出具担保函，保证旅业公司于1995年6月30日前付清出资额。

法院认为：国务院《中外合资经营企业法实施条例》第23条系针对合资一方向第三者转让出资作出的须经合营他人同意，并经审批机构批准的规定，而本案股权转让是合资企业内部的股权转让，对此种情况是否需经原审批机关审批，法律法规没有规定。第24条系关于合营企业注册资本转让等应由董事会会议通过，并报原审批机构批准，向原登记管理机构办理变更登记手续的规定。市政府同意合资公司港方股东出资额转让属于超审批权限，按省政府处理意见，一般作行政通报处理，对其效力是认可的，一般不以此认定合同无效。该行政主管部门的做法，符合海南省房地产市场的实际情况，故认定股权转让合同有效并无不当。保证合同属单务合同，仅由保证人一方负有义务，保证债权人的债权得以实现，故保证人未经债权人同意，不得随意解除合同以损害债权人利益。依股权转让合同，银行向香港建材公司出具担

1995年12月，银行以保证期间截至1995年6月30日，因该期间内股权转让合同未经主管部门批准，应视为主合同无效，故向香港建材公司出具终止保证合同通知。1996年1月，三亚市政府超权限审批并批复同意该股权转让合同，并要求办理工商变更登记及注销手续。因旅业公司未予办理上述变更手续，香港建材公司诉请旅业公司或银行支付出资额转让款259万余美元及迟延利息。

保函时，明知本案股权转让款支付是以政府批准为条件，在合同生效条件未成就前，银行负有等待条件成就的义务。1996年市政府批复同意案涉股权转让合同，在旅业公司不能付款时，银行应承担保证责任。

实务要点： 保证合同约定保证人为股权转让款支付提供担保，并约定股权转让合同经批准生效的，在合同未经批准生效之前，保证人负有等待生效条件成就的义务。

案例索引： 最高人民法院（2000）经监字第353-1号“某银行与某建材公司等转让合同纠纷申请再审案”，见《中国银行海南省分行与香港建材国际有限公司、海南大进实业股份有限公司出资额转让合同纠纷申请再审案》（于金陵，最高院立案庭），载《立案工作指导·申诉与申请再审疑案评析》（200403/8:140）。

2.3

200403/8:140

2000

261 不因贷款来源瑕疵而影响借款合同和担保合同效力

——金融机构再贷款行为不因贷款来源瑕疵而影响借款关系效力，亦不因借款合同履行中的问题而影响担保合同效力。

标签： 保证 | 合同效力 | 贷款来源 | 以存定贷

案情简介： 1996年5月，经贸公司与信用社签订借款合同，实业公司提供1亿元的保证担保。信用社通过以存定贷方式将贷款金额变更为6333万元，并预先扣收利息744万余元，另经贸公司通过信用社转付给存款人高息1351万余元。经贸公司实际获得贷款4200万余元。关于借款合同和担保合同效力成为争议焦点之一。

法院认为： 主合同双方当事人采取以存定贷方式进行借贷，存款关系中高息揽存违反了有关金融法规规定，但揽存资金存入信用社后构成银行信贷资金，信用社再贷款行为不因所贷款项来源瑕疵而影响借款关系效力。至于信用社及经贸公司是否将以存定贷事实告之担保人，以及在借款合同实际履行中信用社提前扣息，经贸公司支付存款高息，皆属于借款合同当事人在合同履行中的问题，不能影响担保合同本身的效力。因本案信用社及经贸公司在实际履行中，提前扣收利息、支付存款人高息，使经贸公司实贷金额大大减少，致使实业公司合作方经贸公司无法实现其按约贷款及时投资合作工程的意愿，给实业公司造成了巨大经济损失，违背了保证人提供保证的本意，属于主合同当事人变更或违反了主合同条款，根据《担保法》第24条规定，故判决实业公司免除担保义务。

2.4

200101/1:277

1999

实务要点： 金融机构再贷款行为不因所贷款项来源瑕疵而影响借款关系效力；金融机构及借款人是否将以存定贷事实告之担保人，以及在借款合同实际履行中金融机构提前扣息，借款人支付存款高息，皆属于借款合同当事人在合同履行中的问题，不影响担保合同效力。

案例索引： 山东高院（1999）鲁经再字第60号“某信用社与某实业公司等借款合同纠纷案”，见《青岛市地下中心商业街实业发展公司与胶州市城市信用社、青岛海晟经济发展有限公司借款合同纠纷抗诉案》（审判长廖伟忠，代理审判员陈兴东、范明志），载《审判监督指导与研究·案例评析》（200101/1:277）。

备注：本案关于合同效力与担保效力的裁判要旨与最高人民法院《关于审理存单纠纷案件若干问题的规定》（1997年12月13日法释〔1997〕8号）相悖，因原审生效判决作出前，该司法解释尚未实施，故未适用。

3

262 期房抵押借款合同效力，不因预售合同终止受影响

——债务人以预售房产抵押借款并办理登记，抵押借款合同效力不因嗣后债务人与预售人私下终止预售合同而受影响。

标签： 保证 | 合同效力 | 抵押 | 抵押财产 | 预售房抵押 | 预售合同终止

案情简介： 1996年，实业集团为实业公司向银行借款1000万元提供连带责任保证，实业公司以其所购开发公司预售别墅作为抵押担保并办理预告登记，同时开发公司向银行出具了实业公司对上述期房拥有完全产权和处置权的证明。嗣后实业公司以其与开发公司终止预售合同为由，主张银行不享有抵押权。

法院认为： 根据最高人民法院《关于适用〈担保法〉若干问题的解释》第47条规定：“以依法获准尚未建造的或者正在建造中的房屋或者其他建筑物抵押的，当事人办理了抵押物登记，人民法院可以认定抵押有效。”本案中，实业公司以预售别墅抵押担保，开发公司亦出具了实业公司对上述期房拥有完全产权和处置权的证明，且办理了他项权证书，进行了预告登记，应依法认定有效，其抵押担保行为符合法律规定。现行法律及其司法解释并未对期房抵押用途予以限制。实业公司虽未付清购房款，但并不必然导致产权存在争议。银行基于承诺书内容及预售合同公证、预售合同登记、房地产他项权证书完全有理由相信实业公司依法有权处分系争抵押物，抵押物在法律上不存在争议，应认定系争抵押合同有效。开发公司出具承诺书行为放弃了本该属于其享有的权利，不利风险后果由其自负。实业公司与银行所签借款抵押合同时间先于其与案外人开发公司私下订立终止房屋预售合同时间，其行为显然有违诚实信用原则及《担保法》规定，故房屋预售合同终

3.3

2002商:110

2000

止不影响本案抵押合同效力，判决实业公司支付银行借款本息，银行对抵押房产享有优先受偿权，不足清偿部分，由实业集团承担连带清偿责任。

实务要点： 债务人以预售房地产抵押借款并办理登记，预售人向债权人出具产权证明的，抵押借款合同效力不因嗣后债务人与预售人私下终止房屋预售合同而受影响。

案例索引： 上海高院（2000）沪高经终字第572号“某银行与商业公司等抵押借款合同纠纷案”，见《中国光大银行上海分行诉华东三峡经济发展公司、中国三峡经济发展总公司期房抵押借款合同案》（马弘），载《中国审判案例要览》（2002商事:110）。

263 超有效期后兑付信用证，原保证人的担保责任免除

——信用证因修改导致超过有效期，开证行依申请人的承诺垫付款项后可向申请人追偿，但原开证担保人可依法免责。

标签：保证 | 合同效力 | 信用证 | 审单 | 单证不符点

案情简介： 1997年，纺织公司为电缆公司向银行申请开立47万余美元的信用证提供连带责任保证，该信用证条款叙明有效期至当年11月30日。期间，电缆公司两次致函银行要求修改信用证有效期使之延长至1998年4月25日。在银行通知指出包括“信用证过效期”的单据不符点后，电缆公司仍表示接受并要求对外承兑。银行为此垫付32万余美元后诉请电缆公司偿还，并要求纺织公司承担连带清偿责任。

法院认为： 银行应电缆公司申请对外开立不可撤销信用证，但在履行中，电缆公司两次向银行申请修改信用证有效期，导致修改申请已超过原信用证约定的有效期，应认定银行对已失效的信用证进行修改，属新的开证法律关系。且银行在该信用证修改书约定的有效期过后的情况下，根据电缆公司要求，为其垫支，向外商支付买卖合约项下对价。此时，该付款行为已不受信用证条款约束，应认定银行与电缆公司间不存在信用证开证法律关系，属一般的债务关系。电缆公司未按约支付银行的垫付款项，应承担民事责任，纺织公司可依法不承担担保责任。故意判决电缆公司归还银行垫付款32万余美元及利息，驳回银行对纺织公司的诉请。

实务要点： 信用证因修改导致超过有效期，开证行依申请人接受该单证不符点的书面承诺后垫付信用证款项，并可向申请人追偿，但原开证担保人可依法不承担担保责任。

案例索引： 浙江高院1999年9月23日判决“某银行与某电缆公司等信用证纠纷案”，该案评析观点认为“信用证过效期”可作为不符点通知内容，银行同意向受益人兑付，仍属信用证

3.1

200002/32:213

1999

关系，根据纺织公司担保承诺“清偿全部应付款项本息及费用时止”的内容，纺织公司仍应承担担保责任。见《中信实业银行嘉兴支行诉天信公司偿还经修改并同意兑付过效期的信用证垫付款并由保证人神州公司承担连带清偿责任案》（李土根），载《人民法院案例选》（200002/32:213）。

264 信托公司接受金融机构委托，办委托贷款，应无效

——信托公司违反中国人民银行规定，接受银行和其他金融机构委托办理委托贷款业务的，所签委托贷款合同应无效。

标签：保证 | 合同效力 | 借款合同 | 信托 | 委托贷款

案情简介：1995年，信托公司与投资公司、建设公司、实业公司签订委托贷款合同。实业公司为投资公司委托信托公司贷款给建设公司提供担保，承诺借款人逾期未偿时其“无条件偿还”并“放弃一切抗辩权”。格式合同上委托方栏内盖章的是信用社。实际发放的委托贷款有一部分亦直接进入信用社账户，以偿还建设公司所欠信用社旧贷。1997年，因建设公司逾期未偿还贷款，信托公司诉请实业公司连带清偿。

3

3.1

200001/31:164

1999

法院认为：根据1993年3月8日中国人民银行《金融信托投资公司委托贷款业务规定》第7条规定，信托投资公司不得接受银行和其他金融机构（保险公司、基金会除外）的委托办理委托贷款业务。即，信托公司作为信托投资机构，其行为能力是受限制的。信托公司明知中国人民银行有此限制性规定，仍接受信用社委托办理委托贷款业务，该行为应属无效。主合同无效，担保合同亦无效。因信托公司无证据证明在合同签订过程中实业公司有过错，故实业公司对担保合同无效不应承担过错责任。实业公司承诺“无条件偿还”、“放弃一切抗辩权”应理解为：除非当事人在担保合同中明确约定无论主合同是否有效，担保人均“无条件偿还”及对其所作保证“放弃一切抗辩权”，否则，应理解为该约定只适用于合同有效情形。本案当事人对此未作明确约定，故在主合同及担保合同均无效情况下，该条款亦无效。判决建设公司返还信托公司借款，实业公司不承担担保责任。

实务要点：信托公司违反中国人民银行《金融信托投资公司委托贷款业务规定》，接受银行和其他金融机构委托办理委托贷款业务，所签委托贷款合同应属无效。

案例索引：上海高院1999年11月1日判决“某信托公司与某实业公司等委托贷款合同纠纷案”，见《上海国际信托投资公司诉华城建设发展总公司归还逾期委托贷款担保人联合远洋发展有限公司以委贷合同当事人隐瞒委托人真实身份应免除其责任抗辩案》（宋向今），载《人民法院案例选》（200001/31:164）。

以贷还贷

265 承诺可变更贷款用途的，保证人不因以贷还贷免责

——保证人承诺对借款人转移贷款用途的行为承担连带责任，应预见到借款人转移贷款用途包括以贷还贷等担保风险。

标签：保证 | 以贷还贷 | 借款用途 | 合同约定

案情简介：2001年，实业公司向信用社借款1200万元，药业公司提供保证担保，约定药业公司“对借款方转移贷款用途等违反本合同的行为承担连带责任”。实业公司将贷款用于偿还其他关联企业欠信用社的贷款。药业公司法定代表人亦系实业公司实际控制人，药业公司一直替实业公司支付借款利息。药业公司认为实业公司以贷还贷，其不应承担担保责任。

1.1

2012:265

2011

法院认为：药业公司承诺对实业公司转移贷款用途等行为承担连带责任，应预见到实业公司转移贷款用途带来的各种担保风险。以贷还贷系转移贷款用途一种，即使本案存在以贷还贷情形，因药业公司承诺在先，药业公司仍应依约承担担保责任。且根据药业公司与实业公司关联关系，及药业公司代实业公司偿还贷款利息行为，药业公司亦应知晓贷款实际用途，依最高人民法院《关于适用〈担保法〉若干问题的解释》第39条规定，药业公司仍应承担本案担保责任。

实务要点：保证人承诺对借款人转移贷款用途的行为承担连带责任，应预见到借款人转移贷款用途带来的各种担保风险。以贷还贷系转移贷款用途一种，即使本案存在以贷还贷情形，因保证人承诺在先，其仍应依合同约定承担担保责任。

案例索引：最高人民法院（2011）民申字第429号“某信用社与某药业公司保证合同纠纷案”，见《大竹县农村信用合作联社与西藏华西药业集团有限公司保证合同纠纷案》（审判长陈宜芳，代理审判员刘小飞、潘杰），载《最高人民法院公报·裁判文书选登》（2012:265）。

266 关联企业保证人对借款人以贷还贷行为，推定知晓

——根据保证人与借款人的关联关系，及保证人代为偿还贷款

法院认为：药业公司承诺对实业公司转移贷款用

利息行为，应推定保证人对借款人以贷还贷行为系知晓。

标签：保证 | 以贷还贷 | 关联关系

案情简介：实业公司向信用社借款1200万元，药业公司提供保证担保，约定药业公司“对借款方转移贷款用途等违反本合同的行为承担连带责任”。实业公司将贷款用于偿还其他关联企业欠信用社的贷款。药业公司法定代表人亦系实业公司实际控制人，药业公司一直替实业公司支付借款利息。药业公司认为实业公司以贷还贷，其不应承担担保责任。

途等行为承担连带责任，应当预见到实业公司转移贷款用途带来的各种担保风险。以贷还贷系转移贷款用途的一种，即使本案存在以贷还贷情形，因药业公司承诺在先，药业公司仍应依据合同承担担保责任。即使本案存在以贷还贷的情况，根据药业公司与实业公司的关联关系，以及药业公司代实业公司偿还贷款利息的行为，药业公司亦应当知晓贷款的实际用途，依据最高人民法院《关于适用〈担保法〉若干问题的解释》第39条的规定，药业公司仍应承担本案担保责任。

实务要点：与借款人存在关联关系的保证人对借款人以贷还贷行为应推定知晓。

案例索引：最高人民法院（2011）民申字第429号“某信用社与某药业公司保证合同纠纷案”，见《大竹县农村信用合作联社与西藏华西药业集团有限公司保证合同纠纷案》（审判长陈宜芳，代理审判员刘小飞、潘杰），载《最高人民法院公报·裁判文书选登》（2012:265）。

3

1.1

2012:265

2011

267 主张因以贷还贷免责的，应证明双方共同意思联络

——保证人主张债权银行与主债务人以贷还贷应免除其保证责任的，应当举证证明借贷双方存在以贷还贷的意思联络。

标签：保证 | 以贷还贷 | 以贷还贷意思联络

案情简介：2005年5月，轮胎公司与银行签订《最高额保证合同》，承诺为商贸公司未来1年内发生的最高额度为7000万元的授信提供连带保证担保。轮胎公司认为银行在商贸公司与无经营资质的科技公司无真实交易背景下，于2005年5月19日开立3100万元银行承兑汇票，在2005年11月19日到期商贸公司补足承兑情况下，银

法院认为：在2005年10月21日，先后有两笔2170万元款项进入商贸公司账户，难以认定本案贷款2170万元即是用于归还案涉银行承兑汇票下的保证金，不排除商贸公司以科贸公司开出的银行本票交付了银行承兑汇票项下保证金的可能。即使该贷款实际被商贸公司用作以贷还贷，适用《担保法》司法解释第39条“主合同当事人双方协议以新贷偿还旧贷，除保证人知道或者应当知道的外，保证人不承担民事责任”之规定的前提是，轮胎公司应举证证明银行与商贸公司协议以贷还贷，即银行与商贸公司有以贷还贷的意思联络。案涉借款合同约定借款目的为“短期流动资金周转”而非以贷还贷，表明在双方之间的约定并非以贷还贷，且轮胎公司亦未举证证明银行明知或参与商贸公司以贷还贷，因此轮胎公司提出2170万元贷款为以贷还贷，其保证责任应

行又于2005年10月21日贷款2170万元，属于以贷还贷，应免除其保证责任。经查，2005年10月21日，另有一家金融机构开出的申请人为科贸公司、金额亦为2170万元的银行本票款项入商贸公司账户。

1.1

2008:291

2.1

200801/13:281

2.7

2010:267

2007

予免除的主张不能成立。对于2005年11月19日到期的3100万元银行承兑汇票是否具有真实的交易背景，与本案讼争的2170万元贷款无必然联系，不属本案审理范围，故不再予以审查。

实务要点： 最高人民法院《关于适用〈担保法〉若干问题的解释》第39条第1款规定："主合同当事人双方协议以新贷偿还旧贷，除保证人知道或者应当知道的外，保证人不承担民事责任。"适用前款规定的前提是，保证人应举证证明债权银行与主债务人协议以贷还贷，即银行与债务人有以贷还贷的意思联络。

案例索引： 最高人民法院（2007）民二终字第36号"某轮胎公司与某银行等借款担保合同纠纷案"，见《风神轮胎股份有限公司与中信银行股份有限公司天津分行、河北宝硕股份有限公司借款担保合同纠纷案》（审判长钱晓晨，代理审判员刘敏、杨征宇），载《最高人民法院公报·裁判文书选登》（2008:291）；另载《民商事审判指导·判决书选登》（200801/13:281）；载《最高人民法院商事审判裁判规范与案例指导·裁判文书》（2010:267）。

268 借新还旧贷款本质上是旧贷的一种特殊形式的展期

——借新还旧并未导致原有债权债务关系消除，客观上系延长旧贷还款期限，故本质上是旧贷的一种特殊形式的展期。

标签： 保证 | 以贷还贷 | 本质

案情简介： 2000年9月，矿业集团向银行两次借款分别为1700万元、1647万元，随后矿业集团与他人组建矿业公司，并于2000年11月与矿业公司共同向银行承诺对所欠银行贷款承担连带责任。2002年至2004年，期间多次借新还旧。最后形成三笔贷款分别为1590万元、1480万元、700万元。矿业公司认为承诺偿还的贷款已经还清，最后三笔贷款属于承诺范围之外

法院认为： 根据本案查明事实，从本案合同约定的贷款目的及贷款、还款的操作方式，可认定：案涉三笔贷款均系借新还旧借款合同。第1笔1590万元借款合同是经数次借新还旧后对双方2000年之前1700万元借款的借新还旧，而第2笔1480万元借款合同、第3笔700万元借款合同亦系经数次借新还旧后对双方2000年之前1647万元借款合同的借新还旧。即本案贷款是2000年的旧贷款经多次以贷还贷逐步演化而来。借新还旧系贷款到期不能按时收回，金融机构又向原贷款人发放贷款用于归还原贷款的行为。借新还旧与贷款人用自有资金归还贷款，从而消灭原债权债务的行为有着本质区别。虽新贷代替了旧贷，但贷款人与借款人之间的债权债务关系并未消除，客观上只是以新贷形式延长了旧贷的还款期限，故借新还旧的贷款本质上是旧贷的一种特殊形式的展期。本案矿业集团的相关旧贷实际并未得到清偿，矿业公司对

的贷款，其不应承担偿还责任。

矿业集团的上述三笔贷款仍应依其承诺，承担民事责任。

实务要点： 借新贷还旧贷，系在贷款到期不能按时收回的情况下，作为债权人的金融机构又与债务人订立协议，向债务人发放新的贷款用于归还旧贷款的行为。该行为与债务人用自有资金偿还贷款，从而消灭原债权债务关系的行为具有本质的区别。虽新贷代替了旧贷，但原有的债权债务关系并未消除，客观上只是以新贷形式延长了旧贷的还款期限。

1.1

2008:424

2.7

2010:249

2008

案例索引： 最高人民法院（2008）民二终字第81号“某银行与某矿业公司等借款担保合同纠纷案”，见《中国工商银行股份有限公司三门峡车站支行与三门峡天元铝业股份有限公司、三门峡天元铝业集团有限公司借款担保合同纠纷案》（审判长张树明，代理审判员王华菊、沙玲），载《最高人民法院公报·裁判文书选登》（2008:424）；另载《最高人民法院商事审判裁判规范与案例指导·裁判文书》（2010:249）。

3

269 连续借新还旧，最后两笔同一担保人的，责任不免

——“新贷与旧贷系同一保证人”应以最后两笔贷款担保人是否为同一担保人来判断，而不宜上溯至此前的担保情况。

标签： 保证 | 以贷还贷 | 同一担保人 | 最后两笔

案情简介： 石化公司于2001年、2002年分别向信用社贷款3100万元，《借款申请书》左侧申请人填写栏注明“临时封闭贷款购买原油”，右侧系贷款银行填写栏注明“同意办理临时封闭贷款收旧还新”。两次贷款的担保人均为包装厂。包装厂以两次贷款均用于借新还旧主张免责。

法院认为： 石化公司于2002年向信用社贷款3100万元，用以偿还了2001年的旧贷款是不争的事实。虽无证据证明包装厂知道或应当知道，但因2001年旧贷保证人亦为包装厂，保证方式同为连带责任保证，故根据最高人民法院《关于适用〈担保法〉若干问题的解释》第39条关于“主合同当事人双方协议以新贷偿还旧贷，除保证人知道或者应当知道的外，保证人不承担民事责任。新贷与旧贷系同一保证人的，不适用前款的规定”的规定，不能免除包装厂对该部分借款的保证责任。而且，石化公司于2002年向信用社所贷款项，虽在借贷双方及保证人盖有印章的《借款申请书》和《保证担保借款合同》中载明和约定此笔贷款为“临时封闭贷款”，但《借款申请书》中同时亦写有“同意办理临时封闭贷款收旧贷新”的字样，并注明申请书一份留借款人。从贷款发放后借款人主动偿还2001年旧贷款的事实说明，借贷双方是以“临时封闭贷款”购油为名，行借新还旧之实。根据本案事实，该笔贷款在贷款条件、贷款程序和贷款的运行与管理上，均不符合银

1.1

2007:353

2.4

200802/24:125

2.6

v.2:796

2006

发〔1999〕61号《封闭贷款管理暂行办法》规定。故该《封闭贷款管理暂行办法》不适用于本案。包装厂关于“本案借贷双方隐瞒事实真相、恶意串通、借新还旧，违反《封闭贷款管理暂行办法》使用贷款偿还旧资本息”不应承担担保责任的抗辩理由，因缺乏事实和法律依据，不予支持，判决包装厂承担担保责任。

实务要点： “新贷与旧贷系同一保证人”应以最后两笔贷款的担保人是否为同一担保人来判断，而不宜上溯到最后两笔之前的担保情况。借贷双方连续将两次贷款归还了旧贷，该两笔贷款的担保人与旧贷担保人不是同一人的，后两笔贷款的担保人应承担担保责任。

案例索引： 最高人民法院（2006）民二终字第236号“某包装厂与某信用社等借款担保合同纠纷案”，见《抚宁县新兴包装材料厂、抚宁公有资产经营有限公司与抚宁县农村信用合作联社、秦皇岛远东石油炼化有限公司、秦皇岛骊骅淀粉股份有限公司借款担保合同纠纷案》（审判长裴莹硕，代理审判员朱海年、宫邦友），载《最高人民法院公报·裁判文书选登》（2007:353）；另见最高人民法院（2007）民二监字第154号“某信用社与某包装厂等借款担保合同纠纷案”，见《借贷双方连续借新还旧，后几笔贷款的担保人与最初一笔贷款不是同一人的，担保责任如何确定——抚宁县新兴包装材料厂、抚宁公有资产经营有限公司与抚宁县农村信用联社借款担保合同纠纷申请再审案》（李波，最高院审监庭），载《审判监督指导·案例评析》（200802/24:125）；另见《主合同当事人双方协议以新贷偿还旧贷，新贷与旧贷系同一保证人的，保证人不得主张其不知道新贷用于借新还旧》，载《最高人民法院商事审判指导案例·借款担保卷（下）》（2011:796）。

270 多次以贷还贷，最后两笔同一保证人的，不能免责

——多次以贷还贷但最后两笔系同一保证人的，即使保证人不知第一笔贷款偿还了不是由其担保的旧贷，亦不能免责。

标签： 保证 | 以贷还贷 | 最后两次 | 同一保证人

案情简介： 1996年至1998年，信托公

法院认为： 本案5份合同中确实存在无实际放款情况，但此种情况产生缘于借贷双方在合同第6条的约定。从该约定内容，及新旧贷款金额相同、贷款期限基本衔接的情况可看出，借贷双方在旧贷到期尚未清偿时，

司与交易所签订了5份委托贷款合同，借款金额均为2000万元，保证人均为基于与交易所存在互保协议的房产公司。5份合同中的第6条均约定，“贷款到期，如交易所不能按时归还须续借贷款时，须取得信托公司书面同意，付清利息，由信托公司按新借贷款重新办理委托贷款手续”。第1份合同和第5份合同签订后，均有放款及当天内扣记录，其他3份均无放款及内扣记录。房产公司认为第1份合同亦系以贷还贷，其作为保证人并不知道，依据最高人民法院《关于适用〈担保法〉若干问题的解释》第39条规定，应免除保证人责任。

3

1.1

2008:401

2.4

200804/26:179

2005

签订新借款合同的目的就是为了以该新贷偿还旧贷，消灭借款方在旧贷下的债务，该条内容可视为借贷双方对以贷还贷的约定。而信托公司当天贷款当天扣划或仅更换贷款凭证、未实际放款的做法是基于合同中以贷还贷的约定而为的履行行为，亦是以贷还贷的基本履行方式。房产公司连续在几份借款合同上盖章同意为交易所担保，其应当知道此为签约各方以该种方式履行合同第6条的约定，即以贷还贷。本案合同的约定没有违反法律禁止性规定，房产公司已盖章确认，故本案应适用最高人民法院《关于适用〈担保法〉若干问题的解释》第39条关于以贷还贷的规定。如若按房产公司所称本案不属以贷还贷，5个合同之间无形式及内在联系的理由予以推论，房产公司承担的将不再是一个合同而是5份合同累计金额1亿元的担保责任。房产公司以贷款用途缺乏借新还旧的形式及内在联系，中间3份合同无实际放贷，进而否认以贷还贷的理由不能成立。况且，房产公司在本案合同签订前后，曾作为借款人向信托公司多次贷款，而担保人则是交易所。房产公司与信托公司所签借款合同的基本格式与本案完全相同，而履行时短期扣划或更换凭证的方式亦与本案履行方式相同。故房产公司以不应知道本案此种约定属于以贷还贷予以抗辩的理由缺乏合理性。自本案第5份合同前溯，连续4份借款合同的担保人均为房产公司。其已失去根据最高人民法院《关于适用〈担保法〉若干问题的解释》第39条免除保证人责任的条件，该条第2款明确规定：“新贷与旧贷系同一保证人的，不适用前款的规定。”作为新贷和旧贷同一保证人的房产公司，以其不知道或不应知道主合同系以新贷还旧贷，故应免除担保责任的主张，法院不予支持。

实务要点： 对于多次连续借新还旧的贷款，只要最后两次贷款为同一保证人的，保证人应承担保证责任。即使保证人不知第一笔贷款偿还了不是由其担保的旧贷，亦不能免除其担保责任。

案例索引： 最高人民法院（2005）民二提字第8号“某信托公司与某交易公司等借款合同纠纷案”，见《上海国际信托投资有限公司与上海市综合信息交易所、上海三和房地产公司委托贷款合同纠纷案》（审判长谭红，审判员贺褆，代理审判员王云飞），载《最高人民法院公报·裁判文书选登》（2008:401）；另见《在保证人为一笔借款的多次借新还旧连续担保后，能否以其不知第一笔借款偿还了之前非其担保的旧贷免除担保责任——上海三和房地产公司与上海国际信托投资公司、上海市综合信息交易所借款担保合同纠纷案》（贺褆，最高院审监庭），载《审判监督指导·案例评析》（200804/26:179）。

271 为旧贷延期履行提供担保，视为应知道系以贷还贷

——保证人为旧贷延期履行提供担保视为应当知道系以贷还贷，嗣后以偿还旧贷为由提出免除保证责任的，不予支持。

标签： 保证 | 以贷还贷 | 应当知道

案情简介： 1996年9月，羊毛公司向银行借款1400万元。1997年9月，因到期未偿，签订延期还款协议，约定由于资金周转困难等原因，只能偿还1100万元，余款300万元延期至1998年2月27日。同日，羊毛公司签订第2份借款合同向银行借款1100万元，借款用途载明“收购羊毛”，还款期限截至1998年9月29日，同日，该款由羊毛公司偿还第2份借款合同项下的借款。1998年12月，羊毛公司与银行签订延期还款协议，约定将1100万元到期贷款还款日期延期至1999年9月29日。同日，农牧公司向银行提供两份不可撤销担保书，分别承诺为第1份借款合同300万元和第2份借款合同1100万元贷款承担连带清偿责任。2000年1月，银行向羊毛公司、农牧公司催要300万元逾期贷款。2000年5月8日，法院裁定羊毛公司宣告破产还债。2002年5月20日，法院裁定终结破产程序，银行仅获偿4万余元。2002年11月14日，银行诉请农牧公司承担保证责任。一审认为银行申报

法院认为： 虽然农牧公司因原审判定其不承担保证责任而未提起上诉，但其在一、二审答辩中均作为主要抗辩理由提出了其因主债务双方未经其同意以贷还贷而应免责的主张，银行关于以贷还贷问题不属于二审审理范围的诉讼主张不能成立。农牧公司所担保的贷款确系用于偿还旧贷，而农牧公司对该旧贷未曾提供过保证，对此事实不但业经原审法院查明认定，且双方当事人亦无异议。农牧公司出具担保时，本案第1份借款合同已逾期10个月，第2份借款合同已逾期3个月，根据农牧公司陈述及其出具担保时间，农牧公司的本意并非为将来的新贷款而是为此前已发生的既有债务的延期履行而提供担保，其对该项担保的风险与责任是明知的，农牧公司虽未曾为旧贷提供过保证以及其在诉讼中否认其明知借新还旧的情况，但根据其明知本案借款的不断延期及逾期情况，无论其所担保的贷款是否已用于偿还旧贷款，均与其提供担保的真实意思无关且并未在其真实意思之外加重其担保的风险与责任负担。该公司以本案所涉贷款系用于偿还旧贷款为由提出的应免除其保证责任的主张不能成立，判决农牧公司对羊毛公司所欠银行贷款本息承担连带责任。

实务要点： 保证人的本意并非为将来的新贷款而是为此前已发生的既有债务的延期履行而提供担保，其对该项担保的风险与责任是明知的，保证人虽未曾为旧贷提供过保证，以及其在诉讼中否认其明知借新还旧的情况，但根据其明知旧贷的不断延期及逾期情况，无论其所担保的贷款是否已用于偿还旧贷，均与其提供担保的真实意思无关，且并未在其真实意思之外加重其担保的风险与责任负担。保证人以案涉贷款系用于偿还旧贷款为由提出应免除其保证责任的主张不能成立。

债权后，未再向农牧公司主张担保债权，保证债务的保证期间不发生延续，因超过诉讼时效而免除保证人责任。

案例索引： 最高人民法院（2003）民二终字第83号“某银行诉某农牧公司担保合同纠纷案”，见《农业发展银行青海分行营业部诉青海农牧总公司担保合同纠纷案》（审判长周帆，代理审判员沙玲、李成玉），载《最高人民法院公报·裁判文书选登》（2004:247）。

1.1

2004:247

2003

272 上级主管单位作为保证人，推定其应知道借款用途

——保证人作为借款人的上级主管单位对新贷和旧贷提供担保，应当知道贷款实际用途，故其应承担相应的保证责任。

标签： 保证 | 以贷还贷 | 应当知道 | 上级主管单位

3

案情简介： 1992年至1994年，农垦公司下属矿厂累欠银行贷款289万元，农垦公司作为还款保证人。1996年，农垦公司继续提供保证担保，矿厂向银行签订289万元的借款合同，当日，银行用特种转账传票方式将新贷偿还了旧贷。1998年，矿厂破产。1999年，银行诉请农垦公司承担保证责任。农垦公司以借款人以贷还贷主张免责。

法院认为： 银行与矿厂及农垦公司1996年分别签订289万元的借款合同和保证合同，贷款数额与矿厂以往累欠的数额相同。借贷双方当事人主观上存在以新贷偿还旧贷的共同意思表示，且合同内容并未违反我国现行法律或行政法规，应认定合法有效。无论旧贷，抑或新贷，农垦公司作为借款人矿厂的上级主管单位均以合同或函件的方式提供了担保。银行虽未按1996年借款合同实际发放贷款，但该笔贷款偿还了农垦公司担保的原有等额的债务，并未加大农垦公司的担保责任。且作为矿厂的上级主管单位的农垦公司应知道矿厂借款的实际用途，其应承担相应的保证责任。农垦公司以其对借新还旧不知情为由拒绝承担保证责任的理由不能成立，判决农垦公司向银行偿还为矿厂担保的借款本息。

1.1

2000:226

1999

实务要点： 保证人作为借款人的上级主管单位对新贷和旧贷提供担保，贷款银行虽未按新贷借款合同实际发放贷款，但该笔贷款偿还了保证人担保的原有等额债务，并未加大保证人的担保责任，且作为借款的上级主管单位的农垦公司应知道借款人贷款的实际用途，故其应承担相应的保证责任。

案例索引： 最高人民法院（1999）经终字第347号“某农垦公司与某银行借款合同保证纠纷案”，见《甘肃省农垦总公司与中国农业银行阿克塞哈萨克族自治县支行借款合同保证纠纷上诉

案》(审判长李天顺，审判员徐瑞柏，代理审判员王涛)，载《最高人民法院公报·案例》(2000:226)。

273 借款人以流动资金贷款还旧贷利息不免除保证责任

——借款人将贷款用于偿还其旧贷利息，亦属于正常使用该流动资金贷款，并不构成以贷还贷保证人应当免责的情形。

标签：保证 | 以贷还贷 | 流动资金 | 旧贷利息

案情简介：2003年，实业公司为食品公司向银行贷款1000万元“流动资金”提供连带责任保证。嗣后，实业公司以该款中的300万元用于偿还旧贷利息，700万元未用于专项农业综合开发的贷款用途，主张免除保证责任。

2.1

201303/35:235

2013

法院认为：流动资金贷款是借款人用于日常生产经营周转的贷款，可用来购买原材料、支付工资、清偿债务等。若如银行在贷后检查报告中所称，食品公司实际将其中300万元贷款用于偿还其在该行的旧贷利息，亦属于正常使用该流动资金贷款，并不构成最高人民法院《关于适用〈担保法〉若干问题的解释》第39条规定的，主合同当事人以双方协议以新贷偿还旧贷且保证人不知道或者不应当知道而不承担民事责任的情形。实业公司未提供相关证据证明案涉1000万元流动资金贷款被食品公司用于法律、行政法规禁止使用的领域或变更其流动资金贷款用途。同时，银行与食品公司约定案涉贷款种类为农业综合开发，但实业公司并未提供证据证明食品公司实际变更了该专项贷款用途，且我国现行法律、行政法规并无借款人变更该专项贷款用途即相应免除保证人保证责任的相关规定。银行作为贷款人，对款项使用虽负有一定监管义务，但该义务是其管控风险的需要，同实业公司依保证合同约定而负担的连带责任保证义务并无对应关系，亦非实业保证责任的先决条件，故在该种情形下，并无先履行抗辩权适用的前提条件，判决实业公司为食品公司所欠银行贷款本息承担连带清偿责任。

实务要点：流动资金贷款是借款人用于日常生产经营周转的贷款，可用来购买原材料、支付工资、清偿债务等。若如借款人将贷款用于偿还其旧贷利息，亦属于正常使用该流动资金贷款，并不构成最高人民法院《关于适用〈担保法〉若干问题的解释》第39条规定的，主合同当事人以双方协议以新贷偿还旧贷且保证人不知道或者不应当知道而不承担民事责任的情形。

案例索引：最高人民法院(2013)民提字第51号“某银行与某实业公司等借款纠纷案”，见《再审申请人中国农业银行股份有限公司大连甘井子农行与被申请人大连础明集团有限公司、大连冰凌花天然食品有限公司借款合同纠纷案》(审判长宫邦友，审判员朱海年，代理审判员林海权），载《商事审判指导·商事裁判文书选登》（201303/35:235）。

274 放弃对借款用途知悉权，应包括同意用新贷还旧贷

——保证合同约定主合同变更，除展期及增加借款金额外，无需征得保证人同意，应视为保证人同意以新贷偿还旧贷。

标签：保证 | 以贷还贷 | 借款用途

案情简介：2003年，煤业公司为散热器公司向银行贷款提供3300万元担保，所签《最高额保证合同》约定“主合同双方协议变更主合同的内容，除展期及增加借款金额外，无需征得保证人同意，保证人仍在变更后的保证范围内承担保证责任”。后煤业公司以借新还旧主张免除担保责任。

3

法院认为：依《最高额保证合同》约定，即使散热器公司将借款用于偿还旧贷，亦不能以此作为免除煤业公司对案涉借款承担保证责任的理由。案涉款项虽用于偿还旧贷，但不能改变借贷事实发生时间属于前述保证合同约定保证范围的事实，故煤业公司应在3300万元限度内对散热器公司欠银行债务承担连带清偿责任。

实务要点：最高额保证合同约定“主合同双方协议变更主合同的内容，除展期及增加借款金额外，无需征得保证人同意，保证人仍在变更后的保证范围内承担保证责任”，应视为担保人放弃以特定的借款用途作为其承担担保责任的前提，即使借款人将借款用于偿还旧贷，亦不能以此借款用途改变作为免除担保人对借款承担保证责任的理由。

2.2

201203/51:199

2.3

201201/32:186

2012

案例索引：最高人民法院判决“某银行与某煤业公司等借款合同纠纷案”，见《担保合同约定“主合同双方协议变更主合同的内容，除展期及增加借款金额外，无需征得保证人同意，保证人仍在变更后的保证范围内承担保证责任”的，保证人应对借款人的借新还旧承担担保责任——中国银行股份有限公司高平支行与山西高平科兴赵庄煤业有限公司、山西省高平市三甲散热器有限公司借款合同纠纷案》（仲伟珩，最高院民一庭），载《民事审判指导与参考·最高人民法院案件解析》（201203/51:199）；另见《借款人以新还旧，保证人是否应承担保证责任的认定——中国银行股份有限公司高平支行与高平市赵庄煤矿、山西省高平市三甲散热器有限公司借款合同纠纷一案》（张小洁，最高院立案庭），载《立案工作指导·申诉与申请再审疑案评析》（201201/32:186）。

275 导致保证债权消灭的还旧借新，应有充分证据证明

——“还旧借新”不同于“借新还旧”，前者可使原保证债权消灭。但仅有银行单方凭证记载，不能认定为还旧借新。

标签：保证 | 以贷还贷 | 银行凭证 | 还旧借新

案情简介：2004年，投资公司为实业公司向银行贷款提供担保。嗣后，投资公司以银行“还旧借新”主张保证责任免除，并提供了银行还款、借款凭证。银行以借新还旧主张投资公司作为新、旧贷保证人为由，保证责任不免除。

法院认为：借款合同中的“借新还旧”与“还旧借新”具有不同法律意义。前者指债权人与债务人在旧贷未偿情况下，再次签订贷款合同，以新贷部分或全部清偿旧贷。而后者是债务人先行将原借款清偿完毕，再贷出新借款。还旧借新因先行偿还了原借款合同的债权，故使原借款合同项下债权消灭，相应的保证债权亦随之消灭。但仅有商业银行单方面凭证记载，不能认定为还旧借新。本案中，投资公司虽提供银行的还款、借款凭证，但因其未提供借款划至实业公司账户后资金去向的相关证据，故应认定该借款项下资金未实际贷出，银行制作的相关凭证仅系更换了贷款凭证，该笔借款真实用途为以贷还贷。由于投资公司系旧贷保证人，依法仍应承担保证责任。

2.6

v.8:588

2012

实务要点：“还旧借新”不同于“借新还旧”，因还旧借新先行偿还了原借款合同的债权，故使原借款合同项下债权消灭，相应的保证债权亦随之消灭。但仅有商业银行单方面凭证记载，不能认定为还旧借新。

案例索引：最高人民法院（2012）民二终字第71号“某银行与某实业公司等借款合同纠纷案”，见《借款合同中“还旧借新”的认定——沈阳市建设投资有限公司与交通银行股份有限公司沈阳南湖支行、沈阳和光集团股份有限公司借款合同纠纷案》（审判长贾纬，审判员沙玲，代理审判员周伦军），载《最高人民法院商事审判指导案例（2012）·合同与借贷担保》（2013:588）。

276 当事人就借新还旧达成合意，可认定合同关系成立

——借新还旧协议达成不以办理完整贷款手续为必要。如果双方未约定还款期限，可从达成协议之日起计算诉讼时效。

标签：保证 | 以贷还贷 | 诉讼时效 | 主债时效 | 贷款手续

案情简介：1996年，受理毛巾厂破产案件的法院作出裁定，确认银行对毛

法院认为：对于银行与实业公司达成的“借新贷还旧贷”协议，只要双方当事人对债权债务关系达成合意，即可认定合同关系成立，不以办理完整贷款手续为必要。如果双方未重新办理贷款手续，亦未约定明确还款期限，可以从最终达成协议之日起计算债权人主张诉讼权利的新的

巾厂破产财产享有3600万余元的优先受偿权。1997年，政府决定毛巾厂破产分配后的资产由实业公司承担，银行债权作为国家资本金划转至实业公司。1998年8月28日，经政府办公会协调形成的会议纪要记载银行对毛巾厂抵押贷款受偿的3600万余元转贷给实业公司。2005年，资产公司受让银行该不良债权。2007年，实业公司将名下原毛巾厂土地使用权挂牌出让给开发公司，实业公司得款1.9亿余元。2011年，资产公司诉请实业公司、开发公司、市政府偿还借款。

诉讼时效期间。本案中，法院裁定确认了抵押权效力，银行享有优先受偿权，但在其后近两年时间内银行未采取措施积极行使权利，而是嗣后在政府办公会议上同意将对涉案资产优先受偿的权利转为对财产接收人实业公司的债权，只是最终未办理转贷手续。在重新确认债权债务基础上，银行对原涉案资产的优先受偿权已经消灭，应依据新的借款关系向实业公司主张债权。鉴于双方未重新约定借款期限，应从会议纪要确认债权的时间即1998年8月28日起算诉讼时效。因银行1998年已通过建立新的借款关系方式放弃了优先受偿权，此后银行与资产公司所签转让合同注明转让标的系非信贷类资产，即银行系对自身不享有权利的资产进行处分，资产公司受让涉案资产没有依据，受让行为无效。因资产公司受让超过诉讼时效的债权，故判决驳回资产公司诉讼请求。

实务要点： 对于债权人与债务人达成的“借新贷还旧贷”协议，只要双方当事人对债权债务关系达成合意，即可认定合同关系成立，不以办理完整贷款手续为必要。如果双方未重新办理贷款手续，亦未约定明确还款期限，可以从最终达成协议之日起计算新的诉讼时效期间。

3

2.6

v.9:360

2012

案例索引： 最高人民法院（2012）民二终字第84号“某资产公司与某实业公司等债权纠纷案”，见《债务承接及“借新贷还旧贷”的诉讼时效——内蒙古仕奇集团有限责任公司与中信资产管理有限公司、呼和浩特市人民政府、内蒙古长兴房地产开发有限责任公司一般债权纠纷案》（审判长王宪森，审判员殷媛，代理审判员张雪楳），载《最高人民法院商事审判指导案例（2012）·公司与金融》（2013:360）。

277 主合同变更，保证人仍应担责的约定，应认定有效

——保证合同已明确约定主合同变更保证人仍应承担保证责任，故，即使存在以贷还贷情形，亦不影响保证责任承担。

标签： 保证 | 以贷还贷 | 借款用途 | 主合同变更

案情简介： 2002年至2003年，陶瓷总厂先后向银行贷款8笔共计2100万

法院认为： 陶瓷总厂所涉几笔借款操作上虽存在先筹措资金还款，再以所贷款项偿还筹措的资金等情节，与陶瓷总厂在借款合同中载明的“用于维持正常生产经营周转”、“购买原材料”等借款用途有所不同，但鉴于轴承集团在保证合同中明确约定，债权人与借款人协议变更主合同

余元，均系先向实际为一家单位的陶瓷厂、纸箱厂、陶瓷公司拆借，然后还旧贷，银行放贷，最后陶瓷总厂向拆借单位还款，每笔贷款上述操作手法均系在1天或4天内完成。陶瓷总厂互保单位轴承集团为上述贷款均提供连带责任保证，保证合同约定主合同变更“除展期或增加贷款金额外，无须经其同意，其仍在原保证范围内承担连带保证责任”。原两审法院均以“以贷还贷亦属骗取担保”驳回债权人起诉。

的，除展期或增加贷款金额外，无须经其同意，其仍在原保证范围内承担连带保证责任，故即使存在陶瓷总厂将所贷款用于偿还所筹措资金而未用于合同约定用途，亦不影响轴承集团对其所担保债务承担连带保证责任。鉴于陶瓷总厂与陶瓷厂、纸箱厂、陶瓷公司实际系一家企业，用以偿还旧贷的资金系自筹而非拆借，轴承集团与陶瓷总厂系互保单位，其应知晓陶瓷总厂真实情况，陶瓷总厂收回再贷行为是否为以新贷偿还旧贷等，因不影响本案轴承集团担保责任认定，故对该事实不予审查。判决轴承集团对陶瓷总厂贷款本息承担连带清偿责任。

实务要点： 保证人在保证合同中明确约定主合同变更“除展期或增加贷款金额外，无须经其同意，其仍在原保证范围内承担连带保证责任”，故即使存在借款人改变借款用途的情形，亦不影响保证人保证责任承担。

2.6

v.8:62

2011

案例索引： 最高人民法院（2011）民提字第321号“某资产公司与某实业公司等借款担保合同纠纷案”，见《当事人应当依据合同的有效约定承担相应的法律责任——中国长城资产管理公司郑州办事处与河南中轴集团有限公司、河南中轴控股集团股份有限公司借款担保合同纠纷案》（审判长刘敏，代理审判员赵柯、杜军），载《最高人民法院商事审判指导案例（2012）·合同与借贷担保》（2013:62）。

278 改变借款用途无须担保人同意约定因借新还旧无效

——改变借款用途无须担保人同意之约定，不能对抗《担保法》司法解释规定的担保人因借新还旧而免责的法定情形。

标签： 保证 | 以贷还贷 | 借款抵押 | 抵押合同效力

案情简介： 2003年12月，银行与造纸厂签订借款合同，约定借款用途为8.5万吨牛皮箱板纸项目，借款1.9亿余元，同时，造纸公司与银行签订前述借款额度内的《最高额抵押合同》，约定造纸公司“完全了解借款用途，除展期和增加贷款金额外，银行与主

法院认为： 银行与造纸厂借款合同签订后，双方并未实际履行，其后，双方又分别签订了6份借款合同，并已实际履行。6份借款合同约定的借款用途系借新还旧，对于借款用途的变更，造纸公司一直坚称其并不知道，亦无证据证明其应当知道。因造纸厂与银行变更借款用途的结果实际上加重了担保人造纸公司担保责任，根据《担保法》司法解释第39条关于“主合同当事人双方协议以新贷偿还旧贷，除保证人知道或应当知道的外，保证人不承担民事责任。新贷与旧贷系同一保证人的，不适用前款的规定”规定，造纸公司不应承担抵押担保责任。抵押是担保的法定方式之一。在以第三人财产设定抵押的情形下，抵

合同借款人协议变更主合同，无须经造纸公司同意，造纸公司仍在本合同确定的抵押担保范围内承担抵押担保责任”。担保期间，造纸厂向银行6次借款共计2亿元，用于以新还旧。2008年，受让该不良金融债权的资产公司起诉造纸厂和造纸公司时，造纸公司主张免除担保责任。

押担保法律关系在主体、内容、目的、效果等方面与保证担保特征近似。借贷关系双方关于借款用途的约定，亦是担保人判断其风险责任所考虑的重要因素。无论对保证担保还是抵押担保，主债务双方在以固定资产投资为借款用途而设定担保后，又以借新还旧真实用途发放并收回贷款，同样会改变担保人在提供担保时对担保风险的预期，加重其担保责任，同样会导致对担保人不公平的结果。故担保人与贷款人虽然在最高额抵押合同中约定除展期和增加贷款金额外，贷款人与借款人协议变更主合同，无须经担保人同意，担保人仍承担抵押担保责任。但上述约定不能对抗因主合同变更导致担保人法定免责的情形。

2.1

201101/25:222

2010

3

实务要点： 虽然担保人与贷款人在最高额抵押合同中约定除展期和增加贷款金额外，贷款人与借款人协议变更主合同，无须经担保人同意，担保人仍承担抵押担保责任。但上述约定不能对抗最高人民法院《关于适用〈担保法〉若干问题的解释》第39条规定的因主合同变更导致担保人法定免责的情形。贷款人以此为由要求担保人承担抵押担保责任的，人民法院不予支持。

案例索引： 最高人民法院（2010）民二终字第72号“某资产公司诉某造纸公司等借款担保合同纠纷案”，见《中国长城资产管理公司哈尔滨办事处与黑龙江华夏造纸有限公司、佳木斯金地造纸股份有限公司借款担保合同纠纷案》（审判长付金联，代理审判员王涛、李相波），载《商事审判指导·裁判文书选登》（201101/25:222）。

279 即使旧贷系债务人从第三方承接，仍属于借新还旧

——旧贷由其他债务人承接后，新债务人与金融机构约定借新还旧时新旧贷为同一债务人的，此种情形亦属借新还旧。

标签： 保证 | 以贷还贷 | 不同债务人主体

案情简介： 2003年，开发公司与银行签订借款合同，提供连带保证责任担保的钢铁公司后以开发公司借新还旧主张免责，银行提出最初借款人并非开发公司不属于借新还旧。

法院认为： 新贷与旧贷借款人为同一债务人的情形属于借新还旧，如新旧贷债务人并非同一主体，即不为“借新还旧”，而是互相独立的两个借款法律关系。但旧贷由其他债务人承接后，由于债务承接后债务人发生变更，新债务人与金融机构约定借新还旧时新旧贷债务人已为同一主体，故亦属于借新还旧。无论案涉旧贷最初发生时借款人是否为开发公司，在申请新贷时，开发公司均已承接了该笔债务，成为旧贷的债务人，且银行作为债权人对此并未提异议，故该两笔新旧贷债务人

2.1

201004/24:115

2.7

2011:333

2.6

v.5:331

2010

为同一主体，亦属于借新还旧，保证人仍应依保证合同约定承担保证责任。

实务要点： 旧贷由其他债务人承接后，新债务人与金融机构约定借新还旧时新旧贷债务人已为同一主体，此种情形亦属于借新还旧。

案例索引： 最高人民法院（2010）民二终字第88号“某资产公司与某开发公司借款合同纠纷案”，见《即使贷款为借新还旧，保证人仍应依照保证合同的约定承担保证责任——中国信达资产管理股份有限公司辽宁省分公司与北台钢铁（集团）有限责任公司、本溪华厦房地产综合开发有限责任公司借款合同纠纷上诉案》（刘竹梅、高燕竹，最高院民二庭；审判长刘竹梅，审判员朱海年，代理审判员张雪楳），载《商事审判指导·商事审判案例分析》（201004/24:115）；另载《最高人民法院商事审判裁判规范与案例指导·案例指导》（2011:333）；另见《保证合同明确约定保证人应对全部债务承担责任的，无论所涉债务是否是借新还旧，保证人均应依约承担责任》，载《最高人民法院商事审判指导案例·第五卷（上）》（2011:331）。

280 银行就未偿债务与债务人办借新还旧手续，亦有效

——债权银行就债务人未偿债务办理借新还旧手续，双方重新签订的借款合同，系双方真实意思表示，应为合法有效。

标签： 保证 | 以贷还贷 | 借款合同 | 合同效力 | 实际放款

案情简介： 2002年，银行向化工公司借款6500万元，塑料公司提供担保。2003年，化工公司就未偿债务与银行办理借新还旧手续，重签借款合同，化工公司盖章确认。因逾期未还，银行起诉化工公司及该公司股东邢某及保证人塑料公司。邢某认为本案贷款未实际发放，借款关系不成立。

法院认为： 2003年，化工公司在银行就未偿还债务办理借新贷还旧贷手续，双方重新签订的借款合同，系双方真实意思表示，不违反法律和行政法规的规定，应为合法有效。银行按约定发放了贷款，化工公司亦在借款凭证上加盖公章及法定代表人名章予以确认。该债权转让给资产公司，化工公司及塑料公司分别在债权转让通知和担保权利转让通知上盖章确认，该债权债务关系明确，故邢某主张银行未实际发放贷款，与事实不符，法院不予采纳。

实务要点： 债权银行就债务人未偿还债务办理借新还旧手续，双方重新签订的借款合同，系双方真实意思表示，不违反法律和行政法规的规定，应为合法有效。

2.1

201004/24:268

2.7

2010:515

2.6

v.5:413

2010

案例索引： 最高人民法院（2010）民二终字第77号“某资产公司与邢某等借款合同纠纷案”，见《邢佩国、大庆市银兴化工有限公司、太福化工集团有限公司与中国信达资产管理股份有限公司黑龙江省分公司借款合同纠纷上诉案》（审判长王宪森，审判员殷媛，代理审判员林海权），载《商事审判指导·商事裁判文书选登》（201004/24:268）；另载《最高人民法院商事审判裁判规范与案例指导·裁判文书》（2011:515）；另见《股东实际出资的实物价值已超过其承诺的实物出资价值，且不存在侵害公司财产其他事实，股东仅依其出资财产对公司的对外债务承担有限责任》，载《最高人民法院商事审判指导案例·第五卷（下）》（2011:413）。

281 债务人将贷款转给保证人偿还旧贷，仍属借新还旧

——债务人向银行借款后立即转给了其中一个保证人，由该保证人偿还了自己对银行的旧贷，仍属于贷新还旧的性质。

3

标签： 保证 | 以贷还贷 | 保证责任 | 实际借款人

案情简介： 1996年，投资公司、信用社为工贸公司向银行借款980万元提供连带保证责任。工贸公司取得贷款后，2天之内通过关联公司分两笔转入投资公司账户，投资公司以该款偿还了所欠银行980万元旧贷。投资公司与工贸公司法定代表人同一。信用社以此主张免责。

2.6

v.5:285

2010

法院认为： 最高人民法院《关于适用〈担保法〉若干问题的解释》第39条，其目的和后果是免除保证人的担保责任，而“主合同当事人双方协议以新贷偿还旧贷”只是该法律规范的假设条件。法律规范的条件是以最为典型的形态为表现的，因为民事行为包罗万象而不可能穷尽。设定该假设条件的本质含义是如果无真实贷款发生，亦即主合同无真实的合同基础关系而是虚构的民事关系，那么很可能将产生保证人不承担民事责任的后果。本案虽然不是工贸公司借款后偿还自己的旧贷而是用以偿还了保证人投资公司的旧贷，因投资公司亦为银行旧贷债务人，有笔对银行980万元的债务到期，同时投资公司是本案新贷的担保债务人，故工贸公司将贷款转给投资公司偿还，同样构成新债务人偿还了自己的旧贷而未发生真实的贷款关系的假设条件。另外，投资公司为工贸公司提供保证担保，目的是为了保证银行将来对工贸公司的贷款债权更好地实现，但由于工贸公司所贷之款偿还了保证人投资公司旧贷，该行为实质是银行放弃了投资公司的保证担保，故银行、工贸公司和投资公司之间不是真实的借款担保法律关系。如有两个以上保证人为主合同担保时，且未区分保证责任范围，当债权人对其中一个保证人免除保证责任后，必然将加大其他保证人的保证责任，这对其他保证人极为不公平，其他保证人因此亦应获得免责。故本案工贸公司向银行借款后立即转给了保证人投资公司，由投资公司偿还了自己对银行的旧贷，该民事法律关系仍属于贷新还旧性质。

实务要点： 债务人向银行借款后立即转给了其中一个保证人，由该保证人偿还了自己对银行的旧贷，该民事法律关系仍属于贷新还旧性质，其他保证人可以此主张免除保证责任。

案例索引： 最高人民法院（2010）民提字第156号“恒丰银行股份有限公司与烟台银行股份有限公司烟台山支行、烟台开发区长城投资咨询公司、烟台市环海工商总公司借款保证合同纠纷案”，见《恶意串通转嫁风险的责任承担——恒丰银行股份有限公司与烟台银行股份有限公司烟台山支行等借款保证合同纠纷案》（审判长贾纬，代理审判员沙玲、周伦军），载《最高人民法院商事审判指导案例·第五卷（上）》（2011:285）。

282 银行与关系密切的债务人贷新还旧，应属恶意串通

——银行向关系密切的债务人发放贷款并用于债务人关联公司偿还旧贷的，应认定恶意串通，保证人可免除担保责任。

标签： 保证 | 以贷还贷 | 恶意串通 | 非真实意思表示

案情简介： 1993年，在信用社职员陶某提供、盖有信用社印章的空白便笺上，投资公司兼工贸公司法定代表人卢某授意会计填写担保函内容，并将日期倒签为1991年10月26日，并注明本保函有效期6年。1996年，投资公司为工贸公司向银行借款980万元提供连带保证责任。工贸公司取得贷款后，2天之内通过典当公司分两笔转入投资公司账户，投资公司以该款偿还了所欠银行980万元旧贷。投资公司和银行均系典当公司股东。信用社以银行与投资公司、工贸公司恶意串通转嫁风险主张免责。

法院认为： 根据担保函制作过程和内容，可认定该担保函非信用社真实意思表示。同时，根据投资公司和银行同是典当公司的股东，工贸公司是投资公司的主管部门，工贸公司与投资公司互相担保贷款对银行负有多笔债务，卢某曾先后担任工贸公司、投资公司和典当公司的法定代表人等事实，说明银行与工贸公司、投资公司关系密切。根据卢某等人的证言，银行未与信用社协商、未向信用社核保以及贷款给工贸公司用于偿还投资公司的旧贷等事实证明，银行与工贸公司、投资公司的行为属于恶意串通转嫁风险的性质。即使将信用社作为保证人，因本案贷新还旧的性质，信用社事先不知道贷款关系的存在，更不清楚本案贷新还旧的事实，故信用社亦不应承担民事责任。

实务要点： 银行向关系密切的债务人发放贷款时，对于犯罪嫌疑人提供的非保证人真实意思表示的担保函，未与保证人协商，亦未进行核保，以致贷款用于债务人关联公司偿还旧贷的，应认定银行与债务人之间恶意串通，保证人可以此免除担保责任。

案例索引： 最高人民法院（2010）民提字第156号“恒丰银行股份有限公司与烟台银行股份有限公司烟台山支行、烟台开发区长城投资咨询公司、烟台市环海工商总公司借款保证合同纠纷

2.6

v.5:285

2010

案”，见《恶意串通转嫁风险的责任承担——恒丰银行股份有限公司与烟台银行股份有限公司烟台山支行等借款保证合同纠纷案》（审判长贾纬，代理审判员沙玲、周伦军），载《最高人民法院商事审判指导案例·第五卷（上）》（2011:285）。

283 无真实资金往来的倒贷行为，不能认定为借新还旧

——借新还旧的成立，除审查当事人之间是否存在借款担保合同外，还应审查银行与债务人之间是否有实际账款往来。

标签：保证 | 以贷还贷 | 倒贷 | 真实资金往来

案情简介：1993年至1995年，开发公司先后向银行贷款1755万元，房产公司提供担保。1998年，银行向开发公司发放1855万元新贷款，并办理了新贷的放款记账凭单、贷款转存凭证、核定贷款指标通知、还款记账凭单、贷款还款凭证等手续，但双方未订立书面借款合同，亦未对担保达成协议。次日，银行以该以贷还贷行为违反法律、行政法规的强制性规定，未得到上级批准为由，将上述1855万元新贷款在自己的会计账上作了冲回的记账凭证，账面上体现城镇公司仍欠旧借款1855万元。但银行未收回向城镇公司出具的放款记账凭单等放款手续，城镇公司会计账上仍体现借新还旧的事实。房产公司据此主张免除担保责任。

3

法院认为：借新还旧与一般的借款行为不同，其存在二个不同的行为，即借新和还旧。借新还旧成立的认定，除审查当事人之间是否存在借款合同和担保合同外，还应重点审查银行与债务人之间是否有实际的账款往来。本案所涉借新还旧行为没有借款及担保合同，虽然银行作出放款和还款的账面处理，但并未在银行与债务人之间发生实际的资金往来，故旧贷仍存在未形成新贷。根据《合同法》第36条关于“法律、行政法规规定或当事人约定采用书面形式订立合同，当事人未采书面形式但一方已经履行主要义务，对方接受的，该合同成立”规定，本案未发生实际履行的情形，故借新还旧不能成立，房产公司担保责任不能免除。

实务要点：借新还旧成立的认定，除审查当事人之间是否存在借款合同和担保合同外，还应重点审查银行与债务人之间是否有实际的账款往来。

案例索引：最高人民法院（2010）民二终字第83号“某资产公司与某开发公司等借款合同纠纷案”，见《没有真实的资金往来，借新还旧不能认定——中国信达资产管理公司哈尔滨办事处、哈尔滨城镇建设综合开发公司、中房集团哈尔滨房地产开发公司、哈尔滨房屋土地综合开发公司借款合同纠纷案》（审判长宫邦友，审判员朱海年，代理审判员张雪楳），载《最高人民法院商事审判指导案例·第五卷（上）》（2011:262）。

2.6

v.5:262

2010

284 开证行将垫款转为贷款，不影响担保人的责任承担

——当事人将签订借款合同之前因申请信用证并支付后形成的欠款，以借款合同方式予以体现，不影响担保责任承担。

标签：保证 | 以贷还贷 | 信用证 | 信用证担保 | 垫款转借款

案情简介：1994年4月1日和17日，物资公司两次向银行提交贷款申请书。3月30日，开发公司向银行出具了申请外汇贷款300万美元的担保书。4月23日，银行为物资公司开立信用证。9月19日，物资公司再次提交贷款申请，银行向物资公司发放贷款296万余美元。因物资公司逾期未还，银行起诉并要求开发公司承担担保责任，开发公司以借新还旧主张免除担保责任。

法院认为：从本案事实看，物资公司1994年4月17日再次向银行递交贷款申请只是对1994年4月1日贷款申请书有关内容修改或确认。物资公司对银行实质上是先申请贷款对外支付，也即实际通过银行体系对外开立信用证并对外付款，待信用证对外支付后，因物资公司并未交付足额保证金还款，为解决此问题，物资公司与银行通过1994年9月19日双方签订借款合同，将银行信用证已对外支付而尚未偿还的款项转为借款，而数额正好是信用证对外付款金额，加上到期利息之和。这种欠款转贷款的情况，在对外贸易活动中常见。本案实际上并无所谓第一份贷款合同，而是对外申请开具信用证并支付后形成的欠款。故1994年9月19日的借款合同将信用证对外付款之后所形成的欠款以借款合同形式予以体现，划分为分别具有独立性质的两次不同的借贷行为且借新还旧。本案物资公司与银行之间，就钢材进口贸易实际只是发生一次借贷事实，并不存在借新还旧两次借贷情形，不存在后一笔借贷行为覆盖和取代了前一笔债务。不需要开发公司对物资公司与银行1994年9月19日借款合同重新表示确认，才继续承担担保责任。况且，不论对本案银行与物资公司是否实际形成两个借款法律事实如何理解，但对于担保人而言，并未加重其担保责任，开发公司不能免除保证责任。故判决物资公司偿还银行借款本息，开发公司承担代为履行的担保责任。

2.1

201003/23:179

2.7

2011:402

2008

实务要点：当事人将签订借款合同之前因申请信用证并支付后形成的欠款以借款合同的方式予以体现，从当事人行为的连续性和性质上看，不能将当事人以此完整的借贷行为划分为分别具有独立性质的两次不同的借贷行为，更不能认定为借新还旧。

案例索引：最高人民法院（2008）民提字第16号“某银行与某开发公司等借款担保合同纠纷案”，见《申请再审人中国银行股份有限公司烟台分行与被申请人烟台开发区房地产有限公司、烟台经济技术开发区物资再生综合利用公司借款担保合同纠纷案》（审判长刘竹梅，审判员朱海年，代理审判员刘崇理），载《商事审判指导·商事裁判文书选登》（201003/23:179）；另载《最高人民法院商

事审判裁判规范与案例指导·裁判文书》（2011:402）。

285 借款用途写明存量盘活，推知担保人明知借新还旧

——借款合同写明借款用途"（流动资金）存量盘活"，根据银行总行文件，应推知保证人知晓借款用途包含借新还旧。

标签：保证 | 以贷还贷 | 借款用途 | 流动资金 | 存量盘活

案情简介：2005年，矿业公司为实业公司向银行的2000万元贷款提供连带责任保证。保证合同约定被担保的主债权种类为"流动资金（存量盘活）"。根据贷款行总行的文件界定，存量盘活是其不良贷款的处置方式，其中包含了对原贷款采取延长期限的内容。矿业公司以主债务人和债权人骗取担保为由主张免责。

3

2.4

201001/31:134

2008

法院认为：从贷款行总行的文件可知，存量盘活是其不良贷款的处置方式，其中包含了对原贷款采取延长期限的内容，而借新还旧的实质亦是延长原贷款期限。在此意义上，存量盘活包含了借新还旧。银行根据总行规定，在发放贷款时用存量盘活来表示借新还旧，并非故意回避借新还旧，亦非故意串通骗保。矿业公司如对该概念含义不清，理应在签订保证合同时充分了解，或要求改为其他更清晰的表述，在不清楚借款确切用途情况下，即为巨额债务提供连带责任保证，不符合社会一般情理。矿业公司如对于借款用途有所担心，在实业公司获得借款后，亦应密切注意、监督其对于该笔借款的使用。而该笔借款当天即被用于偿还旧贷，矿业公司并未提出任何异议，故其主张在不清楚存量盘活含义情况下签订了本案保证合同的理由不可信。依合同关于借款用途为存量盘活的记载，可推知担保人矿业公司应知本案借款用途是借新还旧。另从实业公司与矿业公司在经济上的投资关系考虑，作为担保人的矿业公司亦应知该笔借款实际用途，故矿业公司应承担本案担保责任。

实务要点：借款合同写明借款用途"（流动资金）存量盘活"，根据银行总行文件，应推知担保人知晓存量盘活的借款用途包含借新还旧。

案例索引：最高人民法院（2008）民抗字第39号"某银行与某矿业公司等借款合同纠纷案"，见《新疆富蕴县可克塔勒富桂铅锌矿与中国农业银行环江毛南族自治县支行、广西环江毛南族自治县福利总公司借款合同纠纷抗诉案》（审判长姜华，代理审判员董华、张代恩），载《审判监督指导·裁判文书选登》（201001/31:134）。

286 保证人对借款用途未加限制的，视为同意以贷还贷

——保证合同对借款用途未加限制的，应视为保证人放弃以违

法院认为：本案保证人以债务人提供的债权人印

背借款用途约定包括以贷还贷为由免除保证责任的权利。

标签：保证 | 以贷还贷 | 转贷 | 借款用途

案情简介：2000年，商贸公司同意为物资公司的贷款提供担保，在对银行提供的格式保证合同中填写保证范围为496万元的金额并加盖公章、填写落款日期后，其余未填写。银行完善其他空白栏包括在借款用途注明“借新还旧”后，用向物资公司发放的贷款偿还了旧贷。商贸公司以不知借新还旧为由，主张免责。

制的保证合同样本为基础，起草了保证合同，并仅填写其中担保的债务数额及签署时间等内容，在借款合同签订之前便签章交与被保证人的工作人员，继而向债权人出具。保证合同上未对借款用途加以限制。保证人上述行为表明其并无以“借款用途”作为是否免除保证责任条件的意思表示。故在无其他影响保证人意思表示真实因素情况下，无论借款合同双方当事人最终约定何种借款用途，亦无论保证人在签章时是否知道或应当知道上述借款用途，均不足以否定保证人自愿对此承担保证责任的真实意思表示。故本案商贸公司保证责任不能免除。

实务要点：保证人在保证合同中对借款用途未加限制的，应认为其自愿放弃以特定借款用途包括以贷还贷作为免除保证责任条件的权利。

2.4

200804/26:164

2008

案例索引：最高人民法院（2008）民监他字第2号“某银行与某贸易公司等保证借款合同纠纷案”，见《如何认定未约定借款用途的保证合同中保证人的真实意思表示——关于工商银行湖北十堰市人民路支行、中国东方资产管理公司武汉办事处与湖北省十堰市五堰商场股份有限公司、湖北省十堰市汇发贸易有限公司保证借款合同纠纷一案的请示与答复》（邱明，最高院审监庭），载《审判监督指导·请示与答复》（200804/26:164）。

287 以新贷偿还新贷款人关联公司旧贷，仍属以贷还贷

——金融机构作为债权人与新贷款人约定以新贷偿还新贷款人关联公司旧贷的，其性质仍系以贷还贷，保证人可免责。

标签：保证 | 以贷还贷 | 借款用途 | 流动资金 | 偿还关联公司旧贷

案情简介：1999年，银行以贷给实业公司200万元为条件，约定由实业公司向银行另行贷款309万美元，并由实业公司代其关联公司即制品公司偿还1995年至1997年期间形成的旧贷。旧贷保证人系建筑公司，新贷保证人

法院认为：银行与实业公司、制品公司配合共同实施的案涉行为性质系“以贷还贷”，目的是使制品公司已无法偿还的到期债务通过以贷还贷，由新贷的担保人偿还，最终变成可实现的债权。但实业公司无偿划款给制品公司由其还债的行为非单纯和独立的民事关系，而是三方为了完成以贷还贷目的的整个行为过程中一个环节。我国现行法律、行政法规对以贷还贷行为无限制性规定，银行与实业公司签订的借款合同有效，但以贷还贷不仅涉及主合同效力问题，更多的是影响到以贷还贷的担保合同的效力。由于以贷还贷使原来无担保或他人担保债权变

系建筑公司、钢管厂。钢管厂前述的借款担保合同显示借款用途系"资金周转"。

成有担保债权，使"死账"变成了可实现债权，但本案中存在主合同当事人恶意将债务风险转移给原来未提供担保的担保人情形，故担保合同不是担保人的真实意思表示，本案钢管厂的担保责任应予免除。

2.4

200802/24:134

2008

实务要点： 金融机构作为债权人与新贷款人约定以新贷偿还新贷款人关联公司的旧贷，其性质仍然是以贷还贷。新贷与旧贷非同一保证人的，除新贷保证人知道或应当知道的外，保证人不承担民事责任。

案例索引： 最高人民法院判决"某资产公司与某建筑公司等借款合同纠纷案"，见《债权人与形式上独立的不同债务人签订以新贷偿还旧贷的协议能否适用司法解释关于"以贷还贷"的相关规定——湖州市八里店镇资产经营公司与中国长城资产管理公司杭州办事处、湖州市升山建筑工程有限公司等借款合同纠纷提审案》（何抒，最高院审监庭），载《审判监督指导·案例评析》（200802/24:134）。

3

288 将借款偿还关联公司旧贷，不应推定为保证人应知

——以约定的"周转资金"借款用于违法划转偿还关联公司旧贷，新、旧贷非同一保证人的，保证人不承担担保责任。

标签： 保证 | 以贷还贷 | 应当知道 | 推定知道 | 周转资金

案情简介： 1999年，银行以贷给实业公司200万元为条件，约定由实业公司向银行另行贷款309万美元，并由实业公司代其关联公司即制品公司偿还1995年至1997年期间形成的旧贷。旧贷保证人系建筑公司，新贷保证人系建筑公司、钢管厂。钢管厂前述的借款担保合同显示借款用途系"周转资金"。

法院认为： 是否知道是一种事实状态，而是否应当知道是一种对义务人认知的推定。应当知道风险和应当知道以贷还贷是完全不同的两个问题。认定担保人是否应当知道银行贷款是为了以贷还贷，应结合本案证据、事实和担保人与被担保人之间的相互关系等情况进行综合分析。案涉贷款用途虽载明"周转资金"，但并不意味着，实业公司将贷来的款项无偿划给制品公司还债包括在钢管厂担保的真实意思表示中。因关联公司之间划转款项行为违法，作为民事法律关系当事人，基于诚信原则，钢管厂不可能将实业公司无法使用贷款的行为事先考虑到。钢管厂与实业公司系各自独立的企业法人，并无证据证明钢管厂有条件了解实业公司经营情况及案外人制品公司资产负债情况，故推定钢管厂应当知道本案系以贷还贷证据不足，故钢管厂不应承担本案担保责任。

实务要点： 以约定的"周转资金"借款用于违法划转偿还关联公司旧贷，新贷与旧贷非同一保证人，除债权人与借款人证明新贷保证人知道或应当知道的外，保证人不承担担保责任。

2.4

200802/24:134

2008

案例索引： 最高人民法院判决“某资产公司与某建筑公司等借款合同纠纷案”，见《债权人与形式上独立的不同债务人签订以新贷偿还旧贷的协议能否适用司法解释关于“以贷还贷”的相关规定——湖州市八里店镇资产经营公司与中国长城资产管理公司杭州办事处、湖州市升山建筑工程有限公司等借款合同纠纷提审案》（何抒，最高院审监庭），载《审判监督指导·案例评析》（200802/24:134）。

289 保证人在债权转让通知上签章后，仍可提免责抗辩

——保证人在债权转移通知上盖章签收，不等于确认债权转让行为，保证人向让与人主张的免责抗辩得向受让人提出。

标签： 保证 | 以贷还贷 | 债权转让 | 抗辩权 | 盖章签收

案情简介： 1999年，实业公司向银行贷款用于偿还关联公司旧贷。2000年，银行将该债权转让给资产公司，随后银行和资产公司向债务人和新贷保证人钢管厂发出债权转移确认书，钢管厂签字。2001年，资产公司起诉追索债权时，钢管厂提出以贷还贷应免除保证责任的抗辩。

法院认为： 保证人在债权转移通知书上盖章签收行为，只是表明其知晓担保债权已由银行转移至资产公司，并不等于确认该转让行为，亦不意味着在受让人与保证人之间重新成立新的担保合同。资产公司受让债权后通知债务人及其担保人，即取得了对债务人及其担保人主张债权的权利。该债权转让行为的效力不受债务人、保证人是否确认债权的影响。依《合同法》第82条规定，“债务人接到债权转让通知后，债务人对让与人的抗辩，可以向受让人主张”。本案保证人钢管厂在发现原债权人、债务人恶意骗保的情况下，有权拒绝向债权人履行保证义务。在债权转让后，可拒绝向受让人履行保证义务。故钢管厂向资产公司主张免除担保责任，应予支持。

实务要点： 保证人在债权转移通知书上盖章签收行为，不等于确认债权转让行为，亦不意味着在受让人与保证人之间重新成立新的担保合同，保证人向让与人主张的免责抗辩得向受让人提出。

2.4

200802/24:134

2008

案例索引： 最高人民法院判决“某资产公司与某建筑公司等借款合同纠纷案”，见《债权人与形式上独立的不同债务人签订以新贷偿还旧贷的协议能否适用司法解释关于“以贷还贷”的相关规定——湖州市八里店镇资产经营公司与中国长城资产管理公司杭州办事处、湖州市升山建筑工程有限公司等借款合同纠纷提审案》（何抒，最高院审监庭），载《审判监督指导·案例评析》（200802/24:134）。

290 改变借款用途偿还旧贷，不违反保证合同约定情形

——在保证合同已约定除展期或增加借款金额外无须征得保证人同意的情况下，保证人不能再以偿还旧贷而主张免责。

标签：保证 | 以贷还贷 | 借款用途

案情简介： 2005年，银行和热电厂签订借款合同，气化厂提供保证担保。保证合同约定“借款合同双方协议变更合同内容，除展期或增加借款金额外，无需征得保证人同意，保证人仍在变更后的保证范围内承担保证责任”。气化厂以热电厂将担保借款用来偿还旧贷，改变借款用途，故担保合同无效，应免除其担保责任。

法院认为： 银行与气化厂所签保证合同说明气化厂在签订保证合同时即清楚，银行与热电厂变更主合同需经其同意的事项仅限于“展期或增加借款金额”，而变更主合同其他内容不必经其同意。热电厂将气化厂为其担保的借款用来偿还旧贷，并不能当然认定其为违反流动资金周转用途约定。即使认定其变更借款用途，但此变更并不违反保证合同约定。况且，热电厂变更借款用途，未增加气化厂承诺的保证金额和延长贷款期限，亦未加重其担保责任。故气化厂以此作为主张担保合同无效，不承担连带清偿责任理由，无法律依据，不予支持。

实务要点： 在保证合同已约定除展期或增加借款金额外无须征得保证人同意的情况下，保证人不能再以借款用途变更为由主张担保合同无效。

3

2.1

200803/15:219

2.7

2010:255

2.6

v.2:757

2007

案例索引： 最高人民法院判决（2007）民二终字第233号“某银行与某煤气公司等借款担保合同纠纷案”，见《河南省煤气（集团）有限责任公司义马气化厂、河南省煤气（集团）有限责任公司、河南省富达电力集团有限公司与中国银行股份有限公司义马支行、河南省义马热电厂借款担保合同纠纷案》（审判长付金联，代理审判员王涛、李相波），载《民商事审判指导·裁判书选登》（200803/15:219）；另载《最高人民法院商事审判裁判规范与案例指导·裁判文书》（2010:255）；另见《在保证合同已经约定除展期或增加借款金额外无须征得保证人同意的情况下，保证人不能再以借款用途变更为由主张担保合同无效》，载《最高人民法院商事审判指导案例·借款担保卷（下）》（2011:757）。

291 担保人与债务人紧密关联，应对不知借新还旧举证

——债务人以贷还贷，担保人非旧贷保证人，但担保人与债务人有关联关系的，应由担保人举证不知晓以贷还贷事实。

标签：保证 | 以贷还贷 | 紧密关联

法院认为： 根据最高人民法院《关于适用〈担保法〉若干问题的解释》第39条规定，“主合同当事人双方协议以新贷偿还旧贷，除保证人知道

案情简介：2005年，恒固水泥公司为众城水泥公司向银行贷款2000万余元提供抵押担保。两水泥公司办公地点及法定代表人均同一，恒固水泥公司章程显示其系众城水泥公司控股股东。嗣后恒固水泥公司以众城水泥公司和银行借新还旧，其不知情主张免责。

或者应当知道的外，保证人不承担民事责任。新贷与旧贷系同一保证人的，不适用前款的规定。”该条针对保证的规定亦应适用于抵押担保。本案贷款用于偿还前贷的保证人不是恒固水泥公司，即前贷与后贷非同一个担保人，但恒固水泥公司企业地址与众城水泥公司同为一地，且办公地点同在一楼，法定代表人相同，营业执照记载的两公司企业名称接近，可见两企业具有紧密的关联。根据恒固水泥公司章程记载，众城水泥公司为恒固水泥公司控股股东，并有法定代表人签字，可以认定恒固水泥公司系由众城水泥公司等投资兴办的企业。担保人无充分证据证明其对以贷还贷的事实不知情的情况下，应推定其对借新还旧知情，故其担保责任不能免除。

2.6

v.2:548

2007

实务要点： 债务人以贷还贷，担保人非旧贷保证人，但担保人与债务人存在控股股东、办公地点同一、法定代表人同一情形的，举证担保人对以贷还贷事实不知情的责任应由担保人承担，否则应推定其知情，担保责任不能免除。

案例索引： 最高人民法院（2007）民二终字第111号“某银行与某水泥公司等借款担保合同纠纷案”，见《有证据证明新贷的担保人与旧贷担保人存在密切关系，新贷担保人知道或者应当知道新贷用于偿还旧贷的，新贷担保人主张其不知道该贷款属于借新还旧的不予认定——淮北众城恒固水泥有限责任公司与徽商银行股份有限公司、淮北众城水泥有限责任公司借款担保合同纠纷案》（审判长吴庆宝，审判员王宪森，代理审判员张雪楳），载《最高人民法院商事审判指导案例·借款担保卷（下）》（2011:548）。

292 主合同当事人有权变更借款用途，视为可借新还旧

——债权人与保证人所签《最高额保证合同》约定主合同双方当事人有权变更借款用途，应视为包含了借新还旧内容。

标签：保证 | 以贷还贷 | 借款用途

案情简介：2004年，实业公司为开发公司向银行借款850万元提供担保。所签《最高额保证合同》约定“银行与开发公司变更主合同的，除展期或

法院认为： 根据银行与实业公司所签《最高额保证合同》约定，表明实业公司在签订该保证合同时即清楚，银行与开发公司变更主合同需经其同意的仅限于“展期或增加贷款金额”，而变更主合同的其他内容不必经其同意。开发公司将实业公司为其担保的借款中的600万元用来以“新贷还旧贷”，虽变更了借款用途，但此变更并不违反《最高额保证合同》约定，且该贷款用途变更未增加实业公司承诺的保证金额和延

增加贷款金额外，无须经实业公司同意，实业公司仍在原保证范围内承担连带保证责任”。嗣后，实业公司以银行和开发公司将该贷款中的600万元借新还旧主张免除担保责任。

长贷款期限，亦未加重其担保的责任。故实业公司应对开发公司债务承担连带清偿责任。

实务要点： 债权人与保证人所签《最高额保证合同》约定“主合同双方变更合同的，除展期或增加贷款金额外，无须经保证人同意，保证人仍在原保证范围内承担连带保证责任”。应视为主合同双方当事人变更借款用途用于以贷还贷，亦不免除保证人的担保责任。

2.6

v.2:782

2007

案例索引： 最高人民法院（2007）民二终字第180号“某资产公司与某实业公司等借款担保合同纠纷案”，见《因保证合同纠纷提起的诉讼，债权人向保证人和被保证人一并主张权利的，人民法院应当将保证人和被保证人列为共同被告——西藏海特实业开发有限公司与中国长城资产管理公司成都办事处、成都海成实业开发有限公司、成都市兴泰装饰工程有限公司、成都市公交瑞阳实业有限公司借款担保合同纠纷案》（审判长付金联，审判员张树明，代理审判员王涛），载《最高人民法院商事审判指导案例·借款担保卷（下）》（2011:782）。

3

293 担保人与债务人互保关系，不能推定应知以贷还贷

——债务人与担保人存在互保关系属于正常的商业交易行为，不能由此推定为保证人明知以贷还贷仍提供担保的事实。

标签： 保证 | 以贷还贷 | 互保关系 | 贷款用途

案情简介： 2003年，科技公司向银行贷款3000万元用于“购原材料”，该款后被用于偿还旧贷。8个月后，与科技公司存在商业互保关系的通信公司为该借款提供连带责任保证。嗣后，通信公司以借新还旧主张免除保证责任，并提供了银行客户存款对账单及借款支取凭证，显示贷款用途为“流动资金周转”。

法院认为： 通信公司是否知道或应当知道其所担保的科技公司借款实际用途为以贷还贷，银行就此事实负有举证责任。本案担保行为是在旧贷到期且无担保情况下，债权人为解决债务人偿还旧贷的目的而重新签订的借款合同，同时为保证新贷偿还不至落空，与担保人通信公司签订的担保合同，故本案借款及担保合同真实目的是借新还旧，并保证新贷偿还。借款合同明确载明借款用途为“购原材料”，而通信公司提供的银行客户存款对账单及借款支取凭证，显示贷款用途为“流动资金周转”。通常情形下，通信公司有理由相信借款合同和相关票据载明的“购原材料”、“流动资金周转”的贷款用途，除非有证据证明债权人银行在签订担保合同时已经明确告知以贷还贷的事实，在以新贷还旧贷而新增加担保人或前后两份贷款合同非同一保证人情况下，实际增加了担保人负担。因此除非担保人完全出于自愿，否则不承担相

应的民事责任。故贷款银行应举证证明对以贷还贷已作说明，或担保人知道或应当知道以贷还贷仍提供担保，否则，其应承担举证不利之后果。本案中，在借款合同签订时隔8个月后，通信公司与银行及科技公司签订担保合同，与担保人是否知道以贷还贷无必然因果关系。科技公司与通信公司存在互保关系属于正常的商业交易行为，亦不足以因此推定保证人明知以贷还贷仍提供担保的事实。故通信公司已尽到一般审查义务，银行不能提供证据证明保证人知道或应当知道以贷还贷事实仍愿意提供担保，应承担举证不能的不利后果，故通信公司担保责任免除。

实务要点： 债务人与担保人存在互保关系属于正常的商业交易行为，不能由此推定保证人明知以贷还贷仍提供担保的事实。

案例索引： 最高人民法院（2006）民二终字第211号“某银行与某通信公司等借款担保合同纠纷案”，见《债务人与担保人存在互保关系属于正常的商业交易行为，不能由此推定保证人明知以贷还贷仍提供担保的事实——中国工商银行股份有限公司成都锦江支行与四川汇源光通信股份有限公司、同人华塑股份有限公司、兰宝科技信息股份有限公司借款担保合同纠纷案》（审判长裴莹硕，审判员朱海年，代理审判员官邦友），载《最高人民法院商事审判指导案例·借款担保卷（下）》（2011:829）。

294 同一保证人应对因转贷形成的主债务承担保证责任

——主合同当事人双方协议以转贷方式借新还旧的，新贷与旧贷系同一保证人的情况下，保证人应承担连带给付义务。

标签： 保证 | 以贷还贷 | 同一保证人 | 转贷

案情简介： 2002年，网络公司向银行借款，实业公司提供保证担保。因到期未还，2003年6月和12月，分别以转贷方式再次借款，均由实业公司承担连带责任保证。因到期未偿，受让该不良金融债权的资产公司起诉。

法院认为： 案涉借款合同项下的借款发生于2002年，因到期后网络公司未偿还，经转贷而形成，实业公司均作为保证人提供了连带责任保证。银行将该笔欠款作为不良贷款转让给资产公司，不违反国家有关政策和法律、行政法规的禁止性规定，双方签订的《债权转让协议》系有效合同。本案应适用最高人民法院《关于审理涉及金融资产管理公司收购、管理、处置国有银行不良贷款形成的资产的案件适用法律若干问题的规定》。资产公司受让债权后，依上述规定刊登《债权转让公告》，履行了对债务人网络公司及保证人实业公司的通知义务，取得了原债权银行的各项合同权利，网络公司应向其偿还欠款本金及利息，实业

2.1 公司应对网络公司的上述给付义务承担连带责任。

200601/9:293

实务要点： 主合同当事人双方协议以转贷方式借新还旧，新贷与旧贷系同一保证人的，保证人应承担民事责任。

2.6

v.2:872

案例索引： 最高人民法院（2005）民二终字第235号“某资产公司与某实业公司等借款担保合同纠纷案”，见《深圳市鸿基（集团）股份有限公司与中国信达资产管理公司福州办事处、福建东南广播电视网络有限公司借款担保合同纠纷上诉案》（审判长付金联，审判员张树明，代理审判员李京平），载《民商事审判指导·判决书选登》（200601/9:293）；另见《保证范围以合同约定为准，如果合同明确约定保证范围包括贷款人为实现债权所发生的律师费用的，人民法院应予支持》，载《最高人民法院商事审判指导案例·借款担保卷（下）》（2011:872）。

2005

3

295 购设备贷款用于偿还购设备旧贷，属改变借款用途

——将购设备贷款用于偿还以前购设备旧贷，亦属改变借款用途，保证人得以此主张在旧贷偿还范围内免除保证责任。

标签： 保证 | 以贷还贷 | 贷款用途 | 保证人免责

案情简介： 1998年，实业公司为购设备向银行申请开立承兑汇票3700万元，通信公司和省邮电局提供连带责任保证。1999年，实业公司向银行贷款9000万元，贷款申请审批书中用途载明系用于购买通信设备，贷款合同约定借款用途为“流转资金”，通信公司提供连带责任保证。实业公司将该9000万元中的3700万元偿还了1998年所欠银行的承兑汇票垫款。通信公司以实业公司和银行以贷还贷，属于改变贷款用途为由，主张免责。

法院认为： 实业公司与银行虽在借款合同中约定借款用途为流转资金，但在该笔贷款申请审批书“申请借款理由、用途及还款来源”一栏明确载明该款系用于购买通信设备。实业公司将该贷款中的3700万元支付了其先前与银行所签承兑协议项下的汇票款，构成以新还旧。尽管3700万元承兑汇票亦用于支付购买通信设备款，但实业公司将9000万元直接用于购买设备和用以偿还借款合同签订前已形成的旧贷，法律意义上改变了借款合同约定的借款用途。根据最高人民法院《关于适用〈担保法〉若干问题的解释》第39条第1款关于“主合同当事人双方协议以新贷偿还旧贷，除保证人知道或者应当知道的外，保证人不承担民事责任”规定，因现无充分证据证明通信公司对以新贷偿还旧贷的事实明知或应知，故应免除通信公司保证责任。前述司法解释第39条第2款有关新贷与旧贷系同一保证人的，保证人不免责的规定，系基于此种情况下以新贷偿还旧贷并未加大保证人的担保责任所作规定。本案通信公司虽同时系3700万元承兑汇票保证人，但因上述承兑汇票同时还有另一民事主体即省邮电局提供了连带责任担保。根据前述司法解释第20条第2款关

2.1

200501/7:192

2.7

2010:360

2005

于“连带共同保证的保证人承担保证责任后，向债务人不能追偿的部分，由各连带保证人按其内部约定的比例分担。没有约定的，平均分担”的规定，对3700万元承兑汇票项下款项，保证人通信公司和省邮电局作为两个连带责任保证人，对债务人实业公司不能偿还的债务，一方代为承担偿还责任后，可向另一保证人追偿50%。故实业公司以9000万元借款中的部分款项支付承兑汇票项下的3700万元票款，增加了通信公司相应的保证责任，故应免除通信公司旧贷金额50%即1850万元的保证责任，但不能全部免除其保证责任，判决通信公司对实业公司借款中的5925万元及其相应利息承担连带偿还责任。

实务要点： 主合同当事人双方协议以新贷部分偿还旧贷，虽然新贷贷款用途系购买设备，旧贷亦系购买设备产生，在无证据证明保证人知道或应当知道贷款用途变更的情况下，保证人在旧贷偿还范围内免除保证责任；如旧贷存在共同连带保证人的，保证人在其被连带追偿范围内免除保证责任份额。

案例索引： 最高人民法院判决“四川通信服务公司与四川金融租赁股份有限公司及中国建设银行成都市金河支行、四川金租实业有限公司借款担保纠纷案”，见《法人人格否认制度在个案中的慎重适用》（刘敏，最高院民二庭），载《民商事审判指导·案例分析》（200501/7:192）；另载《最高人民法院商事审判裁判规范与案例指导·案例指导》（2010:360）。

296 旧贷存在其他连带责任保证人时以贷还贷责任认定

——以贷还贷情形，在旧贷还有另一连带责任保证人的情况下，新贷的保证人应就增加的相应保证责任部分予以免除。

标签： 保证 | 以贷还贷 | 同一保证人 | 人数不一致

案情简介： 1999年，实业公司向银行贷款9000万元，贷款申请审批书中用途载明系用于购买通信设备，贷款合同约定借款用途为“流转资金”，通信公司提供连带责任保证。实业公

法院认为： 实业公司将该贷款中的3700万元支付了其先前与银行签订的承兑协议项下的承兑汇票票款，构成以贷还贷。根据最高人民法院《关于适用〈担保法〉若干问题的解释》第39条第1款关于“主合同当事人双方协议以新贷偿还旧贷，除保证人知道或者应当知道的外，保证人不承担民事责任”的规定，因现无充分证据证明通信公司对以新贷偿还旧贷的事实明知或应当知道，故应免除通信公司的有关民事责任。前述司法解释第39条第2款有关新贷与旧贷系同

司将该9000万元中的3700万元偿还了1998年所欠银行的承兑汇票垫款。通信公司以实业公司和银行以贷还贷，属于改变贷款用途为由，主张免责。银行认为通信公司作为新贷与旧贷保证人，不能免责。

一保证人的，保证人不免责的规定，是基于此种情况下以新贷偿还旧贷并未加大保证人的担保责任而作出的相关规定。本案通信公司虽然同时是3700万元承兑汇票的保证人，但因上述承兑汇票同时还有另一民事主体即省邮电局提供了连带责任担保。根据前述司法解释第20条第2款关于“连带共同保证的保证人承担保证责任后，向债务人不能追偿的部分，由各连带保证人按其内部约定的比例分担。没有约定的，平均分担”的规定，对3700万元承兑汇票项下的款项，保证人通信公司和省邮电局作为两个连带责任保证人，对债务人实业公司不能偿还的债务，一方代为承担偿还责任后，可向另外一个保证人追偿50%。故实业公司以9000万元借款中的部分款项支付承兑汇票项下的3700万元票款，增加了通信公司相应的保证责任，故应当免除通信公司旧贷金额50%即1850万元的保证责任，但不能全部免除其保证责任，判决通信公司对实业公司借款中的5925万元及其相应利息承担连带偿还责任。

2.1

200501/7:192

2.7

2010:360

2005

3

实务要点： 根据最高人民法院《关于适用〈担保法〉若干问题的解释》第39条第2款有关新贷与旧贷系同一保证人的，保证人不免责的规定，是基于此种情况下以新贷偿还旧贷并未加大保证人的担保责任而作出的相关规定。在旧贷还有另一连带责任保证人情况下，保证人应就增加的相应保证责任部分予以免除。

案例索引： 最高人民法院判决“四川通信服务公司与四川金融租赁股份有限公司及中国建设银行成都市金河支行、四川金租实业有限公司借款担保纠纷案”，见《法人人格否认制度在个案中的慎重适用》（刘敏，最高院民二庭），载《民商事审判指导·案例分析》（200501/7:192）；另载《最高人民法院商事审判裁判规范与案例指导·案例指导》（2010:360）。

297 分支机构作为保证人，不对以贷还贷借款承担责任

——企业法人并无法人资格的下属部门提供担保，其中未经保证人同意，债务人和债权人以贷还贷的，企业法人免责。

标签： 保证 | 以贷还贷 | 担保主体

案情简介： 1995年5月，玻璃厂向银

法院认为： 经营部系实业公司下属部门，不具备法人资格，其与银行所签保证条款无效，但依最高人民法院《关于审理经济合同纠纷案件有关保证的若干问题的规定》第20条规定，实业公司应对其中50万元本息

行贷款500万元购买原材料，实业公司下属营业部提供连带责任保证。银行在向玻璃厂贷款当天，又扣划450万元用于偿还旧贷。

承担连带赔偿责任。其余450万元，因协议明确载明贷款用途系流动资金贷款，购买原材料，但实际却用于偿还旧贷。债权人银行与债务人玻璃厂恶意串通实际变更主合同的贷款用途，未征得保证人同意，违背保证人真实意思表示，依前述司法解释第19条规定，实业公司不应承担民事责任。

2.4

200502/18:81

2005

实务要点： 企业法人不具有法人资格的下属部门为债务人提供担保，其中未经保证人同意，债务人和债权人以贷还贷的，企业法人对该部分贷款不承担民事责任。

案例索引： 最高人民法院判决“某银行与某实业公司等借款担保合同纠纷案”，见《中国农业银行临安市支行与上海宏广达实业公司杭州分公司、杭州临安医药玻璃厂借款合同纠纷再审案——担保人的追偿权没有得到实现，是否还可就借款担保合同纠纷申请再审》（何抒，最高人民法院），载《审判监督指导·案例评析》（200502/18:81）。

298 刚还旧贷又借新贷非属贷新还旧，不免除保证责任

——债权人与债务人在刚还完旧贷款，又向该债权人借款，且借款数额与旧贷款的借款数额相同的，不属于贷新还旧。

标签：保证 | 以贷还贷 | 贷新还旧

案情简介： 2004年，投资公司等为工程公司向银行贷款4000万元提供连带责任保证。嗣后投资公司以工程公司2003年刚还银行4000万元又在2004年贷出该款，属于贷新还旧，主张免除保证责任。

法院认为： 所谓贷新还旧，应是债权人与债务人在旧的贷款尚未清偿的情况下，再次签订贷款合同，以新贷出的款项清偿部分或者全部旧的贷款。本案投资公司提出银行与工程公司在刚还完旧贷款，又向该债权人借款且借款数额与旧贷款的借款数额相同，便成为“贷新还旧”，属于对贷新还旧概念的理解错误，没有事实依据，法院依法不予支持。

2.6

v.2:318

2005

实务要点： 债权人与债务人在刚还完旧贷款，又向该债权人借款且借款数额与旧贷款的借款数额相同，不属于贷新还旧，保证人以此主张免责的，法院不予支持。

案例索引： 最高人民法院（2005）民二终字第162号“某银行与某工程公司等借款合同纠纷案”，见《贷新还旧的理解——天津迎宾广场有限公司与中国农业银行天津市河北支行及天津

市万力钢结构工程有限公司、天津祥和投资发展有限公司、天津市飞龙汽车客运有限公司、天津国际游乐港客运有限公司、天津市盛发商厦有限公司、魏立明借款合同纠纷案》（审判长叶小青，审判员王洪光，代理审判员王涛），载《最高人民法院商事审判指导案例·借款担保卷（上）》（2011:318）。

299 保证人曾多次为关联公司担保，视为知道借新还旧

——签订借款合同前，保证人曾多次为关联公司贷款提供担保，应认定担保人对上述借款实际用于借新还旧应当知情。

标签： 保证 | 以贷还贷 | 应当知道 | 关联公司

案情简介： 1997年，铝业公司为作为股东的金属公司向银行贷款提供连带责任保证。嗣后，铝业公司以金属公司借新还旧主张免责。庭审中，铝业公司自认其曾多次为金属公司向银行贷款提供担保。

法院认为： 铝业公司庭审中自认，在签订本案借款合同前，该公司曾多次为金属公司向银行贷款提供担保，而当时铝业公司与金属公司又系公司与股东之关系，即使本案所涉保证合同未明确约定"此贷款用于偿还借款人以前未归还的贷款"的内容，根据以上事实，亦应认定本案新贷与旧贷的担保人均为同一人即铝业公司，铝业公司对上述借款实际用于借新还旧应当知情。根据最高人民法院《关于适用〈担保法〉若干问题的解释》第39条"主合同当事人双方协议以新贷偿还旧贷，除保证人知道或者应当知道的外，保证人不承担民事责任。新贷与旧贷系同一保证人的，不适用前款规定"之规定，铝业公司应对保证合同项下贷款承担连带保证责任。

3

2.6

v.2:918

2005

实务要点： 签订借款合同前，保证人曾多次为关联公司的借款人向银行贷款提供担保，亦应认定担保人对上述借款实际用于借新还旧应当知情。

案例索引： 最高人民法院（2005）民二终字第77号"某银行与某金属公司等借款担保合同纠纷案"，见《无法与原件、原物核对的复印件、复制品以及无正当理由未出庭作证的证人证言不能单独作为认定案件事实的依据——河南省登封铝业有限公司与中国农业银行郑州市金水支行、河南省乡镇企业金属材料总公司、河南省索克实业有限公司借款担保合同纠纷及代位权纠纷案》（审判长付金联，审判员金剑锋，代理审判员李京平），载《最高人民法院商事审判指导案例·借款担保卷（下）》（2011:918）。

300 以贷还贷非属以合法形式掩盖非法目的的无效行为

——金融机构的以贷还贷活动，并不违反我国法律和行政法规的禁止性规定，不属于以合法形式掩盖非法目的的行为。

标签：保证 | 以贷还贷 | 以合法形式掩盖非法目的

案情简介：2000年，银行依借款合同向商城发放贷款4500万元后，将其中的3000万元收回用以偿还商城所欠的旧贷款；另外1000万元则由该行划入购物中心账户，用以偿还购物中心对银行的欠款。商城以银行发放上述贷款存在违规行为，属于以合法形式掩盖非法目的为由，主张贷款利息不应受保护。

法院认为：银行在发放涉案4500万元贷款后，将其中的3000万元收回用以偿还商城所欠的旧贷款；另外1000万元则由该行划入购物中心账户，即商城将这1000万元贷款用以偿还购物中心对该行的欠款，不存在银行依照其与商城签订的《借款合同》少发放贷款的问题。银行发放上述贷款及监督其使用过程中存在的违反银行有关规定的问题，属于该行应否受其上级主管部门行政处罚的范畴；而银行以贷还贷，并不违反我国法律和行政法规的禁止性规定，不属于以合法形式掩盖非法目的的行为，因而不影响本案借款合同的效力及民事责任的承担。

实务要点：银行进行以贷还贷活动，并不违反我国法律和行政法规的禁止性规定，不属于以合法形式掩盖非法目的的行为，贷款人据此主张借款合同无效及贷款利息不应受保护的，不予支持。

2.1

200501/7:213

2005

案例索引：最高人民法院判决"某银行与某商城等抵押借款合同纠纷案"，见《经翻建的抵押物其抵押权的效力是否及于抵押物生效的仲裁裁决书能否对抗经登记的抵押权——大庆建行与庆莎公司、金银来公司借款抵押合同纠纷上诉案》（李京平，最高院民二庭），载《民商事审判指导·案例分析》（200501/7:213）。

301 为确认债务而重复签订的合同提供的保证担保有效

——债权人与债务人就已有债务以借款合同形式重新确认，为该合同提供的新的保证不因借款合同未实际履行而无效。

标签：保证 | 以贷还贷 | 重复签订

案情简介：1992年至1996年，化工厂与银行签订22份借款合同，共借款1.9亿余元，其中部分借款合同由化纤厂提供连带责任保证。1996年年底，化工厂与银行就上述22份借款合同借款金额重新签订一份借款合同，载

法院认为：案涉总合同签订的目的，就是为了将之前的22份借款合同重新确认并提供担保，而非重新再贷一笔同样数额的贷款，特别是总合同中规定的"履行期限见分合同"内容，说明该合同项下分合同的存在。作为保证人的化纤厂属于从债务人地位，其无事实和理由对主债务人已认可的借款事实提出质疑，亦无证据证明借款双方当事人通过前述总合同骗取化纤厂对以前22份借款合同的担保，故化纤厂主张总合同未实际履行而不承担保证责任缺乏事实依据。

明“还款计划见分合同”，并由化纤厂为全部债务提供连带保证责任。在银行诉请偿债时，化纤厂提出1996年年底的合同借款并未实际履行，其不应承担保证责任。

实务要点： 债权人与债务人就已有债务以借款合同形式重新确认，为该总括签订的合同提供新的保证的保证人以借款合同未实际履行，主张不承担保证责任的，不予支持。

案例索引： 最高人民法院判决“九江化学纤维总厂与中国信达资产管理公司、九江化工厂等借款保证合同纠纷案”，见《借款保证合同的几个问题》（王洪光，最高院民二庭），载《民商事审判指导·民商事审判》（200401/5:203）。

2.1

200401/5:203

2004

302 保证人对全资子公司以贷还贷行为，应推定为知晓

——保证人对作为其全资子公司的借款人以贷还贷应推定知晓，其以不知借款合同为贷新还旧主张免责的，不予支持。

3

标签： 保证 | 以贷还贷 | 推定知晓 | 全资子公司

案情简介： 1997年，实业集团为全资子公司实业酒厂向银行的6197万元贷款提供连带责任保证。1999年，银行与实业酒厂重新签订借款合同，实业集团仍提供连带责任保证，银行在发放新贷款当日予以扣划用于偿还旧贷。实业集团以其不知“贷新还旧”而主张免责。

法院认为： 由于原酒厂拖欠银行款项均为逾期贷款，依照规定其要承担逾期付款罚息。对签订新的借款合同的原因，银行解释为系为减轻企业承担逾期付款罚息的压力，三方协商决定签订新的合同，这种解释是符合事实，亦合乎逻辑的。实业酒厂属实业集团的全资子公司，实业集团理应掌握其经营状况，了解其财务运作。换言之，债权人有理由相信，实业集团对实业酒厂承担保证责任，对于贷款的真实用途是明知的。如实业集团怠于对其子公司实行管理，以至于不了解实业酒厂的实际财务状况，亦不能以此对抗债权人的主张，故实业集团以不知借款合同为“贷新还旧”，其不应承担保证责任的理由缺乏事实依据，应不予采信。

实务要点： 保证人对作为全资子公司的借款人以贷还贷行为应推定知晓。

案例索引： 最高人民法院（2003）民二终字第56号“某银行与某实业集团等借款合同纠纷案”，见《三九企业集团与中国工商银行哈尔滨市北环支行借款合同纠纷上诉案》（审判长张勇健，代理审判员王东敏、殷媛），载《民商事审判指导·裁判文书选登》（200401/5:245）。

2.1

200401/5:245

2003

303 数次倒贷过程中，推定同一保证人对以贷还贷明知

——数次倒贷过程中，存在保证人与最后的新贷保证人为同一人情形的，应当推定该保证人对以贷还贷系明知或应知。

标签： 保证 | 以贷还贷 | 倒贷 | 同一保证人 | 推定知道

案情简介： 1998年12月，冶金公司向银行贷款7222万元用于“生产周转”，钢铁公司提供连带责任保证。冶金公司实际用该笔贷款偿还了所欠银行4笔旧贷：（1）第1笔最早发生借贷行为在1996年由冶金公司下属工程公司向银行借款，保证人为冶金公司；1997年时，冶金公司直接以自己名义与银行签订借款合同，保证人为钢铁公司，冶金公司用新借款偿还了工程公司的旧贷。（2）第2笔最早发生在1994年，也是冶金公司下属多家子公司从银行的9笔贷款，到1995年由冶金公司与银行重签借款合同以偿还该9笔贷款，该保证人及此后每年的借新还旧保证人均为钢铁公司。（3）第3笔最早发生在1991年，系冶金公司自己向银行的抵押借款，直到1997年冶金公司与银行签订借款合同，保证人为钢铁公司。（4）第4笔最早于1991年冶金公司下属锅炉厂在银行两笔借款合并而来，并在1998年的借款合同中得到确认。争议焦点：最高人民法院《关于适用〈担保法〉若干问题的解释》第39条第2款关于新贷和旧贷的关系如何理解，资产公司认为旧贷只是相对新贷上一年所发生的借贷，钢铁公司认为旧贷应相对于原始借款合同而言。

法院认为： 从新贷7222万元所用于偿还的4笔借款即以新还旧事实发生过程来看，特别是在同样数额经过数次倒贷之后，应认定主合同当事人之间每一次进行以新还旧事实的环节和过程均具有法律意义，故应推定保证人对主合同倒贷过程是进行以贷还贷的事实系明知或属于应当知道，依最高人民法院《关于适用〈担保法〉若干问题的解释》第39条第2款规定，钢铁公司应对冶金公司债务承担连带责任。

实务要点： 主合同经过数次倒贷，其中原始借款合同主债务人虽非新贷的借款人，保证人亦非新贷保证人，但数次倒贷过程中，存在保证人与最后的新贷保证人为同一人情形的，应推定该保证人对主合同倒贷过程是进行以贷还贷的事实系明知或属于应当知道。

案例索引： 最高人民法院判决“某资产公司与某冶金公司等借款担保合同纠纷案”，见《新贷和旧贷为同一个保证人的，保证人承担保证责任的法律适用——中国信达资产管理公司与中国第二十二冶金建设公司、唐山钢铁集团有限责任公司借款担保合同纠纷上诉案》（朱海年），载《民商审判指导与参考·案例评析》（200301/3:232）。

2.1

200301/3:232

2003

304 借款人用借款还他人同一银行债务，不属以新还旧

——新的借款主体借款偿还他人债务，保证人对此所作保证，不应认为是属于司法解释所界定的以新贷偿还旧贷情形。

标签：保证 | 以贷还贷 | 代偿债务

3

案情简介：1998年12月，冶金公司向银行贷款，钢铁公司提供连带责任保证。冶金公司实际用该笔贷款偿还了所欠银行旧贷，该笔旧贷最早发生在1996年，当时由冶金公司下属工程公司向银行借款，保证人为冶金公司；1997年时，冶金公司直接以自己名义与银行签订借款合同，保证人为钢铁公司，冶金公司用新借款偿还了工程公司的旧贷。钢铁公司应否承担保证责任成为争议焦点。

法院认为：尽管新贷与旧贷两份借款合同贷款人与贷款金额一致，但两者之间并不能因此认定为相同民事主体之间以贷还贷的行为，因为从债的确定性原则出发，如前后债务主体有所不同，尽管发生代偿关系，亦不能认为是该债务的简单延续，而是在有关当事人之间建立了新的不同的债权债务关系，一个是原保证人与银行之间的债务关系，另一个是原保证人与原借款人之间的债务关系。钢铁公司对案涉转贷借款进行保证，该行为不应属于最高人民法院《关于适用〈担保法〉若干问题的解释》中所界定的以新贷偿还旧贷的情况。对于该笔借款在1998年借款合同中直接做了确认，故该笔借款可直接适用前述司法解释第39条第2款规定，由保证人承担责任。

实务要点：新的借款主体借款偿还他人债务，保证人对此所作保证，不应属于司法解释所界定的以新贷偿还旧贷情形。

案例索引：最高人民法院判决“某资产公司与某冶金公司等借款担保合同纠纷案”，见《新贷和旧贷为同一个保证人的，保证人承担保证责任的法律适用——中国信达资产管理公司与中国第二十二冶金建设公司、唐山钢铁集团有限责任公司借款担保合同纠纷上诉案》（朱海年），载《民商审判指导与参考·案例评析》（200301/3:232）。

2.1

200301/3:232

2003

305 关联企业之间资金流转行为，不宜推定为以贷还贷

——债务人收到银行贷款后，将其中的部分款项转入关联企业账户并用于还贷，该资金流转行为不宜推定为以贷还贷。

标签：保证 | 以贷还贷 | 关联企业 | 资金流转

法院认为：商场收到银行发放的贷款后，将其中部分款项用于购货商业行为，之后商场法定代表人又将一部分款

案情简介：1999年，商场向银行贷款150万元“用于购买酒和饮料”，担保人为蔡某。商场收款后，将其中100万元以购货名义替食品公司支付货款，食品公司在商场代偿货款后，支付给商场100万元，商场又将该100万元支付给同一法定代表人的贸易公司账户，连同商场向贸易公司的后续50万元倒账。实业公司用该150万元偿还该公司到期旧贷。蔡某以前后4天内贸易公司用商场借款偿还借贷，主张其担保责任应免除。

项转入贸易公司账户，另一部分转入批发部账户，尽管批发部账户款项又转回贸易公司，使贸易公司账户资金有150万余元，与商场150万元贷款数额大致相同，但不能将商场与批发部及实业公司之间的资金流转关系推定为以贷还贷。且商场与银行不存在旧的贷款，与贸易公司属于独立的企业法人。贸易公司偿还银行旧贷后，银行又向贸易公司发放新贷，属于另一法律关系，故判决本案保证人应承担连带清偿责任。

实务要点： 关联企业之间的资金流转行为不宜推定为以贷还贷。

案例索引： 最高人民法院（2003）民监他字第6号“某银行与某商场等借款担保合同纠纷案”，见《关于南昌市商业银行象南支行与南昌市东湖华亭商场、蔡亮借款合同担保纠纷案的请示与答复——企业之间的资金流转行为能否推定为以贷还贷》（谭红、宫鸣），载《审判监督指导·请示与答复》（200401/13:47）。

2.4

200401/13:47

2003

306 明知以贷还贷，仍承诺保证担保，所签调解书有效

——保证人明知以贷还贷仍作出愿意承担保证责任并在调解书上签字，嗣后以主合同以贷还贷主张免责的，不应支持。

标签：保证 | 以贷还贷 | 调解协议

案情简介：1996年，工贸公司向银行借款到期后双方又签借款协议约定借款用途系“流动资金”，但当天该款即被银行扣划用于偿还旧贷。银行起诉后，保证人旅游公司以借新还旧不知情抗辩，最后经法院调解，达成承担保证责任的调解协议。调解协议生效后，旅游公司又以“主合同以贷还贷无效，担保协议无效，调解违反法律规定”为由，申请再审。

法院认为： 旧贷新贷系同一人，旅游公司应承担保证责任。且在原审过程中，旅游公司在已知双方以贷还贷的情况下，仍作出愿意为工贸公司借款承担连带清偿责任的承诺，并与银行达成调解协议。该承诺是旅游公司作出的新的、真实的意思表示，且经各方签收，发生法律效力，不应予以撤销。

实务要点： 保证人明知以贷还贷仍作出愿意承担保证责任并在调解书上签字的，其应承担保证责任。

案例索引： 最高人民法院判决“某银行与某工贸公司等借款合同纠纷案”，见《中国银行杭州市开元支行与杭州银河贸工（集团）公司、浙江外事旅游汽车公司借款合同纠纷抗诉案——对于

2.4

200302/10:198

2003

已经发生法律效力的民事调解书，不应轻易启动再审程序》（刘国华、谭红），载《审判监督指导与研究·案例评析》（200302/10:198）。

307 《担保法》解释实施前，同一保证人以贷还贷处理

——以贷还贷发生在《担保法》司法解释实施前，对同一保证人责任认定，有必要就其是否“明知”的事实进行查明。

标签： 保证 | 以贷还贷 | 法律适用 | 同一保证人 | 明知

3

案情简介： 1994年9月，水电公司为印务公司向银行贷款400万元提供连带责任保证；1995年9月贷款到期后，印务公司又与银行签订借款合同，水电公司作为担保人加盖了公章。该借款用于偿还旧贷。该案在1999年生效判决作出前的庭审中，水电公司负责人及印务公司法定代表人证人证言均强调案涉贷款系转贷，一年一次。

法院认为： 最高人民法院《关于适用〈担保法〉若干问题的解释》第39条虽未明确在新贷与旧贷为同一保证人的责任承担问题，但采反意解释的方法可以确定，在上述情况下，保证人无论是否知道或应当知道“以新贷还旧贷”，都应承担保证责任。本案生效判决作出前，该司法解释尚未作出，故只能以先前的法律法规及司法解释来处理。此前的司法实践中，因借新还旧，致使原来的贷款合同履行完毕，从而消灭了前一份贷款合同的保证责任，保证人只需对后一份贷款合同承担保证责任。如主合同双方当事人未改变贷款用途，而是按主合同约定将新贷款项用于流动资金，一旦债务人不能偿还，则保证人亦要对后一份贷款而合同承担保证责任。这样，保证人要承担两份贷款合同的保证责任，故无论保证人是否明知或应当知道，其对后一份贷款均应承担保证责任。从结果上看，这样处理并未加重保证人的责任。故新、旧贷款合同保证人为同一人的，一般不能以不知道新贷还旧贷而主张免责。且本案水电公司负责人及印务公司法定代表人证词亦佐证水电公司对以新贷还旧贷情况亦为明知，故本案水电公司应承担保证责任。

2.4

200201/5:170

2002

实务要点： 以贷还贷发生在最高人民法院《关于适用〈担保法〉若干问题的解释》实施之前，对新、旧贷系同一保证人的保证责任认定，有必要就保证人是否“明知”的事实进行查明。

案例索引： 最高人民法院判决“某银行与某印务公司等借款合同纠纷案”，见《中国银行重庆渝北支行与重庆富源数码广告印务公司、重庆市渝北区水电建设总公司借款合同纠纷抗诉案——格式合同中未按使用说明加注的条款是否有效》（窦郎卫、王朝辉），载《审判监督指导与研究·案例评析》（200201/5:170）。

308 借款人单方以新贷偿还旧贷，不能认定为以贷还贷

——借款人单方将借款用于偿还旧贷，保证人未举证证明借贷双方有以贷还贷共同意思表示的，不应认定为以贷还贷。

标签： 保证 | 以贷还贷 | 单方意思表示 | 共同意思表示

案情简介： 1998年，贸易公司向银行抵押贷款2673万元，石油公司提供了700万元的最高额连带责任保证。石油公司认为银行贷款有5笔共1100万余元属于以贷还贷应予扣除：其中3笔新贷共计900万余元进入到贸易公司账户后，贸易公司自行填写了《偿还贷款专用凭证》，并加盖了公章及法定代表人个人名章后归还了3笔到期贷款；第4笔银行扣划的利息68万余元；第5笔有贸易公司转账凭证的150万元贷款。

法院认为： 案涉三笔新贷应认定贸易公司单方将借款偿还旧贷。石油公司未能举证证明借贷双方有以贷还贷的共同意思表示，故尚不能推定上述三笔还款是以贷还贷。第四笔利息是银行自行划款，未有借贷双方协商还贷的证据。第五笔贷款，亦有贸易公司的转账凭证。故石油公司提出的5笔还款均是贸易公司或银行单方的意思表示，不能认定为以贷还贷。

实务要点： 借款人单方将借款用于偿还旧贷，保证人未能举证证明借贷双方有以贷还贷的共同意思表示的，不应认定为以贷还贷。

案例索引： 最高人民法院（2002）民二终字第39号“某银行与某石油公司等借款担保合同纠纷案”，见《贵港市石油贮存公司与中国银行贵港分行等借款担保合同纠纷上诉案》（审判长周帆，代理审判员贾纬、沙玲），载《民商审判指导与参考·裁判文书选登》（200301/3:388）。

2.1

200301/3:388

2002

309 债务人与保证人为同一法定代表人，应知以贷还贷

——债务人与保证人的法定代表人为同一人，应推定保证人对债务人向银行贷款的真实用途系以贷还贷为明知或应知。

标签： 保证 | 以贷还贷 | 同一法定代表人

案情简介： 1999年，烟草公司向银行贷款，贷款申请上银行标注“收回再贷”，借款合同上载明借款用途系“烟叶收购”。烟草公司与卷烟厂法定

法院认为： 虽然保证借款合同上所填借款用途为“烟叶收购”，但贷款申请书上明确“收回再贷”贷款，故应认定以贷还贷的借款用途系烟草公司与银行双方的真实意思表示。同时，葛某既是烟草公司法定代表人，也是卷烟厂法定代表人，其对烟草公司向银行贷款的真实用途为以贷还贷是明知的，故卷烟厂应就烟草公司的银行贷款承担连带保证责任。

代表人均为葛某。为前述贷款提供连带责任保证的卷烟厂提出其不知以贷还贷，依法应免除保证责任。

实务要点： 债务人与保证人法定代表人为同一人，应推定保证人对债务人向银行贷款的真实用途系以贷还贷为明知。

案例索引： 最高人民法院判决“某资产公司与某卷烟厂担保合同纠纷案”，见《保证合同是否有效及债务人是否应为本案共同被告——利川卷烟厂与中国长城资产管理公司武汉办事处担保合同纠纷上诉案》（刘敏），载《民商审判指导与参考·案例评析》（200202/2:225）。

2.1

200202/2:225

2002

310 本案保证人承诺可接受变更内容，应包括以贷还贷

——在认定借贷双方对借款合同部分修改和变更是否构成对保证人的欺诈时，不应忽视保证人在保证书中的承诺条款。

标签：保证 | 以贷还贷 | 借款用途变更

3

案情简介： 1994年，航天公司向银行贷款820万元，约定借款用途为“购原材料”，航空公司提供连带责任保证，并承诺：“只要不增加保证人的保证金额，本保证不受借款人和银行对借款合同进行任何修改、补充、删除的影响。”同日，该贷款被银行扣划用于偿还旧贷。1995年，航天公司偿还50万元后，又以“购材料款”名义向银行贷款770万元，用于偿还旧贷，航空公司依然提供连带责任保证。

法院认为： 借贷双方履行借款合同时，虽然借款人航天公司未将820万元用于“购原材料”，而是归还旧贷，但此借款用途改变，并未增加保证人承诺的保证金额，且属于保证人所接受和认可的变更内容，不违背保证人航空公司在其出具给银行的《借款保证书》中明确承诺体现的真实意思表示。故即使借贷双方未将该笔贷款用于偿还旧贷告知保证人，亦不能认定此变更构成对保证人的欺诈。第2笔贷款770万元虽亦同样用于偿还旧贷，但因航空公司两次为同一笔贷款提供了连带责任保证，故依最高人民法院《关于适用〈担保法〉若干问题的解释》第39条第2款规定，航空公司保证责任不应免除，判决航空公司对航天公司所欠银行贷款770万元承担连带清偿责任。

实务要点： 法院在认定借贷双方对借款合同部分内容所做修改和变更是否构成对保证人欺诈时，不应忽视保证人在保证合同中所作承诺。

案例索引： 最高人民法院“某银行与某供销公司等借款担保合同纠纷案”，见《认定“保证人不知以贷还贷”时不应忽视其在保证合同中所作出的具体承诺——中国工商银行陕西省分行营业部与中国航空工业供销西北公司借款担保合同纠纷案》（王宪森），载《民商审判指导与参考·案例评析》（200202/2:276）。

2.1

200202/2:276

2002

311 为办理抵押而签订借款合同，不构成新的借款关系

——银行与借款人为办理抵押登记手续，就未到期旧贷签订未实际履行的借款合同，不构成以贷还贷及新的借款关系。

标签：保证 | 以贷还贷 | 抵押 | 借款合同成立

案情简介： 1995年至1996年，实业公司与银行签订12份借款合同，贷款金额共3065万元，电力公司和机械厂分别为其中的160万元和120万元提供连带责任保证。1997年，在部分合同未到期情况下，银行与实业公司签订3份借款金额为3065万元的借款合同。同时签订的最高额抵押合同中，未载明抵押物名称，亦无抵押物清单；合同签订后，银行并未实际放款，亦无更换贷款凭证手续。银行称签约目的是为实业公司申办房屋他项权证。

法院认为： 1997年的3份借款合同签订时，1995年至1996年的12份合同中部分尚未到期，3份合同中亦无展期约定，故3份借款合同的期限并非对12份合同的各笔借款的展期。银行既未依该3份合同将3065万元放出贷款，亦未依3份合同更换贷款凭证。故3份借款合同不是对12份借款合同的以贷还贷，银行与实业公司并未形成新的借款关系。银行关于签约目的是为实业公司申办房屋他项权证，并非真实贷款关系的答辩理由有一定事实依据。鉴于实业公司依据其与银行签订的3份借款合同申办并取得了房屋他项权证，基于该证产生的抵押关系已实际确立，由于该证上的抵押房屋系对3065万元借款的抵押担保，其中包括机械厂担保的120万元借款和电力公司担保的160万元借款，故该两笔借款既有保证又有物的担保，两担保人应在抵押物不足以清偿债务时，对尚欠的借款本金，在各自担保范围内承担连带清偿责任。

实务要点： 金融机构与借款人为办理抵押登记手续，就未到期旧贷签订未实际履行的借款合同，不构成以贷还贷，双方之间不应认定形成借款关系。保证人据此主张免除保证责任的，不予支持。

2.1

200201/1:199

2002

案例索引： 最高人民法院判决“某银行与某实业公司等借款担保合同纠纷案”，见《本案借款合同双方是否形成了新的借贷关系及担保人责任的承担——吉林省宏昌实业发展有限公司因借款担保合同纠纷不服吉林省高级人民法院判决上诉案》（臧玉荣），载《民商审判指导与参考·案例评析》（200201/1:199）。

312 新贷保证人不知旧贷为偿还旧贷的，免除保证责任

——同一保证人因借新贷偿还旧贷而不免除保证责任，应当是在旧贷中的保证责任有效和没有免责事由前提下作出的。

标签：保证 | 以贷还贷 | 新旧贷同一保证人 | 旧贷偿还旧贷

法院认为： 最高人民法院《关于适用〈担保法〉若干问题的解释》第39条规定：“主合同当事人双方协议以新贷偿还旧贷，除保证人知道或应

案情简介：1994年至1995年，磁带厂共向银行贷款1299万元。1996年，农药厂为磁带厂向银行贷款1299万元提供连带责任保证，磁带厂以该借款偿还旧贷。1997年，农药厂再次为磁带厂向银行贷款1299万元提供连带责任保证，磁带厂以该款偿还1996年旧贷。银行主张农药厂承担担保责任时，农药厂主张免除保证责任。

当知道的外，保证人不承担保证责任。”“新贷与旧贷系同一保证人的，不适用前款的规定。”本案无证据知道农药厂对以贷还贷一事知情或应当知道。虽新旧贷系同一保证人，但农药厂担保的旧贷实际上系归还了磁带厂1995年旧贷，且农药厂对1995年旧贷未进行担保，故1996年贷款与1995年贷款并非同一人。本案农药厂两次担保的结果实际上是直接承担了债务人磁带厂不能归还的1995年无担保贷款的保证责任，当事人有转嫁风险之嫌，有悖公平原则。从本质上讲，其最初的保证责任不成立，保证一次和保证数次的法律后果并无区别，其责任亦不应有区别。故农药厂不应承担保证责任。

2.3

200403/8:163

2002

3

实务要点：最高人民法院《关于适用〈担保法〉若干问题的解释》第39条规定的新贷与旧贷系同一保证人，主合同当事人双方协议以新贷偿还旧贷，保证人不免除保证责任，需在旧贷中的保证责任有效和无免责事由前提下作出。

案例索引：最高人民法院（2002）民二监字第23号指令再审函、河南高院再审“某银行与某实业公司借款担保合同纠纷申请再审案”，见《沙隆达集团公司与中国工商银行郑州市花园路支行借款担保合同纠纷申请再审案》（湛雄辉，最高院立案庭），载《立案工作指导·申诉与申请再审疑案评析》（200403/8:163）。

313 主合同双方欺诈而借新还旧，保证人免除保证责任

——银行明知借款人企业信誉状况差，为转嫁贷款风险，以打包贷款方式促成他人提供担保并以新还旧的，构成欺诈。

标签：保证 | 以贷还贷 | 借款用途 | 流动资金 | 打包贷款

案情简介：1997年，银行向装饰公司发放打包贷款900万元用于“流动资金周转”，同时与开发公司所签最高额抵押合同约定开发公司为银行向开发公司、装饰公司发放的金额为1900万元的贷款提供房产抵押担保，随后办理了抵押登记。装饰公司用该900万元贷款偿还了旧贷，银行为该新贷

法院认为：银行向装饰公司借款时，装饰公司已处于歇业状态，银行在该企业信誉状况不佳，贷款不归还情况下，为转嫁贷款风险，促成开发公司为装饰公司新贷款作担保。开发公司在为装饰公司提供900万元抵押担保时，银行与装饰公司未告知开发公司关于装饰公司在该行有逾期贷款900万元这一事实，亦未告知“本笔贷款本属化解风险”的贷款，银行作借新贷还旧贷处理，构成欺诈。银行改变主合同约定的流动资金周转的借款用途及还贷资金来源，用新贷偿还旧贷，变更了主合同内容，未征得保证人同意，依《担保法》第30条规定，应免除保证责任。

的审查意见为"企业信用登记为3B。该企业信用状况不佳，贷款不能归还。本笔贷款属化解风险，为保证贷款安全，采取第三方抵押期房"。

实务要点： 银行明知借款人企业信誉状况不佳，贷款不能归还情况下，为转嫁贷款风险，以打包贷款方式促成他人提供担保，并用该新贷偿还旧贷，构成欺诈，保证人依《担保法》第30条规定，应免除保证责任。

2.3

200402/7:151

2001

案例索引： 最高人民法院（2001）民二监字第335号"某银行与某装饰公司等借款担保合同纠纷申请再审案"，见《上海国货房地产开发有限公司与中国工商银行虹桥开发区支行、上海燊裕家俬装饰有限公司借款担保纠纷申请再审案》（肖宝英，最高院立案庭），载《立案工作指导·申诉与申请再审疑案评析》（200402/7:151）。

314 新贷新增保证人应知以贷还贷的，不免除保证责任

——新旧贷保证人系同一人或虽非同一人，但新贷保证人应知道主合同债权双方协议以贷还贷的，保证责任不能免除。

标签： 保证 | 以贷还贷 | 应当知道

案情简介： 2011年，史某向银行贷款30万元，担保人为张某、姚某。借款到期后，银行又向史某发放25万元，担保人为张某、姚某，及史某之妹、最初贷款人何某之妻余某。新贷到账当天，银行从史某账户扣划27万余元偿还旧贷。

法院认为： 本案银行为史某发放25万元新贷款时旧贷款尚未清偿，新贷发放当天，银行即从史某账户扣划27万余元用于清偿史某旧贷款本息，新贷发放与旧贷清偿在时间、金额上存在密切联系，应认定本案贷款存在以贷还贷情形。本案旧贷担保人为张某、姚某，新贷担保人在保留旧贷担保人情况下新增了担保人余某。由于张某、姚某同时为新旧贷的担保人，其对新贷理应承担担保责任。余某作为新增担保人，未对银行起诉事实及诉讼请求提出异议，且考虑到其身份系借款人史某之妹，最初贷款人何某之妻，可认定余某对以贷还贷情形知情，根据最高人民法院《关于适用〈担保法〉若干问题的解释》第39条规定，故判决张某、姚某、余某对史某所欠银行债务承担连带清偿责任。

3.1

201303/85:229

2012

实务要点： 新旧贷保证人系同一人或虽非同一人，但新贷保证人应当知道主合同债权双方协议以贷还贷的，保证责任不能免除。

案例索引： 浙江宁波江东区法院（2012）甬东商初字第640号"某银行与史某等借款合同案"，见《浙江泰隆商业银行股份有限公司宁波分行诉史月康、张雪珍等金融借款合同案——"以贷还贷"的认定及其对担保责任的影响》（水红东），载《人民法院案例

选》(201303/85:229)。

315 保证人为“换约”借款的借新还旧提供保证应有效

——保证人为借款人借新还旧即“换约”借款提供保证担保，借款人未依约偿还的，保证人应对该借款承担保证责任。

标签：保证 | 以贷还贷 | 换约借款

案情简介：1997年，信用社根据与制鞋厂借款申请书载明的借款种类、用途所注“换约”，与村委会签订担保合同，随后将担保贷款30万元直接划入制鞋厂应付账，作为偿还所欠信用社老贷款。因逾期未偿，信用社起诉。

法院认为：制鞋厂与信用社协议以新贷还旧贷，在借款申请书及贷款借据对借款用途为换约均记载约定明确情况下，村委会仍在借款申请书及贷款借据保证人栏签字盖章同意担保，故为制鞋厂换约借款提供担保是村委会真实意思表示，且新贷与旧贷保证人均系村委会，故村委会依法应向信用社承担担保责任，判决制鞋厂偿还信用社借款本息，村委会负连带责任。

实务要点：保证人为借款人以新贷还旧贷即“换约”借款提供保证担保，借款人未依约偿还借款，保证人应对换约借款承担保证责任。

3

3.1

2004商:243

2004

案例索引：河南漯河中院判决“某信用社与某制鞋厂等借款合同纠纷案”，见《干河陈农村信用社诉源汇制鞋厂等保证担保借款合同案》(石笑云)，载《人民法院案例选》(2004/商事·知识产权专辑:243)。

316 新旧贷同一保证人，不因借新还旧而免除保证责任

——新、旧借款合同的保证人均为同一主体，保证人又未提供借贷双方系恶意串通证据的，保证人保证责任不能免除。

标签：保证 | 以贷还贷 | 同一保证人

案情简介：1998年，农资公司向银行借款，名为购化肥，实为还旧贷，棉麻公司均为新旧贷保证人。

法院认为：采取以贷还贷形式进行展期是借贷双方真实意思表示，其目的合法，并不能因形式违法违反了一般性禁止规定而认定合同无效。以贷还贷是借贷双方协议变更了借款用途，保证人不知道，借款人并非用来购化肥，保证人的保证责任应免除。因本案新旧借款合同保证人均为棉麻公司，棉麻公司又未提供借贷双方恶意串通的证据，故棉麻公司依法仍应承担保证责任。

3.1

实务要点：新旧贷保证人均为同一主体，保证人又未提供借贷双方恶意串通证据的，保证人保证责任不能免除。

2004商:272

2004

案例索引： 河南漯河中院调解“某银行与某生资公司等借款担保合同纠纷案”，见《建行漯河分行铁东支行诉郾城县农业生产资料总公司等“以贷还贷”中保证人责任案》（张惠敏），载《人民法院案例选》（2004/商事·知识产权专辑:272）。

317 以新贷还他人旧贷，属变更主合同，免除保证责任

——债权人与债务人在保证期间内擅自以新贷偿还他人旧贷，属变更主合同内容，未经保证人同意的，保证责任免除。

标签：保证 | 以贷还贷 | 他人旧贷 | 变更主合同

案情简介： 2002年，水泥公司向银行贷款，用途为“流动资金周转”，建材公司和发电公司提供连带责任保证。款到后，水泥公司将该款悉数用于归还所欠发电公司借款。2004年，因水泥公司逾期未还致诉。

法院认为： 建材公司在签订保证合同时的意思表示，是给水泥公司提供周转用流动资金，并由水利公司用销售收入归还借款本息，而水泥公司将借款归还发电公司后，已无资金用于生产经营，亦不可能有销售收入用来归还银行借款，水泥公司改变借款用途行为，属于变更主合同条款行为。银行明知借款用途改变而不予制止，属于默认行为，故借款不能归还责任，应由银行和水泥公司承担，因水泥公司改变借款用途，实质上改变了主合同条款，又未经保证人同意，故建材公司保证责任免除，发电公司作为保证人，收取水泥公司还款而成为受益人，应承担保证责任，判决水泥公司偿还借款本息，发电公司承担连带保证责任。

3.1

2004商:253

2002

实务要点： 债权人与债务人在保证期间内擅自以新贷偿还他人旧贷，属于变更主合同内容，并未征得保证人同意，保证责任免除。

案例索引： 新疆高院2002年11月25日判决“某银行与某实业公司等借款合同纠纷案”，见《玛县工行诉利宝公司等借款担保合同因主合同内容发生变动，未征得保证人之一天山公司同意而免除天山公司保证责任案》（杨善明），载《人民法院案例选》（2004/商事·知识产权专辑:253）。

318 借贷双方改变借款用途以贷还贷的，免除保证责任

——借贷双方通过以贷还贷方式变更主合同借款用途，且不能证明保证人对此知道或应当知道的，保证人不承担责任。

标签：保证 | 以贷还贷 | 借款用途 | 保证声明

法院认为： 案涉保证合同虽约定“保证人完全了解借款用途，担保完全出于自愿，也是真实意思表示”等，但因该

案情简介：1999年，橡胶公司以贷款购橡胶并低价售予轮胎公司为条件，获得轮胎公司为其向银行贷款260万元的连带责任保证。保证合同约定："保证人完全了解借款用途，担保完全出于自愿，也是真实意思表示"、"除展期或增加贷款金额外，借贷双方变更主合同无须经担保人同意"、"任何一方都不得擅自变更或解除，如确需变更或解除，应经双方协商一致并达成书面协议，书面协议达成之前，原合同继续有效"。因银行和橡胶公司将该贷款用于偿还银行垫付的承兑汇票款项，轮胎公司以改变借款用途为由主张免除保证责任。

合同未说明借款用途是为偿还旧贷或偿还承兑汇票垫付款，主合同又明确借款用途为购橡胶，且橡胶公司与轮胎公司之间还签有购橡胶的互惠互利协议，故"完全了解"不能说明是对以贷还贷的了解，"自愿担保"应理解为对橡胶公司购橡胶借款自愿担保。保证合同关于"除展期或增加贷款金额外，借贷双方变更主合同无须经担保人同意"条款，与合同中"任何一方都不得擅自变更或解除，如确需变更或解除，应经双方协商一致并达成书面协议，书面协议达成之前，原合同继续有效"的约定相矛盾，且借贷双方变更主合同的借款用途并非一般的改变用途。该种以贷还贷的用途改变，无论是签合同前，还是之后，均系将原来他人担保或无担保的债务转嫁至新的担保人轮胎公司，加重了轮胎公司责任，严重损害了轮胎公司利益，根据最高人民法院《关于适用〈担保法〉若干问题的解释》第39条规定，主合同当事人双方协议以新贷偿还旧贷，除保证人知道或应当知道的外，保证人不承担民事责任。故判决轮胎公司不承担保证责任。

3

实务要点：借贷双方通过以贷还贷方式变更主合同的借款用途，明显违背保证人在保证合同中标注用途，且不能证明保证人对此知道或应当知道的，保证人不承担民事责任。

3.1

200203/41:242

3.3

2002商:98

2001

案例索引：河北高院（2001）冀经一终字第103号"某银行与某橡胶公司等借款保证合同纠纷案"，见《工行邢台分行营业部诉橡胶材料公司偿还借款保证人轮胎公司以借贷双方串通隐瞒以贷还贷真相为理由要求免除保证责任案》（张建英），载《人民法院案例选》（200203/41:242）；另见《邢台市轮胎有限公司诉中国工商银行邢台分行营业部等免除保证责任案》（张建英），载《中国审判案例要览》（2002商事:98）。

319 新贷与所偿旧贷均发生在最高额保证期间内的处理

——最高额保证的"最高额"仅指在规定期间届满时债权人享有的担保债权的最高额度，不能理解为发生的债权总额。

标签：保证 | 最高额保证 | 以贷还贷 | 最高额

法院认为：案涉担保函应认定为开发公司自愿为服装厂在100万元本息的最高债权额度内向银行就一年期间内发生的借款合同提供连带责任保证。

案情简介：1996年4月，服装厂向银行借款100万元，开发公司提供"保

在第一份借款合同期限届满时，银行与服装厂所签第二份借款合同，此时仍在开发公司的保证函期限内，借款金额未超过100万元，借款

证金总额为100万元”的保证函。保证期间内，服装厂在借款期限届满时，又与银行签订第二笔100万元的借款合同，并以该借款用于偿还第一笔借款。开发公司据此主张免除保证责任。

期限亦未超过保证函期限，且该笔借款实际用于偿还第一笔贷款，并未增加开发公司的保证责任，故开发公司应对保证总金额额度内的债务余额承担连带清偿责任。

3.1

实务要点： 最高额保证的“最高额”仅指在规定期间届满时债权人享有的担保债权的最高额度，即不论在规定的“一定期间”内债权债务如何变动，保证人担保的最高额是以决算日时实际存在的债权数额来衡量的，不能将最高额理解为在规定期间内发生的债权总额。

200101/35:201

1998

案例索引： 福建厦门中院1998年11月3日判决“某银行与某制衣厂等借款合同纠纷案”，见《厦门兴业银行诉厦门市东区联合开发公司应在最高额额度内对在保证期限内债务人的借款承担连带责任案》（黄冬阳、魏炜），载《人民法院案例选》（200101/35:201）。

320 借贷双方私下转贷且变更合同期限，免除担保责任

——借贷双方隐瞒借新还旧的事实，变更借款期限和保证期限，损害担保人合法权益的，担保人依法应免除担保责任。

标签：保证 | 以贷还贷 | 变更主合同 | 担保责任免除

案情简介： 1997年，纺织厂为许某向银行贷款36万元提供连带责任保证，但该款并未实际发放，而是转贷用于偿还旧贷，且在履行期间，许某与银行变更协议将借款期限由12个月缩短为7个月，将保证期限由3年缩短为2年半。因许某逾期未偿，银行诉请纺织厂承担连带清偿责任。

法院认为： 信用社与许某签订借款合同实际上未发生新的借款事实，信用社未按此合同约定发放贷款，许某亦未实际取得和支配合同项下款项。借贷双方隐瞒事实真相，以借新还旧形式让纺织厂提供担保，违背担保人真实意思表示，且信用社未能举证纺织厂担保时知道真相，故担保人纺织厂担保责任免除。另一方面，在未取得担保人书面同意情况下，信用社与许某对借款期限和保证期限进行更改，导致合同变更，损害了担保人合法权益，担保人依法亦不应承担担保责任。判决许某偿还信用社36万元及利息，驳回信用社对纺织厂的诉讼请求。

实务要点： 借贷双方隐瞒借新还旧事实真相，违背担保人真实意思表示，或未取得担保人书面同意情况下，变更借款期限和保证期限，损害担保人合法权益的，担保人依法应免除担保责任。

3.1

200002/32:206

1998

案例索引： 福建厦门中院1998年12月5日判决“某信用社与某工艺厂等借款合同纠纷案”，见《巷东农村信用合作社诉保证人东宏纺织工艺厂承担借新还旧借款合同连带清偿责任案》（孙仲、吴旭莉），载《人民法院案例选》（200002/32:206）。

恶意骗保

321　恶意骗保的虚假按揭合同被确认无效后的责任承担

——开发商与自然人为套取银行贷款所签商品房买卖合同被依法确认无效后，二者应对银行贷款本息负连带清偿责任。

标签： 保证 | 恶意骗保 | 虚假按揭

3

案情简介： 2007年，开发公司与陈某串通，借陈某名义向银行办理按揭贷款，并办理了抵押权的预告登记，同时约定开发公司提供阶段性（贷款合同签署之日起至抵押有效设定，相关权利证明文件交付银行执管之日止）连带保证责任。2011年，陈某诉开发公司商品房预售合同纠纷案的生效判决确认该商品房预售合同无效，贷款合同一并解除，陈某应归还银行贷款。随后，银行诉请开发公司与陈某连带清偿逾期贷款。

法院认为： 依最高人民法院《关于适用〈担保法〉若干问题的解释》第10条规定，开发公司提供阶段性连带保证的主合同为系争贷款合同，现主合同虽被解除，在开发公司与银行未在保证合同中另有约定情况下，开发公司仍应对债务人相关民事责任承担连带清偿的保证责任。而所谓阶段性连带保证，其本意就是让房产开发商为借款人在该阶段内向银行履行还款义务提供保证，亦为银行获得安全的房屋抵押担保的等待过程提供保证。一旦房屋抵押设定成功，该阶段性保证的任务完成，即阶段性保证期间届满之时即是银行获得借款人的房屋抵押担保之时。本案抵押预告登记在未变更为抵押权设立登记前，依物权法定原则，银行就抵押房屋处分并优先受偿的权利在行使要件上有所欠缺，即开发公司提供的阶段性连带保证的期限届满条件未成就。且该期限届满条件的未成就并非银行造成，而是开发公司与陈某恶意串通，以商品房买卖为名，行开发公司融资之实，损害了银行利益，危及银行贷款安全，陈某与开发公司具有明显过错。故开发公司应对陈某因贷款合同所产生的所有债务承担连带清偿责任。至于开发公司承担连带清偿责任后与陈某之间的权利义务关系，双方可能另行存在约定，可另行解决，本案不予处理追偿权问题。故判决开发公司对陈某所欠银行贷款本息承担连带清偿责任。

1.1

201409/215:36

2012

实务要点： 开发商为套取银行资金，与自然人串通签订虚假的预售商品房买卖合同，以该自然人名义与银行签订商品房抵押贷款合同而获得银行贷款，当商品房买卖合同被依法确认无效后，开发商与该自然人应对银行贷款共同承担连带清偿责任。

案例索引： 上海二中院2012年10月26日判决“某银行与某开发公司等保证合同纠纷案”，见《中国光大银行股份有限公司上海青浦支行诉上海东鹤房地产有限公司、陈思绮保证合同纠纷案》，载《最高人民法院公报·案例》（201409/215:36）。

322 恶意骗保，须以债权人知道或应知欺诈事实为前提

——保证人以恶意骗保主张免除其保证责任的，需证明债权人在签订保证合同时，知道或应当知道主债务人欺诈事实。

标签： 保证 | 恶意骗保 | 恶意串通

案情简介： 2004年6月，轮胎公司与商贸公司签订《互保合同》，约定互相为对方的银行贷款提供信用担保，担保总额不超过2亿元。该合同第7条第5项约定，“一方资产负债率高于70%或财务严重恶化不能履行到期债务时，应及时告知对方，对方有权单方解除本合同”。基于上述互保约定，银行于2005年5月16日与轮胎公司签订《最高额保证合同》，轮胎公司承诺为商贸公司未来1年内发生的最高额度为7000万元的授信提供连带保证担保。同日至2005年10月，银行4次以借款或开立承兑汇票方式向商贸公司发放共计7000万元。因商贸公司逾期未还，银行起诉，并要求轮胎公司承担担保责任。轮胎公司举证证实商贸公司财务状况在2005年已严重恶化，其与银行恶意骗保，依《担保法》司法解释第40条和《担保法》第30条，其担保责任应免除。

法院认为： 最高人民法院《关于适用〈担保法〉若干问题的解释》第40条规定：“主合同债务人采取欺诈、胁迫等手段，使保证人在违背真实意思的情况下提供保证的，债权人知道或者应当知道欺诈、胁迫事实的，按照担保法第三十条的规定处理”。《担保法》第30条规定：“有下列情形之一的，保证人不承担民事责任：（一）主合同当事人双方串通，骗取保证人提供保证的；（二）主合同债权人采取欺诈、胁迫等手段，使保证人在违背真实意思的情况下提供保证的”。轮胎公司主张依据《担保法》司法解释第40条和《担保法》第30条的规定免除保证责任，需证明两个事实：一是商贸公司在与轮胎公司订立《互保合同》时存在欺诈；二是银行对商贸公司的欺诈是知道的或应当知道。根据本案查明事实，首先，商贸公司在与轮胎公司订立《互保合同》时，隐瞒真实财务状况，欺骗轮胎公司签订《互保合同》的事实成立，商贸公司构成欺诈；其次，银行作为与商贸公司长期合作的贷款银行是知道或应当知道商贸公司财务状况的。但是，《担保法解释》第40条适用于本案的最重要的前提，并不是仅证明商贸公司存在欺诈以及银行知道或应当知道商贸公司的财务状况，更重要的是证明银行在接受轮胎公司《最高额保证合同》时，知道或应当知道商贸公司对轮胎公司构成欺诈，如若银行在当时即对《互保合同》第7条第5项内容的了解，则构成银行知道或应当知道欺诈存在的前提。与之相关的事实是，银行在本案起诉时，向法院提交了《互保合同》，银行陈述该合同系在起诉前从商贸公司取得，已尽到证据来源的说明义务，在此情形下，举证责任应由轮胎公司承担，即轮胎公司需证明其向银行出具《最高额保证合同》时，银行知道或应当知道《互保合同》第7条第5项的内容。轮胎公司不能提供能够证明此项事实的证据。本案的《最高额

1.1

2008:291

2.1

200801/13:281

2.7

2010:267

2007

保证合同》是轮胎公司向银行提供的，即便轮胎公司有权解除与商贸公司的《互保合同》，亦不影响已成立的《最高额保证合同》效力。况且，正是由于轮胎公司为商贸公司提供了最高额保证，大大降低了商贸公司因财务状况恶化而导致的信贷风险程度，才使银行继续为商贸公司提供信贷支持。故由于轮胎公司举证不能，其主张依《担保法》司法解释第40条和《担保法》第30条规定，保证人不承担保证责任的主张，欠缺事实要件，不予支持。

实务要点： 保证人以最高人民法院《关于适用〈担保法〉若干问题的解释》第40条主张免除保证责任的，不仅要证明主债务人存在欺诈保证人，且需证明债权人在签订保证合同时，知道或应当知道主债务人对保证人构成欺诈。

案例索引： 最高人民法院（2007）民二终字第36号“某轮胎公司与某银行等借款担保合同纠纷案”，见《风神轮胎股份有限公司与中信银行股份有限公司天津分行、河北宝硕股份有限公司借款担保合同纠纷案》（审判长钱晓晨，代理审判员刘敏、杨征宇），载《最高人民法院公报·裁判文书选登》（2008:291）；另载《民商事审判指导·判决书选登》（200801/13:281）；载《最高人民法院商事审判裁判规范与案例指导·裁判文书》（2010:267）。

3

323 以假票据平账，将挂账转为表面正常贷款，属骗保

——主债务人和债权人隐瞒事实真相，以虚假票据平账将挂账转为形式上正常贷款骗取担保的，保证人不应承担责任。

标签： 保证 | 恶意骗保 | 恶意串通 | 挂账 | 内部平账

案情简介： 1993年至1995年，物资公司与银行工作人员勾结，非法侵占银行资金800万元，因物资公司无力偿还，银行做挂账处理并同意为物资公司补办贷款手续。1995年11月，物资公司以购房名义，骗取电器公司为其向银行“借款”800万元提供保证担保，随后，物资公司与银行配合，

法院认为： 物资公司与银行所签借款合同是一份虚假合同，银行未依此合同将款贷给物资公司；物资公司亦未实际得到和支配该合同项下的800万元借款。该项贷款名为物资公司“购房”款，实为银行用于内部平账、以贷堵漏、转嫁经济损失等目的。双方签订的借款合同，属于《民法通则》第58条第1款第4、7项规定的“恶意串通，损害国家、集体或者第三人利益”和“以合法形式掩盖非法目的”的无效民事行为，不应受到法律保护。物资公司和银行隐瞒事实真相，“借新还旧”骗取电器公司在违背其真实意思表示的情况下进行担保，依《担保法》第30条第1项关于“主合同当事人双方串通，骗取保证人提供保证的”“保证人不承担民事责任”的规定，电器公司不应对本案“借

以虚假票据和转账支票，通过银行内部平账，将原来挂账的800万元转为形式上的正常贷款。贷款期满，物资公司无力偿还，且于1996年9月被工商局注销，银行诉请电器公司及其总公司电器集团承担连带清偿贷款责任。

1.1

1995-1999:629

1997

款”承担担保责任。因电器公司是企业法人，且不应对本案债务承担担保责任，银行提出的关于电器集团对电器公司担保的债务应承担连带责任的主张，不能成立，故判决驳回银行诉讼请求。

实务要点： 主债务人和债权人隐瞒事实真相，“借新还旧”骗取保证人在违背其真实意思表示的情况下进行担保，依《担保法》第30条第1项关于“主合同当事人双方串通，骗取保证人提供保证的”“保证人不承担民事责任”的规定，保证人不应对该“借款”承担担保责任。

案例索引： 最高人民法院1997年7月12日判决“某银行诉某物资公司等借款合同担保纠纷案”，见《中国工商银行青岛市市北区第一支行诉青岛华悦物资发展公司、青岛海尔空调器总公司、青岛海尔集团总公司借款合同担保纠纷上诉案》，载《最高人民法院公报·案例》（1995-1999:629）。

324 认为串通骗取保证担保的事实，应当由保证人举证

——保证人主张免除保证责任，需证明债权人与债务人串通欺骗保证人提供担保的事实，否则应承担举证不能的后果。

标签： 保证 | 恶意骗保 | 票据业务 | 串通骗保 | 欺诈认定

案情简介： 2009年12月，银行向金属公司签发3000万元的承兑汇票，并由置业公司、投资集团、投资公司、化工公司等提供连带保证担保。因金属公司逾期未偿还银行垫付的1500万元承兑款致诉。置业公司提出投资集团、投资公司、银行、化工公司存在关联关系，金属公司与化工公司的承兑汇票无真实交易背景，银行属于骗取保证担保，应为无效。

法院认为： 根据最高人民法院《关于审理票据纠纷案件若干问题的规定》第62条规定，本案保证关系的审理适用《担保法》有关规定。置业公司主张银行和金属公司串通骗取本案保证，根据《民事诉讼法》第64条第1款之规定，置业公司对其主张有责任提供证据加以证明。根据《担保法》第30条第1款及最高人民法院《关于适用〈担保法〉若干问题的解释》第40条规定，如果保证人主张免除保证责任，需要证明债权人与债务人串通欺骗保证人提供保证担保，或者债权人知道或应当知道债务人欺诈保证人仍与保证人签订保证合同的事实。本案中，置业公司虽提供了投资集团及包括金属公司在内的关联企业的工商登记及银行贷款情况等证据，但这些证据只能表明投资集团及其关联企业与银行有较多的业务往来，既不能证明金属公司与化工公司的购销合同虚假，亦不能证明金属公司与银行存在串通骗取保证或银行知道购销合同虚假仍签发银行承兑汇票的事实，因置业公司提供的证据不能证明其主张，故其应承担本案保证责任。

2.1

201103/27:245

2.6

v.6:445

2010

实务要点： 保证人主张免除保证责任，需要证明债权人与债务人串通欺骗保证人提供保证担保的事实，或债权人知道或应当知道债务人欺诈保证人仍与保证人签订保证合同的事实，否则应承担举证不能的后果。

案例索引： 最高人民法院（2010）民二终字第80号“某银行与某金属公司等借款合同纠纷案”，见《上诉人西安长江置业投资有限公司、张东宁与被上诉人石嘴山银行股份有限公司、原审被告陕西海鸿有色金属有限公司、陕西海鸿能源化工开发有限公司、陕西海鸿投资集团有限公司、陕西鸿信科技发展有限公司、朱平安、姚幼莉、李学永借款合同纠纷案》（审判长雷继平，审判员陈明焰、苑多然），载《商事审判指导·商事裁判文书选登》（201103/27:245）；另见《保证人主张免除保证责任的证明责任》，载《最高人民法院商事审判指导案例·合同与借贷担保卷（6）》（2012:445）。

3

325 举证主合同双方构成恶意串通，才能免除保证责任

——在保证人无确切证据证明债权人与债务人就贷款用途改变存在恶意串通情况下，不适用《担保法》第30条规定。

标签： 保证 | 恶意骗保 | 借款用途 | 偿还他人贷款 | 恶意串通

案情简介： 1998年，投资公司欠银行贷款1500万元。银行经内部审贷委员会批准，决定同意由物资公司向银行贷款2000万元，收回投资公司尚欠贷款1500万元。1999年，物资公司与银行签订2000万元的贷款种类为“短期流动资金，用途为用于网络”的借款合同，印刷厂提供连带责任保证。款到次日，物资公司向投资公司设在银行的账户转款1500万元用于“还贷款”，另外500万元分别划入投资公司及其他案外人账户。印刷厂以此主张免除保证责任。

法院认为： 银行与物资公司签订借款合同前，已就合意改变贷款用途达成一致，即借贷双方对贷款真实目的用于偿还投资公司旧贷系明知。在此情况下，银行与物资公司签订贷款用途为“网络”的借款合同，而印刷厂签订保证合同真实目的，系为物资公司用于网络建设借款提供担保，故银行与物资公司合意串通，改变1500万元贷款用途用于偿还投资公司向银行的到期贷款，根据《担保法》第30条规定，主合同当事人双方串通，骗取保证人提供担保，担保人不承担民事责任。因银行与物资公司就余下500万元贷款如何使用并未达成一致，该500万元分别被划入投资公司及其他案外人账户，由于无证据证明主合同当事人在该500万元借贷及使用上有《担保法》第30条规定的违法行为，该保证责任免除无事实依据，故判决印刷厂对物资公司债务中借款500万元本息向银行承担连带清偿责任。

实务要点： 在保证人无确切证据证明债权人与债务人就贷款用途改变存在恶意串通的情况下，不适用《担保法》第30条规定。

2.3

200701/14:92

2007

案例索引： 最高人民法院裁定“某银行与某印刷厂借款合同纠纷申请再审案”，见《保证合同效力的认定与保证责任范围的确定——北京外文印刷厂与北京银行股份有限公司、华夏物行有限公司借款合同纠纷申请再审案》（潘杰，最高院立案庭），载《立案工作指导·申诉与申请再审疑案评析》（200701/14:92）。

326 保证人因被保证人与实际债务人不对应而免除责任

——担保债务具有从属性，因主合同当事人恶意串通，被担保人与主合同实际债务人并不对应，应认定保证合同无效。

标签： 保证 | 恶意骗保 | 恶意串通 | 实际债务人

案情简介： 1999年12月，运输公司为巴士公司向银行贷款提供连带责任保证。嗣后运输公司以主合同当事人恶意串通骗保主张免除保证责任，并提供了银行通过上级单位向市政府提交的《预警函》报告，载明本案贷款系为落实市政府对客运集团汽车更新改造项目而发生，实际借款人和资金使用人为客运集团，巴士公司系为空壳。

法院认为： 根据案涉《预警函》内容，表明本案贷款系为落实市政府对客运集团汽车更新改造项目而发生，实际借款人和资金使用人应认定为客运集团。客运集团成立巴士公司并以巴士公司名义与银行签订借款合同，借贷双方均明知实际用款人为客运集团，无证据表明运输公司对该借款背景及实际用途和实际使用人情况明知，运输公司关于其提供担保的意思表示错误的主张有事实依据。运输公司承诺担保的巴士公司债务，根据担保债务是针对特定主债务的从属债务的基本法律特点，运输公司承诺担保的债务人与银行实际贷款的债务人客运集团亦不对应。根据《担保法》第3条关于“担保活动应当遵循平等、自愿、公平、诚实信用的原则”之规定，应认定本案保证合同无效。根据《担保法》第30条关于“主合同当事人双方串通，骗取保证人提供担保的，保证人不承担保证责任”的规定，运输公司对本案债务不应承担担保责任。

2.6

v.2:766

2007

实务要点： 担保债务从属于主债务，因主合同当事人双方恶意串通，被担保人与主合同实际债务人并不对应，应认定保证合同无效。

案例索引： 最高人民法院（2007）民二终字第193号“某银行与某运输公司等借款担保合同纠纷案”，见《主合同当事人双方串通，骗取保证人提供担保的，保证人不承担保证责任——沈阳安运集团有限公司与中国农业银行沈阳市中山支行、沈阳兴客巴士有限公司、沈阳客运集团公司借款担保合同纠纷案》（审判长王东敏，代理审判员雷继平、李京平），载《最高人民法院商事审判指导案例·借款担保卷（下）》（2011:766）。

327 借款人是否骗保，不影响贷款合同和担保合同效力

——借款人在取得担保时是否存在诈骗行为，不影响贷款合同的效力，亦不影响贷款人与担保人之间担保合同的效力。

标签：保证 | 恶意骗保 | 借款合同 | 刑民交叉

案情简介：2003年，实业公司为通信公司向银行贷款提供担保。2004年，银行起诉时，实业公司以通信公司虚构会计报告、虚列应收账款、虚增固定资产骗取银行和实业公司信任为由报案，公安机关同时向法院发送已刑事立案请求中止审理的函。

法院认为：通信公司在取得实业公司为其出具的担保时是否存在诈骗行为，不影响通信公司与银行之间贷款合同的效力，亦不影响实业公司与银行担保合同的效力。故公安机关对通信公司的刑事侦查结果不影响本案所涉借款担保纠纷案件的处理结果，本案不存在中止审理的具体情形。

实务要点：借款人在取得担保人出具的担保时是否存在诈骗行为，不影响贷款合同的效力，亦不影响贷款人与担保人之间担保合同的效力。

3

2.6

v.2:961

2005

案例索引：最高人民法院（2005）民二终字第57号“某银行与某通信公司等借款担保合同纠纷案”，见《借款人在取得担保人出具的担保时是否存在诈骗行为，不影响贷款合同的效力，也不影响贷款人与担保人之间担保合同的效力——长丰通信集团股份有限公司与招商银行股份有限公司成都营门口支行、重庆太极实业（集团）股份有限公司借款合同纠纷案》（审判长徐瑞柏，代理审判员王涛、雷继平），载《最高人民法院商事审判指导案例·借款担保卷（下）》（2011:961）。

328 债权人对骗保行为存在过错，应承担相应过错责任

——物的担保被确认无效或者被撤销，在保证合同有效前提下，债权人对骗保行为存在过错的，应承担相应过错责任。

标签：保证 | 恶意骗保 | 质押 | 单据质押 | 虚假物保 | 仓单质押

案情简介：1996年，外贸公司向银行贷款9000万元。公司职员丁某持虚假仓单复印件，骗取银行出具承诺同意在质押仓单到期后付款的函。丁某又以该仓单复印件和银行函称9000万元贷款已有仓单质押担保，以此骗取钢铁公司提供连带责任保证。钢铁

法院认为：本案借贷双方虽有签订仓单质押合同的口头意思表示，但既未形成书面质押合同，更未交付真实仓单，依《担保法》规定，案涉质押合同不成立。丁某利用仓单复印件误导钢铁公司为贷款提供连带责任保证，虽然认定债权人银行明知债务人骗保的证据不足，但银行对上述骗保行为存在一定过错，应承担相应过错责任。钢铁公司在签订保证合同时，亦应知道该仓单非真实仓单，并应向银行进行核实，其因轻信质押在先而提供担保，亦应承担一定的过错责任，判决钢铁公司和银行对贷款损失各承担一半责任，即由钢铁公司对外贸公司实际使用借款本息的一半，向银行承担连带清偿责任。

公司以骗保主张免除保证责任。

实务要点： 物的担保被确认无效或被撤销，在保证合同有效前提下，适用最高人民法院《关于适用〈担保法〉若干问题的解释》第38条第2款规定时，如该“物保无效或被撤销”的原因对“保证人的保证意思”产生了误导，应具体衡量“误导”的程度及保证人自身的过错程度，减少保证人承担的保证责任。

2.1

200301/3:314

2003

案例索引： 最高人民法院判决“某银行与某钢铁公司等借款担保合同纠纷案”，见《关于企业法人的分支机构签订借款合同的效力问题及适用担保法司法解释第三十八条第二款的另一法律情形——中国建设银行常州分行与中国华通物产集团公司、常州长城建设发展有限公司、江苏武进钢铁集团公司借款担保合同纠纷上诉案》（王宪森），载《民商审判指导与参考·案例评析》（200301/3:314）。

329 主合同双方当事人以贷还债，应认定恶意串通骗保

——主合同双方当事人隐瞒贷款实际用途，以贷还债，应认定恶意串通，欺骗担保，保证人对主合同债务不承担责任。

标签： 保证 | 恶意骗保 | 以贷还债 | 恶意串通

案情简介： 1996年，实业公司与银行签订最高不超过250万美元的《外汇借款合同》，借款目的为“开展进出口业务”。同日，银行与开发公司签订《最高额保证合同》。实业公司取得147万余美元的贷款后，随即用于归还案外人所欠银行的债务。开发公司主张免除保证责任。

法院认为： 本案银行和实业公司签订借款合同有效。实业公司以开展进出口业务为名，骗取开发公司为其借款担保，将短期外汇借款用于向银行偿还未案外人的担保之债；银行明知该项贷款的实际用途，但其签订担保合同时未告知保证人开发公司，亦不能举证开发公司明知借贷双方“以贷还债”，应认定主合同双方当事人恶意串通，欺骗保证人。根据《担保法》第30条第1款规定，开发公司对实业公司偿还银行的担保债务部分，不承担民事责任。

实务要点： 主合同双方当事人隐瞒贷款实际用途，以贷还债，应认定恶意串通，欺骗保证人，根据《担保法》第30条第1款规定，保证人对主合同债务不承担民事责任。

2.4

200101/1:106

2000

案例索引： 最高人民法院（2000）经他字第7号答复函“某银行与某开发公司等借款合同纠纷案”，见《上海三泷房地产开发有限公司与中国建设银行上海市浦东分行、上海申浦对外技术投资总公司借款合同纠纷一案的请示与答复》（孙基刚），载《审判监督指导与研究·请示与答复》（200101/1:106）。

I

越权担保

330　法定代表人越权对外担保，亦有可能构成表见代表

——担保人抗辩称其法定代表人越权对外担保，债权人以其已尽形式审查义务，主张构成表见代表的，法院应予支持。

标签：保证 | 越权担保 | 表见代表

3

案情简介：2006年4月，实业公司为其股东实业集团向银行贷款提供连带责任保证及抵押担保，并办理了抵押登记手续。2008年，因实业集团逾期未偿致诉。实业公司以其法定代表人周某越权提供担保、《股东会担保决议》上部分股东印章虚假、使用变更前的公司印章等理由主张担保无效。

法院认为：①《合同法》第50条规定："法人或者其他组织的法定代表人、负责人超越权限订立的合同，除相对人知道或者应当知道其超越权限的以外，该代表行为有效。"案涉《股东会担保决议》虽存在部分股东印章虚假、使用变更前的公司印章等瑕疵，以及被担保股东出现在该决议中等违背《公司法》规定的情形，但该担保决议上的签字及印章与实业公司为担保行为当时提供给银行的签字和印章样本一致。而实业公司向银行提供担保时使用的公司印章真实，亦有其法定代表人真实签名，且案涉抵押担保经过行政机关审查亦已办理登记。至此，银行在接受担保过程中的审查义务已完成，其有理由相信作为担保人法定代表人周某本人代表行为的真实性。②《股东会担保决议》中存在的相关瑕疵须经鉴定机关的鉴定方能识别，须经查询公司工商登记才能知晓、须谙熟《公司法》相关规范才能避免因担保人实业公司内部管理不善导致的风险，如将此全部归属于担保权人的审查义务范围，未免过于严苛，亦有违《合同法》、《担保法》等保护交易安全的立法初衷。担保权人基于对担保人法定代表人身份、公司法人印章真实性的信赖，基于担保人提供的《股东会担保决议》盖有担保人公司真实印章的事实，完全有理由相信该《股东会担保决议》的真实性，无需亦不可能进一步鉴别其真伪。故银行在接受作为非上市公司的实业公司为其股东提供担保过程中，已尽到合理的审查义务，主观上构成善意。本案周某行为构成表见代表，实业公司应承担担保责任。

1.1

201502/220:30

2.1

201402/38:231

2012

实务要点： 担保人抗辩认为其法定代表人越权订立担保合同，债权人以其对相关股东会决议履行了形式审查义务，主张担保人的法定代表人构成表见代表的，法院应予支持。

案例索引： 最高人民法院（2012）民提字第156号“某银行与某涂料公司等借款合同纠纷案”，见《招商银行股份有限公司大连东港支行与大连振邦氟涂料股份有限公司、大连振邦集团有限公司借款合同纠纷案》（审判长宫邦友，审判员朱海年，代理审判员林海权），载《最高人民法院公报·裁判文书选登》（201502/220:30）；另见《再审申请人招商银行股份有限公司大连东港支行与被申请人大连振邦氟涂料股份有限公司及原审被告大连振邦集团有限公司借款合同纠纷案》，载《商事审判指导·商事裁判文书选登》（201402/38:231）。

331 法定代表人越权担保，公司仍应对善意第三人负责

——法定代表人违反公司章程规定，越权对外提供担保的，除相对人知道或应当知道其越权的以外，该代表行为有效。

标签： 保证 | 越权担保 | 法定代表人 | 善意第三人

案情简介： 2006年，科技公司法定代表人何某以公司名义为经贸公司所欠建材公司代理进口垫付款项偿还承诺承担连带保证责任。嗣后，科技公司以何某违反公司章程越权对外担保主张担保无效。

法院认为： 案涉承诺书签订于2006年10月，故应适用2006年1月实施的《公司法》。该《公司法》第16条规定：“公司向其他企业投资或者为他人提供担保，按照公司章程的规定由董事会或者股东会、股东大会决议；公司章程对投资或者担保的总额及单项投资或者担保的数额有限额规定的，不得超过规定的限额。公司为公司股东或者实际控制人提供担保的，必须经股东会或者股东大会决议。”该条并未规定公司违反上述规定对外提供担保应认定无效。认定合同效力问题，根据最高人民法院《关于适用〈合同法〉若干问题的解释（一）》第4条，及最高人民法院《关于适用〈合同法〉若干问题的解释（二）》第14条规定，应以违反法律、行政法规效力性强制性规定为准。此外，根据《合同法》第50条关于“法人或者其他组织的法定代表人、负责人、负责人超越权限订立的合同，除相对人知道或者应当知道其超越权限的以外，该代表行为有效”，及最高人民法院《关于适用〈担保法〉若干问题的解释》第11条关于“法人或者其他组织的法定代表人、负责人超越权限订立的担保合同，除相对人知道或者应当知道其超越权限的外，该代表行为有效”规定，公司法定代表人违反公司章程规定对外提供担保应认定有效。故对于法定代表人越权对外提供担

1.1

2011:473

3.1

201003/73:194

3.4

201112:13

2009

保的，公司对外仍应对善意第三人承担民事责任，故本案科技公司担保责任不能免除。

实务要点： 法定代表人违反公司章程规定，越权对外提供担保的，公司对外仍应对善意第三人承担民事责任。

案例索引： 北京高院（2009）高民终字第1730号“某建材公司与某科技公司等担保合同纠纷案”，见《中建材集团进出口公司诉北京大地恒通经贸有限公司、北京天元盛唐投资有限公司、天宝盛世科技发展（北京）有限公司、江苏银大科技有限公司、四川宜宾俄欧工程发展有限公司进出口代理合同纠纷案》，载《最高人民法院公报·案例》（2011:473）；另见《中建材集团进出口公司诉江苏银大科技有限公司等担保合同纠纷案》（何波），载《人民法院案例选》（201003/73:194）；另见《公司法定代表人越权对外签署的担保合同的效力》（何波），载《人民司法·案例》（201112:13）。

3

332 公司章程公开，不构成第三人应知和善意与否证据

——有限责任公司的公司章程作为公司内部决议书面载体，并无对世效力，其公开行为不构成第三人应当知道的证据。

标签： 保证 | 越权担保 | 法定代表人 | 善意第三人 | 公司章程 | 善意举证

案情简介： 2006年，科技公司法定代表人何某以公司名义为经贸公司所欠建材公司代理进口垫付款项偿还承诺承担连带保证责任。嗣后，科技公司以何某违反公司章程越权对外担保主张担保无效，并以建材公司未查阅其章程为由，认为应认定建材公司属于非善意。

法院认为： 有限责任公司的公司章程不具有对世效力，该章程作为公司内部决议的书面载体，其公开行为不构成第三人应当知道的证据。强加给第三人对公司章程的审查义务不具有可操作性和合理性，第三人对公司章程不负有审查义务。第三人的善意是由法律所推定的，第三人无须举证自己善意；如果公司主张第三人恶意，应对此负举证责任。故不能仅凭公司章程记载和备案就认定第三人应当知道公司的法定代表人超越权限，进而判定第三人恶意。故在科技公司不能举证证明建材公司存在恶意的情形下，应认定建材公司为善意第三人，建材公司已尽到合理审查义务。根据《合同法》第50条及最高人民法院《关于适用〈担保法〉若干问题的解释》第11条规定，对于法定代表人越权对外提供担保的，公司对外仍应对善意第三人承担民事责任，故科技公司出具的承诺书应认定构成合法有效的第三人保证，其应承担担保责任。

1.1
2011:473
3.1
201003/73:194
3.4
201112:13
2009

实务要点： 有限责任公司的公司章程作为公司内部决议的书面载体，不具有对世效力，其公开行为不构成第三人应当知道的证据。

案例索引： 北京高院（2009）高民终字第1730号“某建材公司与某科技公司等担保合同纠纷案”，见《中建材集团进出口公司诉北京大地恒通经贸有限公司、北京天元盛唐投资有限公司、天宝盛世科技发展（北京）有限公司、江苏银大科技有限公司、四川宜宾俄欧工程发展有限公司进出口代理合同纠纷案》，载《最高人民法院公报·案例》（2011:473）；另见《中建材集团进出口公司诉江苏银大科技有限公司等担保合同纠纷案》（何波），载《人民法院案例选》（201003/73:194）；另见《公司法定代表人越权对外签署的担保合同的效力》（何波），载《人民司法·案例》（201112:13）。

333 公司法定代表人越权盖章提供担保的代表行为有效

——债权人取得盖有保证人真实印章的董事会决议，嗣后保证人以其法定代表人越权盖章提供担保无效的，不予支持。

标签： 保证 | 越权担保 | 法定代表人 | 表见代表

案情简介： 1998年，实业公司向香港银行出具《不可撤销担保契约》及公司董事会同意提供担保的《董事会会议决议》，对借款人的借款港币4400万余元、美元2500万余元提供保证担保。后因借款人破产，香港银行起诉实业公司承担保证责任，实业公司以对外担保未办理相关审批手续，同时认为法定代表人在担保契约上盖章未经董事会批准，属越权行为，担保合同对实业公司无约束力。实业公司为此提供了认定《董事会会议决议》真实性不予确认的生效判决。

法院认为： 最高人民法院《关于适用〈担保法〉若干问题的解释》第11条规定：“法人或者其他组织的法定代表人、负责人超越权限订立的担保合同，除相对人知道或者应当知道其超越权限的以外，该代表行为有效。”而实业公司未能提供证据证明香港银行取得担保契约时知道或应当知道该担保契约是其法定代表人越权订立的。香港银行在取得实业公司担保契约的同时，还取得了一份盖有实业公司真实印章的该公司董事会决议，该决议表明实业公司的担保行为经过董事会同意。生效判决虽对该份《董事会会议决议》所载内容的真实性不予确认，但实业公司仅是在本案纠纷发生后，对《董事会会议决议》的真实性提出异议，其不能提供充分证据证明香港银行取得担保契约时，即知道或应当知道该担保契约是越权签订的。相反，香港银行取得盖有实业公司真实印章的董事会决议的事实，恰恰表明香港银行当时是有充分理由相信实业公司出具的担保契约，经过其董事会同意，不存在越权行为。故实业公司主张本案担保契约上的盖章是一种越权行为，担保契约对香港银行不发生法律效力的理由不能成立。但本案担保合同属对外担保，因未办理审批手续而无效，担保合同双方当事人均对无效后果存在过错，故判决实业公司对主

1.1

2005:287

2002

债务人不能清偿的部分承担三分之一的赔偿责任。

实务要点： 债权人取得盖有保证人真实印章的董事会决议，表明债权人当时有充分理由相信保证人出具的担保契约经过董事会同意，不存在越权行为。嗣后保证人以其法定代表人越权盖章主张提供担保无效的，不予支持。

案例索引： 最高人民法院（2002）民四终字第6号“某银行诉某实业公司担保合同纠纷案”，见《中银香港公司诉宏业公司等担保合同纠纷案》（审判长王琉，代理审判员任雪峰、陈纪忠），载《最高人民法院公报·裁判文书选登》（2005:287）。

3

334 法定代表人超越权限对外所签合同，并不一定无效

——法定代表人所签合同，除系超越其权限且损害公司利益，并为相对方所知道或应当知道的以外，该代表行为有效。

标签： 保证 | 越权担保 | 法定代表人 | 管理性规范 | 表见代理

案情简介： 2008年，船务公司通过债权转让协议受让贸易公司对钢铁公司的债权8000万余元，实业公司为钢铁公司的偿还责任提供担保。嗣后，实业公司以其法定代表人蔡某在担保协议上签字，违反公司章程规定的“对外担保应由出席董事会的董事一致通过的决议方可有效”为由，主张担保责任免除。

2.6

v.5:304

2009

法院认为： 《公司法》第16条规定公司向其他企业投资或为他人提供担保，依公司章程规定，由董事会或股东会、股东大会决议，该条款不但从文字表述上并未强调诸如该条后两款所述的“必须”、“不得”等强制性的意思，且从其内容上看，其只是关于公司实施一定行为所应遵循的内部程序性规范，即使公司及其内部机构应遵照执行，但因其属于管理性而非效力性规范，故而不应作为判断公司对外合同效力的唯一依据。根据《合同法》第50条以及最高人民法院《关于适用〈担保法〉若干问题的解释》第11条的规定，对法定代表人代表公司所签合同，除法定代表人系超越其权限且损害公司利益并为相对方所知道或应当知道的以外，该代表行为有效。本案无证据证明船务公司在签订本案《债权转让及担保协议》时对实业公司的章程、改制文件等内容明知。实业公司关于蔡某未经董事会决议代表该公司签订担保合同，违反《公司法》第16条规定且属于《合同法》第50条规定的除外情形，因而应认定无效的主张根据不足，不予支持。

实务要点： 《公司法》第16条规定公司向其他企业投资或者为他人提供担保，依公司章程规定，由董事会或股东会、股东大会决议，该条款只是关于公司实施一定行为所应遵循的内部程序性规范，不应作为判断公司对外合同效力的唯一依据。根据《合同

法》第50条及最高人民法院《关于适用〈担保法〉若干问题的解释》第11条规定，对法定代表人代表公司所签合同，除法定代表人系超越其权限且损害公司利益并为相对方所知道或应当知道的以外，该代表行为有效。

案例索引： 最高人民法院（2009）民二终字第140号“某贸易公司与某实业公司等欠款及担保合同纠纷案”，见《法定代表人签订担保合同的效力——南京华新瑞实业有限公司与武汉瑞通船务疏浚工程有限公司、无锡华业钢铁有限公司、江苏海外集团海通国际贸易有限公司及南京市华新瑞实业有限公司泰州钢铁分公司欠款及担保合同纠纷案》（审判长周帆，代理审判员殷媛、杜军），载《最高人民法院商事审判指导案例·第五卷（上）》（2011:304）。

335 银行对担保人同意对外担保决议，负形式审查义务

——企业法人的法定代表人超越权限而订立对外担保合同，如相对人知道或应当知道的，双方订立合同不能认定有效。

标签： 保证 | 越权担保 | 法定代表人 | 董事会决议 | 形式审查

案情简介： 2005年9月，投资公司向银行贷款1.85亿元，作为上市公司的科技公司为此提供连带责任保证担保，银行持有科技公司盖章及丁某等7名董事签字的董事会同意担保的决议。2005年12月，科技公司公开披露了该担保未履行相应审批程序的情况。

法院认为： 本案借款及担保合同签订时间均在2006年新《公司法》实施之前，故应适用旧《公司法》，在旧法无明确规定情况下，可参照适用新法。旧法并未要求公司对外担保须经董事会或股东代表大会决议，证监会2000年6月6日发布的《关于上市公司为他人提供担保有关问题的通知》（证监公司字〔2000〕61号）第5条，证监会、国资委联合发布的《关于规范上市公司与关联方资金往来及上市公司对外担保若干问题的通知》第2条第2款，均是向社会公布的规范上市公司经营行为的部门规章，对作为上市公司的科技公司具有约束力。因此，旧《公司法》中对公司担保能力虽未作明确规定，科技公司对外担保在程序上亦应经董事会或股东大会批准。至于到底需股东大会还是董事会批准，则属公司自治范畴。科技公司向社会公布的章程中关于股东大会的职权，并无关于担保问题的规定，可认为科技公司选择由董事会决定担保事项。对于科技公司的董事会决议，银行仅负有形式审查的义务，即只要审查董事会决议的形式要件是否符合法律规定，银行即尽到了合理的注意义务。董事会决议记载的是出席会议的董事依职权作出的特定意思表示，其形式要件只需出席会议的董事签名即可。该份决议上有丁某等7位董事签名，符合董事会决议形式要件的要求，并加盖了科技公司印章。决议上的签名是否为董事亲笔所签，则属于实质

2.1

200802/14:170

2.7

2010:398

2008

审查的范畴，银行并无此法定义务。科技公司披露本案担保未经董事会决议时间在担保合同签订之后，不能证明银行在签订合同时明知该董事会决议存在瑕疵，在科技公司无证据证明银行存在恶意情况下，应认定银行已履行了合理审查义务，故科技公司应承担连带保证责任。

实务要点： 对于提供担保的公司董事会决议，担保权人仅负有形式审查的义务，只要审查董事会决议的形式要件是否符合法律规定，决议上的签名是否为董事亲笔所签，则属于实质审查的范畴。不能证明担保权人在签订合同时明知该董事会决议存在瑕疵，在担保人无证据证明担保权人存在恶意情况下，应认定担保权人已履行了合理审查义务。

案例索引： 最高人民法院判决“某银行与某科技公司借款保证合同纠纷案”，见《公司对外担保效力的认定——中国光大银行深圳分行与创智信息科技股份有限公司、深圳智信投资有限公司、湖南创智集团有限公司借款保证合同纠纷上诉案》（潘勇锋，最高院民二庭），载《民商事审判指导·民商审判案例分析》（200802/14:170）；另载《最高人民法院商事审判裁判规范与案例指导·案例指导》（2010:398）。

3

336 原法定代表人使用作废印章以原企业名称签约效力

——企业法人原法定代表人使用作废印章受让股权，不符合表见代理成立要件，协议不能约束名称变更后的企业法人。

标签： 保证 | 越权担保 | 股权转让 | 表见代理 | 法定代表人 | 作废印章

案情简介： 1999年，银行就其原下属信托公司投入针织集团的股本金170万元，与管件厂、纺织公司达成协议，约定由股东管件厂偿还，另一股东纺织公司提供连带保证。2001年，银行诉请清偿时，管件厂以转让协议签订时，裘某已非法定代表人，加盖的亦是管件厂变更前名称即纤维厂印章主张免责。

法院认为： 《合同法》第50条规定，法人的法定代表人超越权限签订的合同，除相对人知道或应当知道其超越权限的以外，该代表行为有效。该条款对法人的法定代表人超越权限签订合同的行为采取了“一般有效，例外无效”的原则。但该条款适用范围应限于法人的现任法定代表人，不应扩大适用到法人的原法定代表人。裘某使用的纤维厂是管件厂变更前的名称，依《企业法人登记管理条例》规定，企业法人只准使用一个名称，企业法人申请登记注册的名称由登记机关核定，经核准登记注册后在规定的范围内享有专用权；企业法人更名应申请办理变更登记。从上述规定看，企业法人名称作为该企业法人组成部分，国家予以强制性管理。作为企业法人，其对自己名称享有专用权，且只能拥有一个名称。能代表企业法人的只能是经工商部门核准的原有名称。

3.3

2002商:104

2001

企业法人的原有名称一经工商部门核准变更即不再代表该企业法人。本案管件厂原法定代表人裘某使用作废公章与银行签订股本金转让协议，未经管件厂授权或追认，不能作为管件厂真实意思表示认定。协议签订后，银行既未按章程规定召开董事会，讨论通过其与管件厂之间的股本金转让事宜，亦未就股本金转让、股东变更事宜到工商部门办理变更登记，故该转让协议对管件厂不具有约束力，相应地，保证合同亦不成立，故判决驳回银行诉讼请求。

实务要点： 企业法人原法定代表人使用作废印章以原企业名称实施的受让股权行为，不属于法人的代表人签订合同情形，亦不符合表见代理成立要件，故所签合同不能约束名称变更后的企业法人。

案例索引： 浙江绍兴中院（2001）绍中经初字第346号“某银行与某管件厂等借款合同纠纷案”，见《中国农业银行杭州市延安路支行诉新昌县新龙制冷管件厂等借款合同案（无权代理）》（吴伟），载《中国审判案例要览》（2002商事:104）。

公司为股东担保

337 公司为股东担保未经股东会决议，不影响担保效力

——《公司法》第16条关于公司为其股东担保须经股东会或股东大会决议的规定，宜理解为公司的内部控制管理程序。

标签：保证 | 公司为股东担保 | 合同效力

法院认为： ①作为公司组织及公司行为当受《公司法》调整，同时其以合同形式对外担保行为亦应受《合同法》及《担保法》制约。案涉公司担

案情简介：2006年4月，实业公司为其股东实业集团向银行贷款提供连带责任保证及抵押担保。2008年，因实业集团逾期未偿致诉。实业公司以《股东会担保决议》的决议事项未经股东会同意为由主张无效。

1.1

201502/220:30

2.1

201402/38:231

2012

3

保合同效力的认定，因其并未超出平等商事主体间合同行为的范畴，故应首先从《合同法》相关规定出发进行评判。②最高人民法院《关于适用〈合同法〉若干问题的解释（二）》第14条规定“合同法第五十二条第（五）项规定的‘强制性规定’，是指效力性强制性规定”。《公司法》第16条第2款规定：“公司为公司股东或者实际控制人提供担保的，必须经股东会或者股东大会决议。”上述《公司法》规定已然明确了其立法本意在于限制公司主体行为，防止公司实际控制人或高级管理人员损害公司、小股东或其他债权人利益，故其实质是内部控制程序，不能以此约束交易相对人，故此规定应理解为管理性强制性规范。对违反该规范的，原则上不宜认定合同无效。另外，如作为效力性强制性规范认定将会降低交易效率和损害交易安全。譬如股东会何时召开，以何种形式召开，何人能代表股东表达真实意志，均超出交易相对人判断和控制能力范围，如以违反股东决议程序而判令合同无效，必将降低交易效率，同时亦给公司动辄以违反股东决议主张合同无效的不诚信行为留下制度缺口，最终危害交易安全，不仅有违商事行为的诚信规则，更有违公平正义。故案涉《股东会担保决议》的决议事项未经实业公司股东会同意，亦不影响担保合同效力。

实务要点：《公司法》第16条第2款“公司为公司股东或者实际控制人提供担保的，必须经股东会或者股东大会决议”宜理解为公司内部控制管理的规定，不应以此作为评价合同效力的依据。

案例索引：最高人民法院（2012）民提字第156号“某银行与某涂料公司等借款合同纠纷案”，见《招商银行股份有限公司大连东港支行与大连振邦氟涂料股份有限公司、大连振邦集团有限公司借款合同纠纷案》（审判长宫邦友，审判员朱海年，代理审判员林海权），载《最高人民法院公报·裁判文书选登》（201502/220:30）；另见《再审申请人招商银行股份有限公司大连东港支行与被申请人大连振邦氟涂料股份有限公司及原审被告大连振邦集团有限公司借款合同纠纷案》，载《商事审判指导·商事裁判文书选登》（201402/38:231）。

338 公司为股东借款担保，经董事会批准的，应为有效

——对于符合公司章程，经公司股东会、董事会批准，以公司资产为股东或其他个人债务提供的担保的，可认定有效。

标签：保证 | 公司为股东担保 | 董事会批准

案情简介： 2001年至2003年，通讯公司向银行借款1.36亿元，投资公司提供连带责任保证。通讯公司持有投资公司0.2%的股份。投资公司规定11名董事应有8名董事出席才能召开，董事会按出资比例行使表决权。投资公司董事会对通讯公司担保事项两次表决时，分别只有5名和2名董事签字，但每次表决的股东持有的出资额均占到公司全部股份的90%以上。争议焦点：投资公司主张其担保行为违反修订前的《公司法》规定的“董事、经理不得以公司资产为本公司股东或者其他个人债务提供担保”而无效是否成立？

法院认为： 2006年修订前《公司法》第60条第3款规定“董事、经理不得以公司资产为本公司的股东或者其他个人债务提供担保”。该条规定是对公司董事、高管人员未经公司批准，擅自为公司股东及其他个人债务提供担保的禁止性规定。但该规定并非一概禁止公司为股东担保。对有限责任公司而言，符合公司章程，经过公司股东会、董事会批准，以公司名义进行关联担保，修订前《公司法》并未明确加以禁止。上述条款的立法目的是为了限制大股东、控股股东操纵公司与自己进行关联交易，损害中小股东的利益，以维护资本确定原则和保护中小股东权益。对经公司股东会、董事会同意以公司资产为小股东进行担保当不属禁止和限制之列。从价值取向的角度考量，在衡平公司债权人与公司股东利益冲突时，应优先保护公司债权人的利益。本案投资公司作为有限责任公司，其公司章程未规定公司不得为股东进行担保。在该公司同意为通讯公司进行担保的董事会上，持有该公司90%以上的董事同意为通讯公司担保，符合公司章程的规定。董事会决议加盖了董事会公章，应当认定投资公司签署保证合同时是其真实意思表示，不违背占资本绝大多数股东的意志，该保证行为亦不违反法律和行政法规的禁止性规定，应为有效。关于投资公司提出的根据该公司章程，董事会至少8名董事参加方能召开，而上述两次董事会决议只分别有5名和2名董事签字，故董事会会议召开无效，董事会决议亦无效问题，本院认为：分别有5名和2名董事在董事会决议上签字，并不能证明只有5名或2名董事参加董事会会议。投资公司应对该公司两次董事会的召开是否符合章程规定的董事出席人数负有举证责任，但该公司始终未提供两次董事会的纪要或原始记录，应承担举证不能的责任。且即使董事会决议有瑕疵，亦属其公司内部行为，不能对公司的对外担保行为效力产生影响。故投资公司在本案诉讼中提出的董事会决议无效，公司为其股东担保无效的主张没有事实和法律依据，且违反民事诉讼中的禁反言规则，不予支持。判决投资公司为通讯公司的银行债务承担连带保证责任。

1.1

2006:261

2.1

200601/9:307

2006

实务要点： 2006年修订前《公司法》第60条第3款关于“董事、经理不得以公司资产为本公司的股东或者其他个人债务

提供担保”的规定，是指公司董事、高级管理人员未经公司批准，不得擅自为公司股东或其他个人债务提供担保。该规定的立法本意是为了防止大股东、控股股东操纵公司与自己进行关联交易，损害中小股东的利益。该规定并非一概禁止公司为股东担保。就有限责任公司而言，当公司债权人与公司股东的利益发生冲突时，应优先保护公司债权人利益，对符合公司章程，经公司股东会、董事会批准，以公司资产为本公司股东或其他个人债务提供的担保的，可认定有效。

案例索引： 最高人民法院（2006）民二终字第49号“某银行与某投资公司等借款担保合同纠纷案”，见《中国进出口银行与光彩事业投资集团有限公司、四通集团公司借款担保合同纠纷案》（审判长付金联，审判员张树明，代理审判员李京平），载《最高人民法院公报·裁判文书选登》（2006:261）；另载《民商事审判指导·判决书选登》（200601/9:307）。

3

339 公司为股东担保，导致合同无效后的各方责任承担

——股份有限公司以公司资产为本公司的股东提供担保的，担保合同无效。担保人有过错的，应承担相应的民事责任。

标签： 保证 | 公司为股东担保 | 过错认定

案情简介： 1998年11月，湖北国投将对集团公司的360万美元债权转让给温州国投，实业公司对集团公司向温州国投的还款义务承担连带责任，《保证合同》约定集团公司到期不能清偿温州国投该笔债务的，由集团公司持有的实业公司的法人股股票折抵债务。集团公司系当时实业公司的第一大股东。2000年，温州国投以集团公司既未偿债，又未转让股票起诉集团公司和保证人实业公司。

法院认为： 依《公司法》第60条关于“董事、经理不得以公司资产为本公司的股东或者其他个人债务提供担保”，及最高人民法院《关于适用〈担保法〉若干问题的解释》第4条关于“董事、经理违反〈中华人民共和国公司法〉第六十条的规定，以公司资产为本公司的股东或者其他个人债务提供担保的，担保合同无效。除债权人知道或者应当知道的外，债务人、担保人应当对债权人的损失承担连带赔偿责任”的规定，集团公司作为当时实业公司的第一大股东，实业公司为其提供的担保应认定无效。因转让协议中明确规定集团公司到期不能清偿温州国投该笔债务的，由其持有的实业公司的法人股股票折抵债务，故债权人温州国投对实业公司为其股东集团公司提供担保应是明知的，鉴于温州国投和实业公司违反法律禁止性规定签订保证合同，对该担保无效均具有过错，故依最高人民法院《关于适用〈担保法〉若干问题的解释》第7条关于“主合同有效而担保合同无效，债权人无过错的，担保人与债务人对主合同债权人的经济损失，承担连带赔偿责任；债权人、担保人有过错的，担保人承担

1.1

2004:184

2.1

200301/3:267

2002

民事责任的部分，不应超过债务人不能清偿部分的二分之一”的规定，对担保无效所造成的损失，即债务人集团公司不能清偿债务部分，实业公司应在50%范围内承担赔偿责任，其余损失温州国投应自行承担。

实务要点： 股份公司以公司资产为本公司的股东提供担保的，担保合同无效。债权人、担保人有过错的，担保人承担民事责任的部分，不应超过债务人不能清偿部分的二分之一。

案例索引： 最高人民法院（2002）民二终字第67号“某信托公司诉某实业公司债权债务转让合同纠纷案”，见《温州信托公司清算组诉幸福实业公司等债权债务转让合同纠纷案》（审判长宋晓明，审判员吴庆宝，代理审判员刘敏），载《最高人民法院公报·裁判文书选登》（2004:184）；另见《关于保证人身份的确定及保证合同的效力认定——温州国际信托投资公司与湖北省幸福实业股份有限公司、幸福集团公司债权债务转让合同纠纷上诉案》（刘敏），载《民商审判指导与参考·案例评析》（200301/3:267）。

340 债务人对担保人有控制权，不属于公司为股东担保

——债务人通过股权转让实现对担保人的控制权，并不等于股东权，非属《公司法》禁止的公司为股东担保禁止情形。

标签： 保证 | 公司为股东担保 | 控制权 | 股东权

案情简介： 1994年，香港新发公司独资设立上海置业公司。1995年1月，通过签订转让合约，香港置业公司将持有的香港新发公司全部股份，包含香港新发公司投资设立的上海置业公司的债权以2.7亿港元转让给香港伟成公司。1997年，由上海置业公司为香港伟成公司还款义务提供连带责任保证。1999年4月，香港置业公司以欠款纠纷起诉香港伟成公司支付余下欠款1亿港元，并由上海置业公司承担连带清偿

法院认为： 香港伟成公司虽然通过转让合约成为了香港新发公司的控股股东，但香港伟成公司并非上海置业公司的股东，故上海置业公司为香港伟成公司出具保证担保，并不受《公司法》第60条第3款即“董事、经理不得以公司资产为本公司的股东或者其他个人债务提供担保”规定的约束。

实务要点： 债务人通过股权转让实现对担保人的控制权，并不等于股东权，不属于《公司法》禁止的公司为股东担保禁止情形。

案例索引： 最高人民法院（2001）民四终字第13号“某香港置业公司与上海置业公司等欠款担保纠纷案”，见《香港新建业有限公司等诉上海新建业有限公司等欠款担保纠纷案》（审判

责任。上海置业公司称其为香港伟成公司提供担保违反了《公司法》“以公司资产为本公司的股东提供担保”禁止性规定，应为无效。

长王玧，代理审判员陈纪忠、任雪峰），载《最高人民法院公报·裁判文书选登》（2004:174）。

1.1

2004:174

2001

341 被保证人嗣后取得保证人股权不影响保证合同效力

——保证人提供担保后，被担保人成为保证人股东的，担保行为效力不受《公司法》有关公司为股东担保规定的影响。

3

标签：保证 | 公司为股东担保 | 嗣后取得股权

案情简介：2000年，实业公司因承债式兼并成为银行9800万余元的债务人。2004年，药业公司为实业公司与银行签订的多笔“借新还旧”借款合同提供保证担保。2002年，实业公司受让药业公司85%的股权。2006年，银行诉请药业公司与实业公司对逾期贷款连带清偿。药业公司以案涉担保违反1999年的《公司法》关于董事、经理不得为股东提供担保的禁止性规定为由，主张免除担保责任。

2.6

v.5:313

2010

法院认为：药业公司为实业公司提供担保的债务始于2000年，当时实业公司并非药业公司股东，该债务经借新还旧延续至本案所涉借款，药业公司继续为之提供担保，该担保设定并未加重药业公司担保责任，担保合同亦不违反相关法律法规禁止性规定，应认定有效。由于2000年债务成立时实业公司并非担保人药业公司股东，本案并不构成1999年《公司法》第60条第3款所禁止的董事、经理违法为股东债务提供担保的情形，本案不应适用《担保法》第5条第2款，最高人民法院《关于适用〈担保法〉若干问题的解释》第4条、第7条规定认定担保无效。

实务要点：保证人提供担保后，被担保人成为保证人股东的，其担保行为的效力不受《公司法》有关公司为股东担保相关规定的影响。

案例索引：最高人民法院（2010）民二终字第42号“某银行与某实业公司等借款担保合同纠纷案”，见《保证人提供担保后，被担保人成为保证人股东的，其担保行为的效力不受公司法有关公司为股东担保相关规定的影响——中国农业银行股份有限公司达州分行与成都达义实业（集团）有限责任公司、西藏华西药业集团有限公司借款及担保合同纠纷案》（审判长王东敏，审判员陈明焰，代理审判员林海权），载《最高人民法院商事审判指导案例·第五卷（上）》（2011:313）。

342 债权人和担保人对担保无效均存在过错的责任承担

——借款担保因违法无效，债权人和担保人均有过错的，担保人承担的责任，不超过债务人不能清偿部分的二分之一。

标签： 保证 | 公司为股东担保 | 担保人责任

案情简介： 1993年，实业公司发起成立实业集团。1996年，实业公司向银行借款4000万元，实业集团提供保证担保。2003年，银行主张借款债权时，实业集团以其以公司资产为股东担保为由，主张担保合同无效。

法院认为： 根据《公司法》第60条关于“董事、经理不得以公司资产为本公司股东或者其他个人债务提供担保”的规定，以及最高人民法院《关于适用〈担保法〉若干问题的解释》第4条关于“董事、经理违反《中华人民共和国公司》第六十条的规定，以公司资产为本公司的股东或者其他个人债务提供担保的，担保合同无效”的规定，本案所涉担保基于实业公司系实业集团股东的关系，应为无效。对于该担保合同无效，银行和实业集团均有过错，根据前述司法解释第7条关于“主合同有效而担保合同无效……债权人、担保人有过错的，担保人承担民事责任的部分，不应超过债务人不能清偿部分的二分之一”的规定，实业集团对银行的损失承担责任的部分，以实业公司不能清偿部分的二分之一为限。

2.7

2011:117

2.6

v.2:31

2009

实务要点： 借款合同所涉担保基于借款人系担保人股东的关系，因违反《公司法》和最高人民法院《关于适用〈担保法〉若干问题的解释》规定，应为无效，债权人和担保人均有过错的，应依法认定担保人承担民事责任的部分，不应超过债务人不能清偿部分的二分之一。

案例索引： 最高人民法院（2009）民提字第99号“某银行与某实业公司等借款合同纠纷案”，见《海南发展银行与海南泛华高速公路股份有限公司、海南泛华实业有限公司借款合同纠纷案》（审判长张勇健，代理审判员刘敏、杨征宇），载《最高人民法院商事审判裁判规范与案例指导·裁判文书》（2011:117）；另见《银行违反规定向关系人发放贷款，对借款合同的影响》，载《最高人民法院商事审判指导案例·借款担保卷（上）》（2011:31）。

343 公司章程就公司对外担保额度另有约定的，应有效

——公司章程未明确规定对外担保额度，当公司债权人与公司股东利益发生冲突时，应当优先保护公司债权人的利益。

标签：保证 | 公司为股东担保 | 公司章程 | 担保额度

案情简介：2003年，钢铁集团为钢铁公司向银行先后贷款7835万元提供担保，其中最大的一笔保证债务为2470万元。嗣后，钢铁集团以钢铁公司系钢铁集团股东未经股东会、董事会同意为由，主张担保无效。钢铁集团公司章程对6000万元以上的对外保证事务的决策权分别属于股东会和董事会作出了明确规定，但6000万元以下的未规定。

3

2.7

2011:357

2.6

v.2:682

2009

法院认为：《公司法》第60条关于“董事、经理不得以公司资产为本公司股东或者其他个人债务提供担保”的规定，以及最高人民法院《关于适用〈担保法〉若干问题的解释》第4条关于“董事、经理违反《中华人民共和国公司》第六十条的规定，以公司资产为本公司的股东或者其他个人债务提供担保的，担保合同无效”的规定，是为了防止公司的一部分股东损害另一部分股东的利益。但公司章程是设立公司的股东自主制定的，各股东的利益保护已包含在其中。钢铁集团公司章程对6000万元以上的对外保证事务的决策权分别属于股东会和董事会作出了明确规定，对于6000万元以下的对外保证中，为股东提供担保是否需要董事会或者股东会决议通过并未明确规定。在未明确规定情况下，当公司债权人与公司股东利益发生冲突时，应优先保护公司债权人的利益。此公司章程的规定，应视为各股东对法律赋予权利的放弃。本案所涉保证合同中保证额度最高的一笔为2470万元，按钢铁集团公司章程规定，董事会是否形成有效决议，并不影响保证合同效力。同时，在保证合同上签字的赵某既是公司董事，又是公司法定代表人，其行为并未超越职权，具有对外代表公司的效力。且钢铁集团无证据证明银行在保证合同签订时已知钢铁公司是钢铁集团的股东，故钢铁集团应按保证合同约定承担保证责任。

实务要点：公司章程明确规定一定额度以上的对外保证事务决策权分别属于股东会和董事会，但并未明确规定该额度下为股东提供担保是否需要董事会或股东会决议通过。在未明确规定情况下，当公司债权人与公司股东利益发生冲突时，应优先保护公司债权人的利益。

案例索引：最高人民法院（2009）民二终字第51号“某资产公司与某钢材公司等借款担保合同纠纷案”，见《东北特殊钢集团有限责任公司与中国长城资产管理公司沈阳办事处借款及担保合同纠纷案》（审判长刘竹梅，审判员宫邦友，代理审判员刘崇理），载《最高人民法院商事审判裁判规范与案例指导·裁判文书》（2011:357）；另见《在公司章程并未明确规定一定额度以下为股东提

供担保是否需要董事会或者股东会决议通过，且当公司债权人与公司股东的利益发生冲突时，应当优先保护公司债权人的利益》，载《最高人民法院商事审判指导案例·借款担保卷（下）》（2011:682）。

344 经董事会会议研究决定为股东提供担保的行为有效

——董事会关于担保议案的审议通过是否符合公司章程中关于董事会决议事项的约定，不影响公司所签保证合同效力。

标签：保证 | 公司为股东担保 | 董事会决定

案情简介：2003年，创业公司为股东之一的控股公司贷款与银行签订《最高额保证合同》，并向银行出具了董事会会议同意担保的研究决定。2007年1月，另案生效判决以前述保证合同违反1999年《公司法》第60条第3款规定而确认无效。2007年8月，因控股公司未偿还贷款，银行起诉，并要求创业公司承担连带清偿责任。创业公司再次提出《最高额保证合同》违反《公司法》关于公司为股东担保的禁止性规定应无效的主张。

法院认为：本案事实表明，为公司股东之一的控股公司提供担保，并非创业公司董事、经理的个人行为，而是经过公司董事会会议研究决定作出的公司行为。1999年《公司法》第60条第3款虽有"董事、经理不得以公司资产为本公司的股东或者其他个人债务提供担保"的规定，但该规定规范的是董事、经理的个人行为，而非公司行为，并非对公司为股东提供担保的行为一概禁止。对于经公司股东会、董事会会议研究决定为公司股东提供担保的行为，1999年《公司法》并未明确禁止。创业公司章程虽有相关禁止性规定，但该约定限制的是董事、经理的个人行为，而非公司行为，并非限制经公司股东会、董事会会议研究决定为公司股东提供担保的行为。创业公司经公司董事会会议研究决定为公司股东提供担保的行为，并未违反1999年《公司法》的规定和公司章程的约定。董事会关于担保议案的审议通过是否符合创业公司章程中关于董事会决议事项的约定，属公司内部事宜，即使该决议的通过存在瑕疵，亦不影响该议案已被审议通过的事实，更不影响创业公司所签保证合同效力，故应确认创业公司与银行签订的《最高额保证合同》有效。

2.1

201002/22:215

2.7

2011:82

2009

实务要点：1999年《公司法》并未明确禁止经公司股东会、董事会会议研究决定为公司股东提供担保的行为。董事会关于担保议案的审议通过是否符合公司章程中关于董事会决议事项的约定，属公司内部事宜，不影响公司所签保证合同的效力。

案例索引：最高人民法院（2009）民二终字第55号"某资产公司与某投资公司等借款合同纠纷案"，见《中国信达资产管理公司深圳办事处与大鹏创业投资有限责任公司、湖南湘能电力股份有限公司等借款合同纠纷上诉案》（审判长付金联，代理审判员王涛、李相波），载《商事审判指导·商事裁判文书选登》

（201002/22:215）；另载《最高人民法院商事审判裁判规范与案例指导·裁判文书》（2011:82）。

345 企业法人以自己名义为股东出具的担保，应为有效

——企业法人以自己的名义为股东出具担保，合同目的成就后，即反言以自己的行为违法主张合同无效的，不应支持。

标签：保证 | 公司为股东担保 | 质押 | 一般规定 | 法人行为

案情简介： 2002年，证券公司为其股东实业公司向银行贷款提供质押担保，并提供了董事会决议及签署合同的授权书。嗣后，证券公司以公司为股东担保违法为由，主张质押合同无效。

3

2.6

v.2:466

2005

法院认为： 证券公司出具董事会决议，同意提供存款质押，并由法定代表人签署了授权书，授权李某签订质押合同及借款合同，并在上述合同上签盖法人印章，该事实足以认定为证券公司法人行为，而非董事、经理的个人行为。证券公司虽出具董事的证词，因这些董事与公司利益一致，是与本案有利害关系的人，故上述证词不予采信。实业公司虽系证券公司股东，但因证券公司质押担保行为是其法人行为，而非董事、经理个人行为，故该行为并不违反《公司法》第60条第3款关于“董事、经理不得以公司资产为本公司的股东或者其他个人债务提供担保”的规定。质押合同应认定有效。证券公司作为出质人向银行出具了质押担保，得到银行信任并成就合同目的后，即反言以自己的行为违法导致合同无效为由以达到免除担保责任的目的，有悖诚信原则，故证券公司保证责任不应免除。

实务要点： 企业法人以自己名义为股东出具担保，不应认定为董事、经理的个人行为，不导致担保合同无效。担保人提供担保，得到债权人信任并成就合同目的后，即反言以自己的行为违法导致合同无效为由以达到免除担保责任的目的，有悖诚信原则，不应得到支持。

案例索引： 最高人民法院（2005）民二终字第40号“某银行与某证券公司等质押合同纠纷案”，见《质押人出具质押担保并成就合同目的后，即反言以自己的行为违法导致合同无效为由以达到免除担保责任的目的，法院不予认定——民生证券有限责任公司与广东发展银行股份有限公司郑州郑汴路支行、河南花园集团有限公司质押合同纠纷案》（审判长付金联，代理审判员李京平、苑多然），载《最高人民法院商事审判指导案例·借款担保卷（上）》（2011:466）。

346 公司加盖公章，证明是公司担保而非高管个人行为

——为股东借款担保的企业法人在担保合同上加盖公章，应认定该担保行为系公司行为，并非该公司高管的个人行为。

标签： 保证 | 公司为股东担保 | 公司行为 | 董事、经理行为

法院认为： 案涉担保合同上加盖了担保人铝业公司的公章，该担保行为系铝业公司实施的行为，并非该公司董事、经理的个人行为，不属于2004年《公司法》第60条第3款及最高人民法院《关于适用〈担保法〉若干问题的解释》第4条所规定的无效担保的情形，故铝业公司以本案担保系公司为股东进行担保、违反《公司法》属无效、其不应承担担保责任的理由不能成立。

案情简介： 1997年，铝业公司为作为股东的金属公司向银行贷款提供连带责任保证，铝业公司在保证合同上加盖了公章。嗣后，铝业公司以公司为股东担保为由，主张担保无效。

实务要点： 为股东借款作为担保的企业法人在担保合同上加盖单位公章，应认定该担保行为系公司实施的行为，并非该公司董事、经理的个人行为，不属于2004年《公司法》第60条第3款及最高人民法院《关于适用〈担保法〉若干问题的解释》第4条所规定的无效担保的情形。

2.6

v.2:918

2005

案例索引： 最高人民法院（2005）民二终字第77号“某银行与某金属公司等借款担保合同纠纷案”，见《无法与原件、原物核对的复印件、复制品以及无正当理由未出庭作证的证人证言不能单独作为认定案件事实的依据——河南省登封铝业有限公司与中国农业银行郑州市金水支行、河南省乡镇企业金属材料总公司、河南省索克实业有限公司借款担保合同纠纷及代位权纠纷案》（审判长付金联，审判员金剑锋，代理审判员李京平），载《最高人民法院商事审判指导案例·借款担保卷（下）》（2011:918）。

347 以公司资产为股东债务担保，应认定担保合同无效

——以公司资产为本公司股东提供担保，担保合同无效。有过错的担保人承担责任部分不超过债务人不能清偿的1/2。

标签： 保证 | 公司为股东担保 | 无效

法院认为： 酒店公司对本案借款合同都提供了担保，根据《公司法》第60条关于“董事、经理不得以公司资产为本公司的股东或其他个人债务提供担保”的规定，因酒业集团占有酒店公司75%的股份，系酒店公司的控股股东，故案涉担保行为违反了法律禁止性规定，应认定担保合同无效。造成合同无效，银行和酒店公司双方均有过

案情简介： 2001年至2002年，持有酒店公司75%股份的酒业集团向银行贷款共计3亿余元，酒店公司提供连

带责任保证。

2.1

200502/8:257

2004

错，根据最高人民法院《关于适用〈担保法〉若干问题的解释》第4条关于“董事、经理违反《中华人民共和国公司法》第六十条的规定，以公司资产为本公司的股东或者其他个人债务提供担保的，担保合同无效。除债权人知道或者应当知道之外，债务人、担保人应当对债权人承担连带赔偿责任”的规定，银行与酒业集团同属同一地区，对酒业集团是酒店的股东应当明知，故酒店公司不应承担连带清偿责任的答辩理由成立。但根据前述司法解释第7条关于“主合同有效而担保合同无效……债权人、担保人有过错的，担保人承担民事责任的部分，不应超过债务人不能清偿部分的1/2”的规定，该案中酒店公司仍应对酒业集团不能清偿银行借款部分的1/2范围内承担赔偿责任。

实务要点： 以公司资产为本公司的股东提供担保的，担保合同无效。有过错的担保人承担民事责任的部分，不应超过债务人不能清偿部分的1/2。

3

案例索引： 最高人民法院（2004）民二终字第95号“某银行与某酒业集团等借款担保合同纠纷案”，见《湖南湘泉集团有限公司与中国工商银行湘西土家族苗族自治州分行营业部、湖南湘泉大酒店有限公司借款担保合同纠纷上诉案》（审判长吴庆宝，代理审判员宫邦友、刘敏），载《民商事审判指导·判决书选登》（200502/8:257）。

备注：本案系湖南高院一审认定，当事人均未就此节上诉，二审最高院对此予以维持。

348 股权转让致一人公司，不适用公司为股东担保规定

——股东之间股权转让导致公司成为一人公司，因公司为股东担保不存在有表决权股东，故不适用《公司法》第16条。

标签：保证 | 公司为股东担保 | 股权转让 | 合同有效 | 表决权

案情简介：2007年，机械厂将其所持公路公司75%股权作价400万元转让给另一股东开发公司并办理工商变

法院认为： 《公司法》第16条第2款规定，公司为股东或者实际控制人提供担保的，必须经股东会或股东大会决议。第3款规定，前款规定的股东或者受前款规定的实际控制人支配的股东，不得参加前款规定事项的表决。本案股权转让发生时，公路公司只有两个股东，即转让方和受让方。公路公司为开发公司提供保证，系公司为股东提供担保，按

更登记。公路公司为开发公司支付对价向机械厂提供连带责任保证。关于本案是否适用《公司法》第16条关于公司为股东担保规定成为争议焦点之一。

3.6

201108/18:81

2011

《公司法》第16条规定，开发公司对该担保事项没有表决权，而机械厂作为担保债权人，显然对担保事项不会提出异议，似可视作该保证协议已经股东会同意。但本案担保支持的交易时股权转让，股权转让完成后，开发公司即成为公路公司唯一股东，为开发公司承担保证责任的是由其独资的公路公司，而非先前有两个股东的公路公司，故提供担保的公路公司只有开发公司一个股东，由于有利害关系的股东在对担保事项表决时应回避，本案中为股东债务提供担保并不存在有表决权的股东，故《公司法》第16条在本案中不能适用。

实务要点： 股东之间股权转让导致一人公司情形，公司为转让方担保因有利害关系的股东在对担保事项表决时应回避，导致公司为股东提供担保并不存在有表决权的股东，故不应适用《公司法》第16条关于公司为股东担保的表决规定。

案例索引： 江苏南通中院判决“某机械厂与某实业公司担保纠纷案”，见《南通轻工机械厂诉江苏黄河公司江苏苏辰公司股东之间股权转让及公司为股东担保纠纷案》，载《江苏省高级人民法院公报》(201108/18:81)。

349 公司为股东内部股权转让提供担保的行为，应无效

——公司为股东之间的股权转让提供担保可能导致公司回购本公司股份，造成公司资本不当减少的结果，应认定无效。

标签： 保证 | 公司为股东担保 | 股权转让 | 股权回购 | 内部股权转让

案情简介： 2007年，机械厂将其所持公路公司75%股权作价400万元转让给另一股东开发公司并办理工商变更登记。公路公司为开发公司支付对价向机械厂提供连带责任保证。关于公路公司应否承担保证责任成为争议焦点之一。

法院认为： 从资本维持原则出发，《公司法》禁止公司回购本公司股份。公司资本是公司独立性保证，公司存续期间应维持与其注册资本相当的资本，以达到保护债权人利益和社会交易安全的目的。《公司法》仅允许有限责任公司在三种情形下回购本公司股权，公司为股东内部股权转让提供担保的行为，实际是以公司资产担保股权转让款的实现。一旦需要公司承担担保责任，则无异于以公司资产为股权转让买单，本质上发生回购本公司股权情形，这与《公司法》第75条将有限责任公司回购本公司股权的情形严格限定在三种情形之下的规定相违背，亦违反资本维持原则的基本要求。同时，公司资本是公司偿债能力的保障，是公司人格独立的前提和基础。为确保公司资本信用，《公司法》建立了资本确定、资本维持、资本不变三项原则，其中资本维持原则处于枢纽地位，要求公司自设立中、设立后，直到解散前，皆应力求

3.6

201108/18:81

2011

保有相当于公司资本之财产。资本维持原则并不干涉公司合理的经营活动，亦不能避免公司实际财产非正常、不合理减少。公路公司为其股东之间的股权转让交易提供担保，承担担保责任的后果实质是公司向另一方股东退还出资。公路公司在本案中的保证行为虽非直接抽逃出资，但实际造成公司资本的不当减少，将损害公司及债权人合法权益，应予否定评价。公路公司为其股东开发公司在公司资产范围内承担连带清偿责任，显然将以牺牲公路公司广大债权人利益和社会交易安全为代价，而实现开发公司的个别债权权益，违背法律适用的一般准则，故判决开发公司归还机械厂股权转让款400万余元及相应利息。

实务要点： 公司为股东之间的股权转让提供担保的行为可能导致公司回购本公司股份，造成公司资本不当减少的结果，不仅违反《公司法》有关回购本公司股份的禁止性规定，亦违背了公司资本维持原则，对公司债权人和社会交易安全造成损害，故该担保行为无效。

3

案例索引： 江苏南通中院判决“某机械厂与某实业公司担保纠纷案”，见《南通轻工机械厂诉江苏黄河公司江苏苏辰公司股东之间股权转让及公司为股东担保纠纷案》，载《江苏省高级人民法院公报》(201108/18:81)。

350 公司未经股东会决议为股东提供的担保应认定无效

——根据2004年《公司法》及相关司法解释规定，公司未经股东会决议即以公司资产为股东担保的，该担保应无效。

标签： 保证 | 公司为股东担保 | 合同无效 | 过错责任

案情简介： 2005年，投资公司将其所持置业公司45%股权转让给科技公司并办理了工商变更登记。就股权转让款余款300万元支付，双方签订借款协议，约定了借款支付期限，并由置业公司为科技公司提供担保。

法院认为： 科技公司出具给投资公司的借款条中，置业公司作为担保人在借款条上签章，系其真实意思表示。在置业公司提供担保时，科技公司已受让投资公司股权并办理了工商变更登记手续。故主债务人与担保人之间系股东与公司的关系。本案担保行为发生在2005年，故应适用2004年修订实施的《公司法》。该法第60条第3款规定：“董事、经理不得以公司资产为本公司的股东或者其他个人债务提供担保。”最高人民法院《关于适用〈担保法〉若干问题的解释》第4条规定：“董事、经理违反《中华人民共和国公司法》第六十条的规定，以公司资产为本公司的股东或者其他个人债务提供担保的，担保合同无效。除债权人知道或者应当知道的外，债务人、担保人应当对债权人的损失

3.3
2011商:45
2009

承担连带赔偿责任。"本案中，置业公司未经股东会决议即以公司资产为股东提供担保，该担保应属无效。根据前述司法解释第7条规定，主合同有效而担保合同无效，债权人无过错的，担保人与债务人对主合同债权人的经济损失，承担连带赔偿责任；债权人、担保人有过错的，担保人承担民事责任部分，不应超过债务人不能清偿部分的二分之一。因本案债权人、担保人均有过错，故判决由置业公司对科技公司不能清偿部分的1/2承担赔偿责任。

实务要点： 根据2004年修订实施的《公司法》第60条第3款及最高人民法院《关于适用〈担保法〉若干问题的解释》第4条规定，公司未经股东会决议即以公司资产为股东提供担保的，该担保应属无效。

案例索引： 江苏高院（2009）苏民二终字第0248号"某资产公司与某科技公司等借款担保合同纠纷案"，见《北京锋尚阳光资产管理有限公司诉苏州发源地科技发展有限公司等借款担保合同案（关联担保）》（周淼），载《中国审判案例要览》（2011商事:45）。

351 一人公司为股东担保只要公司章程无禁止规定即可

——一人公司为股东担保只要公司章程无禁止规定即可。至于是否损害公司债权人利益，不属于《公司法》调整范围。

标签： 保证 | 公司为股东担保 | 一人公司

案情简介： 2008年，卜某将其独资设立的电动车公司100%股权转让给谢某，办理工商变更登记手续后，谢某就股权转让余款15万元向卜某出具欠条，电动车公司提供连带责任保证。

3.4
201004:76
2009

法院认为： 《公司法》第16条规定的特殊担保下股东会的决策权和股东回避表决的程序，其立法本意旨在防止大股东（利害关系股东）滥用股东权利，保护公司和小股东（无利害关系股东）免遭公司作保的风险，确保公司更加客观、公正地决定是否为其股东进行担保，而并非禁止或限制该类特殊担保。实践中，一人公司不存在大股东与小股东之别，亦不存在利害关系股东与无利害关系股东之分，唯一股东同意提供担保不仅体现了股东意志，亦体现了公司意志，在无其他利害关系股东存在情形下，亦谈不上损害其他股东利益，故一人公司股东可自行作出由一人公司为自己债务提供担保的决定。况且一人公司仅有一个股东，自然无法成立股东会并形成股东会决议，只要公司章程不禁止，股东个人同意后公司对外担保的能力即具备。而股东个人同意，法律上倡导的是采取书面形式备置于公司，但实践中一人公司的操作并不如此规范和明确，股东个人同意的意思表示往往是在担保合同中加以体现，亦即担保合同上加盖了公司公章即意味着股东作出了同意担保的意思表示，更何况是特殊担保即为该股东债务进行担保。故本案中电动车公司为其股东谢某担保，在章程未作特别约定前提下，基于卜某无过错，对担保的合理期待应受到保护，故应认定担保有效。至于电动车公司认为一人公司为股东担保，有损资本维持原则，甚至存在抽逃出资嫌疑，则完全可援引《公司法》关于股东抽逃出资或股东滥用公司法人地位等法律规定，来另行追究股东的法律责任。判决电动车公司对谢某所欠卜某债务承担连带清偿责任。

实务要点： 在公司章程无禁止性规定前提下，应允许一人公司为其股东提供担保。至于是否损害公司债权人利益，属于民法中撤销权范畴，不属于《公司法》调整范围。

案例索引： 江苏常州中院（2009）常民二终字第0451号“卜邦干与常州柯尼马电动车有限公司担保合同纠纷案”，见《一人公司为股东担保的效力》（姜旭阳），载《人民司法·案例》（201004:76）。

3

352 违反公司为股东担保的禁止性规定，保证合同无效

——违反《公司法》关于公司董事、经理以本公司财产为股东提供担保的禁止性规定的，保证合同依法应认定为无效。

标签： 保证 | 公司为股东担保 | 过错赔偿责任

案情简介： 2003年，粮油公司向银行贷款，同时兼任粮油公司和购物中心法定代表人的刘某以购物中心名义提供保证担保。嗣后，购物中心以粮油公司系其股东为由主张保证合同无效。

法院认为： 刘某既系购物中心法定代表人，又系购物中心大股东粮油公司的法定代表人，其以购物中心名义为粮油公司向银行贷款担保，损害了购物中心其他股东利益，是《公司法》第60条第3款所禁止的行为，故该保证合同无效。购物中心在明知自己不具备担保资格情况下仍为粮油公司担保，存在过错；刘某在以购物中心名义为粮油公司担保时，已将购物中心章程等工商登记资料交给银行审查，银行知晓粮油公司是购物中心的股东，仍与购物中心一起为粮油公司向其贷款签订保证合同，亦有过错，根据最高人民法院《关于适用〈担保法〉若干问题的解释》第4条和第7条规定，购物中心在本案中不应承担连带赔偿责任，而应承担粮油公司不能清偿债务部分的1/2赔偿责任。

3.3

2008商:66

2007

实务要点： 违反《公司法》关于公司董事、经理以本公司财产为股东提供担保的禁止性规定，保证合同应认定无效，担保

人及债权人均有过错的，依法应由保证人承担债务人不能清偿部分的1/2赔偿责任。

案例索引： 广西高院（2007）桂民再终字第8号“某银行与某商场等借款担保合同纠纷案”，见《中国农业银行南宁市邕江支行诉南宁梦之岛购物中心等借款担保合同案（担保责任）》（李学峰），载《中国审判案例要览》（2008商事:66）。

353 公司未经董事会或股东会决议同意为股东担保效力

——公司法定代表人在为股东提供的抵押担保书上签名并加盖公司公章，且办理了抵押登记手续的，应认定担保有效。

标签： 保证 | 公司为股东担保 | 担保效力 | 未经公司决议

案情简介： 1994年10月，丝绸公司以其名下土地使用权及厂房、及其设备为其股东化纤公司向银行贷款提供抵押担保，丝绸公司法定代表人在抵押担保书中签名并加盖公司公章，且为该抵押登记办理了公证手续。嗣后丝绸公司以抵押担保未经公司股东会决议同意为由主张担保无效。

3.3

2008民:207

2007

法院认为： 2006年实施的《公司法》第16条对公司对外提供担保设定了严格的条件，规定公司对外提供担保，须依照公司章程的规定，由董事会或者股东会、股东大会决议；公司为股东或者实际控制人提供担保的，还须经股东会或者股东大会决议。而1994年实施的《公司法》第60条规定：“董事、经理不得以公司资产为股东或其他个人债务提供担保。”此外并无关于公司对外担保的具体规定。从该第60条规定看，其对公司对外担保采取的是限制而非禁止态度，在符合一定条件下，公司可以对外担保。该条仅禁止董事、经理擅自以公司资产为股东或者其他个人债务提供担保，并未禁止经董事会或股东会决议的公司担保行为。公司对外担保，并不当然损害公司或小股东利益，经董事会或股东会集体决议同意的担保应为有效。本案中，丝绸公司法定代表人陈某在抵押担保书中签名并加盖公司公章，且为该抵押登记办理了公证手续，作为相对方的银行有理由相信陈某并未超越权限，陈某身为丝绸公司法定代表人，完全有权代表公司行使职权，银行亦有足够理由相信此抵押担保系丝绸公司的法人行为，而非陈某个人行为。即使本案中无证据证明该担保已经丝绸公司董事会或股东会决议同意，银行已尽必要谨慎义务且担保合同无其他无效情形，同时从借款合同内容看，化纤公司借款用途系投入丝绸公司，丝绸公司系该笔借款受益人，其提供担保并未损害自身利益，故应认定担保合同有效。

实务要点： 公司法定代表人在为股东提供的抵押担保书上签名并加盖公司公章，且办理了抵押登记手续，抵押权人有足够理由相信抵押担保系公司的法人行为，即使无证据证明该担保已经公司董事会或股东会决议同意，担保合同亦应认定有效。

案例索引： 广东江门中院（2007）江中法民二初字第1号“某实业公司与某纺织公司等借款担保合同纠纷案”，见《广州兆基实业有限公司诉广东新会合成纤维纺织厂股份有限公司等借款担保合同案（抵押合同效力）》（陈晓红），载《中国审判案例要览》（2008民事:207）。

354 公司董事会经股东会授权同意为股东提供担保有效

——如果公司为股东担保经股东大会批准，或董事会在股东大会授权范围内同意为股东担保作出决议，则担保应有效。

标签： 保证 | 公司为股东担保 | 董事会同意 | 股东大会授权 | 关联交易

3

案情简介： 2001年，化工公司为其股东实业公司向银行贷款提供最高额抵押担保，并提供了经章程授权由全体董事决议形成的同意抵押担保的董事会决议。

3.3

2004商:88

2003

法院认为： 《公司法》第60条第3款虽然限制的是董事、经理及董事会的担保行为，但存在着特例，即该款针对的是公司董事会、经理以及公司法人机关董事会，并未涉及公司权力机构股东大会。如担保经过股东大会批准，或董事会在股东大会授权范围内同意为股东提供担保作出的决议，则担保应为有效。本案公司为股东提供担保时，董事会在公司章程授权范围内召开董事会进行表决，全体董事投了赞成票，包括代表职工股东的董事，在此基础上形成了董事会决议，据此而签订的担保协议应为有效，故判决实业公司给付银行逾期借款本息，银行对化工公司抵押物享有优先受偿权。

实务要点： 《公司法》第60条第3款虽然限制的是董事、经理及董事会的担保行为，但并未涉及公司权力机构股东大会。如担保经过股东大会批准，或董事会在股东大会授权范围内同意为股东提供担保作出的决议，则担保应为有效。

案例索引： 江苏镇江京口区法院（2003）镇京民二初字第25号“某银行与某实业公司等借款合同纠纷案”，见《中国工商银行镇江市谏壁支行诉江苏金益集团公司等借款合同案（关联担保）》（吴军），载《中国审判案例要览》（2004商事:88）。

355 公司对股东担保禁止性规定主体包括董事和董事会

——违反原《公司法》第60条第3款强制性法律规定的行为当然无效，并不因该行为作出系依董事会决议而被合法化。

标签：保证 | 公司为股东担保 | 董事 | 董事会

案情简介：1997年6月，电器公司为其股东电器集团向银行贷款139万美元提供连带责任保证。2002年，受让银行债权的资产公司诉请电器公司、电器集团连带清偿。

3.3

2004商:117

2003

法院认为：《公司法》第60条第3款立法目的在于防止公司控股股东以公司资产为自己债务担保，变相地挪用或抽逃公司资产。违反此强制性法律规定的行为当然无效，并不因该行为作出系依董事会决议而被合法化。在法律、公司章程或股东大会对董事会无授权时，董事会亦必然因法律对各个董事的禁止性规定而无权作出以公司财产对股东提供担保的决定。故《公司法》第60条第3款的禁止性规定既针对公司董事，亦针对公司董事会。本案中，电器公司为其股东电器集团提供保证，因违反《公司法》第60条“董事、经理不得以公司资产为本公司的股东或者其他个人债务提供担保”的规定，应确认无效。银行作为原债权人在签订合同时应当知道电器公司、电器集团之间的股东投资关系，仍接受电器公司提供的保证，银行对担保合同无效亦有过错，依最高人民法院《关于适用〈担保法〉若干问题的解释》第7条规定，判决电器公司就电器集团不能清偿部分承担50%的赔偿责任。

实务要点：违反《公司法》第60条第3款强制性法律规定的行为当然无效，并不因该行为作出系依董事会决议而被合法化。在法律、公司章程或股东大会对董事会无授权时，董事会亦必然因法律对各个董事的禁止性规定而无权作出以公司财产对股东提供担保的决定。故《公司法》第60条第3款的禁止性规定既针对公司董事，亦针对公司董事会。

案例索引：广东高院（2003）粤高法民二终字第017号“某资产公司与某实业公司保函垫款合同纠纷案”，见《东方资产管理公司广州办事处诉广东万家乐集团公司保函垫款合同案（关联担保）》（刘子平），载《中国审判案例要览》（2004商事:117）。

356 银行未对借款担保人的主体合法性审查的责任承担

——银行未按个人住房贷款相关规定，对借款人和担保人的主体及相关合同的合法性进行谨慎审查，应认定存在过错。

标签：保证 | 公司为股东担保 | 关联交易 | 按揭贷款合同 | 过错责任

法院认为：借款合同有效，银行虽未依约将借款划入开发公司在银行的账户，但借款人王某已实际支配、使用该

案情简介：2000年，银行与开发公司董事王某签订个人住房借款合同，王某以按揭房提供抵押担保，开发公司同时提供连带保证担保。2001年，因逾期未偿贷款，银行诉请王某、开发公司承担清偿责任。

3.3

2003商:50

2002

3

笔借款，故王某理应按约归还借款本息。王某与开发公司签订房屋买卖合同时系开发公司董事，违反《公司法》第61条“董事、经理除公司章程规定或者股东会同意外，不得同本公司订立合同或者进行交易”的规定，故买卖合同应认定无效。王某作为购房借款人，对按揭期房并不享有所有权，银行对设定按揭权的房屋享有的是一种债权而非物权，即王某向银行提供的抵押不是物权抵押，而是权益抵押，是王某将自己的期待权予以抵押，鉴于房屋买卖合同无效，王某对预售房屋的期待权落空，银行抵押权亦归于无效。开发公司为王某借款提供保证担保，亦涉及《公司法》有关禁止关联交易的规定，违反《公司法》第60条第3款“董事、经理不得以公司资产为本公司的股东或者其他个人债务提供担保”的规定，该保证担保行为亦为无效。银行与上述两项无效行为实施，虽无直接关联，但其作为一家金融机构，在签订借款及担保合同过程中，未按《个人住房贷款管理办法》规定，依法对借款人和担保人的主体及相关合同的合法性进行谨慎审查，依《担保法》及司法解释规定，其对担保合同无效亦应承担一定份额的民事责任。判决王某偿还银行借款40万元及利息，开发公司对王某不能清偿债务在30%范围内承担赔偿责任。

实务要点：银行作为金融机构，在签订借款及担保合同过程中，未按《个人住房贷款管理办法》规定，依法对借款人和担保人的主体及相关合同的合法性进行谨慎审查，在担保合同因借款合同无效而无效后，依《担保法》及司法解释规定，其对担保合同无效亦应承担一定份额的民事责任。

案例索引：浙江绍兴中院（2002）绍中经终字第107号“某银行与王某等借款合同纠纷案”，见《中国建设银行绍兴市鉴湖支行诉王雅娟、绍兴锦绣园房地产开发有限公司借款合同案》（杨荣生），载《中国审判案例要览》（2003商事:50）。

357 公司可为与其股东有投资关系的其他单位债务担保

——目前我国法律尚未禁止公司为与其股东有一定投资关系的其他单位担保，担保人以此主张担保无效的，不予支持。

标签：保证 | 公司为股东担保 | 企业主体 | 投资关系

法院认为：依《公司法》第18条规定，外商投资的有限责任公司适用本法，有关中外合资经营企业、中外合作经营企业、外资企业的法律另

案情简介：1992年，药剂公司（第二名称为药剂厂）与他人成立中外合资企业的化工公司。1993年，药剂厂变更为农药厂。1995年，化工公司中方股东由药剂厂变更为药剂厂投资设立的药剂集团。2001年，农药厂以药剂厂名义与银行签订银行承兑协议，化工公司向银行提供担保。嗣后化工公司以其为股东担保为由，主张担保无效。

有规定的，适用其规定。本案所涉合资企业化工公司属于中外合资经营的有限责任公司，而关于公司能否为其股东提供担保，在《中外合资经营企业法》中并无相应规定，只有《公司法》才有，故本案应适用《公司法》有关规定。药剂厂变更为农药厂后，除使用自己印章，还使用药剂厂印章，且在工商局备案，农药厂以药剂厂名义与银行签订银行承兑协议，不违反法律及行政法规强制性规定，应确认协议有效。化工公司为银行承兑协议担保时工商档案登记中载明的中方股东是药剂厂，与被担保人农药厂不属于同一企业法人。因药剂集团是由药剂厂投资设立的企业法人，而农药厂是由药剂厂变更而来，两者注册资本也不同。化工公司为农药厂担保，不属于为其股东担保，不违反《公司法》、《担保法》规定，为有效担保，故判决驳回化工公司诉讼请求。

3.3

2002商:82

2001

实务要点：目前我国法律尚无规定禁止公司为与其股东有一定投资关系的其他单位债务提供担保。

案例索引：江苏高院（2001）苏民二终字第270号“某化工公司与某银行等借款合同纠纷案”，见《江阴龙灯化工有限公司诉招商银行无锡支行担保合同案》（俞宏雷、赵建聪），载《中国审判案例要览》（2002商事:82）。

对外担保

358 外商独资企业对外担保未经登记的，应当认定无效

——外商独资企业提供的对外担保虽无需逐笔审批，但仍需我国外汇管理机关登记，未经登记的，应认定该担保无效。

法院认为：案涉抵押担保属于《境内机构对外担保管理办法》第2条规定的对外

标签：保证 | 对外担保 | 抵押担保 | 未经登记 | 外商独资企业

案情简介：1998年至2002年，外商独资的广东酒店以其土地和房产为注册在香港的置业公司向香港银行的分期逐笔贷款提供抵押担保，同时经国家外汇管理局审批后，办理了抵押登记手续，并嗣后在当地外汇管理机关为逐笔担保补办了登记手续。

1.1

201406/212:16

2010

3

担保。由于广东酒店系外商独资企业，根据国家外汇管理局颁布的《境内机构对外担保管理办法实施细则》第8条第2款规定，外商独资企业可以自行提供对外担保，无需得到外汇局逐笔批准。但《境内机构对外担保管理办法》第14条第1款明确规定："担保人提供对外担保后，应当到所在地的外汇局办理担保登记手续。"最高人民法院《关于适用〈担保法〉若干问题的解释》第6条第1项明确规定，未经国家有关主管部门批准或者登记对外担保的，对外担保合同无效。按上述规定，外商独资企业提供的对外担保虽无需逐笔审批，但仍需进行登记，否则无效。因本案广东酒店就案涉对外担保合同在当地外汇管理部门补办了登记手续，故抵押担保合同应为有效，香港银行享有优先受偿权。

实务要点：外商独资企业提供的对外担保虽无需逐笔审批，但仍需登记。在审理涉及外商独资企业作为担保人提供的对外担保合同纠纷时，仍应对其提供的对外担保是否在外汇管理机关登记进行审查，未登记的应认定无效。

案例索引：最高人民法院（2010）民四终字第12号"某银行与某酒店等借款合同纠纷案"，见《香港上海汇丰银行有限公司上海分行与景轩大酒店（深圳）有限公司、万轩置业有限公司金融借款合同纠纷案》（审判长张国蓉、审判员任雪峰、宋建立），载《最高人民法院公报·裁判文书选登》（201406/212:16）。

359 规避我国法律禁止性规定的对外担保合同约定无效

——对外担保合同当事人选择争议解决所适用的法律，规避我国强制性或禁止性法律规范的，其约定不发生法律效力。

标签：保证 | 对外担保 | 规避无效

案情简介：1998年，实业公司向香港银行出具《不可撤销担保契约》，对借款人的借款提供保证担保，约定"本担保契约适用香港法律，同时，香港法庭对本担保契约项下一切争议

法院认为：本案为担保合同纠纷，所涉担保系内地的公司作为担保人，为香港公司的外币借款进行担保，该担保属于对外担保。当事人虽在担保契约中约定适用香港法律，但由于香港与我国内地分属不同法域，根据最高人民法院《关于贯彻执行〈民法通则〉若干问题的意见》第194条确立的原则，涉外合同当事人选择法律适用时，不得规避我国强制性或禁止性法律规范。我国内地对于对外担保有强制性的规定，本案担保契约如适用香港法律，显然规避了上述强制性规定，故本案

拥有非专属管辖权”，“如因未办理法律规定的手续导致担保无效，实业公司将承担一切责任”。因借款人破产，香港银行起诉实业公司承担保证责任，实业公司以对外担保未办理相关审批手续为由，主张担保合同无效。

1.1

2005:287

2002

当事人关于担保契约适用香港法律的约定不发生法律效力，本案纠纷应适用我国内地的法律作为准据法。实业公司是为香港公司向香港银行的外币借款进行担保，该担保属对外担保。根据我国内地关于对外担保的有关规定，此类担保应到外汇管理部门办理有关批准登记手续。而本案实业公司出具的担保契约未办理上述手续，根据最高人民法院《关于适用〈担保法〉若干问题的解释》第6条第1项规定，该担保契约应认定无效。对于造成担保契约无效，债权人香港银行同样具有过错。香港银行作为债权人在接受担保时，有义务了解担保人实业公司是否有出具此类担保的资格，出具此类担保是否需由有关部门批准，担保人是否履行了批准手续。如有关担保手续不完备，香港银行有义务督促担保人予以补正，从而取得一份完备有效的担保，使自己的权益得到更好的保障。但本案中在实业公司出具的担保未经有关外汇管理部门批准登记的情况下，香港银行未履行上述其应尽义务而予以接受，故对本案所涉担保契约因缺乏法定审批登记手续而导致无效，实业公司及香港银行均存在过错。即使实业公司承诺如因未办理法律规定的手续导致担保无效，其将承担一切责任，但该承诺应认定无效。如认定实业公司作出的承担一切责任的承诺有效，不仅违反上述规定，且规避了我国关于外汇管理的有关规定，使得债权人在对外担保契约因未经我国外汇管理部门批准登记而无效的情况下，却取得了同担保契约有效时相同的结果，故实业公司上述承诺应认定无效。判决实业公司对主债务人不能清偿的部分承担三分之一的赔偿责任。

实务要点： 对外担保合同的当事人选择解决合同争议所适用的法律，规避了我国的强制性或者禁止性法律规范的，其约定不发生法律效力。担保合同各方当事人对合同无效的后果应认定均存在过错，有过错的担保人应承担相应赔偿责任。

案例索引： 最高人民法院（2002）民四终字第6号“某银行诉某实业公司担保合同纠纷案”，见《中银香港公司诉宏业公司等担保合同纠纷案》（审判长王玧，代理审判员任雪峰、陈纪忠），载《最高人民法院公报·裁判文书选登》（2005:287）。

360 董事会决议被法院认定无效，不影响对外担保效力

——董事会决议为债务人提供担保属公司内部事务，即使决议被法院确认无效，亦不影响其对外形成的法律关系效力。

标签：保证 | 对外担保 | 董事会决议 | 外部效力

案情简介：2004年，科技公司为热电公司向银行贷款提供连带责任保证。嗣后在科技公司股东提起的诉讼中，生效判决确认科技公司股东会、董事会作出对外担保的决议无效。另案生效刑事判决认定科技公司副董事长杨某因该担保事宜收受热电公司行贿款4万元。

法院认为：科技公司召开董事会形成决议，符合公司章程“董事会作出决议，必须经全体董事的过半数通过”规定。根据科技公司对外担保公告中披露，该担保系充分考虑了本企业利益和担保事项可能存在的风险后作出的决定。无证据表明签署董事会决议股东受杨某胁迫，故杨某刑事犯罪并不影响案涉保证合同效力。科技公司为热电公司提供担保出于真实意思表示，该真实意思形成属于公司内部事情，即使董事会和股东会决议被法院确认无效，亦只是在科技公司内部发生效力，不影响其对外形成的法律关系效力。故判决科技公司应承担本案担保责任。

实务要点：公司股东会和董事会决议为债务人提供担保的意思形成属于公司内部事情，即使董事会和股东会决议被法院确认无效，亦只是在公司内部发生效力，不影响其对外形成的法律关系效力。

3

2.6

v.8:443

2012

案例索引：最高人民法院（2012）民二终字第35号“某银行与某科技公司等保证合同纠纷案”，见《公司依法定程序作出的决议不得对抗善意第三人——方大炭素新材料科技股份有限公司与中国农业银行股份有限公司陕县支行、三门峡惠能热点有限责任公司、辽宁方大集团实业有限公司保证合同纠纷案》（审判长付金联，代理审判员李相波、梅芳），载《最高人民法院商事审判指导案例（2012）·合同与借贷担保》（2013:443）。

361 以公司资产为本公司股东以外的法人提供担保有效

——《公司法》关于不得以公司资产为股东提供担保的禁止性条款，并不涉及为本公司股东以外的法人提供担保情形。

标签：保证 | 对外担保 | 本公司股东以外的法人

案情简介：2000年，轮胎公司为贸易公司向银行贷款1000万元提供连带

法院认为：本案保证合同签订于2001年，故根据最高人民法院《关于适用〈公司法〉若干问题的规定（一）》第1条“公司法实施后，人民法院尚未审结的和新受理的民事案件，其民事行为或事件发生在公司法实施以前的，适用当时的法律法规和司法解释”之规定，本案应适用2005

责任保证。轮胎公司后认为贸易公司法定代表人越权担保，且未提供董事会决议等授权文件，属于以公司资产为“其他个人债务提供担保”的情形，应为无效。

年修订的《公司法》。该法第60条第3款规定：“董事、经理不得以公司资产为本公司的股东或者其他个人债务提供担保。”上述条款，并不涉及董事、经理以公司资产为本公司股东以外的法人提供担保的情形。轮胎公司曲解法律条文，将企业法人贸易公司称为“其他个人”，并据此主张保证合同违反上述法律规定应为无效，缺乏法律依据。

2.3

201001/24:91

2010

实务要点： 《公司法》关于董事、经理不得以公司资产为本公司的股东或者其他个人债务提供担保的禁止性条款，并不涉及董事、经理以公司资产为本公司股东以外的法人提供担保的情形。

案例索引： 最高人民法院裁定“某银行与某实业公司借款担保合同纠纷申请再审案”，见《连带保证合同诉讼时效起算的特殊情况——双喜轮胎工业股份有限公司诉光大银行太原分行借款担保合同纠纷申请再审案》（叶阳，最高院立案庭），载《立案工作指导·申诉与申请再审疑案评析》（201001/24:91）。

362 董事会决议明显不符合章程要求的对外担保应无效

——公司对外提供担保，所出具的董事会同意担保的会议决议明显不符合公司章程相关要求的，应认定对外担保无效。

标签： 保证 | 对外担保 | 担保无效

案情简介： 2006年4月，实业公司为科技公司向银行贷款3000万元提供最高额保证担保，由此形成的董事会决议上虽加盖实业公司公章，但签名董事会成员并未达到章程规定的三分之二表决权的要求。

法院认为： 按《公司法》第16条第1款规定，实业公司实施对外担保行为须依公司章程经董事会或股东会、股东大会决议通过。依实业公司章程，本案实业公司提供的董事会会议决议明显不符合章程相关要求，应认定无效。在主合同有效而担保合同无效的情况下，应依据最高人民法院《关于适用〈担保法〉若干问题的解释》第7条规定，结合债权人、担保人的过错责任大小，在主债务人不能清偿债务部分的1/2范围内认定担保人承担赔偿责任。

3.1

201401/87:243

2012

实务要点： 公司对外提供担保，所出具的董事会决议不符合章程相关要求的，应认定对外担保无效。在主合同有效而担保合同无效的情况下，应依据最高人民法院《关于适用〈担保法〉若干问题的解释》第7条规定，结合债权人、担保人的过错责任大小，在主债务人不能清偿债务部分的1/2范围内认定担保人承担赔偿责任。

案例索引： 广东高院（2012）粤高法民二终字第19号“某资产公司与某科技公司等借款合同纠纷案”，见《中国信达资产管理股份有限公司深圳市分公司诉深圳市赛臣软件科技有限公司、江西省翠林山庄有限公司等借款合同纠纷案——公司未经董事会或股东会决议通过而为他人提供担保的效力及其责任的认定》（张磊，广东高院），载《人民法院案例选》（201401/87:243）。

363 公司同意对外担保的股东会决议上签名真伪的问题

——担保债权人已对保证人股东会决议作形式审查情况下，决议上股东签字或盖章实质上是否真实已不影响担保效力。

标签： 保证 | 对外担保 | 股东会决议 | 形式审查 | 鉴定申请

案情简介： 2006年，建筑公司为物资公司向银行贷款200万元提供连带责任保证。嗣后，建筑公司认为该担保违反公司章程规定，亦未得到股东会或董事会同意，系无效担保。同时，建筑公司申请对银行提交的股东会决议上印鉴、签名的真伪进行鉴定。

法院认为： 依《公司法》规定，公司向其他企业投资或为他人提供担保，依公司章程规定，由董事会或股东会、股东大会决议。案涉保证合同由建筑公司盖章及法定代表人签名，签订保证合同时银行亦获得建筑公司相关股东会决议，已从形式上满足了《公司法》前述规定。在无证据证明银行订立保证合同时知道或应当知道建筑公司的法定代表人的这一代表行为系越权行为，该代表行为应认定有效。即使对银行提交的建筑公司股东会决议进行鉴定，且鉴定后反映建筑公司股东会决议上的印鉴、签名不真实，亦不影响建筑公司提供担保的效力，故法院认为对建筑公司申请对决议上印鉴、签名真伪作鉴定已无必要，判决物资公司偿还银行借款200万元及利息，建筑公司承担连带清偿责任。

3

3.3

2009商:203

2008

实务要点： 在担保债权人既对保证合同中保证人的公章及法定代表人签字真实性进行实质审查，又对保证人股东会决议进行了形式审查情况下，股东会决议上股东签字或盖章实质上是否真实已不具有对抗担保债权人的效力。

案例索引： 上海二中院（2008）沪二中民三（商）终字第182号“某银行与某建筑公司等担保纠纷案”，见《上海农村商业银行股份有限公司吴淞支行诉上海创宏建筑材料有限公司等公司对外担保案（公司对外担保法律效力的认定）》（杨喆明），载《中国审判案例要览》（2009商事:203）。

364 债权人对担保人同意担保的股东会决议作形式审查

——不管公司对外担保决定权如何分配，相对人对担保意思表示是否符合担保人内部权力分配的审查应限于形式审查。

标签：保证 | 对外担保 | 章程未约定 | 形式审查

法院认为：《公司法》第16条第1款并非强制性条款，当章程就公司为股东和实际控制人以外的人提供担保未予规定时，法院首先要根据不同案情判断涉诉担保的决定权系授予董事会还是股东会，进而认定担保行为的效力。公司担保行为本质上属经营行为，当不具有负外部风险性时，担保决定权自然授予董事会；当担保行为产生负外部性风险时，则该担保决定权应复归于股东会。即使担保决定权属于股东会，债权人对担保人提供的同意担保的股东会决议只负形式审查之责。本案保证合同签订前，银行取得建筑公司同意担保的股东会决议，已从形式上满足了我国《公司法》对外担保的有关规定，即使该股东会决议上的股东印鉴、签名不真实，亦不影响担保效力，故鉴定已无必要，判决建筑公司为物资公司偿还银行借款本息承担连带责任。

案情简介：2006年，建筑公司为物资公司向银行贷款200万元提供连带保证责任，并提供了股东会出具的同意担保的决议。建筑公司章程并未规定对外担保事宜表决机构。

3.4

200914:81

2008

实务要点：不管公司对外担保决定权属于股东会或董事会，交易相对人对于担保意思表示是否符合担保人内部权力分配的审查应仅限于形式审查。

案例索引：上海二中院（2008）沪二中民三（商）终字第182号"上海农村商业银行股份有限公司吴淞支行与上海创宏建筑材料有限公司、上海宝艺钢铁物资有限公司借款合同纠纷案"，见《公司对外担保法律效力的司法认定》（徐子良），载《人民司法·案例》（200914:81）。

365 对外担保展期未经外汇管理局批准和登记，应无效

——对外担保虽经国家有关主管部门批准或登记，但嗣后多次展期且继续担保未到外管局办理担保登记，应认定无效。

标签：保证 | 对外担保 | 抵押 | 抵押设立 | 批准和登记

法院认为：石油公司所作还款担保系真实意思表示，且根据规定办理了相关批准和登记手续，应为合法有效。银行与房产公司在签订贷款协议后，对贷款协议书中的还款期限多次进行展期，银行与石油公司就展期后的担保事宜签订了补充协议，但该补充协议未经外汇管理局批准和登记，该补充协议依法应为无效。鉴于银行与石油公司在外管局批准的

案情简介：1997年，房产公司向日本银行借款，并以其房地产作抵押，同时就该借款向外管局做了外债登记，

石油公司为该借款提供担保，亦向外管局做了对外担保登记。后房产公司经银行同意，多次展期，石油公司亦同意继续担保，但未到外管局办理担保登记。

1年的担保期限后才签订补充协议，且在贷款协议展期后，未及时办理审批手续，对担保合同无效结果，银行与石油公司均有过错，故石油公司应对房产公司不能清偿债务部分承担50%的赔偿责任。判决房产公司偿还借款本息，未清偿时，银行有权以其抵押物优先受偿，不足部分由石油公司承担50%责任。

3.1

2004商:260

2004

实务要点：对外担保展期未经国家有关主管部门批准或者登记的，对外担保合同无效。

案例索引：上海高院判决“某银行与某房产公司等借款担保合同纠纷案”，见《东亚银行上海分行诉上海纪盛房产发展有限公司等外汇借款合同对外担保案》（贾沁鸥），载《人民法院案例选》（2004/商事·知识产权专辑:260）。

3

涉外担保

366 国家机关可作保证人，为使用外贷提供政策性担保

——国家机关可作为保证人为使用外贷提供政策性担保。该机关被撤销后，承接管理职能的部门应继续承担保证责任。

标签：保证 | 涉外担保 | 担保主体 | 国家机关 | 政策性担保

案情简介：1988年，市纺织局为毛巾厂使用世界银行贷款向国内转贷银行提供保函。2001年，纺织局被撤销，相关职能由市经委、财政局承担。银

法院认为：纺织局提供的外汇担保属于为使用外国贷款而转贷的政策性担保。根据国家相关行政法规及政策规定，纺织局被撤销后，承接其管理职能的市经委、财政局应继续承担保证责任，故判决市经委、财政局对毛巾厂所欠银行的贷款承担连带清偿责任。

行诉请市经委、财政局为毛巾厂贷款承担担保责任。

实务要点： 经国务院批准为使用外国政府或国际经济组织贷款进行转贷的，国家机关可以为保证人。作为保证人的国家机关被撤销后，承接其管理职能的部门应继续承担保证责任。

2.1

201001/21:110

2.7

2010:199

2010

案例索引： 最高人民法院判决“某银行与某经贸委等借款担保合同纠纷案”，见《国家机关为地方政府使用的外国政府及国际组织的贷款提供担保之效力认定和责任承担——中国光大银行沈阳分行与沈阳市经济贸易委员会等单位借款担保合同纠纷案》（王宪森，最高院民二庭），载《商事审判指导·案例分析》（201001/21:110）；另载《最高人民法院商事审判裁判规范与案例指导·案例指导》（2010:199）。

367 借用外国政府贷款未清偿企业，不能进入破产程序

——借用外国政府贷款未偿或未落实债务企业，不能进入破产程序，即便已进入或完成破产程序，亦不因此消灭债权。

标签： 保证 | 涉外担保 | 借款合同 | 涉外 | 不良资产 | 破产 | 破产条件

案情简介： 1992年，财政厅为水泥厂向银行借用外国政府贷款提供保证担保。2000年，银行将该不良金融债权转让给资产公司。2002年，在水泥厂被法院裁定破产还债程序中，市政府和法院分别向银行出具了偿还借用外国政府贷款的承诺函和偿还说明，由破产重组后的水泥公司从上缴地方政府的税金中逐年偿还，直至债权还清为止；市政府无能力偿还借款，则由担保单位偿还。2003年3月，法院裁定终结破产程序。2003年8月，资产公司起诉财政厅要求承担担保责任。

法院认为： 最高人民法院《关于当前人民法院审理企业破产案件应当注意的几个问题的通知》（法发〔1997〕2号）第3条规定：“借用外国政府贷款或转贷款偿还任务尚未落实的国有工业企业，暂不受理其破产申请。”最高人民法院《关于贯彻执行法发〔1997〕2号文件第三条应注意的问题的通知》（法函〔1998〕74号）规定：“第三条解决的是我国政府向世界银行、亚洲开发银行或外国政府贷款，尔后转贷给国有工业企业项目单位的破产申请处置问题。因其属于政府外债，其借入和转贷过程均为政府行为，由政府承担最终还款责任，故不论项目单位是何种性质的企业，在偿还此类贷款任务尚未落实前，人民法院均暂不受理其破产申请，也暂不受理债权人申请其破产的案件。”根据上述规定，借用外国政府贷款未偿还或未落实债务的企业，不能进入破产程序，即便已经进入或者完成破产程序，也不因此而消灭该债权。水泥厂破产案件审理中，市政府和法院分别向银行出具的承诺函和偿还说明，并未消灭资产公司对水泥厂的债权和对财政厅的担保债权。首先，2000年6月，银行将部分转贷外国政府贷款的债权转移给资产公司并已经履行了通知义务，资产公司也分别向主债务人水泥厂和财政厅催收债权。故资产公司和银行共同是转贷外国政府贷款的债权人，但市政府偿还水泥厂借用外国政府贷款债务的承诺并未向资产公司作出，使资产公司的债权因水泥厂破产可能落空。其次，由地方政府承

2.1

200502/8:235

2.6

v.2:390

2004

3

诺原借款企业不再承担偿还义务而从重组后企业上缴地方的税金中逐年偿还的行为，本质是债务转移。根据《合同法》第84条规定，水泥厂转移该债务时，应当征得资产公司同意或认可，否则地方政府单方面转移破产企业债务的行为无效。再次，虽然市政府承诺以重组后企业逐年上缴的地方税金来偿还外国政府贷款形成的债务，但没有对偿还的具体金额、期限以及担保偿还的内容作出承诺，实际难以执行。故资产公司仍然有权向原债务人水泥厂和保证人财政厅追偿其受让的债权。

实务要点： 借用外国政府贷款未偿还或未落实债务的企业，不能进入破产程序，即便已进入或完成破产程序，亦不因此消灭该债权。

案例索引： 最高人民法院（2004）民二终字第84号“某资产公司与某财政厅借款担保合同纠纷案”，见《中国东方资产管理公司兰州办事处与宁夏回族自治区财政厅借款担保合同纠纷上诉案》（审判长周帆，代理审判员贾纬、沙玲），载《民商事审判指导·判决书选登》（200502/8:235）；另见《我国政府利用外国政府等贷款为地方国有企业进行技术改造或项目建设，地方政府提供担保的，其担保责任不能因地方国有企业破产而免除》，载《最高人民法院商事审判指导案例·借款担保卷（上）》（2011:390）。

368 财政局未经批准，为国际商业贷款担保，应为无效

——企业间名为合作实为国际商业贷款的合同被认定无效后，约定承担连带保证责任的政府机关应承担过错赔偿责任。

标签： 保证 | 涉外担保 | 担保主体 | 国际商业贷款合同 | 国家机关

案情简介： 1995年6月，技术公司与新加坡人杨某就娱乐城装修与经营，签订合作协议，约定杨某投入1000万元，不参与经营和管理，技术公司分期偿还资金。银行和财政局分别提供了连带责任保证。

法院认为： 案涉协议名为合作实为借贷，应为无效。银行作为国家金融机构，知道或应知道主合同无效而提供担保；财政局作为国家机关依法不应为企业提供担保，且应知道境内企业借用国际商业贷款须经批准，但仍为无效的借款协议提供担保，应各自承担相应的过错责任。

实务要点： 企业之间名为合作实为国际商业贷款的合同被认定无效后，约定承担连带保证责任的金融机构、政府机关应对主合同无效承担相应的过错赔偿责任。

2.2

200102/6:230

2001

案例索引： 最高人民法院判决“某银行与某财政局等借款合同纠纷案”，见《泰兴市财政局与杨家德、中国江苏国际经济合作公司泰兴分公司、中国建设银行泰兴市支行借贷纠纷上诉案——名为合作实为国际商业贷款纠纷的处理》（于晓白），载《民事审判指导与参考·最高人民法院二审案件解析》（200102/6:230）。

369 未经国家有关主管部门批准或登记，对外担保无效

——境内非金融机构为境外机构担保，可认定属于对外担保范畴，未经依法审批的，该对外担保合同应被认定为无效。

标签： 保证 | 涉外担保 | 未经批准

案情简介： 1994年，实业公司为位于香港的投资公司向银行贷款提供连带责任保证，该担保未经外汇管理部门审批。2007年，银行起诉实业公司承担担保责任。

法院认为： 实业公司为内地企业，投资公司为香港法人，实业公司为投资公司对外借款提供保证，该保证性质上属于对外担保。根据国家外汇管理局1987年8月27日《外债统计监测暂行规定》和1991年9月26日《境内机构对外担保外汇管理办法》规定，我国对对外担保作出了限制，即境内机构对外提供担保应经我国外汇管理部门的审批和登记。最高人民法院《关于适用〈担保法〉若干问题的解释》第6条第1项规定，未经国家有关主管部门批准或者登记对外担保的，对外担保无效。本案对外担保未经批准，故应无效。银行接受担保时，未履行相关义务而予接受，对造成本案担保合同无效，应就其过错承担相应责任，判决实业公司在投资公司不能清偿部分的1/2范围内承担赔偿责任。

3.4

200916:34

2007

实务要点： 境内非金融机构为境外机构担保可能导致外债的产生并影响到我国外汇储备和国际收支平衡时，可认定该担保属于对外担保范畴，未经依法审批的，该对外担保合同应被认定无效。

案例索引： 广东珠海中院（2007）珠中法民四初字第7号“中国银行（香港）有限公司与广东省珠海经济特区发展公司等担保合同纠纷案”，见《对外担保合同的法律效力》（贺晓翊），载《人民司法·案例》（200916:34）。

370 对外担保约定适用国外法律，违反法律强制性规定

——涉外合同当事人选择适用法律规避我国关于对外担保强制性或禁止性规定应为无效，担保人应承担缔约过失责任。

标签： 保证 | 涉外担保 | 管辖 | 规避条款 | 法律适用 | 准据法

法院认为： 我国内地对于对外担保有强制性规定，本案《不可撤销担保书》纠纷如适用香港法律，显然规避了上述

案情简介：1994年，香港银行为实业公司贷款，电力公司向香港银行出具《不可撤销担保书》，为实业公司提供独立担保，并约定适用香港法律管辖。因实业公司未清偿贷款，香港银行发送律师函主张保证责任时均超过四年。因追索未果，香港银行提起诉讼向电力公司主张担保责任。

强制性规定，故本案担保书纠纷应以我国内地法律为准据法。电力公司明知自己无对外担保资格，亦未办理对外担保的审批和登记手续，对担保合同无效存在明显过错，银行作为金融机构对电力公司担保资格未经审查，便同意其为实业公司提供担保，对无效担保亦有明显过错，应承担过错责任。保证合同无效，有关保证期间的约定当然无效，本案担保书纠纷适用我国内地法律作为准据法，诉讼时效仍适用我国内地法律，因银行发律师函要求履行保证责任，两次主张权利时间间隔达四年之多，已超过我国《民法通则》规定的两年诉讼时效，故丧失胜诉权。

3.1

200601/55:262

2005

3

实务要点：涉外合同当事人选择法律适用时，不得规避我国强制性或禁止性法律规范，否则无效。《境内机构对外担保管理办法》和《境内机构对外担保管理办法实施细则》在对外担保上的管理和限制形成的经济秩序，构成社会经济秩序的一部分，部门规章所保护的利益，亦构成社会公共利益的一部分。保证合同无效，担保人当然不再承担保证合同所载明的担保责任，但担保人要根据相应的过错承担缔约过失责任。

案例索引：福建高院（2005）闽民终字第180号“某银行与某电力公司等担保合同纠纷案”，见《中国银行（香港）有限公司诉福建省龙海市电力公司、福建省龙海市人民政府担保合同纠纷案》（曹发贵），载《人民法院案例选》（200601/55:262）。

371 国家机关对外担保适用域外法的规避约定，应无效

——国家机关以担保人名义进行担保且担保合同未经外汇管理部门批准的，该行为不发生适用约定的域外法律的效力。

标签：保证 | 涉外担保 | 管辖 | 规避条款 | 适用法律 | 国家机关

案情简介：1998年，外贸厅为贸易公司向香港银行贷款提供担保，约定“受香港法律管辖及按香港法律阐释”。因逾期未偿，香港银行在香港法院起诉，终因贸易公司清盘而未获清偿，遂诉外贸厅要求承担担保责任。

法院认为：政府担保具有特定含义和特指范围，与本案担保无涉，外贸厅就其主张亦仅以香港有关法例及专家著说阐发意见，双方均未提出证明有关贷款及担保方面的香港成文法和判例，所证实问题无法采纳。最高人民法院《关于贯彻执行〈民法通则〉若干问题的意见（试行）》第194条规定：当事人规避我国强制性或禁止性法律规范的行为，不发生适用外国法律的效力。本案合同双方虽约定“受香港法律管辖及按香港法律阐释”，但境内机构对外提供担保须经外汇管理机关批准和登记是内地法律的强制性规定，且内地法律禁止国家机关担任保证

3.3

2004商:83

2003

人。就本案而言，担保合同未经外汇管理部门批准及外贸厅作为国家机关以担保人名义进行担保，该行为规避了我国强制性和禁止性法律规范，故不发生适用香港法律的效力。鉴于外贸厅于1998年再次承诺担保持续有效，本案应适用我国《担保法》及其司法解释规定。按《担保法》规定，本案担保法无效，究其原因，外贸厅在担保书中表明完成所有授权，实际并未办理相关手续。香港银行理应知晓境内机构对外担保的规定却疏于查证，且双方对国家机关无权提供担保的规定是明知或应知的，此种情形下仍提供担保和接受担保，造成合同无效，双方均有过错，按照《担保法》司法解释规定，判决外贸厅对贸易公司不能清偿部分债务承担1/2的赔偿责任。

实务要点： 担保合同未经外汇管理部门批准及国家机关以担保人名义进行担保，该行为规避了我国强制性和禁止性法律规范，故不发生适用约定的域外法律的效力。担保人与债权人对合同无效均有过错的，担保人应在主债务人不能清偿债务范围内承担二分之一的赔偿责任。

案例索引： 青海高院（2003）青民三终字第3号“某银行与某外贸厅等借款担保合同纠纷案”，见《中国银行（香港）有限公司诉青海省对外贸易经济合作厅借款担保合同案（涉外法律适用）》（班玛吉），载《中国审判案例要览》（2004商事:83）。

372 公民个人对外担保，只要债权人接受即具法律效力

——人民银行《境内机构对外担保管理办法》及其实施细则对对外担保的主体及程序规定针对境内机构而非公民个人。

标签： 保证 | 涉外担保 | 管辖 | 规避条款 | 涉港澳案 | 公民个人

案情简介： 2000年，孙某为开发公司向香港银行的抵押贷款另行提供《担保函》，承诺提供连带责任保证，并约定“本担保函适用香港法律”。2个月后，香港银行与孙某又签订《担保合同》，约定孙某承担连带责任保证，双方签字或盖章“并经公证处公

法院认为： 中国人民银行《境内机构对外担保管理办法》及其实施细则对对外担保的主体及程序规定，系针对境内机构的，并不构成对公民个人担保的法律限制。公民个人出具的担保，只要债权人接受，即具有法律效力，故案涉《担保函》有效。《担保合同》约定合同需公证生效，由于未经公证，故合同未生效。本案银行未根据《担保合同》而是根据《担保函》要求孙某承担担保责任。当事人并未约定《担保合同》签订将取代《担保函》，两者相互独立。《担保合同》未生效并不影响《担保函》效力，故孙某是否承担担保责任应根据《担保函》来确定。因一方系香港银行，双方因合同引起的纠纷属于涉外合同纠纷，当事

证后合同生效"，但双方未办理公证。2003年，因开发公司逾期未偿还贷款，香港银行在孙某所在地法院起诉。

3.3

2004商:77

2001

人可选择与争议有实际联系地点的法院管辖。《担保函》关于管辖的约定并未排除中华人民共和国法院管辖，孙某亦未在答辩期内提出管辖权异议，故孙某住所地法院，对该《担保函》引起的纠纷具有管辖权。依《担保函》约定，发生争议应适用香港法律，根据香港法院对担保的判例，孙某不能免除担保责任，故判决开发公司偿还银行贷款本息，银行对抵押物享有优先受偿权，不足清偿部分，孙某承担连带清偿责任。

实务要点： 中国人民银行《境内机构对外担保管理办法》及其实施细则对对外担保的主体及程序规定，系针对境内机构的，对公民个人对外担保不构成法律限制，故公民个人出具的担保，只要债权人接受，即具有法律效力。

案例索引： 上海高院（2001）沪高经初字第4号"某银行与某开发公司等借款合同纠纷案"，见《东亚银行有限公司上海分行诉上海新弘业房地产发展有限公司等借款合同案（保函）》（宋向今），载《中国审判案例要览》（2004商事:77）。

3

373 香港银行分支机构所签借款合同的法律适用与管辖

——香港银行分支机构所签借款合同未排除内地法院管辖，但约定适用香港法律的，内地法院可受理并适用香港法律。

标签： 保证 | 涉外担保 | 借款合同 | 涉外 | 法律适用 | 香港法律

案情简介： 1997年，贸易公司与香港银行在内地的分支机构签订贸易筹资一般性协议，并出具信贷同意书等手续，陈某提供连带责任保证，借款担保协议约定适用香港法律。因逾期未偿，香港银行在贸易公司所在地法院起诉。

法院认为： 香港银行与贸易公司及陈某约定选择香港法律作为处理本案合同争议所适用的法律，符合我国《民法通则》有关规定，应予准许，故本案应适用香港法律。香港银行与贸易公司所签贸易筹资一般性协议、信贷同意书等手续，系双方当事人真实意思表示，与香港《银行业条例》有关放债业务的限制及过高利率之禁止性规定不悖，故上述协议及同意书等合法有效，对当事人各方均具有约束力。判决贸易公司偿还香港银行借款本息，陈某承担连带清偿责任。

实务要点： 当事人与香港金融机构设立在内地的分支机构签订的借款担保合同约定未排除内地法院管辖，但约定适用香港法律的，内地法院可受理并应适用香港法律。

3.3

2002商:123

2000

案例索引： 福建厦门湖里区法院（2000）湖经初字第0723号“某银行与某贸易公司等借款合同纠纷案”，见《香港上海汇丰银行有限公司厦门分行诉厦门象屿崇理国际贸易有限公司等借款合同案》（侯春盛、游国权），载《中国审判案例要览》（2002商事:123）。

I

独立担保

374 独立担保不适用于国内经济活动，否则该约定无效

——在国内经济活动中，对担保合同的效力仍采用从属性原则，主合同无效担保合同亦无效，独立担保的约定应无效。

标签： 保证 | 独立担保 | 国内经济活动 | 从属性 | 无效担保

案情简介： 2004年，实业公司与物流公司签订《车辆挂靠协议》，约定实业公司出资1000万元购买30辆货车，挂靠在物流公司。同日，双方同意挂靠车辆由货运公司承包，承包费共计247万余元。同日，实业公司与物流公司又签订《车辆回购协议》，约定物流公司分期回购前述车辆。担保公司为该回购款支付提供连带责任保证，约定“担保付款的责任不因保证合同担保的主合同无效而免除”。

法院认为： 案涉系列合同与协议实质是约定实业公司借款1000万元给物流公司，并以承包费名义从物流公司关联企业获取高额利息，系企业间借贷，因违反有关金融法规，应确认无效。案涉保证条款系当事人对担保合同效力独立于主合同所作的特别约定，构成独立担保。但在目前，在涉外经济、贸易、金融等国际活动中，按当事人约定，担保合同效力可独立于主合同。在国内经济活动中，对担保合同的效力仍采用从属性原则，主合同无效担保合同亦无效，当事人的约定不具有法律约束力。故本案应依《担保法》第5条第1款“担保合同是主合同的从合同，主合同无效，担保合同无效”的规定，认定本案中保证合同无效。担保公司明知主合同无效仍为之提供担保，存在过错，依法应在不超过物流公司不能清偿部分的三分之一份额内承担赔偿责任。

实务要点： 当事人在保证合同中承诺“担保付款的责任不因保证合同担保的主合同无效而免除”，但在目前，在国内经济

2.8

2011:371

2011

活动中，对担保合同的效力仍采用从属性原则，主合同无效担保合同也无效，当事人的约定不具有法律约束力。

案例索引： 上海二中院再审“某物流公司与某担保公司等担保合同纠纷案”，见《保证合同中的独立担保条款在国内经济纠纷中应为无效——上海福星实业有限公司与上海盛大物流有限公司、上海新华担保有限公司企业之间借款纠纷案》（顾文怡，上海二中院），载《全国法院再审典型案例评注（上）》（2011:371）。

375 合同特别约定不免责独立担保条款，并非当然无效

——判断是否构成独立担保，不能一概而论。合同特别约定变更必要条款不免除保证责任的，法官应尊重当事人意思。

标签：保证 | 独立担保 | 国内独立担保 | 特别约定保证条款

3

案情简介： 1999年9月，投资公司就城建公司向银行贷款1亿元提供连带责任保证，特别约定：“除贷款人和借款人提高约定的最高借款限额，以及进行货币互换、调期、展期、宣布借款提前到期等情况之外，对借款合同的任何修改、补充和变更均不影响保证人履行本合同项下的义务，并无需征得保证人同意。”借款到期后，银行依据城建公司指示，将城建公司设在银行专用还款账户的1.3亿余元扣划用于归还案外人建筑公司的银行贷款，投资公司据此主张免责，银行主张依特别约定的担保条款要求投资公司承担担保责任。两审均认为银行划款行为加重了担保人责任，投资公司应免责。银行向最高人民法院申请再审。

法院认为： 判断是否构成独立担保，不能一概而论。特别是对国内“无条件”担保条款约定，如存在对独立担保的争议，应运用合同解释方式进行解释。本案债权人银行与担保人投资公司所签保证合同约定体现出的当事人意思，应理解为：保证人承诺主合同之债的附条件变更，不构成担保人免除担保责任的原因，担保人在符合上述意思自治的约定时仍应承担担保责任。故案涉保证内容即为特别约定的保证条款，性质上是相对不附属于主合同的独立担保条款。一般而言，合同必要条款的变更会影响保证人利益，非必要条款的变更不至于影响保证人利益。合同变更应以变更结果对保证人实际影响为标准，以判断保证人应承担的保证责任。债权人与债务人履行行为的变更如损害了担保人利益，保证人可依《担保法》司法解释第30条规定，就加重部分免除保证责任。合同特别条款约定变更必要条款不能免除保证责任的，法官应尊重当事人意思自治。本案中，银行将城建公司划入系争账户内款项用于代案外人归还其他借款，因本案关于还款方式变更，是否属于主合同必要条款变更的事实有待进一步查证，故应予再审。

实务要点： 判断是否构成独立担保，不能一概而论。特别是对国内的“无条件”担保条款约定，如果存在对独立担保的争议，应运用合同解释方式进行解释。合同特别条款约定变更必要条款不能免除保证责任的，法官应尊重当事人的意思自治。

2.3 **案例索引：** 最高人民法院裁定“某资产公司与某投资公司等借款担保合同纠纷申请再审案”，见《〈保证合同〉中有关“特别约定”的认定——某信达资产管理公司与某城建公司、某建设投资公司借款及担保合同纠纷申诉案》（宁晟，最高院立案庭），载《立案工作指导·申诉与申请再审疑案评析》（201001/24:82）。

201001/24:82

2010

376 保证合同中独立担保条款无效不影响保证责任承担

——保证合同中独立担保条款无效不影响主合同效力。在主合同有效情况下，保证人仍应承担有效的从属性担保责任。

标签： 保证 | 独立担保 | 国内市场交易 | 从属性 | 有效担保

案情简介： 2004年，养殖公司为制塑公司向银行借款2000万元提供连带责任保证。保证合同约定“本合同的效力独立于主合同，不因主合同的无效而无效”。

法院认为： 案涉保证合同约定争议内容，依《担保法》第5条规定，明显属于独立担保条款。最高人民法院审判实务已明确表明：考虑到独立担保责任的异常严厉性，及适用该制度可能产生欺诈和滥用权利的弊端，尤其是为了避免严重影响或动摇我国担保法律制度体系的基础，独立担保只能在国际商事交易中使用，不能在国内市场交易中运用。故本案所涉保证合同中独立担保条款无效。但应看到，最高人民法院否定独立担保在国内交易市场中运用之目的，在于维护《担保法》第5条第1款所规定的我国担保制度的从属性规则，故不能在否定担保独立性同时，亦否定担保从属性。尽管养殖公司可因本案所涉保证合同中独立担保条款无效而免除独立担保责任，但因本案主合同即借款合同有效，故保证人仍应承担从属性担保责任即连带保证责任。

2.6

v.2:441

2007

实务要点： 独立担保只能在国际商事交易中使用，不能在国内市场交易中运用。保证合同中独立担保条款无效，不影响主合同的效力。在主合同有效情况下，保证人仍应承担依约有效的从属性担保责任即连带保证责任。

案例索引： 最高人民法院（2007）民二终字第117号“某银行与某实业公司等借款担保合同纠纷案”，见《独立担保条款效力的认定——湖南洞庭水殖股份有限公司与中国光大银行长沙华顺支行、湖南嘉瑞新材料集团股份有限公司、长沙新振升集团有限公司借款担保合同纠纷案》（审判长叶小青，审判员陈明焰，代理审判员王闯），载《最高人民法院商事审判指导案例·借款担保卷（上）》（2011:441）。

377 独立担保合同因主合同无效而无效后赔偿责任承担

——典当企业出借款项未依法设定抵押或质押，违反典当企业"不得从事信用贷款"的禁止性规定，依法应认定无效。

标签： 保证 | 独立担保 | 典当 | 合同效力 | 从属性 | 效力

案情简介： 2009年，实业公司为文具公司向典当公司借款900万元提供担保，特别约定"担保合同效力独立于主合同，主合同全部或部分无效，不影响合同效力"。

法院认为： 本案典当企业出借款项未依法设定抵押，且未及时办理抵押系因当事人过错导致，借贷行为性质属于违反《典当管理办法》关于典当企业"不得从事信用贷款"规定的非法金融活动，依法应认定无效。鉴于独立担保彻底颠覆了经典的担保权从属性规则，并由此产生异常严厉的担保责任，目前独立担保只能在国际商事交易中适用，对国内担保合同作出如此约定，应以无效来认定。保证合同因主合同无效而无效，保证人实业公司应承担文具公司不能清偿部分的三分之一的责任。故判决文具公司归还典当公司借款900万元及利息，实业公司对上述债务不能清偿部分承担三分之一赔偿责任。

3.6

201101/13:63

3

2010

实务要点： 典当企业出借款项未依法设定抵押或质押，且未及时办理抵押系因当事人过错导致，借贷行为性质属于违反《典当管理办法》关于典当企业"不得从事信用贷款"规定的非法金融活动，依法应认定无效。

案例索引： 江苏高院（2010）苏商终字第0083号"某典当公司与某实业公司等典当合同纠纷案"，见《常州银信典当公司诉常州菲尼克斯公司等典当合同纠纷案》，载《江苏省高级人民法院公报》（201101/13:63）。

378 债务人抵押担保与第三人抵押及保证担保混合情形

——在债务人与第三人抵押责任、保证人连带保证责任并存情况下，保证人约定的独立担保应转化为从属性连带保证。

标签： 保证 | 独立担保 | 物保与人保 | 抵押 | 混合担保 | 清偿顺序

案情简介： 2005年，实业公司向银行抵押贷款，同时羊绒公司提供抵押担保，担保公司与银行签订《最高额保证合同》，约定"本保证合同为独立性担保"，"保证人在此承诺，不以债

法院认为： 担保公司与银行所签最高额保证合同约定保证合同与主合同关系为"本保证合同为独立性担保"。由于独立担保仅适用于国际商事交易领域，不适用于国内经济活动，故对该担保的独立性应予否定，但在银行与实业公司所签借款主合同有效前提下，其应转化为有效的从属性连带保证，即担保公司应承担相应的保证责任。由于本案存在同一债权既有保证又有物的担保情形，合同中虽约定了"保证人在此承诺，不以债权人首先行使主合同项下的担保物权作为其履行保证责任

权人首先行使主合同项下的担保物权作为其履行保证责任的前提”。因实业公司逾期未偿致诉。

3.3

2008商:59

2007

的前提”，但根据《担保法》第28条第1款规定，“同一债权既有保证又有物的担保的，保证人对物的担保以外的债权承担保证责任。”可见，《担保法》并未赋予当事人以约定改变法定清偿范围的权利，故担保公司应承担物的担保之外的连带担保责任。判决实业公司偿还银行借款本息，实业公司以其抵押财产向银行承担抵押担保还款责任，羊绒公司以其抵押财产向银行承担抵押担保还款责任，担保公司就实业公司给付义务对银行承担实业公司、羊绒公司所抵押的物的担保之外的连带清偿责任。

实务要点： 在债务人抵押责任、第三人抵押责任、保证人连带保证责任并存情况下，保证人虽约定承担独立担保责任的，亦应按《担保法》相关规定，将独立保证转化为有效的从属性连带保证，并在优先以物的担保实现债权后，就不足清偿部分，由保证人承担连带清偿责任。

案例索引： 内蒙古巴彦淖尔中院（2007）巴民二初字第34号“某银行与某纺织公司等借款担保合同纠纷案”，见《中国银行股份有限公司巴彦淖尔市分行诉维信深喜（临河）绒毛纺织有限公司等借款担保合同案》（刘伟艳），载《中国审判案例要览》（2008商事:59）。

379 委托人无权以违约为由要求扣留独立保函项下款项

——见索即付保函独立于基础交易，只要没有受益人欺诈的确凿证据，或适用法律允许的其他理由，担保人无权拒付。

标签：保证 | 独立担保 | 违约责任 | 责任承担 | 独立保函

案情简介： 2004年，为履行代理技术进口合同，西班牙公司向西班牙银行申请开具以国贸公司为受益人的见索即付银行保函。随后，因西班牙公司以国贸公司违约为由提出终止合同，国贸公司遂以西班牙公司违约为由向西班牙银行请求支付独立保函项下款项，遭拒。2005年，西班牙公司起诉，

法院认为： 根据国际商会《见索即付保函统一规则》，该类保函系抽象的付款承诺，只要受益人未表示拒绝，保函一经开立，该承诺即具有约束力，故该保函独立于基础交易，担保人与基础合同无关，只要没有受益人欺诈的确凿证据或法律允许的其他拒付理由，担保人无权拒付，委托人亦无权就受益人是否实际违约而要求扣留保函项下的应赔付款项。本案系见索即付保函纠纷，而非技术开发合同纠纷。国贸公司以书面方式向西班牙银行声明西班牙公司未能履行其在技术开发合同中的义务并索付预付款，符合保函内容要求，国贸公司无需提供西班牙公司确实违约的确凿证据，故西班牙公司请求确认国贸公司在保函项下的书面申请行为构成违约和无效的诉请，无事实和法律依据，故判决驳回。

请求确认国贸公司在保函项下的申请行为构成违约和无效。

实务要点： 见索即付保函独立于基础交易，只要没有受益人欺诈的确凿证据或法律允许的其他拒付理由，担保人无权拒付，委托人亦无权就受益人是否实际违约而要求扣留保函项下的应赔付款项。

3.4

200912:90

2007

案例索引： 浙江高院（2007）浙民三终字第6号“西班牙瑞克·李普萨有限公司与中国宁波国际合作有限责任公司担保纠纷案”，见《见索即付保函合同纠纷案审理后的思考》（高毅龙），载《人民司法·案例》（200912:90）。

380 见索即付保函与反担保函及基础交易各自相互独立

——见索即付保函独立于基础交易，反担保函亦独立于保函，故保函金额的相应减少并不导致反担保函金额相应减少。

标签： 保证 | 独立担保 | 见索即付 | 反担保函 | 金额减少

3

案情简介： 2002年，进出口银行根据技术公司申请，向埃及银行出具履约保函和预付款保函，数据公司为上述担保函提供反担保。2004年，经技术公司申请，进出口银行要求，埃及银行决定对预付款保函予以30万埃镑的减额。在进出口银行依埃及银行请求承担独立保函的赔付责任后，向技术公司和数据公司追偿保函项下垫款69万余美元。诉讼中，当事人对进出口银行在开立保函及赔付等业务中适用《见索即付保函统一规则（URDG458）》不持异议，技术公司提出付款保函金额应自动按比例扣减。

法院认为： 鉴于《见索即付保函统一规则（URDG458）》是目前为止国际商会专门适用于见索即付保函和反担保函的任意性规则，而非强制性法律和国际条约，故只有保函当事人在保函和反担保函中明确约定适用，才发生法律效力。本案中，三方当事人虽在开立保函中未明确约定适用URDG458，但法院审理期间，均表示可以参照适用，故应认定当事人对适用该规则达成合意。见索即付保函独立于基础交易，反担保函亦独立于保函，故保函金额的相应减少并不导致反担保函金额相应减少。本案反担保函中没有关于金额递减条款的约定，故进出口银行向埃及银行成功申请减额后，技术公司提出预付款保函金额扣减是自动按比例递减的理由不能成立。判决确认技术公司出具的保函及数据公司出具的反担保函有效，数据公司对技术公司应向进出口银行偿付保函垫付款69万余美元及利息承担连带责任。

实务要点： 《见索即付保函统一规则（URDG458）》是国际商会专门适用于见索即付保函和反担保函的任意性规则，只有保函当事人在保函和反担保函中明确约定适用，才发生法律效力。见索即付保函独立于基础交易，反担保函亦独立于保函，故保函金额的相应减少并不导致反担保函金额相应减少，因此，关于金额递减条款应在保函和反担保函中分别写明。

3.4

200904:90

3.3

2008商:85

2006

案例索引：北京高院（2006）高民终字第363号"深圳市曙光信息技术有限公司与深圳市点通数据有限公司、中出口银行担保纠纷案"，见《国际贸易独立保函业务中的法律问题》（何波），载《人民司法·案例》（200904:90）；另见《中国进出口银行诉深圳市曙光信息技术有限公司等其他担保合同案（银行开具保函的效力）》（何波），载《中国审判案例要览》（2008商事:85）。

381 见索即付担保人不能以基础合同的抗辩对抗受益人

——涉外贸易活动中，见索即付担保一经成立，担保人与受益人间即建立了一种独立于基础合同之外的担保合同关系。

标签：保证 | 独立担保 | 见索即付担保 | 基础合同

案情简介：1999年7月，银行依实业公司申请，开具了以补偿贸易合作方的法国公司为受益人的不可撤销保函。实业公司和冶金公司分别提供了房地产抵押作为反担保。后实业公司以其与法国公司的纠纷已通知银行止付为由，主张免除部分付款义务。

3.3

2007商:44

2006

法院认为：银行根据实业公司申请，对所担保的补偿贸易进行了审查，在冶金公司出具反担保函，及实业公司、冶金公司均提供相应房地产抵押情况下，出具了不可撤销担保函，同时按中国人民银行《境外机构对外担保管理办法》规定在国家外汇管理局办理了对外担保登记证明，取得了外管局批准，故案涉不可撤销担保函有效。银行开具不可撤销见索即付保函，根据国际商会《见索即付担保统一规则》规定，见索即付担保一经成立，担保人与受益人之间即建立了一种独立于基础合同之外的担保合同关系，据此担保人承担担保合同项下的偿付义务，不能以基础合同所产生的抗辩事由对抗受益人。只要受益人的索偿符合约定条件，担保人即应无条件付款，担保人的支付行为不受基础合同任何事由的阻止，除非有证据证明，该债权人的要求有明显欺诈，担保人才有权拒付。本案只要受益人主张，银行即应履行付款义务，否则银行除支付担保函项下本金、利息外，还将承担拒付款的赔偿责任。故判决实业公司给付银行保函垫款本息，银行有权以实业公司及冶金公司抵押房地产优先受偿。

实务要点：见索即付担保一经成立，担保人与受益人之间即建立了一种独立于基础合同之外的担保合同关系，据此担保人承担担保合同项下的偿付义务，不能以基础合同所产生的抗辩事由对抗受益人。

案例索引：北京高院（2006）高民初字第551号"某银行与某实业公司等担保合同纠纷案"，见《中国进出口银行诉海南杨浦新大岛实业有限公司等担保合同案（不可撤销担保函）》（刘小军），载《中国审判案例要览》（2007商事:44）。

382 国内企业与银行约定见索即付的独立担保，属无效

——国内企业、银行之间的独立担保因与被担保债权在效力、抗辩权等方面无从属关系，为我国法律所禁止，应无效。

标签：保证 | 独立担保 | 合同效力

案情简介： 2001年，工程公司与建筑公司签订《联合施工协议书》，约定以前者名义联合承包总价为2800万余元的工程，后者提供280万余元的履约保证金保函；随后，建筑公司开户银行出具了该保函，并承诺“只要工程公司确定建筑公司违约，无论建筑公司有任何反对，银行不挑剔、不争辩也不要求工程公司出具证明或说明理由，该保函的条款构成银行无条件的不可撤销的直接责任”；工程完工后，工程公司发函给银行称建筑公司有违约行为，通知银行支付保证金；建筑公司伪造手续，已将保证金提前领走；工程公司遂诉银行要求依约无条件返还280万元保证金。

3

法院认为： 银行在其出具的保函中作出的无条件、不可撤销的保证其向工程公司支付款项的承诺属独立担保，即与被担保债权在效力、抗辩权等方面无从属关系的担保，为我国法律所不允许，该条款无效而免除独立担保责任。独立担保合同无效虽不意味着担保人不再承担担保责任，但工程公司虽主张建筑公司违约，并未提供相应证据予以证明，故对于工程公司仅依履约保函要求银行承担无条件担保责任的诉讼请求，不应得到支持，判决驳回工程公司诉讼请求。

实务要点： 国内企业、银行之间的独立担保因与被担保债权在效力、抗辩权等方面无从属关系，应认定无效。

案例索引： 河北石家庄桥西区法院（2005）西民二初字第00134号“某银行与某工程公司担保合同纠纷案”，见《上海市第一市政工程有限公司诉中国建设银行股份有限公司河北省分行直属支行担保合同案》（王跃斌），载《中国审判案例要览》（2006商事:33）。

3.3

2006商:33

2005

383 独立性保函中见索即付保函依惯例独立于基础合同

——我国无涉外独立性银行保函的具体法律规定，且我国缔结或参加的国际条约亦无相关规定，可适用国际惯例处理。

法院认为： 案涉保函的索赔仅需凭表面上符合保函规定的文件即付，且这些文件

标签：保证 | 独立担保 | 独立性保函 | 见索即付 | 基础合同 | 从属性保函

案情简介：1997年，银行根据进出口公司申请，开具了以马来西亚公司为受益人的不可撤销保函，承诺“如供货方（进出口公司）已收到预付款但未能按合同约定交货，那么，一俟收到贵方通过你方银行出具的说明供货方未能履行合同义务的首次书面要求，我方在合理时间内即行退款给你方，退款金额不超过预付款”。马来西亚公司支付预付款37万余元后因未收到货，致函银行索赔，因实业公司与马来西亚公司提起购销合同纠纷之诉，实业公司申请对预付款保函的履行财产保全，在解除保全后银行只支付部分款项，马来西亚遂提起诉讼请求银行支付余款本息。

一般限于受益人的索付声明，表明导致银行付款的事实条件发生与否，不需要银行加以证实，对照国际商会1992年正式公布的第458号出版物——《见索即付独立保证统一规则》中相关定义，可以判定本案保函属于独立性保函中的见索即付保函，该保函虽提及了进出口公司与马来西亚公司之间的合同，但依该规则的相关规定可判断出本案所涉保函与其基础合同无关，保函未明确约定银行承担保证责任的方式，依法应为连带责任保证，马来西亚公司索赔均在保证期间提出，故起诉主张保证责任未超过诉讼时效，银行应支付保函金额本息。

实务要点：独立性保函是一种独立于基础合同，仅以保函自身条款为付款责任确定依据的保函，而从属性保函是指保函项下义务的履行取决于相应的基础商业合同的保函。我国没有有关涉外独立性银行保函的具体法律规定，且我国缔结或参加的国际条约亦无相关规定，可适用国际惯例处理。

案例索引：辽宁沈阳中院（2004）沈中民（4）外初字第12号“某银行与某电力公司担保纠纷案”，见《马来西亚KUB电力公司诉中国光大银行股份有限公司沈阳分行履行独立性保函承诺案》（夏婷婷），载《人民法院案例选》（200601/55:285）。

3.1

200601/55:285

2004

|

监管义务

384 银行监管义务约定不明，进行目的解释时，应合法

——对银行监管义务的约定不明时，应按与合同无利害关系的理性第三人通常理解的当事人共同的合同目的进行解释。

标签：保证 | 监管义务 | 借款合同 | 合同解释 | 借款用途 | 目的解释

3

案情简介：2004年，煤矿与贸易公司、银行签订《合作经营木材协议》，约定由煤矿提供1000万元资金汇入银行，贸易公司申请开证时须同时有煤矿负责人温某的书面同意意见。煤矿依约支付贸易公司1000万元投资款后，贸易公司将其存入在银行开立的一般结算账户并以其他名义支取。2个月后，账户余额仅为70万余元。煤矿据此要求银行承担未尽监管义务的补充赔偿责任。

法院认为：银行对储户资金的监管义务主要来源于两方面，一是法律、法规及规章制度规定，二是储户与银行的特殊约定。诉争1000万元性质上为开证保证金的备付金，由煤矿交贸易公司存于贸易公司一般结算账户。依《商业银行法》第30条、《银行账户管理办法》第11条等规定，开户人对一般结算账户内的资金有自主支配权，任何单位包括银行不得限制、冻结和扣划，否则即构成对开户人的侵权。故银行对该资金并无法定的监管职权或义务。案涉协议并未明确约定贸易公司以申请开证以外的其他用途支取资金时，银行是否具有监管义务，属约定不明。对约定不明而当事人有争议的合同条款，可根据合同目的等多种解释方法，综合探究当事人缔约真意，但就目的解释而言，并非只按一方当事人期待实现的合同目的进行解释，而应按与合同无利害关系的理性第三人的通常理解解释当事人共同的合同目的，且目的解释不应导致对他人合法权益的侵犯或与法律法规相冲突。本案煤矿确曾对其出资安全存有隐忧，且专门订立相关条款，但在三方对该出资何时监管、如何监管已有明确约定和安排的情况下，仅根据煤矿一方的效果意思和缔约目的，即推定合同相对人银行和贸易公司须另行承担约定之外的义务，则难谓符合当事人共同的合同目的。从实践分析，该1000万元存在贸易公司一般结算账户，与账户上的其他资金混同，银行事实上亦无法将其区分出来单独实施全面监管。如根据目的解释推定银行负此义务，只能导致银行对贸易公司一般结算账户内所有混同资金均予限制使用，无疑会侵犯贸易公司对其一般结算账户资金的自主支配权，与法相悖。故银行对贸易公司非以开证用途而从一般结

1.1

2010:377

2.6

v.6:3

2.6

v.5:3

2009

算账户支取该笔资金并无监管义务。

实务要点： 银行对储户非以开证用途而从其一般结算账户上支取该笔资金并无监管义务。对合同约定不明而当事人有争议的合同条款，可根据合同目的等多种解释方法，综合探究当事人缔约真意，但就目的解释而言，并非只按一方当事人期待实现的合同目的进行解释，而应按与合同无利害关系的理性第三人的通常理解解释当事人共同的合同目的，且目的解释不应导致对他人合法权益的侵犯或与法律法规相冲突。

案例索引： 最高人民法院（2009）民提字第137号“某银行与某矿业公司等联营合同纠纷案”，见《枣庄矿业（集团）有限公司柴里煤矿与华夏银行股份有限公司青岛分行、青岛保税区华东国际贸易有限公司联营合同纠纷案》（审判长周帆，代理审判员王富博、刘崇理），载《最高人民法院公报·裁判文书选登》（2010:377）；另见《合同目的解释的裁判标准》，载《最高人民法院商事审判指导案例·合同与借贷担保卷（6）》（2012:3）；另载《最高人民法院商事审判指导案例·第五卷（上）》（2011:3）。

385 银行违反贷后检查义务，不必然导致保证责任免除

——商业银行违反法律法规及商业银行内部关于商业银行贷后检查义务的规定，并不必然导致保证人保证责任的免除。

标签：保证 | 监管义务 | 贷后检查义务 | 管理性规范

案情简介：2003年，实业公司为食品公司向银行贷款1800万元购买设备提供连带责任保证。嗣后，实业公司以银行明知贷款未用于购买设备而在贷后检查报告中虚构食品公司购买设备的事实为由，主张免除保证责任。

法院认为： 相关贷后检查报告为银行在案涉1800万元借款合同及其保证合同签订并生效后作出，其中关于贷款使用情况的不实描述，并不构成在实业公司提供保证担保之时，银行知道或应当知道食品公司欺诈、胁迫实业公司违背真实意思表示提供保证或者与食品公司串通骗取实业公司提供保证的证明。实业公司未能证明本案存在保证人不承担民事责任的法定情形，对其相关主张不予支持。同时，虽然银行在贷后检查报告中作出了不符合案涉1800万元贷款实际使用情况的描述，但由于目前我国法律、行政法规中并没有关于商业银行违反贷后严格检查义务的民事责任的相关规定。《商业银行法》、中国人民银行《贷款通则》等法律法规及商业银行内部关于商业银行违反贷后检查的相关规定，均属于要求商业银行加强风险控制的管理性规范，商业银行违反该管理性规范并不必然导致保证人保证责任的免除。故实业公司作

2.1

201303/35:235

2013

为独立商事主体，应自行承担其对外提供保证所带来的风险和法律后果。另外，银行作为贷款人，对款项使用虽负有一定监管义务，但该义务是出于其管控风险的需要，同实业公司依照保证合同约定而负担的连带责任保证义务并无对应关系，亦非实业公司承担保证责任的先决条件，故在该种情形下，并无先履行抗辩权适用的前提条件，判决实业公司为食品公司所欠银行贷款本息承担连带清偿责任。

实务要点： 虽然商业银行在贷后检查报告中作出了不符合贷款实际使用情况的描述，但由于目前我国法律、行政法规中并没有关于商业银行违反贷后严格检查义务的民事责任的相关规定。《商业银行法》、中国人民银行《贷款通则》等法律法规及商业银行内部关于商业银行违反贷后检查的相关规定，均属于要求商业银行加强风险控制的管理性规范，商业银行违反该管理性规范并不必然导致保证人保证责任的免除。

3

案例索引： 最高人民法院（2013）民提字第51号“某银行与某实业公司等借款纠纷案”，见《再审申请人中国农业银行股份有限公司大连甘井子农行与被申请人大连础明集团有限公司、大连冰凌花天然食品有限公司借款合同纠纷案》（审判长宫邦友，审判员朱海年，代理审判员林海权），载《商事审判指导·商事裁判文书选登》（201303/35:235）。

386 银行对放贷是否尽到审慎义务不影响担保合同效力

——银行对借款人是否尽到审慎审查的注意义务，是否存在违规贷款及贷后监管等问题，对担保合同效力不产生影响。

标签： 保证 | 监管义务 | 欺诈 | 内部风险控制

案情简介： 2002年，油脂公司为实业公司向银行贷款提供连带责任保证。嗣后，实业公司认为银行对实业公司信用评级不切实际，违规放贷，撮合油脂公司与实业公司互保，存在欺诈，故不应承担担保责任。

法院认为： 最高人民法院《关于贯彻执行〈民法通则〉若干问题的意见（试行）》第68条规定：“一方当事人故意告知对方虚假情况，或者故意隐瞒真实情况，诱使对方当事人作出错误意思表示的，可以认定为欺诈行为。”从本案现有证据并不能分析出银行有明知实业公司真实情况却故意告知虚假情况或故意隐瞒真实情况，以使油脂公司违背真实意思为实业公司提供担保的主观目的和行为。油脂公司作为企业法人，对于担保可能产生的风险责任应有明确认知，即便是受到银行的建议、撮合、说服，亦不必然导致其违背真实意思。银行对实业公司的信用评价是否尽到审慎审查的注意义务，是否存在违规贷款情形及贷后监

2.6

v.8:431

2011

管是否尽职等问题，对于贷款人而言，性质上属内部风险控制，即使银行未尽到相关义务，其后果应为银行相关人员的管理责任，对担保合同效力并不产生影响。故本案银行不存在欺诈行为，油脂公司应承担连带清偿责任。

实务要点： 银行对借款人的信用评价是否尽到审慎审查的注意义务，是否存在违规贷款情形及贷后监管是否尽职等问题，对于贷款人而言，性质上属内部风险控制，即使银行未尽到相关义务，其后果应为银行相关人员的管理责任，对担保合同效力并不产生影响。

案例索引： 最高人民法院（2011）民提字第242号“某银行与某油脂公司等借款合同纠纷案”，见《贷款人是否对担保人有欺诈行为以及担保合同的效力问题——中国建设银行股份有限公司郑州金元支行与信阳万富油脂有限责任公司、新世界海天（信阳）豫南制药有限公司金融借款合同纠纷一案》（审判长张勇健，代理审判员李相波、梅芳），载《最高人民法院商事审判指导案例（2012）·合同与借贷担保》（2013:431）。

387 证券资金账户监管协议无效后，账户损失如何承担

——证券资金账户监管协议无效后的损失，法院应依各当事人过错程度、致损原因力大小等因素，合理确定责任承担。

标签： 保证 | 监管义务 | 证券 | 账户监管 | 拖拉机账户 | 信托 | 缔约过失

案情简介： 2000年，信托公司与证券公司、投资公司签订《资产委托管理协议》，约定信托公司将5000万元委托投资公司进行管理，1年期满后投资公司支付投资本金及14.5%的年收益；证券公司履行监管责任，并对信托公司得不到保障的投资本金和收益承担全额补偿的义务。2003年，信托公司诉请投资公司返还投资本息，并以证券公司在案涉证券资金账户下挂

法院认为： 《资产委托管理协议》系在证券公司居间介绍下签订，证券公司对合同无效存在缔约过错。但仅有前述缔约上的过错，尚不足以责令证券公司承担赔偿责任。信托公司持有的股票相继持续崩跌，直接导致了信托公司账户资产的大幅缩水。信托公司对自己风险投资行为的疏忽和放任，是导致损失发生的另一个重要因素，信托公司自身对其损失的形成存在重大过错，其损失与证券公司的缔约过错之间，并不存在直接的因果关系。证券公司在案涉资金账户下挂多个股东账户、允许投资公司自委托账户划转资金及未尽合同约定的通知义务等行为，虽系违规，且这一违规行为，客观上为投资公司实施对敲、对倒操作活跃交易等违法炒作股票行为提供了方便，主观上是为了牟取更多的佣金收入，但不必然导致信托公司损失的发生。根据《证券法》第208条规定，对证券公司因此而取得的佣金收入，依法应由主管机关予以罚没。因信托公司未能及时

多个股东账户、允许投资公司自委托账户划转资金及未尽合同约定的通知义务为由，要求承担连带偿还责任。

2.6

v.5:56

2010

采取措施防止损失发生，证券公司不应对投资公司的偿还义务承担连带责任。

实务要点： 因无效合同给一方当事人所造成的损失，可能系多种原因所致，法院应根据当事人之间的过错程度、致损的原因力大小等因素，合理确定责任承担。

案例索引： 最高人民法院（2010）民提字第143号“某投资公司与某证券公司等委托合同纠纷案”，见《无效合同的缔约过错与责任承担——上海众颖投资咨询有限公司与海南燕园投资管理有限公司、中信证券股份有限公司上海沪闵路证券营业部、中信证券股份有限公司一般委托合同纠纷案》（审判长贾纬，代理审判员沙玲、周伦军），载《最高人民法院商事审判指导案例·第五卷（上）》（2011:56）。

3

388 国债质押合同，以登记机构办质押登记为生效条件

——以国债出质的，质押合同应以在国债登记管理机构即中国证券登记结算公司及其分支机关办质押登记为生效条件。

标签： 保证 | 监管义务 | 证券 | 质押合同 | 质押 | 权利质押 | 国债质押

案情简介： 2003年，朱某借用汽车公司名义向银行贷款1.5亿元，并以在证券营业部所购价值1.67亿元的记账式国债为质押并在该营业部办理了登记，银行与证券营业部签订了托管协议，约定了证券营业部的监管责任。生效刑事判决认定朱某、银行行长龚某、证券公司负责人钟某等人因操作贷款构成违法放贷罪被判处有期徒刑，同时认定“龚某明知贷款资金将用于炒股且汽车公司国债质押虚假……”2004年，银行就未追回的贷款损失7000万余元以借款担保合同纠纷诉请汽车公司、证券公司、朱某连带偿还。

法院认为： 虽然《担保法》对于记账式国债的质押生效条件无明确规定，但参照该法第78条“以依法可以转让的股票出质的，出质人与质权人应当订立书面合同，并向证券登记机构办理出质登记。质押合同自登记之日起生效”的规定，本案国债质押应以在国债登记管理机构即中国证券登记结算公司及其分支机关办理质押登记为生效条件，经登记机关审查后出具证券质押登记证明，从而达到权利质押担保的公示效力和法律证明力。本案中，银行与汽车公司从未在上述登记机关办理任何质押登记手续，证券公司亦非法定的国债质押登记管理机关。故银行未取得案涉国债的质权，不能依法享有优先受偿权。同时，生效刑事判决书认定银行明知国债将被回购及已被回购，国债质押虚假无效，故本案不存在真实有效的质押关系。银行以权利质押合同主张享有质权，缺乏事实依据与法律依据。就国债托管协议而言，银行明知自己未取得质押物，却仍与证券公司签订国债托管协议。参考证监会的回函，证券营业部无权为客户以外的第三人办理证券托管业务。根据协议内容，应认定双方之间形成的是监管法律关系。本案中，无论是托管关系还是监管关系，均是为实现违法放贷、贷款

2.6

v.5:372

2009

诈骗这一目的而采取的系列行为。因本案借款关系已被确认无效，故监管关系亦应认定为无效。对于无效后果，双方均有过错，均应承担相应民事责任。

实务要点： 以国债出质的，质押合同应以在国债登记管理机构即中国证券登记结算公司及其分支机关办理质押登记为生效条件。

案例索引： 最高人民法院（2009）民二终字第146号“某银行与某证券公司等借款担保合同纠纷案”，见《以国债出质的，质押合同以国债登记管理机构办理质押登记为生效条件——中国银行股份有限公司武汉汉阳支行与长江证券股份有限公司、长江证券股份有限公司武汉友谊大道证券营业部、湖北元通汽车销售有限公司借款担保合同纠纷案》（审判长贾纬，代理审判员沙玲、周伦军），载《最高人民法院商事审判指导案例·第五卷（上）》（2011:372）。

389 证券托管业务，以托管人已取得质押物为前提条件

——第三人明知自己未取得质押物，却仍与证券营业部签订国债托管协议，无论认定为托管或监管关系，均应为无效。

标签： 保证 | 监管义务 | 证券 | 账户监管 | 质押 | 证券托管 | 国债质押

案情简介： 2003年，朱某借用汽车公司名义向银行贷款1.5亿元，并以在证券营业部所购价值1.67亿元的记账式国债为质押并在该营业部办理了登记，银行与证券营业部签订了托管协议，约定了证券营业部的监管责任。生效刑事判决认定朱某、银行行长龚某、证券公司负责人钟某等人因操作贷款构成违法放贷罪被判处有期徒刑，同时认定“龚某明知贷款资金将用于炒股且汽车公司国债质押虚假……”2004年，银行就未追回的贷款损失7000万余元以借款担保合同纠纷诉请汽车公

法院认为： 以国债出质的，质押合同应以在国债登记管理机构即中国证券登记结算公司及其分支机关办理质押登记为生效条件。本案中，银行与汽车公司从未在上述登记机关办理任何质押登记手续，证券公司亦非法定的国债质押登记管理机关。故银行未取得案涉国债的质权，不能依法享有优先受偿权。同时，生效刑事判决书认定银行明知国债将被回购及已被回购，国债质押虚假无效，故本案不存在真实有效的质押关系。银行以权利质押合同主张享有质权，缺乏事实依据与法律依据。就国债托管协议而言，银行明知自己未取得质押物，却仍与证券公司签订国债托管协议。参考证监会的回函，证券营业部无权为客户以外的第三人办理证券托管业务。根据协议内容，应认定双方之间形成的是监管法律关系。本案中，无论是托管关系还是监管关系，均是为实现违法放贷、贷款诈骗这一目的而采取的系列行为。因本案借款关系已被确认无效，故监管关系亦应认定为无效。对于无效后果，双方均有过错，均应承担相应民事责任。

司、证券公司、朱某连带偿还。

2.6

v.5:372

2009

实务要点： 证券营业部无权为客户以外的第三人办理证券托管业务。第三人明知自己未取得质押物，却仍与证券营业部签订国债托管协议，根据协议内容，即使认定双方之前实际形成监管法律关系，在当事人以合法形式掩盖非法的违法放贷、贷款诈骗的目的时，无论托管关系、监管关系，均应无效。

案例索引： 最高人民法院（2009）民二终字第146号“某银行与某证券公司等借款担保合同纠纷案”，见《以国债出质的，质押合同以国债登记管理机构办理质押登记为生效条件——中国银行股份有限公司武汉汉阳支行与长江证券股份有限公司、长江证券股份有限公司武汉友谊大道证券营业部、湖北元通汽车销售有限公司借款担保合同纠纷案》（审判长贾纬，代理审判员沙玲、周伦军），载《最高人民法院商事审判指导案例·第五卷（上）》（2011:372）。

3

390 担保承诺因借款合同无效而无效后的过错责任承担

——借款合同无效，保证亦无效，各方均有过错的，保证人承担的民事责任不超过主债务人不能清偿部分的三分之一。

标签： 保证 | 监管义务 | 质押 | 证券 | 证券托管协议 | 承诺函

案情简介： 2003年，朱某借用汽车公司名义向银行贷款1.5亿元，并以在证券营业部所购价值1.67亿元的记账式国债为质押并在该营业部办理了登记，银行与证券营业部签订了托管协议，证券营业部亦向银行出具了承诺函，载明“对汽车公司在银行的贷款1.5亿元的本金及利息承担连带保证责任”。生效刑事判决认定朱某、银行行长龚某、证券公司负责人钟某等人因操作贷款构成违法放贷罪被判处有期徒刑，同时认定“龚某明知贷款资金将用于炒股且汽车公司国债质押虚假……”2004年，银行就未追回的贷款损失7000万余元以借款担保合

法院认为： 本案以国债出质的质押合同因未在国债登记管理机构即中国证券登记结算公司及其分支机关办理质押登记故未生效，银行未取得案涉国债的质权，不能依法享有优先受偿权。同时，生效刑事判决书认定银行明知国债将被回购及已被回购，国债质押虚假无效，故本案不存在真实有效的质押关系。银行依据权利质押合同主张享有质权，缺乏事实依据与法律依据。就国债托管协议而言，银行明知自己未取得质押物，却仍与证券公司签订国债托管协议。参考证监会的回函，证券营业部无权为客户以外的第三人办理证券托管业务。根据协议内容，应认定双方之间形成的是监管法律关系。本案中，无论是托管关系还是监管关系，均是为实现违法放贷、贷款诈骗这一目的而采取的系列行为。因本案借款关系已被确认无效，故监管关系亦应认定为无效。因证券公司在其向银行出具的承诺函中承诺，对汽车公司在银行的贷款1.5亿元的本金及利息承担连带保证责任。依此，证券公司与银行之间形成了事实上的借款担保法律关系。本案借款合同无效，担保法律关系亦无效，各方当事人对此均有过错，依最高人民法院《关于适用〈担保法〉若干问题的解释》第8条规定，判决证券公司作为借款担保法律关系中的保证人承担民

同纠纷诉请汽车公司、证券公司、朱某连带偿还。

事责任的范围不超过朱某不能清偿部分的三分之一。

实务要点： 借款合同无效，担保法律关系亦无效，各方当事人对此均有过错，依最高人民法院《关于适用〈担保法〉若干问题的解释》第8条规定，保证人承担民事责任的范围不超过主债务人不能清偿部分的三分之一。

2.6

v.5:372

2009

案例索引： 最高人民法院（2009）民二终字第146号“某银行与某证券公司等借款担保合同纠纷案”，见《以国债出质的，质押合同以国债登记管理机构办理质押登记为生效条件——中国银行股份有限公司武汉汉阳支行与长江证券股份有限公司、长江证券股份有限公司武汉友谊大道证券营业部、湖北元通汽车销售有限公司借款担保合同纠纷案》（审判长贾纬，代理审判员沙玲、周伦军），载《最高人民法院商事审判指导案例·第五卷（上）》（2011:372）。

391 银行审查质物是否真实存在的义务，不能协议转移

——金融机构对借款人的资信，保证人的偿还能力，抵押物、质物的权属和价值等法定审查义务不能协议转移给他人。

标签： 保证 | 监管义务 | 质押 | 单据质押 | 质物虚假 | 审查义务

案情简介： 2004年，实业公司以钢材作为质押向银行申请开立承兑汇票，焦某提供连带责任保证。同时，实业公司提供钢铁公司签发的仓单，并与物流公司、银行签订质物监管协议。2006年，刑事判决书认定实业公司以前述虚假仓单作担保，骗取银行承兑汇票款项，构成犯罪。银行据此诉请实业公司、焦某、物流公司承担连带赔偿责任。

法院认为： 银行在审贷过程中对质物权属负有法定审查义务。在质物虚假情况下，银行与实业公司签订承兑协议，并将并不存在的质物交由物流公司办理质物移交手续并实施监管，故银行对因质物虚假造成的损失，存在一定过错，应承担相应责任。作为专业监管人，物流公司在接受移交质物时，应对质物权属进行审查。因物流公司事实上并未尽到该义务，其在办理移交质物手续时未发现质物虚假事实，将非实业公司的钢材当作质物予以接受，且在质物监管协议中声明承兑项下的质物已验收完毕，并开具质物清单交付银行，导致银行在质物不存在的情况下仍对实业公司的汇票予以承兑。对质物权属的审查，是监管人实施核库、监管的前提条件，然而物流公司在日常监管中未尽审查义务，在银行等待放款期间，物流公司与钢铁公司给银行填发的仓单明细载明货主为实业公司，在银行承兑放款后，多次对仓单予以确认，致使银行一直未能发现质物虚假问题，故物流公司在接受质物及日常监管中均未尽到应有的审查义务，存在过错，应承担主要赔偿责任。判决实业公司偿付银行1400万元及利息，焦某承担连带责任，钢铁公司对实业公司、焦某不能清偿部分承担补充赔偿责任，物流公司对钢铁

2.7 公司承担上述补充赔偿责任后仍不能清偿部分承担赔偿责任。

2011:603

2.6

v.3:364

2009

实务要点： 金融机构对借款人的资信，保证人的偿还能力，抵押物、质物的权属和价值以及实现抵押权、质权的可行性承担的审查义务属于法定义务，不能通过协议全部转移给他人。金融机构违反该义务导致借款不能收回的，应承担相应责任。

案例索引： 最高人民法院（2009）民提字第40号“某银行与某物流公司等侵权纠纷案”，见《招商局物流集团上海有限公司与招商银行股份有限公司上海宝山支行、上海宏飞实业有限公司、上海宝铁储运有限公司、焦玉明合同侵权纠纷案》（审判长刘竹梅，审判员朱海年，代理审判员刘崇理），载《最高人民法院商事审判裁判规范与案例指导·裁判文书》（2011:603）；另见《金融机构未尽审查义务的过错责任》，载《最高人民法院商事审判指导案例·公司卷》（2011:364）。

3

392 保证质押账户资金不低于某金额承诺，不构成担保

——证券公司向质押权人出具保证质押账户资金不低于某金额及“负责监控”的承诺，不宜将其定性为保证担保性质。

标签： 保证 | 监管义务 | 保证成立 | 证券 | 账户监管 | 合同解释 | 质押 | 账户质押

案情简介： 2005年，商贸公司向银行申请办理银行承兑汇票业务，实业公司以名下网上国债提供质押担保。证券公司为此向银行出具承诺鉴证书，约定“证券公司对申请人或出质人的国债交易负责监控，保证申请人或出质人国债账户市值与资金账户余额之和在质押期间不低于1900万元”。嗣后银行据此主张证券公司应承担保证责任。

法院认为： 涉及到条文表述不周延，当事人对合同解释不一的情况下，《合同法》第125条第1款规定：“当事人对合同条款的理解有争议的，应当按照合同所使用的词句、合同的有关条款、合同的目的、交易习惯以及诚实信用原则，确定该条款的真实意思。”依上述解释规则，结合本案承诺鉴证书中所使用的词句、签约目的及证券市场交易习惯等，不宜将案涉承诺鉴证书定性为担保性质，亦不宜将承诺鉴证书中“负责监控”、“保证”解释为证券公司负有保证责任。从使用词句来看，抬头系承诺鉴证书而非保证书；从内容表述来看，承担责任条件限制在“未遵守上述承诺鉴证造成损失”的范围，即证券公司只有在实施了违约行为，且该违约行为给质押权人造成损失的情况下才承担赔偿责任。从鉴证书内容亦无法推出只要账户内低于承诺数额，证券公司即承担保证责任的意思，更推断不出在质押期间国债账户市值与资金账户余额之和低于1900万元时证券公司即负有补足资金的义务。《证券法》第141条明确规定，证券公司不得为客户融资融券。若判定证券公司对账户负有补足资金义

2.6
v.2:423
2008

务，则势必违反法律禁止性和强制性规定。按照证券公司对客户账户常规的监控，证券公司只需且只能做到不让客户账户内资金被未经授权的人挪走、在账户资金低于监管数额时及时通知客户，故本案承诺鉴证书真实含义应理解为：证券公司应保证监控出质人或出质人的国债交易过程，如出质人的操作可能导致国债账户市值与资金账户余额之和在质押期间低于1900万元，则证券公司应停止其交易行为，而非补足资金。在证券交易中，证券公司为了获取高额回报，违法为客户融资融券，通常要与客户有事先的细节商议，但本案缺乏证据证明当事人之间有过关于融资融券的意思表示，故案涉承诺鉴证书不具备保证性质，所承诺的责任亦非保证责任而是监管责任。

实务要点： 证券公司向质押权人出具承诺鉴证书，保证国债账户市值与资金账户余额之和在质押期间不低于某一数额的，应结合承诺鉴证书中所使用的词句、签约目的及证券市场交易习惯等，不宜将其定性为担保性质，亦不宜将承诺鉴证书中“负责监控”、“保证”解释为证券公司负有保证责任。

案例索引： 最高人民法院（2008）民二终字第44号“某银行与某证券公司等借款担保合同纠纷案”，见《质权人在质物移交时明知质物有瑕疵而予以接受的，质权人应当对质押物价值的减少所形成的损失自行承担责任——国泰君安证券股份有限公司郑州花园路证券营业部与中国光大银行郑州分行、河南省华润商贸有限公司、深圳市盛力实业发展有限公司、国泰君安证券股份有限公司借款担保合同纠纷案》（审判长叶小青，审判员陈明焰，代理审判员王闯），载《最高人民法院商事审判指导案例·借款担保卷（上）》（2011:423）。

393 债权人未对虚假质押人和质押物审核，属重大过错

——债权人接受股票质押时，对被冒用的质押人和虚构的质押物疏于审核，导致质押无效，应承担贷款损失主要责任。

标签： 保证 | 监管义务 | 证券 | 质押合同 | 质押 | 股票质押 | 混合过错

案情简介： 2002年，信托公司与开发公司签订《资金信托贷款合同》。同日，施某冒用刘某名义与信托公司签

法院认为： 沈某作为原证券公司负责人，在质押人刘某并未在证券公司指定交易及开具资金账户情形下，于信托公司放款当日，出具质押登记证明，在开发公司借款期间及未按期归还贷款时，仍出具虚假的市值证明，致使信托公司相信开发公司有还款能力，从而使开发公司放款并数次展期。上述虚假证明，均系沈某以证券公司名义出具，沈某行为

订《质押担保合同》，以刘某股票作为质押担保，并与证券公司就并不存在的刘某股票、资金账户签订共管协议。证券公司负责人沈某在信托公司向开发公司发放7000万元贷款后，向信托公司出具了质押登记证明并定期向信托公司出具虚假股票市值证明。2005年，信托公司发现受骗后报案，生效刑事判决认定沈某及开发公司法定代表人构成诈骗罪共犯。2006年，信托公司诉请证券公司对开发公司贷款7000万元偿还承担连带责任。

2.8

3

2011:700

2007

虽已被生效刑事裁定认定为犯罪，按照最高人民法院《关于在审理经济纠纷案件中涉及经济犯罪嫌疑若干问题的规定》第3条规定，单位直接主管人员以单位名义对外签订经济合同构成犯罪的，除追究行为人的刑事责任外，该单位对行为人签订、履行经济合同造成的后果，依法应承担民事责任。故沈某犯罪行为所产生的民事责任后果应由证券公司承担。证券公司作为质押资产监管人，并非担保人的协助人，其监管责任独立于债务人及担保人，故不应适用或参照适用《担保法》及相关司法解释规定来确定其所应承担的过错责任。信托公司作为专业性金融公司，在发放贷款时，仅凭沈某以证券公司名义出具的一纸证明就放弃了实质性审查，其对质押人身份和质押物情况没有进行必要的审核即发放贷款的行为，具有明显过错，且在相关股票市值证明出现明显疑点时，亦未予以应当的注意和及时核实，故信托公司对质押人和质押物疏于审核是造成贷款损失的重要原因，应承担贷款损失的主要责任，判决证券公司对开发公司不能清偿部分的40%承担补充赔偿责任。

实务要点： 债权人在接受股票质押时，对被冒用的质押人和虚构的质押物疏于审核，导致质押无效，应承担贷款损失的主要责任。

案例索引： 最高人民法院（2007）民二监字第201号、上海高院再审“某证券公司与某开发公司等借款合同纠纷案”，见《按照过错责任原则，行为人、受害人对受害人的损失均存在过错，应根据行为人与受害人各自的过错程度，承担相应的民事责任——航天证券经纪有限责任公司等与上海爱建信托投资有限责任公司、上海金行房地产开发实业有限公司借款合同纠纷案》（杨宁，上海高院），载《全国法院再审典型案例评注（下）》（2011:700）。

394 银行未履行贷款监管义务应依过错减轻保证人责任

——债权银行怠于履行约定的监督义务导致保证人承担责任的风险增加，应根据银行过错相应减轻保证人的保证责任。

标签： 保证 | 监管义务 | 借款用途 | 过错责任

案情简介： 2001年，软件集团向银行

法院认为： 银行与保证人、借款人在补充协议中所作监管承诺对借款人而言，体现更多的是权利，对保证人而言则体现更多的是一种合同义务。

一般情况下，债权银行对自己所发放的贷款实施监督，只需进行形式

借款5000万元用于技术改造，软件公司、实业公司分别为其中的3000万元、2000万元提供连带责任保证。同日签署的三方补充协议约定，为确保贷款的专款专用，软件集团在银行开设专户，由银行“实施监督支付管理，逐笔签字确认”，“确保资金用于项目建设合同”，软件公司、实业公司履行保证责任同时，亦“应督促软件集团履行协议的有关条款”等。2004年，受让该银行债权的资产公司起诉。软件公司、实业公司以银行未履行监管义务主张免除保证责任。

2.6

v.2:819

2006

审查。但本案中，银行向保证人承诺“逐笔签字确认”、“确保资金用于项目建设合同”则加重了自身的监督义务，仅进行形式审查难以做到确保专款专用。根据本案实际情况，银行的债权受让人资产公司有义务证明银行有效实施了监管职责，使案涉贷款用于合同约定的建设项目，因其未举证应承担举证不能的法律后果。但债权人承担相应的民事责任并不能当然地免除、减轻保证人的保证责任，还应考虑保证人对贷款未能专款专用是否明知。本案主债务人系保证人股东，双方系关联企业，应推定保证人知晓主债务人未将贷款用于合同规定的贷款目的，保证人不能因银行未能履行监管义务而相应免除其保证责任。因资产公司未能证明实业公司对上述事实系明知，故应相应减轻实业公司所承担的保证责任。保证人为借款提供担保，系承诺在借款人不履行还款义务时，由保证人履行债务或承担责任的行为。借款人未履行合同约定的监督支付义务所承担的民事责任应与其过错相适应，鉴于实业公司亦未依补充协议履行对软件集团的督促义务，故实业公司在案涉贷款监管问题上也有责任。根据本案实际情况，资产公司应承担10%的民事责任，即相应减轻实业公司10%的保证责任。因软件公司、实业公司承担按份保证责任，故对未偿还的3800万余元本息分别按60%、40%比例确定保证份额，并根据前述理由，实业公司的保证份额再酌减10%。

实务要点： 债权银行怠于履行合同约定的监督义务会导致保证人承担保证责任的风险增加，应根据银行的过错相应减轻保证人的保证责任。

案例索引： 最高人民法院（2006）民二终字第178号“某资产公司与某实业公司等借款担保合同纠纷案”，见《贷款人怠于履行合同约定的监督义务会导致保证人承担保证责任的风险增加，应根据贷款人的过错相应减轻保证人的保证责任——中国长城资产管理公司成都办事处与成都倍特发展集团股份有限公司、四川托普软件投资股份有限公司、托普集团科技发展有限责任公司借款担保合同案》（审判长付金联，审判员张树明，代理审判员王涛），载《最高人民法院商事审判指导案例·借款担保卷（下）》（2011:819）。

395 银行违反风险控制条款，不影响借款保证合同效力

——银行对借款人主体资格是否已经尽到审查义务，及是否履行风险控制条款，对借款保证合同效力不产生影响。

标签： 保证 | 监管义务 | 借款合同 | 风险控制条款 | 借款用途

案情简介： 2003年，实业公司为投资公司向银行贷款1亿元提供连带责任保证。嗣后实业公司以银行违反三方签订的《资金共管监督协议》约定，对投资公司利用贷款进行违法拆借及股本权益性投资行为未进行跟踪调查和检查为由，主张上述协议属于以合法形式掩盖非法目的，应为无效，其担保责任亦因主合同无效而应予免除。

3

2.6

v.2:863

2006

法院认为： 实业公司虽称银行派人参与案涉贷款真实使用目的的方案的谈判过程，但未提供相应证据证明。对于银行有关人员在实业公司与投资公司所签《资金共管监督协议》上签字认可一事，从该协议内容看，并不能证明银行对其向投资公司所贷款项真实用途系明知或能推定应知。故不能由此认定银行在明知或应知情况下，仍与投资公司、实业公司假借贷款合同形式，帮助他们实现企业拆借，并完成对其他公司的出资义务。至于银行对投资公司的中期流动资金贷款的主体资格是否已尽审慎审查注意义务，银行是否存在违规贷款情形，及其发放贷款后是否履行了按有关规定对借款人执行借款合同的情况，包括贷款资金流向、用途等，及借款人经营、财务状况等进行跟踪调查和检查等，对贷款人而言，性质上属于风险控制条款，即使银行未尽到相关义务，对借款合同和保证合同效力及借款人的偿还责任不应产生任何影响。同样，银行向投资公司发放贷款的划账过程及环节，亦不应影响本案有关合同效力和当事人的偿还责任。至于其他公司是否实际使用了本案借款合同项下贷款是另一种法律关系，与本案无必然关系。况且就本案贷款使用问题已形成的另案诉讼正在审理中，故无必要将所谓的实际用款人追加为本案当事人。判决实业公司承担连带偿还贷款责任。

实务要点： 银行对借款人的主体资格是否已尽到审慎审查的注意义务，以及是否履行了贷款资金的流向、用途等风险控制条款的跟踪调查和检查等问题，对借款合同和保证合同的效力不产生影响。

案例索引： 最高人民法院（2006）民二终字第4号“某银行与某投资公司等借款担保合同纠纷案”，见《银行对借款人的主体资格是否已经尽到审慎审查的注意义务，以及是否履行了贷款资金的流向、用途等风险控制条款的跟踪调查和检查等问题，对借款合同和保证合同的效力不产生影响——中国普天信息产业集团公司与中国民生银行股份有限公司深圳分行、深圳市生物港投资有限公司借款担保合同纠纷案》（审判长徐瑞柏，审判员朱海年，代理审

判员苑多然），载《最高人民法院商事审判指导案例·借款担保卷（下）》（2011:863）。

396 借款人不能以自己违反借款用途约定诉请银行担责

——借款人以其自身未按借款合同约定用途使用贷款、银行未尽监管义务为由，诉请银行承担责任的，法院不予支持。

标签：保证 | 监管义务 | 借款用途 | 借款合同 | 诚信原则

案情简介：2003年，实业公司为通信公司向银行贷款提供担保。2004年，银行起诉时，通信公司以其将约定的流动性资金用于股权性投资而改变资金用途为由，主张银行未尽监督义务应承担责任。

法院认为：通信公司与银行虽在借款合同中约定，该项贷款只能用于流动资金，但并未约定银行承担监督通信公司按约定用途使用贷款的义务。相反，借款合同明确约定通信公司应按合同约定用途使用贷款。通信公司主张其违反约定用途使用贷款，属该公司自身的违约行为，按借款合同约定其理应向银行承担相应的违约责任，但通信公司却以自身违约为由转而诉请银行承担责任，该理由不能成立，故不予支持。

实务要点：借款人以其自身未按借款合同约定用途使用贷款为由，诉请债权银行承担相应后果，该理由不能成立，法院不予支持。

2.6

v.2:961

2005

案例索引：最高人民法院（2005）民二终字第57号“某银行与某通信公司等借款担保合同纠纷案”，见《借款人在取得担保人出具的担保时是否存在诈骗行为，不影响贷款合同的效力，也不影响贷款人与担保人之间担保合同的效力——长丰通信集团股份有限公司与招商银行股份有限公司成都营门口支行、重庆太极实业（集团）股份有限公司借款合同纠纷案》（审判长徐瑞柏，代理审判员王涛、雷继平），载《最高人民法院商事审判指导案例·借款担保卷（下）》（2011:961）。

397 银行对借款人与他人购销合同无法定实质审查义务

——银行对借款人与案外人购销合同关系不负有实质审查义务。担保人主张银行与借款人恶意串通的，应负举证责任。

标签：保证 | 监管义务 | 借款合同 | 借款用途 | 审查义务

案情简介：2003年，银行向实业公司出具《通知书》，载明：电力公司同

法院认为：《通知书》上载明抄送电力公司的内容经鉴定系事后添加。对该鉴定结论，电力公司未提异议，亦未举证证明该添加内容系银行所为，故不能认定《通知书》是银行对电力公司的承诺。电力公司与银行所签质押合同，明确约定电力公司自愿作为担保人和出质人，为实业公

意提供连带担保后，其可发放4000万元给实业公司，用于代电力公司购进设备，“我行监督使用，专款专用”。但事后经鉴定该通知的末行文字“抄送电力公司”与其他文字非一次性形成，是在《通知书》其他所有文字复印后，重新定位打印形成。电力公司在与银行签订连带担保合同后，认为银行向实业公司发放贷款，未依《通知书》承诺，履行对实业公司与发电厂购销合同的审查义务，导致实业公司以银行承兑汇票方式转款给发电公司，故其担保责任应免除。

司借款提供担保，并未约定电力公司提供的担保为附条件担保。实业公司取得借款后，以签发银行承兑汇票方式转款给发电公司，对于实业公司与发电公司之间的发电设备购销关系，银行并不负有法定的实质审查义务，应认定银行已对借款用途尽了合理的监督和注意义务。电力公司主张银行与实业公司之间串通骗保，但并未提供相应证据予以证明。如果实业公司取得借款后采用不当手段改变了用途，亦系实业公司单方面行为，并不能得出银行与其串通骗取担保的结论，电力公司不能因此而免除保证责任。故判决电力公司应对实业公司的银行贷款承担连带清偿责任。

实务要点： 银行对借款人与案外人之间的购销合同关系并不负有法定的实质审查义务。担保人主张银行与借款人之间恶意串通骗取担保，其应承担举证责任。

3

2.6

v.2:877

2005

案例索引： 最高人民法院（2005）民二终字第229号“某银行与某电力公司等借款担保合同纠纷案”，见《贷款方对借款人与案外人之间的购销合同关系并不负有法定的实质审查义务。担保人主张贷款方与借款人之间恶意串通骗取担保，其应当承担举证责任——林州市电力股份有限公司与广东发展银行股份有限公司郑州金水路支行、河南省九派实业发展有限公司、林州市电业公司、林州市宏基电力有限公司、林州市天力热电有限公司借款担保合同纠纷案》（审判长王东敏，代理审判员王宪森、殷媛），载《最高人民法院商事审判指导案例·借款担保卷（下）》（2011:877）。

398 第三人违反监督专款专用义务，应负补充赔偿责任

——第三人向债权人保证监督支付专款专用的，因未尽监督义务造成资金流失的，应对流失的资金承担补充赔偿责任。

标签： 保证 | 监管义务 | 借款用途 | 缔约过失

案情简介： 2001年，农林公司与信用社、农行签订三方借款协议，约定信用社向农林公司贷款550万元用于“生产流动资金”，农行负责“监督借款使用情况”以及“保证负责到期收

法院认为： 农行在借款协议中承诺具有两层含义：一是负责监督农林公司借款的使用情况；二是保证负责到期收回贷款偿还给信用社。根据借款合同约定，贷款用途为生产流动资金，而该笔贷款实际用于购买土地使用权，显与约定不符。况且，购买土地的实际用途是农行与农林公司在借款时，背着信用社以补充文字的形式作了私自约定，足以证明农行未尽监督专款专用的责任。按最高人民法院《关于适用〈担保法〉若干问题的解释》第26条规定：“第三人向债权人保证监督支付

回贷款"。签约后次日，农林公司与农行在三方协议上增加补充条款，内容为用该笔借款购买土地使用权。因逾期未偿，信用社诉请农行连带偿还。

2.1

200501/7:294

2005

专款专用的，在履行了监督支付专款专用的义务后，不再承担责任。未尽监督义务造成资金流失的，应当对流失的资金承担补充赔偿责任"，故农行应承担补充偿赔偿责任。

实务要点： 根据最高人民法院《关于适用〈担保法〉若干问题的解释》第26条规定，第三人向债权人保证监督支付专款专用的，因未尽监督义务造成资金流失的，应对流失的资金承担补充赔偿责任。

案例索引： 最高人民法院（2005）民二终字第12号"某农行与某信用社借款合同纠纷案"，见《中国农业银行玉门市支行与玉门市农村信用合作社联合社借款合同纠纷上诉案》（审判长周帆，审判员王洪光，代理审判员王涛），载《民商事审判指导·判决书选登》（200501/7:294）。

399 银行监督支付函监督内容不明，不应认定保证成立

——金融机构出具的监督支付函并未明确、具体约定金融机构拨付被监管款项时的监督审查内容，不应认定保证成立。

标签： 保证 | 监管义务 | 保证成立 | 监督支付函 | 约定不明

案情简介： 1993年，实业公司与边贸公司签订购销合同，银行向买方实业公司出具《监督支付函》，承诺："如该笔预付款汇入边贸公司账户后，我行负责按合同规定用途监督款项的支付，防止挪用，如款到后不能成交，我行按结算制度规定，监督将款项退给购货单位。"实业公司预付2300万元货款到边贸公司银行账户后，银行根据边贸公司申请，审查了边贸公司与农垦公司的购销合同，开具2200万元的银行汇票，并注明"此款专款专用，按合同监督执行，不用退回，不予转汇"。因农垦公司收款后

法院认为： 依《担保法》第6条规定，保证成立须是保证人与债权人保证意思表示一致的结果，保证人需作出当债务人不履行债务时，保证以自己的财产代为履行债务或承担责任的意思表示。从案涉监督支付函内容看，并未明确、具体约定银行拨付货款时的监督审查内容，亦不具有保证的意思表示。银行在边贸公司请求拨付货款时，审查了边贸公司与农垦公司签订的购销合同，货款未挪作他用。货款汇出时，已在汇票上特别注明专款专用内容，应认定银行已尽审查之责，履行了监督支付义务。但银行在边贸公司未履行合同、边贸公司账户尚有实业公司剩余货款情况下，仅监督退还实业公司131万元，尚余31万余元未监督退还，被边贸公司挪用，未全部尽到其承诺的监督退款义务，负有过错，应承担与其过错相应的民事责任，故判决银行在边贸公司所欠债务30万元范围内承担连带清偿责任。

实务要点： 金融机构出具的监督支付函未明确、具体约定金融机构拨付被监管款项时的监督审查内容，亦不具有保证的意思表示，不应认定担保关系成立。

倒闭未供货，边贸公司退还实业公司131万元后，取走账户余款31万余元。实业公司起诉银行要求承担连带给付货款的责任。

案例索引： 最高人民法院（2000）经提字第1号“某银行与某边贸公司等借款担保合同纠纷案”，见《中国农业银行佳木斯市市区支行与广西防城港区金海岸公司、中国边贸佳木斯中联经贸公司、黑龙江省佳木斯市人民政府购销钢材合同纠纷提审案——银行未尽监督货款专款专用之责，如何承担责任》（刘国华），载《审判监督指导与研究·案例评析》（200104/4:176）。

2.4

200104/4:176

2001

400 贷款人放贷后，监督资金依约使用，系权利非义务

——贷款人放贷后监督资金是否依约使用系权利而非义务，故贷款人未依约监督，不构成减免担保人保证责任的理由。

3

标签： 保证 | 监管义务 | 借款合同

案情简介： 2001年，投资公司为实业公司向银行借款提供连带责任保证。嗣后投资公司以银行疏于监督资金使用用途为由，主张免除其担保责任。

法院认为： 资金进入借款人账户后，借款人对之享有完全的处分权能。即使贷款人监督发现问题的，只能通过解除合同或追究违约责任等方式进行救济。在放贷后贷款人监督资金是否按合同约定的用途使用，系其权利，而非义务。故即使贷款人怠于监督，借款人的还款义务亦不得减免。同理，担保人的保证责任亦不能因贷款人疏于对贷款用途的监督而减免。故投资公司仍应承担担保责任。

实务要点： 贷款人在放贷后监督资金使用用途，系其权利，而非义务。故贷款银行未依约对贷款用途进行监督，不构成减免担保人保证责任的理由。

3.2

200911/11:201

2008

案例索引： 上海高院（2008）沪高民二（商）终字第57号“浦发银行与某实业公司、威达公司借款担保合同纠纷案”，见《裁判要旨·商事》，载《人民法院案例选（法制社月版）》（200911/11:201）。

401 监管协议独立于委托理财合同，非主、从合同关系

——委托理财合同当事人与第三方证券公司所签账户监管协议属于独立的委托合同，两合同并不属于主、从合同关系。

法院认为： 本案中的监管协议与资产委托管理合同是相互独立的两个合同，并不

标签：保证 | 监管义务 | 证券 | 账户监管 | 委托理财 | 主从合同 | 部分无效

案情简介： 2003年，生物公司依与资产公司所签资产委托管理合同，将7000万元委托资产公司管理，并约定了保底条款。同时，生物公司与证券公司、资产公司三方签订监管协议，约定证券公司负有监督保证保证金账户的真实性、监督资金划转、风险警戒通知、追加保证金资金、强行平仓等义务。嗣后证券公司提出委托理财合同应认定无效，作为从合同的监管协议亦应无效。

属主、从合同关系。监管协议中约定的关于监管人监督保证保证金账户的真实性、监督资金划转、风险警戒通知、追加保证金资金、强行平仓等义务都属于委托合同中受托人事务，故协议书的内容为监管人受托提供监管服务，其性质应属于一个独立的委托合同。虽然其系独立合同，但与资产委托管理合同有着紧密联系，故协议约定的保证按期支付生物公司投资收益的内容属于资产委托管理合同保底条款的担保条款，因资产委托管理合同保底条款无效，且该约定违反了《证券法》有关证券公司不得以任何方式对客户证券买卖的收益或赔偿买卖的损失作出承诺的禁止性规定，亦属无效。除该部分内容无效外，其余内容是三方当事人协商一致的真实意思表示，且不违反法律规定，应为有效。

实务要点： 为保证委托理财合同的履行，双方当事人与第三方证券公司所签账户监管协议属于独立的委托合同，相对于委托理财合同，并不属于主、从合同关系。但监管协议约定担保支付委托理财保底收益的内容无效，该部分无效不影响其他部分效力。

3.3

2007商:146

2006

案例索引： 湖北高院（2006）鄂民二终字第31号“某生物公司与某资产公司等委托管理合同纠纷案”，见《湖北安琪酵母股份有限公司诉友源资产管理有限公司等资产委托管理合同案》（李治国），载《中国审判案例要览》（2007商事:146）。

402 券商违反监管协议约定，应承担违约损害赔偿责任

——证券公司未经委托人同意，违反监管协议约定义务，擅自准许受托人对证券账户撤销指定交易，应承担违约责任。

标签：保证 | 监管义务 | 证券 | 账户监管 | 委托理财 | 违约损害赔偿

案情简介： 2003年，生物公司依与资产公司所签资产委托管理合同，将7000万元委托资产公司管理。同时，生物公司与证券公司、资产公司三方签订监管协议，约定证券公司负有监督保证保证金账户的真实性、监督资

法院认为： 监管协议约定未经双方同意不得对共管账户撤销指定交易，表明不得撤销指定交易所指向的是共管账户，而非仅指共管账户内的资产市值。当事人约定资产公司投入保证金账户初始资产值不得少于3500万元，及不得擅自对共管账户撤销指定交易，其目的是为了减少委托理财风险及在委托理财账户和保证金账户内资产总和在任何时点低于8925万元时，能对有效资产进行平仓，以减少委托理财损失。由于撤销指定交易，共管账户内的证券数量减少，从而导致在对该账户进行强行平仓时能有效进行平仓的证券数量减少，特别是哪些股票可顺利

金划转、风险警戒通知、追加保证金资金、强行平仓等义务。嗣后生物公司以证券公司擅自准许资产公司对部分证券账户撤销指定交易，以及怠于履行对监管账户实施平仓的义务，要求证券公司与资产公司对其2693万余元委托理财损失承担连带清偿责任。

3.3

2007商:146

2006

3

成交，哪些股票因跌停无法成交，均处于更加不确定状态。故证券公司未经生物公司同意，违反监管协议约定的监管义务，擅自准许资产公司对部分证券账户撤销指定交易，以及怠于履行对监管账户实施平仓义务，已构成违约，应承担违约赔偿责任。本案中，资产公司、证券公司属因各自违约行为偶然竞合而产生对生物公司同一给付内容之债务，应为不真正连带责任即补充赔偿责任。因监管协议中担保条款无效，而证券公司作为专业性的证券机构对该担保条款无效应承担主要责任，生物公司在《证券法》有明确规定情况下，仍在监管协议中约定担保条款的内容，对担保条款的无效应承担相应责任，故证券公司对生物公司损失应在资产公司不能清偿部分的70%范围内承担补偿责任。判决资产公司赔偿生物公司2693万余元及相应利息，资产公司对上述给付义务以其在证券公司开立的保证金账户内的资产优先清偿，证券公司对资产公司不能清偿部分在70%范围内承担连带清偿责任。

实务要点： 证券公司未经委托人同意，违反监管协议约定的监管义务，擅自准许受托人对证券账户撤销指定交易，以及怠于履行对监管账户实施平仓的义务，构成违约的，应承担违约赔偿责任。

案例索引： 湖北高院（2006）鄂民二终字第31号“某生物公司与某资产公司等委托管理合同纠纷案”，见《湖北安琪酵母股份有限公司诉友源资产管理有限公司等资产委托管理合同案》（李治国），载《中国审判案例要览》（2007商事:146）。

403 券商对监管资金去向举证不能，应负侵权赔偿责任

——委托理财受托人违约责任无法证明情况下，证券公司作为监管人应对监管资金去向承担举证及侵权损害赔偿责任。

标签： 保证 | 监管义务 | 证据规则 | 证券 | 账户监管 | 委托理财 | 侵权责任

案情简介： 2000年，交流中心与叶某、证券公司签订投资管理协议，约定交流中心将200万元委托叶某进行

法院认为： 案涉投资管理协议约定交流中心将其自有资产200万元委托叶某全权进行托管经营，证券公司对上述二者之间的责权行使和履行进行监管，由此应认定该投资管理协议具有委托合同性质，该协议系当事人真实意思表示，且未违反我国法律、行政法规的强制性规定，应认定有效。本案委托理财合同保底条款无效并不导致委托监管合同的整体无效，交流中心仍可依三方协

托管经营，并约定了固定年收益率，同时约定证券公司对叶某、交流中心设立的共管账户进行监管，还约定了20%的违约责任。嗣后因该账户内资金去向不明致诉。

议要求证券公司承担监管责任。由于证券公司对其监管下托管账户中的委托资产的实际去向举证不能，无法证明其如实履行了监管义务，同时证券公司存在挪用委托资产或违规划转委托资产的嫌疑，对此应承担返还资产的侵权损害赔偿责任，判决证券公司返还交流中心200万元并支付违约金40万元。

3.3

2007商:160

2006

实务要点： 委托理财合同约定的保底条款无效并不导致监管协议整体无效。在受托人违约责任无法证明情况下，证券公司作为监管人无法证明自己如实履行了监管义务，对监管资金去向举证不能，应承担返还监管资产的侵权损害赔偿责任。

案例索引： 北京一中院（2006）一中民终字第13869号“某交流中心与某证券公司等委托合同纠纷案”，见《中日青年交流中心诉长江证券有限责任公司北京展览路证券营业部等委托合同案（委托理财责任）》（王晴），载《中国审判案例要览》（2007商事:160）。

404 合作投资方擅自以共管账户为他人担保，构成违约

——合作投资证券交易一方擅自将共管委托账户内资金及股票作为其对第三人借款合同担保的，应承担相应违约责任。

标签： 保证 | 监管义务 | 证券 | 账户监管 | 信托 | 委托理财 | 共管账户

案情简介： 2000年，投资公司与信托公司签订合作投资协议，由投资公司出资，以信托公司名义在证券公司设立共管账户，并约定了10%的违约责任。2001年，双方与证券公司签订委托协议，约定证券公司的监管责任。2002年，信托公司以该共管账户为其向张某借款提供担保，证券公司以向信托公司、张某承诺监管责任。2004年，投资公司诉请信托公司、证券公司返还共管账户资金1035万余元时，张某作为第三人参加诉讼。

法院认为： 投资公司与信托公司合作投资协议及与证券公司所签三方委托协议均有效。信托公司违反约定，在未经投资公司同意情况下，擅自将共管账户内资金及股票作为其对张某借款合同的担保，应承担违约责任。证券公司在明知其对该账户负有监管责任情况下，又与信托公司、张某另行签订监管协议，允许张某与信托公司共同使用该账户，违反了诚实信用原则，亦应承担相应责任。至于张某和信托公司所签借款合同，及张某与信托公司、证券公司所签监管协议，因与投资公司、信托公司在本案中争议不属同一合同法律关系，且当事人双方就有关债权债务争议较大，故该案不能与本案合并审理，应另案解决。判决证券公司将信托公司名下委托账户的投资款1035万余元返还给投资公司，信托公司负连带责任并支付投资公司违约金103万余元。

实务要点： 合作投资证券交易一方违反约定，在未经对方同意情况下，擅自将共管委托账户内资金及股票作为其对第三人借款合同的担保，应承担违约责任。

3.3

2006商:97

2005

案例索引： 北京高院（2005）高民终字第547号“某投资公司与某咨询公司等委托合同纠纷案”，见《北京经济发展投资公司诉北京融合信达投资管理咨询有限公司等一般委托合同案》（许雪梅），载《中国审判案例要览》（2006商事:97）。

405 券商对监管账户未尽监管义务造成损失的，应赔偿

——券商作为证券质押账户的监管人，怠于履行或履行监管义务不符合约定，应根据实际损失赔偿原则承担赔偿责任。

标签： 保证 | 监管义务 | 证券 | 账户监管 | 质押 | 典当

案情简介： 2002年，依典当公司请求，证券公司同意为典当公司指定账户承担监管义务。随后，吴某以现金80万元作当物，向典当公司申请典当，并承诺当资金汇入典当公司指定监管账户，经典当公司同意方可提取，吴某、典当公司、证券公司均在该承诺上签字或盖章。因吴某委托代理人任某操作证券账户，在无典当公司同意情况下转出股票造成损失49万余元，典当公司诉请证券公司赔偿。

3

法院认为： 案涉典当协议实际为账户质押借款合同，监管协议实际上起到证券公司接受典当公司委托，代为实时监控资金账户而实现转移占有的功能，具有委托合同性质。从监管协议与典当协议关系看，监管协议是对典当协议具体实施方式的约定。结合本案典当协议、承诺书及监管协议约定，可确定证券公司监管义务具体内容，监管协议可作为典当协议的补充合同，但同时又独立于典当协议而存在。证券公司在吴某委托代理人任某既不符合承诺书约定条件，亦不符合证券公司一般办理股票转出业务手续情况下，未尽到监管协议约定的监控义务，致使吴某将监控账户股票全部转出，造成典当公司当金损失及利息损失，判决证券公司赔偿典当公司49万余元。

实务要点： 券商作为证券质押账户监管人，怠于履行或履行监管义务不符合约定，给委托人造成损失的，应根据实际损失赔偿原则承担赔偿责任。

3.3

2006商:197

3.4

200705:48

2005

案例索引： 北京朝阳法院（2005）朝民初字第09904号“某证券公司与某典当公司委托合同纠纷案”，见《北京嘉义典当有限责任公司诉国海证券有限责任公司北京和平街证券营业部委托合同案（券商的监管义务）》（郭莉蓉、蔡黎），载《中国审判案例要览》（2006商事:197）；另见《账户监管协议中证券公司的义务》（郭莉蓉、蔡黎），载《人民司法·案例》（200705:48）。

406 证券投资者委托他人进行买卖股票的，应自担风险

——证券投资者委托他人进行股票买卖并授予他人股票买卖操

法院认为： 具有证券投资性质的三方协议签订后，

作权的，因股票价格暴跌所产生的风险应由其自行承担。

标签：保证 | 监管义务 | 证券 | 交易亏损 | 委托理财 | 证券投资风险

案情简介：1998年，陈某与证券公司、投资公司签订三方协议，约定陈某与投资公司各出资100万元，存入陈某所设证券公司资金账户，由投资公司进行股票交易。2003年，陈某以证券公司未尽约定监管义务，依投资公司的擅自授权，在其资金账户下挂其他自然人证券账户的股票操作，导致其账户亏损39万余元，诉请证券公司和投资公司赔偿。

投资公司出具授权委托书，要求证券公司将其指定的多个证券账户挂入陈某的资金账户，投资公司作为陈某代理人，该行为应认定为陈某所为。不论陈某是否对该代理行为应当知道或同意，协议约定的买卖股票的操作方式，是使用陈某的资金账户，而由投资公司单方进行股票买卖操作。证券公司作为三方协议监管人，系根据投资公司指示将其指定的多个证券账户挂入陈某的资金账户，对此，证券公司并非擅自将他人的、多个证券账户对应到陈某的资金账户。三方协议约定陈某与投资公司投入资金后由投资公司拥有股票买卖操作权，陈某无权干涉或自行进行股票买卖。投资公司不仅是作为投资的一方，且系作为陈某的股票买卖代理人履行了协议的部分内容，即将多个证券账户挂入陈某资金账户并利用陈某资金账户内资金全部购买涉案股票。造成陈某亏损的直接原因是由于投资公司全部购进的股票价格暴跌所致，陈某投资并委托他人进行买卖股票，其应当知道并承受由此可能产生的风险，故陈某的资金损失与证券公司之间无直接因果关系，故判决驳回陈某诉讼请求。

3.3

2005商:290

2004

实务要点：证券投资者委托他人进行股票买卖，由此产生的风险应自行承担。

案例索引：福建厦门中院（2004）厦民终字第717号“某证券公司与陈某等证券纠纷案”，见《陈玉梅诉多宝证券有限责任公司、中国联合控股有限公司证券投资案（委托理财）》（林芳、白良德），载《中国审判案例要览》（2005商事:290）。

407 证券公司未履行证券监管承诺，应负补充赔偿责任

——承诺监督义务的证券公司履行义务过程中存在过错，导致出质物流失的，应对债务人不能偿还部分承担补充责任。

标签：保证 | 监管义务 | 证券 | 账户监管 | 质押 | 补充赔偿责任

案情简介：2001年，实业公司向银行借款500万元，并以设在证券公司账户上的国债作为权利质押，证券公司出具了监管承诺书。因实业公司未经

法院认为：案涉质押合同所涉质物符合国家法律关于权利质押的规定，质押合同依法成立。证券公司出具监管承诺书实质是其自愿配合质权人控制出质权利，因其未尽注意义务，在未通知银行情况下，将实业公司持有的国债全部进行了交易，并提前支取资金，使出质权利落空，故应承担赔偿损失责任。另一方面，监管承诺书使银行足以相信证券公司具备履行监管义务的主体资格，其具有监管的便利条件，在质押物

银行同意，擅自将质押国债卖出，并从证券公司提取出让价款而未偿还借款致诉。

出质后，就应在实业公司提取账上资金时告知银行，因其未尽告知义务，其在履行义务中存在过错，应承担赔偿责任。判决实业公司偿还借款500万元本息，实业公司财产不足清偿时，由证券公司对不足清偿部分承担赔偿责任，其承担清偿责任后，有权向实业公司追偿。

3.1

2004商:390

2002

实务要点： 交易所记账式国债未办理登记，不影响质押合同效力。承诺监督义务的证券公司在履行义务过程中，存在过错，导致出质物流失，则应对债务人不能偿还部分承担补充责任。

案例索引： 四川成都中院2002年9月20日判决“某银行与某证券公司等监管合同纠纷案”，见《建行锦城支行诉咸普公司返还借款及十二桥营业部出具监管书后出质物流失应承担赔偿责任案》（张洪），载《人民法院案例选》（2004/商事·知识产权专辑:390）。

3

408 券商对投资者账户未尽监管责任造成损失，应赔偿

——证券公司未尽监管责任，使投资者账户在资金不足情况下买卖股票亏损，并在办理提款时未尽审核义务，应赔偿。

标签： 保证 | 监管义务 | 证券 | 账户监管 | 民间委托理财 | 股票透支交易

案情简介： 1998年，秦某委托投资公司工作人员卞某从事股票买卖、资金存取、交割账户和销户等行为，证券公司在该委托书上盖章确认。随后，秦某向投资公司证券账户下股东账号存入20万元。期间，卞某在秦某资金不足情况下买入股票，造成亏损2万余元。1999年，卞某购买的股票被卖出，所得款项包括秦某12万余元资金被投资公司划出。2000年，卞某死亡，投资公司歇业。2001年，秦某诉请证券公司赔偿其损失，并要求投资公司股东王某、应某承担连带责任。

法院认为： 证券公司对股民股票及资金负有保管义务。证券公司在明知接受秦某股票买卖、资金存取等委托的卞某尚未为秦某开设独立资金账户情况下，仍允许卞某买卖股票，违反了证券法规。证券公司对案涉账户下的小账户已根据股东代码相对应地设立了不同账户，故证券公司对小账户负有监管责任。现证券公司未经秦某及其代理人卞某同意擅自将秦某资金12万余元划出，造成秦某损失，证券公司应承担赔偿责任。卞某在秦某资金不足情况下买入股票，秦某不予认可，由此造成的损失，证券公司因未尽审查义务，故应承担连带赔偿责任。投资公司未经秦某同意提取秦某资金12万余元，侵犯了公民合法权益，应予返还。故判决证券公司赔偿秦某股票损失12万余元及交易亏损2万余元，因投资公司已歇业，其股东王某、应某对公司财产进行清理，并以清理后的财产偿付证券公司12万余元。

实务要点： 证券公司未尽监管责任，使投资者账户在资金不足情况下买卖股票造成亏损，并在办理提款手续时未认真核对身份证、股东账户卡和资金卡，造成客户损失的，应承担赔偿责任。

3.3

2002商:458

2001

案例索引： 上海静安区法院（2001）静经初字第306号“某证券公司与秦某等证券纠纷案”，见《秦申园诉南方证券有限公司上海分公司南京西路证券营业部等股票交易赔偿案》（张仁明、丁晓燕），载《中国审判案例要览》（2002商事:458）。

借款用途

409 将“流动资金”用于偿还旧贷款，未超出担保范围

——担保人同意为债务人“流动资金”借款提供担保，债务人将借款用于支付到期债务，并未超出担保人的担保范围。

标签： 保证 | 借款用途 | 流动资金 | 偿还旧贷

案情简介： 2001年12月，投资公司向银行申请流动资金借款4000万元，借款用途为“借新还旧”，开发公司以土地使用权提供2年期最高额5200万余元的抵押担保并办理了抵押登记。2002年12月和2003年12月，投资公司又分别申请“流动资金”借款4000万元，借款用途均为“借新还旧”。其中2003年12月的《借款合同》所载“借款用途”，投资公司所持合同文本手写标注为“流动资金”，银行所持合同文本手写标注为“流动资金贷款借新还旧”，同时，开发公司与

法院认为： 开发公司主张免除其担保义务的主要理由是其持有的借款合同中借款用途系“流动资金”贷款，与银行持有的借款合同上借款用途为“流动资金贷款借新还旧”不同。企业流动资金系相对固定资产而言的企业资产，包括企业用于支付工资、购买原材料、偿付债务等的现金款项。开发公司同意为投资公司“流动资金”借款提供担保，投资公司将借款用于支付到期债务，并未超出开发公司的担保范围。开发公司、投资公司与银行之间在本案合同签订之前已签订过其他的借款抵押合同，开发公司对于投资公司在银行是否存在尚未偿还的债务系明知或应知。如开发公司不愿为投资公司用于偿还债务的借款提供抵押，应在合同中明确加以限制。开发公司在本案合同中笼统地承诺为投资公司“流动资金”借款提供担保，未对投资公司的借款用途加以限制，现在诉讼中提出不同意借款人将借款用于偿还债务有违诚实信用原则。最高人民法院《关于适用〈担保法〉若干问题的解释》第39条规定，主合同当事人双方协议以新贷偿还旧贷，除保证人知道或者应当知道外，保证人不承担民事责任。新贷与旧贷系同一保证人

银行签订了抵押担保合同，约定以前述土地使用权为流动资金贷款3995万元进行担保。嗣后，开发公司以投资公司将流动资金借新还旧为由，主张免除担保责任。

1.1

2009:323

2.1

200804/16:128

2.7

2010:865

3

2.6

v.2:523

2007

的，不适用前款的规定。本案中开发公司就同一抵押物先后为投资公司的新旧贷款提供抵押担保，投资公司以新贷偿还旧贷，并未加重开发公司担保责任，故开发公司应承担担保责任。

实务要点： 企业流动资金系相对固定资产而言的企业资产，包括企业用于支付工资、购买原材料、偿付债务等的现金款项。担保人同意为债务人“流动资金”借款提供担保，债务人将借款用于支付到期债务，并未超出担保人的担保范围。

案例索引： 最高人民法院（2007）民二终字第33号“某开发公司与银行等借款担保合同纠纷案”，见《中国农业银行长沙市先锋支行与湖南金帆投资管理有限公司、长沙金霞开发建设有限公司借款担保合同纠纷案》（审判长钱晓晨，代理审判员刘敏、杨征宇），载《最高人民法院公报·裁判文书选登》（2009:323）；另见《合同撤销权中几个法律问题之研究》（何东宁、朱婧），载《审判监督指导·实务研讨》（201303/45:204）；另见《当事人双方举证合同内容不一致时民事证据规则的运用——上诉人长沙金霞开发建设有限公司与被上诉人中国农业银行长沙市先锋支行、湖南金帆投资管理有限公司借款担保合同纠纷上诉案》（杨征宇，最高院民二庭），载《民商事审判指导·民商审判案例分析》（200804/16:128）；另载《最高人民法院商事审判裁判规范与案例指导·案例指导》（2010:865）；另见《公司在合同中笼统地承诺为“流动资金”借款提供担保而对借款用途加以限制的，不得因借款用途问题而主张免除担保责任》，载《最高人民法院商事审判指导案例·借款担保卷（下）》（2011:523）。

410 借款合同当事人文本各不同，并不一定属恶意串通

——合同当事人分别持有的合同文本内容上虽有出入，但不能据此简单地认定合同某一方当事人存在故意欺诈的情形。

标签： 保证 | 借款用途 | 恶意欺诈 | 合同文本 | 流动资金

案情简介： 2001年12月，投资公司向银行申请流动资金借款4000万元，借款用途为“借新还旧”，开发公司以土地使用权提供2年期的最高额担

法院认为： 开发公司以其持有的借款合同与银行提供的借款合同部分内容不一致为由，主张银行和投资公司存在恶意串通，故意隐瞒“借新还旧”的重要内容，骗取开发公司提供担保。但当事人分别持有的合同内容有出入，客观原因复杂多样，不能据此简单认定是合同某一方的故意欺诈行为。开发公司主张银行和投资公司欺诈，应提供其他证据予以证明。开发公司提出投资公司在办理抵押登记手续时将合同原件

保并办理了抵押登记。2002年12月和2003年12月，投资公司分别申请“流动资金”借款4000万元，借款用途均为“借新还旧”。在2003年12月的《借款合同》中关于“借款用途”，投资公司所持合同文本手写标注为“流动资金”，银行所持合同文本手写标注为“流动资金贷款借新还旧”；此外，银行持有的合同上第8条“其他事项”手写注明开发公司提供抵押担保，但投资公司持有的合同上此栏显示空白；合同落款银行盖章，银行持有的文本上系“贷款合同专用章”，而投资公司显示是行政公章。2003年12月，开发公司与银行签订了抵押担保合同，约定以前述土地使用权为流动资金贷款3995万元进行担保。2004年12月31日，开发公司向银行出具函件，对贷款用途以新还旧提出异议。2006年9月，银行以借款担保合同纠纷起诉投资公司和开发公司时，开发公司提出借款人与银行借款合同文本不同，存在故意欺诈、骗取担保行为，其不应承担抵押担保责任。

1.1

2009:323

2.1

200804/16:128

2.7

2010:865

加上“借新还旧”字样，以帮助银行向开发公司主张权利。从常理上看，办理抵押登记手续的申请主体应系抵押人，而非债权人；从本案证据上看，市国土资源局提供的《业务受理回执单》上明确记载办理本案抵押登记手续的人员是开发公司的代理人“丁利”，开发公司作为被代理人应对代理人的代理行为承担民事责任。开发公司未提供证据证明银行参与了办理抵押登记行为，其关于银行故意欺诈的主张不能成立。且开发公司2004年12月31日向银行出具的函件中表示该公司已获悉投资公司的贷款用途为以新还旧，如认为银行与投资公司在订立合同时有欺诈行为，根据《合同法》第54条关于撤销权除斥期间的规定，其至迟应在2005年12月31日之前向法院或仲裁机构申请变更或撤销合同，因其未在1年除斥期限内未行使撤销权，故即使抵押合同存在可撤销事由，其撤销权亦已消灭。另外，本案当事人分别持有的借款合同中虽部分内容有出入，但当事人对各自持有的合同本身的真实性不持异议，不妨碍合同成立的事实认定。开发公司同意为投资公司“流动资金”借款提供担保，投资公司将借款用于支付到期债务，并未超出开发公司的担保范围。开发公司在本案合同中笼统地承诺为投资公司“流动资金”借款提供担保，未对投资公司的借款用途加以限制，现在诉讼中提出不同意借款人将借款用于偿还债务有违诚实信用原则。本案中开发公司就同一抵押物先后为投资公司的新旧贷款提供抵押担保，投资公司以新贷偿还旧贷，并未加重开发公司的担保责任，根据最高人民法院《关于适用〈担保法〉若干问题的解释》第39条规定，开发公司亦应承担担保责任。

实务要点： 导致合同当事人分别持有的合同文本内容有出入的原因复杂多样，不能据此简单地认定合同某一方当事人存在故意欺诈的情形。合同一方当事人如果据此主张对方当事人欺诈，还应提供其他证据予以证明，同时以欺诈主张撤销权，还应符合1年除斥期间的规定。

案例索引： 最高人民法院（2007）民二终字第33号“某开发公司与银行等借款担保合同纠纷案”，见《中国农业银行长沙市先锋支行与湖南金帆投资管理有限公司、长沙金霞开发建设有限公司借款担保合同纠纷案》（审判长钱晓晨，代理审判员刘敏、杨征宇），载《最高人民法院公报·裁判文书选登》（2009:323）；另见《合同撤销权中几个法律问题之研究》（何东宁、朱婧），载《审判监督指

2.6 导·实务研讨》(201303/45:204);另见《当事人双方举证合同内容不一致时民事证据规则的运用——上诉人长沙金霞开发建设有限公司与被上诉人中国农业银行长沙市先锋支行、湖南金帆投资管理有限公司借款担保合同纠纷上诉案》(杨征宇,最高院民二庭),载《民商事审判指导·民商审判案例分析》(200804/16:128);另载《最高人民法院商事审判裁判规范与案例指导·案例指导》(2010:865);另见《公司在合同中笼统地承诺为"流动资金"借款提供担保而对借款用途加以限制的,不得因借款用途问题而主张免除担保责任》,载《最高人民法院商事审判指导案例·借款担保卷(下)》(2011:523)。

v.2:523

2007

411 主债务人并非实际用款人,不免除保证人保证责任

——借款人将贷款人已转入其账户的贷款再次转入下属企业,不能认定系对借款主合同的变更,保证人不能据此免责。

标签:保证 | 借款用途 | 借款合同 | 实际借款人 | 流动资金

3

案情简介:2005年5月,轮胎公司与银行签订《最高额保证合同》,承诺为商贸公司未来1年内发生的最高额度为7000万元的授信提供连带保证担保。同日,银行2次以贷款方式向商贸公司发放"短期流动资金周转"、"流动资金"共计2730万元,商贸公司随即将贷款转入下属公司或子公司。因商贸公司逾期未还,银行起诉,并要求轮胎公司承担保证责任。轮胎公司认为实际借款人和使用人均非商贸公司,其保证责任应免除。

法院认为:该两笔贷款均已直接转入商贸公司账户,不能说明借款合同的借款主体发生了变更。虽然上述两份借款合同约定借款目的为"短期流动资金周转"、"流动资金",但在转入商贸公司账户后,商贸公司即有权就相关款项进行支配使用,故即便上述两笔款项转入了商贸公司下属的两个企业、违背两份借款合同有关借款目的的约定,亦不能认定为债务人商贸公司与债权银行对主合同的变动,更不能认定属于《担保法》司法解释第30条第1款所规定的情形,即保证期间内,债权人与债务人对主合同数量、价款、币种、利率等内容作了变动,未经保证人同意加重债务人的债务的,保证人对加重的部分不承担保证责任。故轮胎公司认为商贸公司非案涉贷款的借款人的主张不能成立,不予支持。

实务要点:借款人将贷款人转入账户的贷款再次转入下属企业,不能认定系对主合同的变更,更不能认定为属于最高人民法院《关于适用〈担保法〉若干问题的解释》第30条第1款规定的情形,保证人不能据此免责。

1.1

2008:291

案例索引:最高人民法院(2007)民二终字第36号"某轮胎公司与某银行等借款担保合同纠纷案",见《风神轮胎股份有限公司与中信银行股份有限公司天津分行、河北宝硕股份有限公司借款担保合同纠纷案》(审判长钱晓晨,代理审判员刘敏、杨征宇),

载《最高人民法院公报·裁判文书选登》(2008:291);另载《民商事审判指导·判决书选登》(200801/13:281);另载《最高人民法院商事审判裁判规范与案例指导·裁判文书》(2010:267)。

2.1

200801/13:281

2.7

2010:267

2007

412 关联企业保证人对借款人名义借款行为应推定知晓

——与借款人存在关联关系的保证人对借款人名义借款行为应推定知晓，借款人逾期还款时，保证人担保义务不免除。

标签：保证 | 借款用途 | 名义用款 | 关联企业

案情简介：2003年，银行依借款合同，向药业公司发放“流动资金”2000万元，物业公司提供保证担保。药业公司收款后，划入关联公司账户，用途是“代实业公司还款”。随后，该款由药业公司的关联公司转入科技公司。2004年，药业公司与银行签订展期协议，继续由物业公司提供保证担保。药业公司与物业公司法定代表人均系陈某。物业公司以主合同双方当事人以贷还贷为由，主张免除保证责任。

法院认为：陈某系本案借款发生时兼任物业公司和药业公司两个公司的法定代表人，亦系本案借款、担保、转款的参与者，由此可推定物业公司对本案借款担保及资金流向应为知悉。物业公司在知悉资金流向情况下，仍继续为银行与药业公司所签借款展期协议提供连带责任保证，足以认定物业公司担保系其真实意思表示，故应承担保证责任。

实务要点：与借款人存在关联关系的保证人对以借款人名义实施的借款行为应推定知晓，在借款人应承担还款责任情况下，保证人的担保义务不能免除。

案例索引：最高人民法院(2010)民二终字第69号“某银行与某药业公司等借款合同纠纷案”，见《上诉人中国农业银行股份有限公司拉萨市康昂东路支行与被上诉人西藏华西药业集团有限公司、成都达义物业有限责任公司借款合同纠纷案》(审判长周帆，审判员陈明焰，代理审判员林海权)，载《商事审判指导·裁判文书选登》(201101/25:241)。

2.1

201101/25:241

2010

413 最高额保证未区分债务性质的，视为包括借新还旧

——《最高额保证合同》对主债务性质未作约定的，保证期间

法院认为：案涉《最高额保证合同》明确约定保

内发生的借新还旧亦应包括在最高额保证担保的范围内。

标签：保证 | 借款用途 | 债务重组

案情简介：2003年6月25日，银行与钢铁公司签订《最高额保证合同》，约定钢铁公司为开发公司在2003年6月29日之后提供最高额不超过9790万元及利息的连带责任保证。其后，开发公司与银行签订的借款合同约定借款用途为“债务重组”。开发公司将借款用于偿还旧贷，钢铁公司据此主张免责。

证人对保证期间所产生的全部债务承担保证责任，该约定并未区分债务的性质。从合同条款的文义解释，应认定只要是在最高额保证期间内且在担保金额范围内的债务，不论该债务如何产生，均应属于钢铁公司债务。案涉借款合同对借款用途明确约定“用于债务重组”，但并未明确采取何种方式进行债务重组，在各方当事人均未提供开发公司存在其他债务重组方案的情况下，开发公司贷款用途即使属于借新还旧，亦应认定为本案借款合同中约定的债务重组的范畴。因借款合同签订于前述最高额保证期间，且贷款本金金额未超过担保范围，故不论本案所涉贷款是否用于借新还旧，钢铁公司均应承担担保责任。

3

2.1

201004/24:115

2.7

2011:333

2.6

v.5:331

2010

实务要点：《最高额保证合同》对主债务性质未作约定的，保证期间内发生的借新还旧亦应包括在最高额保证范围内。主合同约定借款用途系“债务重组”，但未明确采取何种方式进行债务重组的，借新还旧亦应认定为属于借款合同约定的债务重组范畴。

案例索引：最高人民法院（2010）民二终字第88号“某资产公司与某开发公司借款合同纠纷案”，见《即使贷款为借新还旧，保证人仍应依照保证合同的约定承担保证责任——中国信达资产管理股份有限公司辽宁省分公司与北台钢铁（集团）有限责任公司、本溪华厦房地产综合开发有限责任公司借款合同纠纷上诉案》（刘竹梅、高燕竹，最高院民二庭；审判长刘竹梅，审判员朱海年，代理审判员张雪楳），载《商事审判指导·商事审判案例分析》（201004/24:115）；另载《最高人民法院商事审判裁判规范与案例指导·案例指导》（2011:333）；另见《保证合同明确约定保证人应对全部债务承担责任的，无论所涉债务是否是借新还旧，保证人均应依约承担责任》，载《最高人民法院商事审判指导案例·第五卷（上）》（2011:331）。

414 明知贷款用途变更，仍放贷的，构成对保证人欺诈

——贷款人明知借款人改变贷款用途仍发放贷款，违反了合同约定，对保证人构成了欺诈，依法应认定保证合同无效。

标签：保证 | 借款用途 | 欺诈 | 法律适用

法院认为：实业公司出具的担保书明确表示，根据本案贷款合同规定而同意提供担保，故贷款合同中关于贷款用

案情简介： 1993年，信托公司与贸易公司签订《外汇贷款合同》，约定用途为“购买原材料聚乙烯”，同时约定“贸易公司如不按借款合同使用贷款，信托公司有权提出警告并限制纠正或停止发放贷款，并将已发放的贷款追回”。实业公司出具的担保书明确表示：“根据本案贷款合同规定，经充分研究，同意就上述合同提供担保”。嗣后实业公司以信托公司与贸易公司改变贷款用途为由主张免除担保责任，并提交了贸易公司向信托公司发出的划款《委托书》，依该委托书，贸易公司指示将贷款直接付给房地产公司及境外。

途的约定亦应属于保证合同的内容，对贷款人具有法律约束力。贸易公司向信托公司发出的划款委托书的“付款指示”表明，贸易公司请求将贷款直接付给房地产公司及境外，显与《外汇贷款合同》约定的“只限使用在购买原材料聚乙烯”不符，信托公司本应秉承诚实信用原则和按合同约定履行尽职调查，进而知道或应知贸易公司改变了贷款用途，但其并未停止发放上述贷款，事后亦未向贸易公司提出异议，对上述改变贷款用途的行为，信托公司亦未告知保证人实业公司并征得其同意，其市场风险明显超出了保证人预先设定，亦违背了实业公司提供保证时的真实意思，对实业公司构成欺诈。根据1994年4月15日最高人民法院颁布实施的《关于审理经济合同纠纷案件有关保证的若干问题的规定》第19条规定，应认定实业公司为该贷款合同提供的担保无效。

实务要点： 保证人在其出具的担保书中明确表示，其根据贷款合同规定而同意提供担保，故贷款合同中关于“贷款用途”的约定亦应属于保证合同的内容，对贷款人具有法律约束力。贷款人明知借款人改变贷款用途仍发放贷款，违反了约定，对保证人构成了欺诈，根据最高人民法院《关于审理经济合同纠纷案件有关保证的若干问题的规定》第19条规定，应认定担保无效。

2.6

v.6:300

2010

案例索引： 最高人民法院（2010）民提字第87号“某信托公司与某实业公司等借款合同纠纷案”，见《贷款人明知借款人改变贷款用途仍发放贷款，违背了保证人提供保证时的真实意思的，应确认保证担保无效——中国光大（集团）总公司与北京京华信托投资公司清算组、北京高登企业有限公司借款合同纠纷案》（审判长王宪森，审判员殷媛，代理审判员杨征宇），载《最高人民法院商事审判指导案例·合同与借贷担保卷（6）》（2012:300）。

415 担保贷款是否为封闭贷款，应以担保书或合同为准

——担保贷款是否系封闭式贷款性质，一般应以担保人与债权人银行签订的担保合同约定，而非以政府内部文件为准。

标签： 保证 | 借款用途 | 流动资金 | 封闭式贷款 | 内部文件

案情简介： 2001年，纸业集团向省经

法院认为： 电力公司向银行报送的贷款担保资料，及盖章同意的董事会纪要，以及正式签订的贷款保证担保合同，均明确表示同意为造纸公司贷用3亿元流动资金提供担保。整个担保过程中，银行从未与电力公司约

贸委请示，希以造纸公司为贷款主体，敦请电力公司为银行提供3亿元的封闭式贷款提供担保。省政府负责人在省经贸委呈报的文件上签字同意，并签转电力公司负责人阅知。其后，造纸公司与银行签订关于3亿元封闭贷款作为技改和流动资金贷款的业务合作协议。随后，银行与造纸公司签订3亿元"流动资金"的贷款合同，电力公司与银行签订贷款担保合同。事后审计发现：纸业集团以造纸公司为贷款主体，所贷3亿元当日，即全部转入当日成立的、注册资金为60万元、由纸业集团负责人担任总经理的实业公司账户，同时由实业公司与银行签订2.5亿元的贷款合同。纸业集团对此的解释是为了防止其他债权人追债和方便资金运转安全。据此，电力公司以银行、造纸公司未按封闭式贷款签订合同为由主张受欺诈而出具的担保无效。

3

2.7

2011:364

2.6

v.2:692

2.6

v.5:815

2009

定本案贷款为封闭贷款，电力公司亦未向银行申明其担保贷款为封闭贷款。不仅如此，电力公司提交的一系列担保文件中，均明确其担保的贷款是流动资金贷款。电力公司据此主张案涉贷款为封闭贷款的证据，系纸业集团与省经贸委之间形成的内部文件、经贸委呈报省政府主要负责人的请示报告，以及银行与造纸公司之间的业务合作协议，这些文件既非本案贷款合同组成部分，亦未经由银行提供给电力公司，不能作为造纸公司和银行欺骗电力公司本案贷款为封闭贷款的证据使用。故电力公司以欺诈主张担保无效的理由不应成立，其保证责任不能免除。

实务要点： 担保人提交的担保文件及与债权人银行签订的担保合同均未明确担保的贷款性质为封闭式贷款，嗣后以债权人与债务人之间的另行约定，及政府内部文件关于封闭式贷款性质而实际签订流动资金贷款用途，主张债权人与债务人以欺诈方式骗保应免除担保责任的，不予支持。

案例索引： 最高人民法院（2009）民二终字第96号"某银行与某投资公司等借款担保合同纠纷案"，见《黑龙江辰能投资集团有限公司与深圳发展银行股份有限公司深圳罗湖支行、佳木斯造纸股份有限公司、黑龙江华夏造纸有限公司借款担保合同纠纷案》（审判长刘竹梅，代理审判员沙玲、张雪楳），载《最高人民法院商事审判裁判规范与案例指导·裁判文书》（2011:364）；另见《担保人以主合同签订时的主合同组成部分之外的内部文件以及〈业务合作协议书〉为由，主张主合同约定的贷款用途变更的，法院不予认可》，载《最高人民法院商事审判指导案例·借款担保卷（下）》（2011:692）；另见《各方当事人就部分诉讼请求达成调解协议、部分未达成的，人民法院可以一并以判决书的形式作出裁判》，载《最高人民法院商事审判指导案例·第五卷（下）》（2011:815）。

416 担保人不因借款人单方划转借款至其他账户而免责

——债务人取得贷款后单方转款至其他单位，以其他单位名义实际使用贷款，担保人主张免除担保责任的，不予支持。

标签：保证 | 借款用途 | 实际使用贷款人

案情简介：2001年，银行与造纸公司签订3亿元流动资金的贷款合同，电力公司与银行签订贷款担保合同。事后审计发现：纸业集团以造纸公司为贷款主体，所贷3亿元发放当日，即全部转入当日成立的、注册资金为60万元、由纸业集团负责人担任总经理的实业公司账户，同时由实业公司与银行签订2.5亿元的虚假贷款合同。纸业集团对此解释系为防止其他债权人追债和方便资金运转安全。嗣后，电力公司以银行、造纸公司擅自改变贷款用途为由主张担保无效。

法院认为：从实业公司设立方面审查，银行并未参与其中；从3亿元贷款支配情况看，为避免被其他债权人扣收，造纸公司将3亿元贷款转至实业公司账户，其转款目的系为保证贷款安全而单方采取的措施，无证据证明银行事先安排、事后参与，故电力公司关于银行存在操纵划款的行为的理由不能成立。从实业公司事后使用账户资金情况看，实业公司使用的每笔资金均经造纸公司同意，其使用资金等同造纸公司使用资金，且审计报告显示有关资金均用于造纸公司及其关联公司经营。据此，实业公司贷款未改变造纸公司贷款用途，亦未加重造纸公司贷款担保人的风险和负担。电力公司主张免于承担造纸公司贷款的担保责任，无合同依据和法律依据，不能成立。

实务要点：债务人取得贷款后单方转款至其他单位，以其他单位名义实际使用贷款，担保人无证据证明债权人银行与债务人存在改变贷款用途的共同意思表示，以贷款用途改变或实际贷款人改变为由主张免除担保责任的，不予支持。

案例索引：最高人民法院（2009）民二终字第96号“某银行与某投资公司等借款担保合同纠纷案”，见《黑龙江辰能投资集团有限公司与深圳发展银行股份有限公司深圳罗湖支行、佳木斯造纸股份有限公司、黑龙江华夏造纸有限公司借款担保合同纠纷案》（审判长刘竹梅，代理审判员沙玲、张雪楳），载《最高人民法院商事审判裁判规范与案例指导·裁判文书》（2011:364）；另见《担保人以主合同签订时的主合同组成部分之外的内部文件以及〈业务合作协议书〉为由，主张主合同约定的贷款用途变更的，法院不予认可》，载《最高人民法院商事审判指导案例·借款担保卷（下）》（2011:692）；另见《各方当事人就部分诉讼请求达成调解协议、部分未达成的，人民法院可以一并以判决书的形式作出裁判》，载《最高人民法院商事审判指导案例·第五卷（下）》（2011:815）。

2.7
2011:364
2.6
v.2:692
2.6
v.5:815
2009

417 贷款用于炒股未加重担保风险的，不免除担保责任

——债务人改变贷款用途将贷款用于炒股，但未加重保证人提供担保时所具有的担保风险的，保证人不免除担保责任。

标签：保证 | 借款用途 | 流动资金 | 炒股

案情简介：2001年，投资公司以“流动资金”名义向银行借款6000万元，药业公司以其存款作为质押。2004年，科技公司向药业公司提供连带保证责任的反担保。因投资公司将借款用于炒股未能清偿，银行扣划药业公司6000万元质押款后，药业公司起诉科技公司要求承担反担保责任。科技公司以贷款用途改变未经其同意为由，主张免除担保责任。

3

2.1

200902/18:162

2009

法院认为： 一般而言，如主合同当事人对合同主要条款内容进行变更，加重担保人的担保责任，则担保人对加重部分不承担担保责任；但如未加重担保责任，则担保人应对变更后的合同承担担保责任。最高人民法院《关于适用〈担保法〉若干问题的解释》第30条对主合同在数量、币种、利率等内容作了变动未经保证人书面同意的情形下，保证人的保证责任作了规定，但对于主合同贷款用途改变的情形并未明确规定。投资公司营业执照载明的经营范围为实物投资，故股票投资不属于营业执照所指实物投资，该借款用于炒股并不属于合同约定的流动资金用途，贷款用途发生改变。该改变属于债务人单方变更，而非主合同当事人合意变更。因科技公司签订《担保承诺书》时，案涉贷款已实际发放近2年，贷款早已使用，但科技公司仍愿意提供反担保，且未对贷款用途提出异议，应认定科技公司提供反担保的意思表示并不因该贷款用途已实际发生改变而改变，其并非只有在贷款用途为流动资金时才提供担保，故尽管债务人改变了贷款用途，但并未加重科技公司提供担保时所具有的担保风险，不存在违反其提供贷款时的真实意思表示，或违反公平原则的问题，故不能以贷款用途改变而免除其反担保责任。故判决投资公司偿还药业公司6000万元，科技公司承担连带清偿责任，在科技公司承担连带责任后可向投资公司追偿。

实务要点： 最高人民法院《关于适用〈担保法〉若干问题的解释》第30条对主合同在数量、币种、利率等内容作了变动未经保证人书面同意的情形下，保证人的保证责任作了规定，但对于主合同贷款用途改变的情形并未明确规定。司法实务中，一般认为，债务人改变了贷款用途但未加重保证人提供担保时所具有的担保风险，不存在违反其提供担保时的真实意思表示，或违反公平原则的，保证人不能免除担保责任。

案例索引： 最高人民法院判决“某药业公司与某投资公司等借款合同纠纷案”，见《附条件合同的认定以及反担保责任的承担》（张雪楳，最高院民二庭），载《民商事审判指导·民商审判案例分析》（200902/18:162）。

418 改变借款用途未加重保证责任的，保证责任不免除

——债权人与债务人未经保证人同意改变借款用途，但并未因此导致保证责任加重的，保证人仍应依法承担保证责任。

标签：保证 | 借款用途 | 流动资金 | 资金周转

案情简介： 2004年，制塑公司向银行借款2000万元用于“流动资金贷款”，养殖公司提供保证担保。贷款到账后，制塑公司划转至贸易公司账户，贸易公司又将2000万元划转出。3日后，贸易公司收到旅游公司划来的3000万元，随即将2000万元又划转回制塑公司账户。养殖公司据此认为借款用途改变及骗保，主张免除保证责任。

法院认为： 即便案涉借款合同从根本上改变了借款用途，未征得保证人养殖公司的书面同意，但根据最高人民法院《关于适用〈担保法〉若干问题的解释》第30条第1款关于“债权人与债务人对主合同数量、价款、币种、利率等内容作了变动，未经保证人同意的，如果减轻了债务人的债务的，保证人仍应当对变更后的合同承担保证责任；如果加重了债务人的债务的，保证人对加重的部分不承担保证责任”的规定，因养殖公司的保证责任并未加重，故养殖公司仍应承担保证责任。本案亦无证据证明银行与制塑公司恶意串通诈骗保证人，故养殖公司关于骗保免除保证责任的主张不能成立。

实务要点： 债权人与债务人未经保证人同意改变借款用途，但未导致保证责任加重的，保证人仍应依最高人民法院《关于适用〈担保法〉若干问题的解释》第30条第1款规定，承担保证责任。

2.6

v.2:441

2007

案例索引： 最高人民法院（2007）民二终字第117号“某银行与某实业公司等借款担保合同纠纷案”，见《独立担保条款效力的认定——湖南洞庭水殖股份有限公司与中国光大银行长沙华顺支行、湖南嘉瑞新材料集团股份有限公司、长沙新振升集团有限公司借款担保合同纠纷案》（审判长叶小青，审判员陈明焰，代理审判员王闯），载《最高人民法院商事审判指导案例·借款担保卷（上）》（2011:441）。

419 银行未履行贷款监管义务应依过错减轻保证人责任

——债权银行怠于履行约定的监督义务导致保证人承担责任的风险增加，应根据银行过错相应减轻保证人的保证责任。

标签：保证 | 借款用途 | 监管义务 | 过错责任

案情简介： 2001年，软件集团向银行借款5000万元用于技术改造，软件公司、实业公司分别为其中的3000

法院认为： 银行与保证人、借款人在补充协议中所作监管承诺对借款人而言，体现更多的是权利，对保证人而言则体现更多的是一种合同义务。一般情况下，债权银行对自己所发放的贷款实施监督，只需进行形式审查。但本案中，银行向保证人承诺“逐笔签字确认”、“确保资金用于项目建设合同”则加重了自身的监督义务，仅进行形式审查难以做

万元、2000万元提供连带责任保证。同日签署的三方补充协议约定，为确保贷款的专款专用，软件集团在银行开设专户，由银行“实施监督支付管理，逐笔签字确认”，“确保资金用于项目建设合同”，软件公司、实业公司履行保证责任同时，亦“应督促软件集团履行协议的有关条款”等。2004年，受让该银行债权的资产公司起诉。软件公司、实业公司以银行未履行监管义务为由主张免除保证责任。

2.6

v.2:819

3

2006

到确保专款专用。根据本案实际情况，银行的债权受让人资产公司有义务证明银行有效实施了监管职责，使案涉贷款用于合同约定的建设项目，因其未举证应承担举证不能的法律后果。但债权人承担相应的民事责任并不能当然地免除、减轻保证人的保证责任，还应考虑保证人对贷款未能专款专用是否明知。本案主债务人系保证人股东，双方系关联企业，应推定保证人知晓主债务人未将贷款用于合同规定的贷款目的，保证人不能因银行未能履行监管义务而相应免除其保证责任。因资产公司未能证明实业公司对上述事实系明知，故应相应减轻实业公司所承担的保证责任。保证人为借款提供担保，系承诺在借款人不履行还款义务时，由保证人履行债务或承担责任的行为。借款人未履行合同约定的监督支付义务所承担的民事责任应与其过错相适应，鉴于实业公司亦未依补充协议履行对软件集团的督促义务，故实业公司在案涉贷款监管问题上也有责任。根据本案实际情况，资产公司应承担10%的民事责任，即相应减轻实业公司10%的保证责任。因软件公司、实业公司承担按份保证责任，故对未偿还的3800万余元本息分别按60%、40%比例确定保证份额，并根据前述理由，实业公司的保证份额再酌减10%。

实务要点： 债权银行怠于履行合同约定的监督义务会导致保证人承担保证责任的风险增加，应根据银行的过错相应减轻保证人的保证责任。

案例索引： 最高人民法院（2006）民二终字第178号“某资产公司与某实业公司等借款担保合同纠纷案”，见《贷款人怠于履行合同约定的监督义务会导致保证人承担保证责任的风险增加，应根据贷款人的过错相应减轻保证人的保证责任——中国长城资产管理公司成都办事处与成都倍特发展集团股份有限公司、四川托普软件投资股份有限公司、托普集团科技发展有限责任公司借款担保合同案》（审判长付金联，审判员张树明，代理审判员王涛），载《最高人民法院商事审判指导案例·借款担保卷（下）》（2011:819）。

420 借款人不能以自己违反借款用途约定诉请银行担责

——借款人以其自身未按借款合同约定用途使用贷款、银行未尽监管义务为由，诉请银行承担责任的，法院不予支持。

法院认为： 通信公司与银行虽在借款合同中约定，该项贷款只能用于流动资金，但

标签： 保证 | 借款用途 | 监管义务 | 借款合同 | 诚信原则

案情简介： 2003年，实业公司为通信公司向银行贷款提供担保。2004年，银行起诉时，通信公司以其改变约定的流动性资金用途，银行未尽监督义务为由，要求银行承担责任。

并未约定银行承担监督通信公司按约定用途使用贷款的义务。相反，借款合同明确约定通信公司应按合同约定用途使用贷款。通信公司主张其违反约定用途使用贷款，属该公司自身的违约行为，按借款合同约定其理应向银行承担相应的违约责任，但通信公司却以自身违约为由转而诉请银行承担责任，该理由不能成立，故不予支持。

实务要点： 借款人以其自身未按借款合同约定用途使用贷款为由，诉请债权银行承担相应后果，该理由不能成立，法院不予支持。

2.6

v.2:961

2005

案例索引： 最高人民法院（2005）民二终字第57号“某银行与某通信公司等借款担保合同纠纷案”，见《借款人在取得担保人出具的担保时是否存在诈骗行为，不影响贷款合同的效力，也不影响贷款人与担保人之间担保合同的效力——长丰通信集团股份有限公司与招商银行股份有限公司成都营门口支行、重庆太极实业（集团）股份有限公司借款合同纠纷案》（审判长徐瑞柏，代理审判员王涛、雷继平），载《最高人民法院商事审判指导案例·借款担保卷（下）》（2011:961）。

421 技改贷款不因项目规模变更而构成贷款用途的改变

——企业获得技改项目贷款后用于项目支出购买何种设备，无需征得贷款人的同意，亦不因此而构成贷款用途的改变。

标签： 保证 | 借款用途 | 技改项目规模变更

案情简介： 1997年，轮胎厂为“70万套子午胎”技改工程向银行借款，化工公司提供连带责任保证。轮胎厂获得贷款后，经省政府批准，技改项目由70万套子午胎变为210万套子午胎进口二手设备。化工公司以此认为贷款用途变更，主张免除保证责任。

法院认为： 借款担保合同是确立合同各方权利义务的唯一依据，化工公司担保主合同贷款用途为技改项目所需，并非项目建成后债务人轮胎厂的生产能力。故轮胎厂用技改项目贷款引进设备的生产能力达到年产70万套还是210万套并非其担保内容，亦不构成贷款用途的改变。本案中项目贷款引进年产210万套轮胎生产线并未导致该厂偿债能力降低，亦未因此加重担保人负担。轮胎厂技改项目生产能力和规模已经国家经贸委和省政府批准，技改项目贷款是银行根据政府主管部门批文而发放，至于企业获得贷款后用于项目支出购买何种设备无需征得贷款人的同意，不存在债权人与债务人为此恶意串通改变贷款用途的前提和基础。轮胎厂改变进口设备的数量和种类已经当地政府批准，故化工公司关于轮胎厂无权擅自改变项目建设规模，且借贷双方对保证人隐瞒重要事实，属于骗保，保证人应因此免除保证责任的诉请，不予支持。

2.1

200502/8:235

2004

实务要点： 技改项目贷款是银行根据政府主管部门批文而发放的项目贷款，至于企业获得贷款后用于项目支出购买何种设备无需征得贷款人的同意，不构成贷款用途的改变。

案例索引： 最高人民法院（2004）民二终字第185号“某资产公司与某橡胶公司借款合同纠纷案”，见《云天化集团有限责任公司与中国华融资产管理公司昆明办事处云南石林轮胎橡胶集团有限公司借款合同纠纷上诉案》（审判长周帆，代理审判员贾纬、沙玲），载《民商事审判指导·判决书选登》（200502/8:235）。

3

422 借款人单方改变借款用途，不属法定担保免责情形

——借款人擅自改变借款用途，但保证人不能证明存在恶意串通、骗取保证及欺诈、胁迫情形的，保证责任不能免除。

标签： 保证 | 借款用途 | 偿还自己及他人贷款

案情简介： 1996年，开发公司为保健品公司向银行贷款提供连带责任保证。因借款人到期未偿，银行起诉后，开发公司以保健品公司将借款用于归还其及关联单位在信用社贷款为由主张免除担保责任。

法院认为： 开发公司证据证明保健品公司违反借款合同约定，改变贷款用途，将借款用于归还其及关联单位在信用社贷款，但不能证明银行与保健品公司事先恶意串通，骗取开发公司提供保证，亦不能证明银行有欺诈、胁迫行为，使开发公司在违背真实意思表示情况下提供保证，故开发公司提供的新证据不能证明本案存在《担保法》第30条规定的担保人不承担保证责任的情况，应承担连带清偿责任。

实务要点： 借款人擅自改变借款用途，但保证人不能证明存在《担保法》第30条规定的恶意串通、骗取保证及欺诈、胁迫情形的，保证人不能免责。

2.4

200301/9:171

2003

案例索引： 最高人民法院再审“某开发公司与某银行等借款担保合同纠纷案”，见《河南兴豫房地产开发公司与郑州城市合作银行城东路支行、河南太阳保健品有限公司借款担保合同纠纷申请再审案——借款人改变借款用途，担保人不能因此免除担保责任》（刘国华、谭红），载《审判监督指导与研究·案例评析》（200301/9:171）。

423 借款人对借款用途的改变，不构成对主合同的变更

——借款人用“流动资金”贷款偿还他人债务，该借款用途的改变，不构成《担保法》第24条规定的协议变更主合同。

标签：保证 | 借款用途 | 流动资金 | 偿还他人贷款

案情简介：1995年，实业公司向银行贷款，约定贷款用途为“流动资金”。信托公司提供连带责任保证。后信托公司认为实业公司将贷款用于偿还案外人在银行的贷款构成主合同变更，应免除其保证责任。

法院认为：诉争款项记入实业公司账户后，贷款银行的放款义务即告完成。贷款一经放出，用于何处取决于借款人。借款人对借款用途的改变，并不构成《担保法》第24条规定的协议变更主合同；另外，借款人用该笔贷款替他人偿还债务，基于何种原因并非本案审理的范围，仅凭该贷款用于还贷就否认该贷款的流动资金性质依据不足。故信托公司关于主合同当事人协议变更合同未经保证人同意，因而不承担保证责任的理由不能成立，信托公司的诉讼请求不应支持。

实务要点：借款人对借款用途的改变，并不构成《担保法》第24条规定的协议变更主合同。

2.1

200202/2:388

2002

案例索引：最高人民法院（2002）民二终字第95号“某银行与某糖业公司等借款担保合同纠纷案”，见《中国经济信托投资公司武汉证券营业部与武汉市商业银行民主路支行等借款担保纠纷上诉案》（审判长叶小青，审判员曹士兵，代理审判员钱晓晨），载《民商审判指导与参考·裁判文书选登》（200202/2:388）。

424 借贷双方应对借款循环流转回到源头作出合理解释

——在借款资金最后循环流转回到源头情形，应由资金出借人和收款人共同对借贷行为真实、合法及正当性进行举证。

标签：保证 | 借款用途 | 借贷真实性 | 资金循环流转 | 举证责任

案情简介：2010年，孙某为陈某向李某借款用于房产项目经营提供保证担保。事后孙某以该借款在汇入当天通过中间账户仍循环流转至李某的账户用于偿还旧贷为由，主张免责。

法院认为：《担保法》第30条规定：“有下列情形之一的，保证人不承担民事责任：（一）主合同当事人双方串通，骗取保证人提供保证的；（二）主合同债权人采取欺诈、胁迫等手段，使保证人在违背真实意思的情况下提供保证的。”最高人民法院《关于适用〈担保法〉若干问题的解释》第40条规定：“主合同债务人采取欺诈、胁迫等手段，使保证人在违背真实意思的情况下提供保证的，债权人知道或者应当知道欺诈、胁迫事实的，按照担保法第三十条的规定处理。”本案中，陈某向李某出具的借条中明确载明借款用途，而从借款流转情况看，该款最终转回李某账户，李某对此未作合理解释，亦未提供证据证明其与流转中间人存在债权债务关系，故对陈某将所借款项用于归还此

3.6

201302/26:35

2012

前借款，李某应为明知。此外，案涉资金流转过程足以使人产生李某与陈某串通骗取保证和该种循环流转并不真实、合法、有效的内心确信，则李某、陈某应抗辩举证证明资金流转的合法性和正当性，否则，保证人应免责，故判决陈某偿还李某借款及利息。

实务要点： 在借款资金循环流转回到源头情形，应由资金出借人和收款人共同对借贷行为真实、合法及正当性进行举证。借款实际用途与约定不符，违背了保证人真实意思表示，而债权人对此应为明知，保证人应免责。

案例索引： 江苏高院（2012）苏民终字第0029号“李某与陈某等担保纠纷案”，见《李战坤诉陈佳等民间借贷因资金循环回转及欺诈保证人杜丙坤、孙常法不承担保证责任案》，载《江苏省高级人民法院公报》（201302/26:35）。

3

主合同变更

425 担保人对债权转股权后剩余本息，仍承担担保责任

——主债务人与债权人签订债权转股权协议后对剩余部分利息确认，不构成新的合同关系，保证人仍应承担连带责任。

标签： 保证 | 主合同变更 | 不良资产 | 债转股 | 股权转让 | 企业改制

案情简介： 1992年，水泥厂向银行借款2400万元，开关厂提供连带责任保证。2002年，受让该银行不良

法院认为： 水泥厂与资产公司所签《债转股协议》及针对剩余利息签订的《债转股后剩余债权确认书》系双方当事人真实意思表示，且符合债权转股权相关法律规定，应为合法有效的协议。在借贷双方协商将全部债权及大部分利息转为资产公司在实业公司股权后，对剩余部分利息，双方通过签订《债转股后剩余债权确认书》形式予以确认，并不

债权的资产公司将对水泥厂的债权本息转为股权，在水泥厂基础上更名组建了实业公司，同时签订《债转股协议》及《债转股后剩余债权确认书》。2004年，资产公司诉请开关厂对实业公司剩余利息承担连带清偿责任。开关厂以主合同发生重大变更为由，主张其担保责任应免除。

构成新的合同关系，且该债转股，不仅未增加债务人的债务及保证人的保证责任，相反减轻了债务人负担。根据最高人民法院《关于适用〈担保法〉若干问题的解释》第30条“保证期间，债权人与债务人对主合同数量、价款、币种、利率等内容作了变动，未经保证人同意的，如果减轻债务人的债务的，保证人仍应当对变更后的合同承担保证责任”的规定，判决开关厂对其担保的原债务及利息应承担连带清偿责任。

实务要点： 担保人对主债务人与债权人签订债权转股权协议后剩余部分的利息仍应承担连带清偿责任。

2.3

201202/33:85

2012

案例索引： 最高人民法院裁定“某投资公司与建筑公司等担保合同纠纷申请再审案”，见《担保人对主债务人与债权人签订“债权转股权协议”后剩余部分的利息仍应承担连带清偿责任——平高集团有限公司与河南投资集团有限公司、一审被告平顶山建筑材料总公司、平顶山市星峰集团有限责任公司一般担保合同纠纷申请再审案》（侯永安，最高院立案庭），载《立案工作指导·申诉与申请再审疑案评析》（201202/33:85）。

426 银行违反规定发放贷款的，应承担相应的民事责任

——贷款银行发放贷款，违反固定资产投资项目资本金管理制度规定，未尽谨慎审查义务的，应承担相应的过错责任。

标签： 保证 | 主合同变更 | 出资责任 | 催缴出资 | 单方变更

案情简介： 2004年，热电公司因热电项目与银行签订借款合同，约定“借款人项目资本金应以注册资本金形式与贷款同步同比例到位，并先于贷款使用”。嗣后担保人科技公司以热电公司注册资本金自始未变更，银行放贷存在过错，属于主合同双方协议变更主合同为由，主张免除担保责任。

法院认为： 诉争条款是双方在标准合同文本之上的特殊约定条款，该条表达意思明确。该条款约定系对借款人注入注册资金的规制，确保自由项目资本金准时到位，以降低银行贷款风险。要实现该条款规定内容，需双方在贷款和项目资本金到位上互相衔接和配合。造成本案项目资金本未与贷款同时间、同比例到位原因，系热电公司违约，未履行合同约定义务，热电公司应对此负主要责任。依《担保法》第24条规定，债权人与债务人协议变更主合同的，应当取得保证人书面同意，未经保证人书面同意的，保证人不再承担保证责任。本案中并不存在热电公司和银行协议变更主合同条款的情形，故科技公司担保责任不能免除。但依国务院《关于固定资产投资项目试行资本金制度的规定》（国发〔1996〕35号）规定，主要使用商业银行贷款的投资项目，投资者应将资本金按分年应到位数量存入贷款银行。第9条规定，

2.6

v.8:443

2012

"对资本金未按照规定进度和数额到位的投资项目，投资管理部门不发给投资许可证，金融部门不予贷款。"故本案银行提供贷款时，未严格执行国家固定资产投资项目资本金管理制度，未尽谨慎审查义务，应承担相应过错责任。考虑到热电公司违反项目资本金管理规定，只是阶段性地放大了风险，并未加重担保责任，故酌定免除银行放贷后至热电公司项目资本金到位之前所产生的利息。

实务要点： 债务人违反主合同约定义务，无证据证明贷款银行与债务人协议变更主合同条款的，担保人担保责任不能免除。贷款银行发放贷款，违反固定资产投资项目资本金管理制度规定，未尽谨慎审查义务的，应承担相应过错责任。

3

案例索引： 最高人民法院（2012）民二终字第35号"某银行与某科技公司等保证合同纠纷案"，见《公司依法定程序作出的决议不得对抗善意第三人——方大炭素新材料科技股份有限公司与中国农业银行股份有限公司陕县支行、三门峡惠能热点有限责任公司、辽宁方大集团实业有限公司保证合同纠纷案》（审判长付金联，代理审判员李相波、梅芳），载《最高人民法院商事审判指导案例（2012）·合同与借贷担保》（2013:443）。

427 保证合同约定禁止债权变更，不包括禁止债权转让

——不良金融债权的保证人以保证合同中债权变更的禁止性约定为由，主张债权转让应免除其担保责任的，不应支持。

标签： 保证 | 主合同变更 | 不良资产 | 转让通知 | 债权转让 | 抗辩权

案情简介： 1996年，电力公司为造纸厂向银行贷款提供连带责任保证。嗣后，电力公司以银行转让该债权给资产管理公司，违反保证合同中约定"主合同条款变更应征得保证人同意并签订书面协议，本合同任何修改、变更均需三方协商并订立书面协议"的禁止性条款，主张免除担保责任。

法院认为： 债权变更与债权转让系不同法律概念。《担保法》第22条规定："保证期间，债权人依法将主债权转让给第三人的，保证人在原保证担保的范围内继续承担保证责任。保证合同另有约定的，按照约定。"即该条对债权转让情形明确要求保证人在原保证范围内继续承担保证责任。关于债权变更，《担保法》第24条规定："债权人与债务人协议变更主合同的，应当取得保证人书面同意，未经保证人书面同意的，保证人不再承担保证责任。保证合同另有约定的，按照约定。"故《担保法》已明确债权转让与债权变更属于不同的法律概念。本案《保证合同》中的相关约定属于对债权变更的禁止性约定，而非对债权转让的禁止性约定。银行转让不良债权行为属于债权转让而非属保证合同约定的主合同变更，该转让既未改变原合同内容，亦未加重保

2.6

v.8:580

2012

证人保证责任，且电力公司在保证合同中并未约定仅对银行承担保证责任或禁止债权转让，即不存在符合《担保法》第22条“保证合同另有约定的，按照约定”规定的情形，故电力公司应承担连带清偿责任。

实务要点： 《担保法》第22条和第24条已明确债权转让与债权变更属于不同的法律概念。保证人以保证合同中债权变更的禁止性约定为由主张债权转让应免除担保责任的，不应支持。

案例索引： 最高人民法院（2012）民提字第151号“某资产公司与某供电公司等借款合同纠纷案”，见《债权变更与债权转让是不同的法律概念——中国信达资产管理股份有限公司山东省分公司与梁山县供电公司借款合同纠纷案》（审判长刘敏，代理审判员赵柯、杜军），载《最高人民法院商事审判指导案例（2012）·合同与借贷担保》（2013:580）。

428 主合同履行期限擅自变更不影响保证人原保证期间

——债权人与债务人对主合同履行期限变动，未经保证人书面同意的，保证期间为原合同约定的或者法律规定的期间。

标签： 保证 | 主合同变更 | 履行变更

案情简介： 2000年，商贸公司向信用社贷款27万元，到期日为2001年5月12日。王某向信用社出具担保书，承诺保证期间“直至贷款本息还清为止”。2001年8月，商贸公司因到期未偿，与信用社达成延期还款计划，但至2001年10月仍未清偿。2003年1月，信用社起诉。王某以信用社与商贸公司擅自变更主合同履行期限为由主张免除保证责任。

法院认为： 王某向信用社出具担保承诺，根据最高人民法院《关于适用〈担保法〉若干问题的解释》第22条规定：“第三人单方以书面形式向债权人出具担保书，债权人接受且未提出异议的，保证合同成立。”保证合同成立后，贸易公司在逾期还款情况下，与信用社达成新的还款计划，对还款期限作了变更。根据前述司法解释第30条规定，王某仍应在原合同约定或法律规定的保证期间内承担保证责任。根据王某出具的担保承诺，应视为约定不明，应认定保证期间为主债务履行期限届满之日起2年。因信用社起诉未超过此期间，故王某保证责任不能免除。

实务要点： 保证期间内，债权人与债务人对主合同履行期限作了变动，未经保证人书面同意的，保证期间为原合同约定的或者法律规定的期间。

2.8

2011:396

2011

案例索引： 四川攀枝花中院再审"某信用社与某商贸公司等借款担保合同纠纷案"，见《债权人在主合同履行期届满后怠于行使担保物权，致使担保物的价值减少或者毁损、灭失的，视为债权人放弃部分或者全部物的担保——王远康与攀枝花市仁和区农村信用合作社联合社、攀枝花市劲恒商贸有限责任公司借款担保合同纠纷案》（夏芸，四川攀枝花中院），载《全国法院再审典型案例评注（上）》（2011:396）。

429 擅自变更贷款币种，不属恶意串通，保证责任不变

——在无其他证据支持情况下，保证人以主合同双方未经其同意变更贷款币种为由，主张存在恶意串通的，不应支持。

标签： 保证 | 主合同变更 | 恶意串通 | 贷款币种变更

3

案情简介： 1997年，具有《经营外汇业务许可证》的租赁公司与实业公司签订《外汇资金贷款合同》，约定提供290万美元的外汇贷款，银行为此提供连带责任保证。嗣后，银行以该贷款实际发放系以2400万元的人民币形式发放，且该款又由实业公司转给其他单位为由，主张主合同双方当事人恶意串通，要求免除保证责任。

法院认为： 租赁公司签订《外汇资金贷款合同》前已取得《经营外汇业务许可证》，其与实业公司签订的外汇资金贷款合同未超出其经营范围，未违反法律法规规定，应认定有效。根据《担保法》第30条规定，主合同当事人双方串通，骗取保证人提供保证的，或者主合同债权人采取欺诈、胁迫等手段，使保证人在违背真实意思的情况下提供保证的，保证人不承担民事责任。此处的"双方串通"，需以债权人与债务人主观上存在骗取保证人承担保证责任的意思联络、客观上存在骗取保证人承担保证责任的行为为要件。本案中，实业公司与租赁公司未将币种变更事项告知保证人，存在不妥之处，但仅根据此事实尚不足以认定存在骗取保证责任的主观恶意和意思联络。银行提交实业公司转款给他人的转账凭证，不能证明该转款即是本案所涉款项，且未能证明租赁公司对此明知。实业公司与租赁公司变更贷款币种，并未增加贷款本金数额，不违反银行在担保书中承诺，故银行应对实业公司所欠租赁公司贷款本息承担连带清偿责任。

2.6

v.6:413

2010

实务要点： 《担保法》第30条规定的"双方串通"骗保，需以债权人与债务人主观上存在骗取保证人承担保证责任的意思联络、客观上存在骗取保证人承担保证责任的行为为要件。在无其他证据支持的情况下，保证人以主合同双方当事人未经其同意变更贷款币种为由主张存在恶意串通的，不应得到支持。

案例索引： 最高人民法院（2010）民提字第86号"某银行与某实业公司等借款担保合同纠纷案"，见《担保合同中"双

方恶意串通”的认定及责任承担——中国华阳金融租赁有限责任公司清算组与中国建设银行股份有限公司北京平谷支行、北京贝特实业公司借款担保合同纠纷案》（审判长刘竹梅，审判员陈明焰，代理审判员林海权），载《最高人民法院商事审判指导案例·合同与借贷担保卷（6）》（2012:413）。

430 债权人放弃约定还款方式，属于变更主合同情形

——债权人对借款合同约定还款方式的放弃，应属于变更主合同情形，保证人可以此法定免责理由主张担保责任免除。

标签： 保证 | 主合同变更 | 还款方式 | 专用还贷账户

案情简介： 1999年，实业公司向银行贷款5000万余元，所签《借款合同》约定：“如借款人未按还款计划还款，贷款人有权扣划借款人在贷款人处开立的账户中的任何款项，以抵偿到期应还债务。”借款到期后，实业公司设在银行的还贷专用账户共存入过1亿余元，但银行依实业公司向其出具的委托扣款函件，将划入上述还贷专用账户内的部分款项用于归还实业公司所欠案外人实业集团的应收账款，并根据上述函件的要求将该部分款项直接扣划，用于归还案外人实业集团在银行所欠贷款。借款保证人投资公司据此认为债权人与债务人变更了主合同，从而主张免责。

法院认为： 案涉《借款合同》到期后，实业公司设于银行的还贷专用账户中共存入1亿余元。银行如行使在上述账户中直接扣划款项用于偿还本案系争贷款的权利，实际将导致实业公司还清本案系争贷款的结果。但银行并未行使上述权利，而是依实业公司向其出具的委托扣款函件，将划入上述还贷专用账户内的部分款项用于归还实业公司所欠案外人实业集团的应收账款，并根据上述函件的要求将该部分款项直接扣划，用于归还案外人实业集团在银行所欠贷款。上述事实表明，银行并未依约将进入上述还贷专用账户中的款项直接扣划，用于归还实业公司所欠本案借款。上述行为与双方在《借款合同》中的约定不符，亦有违设立还贷专用账户的目的。银行的上述行为实质系放弃了作为债权人享有的权利，应视为银行与实业公司共同对《借款合同》约定的还款方式进行了变更，属于《担保法》第24条规定的保证人法定免责情形，亦不因《保证合同》中就借款合同变更对保证人责任的影响的特别约定而无效。故判决认定投资公司担保责任免除。

实务要点： 债权人银行未依借款合同约定，在借款到期后直接扣划借款人设在银行的还款专用账户内款项用于清偿债务，而是依债务人指示，将划入上述还贷专用账户内的部分款项用于归还债务人所欠案外人的应收账款，应视为银行实质放弃了作为债权人享有的权利，属于债权人与债务人共同对《借款合同》约定的还款方式进行了变更，保证人可以此法定免责理由主张担保责任免除。

2.6

v.5:339

2010

案例索引： 最高人民法院（2010）民提字第30号“某资产公司与某投资公司等借款合同纠纷案”，见《双方当事人在〈保证合同〉中对借款合同变更对保证人责任的影响所作的特别约定

不能对抗因借款合同变更导致保证人法定免责的情形——中国信达资产管理公司上海办事处与上海万泰城市建设有限公司、上海市普陀区城市建设投资有限公司借款合同纠纷案》（审判长付金联，代理审判员王涛、李相波），载《最高人民法院商事审判指导案例·第五卷（上）》（2011:339）。

431 主合同变更特别约定不能对抗保证人法定免责情形

——保证合同就主合同变更对保证人责任的影响所作特别约定，不能对抗因借款合同变更导致保证人法定免责的情形。

标签：保证 | 主合同变更 | 法定免责事由 | 专用还贷账户

案情简介：1999年，投资公司为实业公司向银行贷款1亿元提供连带责任保证，所签《保证合同》约定，保证人"除贷款人和借款人提高本合同约定的借款额度之外，对《借款合同》的任何修改、补充和变更均不影响保证人履行本合同项下的义务，并无需征得保证人同意"。借款到期后，实业公司设在银行的还贷专用账户共存入过1亿余元，但银行并未依借款合同约定直接扣划，而是依实业公司向其出具的委托扣款函件，将划入上述还贷专用账户内的部分款项用于归还实业公司所欠案外人实业集团的应收账款，并根据上述函件的要求将该部分款项直接扣划，用于归还案外人实业集团在银行所欠贷款。借款保证人投资公司据此认为债权人与债务人变更了主合同，从而主张免责。

3

法院认为：《担保法》第24条规定，债权人与债务人协议变更主合同的，应当取得保证人书面同意，未经保证人书面同意的，保证人不再承担保证责任。保证合同另有约定的，按照约定。本案中，银行与投资公司在《保证合同》中就借款合同变更对保证人责任的影响作了特殊约定。但该约定不能对抗因借款合同变更导致保证人法定免责的情形。最高人民法院《关于适用〈担保法〉若干问题的解释》第30条规定，保证期间，债权人与债务人对主合同数量、价款、币种、利率等内容作了变动，未经保证人同意的，如果减轻债务人的债务的，保证人仍应当对变更后的合同承担保证责任；如果加重债务人的债务的，保证人对加重的部分不承担保证责任。上述规定属于保证人法定的免责情形。本案中，借贷双方对借款合同约定还款方式变更的结果，导致存入实业公司还贷专用账户中专项用于偿还本案系争贷款的资金被挪作他用，实际上加重了保证人保证责任，且投资公司对借贷双方的上述行为并不知道。因银行根据实业公司函件的要求从还贷专用账户中转出的资金数额已超过当时实业公司尚欠的本案系争贷款本息数额，故可认定实业公司尚欠的本案系争贷款本息数额为加重保证人保证责任的数额部分。根据前述司法解释第30条规定，投资公司对实业公司尚欠的本案系争贷款本息部分不应承担保证责任。

实务要点：借贷双方对借款合同约定还款方式变更的结果，导致存入债务人还贷专用账户中专项用于偿还系争贷款的资金被挪作他用，实际上加重了保证人保证责任，且保证人对借贷双方的上述变更行为并不知情。双方当事人在保证合同中就借款合同变更对保证人责任的影响所作的特别约定不能对抗因借款合同变更导致保证人法定免责的情形。

2.6
v.5:339
2010

案例索引： 最高人民法院（2010）民提字第30号“某资产公司与某投资公司等借款合同纠纷案”，见《双方当事人在〈保证合同〉中对借款合同变更对保证人责任的影响所作的特别约定不能对抗因借款合同变更导致保证人法定免责的情形——中国信达资产管理公司上海办事处与上海万泰城市建设有限公司、上海市普陀区城市建设投资有限公司借款合同纠纷案》（审判长付金联，代理审判员王涛、李相波），载《最高人民法院商事审判指导案例·第五卷（上）》（2011:339）。

432 以展期骗取保证人对新借款担保，可免除保证责任

——借款人清偿部分贷款后又借入相同金额贷款，保证人在不知情的情况下为原债务展期担保的，不应承担保证责任。

标签：保证 | 主合同变更 | 未经保证人同意

案情简介：1997年12月，实业公司为化工公司向银行贷款1亿元提供连带责任保证。随即，第三人代化工公司向银行偿还6000万元。1998年1月，银行又向化工公司发放6000万元贷款，双方未签借款合同，借款借据上仍是原借款合同编号。2005年12月，上述贷款到期后，银行与实业公司、化工公司签订贷款展期协议。

法院认为：民商事行为的成立应以当事人的真实意思表示为前提和基础。本案中，虽然银行再次发放6000万元贷款依据系原借款合同，但仅能证明这是借贷双方之间的意思表示，而不能认定是担保人实业公司愿意为该6000万元贷款继续提供担保的意思表示。其后银行、实业公司及化工公司三方之间所签借款展期协议，系实业公司不知原贷款已经偿还了6000万元的情况下作出的，故不能认定系其真实意思表示，其对银行再次发放的6000万元贷款不应承担保证责任。对于剩余的4000万元借款，实业公司应按保证合同约定承担连带保证责任，其主张借贷双方隐瞒了已偿还6000万元的事实，加重了保证人的责任，对剩余的4000万元亦应免除其责任的理由没有法律依据，不予支持。

2.7

实务要点：借款人清偿部分贷款后又借入相同金额贷款，保证人在不知情情况下作出为原债务展期承担担保责任的，不能认定是其真实意思表示，不应承担保证责任。

2011:341
2.6
v.2:716
2009

案例索引：最高人民法院（2009）民二终字第4号“某信托公司与某实业公司保证合同纠纷案”，见《中诚信托有限责任公司与沧州大化集团有限责任公司保证合同纠纷案》（审判长付金联，代理审判员王涛、李相波），载《最高人民法院商事审判裁判规范与案例指导·裁判文书》（2011:341）；另见《借款人清偿部分贷款后又借入相同金额贷款，保证人在不知情的情况下作出为原债务展期承担

担保责任的，不能认定是其真实的意思表示，不应承担保证责任》，载《最高人民法院商事审判指导案例·借款担保卷（下）》（2011:716）。

433 主合同约定借款额少于担保额的，不免除保证责任

——债权人与债务人在主合同中约定的借款数额少于《不可撤销担保书》中承诺的数额，不能成为保证人免责的条件。

标签：保证 | 主合同变更 | 保证责任减轻

案情简介：1990年，卷烟厂为氮肥厂向银行贷款495万美元提供保证担保。1992年，银行依与氮肥厂签订的转贷协议，向氮肥厂实际发放转贷资金285万余美元。2006年，卷烟厂据此以主合同变更未经其同意为由，主张免除保证责任。

3

法院认为：虽然《不可撤销担保书》签署早于借款合同和转贷协议，但根据当时外经贸部、中国银行关于办理外国政府贷款手续的通知规定，签订《不可撤销担保书》是实施该项贷款的前提和保证，必须在贷款合同签订前出具。同时，该协议系双方当事人的真实意思表示，且不违反法律、行政法规的强制性规定，应认定为合法有效。该担保书担保金额为495万美元，后1992年转贷协议中实际担保的金额为285万余美元。债权人与债务人在主合同中约定的借款数额少于《不可撤销担保书》中承诺的数额，这种变化虽未经保证人同意，但其结果减轻了债务人及保证人的债务，该项变化不能成为保证人免责的条件，保证人应对变更后的合同承担保证责任。

2.7

实务要点：债权人与债务人在主合同中约定的借款数额少于《不可撤销担保书》中承诺的数额，这种变化虽未经保证人同意，但其结果减轻了债务人及保证人的债务，该项变化不能成为保证人免责的条件，保证人仍应对变更后的合同承担保证责任。

2011:351

2.6

v.2:673

2009

案例索引：最高人民法院（2009）民二终字第34号“某资产公司与某卷烟厂等借款担保合同纠纷案”，见《中国东方资产管理公司西安办事处与宝鸡卷烟厂、陕西省宝鸡氮肥厂破产管理人借款担保合同纠纷案》（审判长贾纬，代理审判员沙玲、周伦军），载《最高人民法院商事审判裁判规范与案例指导·裁判文书》（2011:351）；另见《主合同中约定的借款数额少于〈不可撤销担保书〉中承诺的数额，这种变化即使未经保证人同意，也不能够成为保证人免责的条件》，载《最高人民法院商事审判指导案例·借款担保卷（下）》（2011:673）。

434 贷款数额涂改，保证人仅对认可金额承担保证责任

——贷款合同、贷款申请书等证据上贷款数额确有明显涂改痕迹，担保人对其认可承担保证责任以外的金额应予免责。

标签：保证 | 主合同变更 | 证据规则 | 举证责任 | 贷款数额涂改

案情简介：1996年，村委会为商场向银行贷款提供连带责任保证。商场到期未偿致诉。村委会提出借款担保合同上的借款数额225万元的大小写均有明显的添加涂改痕迹，其只认可25万元的保证金额。

法院认为：《担保法》第24条规定："债权人与债务人协议变更主合同的，应当取得保证人书面同意，未经保证人书面同意的，保证人不再承担保证责任。保证合同另有约定的，按照约定。"最高人民法院《关于适用〈担保法〉若干问题的解释》第30条规定："保证期间，债权人许可债务人对主合同数量、价款、币种、利率等内容作了变动，未经保证人同意的，如果减轻债务人的债务的，保证人仍应当对变更后的合同承担保证责任；如果加重债务人的债务的，保证人对加重的部分不承担保证责任。"本案贷款数字的改动意味着贷款合同的实质变更。银行至今未能提供保证人对变更的贷款数额明知或认可的证据，故担保人对其确认担保数额以外的金额部分，应免除担保责任。

2.3

200804/19:84

2008

实务要点：贷款合同、贷款申请书等证据上贷款数额确有明显涂改痕迹，在债权人不能提供证据证明担保人对涂改后的贷款数额同意或认可的证据的情况下，担保人对其认可承担保证责任以外的金额应免除担保责任。

案例索引：最高人民法院裁定"某银行与某村委会等借款合同纠纷申请再审案"，见《借款担保合同金额被涂改以后的举证责任分配——杭州市江干区彭埠镇建华村村委会与杭州市联合农村合作银行、杭州建联副食品商场、黄志富借款合同纠纷申请再审案》（高榉，最高院立案庭），载《立案工作指导·申诉与申请再审疑案评析》（200804/19:84）。

435 擅自变更借款人但所附条件未成就时担保责任承担

——借款人与贷款人擅自变更债务人，在约定的所附条件未成就时，原借款人仍为债务人，担保人不得以此主张免责。

标签：保证 | 主合同变更 | 擅自变更借款人 | 附条件民事行为

案情简介：1994年，电焊厂为陶瓷厂向银行贷款用于引进生产线提供担保。

法院认为：陶瓷厂作为借款合同约定的借款人，将借款转给其合资公司实际使用，属另一法律关系。陶瓷厂以合资公司实际使用该笔借款，故借款主体发生变更的理由没有法律依据。因合资公司并未成立，《补充协议》约定的债务转移条件未成就，依《民法通则》第62条"民事法

嗣后陶瓷厂与银行签订《补充协议》约定：若陶瓷厂参与成立的合资公司取得企业法人营业执照，该合资公司应无条件履行借款合同全部义务。陶瓷厂取得贷款后全部转给合资公司使用。合资公司最终未成立。电焊厂以陶瓷厂与银行变更借款人主张免除担保责任。

2.4

200803/25:219

2006

3

律行为可以附条件，附条件的法律行为在符合所附条件时生效”的规定，合资公司承担债务的条件没有成就，债务依然应由陶瓷厂承担。银行虽知晓借款为合资公司所用，且曾多次向其催收借款本息并收取合资公司部分利息，但不能认定借款主体已按补充协议变更履行。陶瓷厂以借款主体发生变更，其不承担还款责任的理由不能成立，电焊厂仍应承担担保责任。

实务要点： 借款人与贷款人在取得担保人的借款担保承诺后，通过补充协议变更债务人，在约定的所附条件未成就时，原借款人仍为债务人，担保人不得以主合同当事人变更借款主体而主张免除担保责任。

案例索引： 最高人民法院（2006）民二抗字第21号“某投资公司与某陶瓷厂等借款担保合同纠纷案”，见《四川省国际信托投资公司与自贡市建筑陶瓷总厂、四川省大西洋集团有限责任公司借款担保合同纠纷抗诉案》（审判长何抒，代理审判员李桂顺、王云飞），载《审判监督指导·裁判文书选登》（200803/25:219）。

436 开证协议适用法律变更，对保证责任并无实质影响

——债权人与债务人在履行开证协议时在信用证上适用UCP500，开证申请上选择适用UCP400，亦不构成主合同变更。

标签： 保证 | 主合同变更 | 信用证 | 信用证担保 | 实质影响

案情简介： 1997年，贸易公司为实业公司向银行开立信用证提供连带责任保证。开证协议约定“本协议的全部附件，包括申请书、信用证副本等是本协议不可分割的组成部分，与本协议具有同等法律效力”。后贸易公司以银行与实业公司履行开证协议时在信用证副本上约定适用UCP500，与开证申请上约定适用UCP400不同，构成主合同变更，据此主张免除保证责任。

法院认为： 《担保法》第24条规定：“债权人与债务人协议变更主合同的，应当取得保证人书面同意，未经保证人书面同意的，保证人不再承担保证责任。保证合同另有约定的，按照约定。”本案保证合同应包括担保书及债权人、债务人、保证人共同订立的开证协议中对保证人具有约束力的条款，该开证协议约定“本协议的全部附件，包括申请书、信用证副本等是本协议不可分割的组成部分，与本协议具有同等法律效力”对保证人有约束力，是保证合同一部分，依该约定之信用证副本记载适用UCP500无需再经保证人书面同意，且手写的UCP500约定应高于格式申请书中关于UCP400约定。另从《担保法》上述规定及立法原理看，并非要求对主合同任何内容的变更均须得到保证人书面同意，只是那些关系到保证范围、保证责任的承担及履行方式的变更即对保证人承担保证责任有实质影响的变更才须得到保证人书面同意。UCP500系在UCP400基础上修订而成，二者均为《跟单信用证统一惯

2.3
200502/11:177
2005

例》，虽版本不同，文字上有一些差别，但本质上一样，对本案纠纷而言，不管适用哪种版本对债务人、担保人所引起的法律后果也一样，因两者均无针对担保人的条款，两者对不可撤销信用证项下开证行与申请人的权利义务约定并无不同，故根据最高人民法院《关于适用〈担保法〉若干问题的解释》第30条规定，因适用UCP500并未增加债务人债务，亦未加重保证人担保责任，故保证人不能据此免责。

实务要点： 债权人与债务人在履行开证协议时在信用证上适用UCP500，担保人以债务人开证申请上选择适用的是UCP400，据此认为构成主合同变更，主张免除保证责任的，不予支持。

案例索引： 最高人民法院裁定“某银行与某贸易公司信用证合同纠纷申请再审案”，见《中国农业银行青岛市南区第二支行与开德（青岛）贸易有限公司等开立信用证合同纠纷申请再审案》（王靖红，最高院立案庭），载《立案工作指导·申诉与申请再审疑案评析》（200502/11:177）。

437 借贷双方对借款金额和期限做变更，非属新签合同

——借款合同双方在不改变借款合同性质及借款用途情况下，仅对借款金额、期限所做的变更，不属于签订的新合同。

标签： 保证 | 主合同变更 | 借款期限和金额变更 | 新签合同

案情简介： 1995年3月，银行与实业公司签订《借款合同》，棉麻公司提供担保。期间，银行与实业公司将原合同约定的700万元变更为100万元，将还款期限由原来的1年变更为65天。在该100万元到账后，银行扣划61万余元用于偿还实业公司旧贷本息。

法院认为： 本案担保行为发生在《担保法》实施前，故应适用最高人民法院《关于审理经济合同纠纷案件有关保证的若干问题的规定》。银行与实业公司在700万元借款合同成立后，双方在不改变借款合同性质，不改变借款用途、利率、还款方式、违约责任基础上，仅对借款金额、期限作变更，应认为双方这种重新约定是对原约定的变更，并未改变原合同的实质内容，故不属于签订的新合同。因变更后的借款数额未超过原合同标的额，即未增加保证人责任，根据前述司法解释第12条第2款关于“债权人与被保证人未经保证人同意，在主合同履行期限内变更合同其他内容而使被保证人债务增加的，保证人对增加的债务不承担保证责任”的规定，本案变更后的债务未增加保证人的保证责任，故棉麻公司应对变更后的合同承担保证责任。因棉麻公司对实业公司与银行用借款中的部分以贷还贷并不知情，故仅对实业公司实际取得的贷款38万余元承担保证责任。

2.4

200401/13:38

2004

实务要点： 借款合同成立后，双方在不改变借款合同性质，不改变借款用途、利率、还款方式、违约责任基础上，仅对借款金额、期限所做的变更，应认为双方这种重新约定是对原约定的变更，并未改变原合同实质内容，故不属于签订的新合同。

案例索引： 见《关于中国农业银行南昌市顺化门支行与江西省远大实业发展公司、江西省棉麻集团公司借款担保合同纠纷案的请示与答复——债权人与债务人就借款合同中某项条款的重新约定是合同的重新签订，还是协议的变更》（张新民、宫鸣），载《审判监督指导·请示与答复》（200401/13:38）。

438 擅自延长信用证付款期限，保证人可免除保证责任

——接受担保的信用证开证行未经保证人同意，延长信用证付款期限，属于变更主合同，保证人可不再承担保证责任。

标签：保证 | 主合同变更 | 信用证 | 信用证担保 | 付款期限

3

案情简介： 1996年，贸易公司为塑料厂申请开立信用证提供连带责任保证，信用证期限为"提单日后90天"。实际开出的信用证期限为"提单日后180天"，同时根据受益人请求和申请人同意，银行对信用证部分内容如装运方式、货物规格、支付方式做了修改。提单开具日期为1996年12月30日。1997年11月，银行函告贸易公司履行保证义务。

法院认为： 银行对信用证申请进行修改，延长付款期限，加重了保证人风险，属于对主合同的重大变动。因在延长期内，主债务人的偿债能力、市场行情和汇率等都可能发生不利于保证人的变化。银行将信用证到期日由提单日后90天改为180天，未征得保证人书面同意，依《担保法》第24条规定，贸易公司就加重责任部分不再承担保证责任。同时，案涉保函未约定保证期限，依《担保法》第26条规定："连带责任保证的保证人与债权人未约定保证期间的，债权人有权自主债务履行期届满之日起六个月内要求保证人承担保证责任。"因银行未在6个月内即1997年9月30日前要求贸易公司承担保证责任，已过法定保证期间，故贸易公司应免除保证责任。

实务要点： 接受担保的信用证开证银行未经保证人同意，将信用证付款期限延长，属于变更主合同，保证人就加重责任部分可不再承担保证责任。

2.4

200303/11:176

2003

案例索引： 见《常州市信隆对外经济贸易有限公司与中国农业银行常州分行、常州市塑料三厂代理合同纠纷案——如何认定为申请开立信用证保证的保证期间》（孙祥壮，江苏高院审监庭；何抒），载《审判监督指导与研究·案例评析》（200303/11:176）。

439 原债务人主体更名，并不导致保证人保证责任免除

——作为主债务人的企业更名，或注销后成立新法人，主体之间的债权债务承接关系均未发生变化，保证责任不免除。

标签：保证 | 主合同变更 | 企业改制 | 债务承担 | 主体承继

案情简介：1996年，实业集团兼并原酒厂，并承接原酒厂向银行的贷款债务，随后注销原酒厂，重新注册为实业酒厂。1997年，实业集团为实业酒厂向银行的6197万元贷款提供最高额保证，并在嗣后与银行签订《偿还贷款协议书》，约定实业酒厂在银行的6197万元贷款由实业集团偿还。1999年，实业集团为实业酒厂向银行的新贷款提供连带责任保证，银行在发放新贷款当日予以扣划用于偿还旧贷。2002年，实业酒厂更名为现酒厂。实业集团以原酒厂、实业酒厂、现酒厂为各自独立的主体，其系《偿还贷款协议书》的主债务人而非保证人为由进行抗辩。

法院认为：原酒厂、实业酒厂、现酒厂之间存在承继关系，无论是纯粹的更名，或是注销原法人，成立新法人，主体之间的债权债务承接关系均未发生变化，所成立的新的法人资产亦系从原法人主体承接而来，其承担前一主体债务的责任不能免除。虽然《偿还贷款协议书》确定实业集团系作为主债务人应承担还款义务，与前后其作为保证人身份不符，且主债务和保证债务重叠，但本案银行系以保证合同为依据主张实业集团承担责任，而《偿还贷款协议书》仅作为证明本案事实的证据，银行据此主张保证责任并不违反法律规定。且实业集团未能证明其已向债权人履行了《偿还贷款协议书》所承接债务而产生的义务，故其不能以该协议的主债务人身份对债权人要求其履行保证责任的主张进行有效的抗辩。

实务要点：企业更名，或是注销后成立新法人，主体之间的债权债务承接关系均未发生变化，所成立的新的法人资产亦系从原法人主体承接而来，其承担前一主体债务的责任不能免除，保证人据此主张债务人更名前后或注销前后的主体应各自承担民事责任的，不予支持。

案例索引：最高人民法院（2003）民二终字第56号“某银行与某实业集团等借款合同纠纷案”，见《三九企业集团与中国工商银行哈尔滨市北环支行借款合同纠纷上诉案》（审判长张勇健，代理审判员王东敏、殷媛），载《民商事审判指导·裁判文书选登》（200401/5:245）。

2.1

200401/5:245

2003

440 主合同修改未加大保证人的责任，不影响保证效力

——借贷双方未经保证人同意修改主合同内容，该变更未加大保证人责任的，保证人主张免除保证责任的，不予支持。

标签：保证 | 主合同变更 | 变更主债务合同 | 未加大保证人责任

法院认为：开发公司于1993年出具的担保函载明其为皮革公司贷款中的200万美元本息做担保，但并未约定是针对买方信贷还是政府信贷担保，

案情简介： 1993年，开发公司向银行出具担保函，承诺为皮革公司向银行贷款中的200万美元本息提供担保。1994年，银行转贷外国政府买方信贷贷款及本国政府贷款共计400万美元。1995年，皮革公司与银行签订了修改补充协议，将两类贷款比例做了调整，将利率做了下调。1999年，法院判决开发公司在200万美元范围内向银行承担保证责任。2000年，工程公司在由银行发送的《承债确认函》上盖章，该确认函载明工程公司同意开发公司的还款义务由工程公司承担。

即对所担保的贷款种类没有限制。虽然借贷双方后来签订的补充修改协议对两种贷款数额做了变更，即增加了低息的政府贷款数额、减少了买方信贷数额，且该补充修改协议未经原保证人开发公司的同意，但因转贷协议约定的政府贷款利率低于买方贷款利率，该变更并未加大保证人的责任，况且，工程公司针对开发公司的保证债务所出具的《承债确认函》对其承继开发公司之保证债务予以了明确确认，故工程公司保证责任不能免除。

实务要点： 借贷双方未经保证人同意修改主债务合同内容，该变更未加大保证人责任的，保证人的保证责任不能免除。

案例索引： 最高人民法院（2002）民二终字第183号“某银行与某工程公司担保合同纠纷案”，见《中国银行新疆维吾尔自治区分行与中国凯城国际工程公司担保合同纠纷一案》（审判长付金联，审判员金剑锋，代理审判员李京平），载《民商审判指导与参考·裁判文书选登》（200302/4:264）。

3

2.1

200302/4:264

2002

441 企业整体改制后，新企业与原企业成主体承继关系

——企业整体改制后，新企业与原企业构成主体承继关系，在涉及债务转移问题时，无须征得债权人和保证人的同意。

标签： 保证 | 主合同变更 | 债务承担 | 企业改制 | 债务主体 | 承继关系

案情简介： 1994年至1995年，化工厂共向银行贷款395万美元，卷烟厂提供连带责任保证。1996年，根据市政府的会议纪要，化工厂进行全厂改制，组建成化工公司，原化工厂在改制后按政府文件精神仍一直年检，但未经营。卷烟厂以债务转移未通知保证人为由，主张其保证责任应免除。

法院认为： 案涉改制事实证明，化工厂改制性质应属于整体改制，该厂原有的债权债务一并转移给化工公司，化工厂实际上已不复存在。化工厂改制后保留了其法人营业执照，是依据地方政府文件的有关精神的结果，并不能改变该厂整体改制的性质。化工厂的这种债权债务的概括转移属于债的法定转移，即债主体的法定变更。化工厂与化工公司之间应是主体承继关系，故涉及债务转移问题时，无须征得债权人银行的同意，亦不存在需要保证人卷烟厂同意的问题，原化工厂债权债务由变更后的化工公司承担，原主债务上从属的担保债务也不能消灭，故卷烟厂应对化工公司的银行贷款承担连带清偿责任。

2.1

200202/2:209

2002

实务要点： 因原企业整体改制全部并入新企业，新企业承担其全部债权债务，此种债权债务的概括转移属于债主体的法定变更，即债的法定转移。此种情形下，新企业与原企业之间构成主体承继关系，在涉及债务转移问题时，无须征得债权人和保证人同意。

案例索引： 最高人民法院判决“某银行与某卷烟厂等借款担保合同纠纷案”，见《企业整体改制与借款担保人的担保责任——中国银行芜湖市分行与芜湖卷烟厂、芜湖山江化学有限公司借款担保合同纠纷上诉案》（李京平），载《民商审判指导与参考·案例评析》（200202/2:209）。

442 经保证人同意的主合同履行期限变更协议，应有效

——经保证人书面同意，债权人与债务人变更主合同履行期限的，应依变更后主合同履行期限确定保证期间起算时间。

标签： 保证 | 主合同变更 | 诉讼时效 | 一般规定 | 还款期限

案情简介： 1997年至1998年，贸易公司向银行贷款共计1000万余元，贸易集团提供连带责任保证。嗣后，银行、贸易公司、贸易集团三方协议约定在1999年8月30日偿还全部借款。

法院认为： 三方对案涉借款达成了变更还款期限的协议有效。贸易集团作为该借款的保证人在新协议上加盖公章，表明其明知且同意其担保的本案贸易公司的全部借款变更还款期限为1999年8月30日。最高人民法院《关于适用〈担保法〉若干问题的解释》第13条第2款规定，债权人与债务人对主合同履行期限做了变动，未经保证人书面同意的，保证期间为原合同约定的或法律规定的期间。根据该规定反向推论，债权人与债务人变更主合同履行期限，经保证人书面同意的，如果新协议约定了保证期间，依据新的约定；如果新协议未约定保证期间，应依据变更后的主合同履行期限确定保证期间的起算时间。本案因原借款合同、保证合同及新达成的还款协议均未约定保证期间，依《担保法》第26条规定，贸易集团承担保证责任的期间应为自1999年8月30日新的还款期限届满之日起6个月。

2.1

200201/1:207

2.6

v.2:634

2002

实务要点： 经保证人书面同意，债权人与债务人变更主合同履行期限的，应依变更后的主合同履行期限确定保证期间的起算时间。保证期间约定不明的，保证期间为主债务履行期届满之日起6个月。

案例索引： 最高人民法院判决“某银行与某进出口公司等借款担保合同纠纷案”，见《保证期间与诉讼时效的区别与联

系——中国银行哈尔滨市兆麟支行、哈尔滨进出口集团公司与哈尔滨进出口集团公司国际贸易公司借款担保纠纷案》(刘贵祥)，载《民商审判指导与参考·案例评析》(200201/1:207)；另见《抵押合同中债权金额处有刮磨痕迹的具体认定问题以及对发生于最高额抵押期限之前的债权是否属于担保范围的认定问题》，载《最高人民法院商事审判指导案例·借款担保卷(下)》(2011:634)。

443 变更交货地点和日期，并不一定导致保证责任免除

——融资租赁合同履行过程中，非因合同当事人原因，导致交货地点和日期变更的，并不一定导致担保责任自动免除。

标签：保证 | 主合同变更 | 融资租赁 | 交货地点 | 交货日期

3

案情简介：1989年，租赁公司与电子公司签订融资租赁协议，约定交货地点在海南三亚港，“预定交货期为1989年10月”。银行提供连带责任保证，约定“未经担保人同意，对租赁合同做任何修改，本担保书自行失效”。实际履行中，租赁公司依海关总署文件规定，将交货地点变更为收货人在货物进境地海关即海口港，同时交货期延长至同年11月30日。银行以擅自变更合同为由主张免除保证责任。

法院认为：本案实际履行交货地与合同约定交货地不一致，系因政府主管部门的行政行为，非租赁合同双方当事人擅自修改，应属于合理变更。履行地变更虽未通知银行，但未增加担保人的担保责任。租赁合同约定“预定交货期”，应认定租赁合同约定的交货期不完全确定。既然交货日期未最终确定，交货日期会随时变化，就不存在做任何修改的问题。担保合同作为从合同，其目的是保障主合同债权的实现，担保的本质意图是为承租人偿还租金提供担保，而非为供货商依买卖合同按时到货提供担保。按租赁合同及担保合同约定，承租人违约拒付租金时，出租人可要求担保人负连带保证责任。故银行以交货期变更未通知其为由要求自行免除担保责任的主张，不予支持。判决银行对电子公司应付租赁公司租金460万余美元及利息承担连带保证责任。

实务要点：融资租赁合同履行过程中，交货地点变更和交货期变更未通知保证人，并不一定导致担保责任自动免除。

2.4

200301/9:267

2002

案例索引：最高人民法院(2002)民二抗字第4号“某银行与某电子公司等融资租赁合同纠纷案”，见《中国光大银行石家庄支行与中国国际包装租赁有限公司、中国环宇电子集团公司通什分公司融资租赁合同纠纷抗诉案》(审判长罗少华，审判员姜华，代理审判员董华)，载《审判监督指导与研究·裁判文书选登》(200301/9:267)。

444 主合同当事人擅自变更合同条款的，担保义务免除

——借款合同实际履行中，金融机构提前扣息，借款人支付存款高息，使主债务人实贷金额大大减少，保证人可免责。

标签：保证 | 主合同变更 | 擅自变更 | 实际贷款合同履行

案情简介：1996年5月，经贸公司与信用社签订借款合同，作为共同投资工程项目的合作方实业公司提供1亿元的保证担保。信用社通过以存定贷方式将贷款金额变更为6333万元，并预先扣收利息744万余元，另经贸公司通过信用社转付给存款人高息1351万余元。经贸公司实际获得贷款4200万余元。实业公司以信用社和经贸公司变更主合同为由主张免责。

法院认为：主合同双方当事人采取以存定贷方式进行借贷，存款关系中高息揽存违反了有关金融法规规定，但揽存资金存入信用社后构成银行信贷资金，信用社再贷款行为不因所贷款项来源瑕疵而影响借款关系效力。至于信用社及经贸公司是否将以存定贷事实告之担保人，以及在借款合同实际履行中信用社提前扣息，经贸公司支付存款高息，皆属于借款合同当事人在合同履行中的问题，不能影响担保合同本身的效力。因本案信用社及经贸公司在实际履行中，提前扣收利息、支付存款人高息，使经贸公司实贷金额大大减少，致使实业公司合作方经贸公司无法实现其按约贷款及时投资合作工程的意愿，给实业公司造成了巨大经济损失，违背了保证人提供保证的本意。本案主合同当事人变更或违反了主合同条款，根据《担保法》第24条“债权人与债务人协议变更主合同的，应当取得保证人书面同意，未经保证人书面同意的，保证人不再承担保证责任。保证合同另有约定的，按照约定”规定，故判决实业公司免除担保义务。

2.4

200101/1:277

1999

实务要点：借款合同实际履行中，金融机构提前扣息，借款人支付存款高息，使主债务人实贷金额大大减少，违背保证人提供保证本意，并造成保证人经济损失的，保证人可根据《担保法》第24条主合同当事人擅自变更主合同条款规定免除担保义务。

案例索引：山东高院（1999）鲁经再字第60号“某信用社与某实业公司等借款合同纠纷案”，见《青岛市地下中心商业街实业发展公司与胶州市城市信用社、青岛海晟经济发展有限公司借款合同纠纷抗诉案》（审判长廖伟忠，代理审判员陈兴东、范明志），载《审判监督指导与研究·案例评析》（200101/1:277）。

备注：本案关于合同效力与担保效力的裁判要旨与最高人民法院《关于审理存单纠纷案件若干问题的规定》（1997年12月13日法释〔1997〕8号）相悖，因原审生效判决作出前，该司法解释尚未实施，故未适用。

445 借款延期又添保证人，并不导致旧的保证关系消灭

——债权人与债务人、新保证人就到期债权签订借款延期偿还保证合同，并非新建立借款合同，旧的保证关系仍有效。

标签：保证 | 主合同变更 | 连带共同保证 | 借款延期 | 借款期限变更

案情简介：1996年，开发公司为贸易公司向银行贷款200万元提供连带责任保证，同时，开发公司、贸易公司分别提供了房产作为抵押物。1997年，借款到期后，银行与贸易公司、建筑公司签订借款延期保证合同，由建筑公司为延期借款提供连带责任保证。2005年，因贸易公司逾期未偿致诉。

3

3.3

2006民:168

2005

法院认为：借款延期偿还协议仅是对原借款合同的履行期限进行变动，并非就一个借款项目形成的一份新的借款合同，原借款合同和协议书的标的均指向同一笔借款。由于开发公司已在原借款合同签订时为贸易公司提供了连带责任保证，依最高人民法院《关于适用〈担保法〉若干问题的解释》第30条第2款"债权人与债务人对主合同履行期限作了变动，未经保证人书面同意的，保证期间为原合同约定的或者法律规定的期间"精神，银行与贸易公司之间对合同履行期限的变动并不影响开发公司履行保证责任。同时，银行与贸易公司签订借款延期偿还协议对借款合同履行期限进行变动中，建筑公司又提供了连带保证，应视为对同一笔借款提供的新的保证，建筑公司亦应视为新的保证人。根据前述司法解释第19条第1款"两个以上保证人对同一债务同时或者分别提供保证时，各保证人与债权人没有约定保证份额的，应当认定为连带共同保证"，由于开发公司与建筑公司是在不同时间段分别对同一笔债务提供连带保证的，彼此之间亦未与银行约定保证份额，故应承担连带共同保证责任。判决贸易公司偿还银行借款200万元及利息，银行对贸易公司和开发公司用于抵押的房产享有优先受偿权，建筑公司、开发公司对上述不足清偿部分承担连带保证责任。

实务要点：债权人与债务人、新的保证人就到期债权签订借款延期偿还保证合同，因并非新建立借款合同，故新保证关系成立，并不导致旧的保证关系消灭。当事人对借款合同履行期限进行变动，应视为不同时间段分别对同一笔债务提供连带保证，因彼此之间亦未与债权人约定保证份额，故旧保证人与新保证人仍应承担连带共同保证责任。

案例索引：海南海口龙华区法院（2005）龙民二重字第4号"某银行与某贸易公司等借款合同纠纷案"，见《关闭海南发展银行清算组诉海口天南贸易有限公司等借款合同案（保证期间）》（陈宗泽），载《中国审判案例要览》（2006民事:168）。

446 开证行在单证不符时垫付款，不必然免除保证责任

——经开证申请人同意，开证行在单证不符时垫付款，保函保证人以主合同当事人变更主合同主张免责的，不予支持。

标签：保证 | 主合同变更 | 信用证 | 审单 | 信用证 | 单证不符

案情简介：1999年，银行应外贸公司申请开具信用证并对外付款。就外贸公司拖欠的83万余美元及利息，保证人开发公司以银行在单证不符时未予拒付为由主张免责。

法院认为：银行与外贸公司间的委托开证合同及开发公司为该合同提供担保形成的保证合同均为有效。委托开证合同对合同履行过程中可能存在的单证不符问题作出约定，外贸公司已明确表示接受银行在单证不符时根据国际惯例作出的对外拒付或承兑所产生的法律后果。故本案虽存在单证不符的事实，但银行根据国际商会《跟单信用证统一惯例》（第500号出版物）第14条第c款规定，在“自行决定征求申请人同意接受不符点”后，在外贸公司未能全额付款情况下，对外垫付了不足部分款项的行为，具有合同基础及国际惯例的依据。银行对信用证的上述操作行为，完全是履行合同行为，并不变更主合同，更未产生新的法律关系，无需另行征得担保人特别同意。判决外贸公司偿还银行信用证代垫款及利息，开发公司承担连带清偿责任。

3.3

2003商:412

2002

实务要点：开证申请人已明确表示接受银行在单证不符时根据国际惯例作出的对外拒付或承兑所产生的法律后果，开证行据此对外付款属于履行合同行为，并不变更主合同，更未产生新的法律关系，保函保证人以主合同当事人擅自变更合同权利义务为由主张免责的，不予支持。

案例索引：福建高院（2002）闽经终字第14号“某银行与某软件公司等信用证纠纷案”，见《福建兴业银行厦门分行诉厦门新宇软件股份有限公司等信用证代垫款案》（曹发贵），载《中国审判案例要览》（2003商事:412）。

447 为定金担保提供反担保的保证人所负连带责任认定

——债权人与债务人协议变更主合同内容，但未实际履行的，为定金担保提供反担保的保证人仍应承担连带清偿责任。

标签：保证 | 主合同变更 | 反担保 | 定金担保

案情简介：2001年，郭某购买陈某货物2000吨，双方签订买卖合同，郭某

法院认为：案涉买卖合同及丁某为陈某收取定金提供保证，均属合法有效。合同履行期间，陈某未依约供货，属违约行为，依法应双倍返还定金。依《担保法》及其司法解释有关规定，保证期间，债权人与债务人对主合同数量、价款、币种、利率等内容作了变动，未经保证人同意的，

支付定金4万元，丁某同意为陈某提供担保。2002年，郭某与陈某协议变更货物供应量由2000吨减少为1000吨、定金由4万元变为2万元。但陈某退还2万元后未实际履行供货义务。郭某诉请陈某、丁某连带偿还。

如果减轻债务人的债务的，保证人仍应当对变更后的合同承担保证责任；如果加重债务人的债务的，保证人对加重的部分不承担保证责任。债权人与债务人协议变更主合同内容，但并未实际履行的，保证人仍应承担保证责任。本案中，债权人郭某与债务人陈某变更原合同内容，达成新的协议，减轻了债务人的债务，且该新协议并未实际履行，故丁某仍应承担保证责任。判决陈某双倍返还郭某定金4万元，丁某承担连带责任。

3.3

2002民:106

2001

实务要点： 债权人与债务人协议变更主合同内容，但并未实际履行的，为定金担保提供反担保的保证人仍应承担连带清偿责任。

案例索引： 新疆阿克苏中院（2001）阿中民终字第1338号“郭某与陈某等反担保合同纠纷案”，见《郭佳鑫诉陈甫平等案（买卖合同、反担保）》（杨善明），载《中国审判案例要览》（2002民事:106）。

3

保证责任主张

448 债权人向保证人之一主张权利效力及于其他保证人

——债权人在保证期间内，向保证人之一主张权利，该主张行为对另一连带共同保证人也同样发生诉讼时效中断效力。

标签：保证 | 保证责任主张 | 诉讼时效 | 不良资产 | 保证时效 | 连带保证

法院认为： 粮油集团与油脂库分别为油脂公司对银行的同一笔借款提供保证，且未与银行约定各自的保证份额，根据《担保法》第12条及最高人民法院《关于适用〈担保法〉

案情简介：2004年，油脂公司向银行借款720万元，油脂库和粮油集团提供连带责任保证。2008年5月29日，从资产公司受让前述金融债权的信托公司起诉油脂公司偿债，并诉请油脂库和粮油集团承担连带责任。粮油集团以债权人只向油脂库而未向粮油集团主张保证债务为由，主张免除保证责任。

若干问题的解释》第19条第1款规定，两个保证人构成连带共同保证，应对油脂公司的该笔债务承担连带责任。根据最高人民法院《关于审理民事案件适用诉讼时效制度若干问题的规定》第17条第2款规定："对于连带债务人中的一人发生诉讼时效中断效力的事由，应当认定对其他连带债务人也发生诉讼时效中断的效力"，故资产公司向保证人之一的油脂库催收债务，不仅中断了油脂库保证债务的诉讼时效，对另一连带共同保证人粮油集团也同样发生诉讼时效中断的效力。信托公司于2008年5月29日向法院提起本案诉讼并未超过诉讼时效，且该起诉行为也表明债权人履行了债权转让的通知义务，故判决粮油集团和油脂库对油脂公司债务承担连带责任。

2.1

201203/31:217

2.6

v.6:476

2011

实务要点：债权人在保证期间内，向保证人之一主张权利，不仅中断了该保证人保证债务的诉讼时效，对另一连带共同保证人也同样发生诉讼时效中断的效力。

案例索引：最高人民法院（2011）民提字第266号"某信托公司诉某粮油集团等借款合同纠纷案"，见《债权人在保证期间向保证人之一主张权利的效力及于其他连带责任保证人——申请再审人中信信托有限责任公司与被申请人天津市粮油集团有限公司、天津市油脂（集团）有限公司、天津市油脂公司新港油脂库借款合同纠纷申请再审案》（沙玲，最高院民二庭；审判长贾纬，审判员沙玲，代理审判员周伦军），载《商事审判指导·商事审判案例分析》（201203/31:217）；另见《债权人在保证期间向保证人之一主张权利的效力及于其他连带责任保证人》，载《最高人民法院商事审判指导案例·合同与借贷担保卷（6）》（2012:476）。

449 债权人已申报破产债权的，可以同时主张保证债权

——债权人已在债务人破产程序中申报债权，同时又就该借款起诉保证人，法院仍可有条件判决保证人履行保证责任。

标签：保证 | 保证责任主张 | 不良资产 | 破产 | 保证债权

案情简介：2001年，实业公司为化工公司向银行贷款提供连带责任保证。2005年，化工公司被法院宣告破

法院认为：由于资产公司已在化工公司破产程序中申报债权，现又针对同一笔借款本息向保证人实业公司提起本案诉讼，其受偿数额可能会超过债权数额，损害保证人实业公司合法权益。在本案二审期间，资产公司承诺如本案判令实业公司承担保证责任并实际偿付，资产公司在化工公司破产案中作为债权人的受偿权可转让给实业公司。基于该承诺，

产。2010年，受让该不良债权的资产公司诉请保证人实业公司承担清偿责任。实业公司认为资产公司已申报破产债权，应待化工公司破产程序终结后才能主张保证债权。资产公司在二审期间承诺如本案判令实业公司承担保证责任并实际偿付，资产公司在化工公司破产案中作为债权人的受偿权可转让给实业公司。

实业公司在全额偿付本案借款本金及利息前提下，可取得资产公司因上述债权在化工公司破产程序中获得的全部受偿款项。故判决实业公司偿还资产公司借款本金1110万元，利息406万余元，实业公司履行清偿义务后，取得资产公司在化工公司破产案中作为债权人的受偿权。

实务要点： 债权人已在债务人破产程序中申报债权，嗣后又针对同一笔借款本息向保证人提起诉讼，其受偿数额可能会超过债权数额，损害保证人合法权益。债权人在诉讼中承诺如判令保证人承担保证责任并实际偿付，债权人在债务人破产案中作为债权人的受偿权可转让给保证人的，法院可依该承诺判决保证人履行保证责任。

2.6

v.7:420

2011

3

案例索引： 最高人民法院（2011）民二终字第5号“某资产公司与某实业公司保证合同纠纷案”，见《金融资产管理公司承接银行债权如何认定诉讼时效中断——宁夏大荣实业集团有限公司与中国信达资产管理股份有限公司陕西省分公司保证合同纠纷案》（审判长张勇健，代理审判员李京平、王富博），载《最高人民法院商事审判指导案例-7·公司与金融卷》（2012:420）。

450 债权人退出破产债权申报后，可向保证人主张权利

——债务人破产程序开始后，债权人向法院申报债权后可以撤回申报，而选择向承担一般保证责任的保证人主张权利。

标签： 保证 | 保证责任主张 | 不良资产 | 破产 | 保证债权 | 一般保证

案情简介： 2001年，生效判决确认化肥厂负有对银行的贷款债务，石油公司承担一般保证责任，并指明化肥厂对石油公司的反担保可由石油公司另诉。执行程序中，2007年，化肥厂被宣告破产还债，石油公司申报了反担保抵押财产别除权。受让银行该不良债权的资产公司向法院申报债权后，又撤回申报，转而请求执行石油公司。

法院认为： 根据最高人民法院《关于适用〈担保法〉若干问题的解释》第44条的规定，人民法院受理了债务人的破产案件，一般保证的保证人就不得再主张先诉抗辩权，债权人可以直接向一般保证人主张权利，但如果债权人在破产程序开始后向人民法院申报了债权，就不能在加入债务人破产程序的同时要求保证人承担保证责任。本案中，债权人资产公司既可以选择向债务人化肥厂破产清算组申报债权，也可以选择向保证人石油公司主张权利。资产公司在申报了债权后又撤回了债权申报，即退出了化肥厂的破产程序，转而依法向保证人石油公司主张权利，对于债权人的这种选择，法律及司法解释均无禁止性规定，应为合法。债权人撤回申报后，石油公司仍可根据《企业破产法》第56条规定申报债权，在此过程中，债权人并无过错，保证人利益亦未受到影响，此情况不符合上述司法解释第45条规定的保证人保证责任免除条件。

2.5
200804/28:90
2008

实务要点： 债权人在债务人破产程序开始后向法院申报了债权后又撤回了债权申报，转而向一般保证的保证人主张权利，对于债权人的这种选择，法律及司法解释均无禁止性规定，应为合法。

案例索引： 最高人民法院（2008）执复字第1号“中国石化集团资产经营管理有限责任公司与中国东方资产管理公司南宁办事处、贵州省安顺化肥厂等执行异议案”，见《中石化贵州分公司申请复议案》（张小林、马岚，最高院执行局；审判长张小林，审判员项存奇，代理审判员范向阳），载《执行工作指导·案例分析》（200804/28:90）。

451 银行可诉请连带共同保证人之一承担全部保证责任

——连带共同保证的债务人在主合同规定的债务履行期届满没有履行债务的，债权人可要求任一保证人承担全部责任。

标签： 保证 | 保证责任主张 | 多个保证人

案情简介： 2003年，经贸公司向银行贷款2000万元，牧业公司和投资公司提供连带责任保证担保。因逾期未清偿，银行起诉经贸公司同时，诉请投资公司承担连带保证责任。投资公司认为未追加牧业公司不公平。

法院认为： 投资公司和牧业公司均为本案借款合同的连带担保人，银行仅起诉投资公司承担担保责任，未起诉牧业公司，符合最高人民法院《关于适用〈担保法〉若干问题的解释》第20条“连带共同保证的债务人在主合同规定的债务履行期届满没有履行债务的，债权人可以要求债务人履行债务，也可以要求任何一个保证人承担全部保证责任”的规定，属于该银行处分其诉权的行为，不存在对投资公司不公平的问题，故判决投资公司对经贸公司借款本息承担连带清偿责任。

实务要点： 连带共同保证的债务人在主合同规定的债务履行期届满没有履行债务的，债权人可以要求债务人履行债务，也可以要求任何一个保证人承担全部保证责任。

2.1
200602/10:197
2.6
v.2:966
2005

案例索引： 最高人民法院（2005）民二终字第80号“某银行与某经贸公司等借款合同纠纷案”，见《如何确认外部连带保证关系中的民事责任主体以及借款合同的主债务人——中国农业银行克拉玛依石油分行与新疆石油管理局油田经贸总公司、克拉玛依通德工贸有限责任公司以及新疆口岸投资合作有限责任公司借款合同纠纷上诉案》（李京平，最高院民二庭），载《民商事审判指导·案例分析》（200602/10:197）；另见《连带共同保证的债务人在主合同规定的债务履行期届满没有履行债务的，债权人可以要求债务人履行债务，也可以要求任何一个保证人承担全部保证责任》，载《最高人民法院商事审判指导案例·借款担保卷（下）》（2011:966）。

452 已申报债权的债权人，可诉请保证人承担清偿责任

——在担保人承担连带责任的案件中，债务人破产的，债权人有选择申报债权或向保证人主张权利或同时主张的权利。

标签：保证 | 保证责任主张 | 诉讼程序 | 不良资产 | 破产 | 保证债权

案情简介：1999年，陶瓷厂向银行的借款本息2800万元到期未偿。2003年，法院宣告陶瓷厂破产还债。在破产程序未终结前，受让该银行不良债权的资产公司起诉前述借款合同的保证人投资公司要求承担清偿责任。

法院认为：根据最高人民法院《关于适用〈担保法〉若干问题的解释》第44条规定："保证期间，人民法院受理债务人破产案件的，债权人既可以向人民法院申报债权，也可以向保证人主张权利。债权人申报债权后在破产程序中未受清偿的部分，保证人仍应承担保证责任。债权人要求保证人承担保证责任的，应当在破产程序终结后六个月内提出。"债权人资产公司在向法院申报了债权、参加了破产程序的同时，又另行起诉要求担保人投资公司承担担保责任并无不当。但因债务人陶瓷厂破产案件尚未终结，债权人在破产程序中能否受偿，以及受偿的数额还无法确定；担保人投资公司应当承担担保责任的范围也不能确定。故本案应当中止审理，待破产案件终结后再进行处理。

3

2.1

200501/7:152

2005

实务要点：在担保人承担连带责任的案件中，为充分保护债权人合法权益，债务人破产的，应允许债权人有权选择申报债权或向保证人主张权利，或同时主张权利。但债权人申报了债权，参加了破产程序，其向保证人主张的权利在一定期间内应当受到限制，不能在加入债务人破产程序的同时要求保证人承担保证责任，而只能在破产程序终结后6个月内提出。对债权人在债务人破产程序尚未终结前起诉担保人的案件，法院立案受理的，应中止案件审理，待破产案件程序终结后，视破产程序中债权人的受偿情况决定案件的处理结果，仅就债权人在破产程序中未受偿的部分作出判决。

案例索引：最高人民法院判决"某资产公司与某投资公司借款担保合同纠纷案"，见《债务人被宣告破产而破产程序尚未终结、债权人在申报债权的同时又向担保人主张权利的，案件应当中止审理——鹤壁市经济发展建设投资公司与中国信达资产管理公司郑州办事处保证合同纠纷上诉案》（于松波，最高院民二庭），载《民商事审判指导·案例分析》（200501/7:152）。

453 第三人未分担债务，债权人可另诉债务人和担保人

——第三人加入债务承担并经法律程序处理，不影响债权人就未分担部分债务及相应担保责任再起诉债务人和担保人。

标签：保证 | 保证责任主张 | 管辖 | 担保合同 | 重复诉讼 | 未分担债务

案情简介：2001年，银行、投资公司签订《协议书》，约定银行将5000万元客户资金委托投资公司管理，轻工集团同意为银行资金安全提供连带责任保证。2003年，就投资公司未偿还的委托资金，银行、投资公司、商贸公司签订《还款协议》，约定商贸公司作为共同债务人，以其所有的境内法人股分担投资公司前述债务部分偿还义务。同年，银行就商贸公司代偿纠纷依《还款协议》约定的仲裁条款申请仲裁，仲裁裁决书已进入执行阶段。其后，银行又向法院起诉投资公司、轻工集团，两被告提出银行起诉违反“一事不再理”原则。

法院认为：虽然《还款协议》就协议所述争议解决方式约定了仲裁条款，且银行已选择仲裁程序寻求法律救济，但仲裁裁决书解决的是银行、投资公司、商贸公司之间部分债务分担的法律关系，即部分债务分担人商贸公司以其所有的股票偿还投资公司所欠银行部分债务的清偿关系，而未解决投资公司尚未被分担部分债务的偿还以及相应的担保责任问题。对于投资公司尚未被分担部分债务以及轻工集团就该部分债务所应承担的相应连带担保债务，银行并未申请仲裁。该部分债务与已仲裁的部分债务关系并非同一法律关系，诉讼标的亦不相同，故银行就该部分债务和连带保证债务提起诉讼，并未违反《民事诉讼法》“一事不再理”原则。

实务要点：第三人加入债务承担并经法律程序处理，不影响债权人就未分担部分的债务及相应的担保责任再提起诉讼，担保人以“一事两审”主张程序违法的，不予支持。

案例索引：最高人民法院（2003）民二终字第172号“某银行与某投资公司等委托管理资金合同纠纷案”，见《中国轻骑集团有限公司与华夏银行济南市高新支行、山东天源资产投资管理有限公司委托管理资金合同纠纷上诉案》（审判长叶小青，代理审判员朱海年、王闯），载《民商事审判指导·裁判文书选登》（200401/5:274）。

2.1

200401/5:274

2003

454 债权人可单独向负连带保证责任的保证人提起诉讼

——债务人逾期未履行债务的，债权人既可要求债务人履行，亦可要求连带责任保证人在其保证范围内承担保证责任。

标签：保证 | 保证责任主张 | 不良资产 | 合并审理 | 法院受理

案情简介：1999年，烟草公司向银

法院认为：卷烟厂向银行提供的保证系连带责任保证，债权人银行既可要求债务人烟草公司履行债务，亦可要求保证人卷烟厂承担连带保证责任。是否向债务人烟草公司提起诉讼，是债权人银行的权利。卷烟厂关于

行贷款，卷烟厂提供连带责任保证。2001年，烟草公司进入破产还债程序。同年，受让银行不良债权的资产公司单独起诉卷烟厂要求对未偿还贷款本息承担保证责任。

追加债务人烟草公司为本案共同被告的理由，不予支持。

实务要点： 根据《担保法》第18条第2款规定，连带责任保证的债务人在主合同规定的债务履行期届满未履行债务的，债权人可要求债务人履行债务，亦可要求保证人在其保证范围内承担保证责任。

2.1

200202/2:225

2002

案例索引： 最高人民法院判决“某资产公司与某卷烟厂担保合同纠纷案”，见《保证合同是否有效及债务人是否应为本案共同被告——利川卷烟厂与中国长城资产管理公司武汉办事处担保合同纠纷上诉案》（刘敏），载《民商审判指导与参考·案例评析》（200202/2:225）。

3

455 被借名人对借名账户资金，一般没有所有权和诉权

——借名账户的被借名人既非款项所有人，亦非合法占有人，故无权要求银行返还因收取贷款而扣划的借名账户资金。

标签： 保证 | 保证责任主张 | 借款合同 | 资金扣划 | 诉讼程序 | 诉讼主体

案情简介： 1993年，贸易公司为外贸公司向银行贷款200万元承诺承担还款义务。1995年11月，贸易公司财务负责人张某持该公司职工常某身份证和个人印章，在银行开设临时账户。依购销合同约定，贸易公司通过该账户收取实业公司货款450万元。银行在贸易公司未偿还保证债务情况下，从该公款私存账户自行扣划200万元，常某以侵权为由起诉银行。

法院认为： 贸易公司应依承诺承担还款义务。本案查明事实，案涉账户确系贸易公司开立，是贸易公司的公款私存账户，而非常某个人或实业公司委托常某开立，其中的款项归贸易公司使用。因常某既非该款所有人，亦非该款合法占有人，其要求银行返还收贷扣划款项的理由不能成立，故判决驳回常某诉讼请求。

实务要点： 借名账户的被借名人既非账户内款项所有人，亦非该款合法占有人，其要求银行就实际所有人享有的账户资金收贷扣划款项进行返还的理由不能成立。

案例索引： 最高人民法院判决“银行与常某等侵权纠纷案”，见《常丽与太原市商业银行解放路支行、中国太原龙威铸造焦实业有限公司、山西省海外贸易公司侵权纠纷案——银行划款行为是否构成侵权及如何处理》（俞宏武），载《民事审判指导与参考·最高人民法院二审案件解析》（200102/6:253）。

2.2

200102/6:253

2001

456 债权人向连带共同保证人之一主张权利的法律效果

——债权人向共同保证人中的任何一人主张权利，都是债权人要求保证人承担保证责任行为，其效力及于所有保证人。

标签：保证 | 保证责任主张 | 诉讼时效 | 连带保证 | 共同连带

案情简介： 2008年，沈某向周某借款13万余元，约定2009年8月15日前归还，出具的借条上“担保人”栏有林某、唐某、张某签名。2009年国庆期间，周某曾要求张某还款。2011年4月，周某直接起诉林某、唐某、张某要求还款。

法院认为： 保证人与债权人未约定保证方式，应按连带责任保证承担保证责任。连带责任保证的债务人在主合同规定的债务履行期届满未履行债务的，债权人可要求债务人履行债务，亦可要求保证人在其保证范围内承担保证责任，故周某有权选择只起诉保证人，本案无须追加沈某作为本案被告。当事人未对保证期间约定，根据《担保法》第26条规定，保证期间应为主债务履行期届满之日起6个月。本案主债务履行期届满日为2009年8月15日，故保证期间至2010年2月15日止。现有证据表明周某在保证期间内向保证人之一的张某主张过权利，故周某于2011年4月向法院起诉未超过保证合同2年的诉讼时效。由于林某、唐某与张某系连带共同保证，且在连带共同保证中，保证人是作为一个整体共同对债权人承担保证责任，故债权人向共同保证人中的任何一人主张权利，都是债权人要求保证人承担保证责任的行为，其效力自然及于所有保证人，判决林某、唐某、张某返还周某借款13万余元及利息并互负连带责任。

3.6

201104/16:36

2011

实务要点： 连带共同保证中，保证人作为一个整体共同对债权人承担保证责任，债权人向共同保证人中任何一人主张权利，都是债权人要求保证人承担保证责任的行为，其效力及于所有保证人。

案例索引： 江苏宿迁中院（2011）宿中民终字第0916号“周某与林某等担保纠纷案”，见《周广春诉林军等连带共同保证合同纠纷案》，载《江苏省高级人民法院公报》(201104/16:36)。

457 银行申报保证债权后，可再另诉主债务人主张债权

——债权人在连带责任保证人破产程序中进行了债权申报后，可同时另行起诉要求主债务人承担还款及抵押担保责任。

标签：保证 | 保证责任主张 | 破产 | 保证债权 | 临时确认

案情简介： 2005年，门窗集团向银行抵押借款，门窗公司提供连带责任保

法院认为： 《担保法》第18条规定：“连带责任保证的债务人在主合同规定的债务履行期届满没有履行债务的，债权人可以要求债务人履行债务，也可以要求保证人在其保证范围内承担保证责任。”因门窗公司破产管理人将在本案终结后，视门窗集团在本案中的受偿情况再对其所申

证。2007年，门窗公司进入破产重整程序，银行向破产管理人申报债权后，以门窗集团逾期偿还借款构成违约为由诉请提前清偿全部借款，并以抵押物优先受偿。

3.1

200904/70:123

2008

报的债权作最终确认，符合法律的相关规定，并未造成债权的重复确认，故判决门窗集团偿还银行贷款并对抵押财产享有优先受偿权。

实务要点： 债权人在连带责任保证人破产程序中进行了债权申报后，可同时要求主债务人承担还款及抵押担保责任。按《物权法》第176条规定，应首先确定主债务人承担的违约责任和抵押担保责任，剩余未能受偿债权再在保证人破产程序中受偿。

案例索引： 天津高院（2008）津高民二初字第7号“某银行与某实业公司借款合同纠纷案”，见《中国银行股份有限公司天津市分行诉天津宝硕门窗发展有限公司借款合同纠纷案》（施皓毅），载《人民法院案例选》（200904/70:123）。

3

458 诉讼中设立连带保证债权，可在其后单独起诉主张

——连带保证中主债务期间届满后，保证人与债务人处同一法律地位，债权人可同时起诉，亦可单独起诉连带保证人。

标签： 保证 | 保证责任主张 | 诉讼程序 | 裁判文书主文 | 连带责任

案情简介： 2002年，粮管站起诉郑某偿还债务，诉讼中，郑某提供连带责任保证，粮管站遂与郑某达成调解协议，随后进入执行程序。2005年，粮管站诉请郑某承担连带保证责任。

3.1

200701/59:265

2005

法院认为： 根据《担保法》第18条第2款规定：“连带责任保证的债务人在主合同规定的债务履行期届满没有履行债务的，债权人可以要求债务人履行债务，也可以要求保证人在其保证范围内承担保证责任。”即连带保证中主债务期间届满后，保证人与债务人处于同一法律地位，债权人可同时起诉主债务人和连带保证人，亦可单独起诉连带保证人。故在债务人郑某未能履行债务时，债权人即粮管站有权要求郑某承担保证责任。

实务要点： 连带保证中主债务期间届满后，保证人与债务人处于同一法律地位，债权人可同时起诉主债务人和连带保证人，亦可单独起诉连带保证人。

案例索引： 福建泉州中院（2005）泉民终字第1919号“某粮管站与郑某保证合同纠纷案”，见《泉州市丰泽区城东粮食管理站诉郑志坚保证合同纠纷案》（王声栋、傅天真），载《人民法院案例选》（200701/59:265）。

459 债权人申请执行后，又从保证人账户扣款，属侵权

——在已申请法院强制执行的情况下，债权人擅自从连带保证债务人账户扣划款项的，构成对债务人合法权益的侵害。

标签：保证 | 保证责任主张 | 执行 | 自力救济 | 直接扣款

案情简介：1996年，开发公司为砖厂向银行贷款提供保证担保，约定逾期未偿由银行直接从开发公司账户上扣转以担保还款。2003年，因逾期未还致诉，法院调解由砖厂分期付款，开发公司负连带责任，随后银行申请强制执行，并自行依保证合同从开发公司账户上扣转存款，后者认为侵权。

法院认为：案涉保证合同约定银行可从账户中扣转，属约定抵销权，该抵销权已在生效民事调解书确定各方的权利义务时消失，故不能成为银行扣转款项的理由。银行在申请法院强制执行情况下，未依有关法律规定，由法院予以强制执行，而擅自从开发公司账户扣转款项，以实现其债权，实属妨碍司法权的正常行使，构成侵权，银行应将扣转款项划回开发公司账户，再由法院按调解书所确定款项，执行后交给银行。

实务要点：在已申请法院强制执行情况下，债权人擅自从连带保证债务人账户扣划款项，不仅妨碍司法权正常行使，且构成对债务人合法权益的侵害。

3.1

200504/54:324

2005

案例索引：福建漳州中院（2005）漳民终字第25号“某银行与某开发公司侵权纠纷案”，见《漳浦县土地开发总公司诉中国建设银行漳浦县支行以债权人的身份扣划债务人的存款侵权案》（孙巍、林振通），载《人民法院案例选》（200504/54:324）。

460 保理商可依约向卖方追索未被回购的应收账款债权

——在约定了追索权的保理业务中，保理商在保理期满未足额受偿时可直接对卖方行使追索权，卖方应承担回购责任。

标签：保证 | 保证责任主张 | 保理 | 追索权 | 应收账款债权

案情简介：2006年，商贸公司通过协议获得银行4000万元的有追索权公开型国内保理授信额度。按授信协议进行的保理业务合同约定，银行支付3700万余元收购款，受让商贸公司对投资公司所享有的4800万余元的应收账款债权，投资公司和化工公司对收购履行承担连带担保责任，因嗣后

法院认为：投资公司在保理期满未依协议向银行支付银行已支付对价的应收账款债权，理应对尚欠债务本息承担偿还义务，同时银行可依保理业务合同约定在其应收账款债权未受偿时直接对商贸公司行使追索权，即要求商贸公司对银行未受偿的应收账款债权承担回购责任，投资公司和化工公司依约对该回购义务履行承担连带责任。回购金额为：银行基本收购款+基本收购款逾期支付违约金+银行实际发生的所有管理及追索费用。故商贸公司应依合同约定在收购款3700万余元及逾期利息范围内对投资公司上述到期债务承担回购责任，化工公司、投资公司对商贸公司上述债务承担相应的连带保证责任。判决投资公司偿还银行应收账款本金4800万余元及利息，商贸公司应对上述给付

投资公司未依承诺付款，商贸公司亦未依约回购，银行遂向商贸公司行使追索权，并要求投资公司和化工公司承担连带责任。

事项在3700万余元范围内对投资公司上述债务承担回购责任，投资公司、化工公司对此承担连带保证责任，商贸公司完成回购义务或化工公司、投资公司承担保证责任后，银行享有的与之相应的对投资公司的应收账款债权（回购金额与应收账款债权的折算比例为78.1∶100）转回至商贸公司，免除投资公司就此笔应收账款债权向银行的偿还责任。

3.3

2008商:154

3.2

200903/3:272

2005

实务要点： 在约定了追索权的保理业务中，保理商在保理期满未足额受偿时可直接对卖方行使追索权，卖方应对保理商未按时受偿的应收账款承担回购责任。

案例索引： 天津高院（2005）津高民二初字第48号“某银行与某商贸公司等保理合同纠纷案”，见《招商银行天津分行诉天津华通润商贸发展有限公司等保理合同案（保理商在保理期间届满未足额受偿时行使追索权）》（景宏、李斌英），载《中国审判案例要览》（2008商事:154）；另见《裁判要旨·商事》（刘艳芳），载《人民法院案例选（法制社月版）》（200903/3:272）。

3

461 负补充赔偿责任的保证人，劣后于主债务人被执行

——生效法律文书确定保证人对主债务人应返还债权人款项不能清偿部分承担民事赔偿责任，其性质是一种补充责任。

标签： 保证 | 保证责任主张 | 执行 | 被执行人 | 执行顺序 | 补充赔偿责任

案情简介： 2001年，仲裁认定物业公司与实业公司之间的非金融借款合同无效，投资公司的连带保证责任条款亦无效，故裁决实业公司返还物业公司借款290万余元，投资公司对实业公司不能返还部分的三分之一承担民事赔偿责任。物业公司据此向法院申请执行投资公司。

法院认为： 仲裁裁决投资公司对实业公司应返还款项不能清偿部分的三分之一承担民事赔偿责任。该责任是一种补充责任，而非保证条款所约定的连带责任。故在对实业公司执行穷尽之前，因实业公司不能清偿部分尚不确定，投资公司应承担的补充赔偿责任内容亦不确定，故法院暂不能对其予以强制执行。根据最高人民法院《关于人民法院执行工作若干问题的规定（试行）》第10条规定，仲裁机构作出的国内仲裁裁决，由被执行人住所地或被执行的财产所在地人民法院执行。本案中，仲裁裁决实业公司为主债务人，投资公司承担补充赔偿责任。故物业公司应向主债务人实业公司住所地或其财产所在地法院申请执行，待执行穷尽实业公司后，方可执行投资公司。此时可分两种情形：第一，债权人向主债务人住所地或财产所在地法院同时申请执行主债务人和保证人的，在执行穷尽主债务人后，应仍由该执行法院继续执行被保证人；第二，债权人向

3.3

2005商:652

2001

主债务人住所地或财产所在地法院申请执行主债务人而不申请执行保证人的，在执行穷尽主债务人后，应可再向保证人住所地或财产所在地法院申请执行。故本案法院暂不享有对本案的执行管辖权。

实务要点： 生效法律文书确定保证人对主债务人应返还债权人款项不能清偿部分承担民事赔偿责任的，该责任是一种补充责任，在对主债务人执行穷尽之前，因主债务人不能清偿部分尚不确定，保证人应承担的补充赔偿责任内容亦不确定，故法院暂不能对其予以强制执行。

案例索引： 深圳仲裁委员会（2001）深仲裁字第508号“某物业公司申请执行仲裁裁决案”，见《深圳峰景台物业发展有限公司申请执行三亚圆通企业有限责任公司等借款合同还款义务案》（丁亮华），载《中国审判案例要览》（2005商事:652）。

担保转让

462 债权转让协议重新约定保证期间，可中断保证时效

——债权转让协议约定保证条款并明确保证期间的，债权人在保证责任期间内向保证人主张权利，构成诉讼时效中断。

标签： 保证 | 担保转让 | 保证期间 | 诉讼时效 | 债权转让

案情简介： 1992年，银行与照明厂、纺织公司签订借款担保合同，未约定保证责任期间。1999年5月10日，纺

法院认为： 银行与照明厂、纺织公司所签借款担保合同中虽未约定保证责任期间，但在1999年5月10日的逾期贷款催收通知书担保人意见栏内所写内容，可视为各方当事人重新约定了保证责任期间，即自1999年5月10日至2001年5月10日。在上述保证责任期间，根据债权转让协议约定内容，不仅表明新旧债权人已将债权转让事实通知了债务人和

织公司在银行发送的逾期贷款催收通知书担保人意见栏“保证期间为本催收通知之日起两年”处加盖公章。2000年5月，银行、资产公司与照明厂、纺织公司签订债权转让协议，约定：“以保证方式提供担保的，担保人承诺向资产公司继续履行原保证合同项下的保证义务。”资产公司于2001年11月和2003年1月相继在《金融时报》上发布催收公告主张债权，并于2004年9月24日起诉到法院。

保证人，且表明纺织公司向新债权人资产公司明确承诺其将继续履行原保证合同项下的保证义务。该项约定，是保证人纺织公司应债权人资产公司的债权主张所作出的，有具体的保证内容，本质上是资产公司主张债权得到了保证人承诺继续履行保证义务的结果。故该项约定的达成，应视为债权人在保证责任期间内向保证人纺织公司主张了债权，债权人放弃了期间利益，由此导致保证合同诉讼时效的起算，即自2000年5月25日至2002年5月25日两年为诉讼时效期间。资产公司于2001年11月6日和2003年1月30日相继在《金融时报》上发布催收公告主张债权，致使本案诉讼时效期间多次中断。资产公司于2004年9月24日起诉到法院，未超过诉讼时效期间，故保证人纺织公司的保证责任不能免除。

实务要点： 当事人在债权转让协议中重新约定保证条款并明确保证期间的，债权人在保证责任期间内向保证人主张权利，构成诉讼时效中断。

2.1

3

200601/9:156

2006

案例索引： 最高人民法院判决“某资产公司与某纺织公司等借款担保合同纠纷案”，见《本案保证人的保证责任应否免除——林州市锦丰纺织有限公司与中国华融资产管理公司郑州办事处、河南省林州市东方红机械制造有限公司、河南省华星照明电器总厂借款担保合同纠纷案件》（叶小青，最高院民二庭），载《民商事审判指导·案例分析》（200601/9:156）。

463 无效合同中免除保证责任的真实意思表示，仍有效

——主合同变更并免除保证人的保证责任，尽管变更后新的合同因违法而无效，但保证人仍可据此免于承担保证责任。

标签： 保证 | 担保转让 | 合同无效 | 变更合同

案情简介： 1993年，石油公司拆借1000万元给实业公司，银行提供担保。1994年，借款到期后，实业公司向石油公司申请延期并以不动产抵押改变原保证担保方式，石油公司负责人签字表示同意。随后双方签署的

法院认为： 石油公司、实业公司与银行所签资金拆借合同违反了有关企业之间不得从事资金拆借的禁止性法律规定，属无效合同。合同到期后，实业公司向石油公司发出变更合同内容的要约，石油公司负责人签字同意应认定为承诺。随后双方签署的《会议纪要》实质是债权人和主债务人之间达成的确认变更原合同的协议，双方就合同变更达成了新的合同关系。尽管《会议纪要》载明担保人在本息未还清前，仍负合同原规定的责任，但银行未在该纪要上签字，实业公司与石油公司为他人设定义务不产生约束力。变更后新的合同关系与原合同关系一样，

《会议纪要》约定借款延期2年，实业公司以土地使用权抵押，同时载明"担保人在本息未还清前，仍负合同原规定的责任"。事后，石油公司收取了实业公司的相关土地许可证。

违反了国家法律、行政法规的禁止性规定应属无效，但其作为双方真实意思表示一致的结果，合同关系是成立的。双方作为合同当事人应对自己的意思表示负责并承担相应的后果，故裁定驳回石油公司对银行的诉讼请求。

2.1

200201/1:381

2001

实务要点： 借款担保合同签订后，债权人与债务人双方变更合同关系并免除保证人的保证责任，尽管变更后新的合同关系违反了法律禁止性规定应属无效，但其作为双方真实意思表示一致的结果，合同关系是成立的。双方作为合同当事人应对自己的意思表示负责并承担相应的后果，保证人可据此免于承担保证责任。

案例索引： 最高人民法院（2001）民二终字第10号"某银行与某石油公司等担保合同纠纷案"，见《塔里木石油勘探开发指挥部与中国银行石河子市支行等担保纠纷上诉案》（审判长周帆，审判员张勇健，代理审判员沙玲），载《民商审判指导与参考·裁判文书选登》（200201/1:381）。

464 担保债权随主债权移转而移转，无须经保证人同意

——商业银行将最高额抵押担保债权转让后，该债权转让行为发生债权确定的效果，最高额抵押权随该特定债权转让。

标签：保证 | 担保转让 | 不良资产 | 不动产转让 | 抵押 | 抵押转让 | 债权转让 | 转让内容

案情简介： 2010年，阀门公司向银行借款150万元，并以其房产设定最高额抵押，葛某作为保证人亦提供最高额为160万元的连带责任保证担保。2011年，借款到期后，银行与投资公司签订债权转让协议，并于同年12月22日将转让通知送达阀门公司未果情况下登报通知。葛某事后提出主债权转让，保证债权并未随同转让。

法院认为： 商业银行向社会主体转让金融债权应不违反法律禁止性规定。最高额抵押权所担保的不特定债权特定后可以转让。《合同法》第80条规定债权人转让权利的，应当通知债务人。未经通知，该转让对债务人不发生效力。银行诉讼中提供了书面情况说明，在2011年12月22日其依法向阀门公司送达了债权转让通知，但因该公司已停产歇业，无人管理，无人签收该通知，后在当地报纸上刊登了债权转让通知，明确告知债务人债权转让事实，履行了通知义务，故该债权转让对债务人阀门公司发生效力。《担保法》第22条规定，保证期间，债权人依法将主债权转让给第三人的，保证人在原保证担保的范围内继续承担担保责任。可见，担保债权作为一项从权利将随主债权移转而发生移转，无须征得保证人同意。故本案债权转让合法有效。

3.6

201306/30:73

2013

实务要点： 根据《担保法》第22条规定，保证期间，债权人依法将主债权转让给第三人的，保证人在原保证担保的范围内继续承担担保责任。可见，担保债权作为一项从权利将随主债权移转而发生移转，无须征得保证人同意。商业银行将最高额抵押担保的债权转让后，该债权转让的行为发生债权确定的效果，最高额抵押权可以随该特定债权转让。

案例索引： 江苏盐城中院（2013）盐商终字第0270号“滨海县金汇农村小额贷款有限公司与江苏奇尔乐阀门有限公司、滨海保盛阀门制造有限公司等债权转让纠纷案”，见《金汇公司诉奇尔乐公司等金融债权转让纠纷案》，载《江苏省高级人民法院公报》（201306/30:73）。

3

追偿权

465 保证人之一承担责任后，可向连带保证人比例追偿

——债权人向连带共同保证中任何一人主张权利，效力及于所有保证人。保证人承担责任可向其他保证人按比例追偿。

标签： 保证 | 追偿权 | 连带责任保证 | 比例追偿

案情简介： 1996年，开发公司向银行借款1000万元，贸易公司、烟草公司、商务公司、实业公司作为连带共同保证人。因借款人未还贷，银行起诉开发公司，及保证人中的两个即贸

法院认为： 银行诉开发公司、烟草公司和贸易公司借款合同纠纷案中，银行作为债权人，虽起诉的被告未包括商务公司，但效力及于商务公司，贸易公司承担保证责任后，有权要求作为连带共同保证人的商务公司清偿其应当承担的份额。鉴于作为共同保证人的实业公司，目前虽无证据证明其下落不明，但寻找其承担保证责任，是所有保证人的共同义务，如实业公司不能到案承担保证责任，其应承担的保证份额就成为全体保证人共同的风险，此风险不能由贸易公司一家承担，故在实

易公司、烟草公司。依生效判决，贸易公司作为保证人被执行590万余元后，在烟草公司也被执行、实业公司在台湾情况不明的状况下，起诉商务公司追偿三分之一保证责任。

1.1

2002:310

2002

业公司不能到案承担保证责任情况下，实业公司应承担的保证责任份额，应由现有的三家保证人分担，故贸易公司向商务公司追偿三分之一的保证责任份额，应予支持。

实务要点： 连带共同保证的保证人按其内部约定比例分担保证责任，没有约定的，平均分担。连带共同保证中，因保证人是作为一个整体共同对债权人承担保证责任，故债权人向共同保证人中任何一人主张权利，效力及于所有保证人。

案例索引： 云南高院2002年7月22日判决“云南英贸集团股份有限公司与云南天元国际商务集团股份有限公司追偿权纠纷案”，见《英贸公司诉天元公司保证合同追偿权纠纷案》，载《最高人民法院公报·案例》(2002:310)。

466 保证人依框架协议，承担保证责任后，享有追偿权

——保证人依其集团企业与金融机构所签框架协议，实际承担保证责任后，虽非保证合同当事人，但仍应享有追偿权。

标签：保证 | 追偿权 | 融资租赁 | 一般性框架协议 | 交易习惯

案情简介： 2003年3月，机械公司与银行总部签订一般性框架协议，约定机械公司为全国范围内下属公司包括租赁公司向第三人出售工程机械提供保证担保。同年6月，耿某与银行签订个人贷款协议，贷款170万余元购买机械公司工程机械，并约定贷款协议一式四份，贷款人、借款人、保证人、登记机关各执一份。2005年6月，租赁公司代耿某清偿129万余元后，银行将对耿某的该债权转让给租赁公司，租赁公司据此起诉耿某偿还代偿款。生效判决以银行已实现债权情况下，无权再转让为由驳回租赁公司诉请。耿某遂以租赁公司错误诉讼

法院认为： 租赁公司起诉系将受让债权作为一个事实进行表述，并非根据债权转让请求法院进行判断。此外，租赁公司并非仅仅按照机械公司委托负责协议实施，而是根据机械公司与银行总部之间的约定及银行与耿某间所签贷款合同约定，受机械公司委托，直接代为垫付耿某所欠银行款项，租赁公司据此可取得向耿某求偿的权利。根据个人贷款协议约定，尤其约定一式四份，贷款人、借款人、保证人、登记机关各执一份，耿某是知道银行所以愿意向其贷款，除了将工程机械作为贷款抵押外，还在于有保证人担保。本案中租赁公司为本案债务向银行承担无条件的、直接的保证责任，故根据该合同，只要耿某逾期还贷，银行无需征得抵押人同意即可对抵押物拍卖或变卖并以变价款受偿。银行亦可直接要求保证人履行偿还耿某所欠贷款义务。耿某在贷款合同上签名，对该合同内容进行认可，其亦应知悉，所谓保证人，即为与银行总部签订框架协议的机械公司，而在租赁公司代其还款情况下，起诉租赁公司承担700万余元的巨额赔偿，属于适用法律错误，导致本案实体判决存在错误，应予再审。

保全其工程机械造成其损失为由，诉请租赁公司赔偿700万余元。租赁公司向最高人民法院申请再审。

实务要点： 金融机构与企业集团就融资租赁合同履行达成一般性框架性协议后，金融分支机构据此与买受人签订贷款协议，虽未签订保证协议，但企业集团下属企业根据交易习惯实际承担保证责任方式并从金融分支机构受让债权后，据此向买受人追偿的，不因诉讼技巧瑕疵而丧失实体权利。

2.3

201104/31:117

2011

案例索引： 最高人民法院裁定“某租赁公司与耿某担保合同纠纷申请再审案”，见《以一般概括性框架性协议确立的保证和抵押担保效力研究——中联重科融资租赁（北京）有限公司与耿五一担保物权纠纷申诉案》（尹颖舜，最高院立案庭），载《立案工作指导·申诉与申请再审疑案评析》（201104/31:117）。

3

467 破产和解后，清偿剩余债务的担保人无权再行追偿

——担保人承担清偿责任后，因执行和解协议导致主债务消灭的，担保人不能再向破产和解、破产重整的债务人追偿。

标签： 保证 | 追偿权 | 破产 | 破产和解协议 | 保证债权 | 执行 | 破产程序

案情简介： 2010年，实业公司破产，银行申报了债权并通过破产和解协议获得部分清偿后，就未获清偿的债务向担保人主张。担保人在承担清偿责任后又向实业公司追偿。

法院认为： 破产程序中的和解是民事和解的一种特殊形式，是为了挽救债务人，使其避免破产的法律制度。而按照和解协议减免的债务，自和解协议执行完毕时起，债务人不再承担清偿责任。同时，和解债权人对债务人的保证人和其他连带债务人所享有的权利，不受和解协议的影响。债权人如已在主债务人的和解或重整程序中全额申报了债权，其未得到清偿的部分可以向保证人或连带债务人主张。但保证人或连带债务人履行完剩余的清偿义务后，不能向破产和解、破产重整的债务人追偿。原因在于任何实质上源于同一债务的普通债权，在破产程序中只能得到与其他普通债权相同的受偿比率，而不能得到二次清偿，并因此得到高于其他普通债权人的清偿比率。

2.6

v.5:613

2010

实务要点： 担保人承担清偿责任后，因主债务人执行和解协议而丧失了行使追偿权的基础，即主债务的消灭不是基于担保人已履行担保责任，而是基于和解协议执行完毕，故担保人不能再向破产和解、破产重整的债务人追偿。

案例索引： 最高人民法院《关于代为清偿的连带债务人是否有权向破产和解的债务人继续追偿问题请示的复函》（〔2010〕民二他字第15号），见《保证人或连带债务人承担清偿责任后不能向

破产和解、破产重整的债务人追偿——关于代为清偿的连带债务人是否有权向破产和解的债务人继续追偿问题请示的复函》，载《最高人民法院商事审判指导案例·第五卷（下）》（2011:613）。

468 进口押汇保证人履行担保责任后，可向债务人追偿

——进口方取得货物后，如未按期向开证行支付信用证项下的款项，则开证行有权要求连带责任保证人承担保证责任。

标签： 保证｜追偿权｜信用证｜信用证担保｜进口押汇

案情简介： 2007年，化工公司与银行签订最高额保证合同，约定为进出口公司向银行申请开立信用证提供连带责任保证。在化工公司就银行垫付信用证项下资金1550万美元履行连带清偿义务后，起诉进出口公司行使追偿权。

法院认为： 进出口公司作为进口方借助银行信用使进出口贸易得以顺利进行，不仅确保了交易安全，且减少资金占用时间，降低了交易成本。银行以自己名义进行海外融资，代进出口公司向受益人支付了信用证项下的进口货物款项，形成了银行的负债，但进出口公司应承担的本案债务仍然存在，其并不因银行的融资垫付行为而消灭。依据化工公司与银行所签最高额保证合同，银行因向进出口公司开立信用证所享有的1550万美元债权，属于化工公司承担连带责任的债权，在化工公司已履行担保债务情况下，判决进出口公司向化工公司偿付垫付款本息1亿余元人民币。

实务要点： 进口押汇是开证行向进口方提供的一种资金融通方式。为降低开证融资风险，开证行通常要求进口方提供担保，在进口方取得货物后，如其未按期向开证行支付信用证项下的款项，则开证行有权要求连带保证人承担保证责任。

2.1

201001/21:176

2.7

2010:243

2009

案例索引： 最高人民法院（2009）民二终字第130号“某银行与某化工公司担保追偿纠纷案”，见《上诉人山东京博石油化工有限公司与被上诉人中信银行股份有限公司青岛分行、原审被告青岛华青进出口公司担保追偿纠纷案》（审判长刘竹梅，审判员王宪森，代理审判员张雪楳），载《商事审判指导·裁判文书选登》（201001/21:176）；另载《最高人民法院商事审判裁判规范与案例指导·裁判文书》（2010:243）。

469 法院已确认连带责任保证人追偿权，无需再经审判

——连带债务与主债务已一并审理，执行依据亦已确定追偿数额，则连带责任人在承担责任后可直接申请执行追偿额。

疑难解答[1]**：** 连带责任保证人与主债务人之间因承担保证责任所产生的纠纷属于

标签：保证 | 追偿权 | 执行 | 执行依据 | 诉讼程序 | 裁判文书主文

案情简介：法院判决唐某对李某赔偿余某的款项负连带责任并确认了追偿权。唐某承担连带责任后，依原判决向法院申请执行李某。问题：是否需诉讼？

2.5

200601/17:270

2006

独立的民事实体法律关系，连带责任人在承担保证义务后应当通过审判程序确定应向主债务人追偿的数额，不经审判程序执行机构无权确定。但是，如果人民法院已经对主债务人与连带责任之间的纠纷进行了一并审理，连带责任人追偿的数额具体并且确定，则其在承担责任后可直接向法院申请对追偿额的执行。

实务要点：如果法院已经对主债务人与连带责任之间的纠纷进行了一并审理，执行依据对追偿的数额具体并且确定，则连带责任人在承担责任后可直接向法院申请对追偿额的执行。

案例索引：见《连带保证人承担保证责任后能否依据原执行依据直接申请对被保证人进行执行？》，载《执行工作指导·执行疑难问题解答》(200601/17:270)。

1 注：本案例案情简介及疑难解答均改编、来源于索引图书所涉实务问答部分。以下484、818、839、882同。

3

470 担保追偿权纠纷，可由任一被告住所地的法院管辖

——作为追偿权纠纷和反担保合同纠纷两个不同诉讼合并审理的四个当事人，在确定案件管辖问题上无先后顺序之分。

标签：保证 | 追偿权 | 管辖 | 合并审理 | 第一被告

案情简介：2005年，化工公司承担保证责任后，以借款担保追偿权纠纷起诉住所地在辽宁的主债务人实业公司，以及为其提供反担保的科技公司、开发公司。科技公司认为其系第一被告，故应由其住所地的北京法院管辖。

2.6

v.2:375

2005

法院认为：化工公司作为借款合同连带责任保证人在承担债务人实业公司债务的偿还责任后，将其向债务人行使追偿权和要求反担保人科技公司、开发公司等承担反担保责任的两个诉并案提起诉讼，不违反法律规定。根据《民事诉讼法》关于"对法人或者其他组织提起的民事诉讼，由被告住所地人民法院管辖。同一诉讼的几个被告住所地、经常居住地在两个以上人民法院辖区的，各该人民法院都有管辖权"的规定，作为本案的四个被告住所地法院均对本案有管辖权。在多个法院对案件均有管辖权的情况下，原告有权向任何一个有管辖权的法院提起诉讼。作为追偿权纠纷和反担保合同纠纷两个不同诉讼合并审理的四个当事人，在确定案件管辖问题上没有先后顺序之分，故辽宁高院对本案有管辖权。

实务要点：作为追偿权纠纷和反担保合同纠纷两个不同诉讼合并审理的四个当事人，在确定案件管辖问题上没有先后顺序之分。

案例索引： 最高人民法院（2005）民二终字第168号“某实业公司与某化工公司等借款担保追偿权纠纷案”，见《作为追偿权纠纷和反担保合同纠纷两个不同诉讼合并审理的当事人，在确定案件的管辖问题上没有先后顺序之分——北京北大青鸟有限责任公司与辽宁华锦化工（集团）有限责任公司、沈阳公用发展股份有限公司、北京地业房地产开发有限公司、沈阳江胜金融大厦管理有限公司借款担保追偿权纠纷案》（审判长吴庆宝，代理审判员宫邦友、刘敏），载《最高人民法院商事审判指导案例·借款担保卷（上）》（2011:375）。

471 保证人承担责任后享有追偿权，判决主文应予明确

——法院判决保证人承担保证责任或赔偿责任的，应明确保证人享有《担保法》第31条规定的对主债务人享有追偿权。

标签：保证 | 追偿权 | 诉讼程序 | 裁判文书主文

案情简介： 2004年，就物资公司未偿还科技公司的委托资金本金2700万元及相应利息，投资公司、商贸公司、实业公司同意承担连带保证责任。一审判决予以支持，但判决主文中未明确保证人享有追偿权。

法院认为： 根据最高人民法院《关于适用〈担保法〉若干问题的解释》第42条关于“人民法院判决保证人承担保证责任或者赔偿责任的，应当在判决书主文中明确保证人享有担保法第三十一条规定的权利”的规定，应增加关于“投资公司、商贸公司、实业公司在承担保证责任后对物资公司享有追偿权”的判项。

实务要点： 根据最高人民法院《关于适用〈担保法〉若干问题的解释》第42条规定，法院判决保证人承担保证责任或赔偿责任的，应明确保证人享有《担保法》第31条规定的对主债务人享有追偿权。

2.1

200602/10:250

2005

案例索引： 最高人民法院（2005）民二终字第217号“某证券公司与某科技公司等委托理财合同纠纷案”，见《债务承担的认定及责任承担——泰阳证券有限责任公司与海南洋浦华洋科技发展有限公司等单位资产管理委托合同纠纷上诉案》（张雪楳，最高院民二庭），载《民商事审判指导·案例分析》（200602/10:250）。

472 银行用特种传票扣收贷款，不应视为企业主动还款

——债权人银行在借款到期后，以内部特种传票将保证人账户资金扣划用于还贷，保证人据此可向借款人行使追偿权。

标签：保证 | 追偿权 | 反担保 | 借款合同 | 资金扣划 | 特种银行传票

法院认为： 特种转账借方传票和贷方传票作为银行专用凭证，除用于银行给客户回单汇总凭证、应解汇款超期退

案情简介：1995年，信托咨询公司为实业公司向银行贷款1000万元提供连带责任保证，酒楼以设备为信托咨询公司提供反担保。1996年借款到期后，银行用特种转账传票直接在信托咨询公司账户扣划1123万余元至实业公司存款账户，同日，又用特种转账传票将该款转入实业公司贷款账户用于还贷。在信托咨询公司起诉实业公司、酒楼追偿担保债务时，实业公司提出系其自身还贷，银行支付到实业公司存款账户款项系应支付给实业公司的货款。

3

2.3

200401/6:69

2003

回、银行承兑汇票到期划转备用金及司法机关扣划款项外，主要用于银行扣收到期贷款。该两种传票的填写是银行行为，是扣划而非企业自身的主动还款行为。在该笔贷款偿还过程中，无论是信托咨询公司还是实业公司均是被动的，信托咨询公司正是基于担保义务的存在，才不得不默视银行的扣划行为；而银行所以能将信托咨询公司存款划入实业公司的贷款账户用于还贷，行使的正是担保债权。故信托咨询公司在其存款被银行扣划后再向实业公司及酒楼行使担保债务的追偿权完全合法，实业公司对信托咨询公司代其支付的贷款本息1123万余元负有清偿责任，酒楼对上述债务在抵押财产范围内承担连带清偿责任。

实务要点： 债权人银行在借款到期后以内部特种传票将保证人账户资金划至借款人存款账户，再由存款账户划至贷款账户用于还贷，保证人据此可向借款人或反担保人行使追偿权。借款人主张系自行偿还借款的，不予认定。

案例索引： 最高人民法院（2003）法办联复141函“某银行与某酒楼等借款担保合同纠纷申请再审案”，见《珠海市新康达有限公司、珠海经济特区奇阁海新火锅酒楼与中国银行六安支行借款担保纠纷申请再审案》（湛雄辉，最高院立案庭），载《立案工作指导·申诉与申请再审疑案评析》（200401/6:69）。

473 连带共同保证的保证人之一可向反担保人追偿范围

——连带共同保证的保证人之一承担保证责任后，可在其应清偿的全部债务内，就已经清偿部分债务向反担保人追偿。

标签：保证 | 追偿权 | 反担保 | 连带共同保证 | 追偿范围

案情简介：1999年，电子公司、电器公司为贸易公司向银行贷款1000万元提供连带共同保证，实业公司向电子公司提供反担保。2000年，生效判决认定电子公司、电器公司应偿还银行1000万元本息。电子公司据此被执行734.8万元后，诉请实业公司承

法院认为： 实业公司在案涉反担保书上未明确其保证方式，依反担保书内容及有关法律规定，应认定为连带责任。生效判决已判令电子公司与电器公司共同对贸易公司从银行取得的贷款本息承担还款责任。由于电子公司与电器公司就该共同还款责任未约定比例，依最高人民法院《关于适用〈担保法〉若干问题的解释》第20条第1款规定，电子公司与电器公司对全部债务均有还款义务，故对电子公司已承担的全部担保责任，实业公司应依反担保书承诺承担偿还责任，判决实业公司向电子公司清偿734.8万元。

担反担保责任。

3.3

2002商:91

2001

实务要点：连带共同保证的保证人承担保证责任后，向债务人不能追偿的部分，由各连带保证人按其内部约定比例分担；没有约定的，平均分担。其中之一的连带共同保证人作为反担保权人，亦可在其应清偿的全部债务内，就已清偿部分债务向反担保人追偿。

案例索引：福建厦门中院（2001）厦经初字第13号“某电子公司与某实业公司反担保合同纠纷案”，见《中外合资经营企业厦新电子有限公司诉外商独资企业厦门佳利企业有限公司反担保合同案》（曹发贵），载《中国审判案例要览》（2002商事:91）。

物保与人保

474 以出口退税款质押向银行借款的质押合同，应有效

——以出口退税账户托管方式贷款，构成出口退税权利质押，借款人逾期未偿时，贷款人有权在其退税款中优先受偿。

标签：保证 | 物保与人保 | 质押 | 特殊质押物 | 账户质押 | 出口退税权

案情简介：2003年，服装公司以其出口退税款为质押，向银行借款，服装厂自愿承诺以其房产对该借款承担连带保证责任。

法院认为：银行在签订借款合同的同时还签订了出口退税权利质押合同，根据质押合同，服装公司在银行设立了出口退税专用账户，此账户和服装公司的应退未退税款金额，均得到了国税局的确认，故服装公司与银行之间的出口退税账户托管贷款，构成了出口退税权利质押，银行有权在服装公司的出口退税款中优先受偿，服装厂自愿出具保证承诺，应承担连带保证责任，判决服装公司归还借款本息，银行在未获清偿时，有权以其出口退税款优先受偿，服装厂对上述债务承担连带责任。

实务要点：以出口退税账户托管方式贷款，构成出口退税权利质押，贷款人在借款得不到清偿时，有权在借款人的出口退税

1.1

2005:430

3.3

2005商:107

2004

款中优先受偿。

案例索引： 江苏常州中院（2004）常民二初字第150号“某银行与某服装公司贷款合同纠纷案”，见《常州新区工行诉康美公司借款合同纠纷案》，载《最高人民法院公报·案例》（2005:430）；另见《中国工商银行常州市新区支行诉常州康美服装有限公司贷款合同案（出口退税账户托管）》（冯建平），载《中国审判案例要览》（2005商事:107）。

475 债权人部分放弃保证债权，仍可就抵押物优先受偿

——在物保与人保共存、保证人进入破产程序后，债权人同意保证人重整方案并作部分让步的，不代表放弃保证债权。

标签：保证 | 物保与人保 | 破产 | 抵押 | 优先受偿权 | 放弃债权

3

案情简介： 2011年，法院判决投资公司偿还银行6700万余元贷款本息，实业公司承担连带清偿责任，银行有权对酒业公司的抵押物优先受偿。强制执行过程中，实业公司破产重组，银行同意实业公司股东投资公司让渡70%的股份给重组方，酒业公司据此认为银行同意投资公司偿债资产转移，放弃对主债务的追偿实质上构成对主债务的免除，故其担保债务亦相应免除。

法院认为： 依《企业破产法》相关规定，只有实业公司的债权人才有权对重整计划草案的通过表决，作为实业公司股东投资公司的债权人，银行并无该项权利。同时，银行在表决中的态度不能构成对于投资公司债务的放弃。在预计破产清算普通债权清偿比例为零的情况下，同意重整方案可能还意味着投资公司责任财产的增加，故银行作为实业公司的债权人同意投资公司让渡70%的实业公司股权给重组人，并不意味着其放弃了实业公司的担保责任，亦无法律规定放弃了保证人的责任就不能再就抵押物优先受偿，故应驳回酒业公司的执行异议。

实务要点： 在物保与人保共存情况下，保证人进入破产程序，债权人同意保证人重整方案并作部分让步的，并不意味放弃了保证债权，债权人仍可就抵押物主张优先受偿。

2.5

201301/45:128

2012

案例索引： 最高人民法院（2012）执复字第18号“广夏（银川）贺兰山葡萄酿酒有限公司与中国农业银行股份有限公司、浙江长金实业有限公司等执行异议案”，见《广夏（银川）贺兰山葡萄酿酒有限公司申请执行复议案评析》（葛洪涛，最高院执行局；审判长赵晋山，代理审判员潘勇锋、葛洪涛），载《执行工作指导·案例分析》（201301/45:128）。

476 债权人有权依合同和法律规定选择保证人承担责任

——同一债权在物保、人保同时存在的情况下，债权人有权依合同约定和《物权法》规定，选择保证人承担担保责任。

标签：保证 | 物保与人保 | 放弃物保 | 债权人选择权

案情简介：2004年，公路公司向银行贷款1亿元，并以公路收费权做抵（质）押。投资公司出具《不可撤销担保书》约定："本保证人确认对上述保证范围内的全部债务承担经济上、法律上的连带清偿责任。如借款人未按借款合同及时偿还贷款本息及其他相关费用，或发生《借款合同》规定的任何一项违约事件，贵行有权直接向本保证人追索，而无须贵行先行向借款人进行追索。即使有第三人为借款合同提供物的担保，贵行仍有权选择先行向本保证人进行追索。……贵行发出的索偿通知书是终结性的，本保证人对此绝无异议。对于借款人拖欠贵行的款项，本保证人同意在收到贵行书面索偿通知书之日起五日内如数予以偿还，无须贵行出具任何证明。"银行据此起诉投资公司承担保证责任时，投资公司认为其应在银行放弃物的担保范围内免除保证责任。

法院认为：《不可撤销担保书》中所述"第三人"，按担保法律关系通常理解，不应包括债务人公路公司在内。且投资公司承诺在债务人公路公司违约时，银行有权直接向其追索，而无须先行向公路公司主张债权，投资公司对于银行索偿无任何异议。此项关于债权人如何选择实现债权的约定具体、明确，系当事人真实意思表示，且与公序良俗、诚实信用原则均不违背，法律、法规对此亦无禁止性规定。银行作为债权人有权基于其如何更有利于实现债权的判断，依合同约定选择保证人承担担保责任。故投资公司提出其应在银行放弃物保范围内免除担保责任主张，与合同约定不符，不予支持。

实务要点：同一债权在物保、人保同时存在情况下，债权人有权基于其如何更有利于实现债权的判断，依合同约定和《物权法》规定，选择保证人承担担保责任。保证人不得以债权人放弃物保，主张其在债权人放弃物保的范围内免除保证责任。

案例索引：最高人民法院（2011）民二终字第113号"某银行与某投资公司等借款担保合同纠纷案"，见《上诉人黄山长江徽杭高速公路有限责任公司、上海新华闻投资有限公司与被上诉人招商银行股份有限公司合肥马鞍山路支行借款担保合同纠纷案》（审判长付金联，代理审判员李相波、梅芳），载《商事审判指导·商事审判裁判文书选登》（201104/28:187）；另见《债权人有权依据合同约定和物权法的规定，直接选择连带保证人承担担保责任，而无须先行向主债务人主张债权》，载《最高人民法院商事审判指导案例·合同与借贷担保卷（6）》（2012:465）。

2.1

201104/28:187

2.6

v.6:465

2011

477 物的担保范围不包括保证债务的，不适用物保优先

——抵押担保范围不包括仍由改制前企业约定承担的借款债务，为该借款提供保证的保证人不能以物保优先原则抗辩。

标签：保证 | 物保与人保 | 担保范围 | 企业改制 | 债务承担 | 先后顺序

案情简介：2002年9月，粮油集团与银行签订债务重组协议，约定粮油集团所欠银行3.5亿元中的1.2亿元由新设粮油公司承接，余下2.3亿元仍由粮油集团承担；银行同意粮油集团将抵押财产作为对粮油公司的出资或作为粮油公司承接该1.2亿元负债相对应的资产转入粮油公司。随后，粮油集团就抵押财产办理了抵押登记。2003年2月，粮油集团、机械公司等签订粮油公司发起人协议书。同年11月，粮油公司成立。2004年11月，粮油公司与银行签订借款合同，借款1.2亿元，用途为承接粮油集团老贷款，粮油集团为此与银行签订担保本金不超过6770万元的最高额抵押合同并办理了抵押登记。2007年，就粮油集团在2003年7月的一笔由机械公司承担连带责任保证的3000万元贷款，银行单独起诉粮油集团。机械公司以银行放弃物保、债权人同意债务人转移优质资产为由，主张免除保证责任。

3

法院认为：粮油集团经银行同意后在落实债务重组协议基础上进行股份制改制。机械公司虽未参与债务重组协议签订，其为案涉债务提供担保亦在协议签订之后，但机械公司作为粮油公司发起人之一，于保证合同签订前签署了粮油公司发起人协议书，并在其后8个月时间内派人参与粮油公司一系列设立活动以及在有关设立文件上签字，其对粮油公司将依债务重组协议接收粮油集团资产并承担债务的情况应当知道。即便机械公司未实际出资，亦不能以此否定机械公司实际参与粮油集团设立过程，并对粮油集团资产将要进入粮油公司知道或应当知道的事实。机械公司在签订发起人协议后，于粮油公司设立过程中，为案涉3000万元借款提供保证，系其真实意思表示，机械公司应依保证合同承担相应责任。该借款虽发生在案涉最高额抵押合同约定担保的债权期限内，但根据债务重组协议的约定及其实际履行情况，该最高额抵押担保项下的抵押物是作为粮油集团的出资投入到粮油公司，并为粮油公司所承接债务再次设定最高额抵押担保，该最高额抵押合同亦系债务重组协议约定内容的一部分，二者之间存在紧密关系。最高额抵押合同的签订有其特殊目的，即为落实债务重组协议以保障粮油公司将要承接的债务能获得清偿，其担保范围应不包括仍由粮油集团承担的本案所涉3000万元债务。故机械公司以债权人放弃物保、转移优质资产为由，主张免除其保证责任，不予支持。

实务要点：企业改制过程中，借款虽发生在最高额抵押合同约定担保的债权期限内，但根据债务重组协议约定及实际履行情况，最高额抵押合同签订有其特殊目的，其担保范围不包括仍由改制前企业承担的借款。参与该改制活动的保证人以债权人放弃物保、转移优质资产为由，主张免除其保证责任的，不予支持。

2.6

v.6:433

2011

案例索引：最高人民法院（2011）民提字第71号“某资产公司与某粮油公司等借款保证合同纠纷案”，见《保证合同与抵押合同共存时的适用——中国信达资产管理股份有限公司辽宁省分公司与辽宁省机械（集团）股份有限公司以及辽宁粮油进出口股份有限公司、中粮辽宁粮油进出口公司借款保证合同纠纷案》（审判长张

勇健，代理审判员赵柯、杜军)，载《最高人民法院商事审判指导案例·合同与借贷担保卷(6)》(2012:433)。

478 保证人在债权人放弃抵押动产范围内免除保证责任

——贷款到期后，借款人不能依约还款，贷款人未及时行使抵押权，视为放弃部分或全部物的担保，保证人相应免责。

标签：保证 | 物保与人保 | 抵押 | 抵押动产

案情简介：2000年，商贸公司以两只油罐向信用社抵押贷款27万元，借款到期日为2001年5月12日。王某提供连带责任保证，但保证期间约定不明。2003年1月，信用社诉请王某承担保证责任时，油罐不知所踪。

2.8

2011:396

2011

法院认为：商贸公司贷款时提供油罐作为抵押物，依《担保法》第28条规定，同一债权既有保证又有物的担保的，保证人对物的担保以外的债权承担保证责任。债权人放弃物的担保的，保证人在债权人放弃权利的范围内免除保证责任。最高人民法院《关于适用〈担保法〉若干问题的解释》第38条规定：债权人在主合同履行期届满后怠于行使担保物权，致使担保物的价值减少或者毁损、灭失的，视为债权人放弃部分或者全部物的担保。保证人在债权人放弃权利的范围内减轻或者免除保证责任。因本案贷款有物的担保，在贷款到期后，商贸公司不能依约还款，信用社就应及时行使担保物权，以避免担保物价值减少或出现担保物毁损、灭失情况，但信用社未及时行使自己权利，其行为应视为怠于行使担保物权，故王某只应对担保物不足清偿部分承担保证责任，且该担保物价值应计至贷款到期之日，判决王某在抵押物即两只油罐不足以清偿贷款本息范围内承担连带责任，油罐价值以贷款到期日即2001年5月12日计。

实务要点：贷款到期后，借款人不能依约还款时，贷款人未及时行使担保物权，其行为应视为放弃部分或全部物的担保，保证人只对担保物不足清偿部分承担保证责任。

案例索引：四川攀枝花中院再审"某信用社与某商贸公司等借款担保合同纠纷案"，见《债权人在主合同履行期届满后怠于行使担保物权，致使担保物的价值减少或者毁损、灭失的，视为债权人放弃部分或者全部物的担保——王远康与攀枝花市仁和区农村信用合作社联合社、攀枝花市劲恒商贸有限责任公司借款担保合同纠纷案》(夏芸，四川攀枝花中院)，载《全国法院再审典型案例评注(上)》(2011:396)。

479 债务人抵押担保和第三人保证担保并存时处理原则

——债务人提供的物保与第三人提供的人保并存时，保证人有权要求只对抵押权实现后未获清偿的债务承担担保责任。

标签： 保证 | 物保与人保 | 抵押 | 债务人抵押 | 保证人选择权

案情简介： 2003年，开发公司以土地使用权办理抵押与银行签订抵押借款合同，钢铁公司提供连带保证责任。

2.1

201004/24:115

2.7

3

2011:333

2.6

v.5:331

2010

法院认为： 案涉借款合同、抵押合同及最高额保证合同均签订于2003年，应适用《担保法》及其司法解释相关规定。但《担保法》及其司法解释对同一债权既有保证又有债务人提供物的担保的情形未作明确规定，故可参照适用《物权法》第176条规定。依该条规定，被担保债权既有物的担保又有人的担保的，债务人不履行到期债务或者发生当事人约定的实现担保物权的情形，债权人应当按照约定实现债权；没有约定或者约定不明确，债务人自己提供物的担保的，债权人应当先就该物的担保实现债权。本案中，各方当事人并未对物的担保和人的担保实现顺序作出约定，债务人开发公司用其以出让方式取得的土地对贷款设置抵押，且办理了抵押登记，该抵押有效，债权人对该抵押土地享有优先受偿权。钢铁公司为案涉贷款提供连带责任保证，应仅对抵押权实现之外未获清偿部分债务承担连带保证责任。

实务要点： 被担保的债权既有债务人提供的物的担保又有第三人提供的保证担保，各方当事人并未对物保和人保实现顺序作出约定的，保证人有权要求对抵押权实现之外未获清偿部分债务承担担保责任。

案例索引： 最高人民法院（2010）民二终字第88号“某资产公司与某开发公司借款合同纠纷案”，见《即使贷款为借新还旧，保证人仍应依照保证合同的约定承担保证责任——中国信达资产管理股份有限公司辽宁省分公司与北台钢铁（集团）有限责任公司、本溪华厦房地产综合开发有限责任公司借款合同纠纷上诉案》（刘竹梅、高燕竹，最高院民二庭；审判长刘竹梅，审判员朱海年，代理审判员张雪楳），载《商事审判指导·商事审判案例分析》（201004/24:115）；另载《最高人民法院商事审判裁判规范与案例指导·案例指导》（2011:333）；另见《保证合同明确约定保证人应对全部债务承担责任的，无论所涉债务是否是借新还旧，保证人均应依约承担责任》，载《最高人民法院商事审判指导案例·第五卷（上）》（2011:331）。

480 债权人收到股权证收据，不足以证明股权质押成立

——债务人将股权证交与债权人，债权人出具收据证明收到的行为，尚不足以证明双方之间形成了股权质押法律关系。

标签： 保证 | 物保与人保 | 质押 | 股权质押 | 接收股权证

案情简介： 1996年，实业公司向银行借款4000万元，实业集团提供保证担保。2003年，银行主张借款债权时，实业集团以实业公司向银行提供了4000万股股权证，银行出具了收据为由，主张应以此质押财产冲抵主债务。

法院认为： 实业公司将其占有的银行法人股股权4000万股交与银行，银行出具收据证明收到上述股权证的行为，尚不足以证明双方之间形成了质押法律关系。即使实业公司与银行之间存在质押关系，现有证据也尚不足以证明实业集团与银行之间存在质押关系。即使实业集团与银行之间存在质押关系，因其在本案中并未提起反诉，所谓质押关系亦不属于本案审理范畴。故实业集团认定本案股权质押成立并主张以此冲抵债务的抗辩不予支持。

实务要点： 债务人将股权证交与债权人，债权人出具收据证明收到上述股权证的行为，尚不足以证明双方之间形成了质押法律关系。在现有证据不足以证明债权人与担保人之间存在质押关系，且担保人未提出反诉的情形下，其关于质押成立并以此冲抵债务的抗辩不予支持。

2.7

2011:117

2.6

v.2:31

2009

案例索引： 最高人民法院（2009）民提字第99号“某银行与某实业公司等借款合同纠纷案”，见《海南发展银行与海南泛华高速公路股份有限公司、海南泛华实业有限公司借款合同纠纷案》（审判长张勇健，代理审判员刘敏、杨征宇），载《最高人民法院商事审判裁判规范与案例指导·裁判文书》（2011:117）；另见《银行违反规定向关系人发放贷款，对借款合同的影响》，载《最高人民法院商事审判指导案例·借款担保卷（上）》（2011:31）。

481 未登记抵押权人以普通债权申报，视为放弃抵押权

——主债务人破产时，抵押权人仅以普通债权人身份申报债权，应视为放弃抵押权，保证人有权就放弃部分免除责任。

标签： 保证 | 物保与人保 | 不良资产 | 破产 | 优先受偿权 | 抵押 | 放弃抵押

案情简介： 1990年，氮肥厂向银行贷款495万美元，借款合同约定“氮肥

法院认为： 银行与氮肥厂在1990年的借款合同中明确约定将氮肥厂原有固定资产和项目形成的固定资产全部抵押给银行，根据最高人民法院《关于贯彻执行〈民法通则〉若干问题的意见（试行）》第112条关于“债务人或者第三人向债权人提供抵押物时，应当订立书面合同或者在原债权文书中写明。没有书

厂必须以其原有固定资产和项目形成的固定资产全部抵押给银行，在贷款未还清前，银行有留置权”。同时卷烟厂提供连带责任保证。2006年，氮肥厂被列入国务院拟破产企业时，该厂资产总额为8亿余元。进入破产程序后，银行以普通债权人身份申报债权，最终确认未受偿债权为4400万余元。2006年12月，受让银行该不良债权的资产公司诉请卷烟厂承担保证责任。卷烟厂以银行放弃抵押权而主张免除担保责任。

面合同，但有其他证据证明抵押物或者其权利证书已交给抵押权人的，可以认定抵押关系成立”的规定，应认定银行与氮肥厂抵押关系依法成立。氮肥厂2006年被国务院列入拟破产企业时，资产公司向氮肥厂破产管理人申报债权时是作为普通债权申报的，并未提及抵押权。经第一次债权人会议，管理人编制了拟确认债权表，资产公司亦未提出异议，由此应认定资产公司放弃了物权担保。根据最高人民法院《关于审理经济合同纠纷案件有关保证的若干问题的规定》第15条关于“债权人放弃抵押权的，保证人就放弃抵押权的部分不再承担保证责任”规定，因资产公司放弃了物权担保，且氮肥厂抵押财产价值大于本案所涉借款本息，故卷烟厂保证责任应予免除。

实务要点： 借款合同明确约定抵押条款的，在主债务人破产时，债权人仅以普通债权人身份申报债权，而未主张担保物权，应视为放弃抵押权，保证人有权就放弃抵押权的部分不再承担保证责任。

2.7

3

2011:351

2.6

v.2:673

2009

案例索引： 最高人民法院（2009）民二终字第34号“某资产公司与某卷烟厂等借款担保合同纠纷案”，见《中国东方资产管理公司西安办事处与宝鸡卷烟厂、陕西省宝鸡氮肥厂破产管理人借款担保合同纠纷案》（审判长贾纬，代理审判员沙玲、周伦军），载《最高人民法院商事审判裁判规范与案例指导·裁判文书》（2011:351）；另见《主合同中约定的借款数额少于〈不可撤销担保书〉中承诺的数额，这种变化即使未经保证人同意，也不能够成为保证人免责的条件》，载《最高人民法院商事审判指导案例·借款担保卷（下）》（2011:673）。

482 怠于履行保证义务致抵押物减值，不免除保证责任

——债权人积极主张逾期债权，保证人因怠于履行保证义务所造成抵押物价值的减损，应由债务人和保证人自行承担。

标签： 保证 | 物保与人保 | 不良资产 | 抵押 | 抵押物价值减损

案情简介： 2001年，水泥厂以水泥生产线作为抵押物向银行贷款5000万元，水泥公司提供连带责任保证。

法院认为： 本案事实充分表明，借款期限届满后，债权人自始至终积极主张债权，不存在怠于行使债权的情况。相反，债务人和保证人始终怠于履行还款义务和保证义务，尤其是水泥公司在租用抵押物资产期间，既不督促债务人水泥厂归还欠款，又不主动履行保证责任，因其怠于履行保证义务所造成的抵押物价值的减损，应由债务人水泥厂和保证人

2003年，贷款到期后，银行向水泥厂和水泥公司催收债权。2005年，受让该金融债权的资产公司向水泥厂发布催收公告。2006年，国务院将水泥厂列入政策性破产企业名单。2007年，资产公司又发布催收公告。2008年，资产公司诉请水泥厂和水泥公司清偿贷款债务。2009年，国务院又将水泥厂列入不再实施政策性破产企业的名单，网络公司以承担部分债务方式受让本案抵押资产。水泥公司认为银行和资产公司怠于行使担保物权，造成抵押物价值减损，其应免除相应保证责任。

水泥公司自行承担。故本案不适用最高人民法院《关于适用〈担保法〉若干问题的解释》第38条第3款关于“债权人在主合同履行期届满后怠于行使担保物权，致使担保物的价值减少或者毁损、灭失的，视为债权人放弃部分或者全部物的担保。保证人在债权人放弃权利的范围内减轻或者免除保证责任”的规定。鉴于本案抵押物已由网络公司以承担债务的方式收购，所支付的对价即承担水泥厂债务中包含着本案债务的情况，故无论收购事项是否实际全部完成，本案抵押权人资产公司对抵押物均享有优先受偿权。

实务要点： 借款期限届满后，债权人自始至终积极主张债权，不存在怠于行使债权的情况。相反，债务人和保证人始终怠于履行还款义务和保证义务，保证人既不督促债务人归还欠款，又不主动履行保证责任，因其怠于履行保证义务所造成的抵押物价值的减损，应由债务人和保证人自行承担。

2.7
2011:387
2.6
v.2:475
2009

案例索引： 最高人民法院（2009）民二终字第133号“某资产公司与某水泥公司等借款担保合同纠纷案”，见《青海水泥股份有限公司与中国东方资产管理公司兰州办事处、青海水泥厂借款担保合同纠纷案》（审判长叶小青，审判员陈明焰、王闯），载《最高人民法院商事审判裁判规范与案例指导·裁判文书》（2011:387）；另见《保证人既不督促债务人归还欠款，又不主动履行保证责任，因其怠于履行保证义务所造成的抵押物价值的减损，应当由债务人和保证人自行承担》，载《最高人民法院商事审判指导案例·借款担保卷（下）》（2011:475）。

483 银行同意债务人提前支取保证金，属放弃质押担保

——债权人银行在承兑汇票未到期前，同意债务人提前支取开立汇票保证金，该行为应认为是其主动放弃了质押担保。

标签： 保证 | 物保与人保 | 质押 | 账户质押 | 承兑汇票保证金

案情简介： 1998年7月，房产公司为钢管厂向银行申请开立1000万元的承兑汇票提供连带责任保证。汇票未到期前，银行应钢管厂申请，将钢

法院认为： 银行与钢管厂、房产公司签订及履行本案所涉合同行为系各方当事人共同意思表示，实际上构成了金融机构贷款业务中的以贷还贷。对于以贷还贷，我国现行法律、法规并未加以限制，在金融机构的贷款业务中也形成了普遍的通行做法，亦无证据证明房产公司为本案所涉合同提供担保的行为，系受银行欺诈、胁迫所致，故房产公司应承担保证责任。银行提前退还钢管厂作为质押的保证金300万元，不能

管厂已交付300万元申请开立汇票的保证金退还给钢管厂。1998年12月，因钢管厂到期未支付银行已垫付承兑款，银行与钢管厂签订1000万元的借款协议，房产公司提供连带责任保证。钢管厂随后将该1000万元用于偿还旧贷。1999年12月，银行又与钢管厂签订1000万元的借款协议，房产公司仍提供连带责任保证。钢管厂随后又将该1000万元用于偿还旧贷。

得出承兑汇票已履行完毕的结论，更不能否定钢管厂此后偿还1000万元承兑汇票款的事实。根据最高人民法院《关于适用〈担保法〉若干问题的解释》第85条规定："债务人或者第三人将其金钱以特户、封金、保证金等形式特定化后，移交债权人占有作为债权的担保，债务人不履行债务时，债权人可以以该金钱优先受偿"，保证金、封金等可以成立金钱质押，故本案承兑汇票保证金性质为金钱质押。银行在承兑汇票未到期前，同意钢管厂提前支取保证金，该行为应视为是其主动放弃了质押担保，根据《担保法》第28条第2款"债权人放弃物的担保的，保证人在债权人放弃权利的范围内免除保证责任"的规定，房产公司应在银行放弃物的担保范围内免除保证责任。故房产公司对钢管厂所欠银行贷款，应在300万元部分免责情形之外，对其余700万元承担担保责任。

2.7

2011:417

3

2.6

v.2:414

2009

实务要点： 债权人银行在承兑汇票未到期前，同意债务人提前支取保证金，该行为应视为是其主动放弃了质押担保，根据《担保法》第28条第2款的规定，担保人在债权人放弃物的担保范围内免除保证责任。但对其他不具有法定免除事由的担保债务，担保人仍应承担担保责任。

案例索引： 最高人民法院（2009）民提字第97号"某银行与某房产公司等借款担保合同纠纷案"，见《中国农业银行乌鲁木齐市青年路支行与新疆大湾房产（集团）有限公司、乌鲁木齐高频钢管厂借款担保合同纠纷案》（审判长金剑锋，代理审判员殷媛、潘勇锋），载《最高人民法院商事审判裁判规范与案例指导·裁判文书》（2011:417）；另见《债权人部分放弃质押担保的，担保人在债权人放弃物的担保范围内免除保证责任》，载《最高人民法院商事审判指导案例·借款担保卷（上）》（2011:414）。

484 法院可接受当事人以保证方式提供的财产保全担保

——《担保法》及相关司法解释对担保的方式，并未限定为物的担保，法院可接受当事人以保证提供的财产保全担保。

标签： 保证 | 物保与人保 | 抵押 | 诉讼程序 | 财产保全 | 质押 | 一般规定

疑难解答： 我国《担保法》第2条规定的担保方式为保证、抵押、质押、留置和定金。对于财产保全中，被保全人提供担保的方式，法律和相关司法解释并未明确限定为物的担

案情简介：法院对申请财产保全或解除财产保全的当事人以保证方式提供的信用担保不予接受，要求必须以存单质押或不动产抵押方式提供物权担保。

2.2

200802/34:180

2008

保。由此可见，当事人以保证方式提供担保，申请财产保全或解除财产保全，法院不应不区分情况一概加以拒绝。对于当事人提供的保证人，法院应严格审查其信誉度。对于企业来讲，主要是审查其注册资金、运营情况及商业信誉。经审查，如保证人不具备保证能力，甚至濒临破产的，法院可让申请人另行提供担保或不予准许其申请，以防止被担保人逃避债务；如保证人经济实力雄厚、信誉良好，法院应准许其申请，不能简单地将书面担保拒之门外，但要从严掌握。

实务要点： 我国《担保法》及相关司法解释对于担保的方式，并未明确限定为物的担保。当事人以保证方式提供担保，申请财产保全或解除财产保全，法院不应不区分情况一概加以拒绝。

案例索引： 见《人民法院能否接受当事人以保证方式提供的担保用于申请和解除财产保全》(《民事审判指导与参考》研究组)，载《民事审判指导与参考·民事审判信箱》(200802/34:180)。

485 保证人因债权人放弃或怠于行使权利而免责有前提

——债权人是否放弃或怠于行使权利，保证人依此可以向法院请求免除保证责任的前提是“致使该财产不能被执行”。

标签：保证 | 物保与人保 | 一般保证 | 破产债权申报

案情简介：2001年，生效判决确认化肥厂负有对银行的贷款债务，石油公司承担一般保证责任，并指明化肥厂对石油公司的反担保可由石油公司另诉。执行程序中，2007年，化肥厂被宣告破产还债，石油公司申报了反担保抵押财产别除权。受让银行该不良债权的资产公司向法院申报债权后，又撤回申报，转而请求执行石油公司。石油公司认为银行对其提供的可供执行的化肥厂财产线索置之不理，应免除相应的保证责任。

法院认为： 根据最高人民法院《关于适用〈担保法〉若干问题的解释》第24条的规定，保证人请求人民法院在其提供可供执行财产的实际价值范围内免除保证责任的前提条件是“债权人放弃或怠于行使权利致使该财产不能被执行”，即债权人放弃或怠于行使权利，致使该项财产流失而不能再被用来强制执行以清偿其债权，从而加重了保证人的风险。本案中，化肥厂向石油公司反担保的生产线仍可以在破产清算程序中依法进行追偿，并未造成不能被执行的后果，不符合法定免除保证人保证责任的条件。

实务要点： 债权人是否放弃或怠于行使权利，保证人依此免责的前提是“致使该财产不能被执行”。

案例索引： 最高人民法院（2008）执复字第1号“中国石化集团资产经营管理有限责任公司与中国东方资产管理公司南宁办事处、贵州省安顺化肥厂等执行异议案”，见《中石化贵州分公司

2.5

200804/28:90

2008

申请复议案》（张小林、马岚，最高院执行局；审判长张小林，审判员项存奇，代理审判员范向阳），载《执行工作指导·案例分析》（200804/28:90）。

486 担保格式条款不存在理解歧义的，不免除担保责任

——格式合同述明担保人在抵押物不足以清偿债务时以本单位的其他财产承担连带责任保证的，该约定应认定为有效。

标签：保证 | 物保与人保 | 抵押 | 格式条款 | 理解歧义

案情简介：2004年，开发公司为经销公司向银行借款2300万余元提供抵押担保。开发公司和经销公司在公证处出具的格式《借据》上承诺"债务人及抵押担保人在合同项下的抵押物不足以清偿债务时以本单位的其他财产承担全部责任及连带责任"。

3

法院认为：经销公司与开发公司在共同签署的《借据》中向银行所作承诺表明，开发公司作为担保人同意以抵押物之外的其他财产为经销公司提供连带保证责任。该承诺是开发公司真实意思表示，经过公证机关公证，不违反法律禁止性规定，应为有效。该借据虽然使用的是公证机关的制式格式，但公证处并非合同当事人和接受承诺的主体，《借据》条文本身也并不存在理解上的歧义，故开发公司对经销公司应支付给银行的贷款本息，以其抵押登记的房地产承担抵押担保责任，如抵押物不足以清偿担保债务时，开发公司对贷款本金不足部分承担连带清偿责任。

实务要点：格式合同述明担保人在抵押物不足以清偿债务时以本单位的其他财产承担连带责任保证的，担保人签署该承诺后以格式合同存在理解上的歧义应免除担保责任的，不予支持。

2.6

v.2:542

2007

案例索引：最高人民法院（2007）民二终字第20号"某银行与某开发公司等借款担保合同纠纷案"，见《抵押清单中标注的抵押土地地址与土地他项权利证书中显示该宗土地地址不符问题的处理——新疆博石房地产开发有限公司与中国农业银行乌鲁木齐市中山路支行、新疆天成汽车销售服务有限责任公司借款担保合同纠纷案》（审判长付金联，审判员张树明，代理审判员王涛），载《最高人民法院商事审判指导案例·借款担保卷（下）》（2011:542）。

487 抵押未登记产生的缔约过失责任，由担保双方共担

——抵押合同成立后未办登记依当时规定导致抵押不生效的缔约过失责任，其法律后果应由担保人和债权人共同承担。

法院认为：银行作为开证行和承兑行，已履行完不可撤销信用证项下各项义务，

标签：保证 | 物保与人保 | 抵押 | 未办登记 | 缔约过失责任

案情简介： 1997年，贸易公司为实业公司向银行开立信用证提供连带责任保证，张某以房产为实业公司提供抵押担保但未办理登记。因实业公司未偿还开证垫付款，银行诉请贸易公司、张某承担担保责任。

而债务人实业公司亦已通知承兑行并获得了信用证项下全套单据，故保证人对债务人不能偿还信用证项下款项，应依保证合同约定承担连带责任。张某以其拥有的房产进行开立信用证抵押担保，因未向有关部门办理登记而不生效的缔约过失责任，在张某和银行之间由此产生的法律后果应由双方承担，故判决贸易公司对实业公司所欠银行债务承担连带责任，张某在其提供抵押财产相应数额内承担50%的赔偿责任。

实务要点： 抵押合同成立后未办理抵押登记导致抵押不生效的缔约过失责任，由此产生的法律后果应由担保人和债权人共同承担。

2.3

200502/11:177

2005

案例索引： 最高人民法院裁定“某银行与某贸易公司信用证合同纠纷申请再审案”，见《中国农业银行青岛市南区第二支行与开德（青岛）贸易有限公司等开立信用证合同纠纷申请再审案》（王靖红，最高院立案庭），载《立案工作指导·申诉与申请再审疑案评析》（200502/11:177）。

488 债权人有权以抵押担保之外的其他方式实现其债权

——抵押权设立并不限制债权人以抵押之外的其他方式实现债权，就未实现债权，债权人仍有权继续享有优先受偿权。

标签：保证 | 物保与人保 | 抵押 | 抵押权实现 | 自行扣划

案情简介： 2001年，投资公司向银行贷款2000万元，实业公司为其中的700万元提供连带责任保证，投资公司为其中的1300万元提供抵押担保。因投资公司发起人之一蒋某涉嫌犯罪，检察机关在侦查过程中冻结了蒋某1200万余元资金。2004年，刑事案件终结后，检察机关将该款转回投资公司在银行账户，银行扣划后，起诉投资公司和实业公司连带偿还贷款。实

法院认为： 银行自行从蒋某账户扣收资金行为，系根据合同约定行使直接划收借款人款项的权利。在行使该项合同权利时，银行无需且事实上亦未征得投资公司同意。故实业公司以投资公司同意以上述资金优先清偿实业公司所担保的债务为由，请求免除其保证责任的理由不予支持。虽然，投资公司借款中有一笔由投资公司以土地设立了抵押担保，且银行采取了诉讼保全措施，但抵押权的设立并不限制债权人以抵押之外的其他方式实现其债权，故本案银行仍有权选择以投资公司的资金部分偿还已设立抵押担保的债权，且就未实现的债权部分，银行仍有权继续享有就抵押物折价或者拍卖、变卖价款优先受偿的权利。

实务要点： 抵押权的设立并不限制债权人以抵押之外的其他方式实现其债权，就未实现的债权部分，债权人仍有权继续享

业公司主张：追回的资金及抵押物价值均高于其保证债务额，要求优先清偿以免除其保证责任。

有就抵押物折价或者拍卖、变卖抵押物价款优先受偿的权利。

2.6

v.2:353

2005

案例索引： 最高人民法院（2005）民二终字第100号“某银行与某开发公司等借款合同纠纷案”，见《检察机关在〈借款合同〉履行期间冻结部分贷款的事实是否属于借款合同的“履行中断”——西藏西域食品开发有限公司、蒋琼以及绵阳市金海企业有限责任公司与中国农业银行拉萨市康昂东路支行借款合同纠纷案》（审判长周帆，代理审判员王涛、雷继平），载《最高人民法院商事审判指导案例·借款担保卷（上）》（2011:353）。

489 信用证项下单证货物所有权保留条款，非物的担保

——银行在保留信用证项下单据和货物所有权前提下，委托申请人销售货物，不构成《担保法》规定的放弃物的担保。

标签：保证 | 物保与人保 | 质押 | 单据质押 | 信用证 | 所有权保留

3

案情简介：2003年，钢铁公司与银行签订进口押汇协议约定“银行作为开证行收到信用证项下单据时，由于钢铁公司不能履行如期付款义务，银行在保留/取得信用证项下单据和货物所有权的前提下，代钢铁公司对外付款，钢铁公司承诺予以偿付”。嗣后，押汇合同保证人经贸公司认为进口押汇行为实质上系以货物为特征的融资方式，银行收到货物所有权单证后交还给钢铁公司系对物的担保的放弃，故其对银行垫付共计115万余美元的进口押汇款不应承担保证责任。

法院认为： 银行与钢铁公司有关因钢铁公司不履行如期付款义务，银行保留或取得信用证项下单据和货物所有权的约定，不属于《担保法》所规定的物的担保方式。故银行在保留信用证项下单据和货物所有权的前提下委托钢铁公司销售货物，不构成《担保法》第28条规定的放弃物的担保。物资公司虽为钢铁公司股东，但股东为其所投资的公司担保并不违反法律、法规规定。基于经贸公司向银行出具的不可撤销还款担保书的承诺以及其未与物资公司约定保证责任份额的事实，经贸公司应在2000万元额度范围内对钢铁公司债务承担连带保证责任。

实务要点： 信用证开立申请人与银行进口押汇协议中关于申请人不履行如期付款义务，银行保留或取得信用证项下单据和货物所有权的约定，不属于《担保法》所规定的物的担保方式。银行在保留信用证项下单据和货物所有权的前提下委托申请人销售货物，不构成《担保法》第28条规定的对物的担保的放弃。

2.6

v.4:165

2005

案例索引： 最高人民法院（2005）民二终字第32号“某银行与某钢铁公司等票据纠纷案”，见《进口押汇行为的性质——中国银行新疆维吾尔自治区分行与新疆国标经贸有限公司、新疆金邦钢铁有限公司、新疆金邦房地产开发有限公司、新疆世达国际贸易有限公司、阿拉山口世达物资有限公司、新疆心脑血管病医院（有限公司）、新疆天基钢铁有限公司、孙新云、鲁新民、鲁新安、鲁

建新票据纠纷案》(审判长叶小青，审判员王洪光，代理审判员雷继平)，载《最高人民法院商事审判指导案例(4)·金融卷》(2011:165)。

490 抵押权不成立，亦就不存在债权人放弃抵押权问题

——抵押物未经登记，抵押合同依当时法律规定不生效，不能视为抵押权人放弃物的担保，不能以此免除保证人责任。

标签： 保证 | 物保与人保 | 不良资产 | 抵押 | 放弃物保 | 未经登记

案情简介： 1995年12月，化工厂向银行抵押贷款，化纤厂提供连带责任保证。化纤厂后以银行未就化工厂提供的抵押物办理登记手续，主张免除相应的保证责任。

法院认为： 根据本案保证合同记载的保证事项，保证人提供保证均未以抵押担保成立为前提，而抵押物登记属于法律强制性规定，抵押物未登记。抵押合同不生效，受损失的应系权利人，是否设立抵押权亦系权利人选择结果。《担保法》规定，只有抵押物登记抵押合同生效后，抵押权人放弃了抵押担保，保证人才能在其放弃范围内免除保证责任，在法律有明文规定情况下，不可作扩大解释。故抵押权既不成立亦就不存在权利人放弃事实。化纤厂作为保证人属于无条件担保，无理由要求银行对抵押物进行登记，其不能以此免除保证责任。

2.1

200401/5:203

2004

实务要点： 抵押物未经登记，抵押合同不生效，不能视为抵押权人放弃抵押担保，保证人据此要求在抵押权人放弃范围内免除保证责任的，不予支持。

案例索引： 最高人民法院判决“九江化学纤维总厂与中国信达资产管理公司、九江化工厂等借款保证合同纠纷案”，见《借款保证合同的几个问题》(王洪光，最高院民二庭)，载《民商事审判指导·民商事审判》(200401/5:203)。

491 《担保法》实施前设备抵押未办登记，抵押权有效

——《担保法》实施前，以动产设定抵押未办理登记的，抵押权人可就主合同债务在抵押财产范围内主张优先受偿权。

标签： 保证 | 物保与人保 | 反担保 | 抵押 | 未办登记 | 动产抵押 | 设备抵押

案情简介： 1995年9月，信托咨询公司为实业公司向银行贷款1000万元提供连带责任保证，实业公司以房产、

法院认为： 实业公司、酒楼向信托咨询公司提供反担保，其中实业公司提供抵押的是房产，酒楼提供抵押的是设备，均未办理抵押物登记手续。该反担保协议签订均在《担保法》生效前。实业公司房产抵押未办抵押登记，违反了《房地产管理法》有关强制性规定，不产生抵押担保的法律效力。因此前并无法律规定动产设备抵押须在工商部门办理登记手续，故酒楼以设备财产进

酒楼以设备为信托咨询公司提供反担保，但均未办抵押登记手续。1996年借款到期后，银行在信托咨询公司账户扣划1123万余元用于连带清偿后，信托咨询公司起诉实业公司、酒楼追偿担保债务。

行抵押为内容的反担保应为有效。判决实业公司对信托咨询公司代其支付的贷款本息1123万余元负有清偿责任，酒楼对上述债务在抵押财产范围内承担连带清偿责任。

实务要点： 《担保法》实施前以不动产设定抵押未办登记，因违反《房地产管理法》有关强制性规定，不产生抵押担保的法律效力。抵押人以动产设定抵押未办理登记的，抵押权人可就主合同债务在抵押财产范围内主张优先受偿。

2.3

200401/6:69

2003

案例索引： 最高人民法院（2003）法办联复141函“某银行与某酒楼等借款担保合同纠纷申请再审案”，见《珠海市新康达有限公司、珠海经济特区奇阁海新火锅酒楼与中国银行六安支行借款担保纠纷申请再审案》（湛雄辉，最高院立案庭），载《立案工作指导·申诉与申请再审疑案评析》（200401/6:69）。

3

492 申请解冻或续冻的担保，既包括财保，亦包括人保

——最高人民法院关于执行工作司法解释中案外人已提供确实有效的“担保”，既应包括财保，亦应包括保证人保证。

标签： 保证 | 物保与人保 | 执行 | 案外人异议 | 质押 | 一般规定 | 解除担保

案情简介： 2000年，李某申请执行赖某，执行法院以赖某拟筹建的实业公司尚未取得营业执照，故注册资金账户上的990万元应属赖某个人财产为由予以冻结。银行以对其中570万元享有质押权请求暂缓执行，同时提交了担保函。执行法院以银行仅提供书面担保函，未提供财产担保为由，予以裁定驳回。广东高院执行监督，指令执行法院解除对案涉账户990万元的冻结。

法院认为： 最高人民法院《关于人民法院执行工作若干问题的规定（试行）》第74条适用前提是：案外人提出异议一时难以确定是否成立；案外人已提供确实有效的担保。按照立法旨意，其中案外人已提供确实有效的“担保”，设置目的是为了保障在因申请解除查封或申请继续执行有错误时，能够给相对方的损失予以赔偿，该条的担保既应包括财保，也应包括确有担保能力的人保。故本案银行以书面担保函方式提供担保，应为有效。因案外人银行提供的担保函明确表明请求的是暂缓执行，广东高院指令解除已冻结款项，超越了案外人担保请求的标的；同时，案外人认为其享有质押权的标的额为570万元，但广东高院指令解冻的标的额为990万元，亦超出了案外人担保请求的数额范围。前述规定第74条中“可以”解除强制措施，即赋予执行法院根据案件实际情况处理的决定权，上级法院亦不宜强行干预。故广东高院执行监督不当。

实务要点： 最高人民法院《关于人民法院执行工作若干问题的规定（试行）》第74条中案外人已提供确实有效的“担保”，

2.5
既应包括财保，亦应包括确有担保能力的人保。

200404/12:89

2003

案例索引： 最高人民法院执行工作办公室《关于李红光执行申诉一案的复函》（2003年1月2日〔2001〕执监字第208-1号）“深圳发展银行广州市分行广交会支行与李红光、赖移生执行申诉案”，见《案外人提供书面担保是否应该解除强制措施》（黄年，最高院执行办），载《执行工作指导·案例分析》（200404/12:89）。

493 银行放弃提单质押，应在放弃范围内免除保证责任

——权利质押权人放弃占有出质人交付的权利凭证即押汇提单，应在放弃的提单质押权范围内免除保证人的保证责任。

标签： 保证 | 物保与人保 | 质押 | 单据质押 | 信用证 | 放弃质押权 | 进仓单

案情简介： 1994年11月，信托公司为实业公司向银行申请开立520万余美元提供担保，约定银行在信托公司不履行保证义务时其可直接在信托公司的中国人民银行账户中调拨资金。1995年11月，实业公司又以信用证项下提单、进仓单向银行申请进口押汇。同年12月，银行将押汇提单交还给实业公司，实业公司遂处理了提单项下价值206万余美元的货物。因实业公司到期未偿，银行诉请信托公司承担连带责任。

法院认为： 信托公司与银行所签保证合同除约定银行有权从信托公司在中国人民银行账户中调拨资金，违反了人民银行有关单位不能划拨金融机构在人民银行的准备金和备用金的规定，该条款无效，但不影响其余条款效力。根据《担保法》第75条第1款第1项规定，实业公司以提单和进仓单质押。实业公司将提单交付给银行作为对外垫付货款的质押担保，银行收存了提单，双方质押合同即生效。但在实业公司押汇期满未能还款时，银行未行使质权人的权利提货或拍卖、变卖质押物，而是将提单交还给实业公司，由该公司行使提货权。根据《担保法》第76条规定，权利质押质权人必须占有出质人的权利凭证，银行将权利凭证交出质人自行行使权利，应视为已实际放弃了质押权。根据《担保法》第28条规定，“同一债权既有保证又有物的担保的，保证人对物的担保以外的债权承担保证责任。债权人放弃物的担保的，保证人在债务人放弃权利的范围内免除保证责任。”故信托公司应在银行放弃提单质押权的范围内免除保证责任。本案进仓单不具有仓单权利凭证的法律特征，银行亦未将进仓单退回给实业公司，故不存在放弃或怠于行使质押权的问题，银行放弃行使提单质押权的数额为206万余美元，信托公司保证范围应为担保范围扣除保证金及放弃质押权数额，故信托公司应在254万余美元范围内承担保证责任。

2.3

200501/10:98

2001

实务要点： 权利质押质权人放弃占有出质人交付的权利凭证，应在放弃权利范围内免除保证人的保证责任。

案例索引： 最高人民法院（2001）民二监字第467号提审“某资产公司与某投资公司等货款纠纷再审案”，见《广西信托投资公司清算组北海办事处与中国东方资产管理公司南宁办事处、广西达诚北海公司信用证垫付货款纠纷申请再审案》（湛雄辉，最高院立案庭），载《立案工作指导·申诉与申请再审疑案评析》（200501/10:98）。

494 主债权转让后，最高额抵押和保证担保范围的认定

——债权人将最高额抵押担保债权转让后，该债权转让行为发生债权确定的效果，最高额抵押权可随该特定债权转让。

标签： 保证 | 物保与人保 | 抵押 | 最高额抵押 | 债权转让 | 转让内容

3

案情简介： 2010年，阀门公司向银行借款150万元，并以其房产设定最高额为160万元的抵押担保，葛某作为保证人亦提供最高额为160万元的连带责任保证。2011年，借款到期后，银行与投资公司签订债权转让协议并通知了阀门公司。投资公司主张最高额担保范围成为本案争议焦点之一。

3.6

201306/30:73

2013

法院认为： 最高人民法院《关于适用〈担保法〉若干问题的解释》第23条规定，最高额保证合同的不特定债权确定后，保证人应当对在最高债权额限度内就一定期间连续发生的债权余额承担保证责任。据此，最高额保证的责任范围应当是最高债权额限度内的债权余额。故本案中，银行在债权转让时已确定的债权本金150万元及相应利息，保证人对该部分确定债权承担保证责任。至于债权确定后产生的债权利息、违约金、损害赔偿金等虽在债权确定时尚未发生，但该利息作为附随债权如未超过160万元最高限额，亦属担保范围。故葛某只应对阀门公司所欠投资公司债务在最高债权余额160万元内承担连带偿还责任。

实务要点： 商业银行将最高额抵押担保的债权转让后，该债权转让的行为发生债权确定的效果，最高额抵押权可随该特定债权转让。新的债权人有权就特定债权及债权确定后产生的利息、违约金等在最高债权余额限度内行使抵押权。

案例索引： 江苏盐城中院（2013）盐商终字第0270号“滨海县金汇农村小额贷款有限公司与江苏奇尔乐阀门有限公司、滨海保盛阀门制造有限公司等债权转让纠纷案”，见《金汇公司诉奇尔乐公司等金融债权转让纠纷案》，载《江苏省高级人民法院公报》（201306/30:73）。

495 抵押权因故意或重大过失不成立时，保证人可免责

——抵押和保证并存情形，抵押人及抵押权人因故意或重大过失致抵押担保不能成立时，保证人可主张免除保证责任。

法院认为： 现有证据足以证明孙某自始对案涉房屋并不享有合法处分权，无权在

标签：保证 | 物保与人保 | 抵押 | 抵押权不成立 | 保证责任免除

案情简介：2005年，银行与担保公司签订《住房类贷款业务合作协议》，约定贷款担保方式为“抵押加保证”，即银行向购房人发放贷款，购房人以所购房屋设定抵押，担保公司提供连带责任保证，并约定银行“未能正常取得他项权证”时，担保公司亦应负责代偿剩余贷款，同时约定担保公司放弃抗辩权，银行可在不主张抵押物权时要求担保公司偿还债务，银行同时应将其所拥有的对抵押物的处置权及优先受偿权转让给担保公司。据此，银行与孙某签订按揭贷款协议，因孙某未按期偿还贷款，银行诉请担保公司承担清偿责任。担保公司提出孙某自始未取得涉案房产所有权，孙某持伪造的他项权证获得贷款，主张免除保证责任。

该房屋上设立抵押担保，其以伪造他项权证作为手段获取银行放款行为显属欺诈。而银行作为债权人和抵押权人，对其自身利益漠不关心，未按正常工作流程监督“抵押人”办理抵押登记，明显存在过失。若其遵照业务流程规范操作，则对孙某欺诈行为应能知晓。由于上述原因致使借款合同中事实上只存在一种担保方式，即保证担保，此种情形下，根据双方贷款业务合作协议约定，合作范围内业务必须存在两种担保方式即“抵押加保证”，意味着双方已就担保公司对今后提供担保的贷款约定了特别条件，即提供保证担保时须有有效的抵押担保存在。该条件为保证人有可能进行的追偿提供了基本的财产线索和保障，从而对保证人可能承担的风险提供一定的防范。虽然同一条款中约定了银行未能正常取得他项权证时，担保公司亦应负责代偿剩余贷款，但此处“不能正常取得他项权利证明”情形，不应包含抵押人故意欺诈或与此同时抵押权人存有明显过失情况，否则无异于置法律公平原则于不顾。合作协议虽约定担保公司放弃抗辩权，银行可在不主张抵押物权时要求担保公司偿还债务，但该条款同时规定，在银行未主张物的担保而直接向保证人主张权利的“同时”，银行应将其所拥有的对抵押物的处置权及优先受偿权转让给担保公司。由此可看出该款订立目的，并非打破在前约定，将“抵押加保证”变为保证担保的一种，而是为使银行获得更为便捷有效的权利救济途径，赋予其在人之担保和物之担保上的选择权。故而在故意不对借款设定抵押担保，或抵押人及抵押权人因故意或重大过失致使抵押担保不能成立情形下，银行以此款约定为据向担保公司主张权利，不予支持，判决驳回银行诉讼请求。

3.7

201302/9:16

2013

实务要点：抵押和保证并存情形，抵押人及抵押权人因故意或重大过失致使抵押担保不能成立的情形下，保证人可主张免除保证责任。

案例索引：天津二中院（2013）二中民二终字第35号“某银行与某担保公司保证合同纠纷案”，见《深圳发展银行股份有限公司天津分行诉天津市融信投资担保有限公司保证合同纠纷案》，载《天津市高级人民法院公报》（201302/9:16）。

496 物保与人保并存时，"首先实现物保"的期限界定

——物保与人保并存，"首先实现物保"的合理期间可参照适用《担保法》第25条第2款规定，即6个月的保证期间。

标签： 保证 | 物保与人保 | 抵押 | 首先实现物保 | 先诉抗辩权

案情简介： 2004年至2006年，空调厂以自有设备作抵押向银行借款，刘某等3人对其中700万元借款本金承担连带保证责任，周某对其中300万元借款本金承担连带保证责任。因空调厂破产，其全部财产包括抵押物不足清偿劳动债权，故债权分配为零。在法院裁定终结破产程序后，银行诉请刘某等3人、周某连带清偿。

3

3.6

201203/21:66

2011

法院认为： 依《担保法》第28条第1款规定，同一债权既有保证又有物的担保的，保证人对物的担保以外的债权承担保证责任。本案中，空调厂既是借款主债务人，又是抵押人，由于案涉保证期间跨越《物权法》实施之日，纠纷亦发生在《物权法》实施之后，故本案可适用《物权法》第176条规定，即被担保的债权既有物的担保又有人的担保的，债务人不履行到期债务或者发生当事人约定的实现担保物权的情形，债权人应当按照约定实现债权；没有约定或者约定不明确，债务人自己提供物的担保的，债权人应当先就该物的担保实现债权。由于该规定对人的担保未区分是一般保证还是连带责任保证，故在物的担保与人的担保并存时，即使人的担保为连带责任保证，亦应适用该条规定，连带责任保证人可享有在主债务以抵押物担保清偿债务之前免于承担保证责任的抗辩权。由于法律对该情形下债权人行使担保物权的合理期间未作明确规定，且连带责任保证人此时享有的抗辩权类似于一般保证人的先诉抗辩权，故可参照适用《担保法》第25条第2款规定，即债权人应在6个月的保证期间内行使抵押权，否则保证人可免于承担保证责任。因银行主张保证责任并未超过保证期间，故判决刘某等3人对空调厂偿还银行700万元借款本金承担连带保证责任，周某对空调厂偿还银行300万元借款本金承担连带保证责任。

实务要点： 在债务人提供物保与第三人提供保证并存时债权人应首先实现物保，此处人的担保不区分为一般保证和连带责任保证。由于法律对"首先实现物保"的合理期间未作明确规定，且连带责任保证人此时享有的抗辩权类似于一般保证人的先诉抗辩权，故可参照适用《担保法》第25条第2款规定，即债权人应在6个月的保证期间内行使抵押权，否则保证人可免于承担保证责任。

案例索引： 江苏苏州中院（2011）苏商终字第0040号"江苏阜宁农村商业银行股份有限公司陈良支行与周某等保证合同纠纷案"，见《阜宁农商银行陈良支行因抵押权不能实现诉周克举、刘清龙等人保证合同纠纷案》，载《江苏省高级人民法院公报》（201203/21:66）。

497 抵押权因法定原因被撤销，不免除保证人保证责任

——破产程序中，抵押权因设立时间的法定原因而非抵押合同各方当事人的过错被撤销，不能免除保证人的保证责任。

标签：保证 | 物保与人保 | 破产 | 破产撤销权 | 房地产抵押 | 抵押 | 撤销权

案情简介：2009年3月，纸业公司为造纸公司所欠贸易公司货款提供连带责任保证，造纸公司亦同时提供了不动产抵押担保。2009年6月，法院裁定造纸公司进入破产重整程序。2010年2月，法院裁定造纸公司进入破产程序。同年3月，法院判决撤销贸易公司与造纸公司签订的抵押合同。嗣后纸业公司认为应免除其相应的担保责任。

法院认为：根据法律规定，法院受理破产申请前一年，对没有财产担保的债务提供财产担保的，管理人有权请求法院予以撤销，故案涉抵押合同被撤销并非纸业公司或贸易公司任何一方责任。虽然贸易公司在抵押合同签订后3个月即进入破产重整程序，但纸业公司并无证据证明贸易公司与造纸公司存在串通骗取担保情况，法律亦未规定债权人有对债务人或担保人经营状况进行审查的义务，故贸易公司对抵押合同撤销不存在过错。因抵押权被撤销，纸业公司应对贸易公司全部债务承担连带保证责任。

实务要点：抵押权因法定原因而非抵押合同各方当事人过错而撤销，保证人保证责任不免除。

案例索引：上海高院（2010）沪高民二（商）终字第60号“某贸易公司与某纸业公司保证合同纠纷案”，见《东方国际集团上海荣恒国际贸易有限公司诉浙江班班纸业有限公司保证合同纠纷案》（壮春晖、傅伟芬），载《人民法院案例选》（201103/77:181）。

3.1

201103/77:181

2010

498 抵押登记因相对人未提异议和未提行政诉讼而生效

——不动产抵押登记办理后，行政相对人未提出异议，亦未在法定期限内提起行政诉讼的，抵押登记的效力应予确认。

标签：保证 | 物保与人保 | 抵押 | 登记瑕疵 | 登记效力 | 查封财产抵押

案情简介：2004年5月，纸业公司以国有土地使用权向银行抵押借款450万元并办理了登记，抵押他项权证书载明抵押贷款金额150万元，线缆公司提供连带责任保证。因抵押物在

法院认为：采取财产保全措施的执行案件在执行过程中所执行款项已满足申请人请求，该案因执行和解而结案。参照司法解释“诉讼中的财产保全裁定的效力，一般应维持到生效的法律文书执行时止”的精神，该案执行终结后，查封裁定对抵押登记机关不再具有约束力。此外，行政机关作出的具体行政行为自作出之日起生效，只有在行政相对人不服，且在法定期限内提起行政诉讼时，才由法院对该具体行政行为进行司法审查。行政诉讼程序不是具体行政行为生效的必经程序。本案

2003年因纸业公司拖欠建筑公司工程款案被法院保全查封，至2004年2月，纸业公司偿付工程款，该案因执行和解结案。关于纸业公司以未解封的保全财产设定抵押登记是否有效，成为争议焦点。

中，国土局根据申请为银行和纸业公司办理土地抵押登记后，没有行政相对人对此提出异议，亦无行政相对人在法定期限内提起行政诉讼，故该行政行为自作出之日起生效。纸业公司在银行抵押贷款，线缆公司为该贷款提供连带责任保证，同一债权既有保证又有物的担保的，保证人对物的担保以外的债权提供保证责任，判决纸业公司偿还银行借款450万元及利息，先以纸业公司抵押物（抵押贷款金额150万元）满足银行债权，不足部分由线缆公司承担连带保证责任。

3.3

2011民:92

2010

3

实务要点： 不动产抵押登记办理后，行政相对人未提出异议，亦未在法定期限内提起行政诉讼，该行政行为已生效，抵押合同和抵押登记效力应予确认。

案例索引： 山东高院（2010）鲁民再终字第22号“某银行与某纸业公司等借款担保合同纠纷案”，见《中国建设银行股份有限公司东营东城支行诉山东华林纸业有限公司、东营市华东线缆集团有限公司、东营市国土资源局开发区分局借款担保合同案（财产保全与抵押登记的效力认定）》（于秋华），载《中国审判案例要览》（2011民事:92）。

499 债务人自己提供物的担保无效，不免除保证人责任

——同一债权既有保证又有物的担保，物的担保合同被确认无效后，即便担保物系由债务人提供，保证责任亦不免除。

标签： 保证 | 物保与人保 | 抵押 | 债务人提供抵押

案情简介： 2009年，裴某以名下房产抵押向蔡某借款，同时翟某提供连带责任保证。因房产证虚假，抵押权不能实现，蔡某诉请翟某与裴某承担连带清偿责任。

法院认为： 根据最高人民法院《关于适用〈担保法〉若干问题的解释》第38条第2款规定，“同一债权既有保证又有物的担保的，物的担保合同被确认无效或者被撤销，或者担保物因不可抗力的原因灭失而没有代位物的，保证人仍应当按合同的约定或者法律的规定承担保证责任。”故，在抵押物系债务人自己提供的情况下，物的担保合同被认定无效后，保证人仍应对债权人承担全部保证责任，判决翟某对裴某所欠蔡某债务承担连带责任。

实务要点： 同一债权既有保证又有物的担保的，物的担保合同被确认无效后，即便担保物系由债务人提供，如保证合同有效，保证人仍应承担全部保证责任。

3.4

201122:96

2010

案例索引： 河南漯河源汇区法院（2010）源民四初字第161号“蔡某与裴某等借款担保合同纠纷案”，见《混合担保中物的担保合同无效时保证人应否担责》（黄磊），载《人民司法·案例》（201122:96）。

500 约定以回购担保形式保障债权人债权实现，应有效

——债权人与回购人可约定在债务人未履行债务时，由回购人支付对价，债权人将合同权利转移给回购人的担保形式。

标签：保证 | 物保与人保 | 补充清偿责任

案情简介：2006年，信用社与机械公司签订工程机械按揭贷款业务合作协议，约定信用社为机械公司推荐的借款人发放按揭贷款，借款人拖欠归还贷款时，机械公司应以回购价格代偿拖欠的贷款本息及实现债权的费用，信用社向机械公司移交抵押物处置权。2008年，由机械公司推荐、按揭购买搅拌机的姚某拖欠支付信用社738万余元借款本息，信用社向机械公司发出回购通知后，机械公司以应先实现物的担保为由进行抗辩。

法院认为： 所谓回购担保是一种多方以合同条款约定的关联性担保，是指债权人与回购人约定在债务人未能按约履行债务时，由回购人向债权人支付约定的对价，债权人将合同债权及其项下权利转移给回购人的一种非典型担保形式。《物权法》第176条规定，被担保的债权既有物的担保又有人的担保的，债务人不履行到期债务，债权人应当按照约定实现债权。本案中，姚某在偿还部分借款后便不再偿还借款，信用社依约要求机械公司履行回购担保责任。判决机械公司偿还姚某借款738万余元及利息，信用社收到姚某借款本息同时将贷款本息代偿证明书、贷款合同、抵押合同等法律文件移交给借款偿还人。

实务要点： 债权人与回购人可以约定在债务人未能按约履行债务时，由回购人向债权人支付约定的对价，债权人将合同债权及其项下权利转移给回购人担保形式。

3.6

201003/9:81

2010

案例索引： 江苏高院（2010）苏商终字第0071号“某信用社与某科技公司等借款合同纠纷案”，见《徐州市郊农村信用合作联社诉徐州工程机械科技公司等“回购担保”借款合同纠纷案》，载《江苏省高级人民法院公报》（201003/9:81）。

501 因债权人原因致保证期间未成就，应免除保证责任

——当事人约定的保证期间实质为承担责任条件情况下，因债权人自身原因导致约定期间未届至，保证人责任应免除。

标签：保证 | 物保与人保 | 抵押 | 抵押登记

法院认为： 保证合同书面形式既可以是单独的书面合同，亦可为单独的保证条款。特殊情形下，某种条件亦可被当

案情简介：2003年，开发公司为薛某向银行按揭贷款购房承诺提供担保，该借款抵押合同约定“无论任何原因，导致薛某用于抵押的房产不能办理抵押登记手续，开发公司均应承担连带保证责任”。在开发公司已提交相关证书予银行并反复催告办理抵押的情况下，因薛某系外籍身份，办理手续复杂，银行未办理成功。嗣后银行诉请开发公司承担约定的保证责任。

作“期间”在保证合同中予以约定。案涉保证条款以房地抵押登记手续之日作为保证期间终期，鉴于该条件约定不妨碍保证期间的功能，从鼓励交易原则出发，应认定有效。因银行未提供充分、有效的证据证明案涉房屋客观上确已不能在房管部门办理抵押登记，且本案双方约定的期间未届至，应认定银行因自身原因怠于办理登记，故驳回其要求开发公司承担连带保证责任的诉请。

实务要点：当事人约定的保证期间实质为承担保证责任条件的情况下，如该约定不妨碍保证期间功能，从鼓励交易原则出发，该约定应认定有效。因债权人自身原因导致双方约定的期间未届至，保证人的保证义务应免除。

3.1

201101/75:241

3

2009

案例索引：北京一中院（2009）一中民初字第9021号“某银行与薛某等抵押借款合同纠纷案”，见《中国民生银行股份有限北京上地支行诉薛双纯等抵押借款合同案》（周明珠），载《人民法院案例选》（201101/75:241）。

502 应收账款质押属于物的担保，可为保证人预先放弃

——《物权法》第176条所称“物的担保”应包括应收账款质押。保证人在保证合同中放弃先诉抗辩权的约定应有效。

标签：保证 | 物保与人保 | 质押 | 账户质押 | 应收账款质押 | 先诉抗辩

案情简介：2008年，担保公司为酒店向银行贷款100万元提供连带责任保证，王某与担保公司签订反担保保证合同，酒店另与担保公司签订应收账款反担保质押合同。2009年，酒店关门停业，担保公司因代酒店偿还银行逾期贷款向反担保人追偿，王某提出应在质押应收账款不足部分范围内清偿，担保公司放弃起诉酒店，应视为放弃物的担保。

法院认为：依反担保保证合同约定，是否存在其他反担保包括质押不影响担保公司直接要求王某在其保证范围内承担连带保证责任，应视为王某已依约放弃了先诉抗辩权，故本案不适用《物权法》第176条关于物的担保优先于保证担保的规定。且应收账款质押并不当然地先于保证实现，故判决王某连带清偿担保公司借款本息等100万余元。

实务要点：《物权法》第176条所称“物的担保”应包括应收账款质押在内。保证人在保证合同中依约放弃先诉抗辩权，担保权人直接要求保证人在保证范围内承担保证责任的，应予支持。

案例索引：江苏苏州中院（2009）苏中民二终字第0444号“苏州亨通担保投资有限公司与吴江炀明空调净化有限公司等

3.4 201214:81 2009

担保纠纷案”，见《应收账款质押属于物的担保》（杨文辉、高圣平），载《人民司法·案例》（201214:81）。

503 履约保函项下被扣保证金，不能直接作为违约损失

——合同一方违约，对方当事人以其对第三人的见索即付履约保证金被扣划，主张违约方赔偿该损失的，不能被支持。

标签：保证 | 物保与人保 | 违约责任 | 违约损失 | 履约保函 | 保证金

案情简介：2008年，物流公司与钢铁公司签订承运合同，约定迟延交付以“日万分之五”计算违约金。因物流公司迟延交付承运货物，钢铁公司诉请违约赔偿时，提交了与案外人所签合同及银行保函赔付证据，证明因物流公司迟延交付，导致其对案外人的履约保函项下3100万余元被扣划。一审法院以该违约损失系违约金，因过高而调整为35万元。

法院认为：履约保函属见索即付保函，意为先扣划保证金再行解决合同履行中的纠纷，保证金被扣划系暂时的，具体何原因须待仲裁或司法解决。钢铁公司提交银行保函赔付等证据仅能证明保证金被扣划事实，不能证明该保证金即为损失且保证金被扣划系由运输迟延直接造成，其以保证金被扣请求追究物流公司违约赔偿责任，原审法院将此理解为钢铁公司系请求法院对违约金条款调整并据此作出判决，背离了当事人的诉请范围。因钢铁公司未证明损失的实际发生及数额，故应按合同约定的迟延交付条款以“日万分之五”计算违约金。

实务要点：合同一方违约，对方以其对第三人的履约保证金被扣划为由主张违约方赔偿损失的，因履约保函属见索即付保函，保证金被扣划系暂时的，具体何原因须待仲裁或司法解决，故该保函被扣划保证金不能在本案中直接作为违约损失。

3.4 201016:91 2009

案例索引：浙江高院（2009）浙海终字第148号“中海华东物流有限公司与潮峰钢构集团有限公司买卖合同纠纷案”，见《银行履约保函项下被扣划的保证金不能直接认定为违约损失》（苗青、董国庆），载《人民司法·案例》（201016:91）。

504 债权人可依法对物保和人保实现方式作出顺序安排

——被担保债权既有物保又有人保的，在未约定或约定不明时，债权人应依法对物保和人保的实现方式作出明确选择。

标签：保证 | 物保与人保 | 抵押 | 抵押权实现 | 实现顺序

案情简介：2006年，王某向银行贷款

法院认为：银行为充分保障其依法享有的债权能得到实现，与抵押人王某、吴某及保证人超市分别订立了抵押条款和保证条款，为同一笔债权既设定物的担保又设定人的担保。由于本案各方当事人未在借款担保合

198万元，王某和妻子吴某以名下房产抵押，同时王某担任法定代表人的超市提供连带责任保证。2008年，银行起诉，要求王某偿还贷款，并主张对抵押房产的优先受偿权，超市承担连带责任。庭审中，银行要求超市对抵押房产不足清偿部分承担连带责任。

3.1

200903/69:107

2008

3

同中明确约定银行实现担保权利的先后顺序，故对于银行在不违反法律规定情况下，选择行使担保物权或保证债权先后顺序的权利，法院依法应予尊重和认可。银行对其设定的双重担保，当庭提出先行实现抵押权、不足部分再由超市承担补充连带责任的述称意见，既未对超市产生任何不利影响，亦未加重抵押人吴某应承担的担保责任，且符合《物权法》第176条有关债权人应先就债务人提供物的担保实现债权的规定内容，法院依法应予准许和支持。判决王某偿还银行贷款本息，银行对抵押房产享有优先受偿权，超市在抵押物折价或变卖、拍卖所得价款不足以清偿上述债务范围内承担连带清偿责任。

实务要点： 被担保债权既有物保又有人保的，在未约定或约定不明确情况下，债权人应依法对物保和人保的实现方式作出明确选择，法院如审查认为债权人作出的单方意思表示未给担保人带来不利影响，且符合法律关于物保先于人保实现债权的规定，债权人该意思表示有效。

案例索引： 安徽宣城中院（2008）宣中民二初字第31号“某银行与王某等借款合同纠纷案”，见《中国银行股份有限公司泾县支行诉王某等金融借款合同案》（司含江），载《人民法院案例选》（200903/69:107）。

505 名为保理实为借款关系中，应收账款质押质权效力

——当事人签订保理合同，但未通知债务人，保理行在约定的融资期满亦未受领应收账款，应认定名为保理实为借款。

标签： 保证 | 物保与人保 | 质押 | 账户质押 | 保理 | 合同性质 | 应收账款

案情简介： 2007年，银行与橡胶公司签订保理合同，约定银行提供800万元保理融资，实业公司、橡胶公司提供连带责任保证。随后，橡胶公司出具还款计划，以机器设备作抵押担保，同时以公司应收账款作质押担保。后因橡胶公司逾期未偿致诉。

法院认为： 案涉保理合同实质为借款合同。因橡胶公司提供权利质押的标的为该公司债权，其质押未公示，亦未通知质押债权的债务人，且基于债权的不确定性和不稳定性，不宜作为质押合同中的质押标的，故银行与橡胶公司所签质押合同未生效。橡胶公司出具还款计划，未依约还款，应承担还本付息的民事责任，银行有权以抵押财产折价、变卖或拍卖价款优先受偿，不足部分由实业公司、橡胶公司承担连带责任。

实务要点： 当事人签订保理合同，但未通知债务人，保理银行在约定的融资期满亦未受领应收账款，亦未按保理合同中回

3.3

2008商:43

2007

购条款约定向债务人行使追索权，主债权债务关系还是固定在融资关系双方，应认定保理合同已变更为事实上的借款合同。

案例索引： 江苏无锡南长区法院（2007）南民二初字第500号“某银行与某橡胶公司等借款合同纠纷案”，见《中国工商银行股份有限公司无锡分行诉江阴中马橡胶制品有限公司等借款案（借款合同与保理合同的界定）》（何英），载《中国审判案例要览》（2008商事:43）。

506 债务人抵押担保与第三人抵押及保证担保混合情形

——在债务人与第三人抵押责任、保证人连带保证责任并存情况下，保证人约定的独立担保应转化为从属性连带保证。

标签： 保证 | 物保与人保 | 独立担保 | 抵押 | 混合担保 | 清偿顺序

案情简介： 2005年，实业公司向银行抵押贷款，同时羊绒公司提供抵押担保，担保公司与银行签订《最高额保证合同》，约定“本保证合同为独立性担保”，“保证人在此承诺，不以债权人首先行使主合同项下的担保物权作为其履行保证责任的前提”。因实业公司逾期未偿致诉。

3.3

2008商:59

2007

法院认为： 担保公司与银行所签最高额保证合同约定保证合同与主合同关系为“本保证合同为独立性担保”。由于独立担保仅适用于国际商事交易领域，不适用于国内经济活动，故对该担保的独立性应予否定，但在银行与实业公司所签借款主合同有效前提下，其应转化为有效的从属性连带保证，即担保公司应承担相应的保证责任。由于本案存在同一债权既有保证又有物的担保情形，合同中虽约定了“保证人在此承诺，不以债权人首先行使主合同项下的担保物权作为其履行保证责任的前提”，但根据《担保法》第28条第1款规定，“同一债权既有保证又有物的担保的，保证人对物的担保以外的债权承担保证责任。”可见，《担保法》并未赋予当事人以约定改变法定清偿范围的权利，故担保公司应承担物的担保之外的连带担保责任。判决实业公司偿还银行借款本息，实业公司以其抵押财产向银行承担抵押担保还款责任，羊绒公司以其抵押财产向银行承担抵押担保还款责任，担保公司就实业公司给付义务对银行承担实业公司、羊绒公司所抵押的物的担保之外的连带清偿责任。

实务要点： 在债务人抵押责任、第三人抵押责任、保证人连带保证责任并存情况下，保证人虽约定承担独立担保责任的，亦应按《担保法》相关规定，将独立保证转化为有效的从属性连带保证，并在优先以物的担保实现债权后，就不足清偿部分，由保证人承担连带清偿责任。

案例索引： 内蒙古巴彦淖尔中院（2007）巴民二初字第34号“某银行与某纺织公司等借款担保合同纠纷案”，见《中国银行股份有限公司巴彦淖尔市分行诉维信深喜（临河）绒毛纺织有限公司等借款担保合同案》（刘伟艳），载《中国审判案例要览》（2008商事:59）。

507 保证人可在债权人放弃存单质押权范围内免除责任

——同一债务既有保证担保又有存单质押担保，当债权人放弃质押担保时，保证人可在放弃物的担保范围内相应免责。

标签： 保证 | 物保与人保 | 质押 | 存单质押 | 分支机构

案情简介： 1996年，建行借款400万元给建筑公司，并与熊某签订500万元的存单质押合同，建行嗣后又与交行支行签订了保证合同。借款到期后，建行未对质押存单行使质权而是还给了熊某。

3

法院认为： 交行支行作为商业银行分支机构，不具备独立企业法人资格，其从事对外担保业务需得到上级法人单位授权，其在明知未经授权情形下订立的保证合同应属无效，双方过错均等。建筑公司逾期未偿还借款本息属违约行为，建行放弃对存单的质押权，致合同履行风险形成，此后再要求交行支行承担保证责任，不应支持，判决建筑公司偿付建行本息。

实务要点： 同一债务既有保证担保又有存单质押担保，当债权人放弃质权时，保证人可在放弃范围内相应免责。

3.1

200303/45:271

2002

案例索引： 陕西西安中院2002年7月4日判决“某银行诉某建筑公司等借款保证合同纠纷案”，见《建行新城支行诉陕西建校公司偿还借款保证人交行城北支行以债权人放弃质权要求免除其保证责任案》（张海荣），载《人民法院案例选》（200303/45:271）。

508 按份抵押和保证担保情形，已清偿额应按比例减除

——按份共同担保的债权人应按份向相应的担保人主张权利，在债务人已为部分清偿时，担保数额应按比例相应减除。

标签： 保证 | 物保与人保 | 抵押 | 按份共同担保 | 比例减少

案情简介： 2000年，医疗公司向银行贷款400万元，其中160万元由医疗公司以房地产提供抵押担保，240万元由贸易公司提供连带责任保证。

法院认为： 当事人之间建立的是一种按份共同担保关系。其中医疗公司与银行间存在抵押担保关系，贸易公司与银行间存在保证担保关系，两种担保关系发生之时并无重复。银行受让金额虽足以消灭其中任一担保关系，但因医疗公司在清偿时并未向银行声明欲消灭哪一担保关系，故只能依债法中关于主债权减灭从债权亦随之减灭的理论，认定该270万元清偿系对银行所享主债权之概括减少，相应地，银行对医疗

2001年，就医疗公司拖欠的130万元贷款本息，银行诉请贸易公司承担连带清偿责任。

公司及贸易公司所享有的附抵押权的债权和附保证的债权亦随之按比例减少为52万元和78万元，贸易公司应对该78万元向银行承担连带清偿责任。

3.1

200301/43:207

2002

实务要点： 在按份共同担保性质下，债权人只能按份向相应的担保人主张权利，在债务人已为清偿行为，但尚未全部清偿情形下，按份担保人的担保数额应按比例作相应减除。

案例索引： 陕西西安中院2002年5月14日判决“某银行与某医药公司等借款合同纠纷案”，见《农行西安市钟楼支行诉债务人陕西省医保公司偿还的借款虽既高于其抵押担保的数额又高于保证人陕西省外贸公司保证的数额仍应连带偿还尚欠借款案》（张海荣、曹勇），载《人民法院案例选》（200301/43:207）。

509 开证保证金属于形式特定化的担保金，应优先受偿

——开立信用证的保证金与所保证的信用证是一一对应关系的，每一笔保证金应首先用于清偿所对应信用证项下债务。

标签： 保证 | 物保与人保 | 信用证 | 保证金 | 特定化资金

案情简介： 1998年，储运公司为贸易公司开证申请提供连带责任保证。诉争一笔45万美元信用证垫付款，因贸易公司逾期未偿致诉。银行提出贸易公司提供的9万美元开证保证金因抵扣其他信用证项下债务不应扣除，储运公司提出应扣除，同时其只应在开证限额26万余美元范围内承担责任。

法院认为： 根据最高人民法院《关于适用〈担保法〉若干问题的解释》第85条规定：“债务人或者第三人将其金钱以特户、封金、保证金等形式特定化后，移交债权人占有作为债权的担保，债务人不履行债务时，债权人可以该金钱优先受偿。”本案所涉开证保证金是开证申请人向开证银行提供的为开立信用证而备付的具有担保性质的资金，其与所保证的信用证是一一对应的，每一笔保证金应首先用于清偿所对应的信用证项下债务，故案涉45万美元信用证下的9万美元保证金应用于清偿本案债务，银行将此款用作清偿其他信用证项下债务缺乏依据。此外，保证金所担保的信用证金额可以不占用开证额度，故储运公司对开证额度内的款项承担担保责任，对超额度部分不承担担保责任。判决贸易公司归还银行垫付的信用证项下本金35万余美元及利息、手续费，储运公司对其中的26万余美元本息承担连带担保责任。

3.1

200203/41:253

2002

实务要点： 开证保证金是开证申请人向开证银行提供的为开立信用证而备付的具有担保性质的资金，与所保证的信用证是一一对应的，每一笔保证金应首先用于清偿所对应的信用证项下债务。

案例索引： 上海高院判决“某银行与某贸易公司等信用证纠纷案”，见《农行虹口支行诉宝利晟公司偿还垫付的信用证下欠款并由华洋公司在总担保授信额度内承担担保责任被判应扣除开证申请人交付的开证保证金案》（曹云霞），载《人民法院案例选》（200203/41:253）。

510 开证行持有信用证项下单据，不等于取得担保物权

——开证行未获付款时持有单据并不必然享有对进口货物的担保物权，亦无所谓未办理进口押汇手续而放弃担保物权。

标签： 保证 | 物保与人保 | 质押 | 单据质押 | 信用证 | 放弃物保

案情简介： 1999年，银行应外贸公司申请开具信用证并对外付款。就外贸公司拖欠的83万余美元及利息，保证人开发公司以银行持有信用证项下单据未办理进口押汇手续，应视为放弃担保物权为由，主张减免其保证责任。

法院认为： 银行与外贸公司并未就银行取得对信用证项下单据的担保物权作出约定。开证行持有信用证项下单据是否就取得对进口货物的担保物权，至今仍只是学术界探讨的问题，国际惯例对此尚无明确规定，学术界争论亦无定论，故法院无法在当事人发生争议且无法律依据支持下采纳开发公司关于担保物权的观点。银行在未获付款时持有单据并不必然享有对进口货物的担保物权，亦无所谓因未办理进口押汇手续而放弃担保物权。因本案主合同债务因银行对外付款已产生且未获偿，银行取得提单但不等于对提单及其项下货物具有处分权。即使单据未交，亦不能认为银行当然取得提单所有权，更不能认为银行已直接受偿。故即使单据未交，亦不能成为开发公司免除或减轻保证责任的抗辩理由。判决外贸公司偿还银行信用证代垫款及利息，开发公司承担连带清偿责任。

3

3.3

2003商:412

2002

实务要点： 开证行在未获付款时持有单据并不必然享有对进口货物的担保物权，亦就无所谓因未办理进口押汇手续而放弃担保物权，保证人以此主张减免保证责任的，不予支持。

案例索引： 福建高院（2002）闽经终字第14号“某银行与某软件公司等信用证纠纷案”，见《福建兴业银行厦门分行诉厦门新宇软件股份有限公司等信用证代垫款案》（曹发贵），载《中国审判案例要览》（2003商事:412）。

511 用信用证抵押的打包贷款，实质上是一种信用贷款

——即使合同中明确约定“信用证抵押”，“信用证抵押打包贷款”仍系一种信用贷款，信用证不能认为是物的抵押。

法院认为： 根据国际商会第500号出版物《跟单信用证统一惯例》规定，信用

标签：保证 | 物保与人保 | 信用证 | 法律性质 | 信用证抵押 | 信用贷款

案情简介：1997年，食品公司向银行"信用证抵押打包贷款"1600万元，建筑公司和外贸公司分别为其中1000万元、600万元提供连带责任保证。合同到期后，因食品公司仅偿还71万元致诉。

3.3

2002商:76

2001

证是开证行按开证申请人（进口商）要求和指示，向受益人（出口商）签发的一种书面约定。依此约定，如受益人满足了约定条件，开证行将向受益人支付信用证中约定金额，故信用证是开证行向受益人有条件付款的凭证，即信用证是开证行与受益人之间就如何实现付款问题达成的双方享有何种权利、承担何种义务的合同书。对信用证的受益人（出口商）而言，其依据信用证享有的权利，是请求开证行付款的权利，但其前提必须是承担向开证行提交符合信用证规定的单据的义务，即必须单证相符。由此推断，信用证是一种合同书，并非是物，亦非物权凭证。故出口商为获取打包贷款向贷款行留存、"抵押"信用证的行为，对贷款银行来说，因有开证行开出的信用证，借款人还贷就有了一定的保证，以信用证抵押的打包贷款实质上就是一种信用贷款。"信用证抵押"一语并非符合《担保法》"物的抵押"构成。标的物如作抵押首先应在合同中明确约定，且抵押物确定，抵押期间抵押人无权处置抵押物，但本案中，贷款合同中并未明确约定"用信用证项下货物作抵押"，而信用证与信用证项下的物是两个内涵完全不同的概念，且合同成立时，抵押物尚不存在。而后，信用证项下货物又要出口，故信用证抵押就是用信用证项下货物作抵押的观点不能成立。因食品公司所还贷款并未明确是还哪一笔贷款，故建筑公司、外贸公司的保证责任应按比例承担。判决食品公司偿还银行贷款1529万元及利息，建筑公司、外贸公司分别对上述欠款的955万余元、573万余元本金及利息承担连带责任。

实务要点：即使合同中明确约定"信用证抵押"，打包贷款仍应是一种信用贷款，信用证不能认为是物的抵押。

案例索引：河北高院（2001）冀经一终字第83号"某银行与某食品公司等担保合同纠纷案"，见《中国建设银行沧州分行诉沧州长升食品有限公司等打包贷款担保案》（范艺娜），载《中国审判案例要览》（2002商事:76）。

512 债务人的抵押物灭失，保证人在抵押物价值外担责

——债务人提供物保与第三人提供保证并存，担保物价值减少或灭失时，保证人应在担保物剩余价值外承担保证责任。

法院认为：借款期限内，借款人贸易公司财务状况严重恶化，有巨额债务未能按

标签：保证 | 物保与人保 | 抵押 | 抵押转让 | 担保物剩余价值

案情简介：2001年，贸易公司以名下商品汽车作为抵押物向银行贷款200万元并办理抵押登记，同时，实业公司提供连带责任保证。随后，因贸易公司欠下巨额债务并擅自出售已抵押汽车致诉。实业公司称应在抵押物价值之外承担责任。

3.3

2002商:134

2001

3

期归还，并违反抵押合同，擅自处理抵押物，贸易公司上述状况及行为符合贸易公司与银行约定的贷款人有权宣布借款本息全部立即到期的条件，同时符合我国《合同法》关于预期违约制度的规定，故银行有权在履行期限届满前，要求其承担违约责任，解除合同。在本案债务人提供抵押物情况下，实业公司应在抵押物价值以外承担保证责任，若因债务人或第三人原因使抵押物价值减少时，实业公司应在抵押剩余价值外承担保证责任。若抵押物灭失时，由于保证合同明确约定保证人实业公司保证范围是借款合同发生的全部债务，故实业公司应对全部债务承担保证责任。根据最高人民法院《关于适用〈担保法〉若干问题的解释》第67条关于"抵押权存续期间，抵押人转让抵押物未通知抵押权人或者未告知受让人的，如果抵押物已经登记的，抵押权人仍可以行使抵押权"规定，作为抵押物的汽车已作抵押登记，故银行仍可行使抵押权，实业公司仍应在抵押物价值之外承担保证责任。判决解除银行与贸易公司所签借款合同，贸易公司偿还银行借款200万元，实业公司对贸易公司上述债务在抵押车辆折价清偿后不足部分承担连带责任。

实务要点：同一债权上，既有债务人自己提供的物的担保，又有第三人提供的保证，因债务人或第三人原因致使担保物价值减少或灭失时，由于债权人对担保物价值减少无过错，且担保人承担担保责任后，又可向债务人追偿，从维护交易安全、方便交易角度出发，保证人不应减轻或免除责任，而应在担保物剩余价值以外承担保证责任。

案例索引：山东济南槐荫区法院（2001）槐经初字第1724号"某银行与马鸥贸易公司等借款合同纠纷案"，见《中国银行济南市槐荫支行诉山东五龙汽车贸易有限公司等借款合同案》（王磊、张代蕙），载《中国审判案例要览》（2002商事:134）。

513 保证人应在抵押房屋不足清偿债务范围内承担责任

——抵押人虽未取得房产证，但在按揭贷款已办抵押登记情况下，开发商应仅在抵押物不足清偿债务范围内承担责任。

标签：保证 | 物保与人保 | 抵押 | 收押

法院认为：林某以其所购房屋向银行设定抵押，因已有证据证明该房屋权利人为林某，林某已至房管部门办理了

案情简介： 1996年，林某因购房向银行办理按揭贷款，开发公司提供阶段性连带责任保证，即保证期间为“从贷款发生之日至银行取得林某房产证收押之前”。1999年，因林某逾期未偿贷款，银行起诉，并以林某未办理房产证且未交银行收押为由，要求开发公司依约承担连带清偿责任。

3.1

200004/34:204

2000

抵押登记，且借款抵押合同均载明“本合同从房地产登记机构发给抵押登记证明之日起生效”，故应认定抵押担保已生效。开发公司作为保证人，根据物的担保优于人的担保原则，其应在抵押物不足清偿债务范围内承担责任。

实务要点： 抵押人虽未取得房产证并未依约将房产证交给贷款银行，但在按揭贷款已办抵押登记的情况下，根据物的担保优于人的担保原则，开发商应仅在抵押物不足清偿债务范围内承担责任。

案例索引： 上海二中院判决“某银行与某开发公司等借款抵押合同纠纷案”，见《建行崇明县支行诉林杰等购房借款抵押未取得房产证应由保证人承担清偿欠款连带责任案》（刘耀国），载《人民法院案例选》（200004/34:204）。

担保财产转移

514 无偿受让保证人的股权，应在接收范围内承担责任

——保证人承担保证责任期间，将其股权无偿转让给第三人的，第三人应该在其受让股权价值的范围内承担连带责任。

标签：保证 | 担保财产转移 | 股权转让 | 恶意串通 | 无偿转让资产

案情简介： 1998年，食品厂以2600万余元生产经营性净资产出资，注册成立食品公司，占该公司股本总额的

法院认为： 由于企业的所有财产是对其全部债务的一般担保，食品厂在承担保证责任期间，将其持有的食品公司的股权无偿转让给国资公司的行为，事实上造成了食品厂对债权人进行担保的法人财产的减少。而且无论是食品厂无偿转让资产，还是国资公司无偿受让并出售资产，均未对担保人食品厂原有的债务进行处理，亦未征得债权人事先同意或

64.37%。2000年，食品公司增资扩股，食品厂股份调整为3200万余元，占股本总额的62.09%。2002年3月，信用社向炼油厂发放贷款3100万元，食品厂提供担保。2003年，县国有资产管理办公室下发文件，明确食品厂投资到食品公司的3200万余元国家股股权变更为国资公司持有，同时，食品厂与国资公司签订《食品公司国家股股权变更协议》，约定：食品公司总股本中以食品厂为出资人的3200万余元国家股的股权，由食品厂变更为由国资公司持有。此后，国资公司将其持有的食品公司股权出售，得款8000万余元。

3

1.1

2007:353

2.4

200802/24:125

2.6

v.2:796

2006

者事后认可。该财产转让行为侵犯了债权人信用社的权利，客观上造成了金融债权的落空，故判决国资公司在其无偿受让并出售食品公司62.09%的股权所得价款范围内与食品厂共同承担连带责任。

实务要点： 保证人在承担保证责任期间，将其股权无偿转让给第三人的行为，事实上造成了保证人对债权人进行担保的法人财产减少，侵犯了债权人的权利，第三人应在其无偿受让股权价值范围内与保证人共同承担连带责任。

案例索引： 最高人民法院（2006）民二终字第236号“某包装厂与某信用社等借款担保合同纠纷案”，见《抚宁县新兴包装材料厂、抚宁公有资产经营有限公司与抚宁县农村信用合作联社、秦皇岛远东石油炼化有限公司、秦皇岛骊骅淀粉股份有限公司借款担保合同纠纷案》（审判长裴莹硕，代理审判员朱海年、宫邦友），载《最高人民法院公报·裁判文书选登》（2007:353）；另见最高人民法院（2007）民二监字第154号“某信用社与某包装厂等借款担保合同纠纷案”，见《借贷双方连续借新还旧，后几笔贷款的担保人与最初一笔贷款不是同一人的，担保责任如何确定——抚宁县新兴包装材料厂、抚宁公有资产经营有限公司与抚宁县农村信用联社借款担保合同纠纷申请再审案》（李波，最高院审监庭），载《审判监督指导·案例评析》（200802/24:125）；另见《主合同当事人双方协议以新贷偿还旧贷，新贷与旧贷系同一保证人的，保证人不得主张其不知道新贷用于借新还旧》，载《最高人民法院商事审判指导案例·借款担保卷（下）》（2011:796）。

515 无偿接收债务人全部资产，应连带承担原企业债务

——企业因全部资产被整体划拨而变更产权关系的，无偿接受资产的新公司应在接受范围内对原有债务承担连带责任。

标签： 保证 | 担保财产转移 | 借款合同 | 企业改制 | 不良资产 | 出资责任 | 债务主体

法院认为： 企业的资产既是企业从事经营活动的物质基础，又是其对外承担民事责任的一般担保。制药厂的全部资产整体划拨给医药集团，制药厂成为医药集团的全资附属企业。

案情简介：1996年，化工厂向银行借款1028万元，制药厂提供连带保证责任。1997年，依据政府文件，制药厂全部资产整体划拨给医药集团，医药集团将制药厂经营性资产作为医药集团出资投入到新设立的药业公司。2003年，受让银行不良债权的资产公司诉请化工厂偿债，并要求制药厂承担连带清偿责任，医药集团在接收资产范围内承担连带清偿责任。

1.1

2004:279

2004

其后以医药集团为发起人成立药业公司，将制药厂经评估确认的全部经营性净资产及相应的负债作为医药集团的出资投入到药业公司，实际上处置了制药厂的资产，但制药厂并未依法享有股东权益，而是由医药集团享有股东权益。医药集团无偿接收制药厂的资产，在既未对制药厂原有债务进行处理，又未征得债权人事先同意或事后认可的情况下，对制药厂资产进行了处置，故医药集团应对制药厂的债务在其接受资产的范围内承担连带清偿责任。

实务要点：企业因全部资产被整体划拨而变更产权关系后，无偿接受企业的公司将所接受企业的全部经营性净资产及相应的债务作为自己的出资，组建其所属的新公司的，应在接受原企业资产的范围内对其原有债务承担连带责任。

案例索引：最高人民法院（2004）民二终字第54号“某资产公司诉某医药集团等借款担保合同纠纷案”，见《信达公司合肥办事处诉中国医药集团总公司等借款担保合同纠纷案》（审判长付金联，审判员金剑锋，代理审判员李京平），载《最高人民法院公报·裁判文书选登》（2004:279）。

516 出资主体及性质、名称变更，不免除改制企业责任

——企业改制仅为法人出资主体、性质和名称的变更，当事人据此主张不承担企业改制前所负债务的，法院不予支持。

标签：保证 | 担保财产转移 | 企业改制 | 一般规定 | 出资主体

案情简介：2000年，化肥公司为债务人向银行贷款提供连带责任担保。2010年，债务人破产，受让银行债权的资产公司诉请化肥公司改制后的化工公司承担责任。化工公司主张其系2003年由职工任某牵头出资，一次性买断化肥公司国有净资产方式改制而来，原保证债务主体已消灭。

法院认为：案涉保证合同签订者虽为化肥公司，但化工公司系通过任某牵头出资，一次性买断化肥公司国有净资产方式改制而来，化肥公司改制仅为法人出资主体、性质和名称的变更，企业责任主体并未发生变更。此外，改制方案及政府关于改制批复中均明确载明由化工公司承担化肥公司的债权债务，故化工公司应承担本案保证债务。

实务要点：企业改制仅为法人出资主体、性质和名称的变更，其责任主体并未发生变更，当事人据此主张不承担企业改制前债务的，法院不予支持。

案例索引：最高人民法院（2012）民二终字第130号“某资产公司与某化工公司保证合同纠纷案”，见《企业改制后应当

2.6

v.9:264

2012

对改制前的债务承担法律责任——宁夏富荣化工有限公司与中国长城资产管理公司兰州办事处保证合同纠纷案》（审判长王东敏，代理审判员李相波、梅芳），载《最高人民法院商事审判指导案例（2012）·公司与金融》（2013:264）。

517 控股式收购方不应对目标公司债务负连带清偿责任

——受让人依股权转让合同受让目标公司股权，在无特别约定情况下，受让人不应对目标公司对外债务承担连带责任。

标签：保证 | 担保财产转移 | 股权转让 | 债转股 | 控股式收购

案情简介：2002年，轴承集团为陶瓷总厂向银行贷款提供连带责任保证。嗣后债权人以轴承公司受让财政局所持轴承集团股权并成为控股股东，且收购合同约定其承担轴承集团原债权债务为由，要求轴承公司为轴承集团债务承担连带清偿责任。轴承公司以其与财政局的补充协议约定作废前述承债式收购条款抗辩。

3

法院认为：轴承公司依与财政局所签产权交易合同受让财政局所持轴承集团股权成为股东，依《公司法》第3条规定，公司以其全部财产对公司债务承担责任，有限责任公司股东以其认缴的出资额为限对公司承担责任。案涉产权交易合同虽约定由受让方承担轴承集团全部债权债务，但因事后双方已签订补充协议作废上述约定，故原约定不能作为认定轴承公司承担民事责任的法律依据。故轴承公司以控股式收购轴承集团，不应对轴承集团保证债务承担连带责任。

实务要点：受让人依股权转让合同以控股式受让目标公司股权，在当事人无特别约定情况下，受让人不应对目标公司对外债务承担连带清偿责任。

2.6

v.8:62

2011

案例索引：最高人民法院（2011）民提字第321号“某资产公司与某实业公司等借款担保合同纠纷案”，见《当事人应当依据合同的有效约定承担相应的法律责任——中国长城资产管理公司郑州办事处与河南中轴集团有限公司、河南中轴控股集团股份有限公司借款担保合同纠纷案》（审判长刘敏，代理审判员赵柯、杜军），载《最高人民法院商事审判指导案例（2012）·合同与借贷担保》（2013:62）。

518 债务人依规拨转国债专项资金，不属无偿转让财产

——债务人获得国债项目专项资金，嗣后因项目实施主体发生变更而转拨付新项目承担单位的，不属于无偿转让财产。

标签：保证 | 担保财产转移 | 不良资产 | 企业改制 | 接收财产

法院认为：水泵公司虽于2005年收到市财政局拨入的国债专项资金1020万元，根据相关地方政府文件规定，该项资金系应专项用于特定的项目的

案情简介：2002年，水泵公司先后为蓄电池公司向银行贷款6000万元承担连带责任保证。2005年，水泵公司收到市财政局拨入的核电项目国债专项资金1020万元。2010年，根据省发改委文件，水泵公司将该资金汇入项目新的承担单位即机械公司。2011年，受让银行该不良金融债权的资产公司据此认为鼓风机公司应承担连带责任。资产公司提供的审计报告载明：水泵公司系鼓风机公司等的壳体单位，鼓风机公司对水泵公司进行了战略重组和重大技术改造，水泵公司往来款亦转入鼓风机公司。

投资补助，故随后因该项目的实施主体发生变更，上述国债专项资金亦随之拨入新的项目承担单位。水泵公司依省发改委文件批复，将上述争议款项汇入机械公司，并未转入鼓风机公司。资产公司虽举证证明鼓风机公司对水泵公司进行了战略重组和重大技术改造，水泵公司往来款亦转入鼓风机公司，但该证据对"重组"的方式和条件并未作出具体描述，故依该证据对鼓风机公司在重组过程中是否接收了水泵公司的资产、以何种方式接收，以及对所接收的资产是否支付对价等事实均不能确认，上述证据亦未列明其认定水泵公司往来款全部转入鼓风机公司的具体依据，对转入时间、原因、具体数额亦未确认，故依据前述并非针对本案争议事项的审计报告中"会计报表附注"部分的上述表述，不足以支持资产公司关于鼓风机公司无偿接收了水泵公司资产的主张。

实务要点：债务人获得地方财政部门拨付的国债项目专项资金，因嗣后项目实施主体发生变更而转拨付新的项目承担单位，新的项目承担单位未在企业改制中无偿接受其他企业财产，不应在接收资产范围内承担责任。

2.6

v.6:279

2011

案例索引：最高人民法院（2011）民二终字第117号"某资产公司与某水泵公司等借款合同纠纷案"，见《企业改制中新项目承担单位的责任认定——中国长城资产管理公司沈阳办事处与沈阳鼓风机集团股份有限公司、沈阳水泵股份有限公司、沈阳东北蓄电池股份有限公司、沈阳水泵厂金融借款合同纠纷案》（审判长雷继平，审判员陈明焰、苑多然），载《最高人民法院商事审判指导案例·合同与借贷担保卷（6）》（2012:279）。

519 通过职工置换身份完成改制企业，仍需承担原债务

——企业股份制合作制改造过程中，不管是职工买断企业产权，还是企业内部增资扩股，债务均由改制后的企业承担。

标签：保证 | 担保财产转移 | 企业改制 | 职工买断 | 股份制改造

案情简介：1994年至1997年，工程公司从银行贷款共计5060万元，国有独资性质的建筑公司提供担保。2001

法院认为：本案原建筑公司的改制是整体改制，通过职工置换身份完成了改制工作。新企业的法人资格是原企业法人资格的延续。依最高人民法院《关于审理与企业改制相关的民事纠纷案件若干问题的规定》第8条规定："由企业职工买断企业产权，将原企业改造为股份合作制的，原企业的债务，由改造后的股份合作制企业承担"；第10条规定：

年，建筑公司以职工置换身份方式改制，资产评估时未将前述担保债务列入资产负债中。关于改制后的建筑公司是否承担担保责任成为争议焦点之一。

“企业通过其职工投资增资扩股，将原企业改造为股份合作制企业的，原企业的债务由改制后的股份合作制企业承担。”故在企业股份制合作制改造的过程中，不管是职工买断企业产权，还是企业内部增资扩股，在任何一种方式下债务都是由改制后的企业承担。作为改制后的建筑公司继续承担改制前原建筑公司的保证责任。

2.6

实务要点： 根据最高人民法院《关于审理与企业改制相关的民事纠纷案件若干问题的规定》第8条、第10条规定，在企业股份制合作制改造的过程中，不管是职工买断企业产权，还是企业内部增资扩股，在任何一种方式下债务都是由改制后的企业承担。

v.5:573

2010

案例索引： 最高人民法院（2010）民二终字第81号“某资产公司与某建筑公司等借款合同纠纷案”，见《公司改制后，原公司的债务承担问题——中信资产管理有限公司与内蒙古第一建筑工程公司、内蒙古第三建筑工程有限公司、内蒙古蒙建建筑安装工程有限责任公司借款合同纠纷案》（审判长付金联，代理审判员王涛、李相波），载《最高人民法院商事审判指导案例·第五卷（下）》（2011:573）。

3

520 职工通过身份置换，买断企业产权，属股份制改造

——债务人由国有性质改制为股份制，职工通过身份置换买断企业产权，仍属股份制改造范畴而非国有资产行政划拨。

标签： 保证 | 担保财产转移 | 出资责任 | 企业改制 | 职工买断

案情简介： 1997年，电机厂为机械厂向银行贷款715万元提供连带责任保证。2005年，电机厂经批准以企业职工身份置换买断企业产权方式由国有性质改制为股份制电机公司。2008年，电机公司增资扩股并更名为电机集团。期间，机械厂被法院宣告破产，受让银行债权的资产公司申报债权1200万余元未获受偿。随后，资产公司诉请电机集团履行担保责任。电机集团

法院认为： 根据最高人民法院《关于审理与企业改制相关的民事纠纷案件若干问题的规定》，并参照原国家体改委《关于发展城市股份合作制企业的指导意见》的规定，企业股份合作制改造是指对国有中小企业、城镇集体企业采取由企业全体职工出资入股，买断原企业产权，或者由全体职工与企业共同出资入股，吸收其他出资人参股，组建成为劳动合作与资本合作并存的股份合作制企业的法律行为。电机厂由原国有性质改制为股份制企业，企业对全体职工用国有资产经济补偿后解除劳动关系，即企业职工通过身份置换买断企业全部产权，实现了企业职工“既是劳动者，又是企业出资人”的改造效果，符合股份合作制改造的基本特征和形式，电机厂的改制性质应为企业股份合作制改造，并非政府主管部门对企业国有资产进行的行政性调整、划转。按最高人民法院《关于审理与企业改制相关的民事纠纷案件若干问题的

以电机厂改制系政府主管部门对企业国有资产进行的行政性调整、划转，电机集团与电机公司非同一主体为由主张免责。

2.6

v.5:581

2010

规定》第8条“由企业职工买断企业产权，将原企业改制为股份合作制的，原企业的债务，由改造后的股份合作制企业承担”的规定，电机厂的债权债务应由改制后的股份合作制企业电机公司承担。后电机公司增资并更名为电机集团，企业责任主体并未发生变更，电机公司的债权债务应由电机集团承担。电机厂在企业进行股份合作制改造时，未参照《公司法》的有关规定，公告通知债权人，企业内部产权如何变化及原企业资产管理人是否隐瞒或者遗漏债务，并不影响改制企业对原企业债务的承担。

实务要点： 债务人由原国有性质改制为股份制企业，企业对全体职工用国有资产经济补偿后解除劳动关系，即企业职工通过身份置换买断企业全部产权，实现了企业职工“既是劳动者，又是企业出资人”的改造效果，符合股份合作制改造的基本特征和形式，该改制性质应为企业股份合作制改造，并非政府主管部门对企业国有资产进行的行政性调整、划转。

案例索引： 最高人民法院（2010）民二终字第111号“某资产公司与某电机公司等保证合同纠纷案”，见《是否以零资产改制并不影响改制企业对原企业遗留债务的承担——中国信达资产管理股份有限公司陕西省分公司与宁夏三一西北骏马电机制造股份有限公司双方保证合同纠纷案》（审判长钱晓晨，审判员刘敏，代理审判员赵柯），载《最高人民法院商事审判指导案例·第五卷（下）》（2011:581）。

521 是否以零资产改制，不影响改制企业对债务的承继

——企业总资产以“零”值转让给职工，改造为股份合作制企业的，原企业的全部债务也应由改制后的企业继续承担。

标签： 保证 | 担保财产转移 | 出资责任 | 企业改制 | 职工买断

案情简介： 1997年，电机厂为机械厂向银行贷款715万元提供连带责任保证。2005年，电机厂经批准以企业职工身份置换买断企业产权的“零资产改制”方式由国有性质改制为股份

法院认为： 电机厂由原国有性质改制为股份制企业，企业对全体职工用国有资产经济补偿后解除劳动关系，即企业职工通过身份置换买断企业全部产权，实现了企业职工“既是劳动者，又是企业出资人”的改造效果，符合股份合作制改造的基本特征和形式，电机厂的改制性质应为企业股份合作制改造，并非政府主管部门对企业国有资产进行的行政性调整、划转，故电机厂的债权债务依法应由改制后的股份合作制企业电机公司承担。至于电机厂是否以“零资产”改制，改制实施方案

制电机公司。根据改制实施方案载明，企业净资产为6500万余元，总股本为5601万元，将企业总资产扣除总负债后的净资产全部量化折股，由企业职工持有100%股份，国家不再保留原企业任何产权。2008年，机械厂被法院宣告破产，受让银行债权的资产公司申报债权1200万余元未获受偿。随后，资产公司诉请电机公司履行担保责任。电机公司以其系“零资产改制”主张不承担责任。

明确载明，企业存在净资产，并非电机公司所述“企业没有资产”的情形。按照最高人民法院《关于审理与企业改制相关的民事纠纷案件若干问题的规定》第8条关于企业股份合作制改造的规定，对于严重亏损或者资不抵债，但有经营价值和发展前景的企业，职工自愿负债经营，以“零”值转让给职工，改造为股份合作制企业的，原企业的全部债务也应由改制后的企业继续承担。故电机厂是否以“零资产”改制并不影响改制企业对原企业债务的承担，电机公司应偿还资产公司借款本息。

实务要点： 企业以“零”值转让给职工，改造为股份合作制企业的，原企业的全部债务亦应由改制后的企业继续承担。

2.6

v.5:581

3

2010

案例索引： 最高人民法院（2010）民二终字第111号“某资产公司与某电机公司等保证合同纠纷案”，见《是否以零资产改制并不影响改制企业对原企业遗留债务的承担——中国信达资产管理股份有限公司陕西省分公司与宁夏三一西北骏马电机制造股份有限公司双方保证合同纠纷案》（审判长钱晓晨，审判员刘敏，代理审判员赵柯），载《最高人民法院商事审判指导案例·第五卷（下）》（2011:581）。

522 行政划拨国有资产过程发生的纠纷，法院不予受理

——政府主管部门在对企业国有资产进行行政调整、划转过程中发生的纠纷，当事人向法院起诉的，法院应不予受理。

标签： 保证 | 担保财产转移 | 借款合同 | 企业改制 | 法院受理

案情简介： 2000年，投资公司参与组建的经营公司成立，会计师事务所审验截至2000年4月30日，经营公司已收到投资公司8亿余元的行政划拨国有资产。2003年，银行与实业公司签订6000万元的贷款协议，投资公司提供保证担保。2004年，市长办公会会议纪要显示，投资公司划转经营公司的土地使用权、房屋产权未过户。

法院认为： 经营公司成立于2000年，其申请注册资本虽来自于投资公司，但经市政府、国资局有关文件行政划拨，实收资本在经营公司成立之初已到位。尽管从2004年市长办公会会议纪要内容看，直至此时，投资公司划转给经营公司的土地使用权、房屋产权并未实际过户办理完毕，但这不能影响投资公司为实业公司提供担保之时的责任财产范围是确定的，不存在投资公司担保之后有意为了规避保证责任转移财产的情形，经营公司早已设立，投资公司为实业公司借款合同提供担保在后，对此银行应当知道。故根据最高人民法院《关于审理与企业改制相关的民事纠纷案件若干问题的规定》（法释〔2003〕1号）第3条规定：“政府主管部门在对企业国有资产进行调整、划转过程中发生的纠纷，当事人向人民法院提起民事诉讼的，人民法院不予受理”，

因实业公司未清偿银行贷款，银行诉请投资公司承担保证责任，并以逃废债务为由，要求投资公司设立的经营公司承担连带责任。

债权人银行要求经营公司对本案借款合同保证人投资公司的保证债务承担连带清偿责任，缺乏充分事实和法律依据，故不予支持。

实务要点： 针对政府主管部门在对企业国有资产进行调整、划转过程中发生的纠纷，当事人向法院起诉的，法院不予受理，已经受理的，裁定驳回起诉。

2.1

2010 04/24:251

2.7

2011:391

2.6

v.5:295

2010

案例索引： 最高人民法院（2010）民二终字第11号“某银行与某投资公司等借款担保合同纠纷案”，见《中国工商银行股份有限公司沈阳和平支行、沈阳市建设投资有限公司与沈阳和光集团股份有限公司、沈阳建设投资资产经营有限公司借款担保合同纠纷上诉案》（审判长宫邦友，审判员朱海年，代理审判员张雪楳），载《商事审判指导·商事裁判文书选登》（2010 04/24:251）；另载《最高人民法院商事审判裁判规范与案例指导·裁判文书》（2011:391）；另见《债权人超过约定的申请执行期限又向人民法院提起诉讼的，是否应当受理》，载《最高人民法院商事审判指导案例·第五卷（上）》（2011:295）。

523 集团公司改变管理模式，未影响下属公司法人地位

——国有集团公司应因其管理行为向债权人承担侵权责任，关键在于其是否存在滥用股东地位侵害债权人利益的行为。

标签： 保证 | 担保财产转移 | 企业改制 | 一般规定 | 管理模式 | 公司人格否认

案情简介： 2003年，电力集团为电力公司向银行贷款提供连带责任保证。2004年，电力集团下发通知，将对电力公司管理模式由子公司变更为分公司，并更名为电业局，但未办理工商变更登记。电力公司在2003年年检后未再年检。2007年，银行诉请电力集团对电力公司债务承担连带清偿责任。

法院认为： 电力集团将其对电力公司管理模式调整，其行使的是作为集团公司对下属公司的管理权力，系公司内部行政意义上的管理行为，该管理行为改变的是电力集团内部的公司管理秩序。电力公司作为独立企业法人的民事主体地位、责任财产、责任能力等均未因此发生改变。一方面，判断某一民事主体的法律性质，原则上应以工商登记为准，在该通知下发后，电力公司更名为电业局，但其未在工商部门办理相应的变更登记手续，由此，其民事主体地位并未从电力集团投资的具有独立法人企业资格的子公司改变为不具有独立法人资格的分公司。另一方面，电力集团作为股东，是否应向电力公司的债权人承担侵权责任，取决于其是否存在滥用股东地位实施了侵害债权人利益的行为。本案中，电力集团改变对电力公司管理模式的行为，并未减损电力公司的法人责任财产及持续经营能力。电力公司在案涉通知下发后未依法办理企业法人年检手续，违

反了相关行政法律、法规的规定，但其正常的生产经营活动并未因此终止，故该行政违法行为并不构成其股东电力集团应向债权人承担侵权责任的法律事实。在电力公司法人地位、责任财产及责任能力均未发生变化的情况下，故仅依据该通知的下发及电力公司未年检事实，尚不能得出电力集团据此承担侵权责任的结论。

实务要点： 负有行业管理职能的国有集团公司为贯彻地方政府公共政策而改变集团公司内部管理模式，系公司内部行政意义上的管理行为，判断该管理行为对集团内部的公司法人地位的影响，主要应从相关公司的民事主体地位、责任财产、责任能力是否受到影响等方面进行衡量、判断。国有集团公司是否应因其实施的管理行为向相关公司债权人承担侵权责任，关键在于其是否存在滥用股东地位侵害债权人利益的行为。

案例索引： 最高人民法院（2008）民二终字第68号“某银行与某电力公司等借款担保合同纠纷案”，见《延期还款协议对保证人的保证期间未重新约定的，应当从当事人之间的缔约目的出发，探寻当事人的真意，不能就此认为保证人的保证期间仍然按照原保证合同的约定——内蒙古电力（集团）有限责任公司与中国银行乌兰浩特分行、兴安电力有限责任公司、北方联合电力有限责任公司、兴安富恒热力有限责任公司借款担保合同纠纷一案》（审判长张树明，代理审判员沙玲、王华菊），载《最高人民法院商事审判指导案例·借款担保卷（下）》（2011:726）。

524 证券公司分业经营中的行政调整纠纷，法院不受理

——信托公司与其所属证券营业部资产，在政府行政性调整、划转过程中发生的纠纷，不属于法院受理民事案件范围。

标签： 保证 | 担保财产转移 | 证券 | 信证分离 | 信托 | 企业改制 | 法院受理

案情简介： 1998年12月与1999年4月，科研院两次共向银行贷款2000万元，并由信托公司提供连带责任保证。2000年，信托公司根据政府主管部门

法院认为： 根据最高人民法院法复〔1996〕4号《关于因政府调整划转企业国有资产引起的纠纷是否受理问题的批复》第1条“因政府及其所属主管部门在对企业国有资产调整、划转过程中引起相关国有企业之间的纠纷，应由政府或所属国有资产管理部门处理。国有企业作为当事人向人民法院提起民事诉讼的，人民法院不予受理”之规定及最高人民法院《关于审理与企业改制相关的民事纠纷案件若干问题的规定》第3条“政府主管部门在对企业国

要求进行分业经营，与其他信托公司将所属证券营业部资产2.1亿余元联合组建成证券公司。银行诉请证券公司对科研院贷款承担连带清偿责任。

2.1

200402/6:212

2004

有资产进行行政性调整、划转过程中发生的纠纷，当事人向人民法院提起民事诉讼的，人民法院不予受理”的规定精神，因行政行为发生纠纷提起民事诉讼的，法院不予受理。依据本案事实，信托公司与所属证券营业部实行“分业经营、分别设立、分业管理”是按照国务院办公厅国办发〔1999〕12号《转发中国人民银行〈整顿信托投资公司方案〉的通知》，由省政府决定并组织实施，资产转移是无偿的，与企业改制中的资产转移的平等自愿、等价有偿行为有本质区别。且信托公司所属证券营业部的资产投入证券公司后，由省财政厅持股，信托公司不享有股东权益。故信托公司与其所属证券营业部资产发生变化，属政府对国有资产的调整、划转行为。银行起诉证券公司不当，应予驳回。

实务要点： 信托公司与其所属证券营业部资产，在政府主管部门行政性调整、划转过程中发生的纠纷，当事人向法院提起民事诉讼的，法院应予驳回。

案例索引： 最高人民法院判决“某银行与某证券公司等借款担保合同纠纷案”，见《信托公司与证券公司分业经营前的债务应如何划分——中国工商银行兰州市金城支行与兰州华龙证券有限责任公司、兰州市信托投资公司等借款担保合同纠纷案所涉信托公司与证券公司分业经营前无约定债务分业后应如何划分的研究》（沙玲，最高院民二庭），载《民商事审判指导·案例评析》（200402/6:212）。

525 国企资产行政性划转，被划入方不承担划出方债务

——基于国家调控政策对国有企业资产进行的行政性调整、划转，不属于公司分立，被划入方无需承担划出方的债务。

标签： 保证 | 担保财产转移 | 借款合同 | 法院受理 | 出资责任 | 企业改制 | 企业分立

案情简介： 1995年至1998年，五交化公司向银行贷款共计3500万余元，由地方国企滁州石油集团提供连带责任保证。1998年7月，根据国务院文件精神，滁州石油集团变更为新组建

法院认为： 中石化集团在企业改制过程中，将滁州石油集团的部分财产包括债权债务无偿划拨给中石化股份公司，中石化股份公司又将资产注入滁州石油股份公司。由于滁州石油股份公司获得滁州石油集团的财产，系基于国家的宏观调控和产业结构调整，故资产公司关于滁州石油集团资产转移到滁州石油股份公司，构成事实上的公司分立，根据债随资产转移原则，滁州石油股份公司在接受资产同时应承担同等比例债务的观点，因无事实依据，故不予支持。

的中石化集团全资子公司，并由中石化集团行使出资人权利。2000年，中石化集团发起成立中石化股份公司。中石化股份公司又将原滁州石油集团的部分资产注入滁州石油股份公司。2001年，受让银行不良债权的资产公司诉请滁州石油股份公司对滁州石油集团的担保债务承担连带责任。

实务要点： 国家行政机关基于宏观调控和产业结构调整的国家政策对国有企业的资产进行行政性调整、划转，并以划转资产成立新公司，不属于公司分立，新设立的公司无需承担原企业的债务。

案例索引： 最高人民法院（2001）民二终字第191号“某资产公司与某化工公司等借款担保合同纠纷案”，见《中国华融资产管理公司合肥办事处与中国石油化工股份有限公司安徽滁州石油分公司等借款担保合同纠纷上诉案》（审判长付金联，代理审判员王东敏、李京平），载《民商审判指导与参考·裁判文书选登》（200301/3:377）。

2.1

200301/3:337

2001

3

526 股东不当控制公司并处置财产的，可刺破法人面纱

——股东不当控制公司并处置公司财产，致使公司不具备对外独立承担民事责任的资格的，法院可适用公司人格否认。

标签： 保证 | 担保财产转移 | 公司人格否认 | 股东不当控制公司

案情简介： 1997年，塑胶公司为制造公司向银行贷款提供连带责任保证。1998年，塑胶公司未进行工商年检，其股东实业公司占有并控制塑胶公司财产。2000年，银行诉请实业公司为制造公司逾期贷款提供连带清偿责任。

法院认为： 独立的财产和经营自主权是企业对外独立承担民事责任的基础，塑胶公司虽未被工商机关注销工商登记，但其公章、全部财产由实业公司占有和处置，租赁收入亦由实业公司享有，塑胶公司民事主体资格已不具备。股东以其出资为限对公司承担有限责任，此为《公司法》规定的基本原则。股东不仅要尽到完全出资义务，且在公司存续期间，股东应尊重公司的经营自主权、只有尽到诚信义务，股东才能受到有限责任的保护，任何滥用权利，不当控制公司的行为都将导致股东有限责任的消失。本案实业公司对塑胶公司财产的处置，已超出了股东的正常权限，致使塑胶公司不具备对外独立承担民事责任的资格，故由实业公司承担塑胶公司债务，符合诚信原则，判决实业公司连带清偿制造公司所欠银行借款。

3.1

200201/39:224

2001

实务要点： 股东不当控制公司并处置公司财产，致使公司不具备对外独立承担民事责任的资格，法院可适用公司人格否认，判令股东对公司债务承担连带责任。

案例索引： 河南郑州中院2001年5月24日判决“某银行与某制造公司等借款保证合同纠纷案”，见《郑州市商业银行中原路支行诉金鹰胶垫公司偿还借款并由未进行年检的担保人的股东承担保证责任案》（田应朝），载《人民法院案例选》（200201/39:224）。

出资责任

527 虚假资金证明与债权人损失无因果关系，无需担责

——金融机构为债务人出具虚假资金证明，与债权人损失并无因果关系的，其不应承担出具虚假资金证明的赔偿责任。

标签： 保证 | 出资责任 | 资金证明 | 银行业务 | 询证业务 | 因果关系

案情简介： 2001年至2003年，石化集团委托实业公司通过证券公司委托理财形成1.3亿元债权。2003年12月，投资公司根据股东会决议和公司章程，决定将注册资本由5000万元增加至3亿元。2004年1月1日，石化集团与实业公司、投资公司签订还款协议，石化集团在有投资公司担保的情况下，同意实业公司延期9个月偿还1.3亿元。2004年1月5日投资公司进行了注册资本和新增股东的变更登记。但生效判决认定至2004年1月6日前投资公司在银行开设的注册

法院认为： 鉴于石化集团与投资公司签订保证合同时，加盖有银行公章的询证函尚未出具，石化集团并非基于对该银行询证函上载明的追加出资内容的信赖而签订的保证合同，其有关投资公司因追加出资不实所造成的担保责任不能完全实现的损失与加盖有银行的银行询证函之间没有必然的因果关系。石化集团与投资公司签订保证合同时，虽然投资公司的章程和股东会决议对追加出资已经做出决议和记载，但章程的记载与股东会决议的通过与银行是否承担赔偿责任没有任何关系，石化集团应是基于对投资公司的信赖签订的保证合同，而非基于对加盖银行公章的资金证明的信赖，故石化集团关于银行应对技术公司和仪器公司瑕疵出资责任承担相应的赔偿责任的主张，缺乏事实依据和法律依据，不予支持。对于加盖有银行公章的资金证明是否系银行出具、公章是否虚假等，因不影响法院认定银行不承担石化集团的本案债务，故法院不再审查。如上述资金证明确系银行出具，其虽不承担本案债务，但并不能当然免除其他有关出具该虚假资金证明的赔偿责任，故判决实业公司返还石化集团1.3亿元本息，投资公司承担连带偿还责

资金账户未发生任何交易行为，证实新增股东技术公司并未实际追加出资1.5亿元、仪器公司亦未出资5000万元。2004年2月6日，银行出具询证函，证明投资公司在银行注册资金账户有2.5亿元存款的资金。石化集团认为，银行出具虚假资金证明，导致其信任投资公司的担保偿债能力，应对其债权不能实现承担侵权赔偿责任。

1.1

2007:346

2.1

200904/20:150

2.1

200702/12:253

2.7

2010:746

2.6

v.2:842

2007

3

任，实业公司和投资公司不能偿还上述款项部分，由技术公司在1.5亿元范围内、仪器公司在5000万元范围内承担出资不到位的补充赔偿责任。

实务要点： 金融机构为债务人出具虚假资金证明，是否应当对债权人的损失承担赔偿责任，应审查债权人的损失是否基于对该虚假资金证明的合理信赖或使用所造成。如债权人损失与金融机构出具虚假资金证明的行为之间并不存在因果关系，则金融机构不应对债权人的损失承担赔偿责任。

案例索引： 最高人民法院（2007）民二终字第26号“某银行与某实业公司等保证合同纠纷案”，见《深圳市商业银行宝安支行与湖南长炼兴长集团有限责任公司、深圳民鑫实业有限公司、广东金汇源投资担保有限责任公司、西北亚奥信息技术股份有限公司、吴忠仪表集团有限公司、深圳国安会计师事务所有限公司返还资金保证合同纠纷案》（审判长钱晓晨，代理审判员刘敏、杨征宇），载《最高人民法院公报·裁判文书选登》（2007:346）；另见《金融机构为股东出资出具虚假资金证明责任认定中的信赖利益考量——上诉人深圳市商业银行宝安支行与被上诉人湖南长炼兴长集团有限责任公司、广东金汇源投资担保有限责任公司、西北亚奥信息技术股份有限公司、吴忠仪表集团有限公司等返还资金保证合同纠纷上诉案》（刘敏，最高院民二庭），载《商事审判指导·商事审判案例分析》（200904/20:150）；另见《深圳市商业银行宝安支行与湖南长炼兴长集团有限公司、深圳民鑫实业有限公司等返还资金保证合同纠纷上诉案》，载《民商事审判指导·判决书选登》（200702/12:253）；另载《最高人民法院商事审判裁判规范与案例指导·案例指导》（2010:746）；另见《金融机构是否应当承担出具虚假资金证明的赔偿责任，应当视其是否出具了虚假资金证明，以及当事人的有关损失是否基于对其出具的虚假资金证明的合理信赖或者使用所造成》，载《最高人民法院商事审判指导案例·借款担保卷（下）》（2011:842）。

528 股东验资后三日内又收回出资的，应视为抽逃出资

——股东将资金存入公司账户，在会计师事务所出具验资报告后于3日内又直接或间接地全部收回的，构成抽逃出资。

法院认为： 投资公司先将5000万元存入实业公司账户，在相关会计师事务所出具

标签：保证 | 出资责任 | 抽逃出资 | 收回出资 | 转账理由

案情简介：2008年，实业公司为贸易公司向银行贷款5000万元提供连带责任保证。2009年，银行起诉实业公司、贸易公司偿贷，并以投资公司在2000年为实业公司增资时先将5000万元存入实业公司账户，在会计师事务所出具验资报告后于3日内又直接或间接全部收回为由，要求投资公司在抽逃资金范围内承担责任。投资公司提交了《商品房买卖合同》复印件及实业公司法定代表人孙某出具的《情况说明》，以证明该款划转系为购房款，庭审中投资公司委托代理人表示该款系投资公司对实业公司尚未偿还的欠款。

法院认为：本案中，投资公司先将资金存入实业公司账户，在会计师事务所出具验资报告后于3日内又直接或间接地全部收回。该种将资金转入公司账户验资后又转出的行为，损害公司和债权人利益，为抽逃出资行为，应承担相应责任。在投资公司直接或间接收回出资的行为足以使债权人对其是否履行出资义务产生合理怀疑的情况下，投资公司应就其已履行出资义务承担举证责任，但本案审理期间，投资公司未能合理解释其收回出资有合法原因。投资公司提交《商品房买卖合同》复印件，但未提交相应原件，且银行对该复印件不予质证，依最高人民法院《关于民事诉讼证据的若干规定》第69条第4项规定，法院对该《商品房买卖合同》复印件不予采信。投资公司提交孙某出具的《情况说明》，因孙某系实业公司法定代表人，亦系投资公司在实业公司出资的最终受让人，故属利害关系人，且投资公司未提交该《情况说明》的其他辅助证据，对该《情况说明》不予采信。另外，投资公司委托代理人在本案再审庭审中虽不认可投资公司抽逃出资，但表示本案所涉5000万元为投资公司对实业公司未偿欠款。该表示应视为投资公司对抽回上述5000万元的确认。故投资公司构成抽逃出资，应对本案债务在抽逃出资范围内承担补充清偿责任。

实务要点：股东先将资金存入公司账户，在相关会计师事务所出具验资报告后于3日内又直接或间接地全部收回。该种将资金转入公司账户验资后又转出的行为，损害公司和债权人利益，为抽逃出资行为，应承担相应责任。

案例索引：最高人民法院（2011）民提字第89号“某投资公司与某银行等借款合同纠纷案”，见《申请再审人源润控股集团股份有限公司与被申请人上海浦东发展银行股份有限公司天津分行、一审被告天津港保税区国臣国际贸易有限公司、天津国信集团有限公司、天津市通泰实业发展有限公司、天津国臣投资集团有限公司、孙建国借款合同纠纷案》（审判长雷继平，审判员陈明焰，代理审判员苑多然），载《商事审判指导·商事裁判文书选登》（201301/33:226）；另参阅最高人民法院（2011）民提字第86号“某银行与某实业公司等借款合同纠纷案”，见《抽逃出资行为的认定及应承担的责任——源润控股集团股份有限公司与上海浦东发展银行股份有限公司天津分行、天津港保税区国臣国际贸易有限公司、天津国信集团有限公司、天津市通泰实业发展有限公司、天津国臣投资集团有

2.1

201301/33:226

2.6

v.7:244

2011

限公司、孙建国借款合同纠纷案》（审判长雷继平，审判员陈明焰，代理审判员苑多然），载《最高人民法院商事审判指导案例-7·公司与金融卷》（2012:244）。

529　开办单位如无法定事由，不直接承担债务清偿责任

——作为独立民事主体的企业法人的开办人和主管单位，如无法定事由，其不应直接承担该企业法人的民事法律责任。

标签：保证 | 出资责任 | 一般规定 | 不良资产 | 主体资格

3

案情简介：1996年，陶瓷厂为涤纶厂向银行贷款提供连带责任保证。2003年，涤纶厂破产。2007年，受让该不良债权的投资公司起诉。2008年，陶瓷厂被其开办人和主管单位即村委会申请注销，村委会向工商局承诺陶瓷厂“所有债权、债务已清理完毕，如有遗留由村委会承担”。投资公司据此在再审程序中追加村委会要求承担连带责任。

2.6

v.6:425

2011

法院认为：陶瓷厂是独立法人，村委会作为开办人和主管单位，已履行对陶瓷厂的出资义务，投资公司起诉村委会承担本案债务，但并未陈述村委会对陶瓷厂所负债务承担清偿责任的事实和理由，不符合《民事诉讼法》规定的起诉条件。村委会出具的审计报告表明，陶瓷厂被注销登记时尚有剩余财产，且村委会并无证据证明其已依法成立清算组织对陶瓷厂进行清算，应推定其取得了陶瓷厂的剩余财产。根据最高人民法院《关于适用〈民事诉讼法〉审判监督程序若干问题的解释》第25条关于给付之诉中再审被申请人终止后无可供执行的财产且无应当承担义务的人的，人民法院方可终止再审申请审查的规定的原则精神，再审程序中将村委会列为被申请人虽无不妥，但村委会作为独立的民事主体，如无法定事由不应直接承担陶瓷厂的民事责任。村委会作为开办人和主管单位，对陶瓷厂负有清算义务，其未予清算即注销陶瓷厂，取得该厂的剩余财产，并向工商行政管理机关承诺陶瓷厂“所有债权、债务已清理完毕，如有遗留由村委会承担”等事实，是否构成对债权人利益的侵害，应否承担相应的民事责任，属另外的法律关系，债权人可另循途径解决。故判决驳回投资公司对村委会的起诉。

实务要点：作为企业法人的开办人和主管单位，如无法定事由不应直接承担该企业法人的民事责任。

案例索引：最高人民法院（2011）民提字第298号“某村委会与某投资公司保证合同纠纷案”，见《集体企业法人开办人无法定事由不应直接承担开办企业债务，不应被列为开办企业债务纠纷当事人——博山区八陡镇增福村民委员会与青岛泓海投资有限公司保证合同纠纷案》（审判长王东敏，代理审判员刘崇理、曾宏伟），载《最高人民法院商事审判指导案例·合同与借贷担保卷（6）》（2012:425）。

530 股东无正当交易，转出验资账户资金，系抽逃出资

——股东将资金转入公司账户，经会计师事务所验资后，在无正当交易关系情况下又将出资转出的，系抽逃出资行为。

标签： 保证 | 出资责任 | 抽逃出资 | 验资账户 | 转款 | 无正当交易

法院认为： 投资公司将资金转入公司账户验资后又转出的行为，损害公司和债权人利益，为抽逃出资行为，应承担相应责任。在投资公司直接或间接收回出资的行为足以使债权人对其是否履行出资义务产生合理怀疑的情况下，投资公司应就其已履行出资义务承担举证责任，但投资公司未能合理解释其收回出资有合法原因。投资公司提交的《商品房买卖合同》复印件，但未提交相应原件，且银行对该复印件不予质证，根据最高人民法院《关于民事诉讼证据的若干规定》第69条第4项规定，法院对该《商品房买卖合同》复印件不予采信。投资公司提交孙某出具的《情况说明》，因孙某系实业公司法定代表人，亦系投资公司在实业公司出资的最终受让人，故属利害关系人，且投资公司未提交该《情况说明》的其他辅助证据，对该《情况说明》不予采信。另外，投资公司委托代理人在本案再审庭审中虽不认可投资公司抽逃出资，但表示本案所涉5000万元为投资公司对实业公司尚未偿还的欠款。该表示应视为投资公司对抽回上述5000万元的确认。故投资公司构成抽逃出资，应对本案债务在抽逃出资范围内承担连带清偿责任。

案情简介： 2008年，实业公司为贸易公司向银行贷款3000万元提供连带责任保证。2009年，银行起诉实业公司、贸易公司偿还贷款，并以投资公司在2000年为实业公司增资时先将5000万元存入实业公司账户，在会计师事务所出具验资报告后于3日内又直接或间接地全部收回为由，要求投资公司在抽逃资金范围内承担责任。投资公司提交了《商品房买卖合同》复印件及实业公司法定代表人孙某出具的《情况说明》，以证明该款划转系为购房款，庭审中投资公司委托代理人表示该款系投资公司对实业公司尚未偿还的欠款。

2.6

v.7:244

2.1

201301/33:226

2011

实务要点： 股东将资金转入公司账户验资后，在无正当交易关系的情况下又将出资转出的，系抽逃出资行为。该行为导致公司责任财产减少，损害了公司和债权人利益。公司债权人据此请求判令该股东在其抽逃范围内对公司债务不能清偿部分承担补充赔偿责任的，法院应予支持。

案例索引： 最高人民法院（2011）民提字第86号“某银行与某实业公司等借款合同纠纷案”，见《抽逃出资行为的认定及应承担的责任——源润控股集团股份有限公司与上海浦东发展银行股份有限公司天津分行、天津港保税区国臣国际贸易有限公司、天津国信集团有限公司、天津市通泰实业发展有限公司、天津国臣投资集团有限公司、孙建国借款合同纠纷案》（审判长雷继平，审判员陈明焰，代理审判员苑多然），载《最高人民法院商事审判指导案例·7·公司与金融卷》（2012:244）；另参阅最高人民法院（2011）民提字第89号“某投资公司与某银行等借款合同纠纷案”，见《申请再

审人源润控股集团股份有限公司与被申请人上海浦东发展银行股份有限公司天津分行、一审被告天津港保税区国臣国际贸易有限公司、天津国信集团有限公司、天津市通泰实业发展有限公司、天津国臣投资集团有限公司、孙建国借款合同纠纷案》(审判长雷继平，审判员陈明焰，代理审判员苑多然)，载《商事审判指导·商事裁判文书选登》(201301/33:226)。

531 股东抽逃出资的，不因时间长短或股权转让而免责

——股东抽逃出资，不应以其抽逃出资时间长短或嗣后股权是否转让及转让的次数，作为不承担相应民事责任的依据。

标签：保证 | 出资责任 | 抽逃出资 | 股权转让 | 瑕疵转让 | 诉讼时效 | 特殊债权

3

案情简介：2008年，实业公司为贸易公司向银行贷款3000万元提供连带责任保证。2009年，银行起诉实业公司、贸易公司偿还贷款，并以投资公司在2000年为实业公司增资时将验资款5000万元划转为由，要求投资公司在抽逃资金范围内承担责任。投资公司以其在2004年将其全部股权转让给刘某、刘某又转让给贾某，贾某于2009年又转让给孙某并均经工商登记变更为由，主张不应承担责任。

法院认为：投资公司将资金转入公司账户验资后又转出的行为，损害公司和债权人利益，为抽逃出资行为，应承担相应责任。在投资公司直接或间接收回出资的行为足以使债权人对其是否履行出资义务产生合理怀疑的情况下，投资公司应就其已履行出资义务承担举证责任，但投资公司未能合理解释其收回出资有合法原因。投资公司的抽逃出资行为降低了实业公司承担民事行为责任的能力，违反了资本法定原则，影响了交易相对人对其偿债能力的正确判断和交易安全。虽然投资公司持有实业公司的股权多次无偿转让，但在其足额补缴所抽逃出资之前，对债权人权益的侵害处于持续状态，不应以时间长短或股权是否转让作为其不承担相应民事责任的依据，故投资公司应在其抽逃5000万元注册资金范围内对实业公司的债务承担补充赔偿责任。

实务要点：抽逃出资的股东，其股权嗣后虽经多次无偿转让，但在其足额补缴所抽逃出资之前，对债权人权益侵害处于持续状态，不应以时间长短或股权是否转让作为其不承担相应民事责任的依据。

2.6

v.7:244

2011

案例索引：最高人民法院(2011)民提字第86号“某银行与某实业公司等借款合同纠纷案”，见《抽逃出资行为的认定及应承担的责任——源润控股集团股份有限公司与上海浦东发展银行股份有限公司天津分行、天津港保税区国臣国际贸易有限公司、天津国信集团有限公司、天津市通泰实业发展有限公司、天津国臣投资集团有限公司、孙建国借款合同纠纷案》(审判长雷继平，审判员陈明

焰，代理审判员苑多然），载《最高人民法院商事审判指导案例-7·公司与金融卷》(2012:244)。

532 抽逃出资致公司人格否认，股东应负连带偿债责任

——债务人因股东抽逃注册资金，导致其法人人格被否认的，抽逃出资股东应按合伙关系对公司债务负连带清偿责任。

标签：保证 | 出资责任 | 抽逃出资 | 公司人格否认 | 合伙关系

案情简介：2004年，化工公司将600万元委托进出口公司理财，并约定了12%的固定年收益，商贸公司承担连带清偿责任。2006年，化工公司诉请进出口公司返还未偿还的96万余元，商贸公司承担连带清偿责任，并以进出口公司股东孙某、陈某在2002年验资后即将验资款100万元全部抽回为由要求孙某、陈某承担连带清偿责任。

法院认为：化工公司与进出口公司之间系名为委托理财，实为借款的协议，应认定无效。商贸公司保证行为无效，但其存在主观过错，故应对进出口公司不能清偿化工公司的债务部分的1/3承担清偿责任。孙某、陈某两人行为属于虚假出资，恶意骗取公司成立的行为。其行为致公司不具备独立法人资格，则两股东之间形成合伙关系，应对进出口公司所欠化工公司债务承担无限连带清偿责任。陈某虽将其股权转让他人，但转让行为并不能免除其虚假出资行为所应承担的民事责任。故判决进出口公司偿还化工公司借款本息，孙某、陈某承担连带清偿责任，商贸公司对进出口公司不能清偿部分的1/3承担赔偿责任。

实务要点：债务人因股东抽逃注册资金，导致其法人格被否认，抽逃出资股东应按合伙关系对公司债务承担连带清偿责任。

3.3

2007商:67

2006

案例索引：江苏连云港中院（2006）连民二终字第405号“某化工公司与某进出口公司等借款合同纠纷案”，见《江苏德邦化工工业集团有限公司诉上海统宏进出口有限公司等借款合同案（公司抽逃资金后责任主体的确定）》（姜如明），载《中国审判案例要览》(2007商事:67)。

533 验资机构未核实财务凭证真实性，应认定虚假验资

——验资机构验资过程中，未核实财务凭证的真实性，亦未实际查验增资款是否实际汇入账户，其行为构成虚假验资。

标签：保证 | 出资责任 | 验资责任 | 财务凭证

案情简介：2004年，工程公司依生效判决申请执行音响公司及连带责任保证人投资公司，要求连带给付31万

法院认为：我国公司注册资金实行实收资本制，验资的审验要求是须确认注册资本金实际到位。验资机构在审验实务中一般是要求股东将出资金额汇至验资机构设立的验资专用账户，验资机构确认资本金到账后出具验资报告，再将注册资本金汇入新公司，或者无须将出资额汇入验资机构的账户，而是要求新设立的公司的开户银行或其他金融机构出

余元，并认为审计事务所在对酒店、工贸公司作为股东仅提供《付出凭单》、支票存根、《银行进账单》和投资公司《收入凭证》情况下，作出分别对投资公司增资160万元、600万元的验资报告，故要求审计事务所承担虚假验资责任。因工贸公司、审计事务所均已注销，故同时要求其各自的出资开办和主管单位村委会、审计局承担相应责任。

3.3

2005商:199

3

2004

具股东出资已到账的资信证明。本案审计事务所在为投资公司验资过程中，未按上述方式审验，在出资人仅以企业《付出凭单》、支票存根、《银行进账单》和投资公司《收入凭证》等会计凭证作为验资依据的情况下，审计事务所并未核实上述财务凭证的真实性，并未实际查验增资款是否实际汇入投资公司银行账户。但实际上，投资公司并未收到案涉800万元资本金，故审计事务所未按验资规则对增资资金进行谨慎审验，出具了不实的验资报告，其行为构成虚假验资。判决酒店在虚假出资160万元范围内对投资公司所欠工程公司31万余元承担连带责任，村委会对工贸公司财产进行清理，并在清理财产范围内以工贸公司虚假出资600万元为限对投资公司所欠工程公司债务承担连带清偿责任，上述仍不足以清偿工程公司债务的，审计局应对审计事务所财产进行清理，并在清理财产范围内向工程公司承担补充赔偿责任。

实务要点： 验资机构验资过程中，仅以出资人《付出凭单》、支票存根、《银行进账单》和设立公司《收入凭证》等会计凭证作为验资依据的情况下，未核实上述财务凭证的真实性，亦未实际查验增资款是否实际汇入设立公司银行账户而出具不实的验资报告，其行为构成虚假验资。

案例索引： 上海二中院（2004）沪二中民三（商）终字第326号“某工程公司与某酒家等出资纠纷案”，见《上海业启装潢工程有限公司诉上海台华酒家等虚假出资、验资赔偿案》（鲍浩），载《中国审判案例要览》（2005商事:199）。

534 验资机构一般验资瑕疵，不承担虚假验资赔偿责任

——资金来源不属于验资机构审查范围。验资瑕疵与虚假验资不同，仅有一般验资瑕疵的，验资机构不承担赔偿责任。

标签： 保证 | 出资责任 | 验资责任 | 出资来源 | 一般验资瑕疵

案情简介： 2004年，工程公司依生效判决申请执行音响公司及连带责任保证人投资公司，要求连带给付31万余元，并认为会计师事务所在对投资

法院认为： 验资单位作为职业的验资中介机构，其在执业过程中应尽到职业的注意义务。会计师事务所在两次验资过程中均要求将资本金汇入其事务所验资专用银行账户，出资人的资本金均已实际到位。出资人注册资金是否系转借而来属资金来源问题，其与注册资金是否到位之间并无必然联系。资金来源问题不属验资机构审查范围，验资机构对之亦无追究审查义务。会计师事务所经审验确认注册资金到位后亦已将

公司、欧某分别出资180万元、20万元设立音响公司时，未对欧某转借来的注册资金尽到审验义务；在为酒店、工贸公司作为股东分别出资40万元、160万元设立投资公司时，未对正办理注销歇业手续的工贸公司资产能力进行审核；两次验资过程中，均依委托人出具的会计报表，经过计算后在《出资单位净资产额验证证明》上填写了不实的出资单位出资额及净资产额，据此诉请会计师事务所承担赔偿责任。

全部注册资本金汇入新设立的公司银行账户。至于出具验资报告时所附《出资单位净资产额验证证明》是当地工商行政管理部门要求的验资报告附件，其本身并非审计报告，且会计师事务所在该证明上进行填写是以出资人提供的相关资产负债表的数据为前提的，已尽到形式上关注的义务。验资机构既无责任亦无可能对出资人的整个会计报表的真实性进行审查。投资人会计报表的真实性应由出具报表的投资人自身负责。会计师事务所的两次验资均按程序验证注册资金已实际到位，且并无证据证明验资机构与出资人恶意串通的情况下，对于验资机构的瑕疵应作与虚假验资不同的对待，故本案会计师事务所并不构成虚假验资，不应承担赔偿责任。

实务要点： 资金来源问题不属验资机构审查范围，验资机构对之亦无追究审查义务。验资机构已按程序验证注册资金已实际到位，且并无证据证明验资机构与出资人恶意串通的情况下，对于验资机构的瑕疵应作与虚假验资不同的对待，仅有一般验资瑕疵的，验资机构不宜承担赔偿责任。

3.3

2005商:199

2004

案例索引： 上海二中院（2004）沪二中民三（商）终字第326号“某工程公司与某酒家等出资纠纷案”，见《上海业启装潢工程有限公司诉上海台华酒家等虚假出资、验资赔偿案》（鲍浩），载《中国审判案例要览》（2005商事:199）。

535 验资机构虚假验资责任，应排在出资不实责任之后

——验资机构应在虚假验资的金额范围内对债权人承担补充赔偿责任，该补充赔偿责任应在出资人不能清偿时才承担。

标签： 保证 | 出资责任 | 责任竞合 | 验资责任 | 责任承担顺序

案情简介： 2004年，工程公司依生效判决申请执行音响公司及连带责任保证人投资公司，要求连带给付31万余元，并以酒店、工贸公司作为股东分别对投资公司虚假增资160万元、600万元时出具验资报告，要求审计事务所承担虚假验资责任。因工贸公

法院认为： 出资人对于所设立的公司具有法定的资本充实义务，出资人未出资或出资不实，是造成公司注册资金虚假或不实的根本原因，亦是造成公司债权人受到损害的主要原因，故当公司无力承担债务时，则首先由出资人在其出资不实的范围内向公司债权人承担赔偿责任。验资机构在设立公司时出具虚假或不实的验资报告的，则应在虚假验资的金额范围内对债权人承担补充赔偿责任。根据补充赔偿原则，验资机构的责任应排在出资人之后，只有在出资人无力清偿或不能清偿时才令验资机构承担赔偿责任。故判决酒店在虚假出资160万元范围内对投资公司所欠工程公司31万余元承担连带责任；村委会对工贸公司

司、审计事务所均已注销，故同时要求其各自的出资开办和主管单位村委会、审计局承担相应责任。

财产进行清理，并在清理财产范围内以工贸公司虚假出资600万元为限对投资公司所欠工程公司债务承担连带清偿责任；上述仍不足以清偿工程公司债务的，审计局应对审计事务所财产进行清理，并在清理财产范围内向工程公司承担补充赔偿责任。

3.3

2005商:199

2004

实务要点： 验资机构应在虚假验资的金额范围内对债权人承担补充赔偿责任，该补充赔偿责任应排在出资人之后，只有在出资人无力清偿或不能清偿时才令验资机构承担赔偿责任。

案例索引： 上海二中院（2004）沪二中民三（商）终字第326号“某工程公司与某酒家等出资纠纷案”，见《上海业启装潢工程有限公司诉上海台华酒家等虚假出资、验资赔偿案》（鲍浩），载《中国审判案例要览》（2005商事:199）。

3

536 虚假验资、股东出资不实及保证责任竞合情形处理

——保证人承担的连带清偿责任，已涵盖因出资不实应承担的补充清偿责任的，无需另行追究其出资不实的民事责任。

标签：保证 | 出资责任 | 验资责任 | 责任竞合 | 补充清偿责任

案情简介：2002年，科技公司以其房产作抵押向银行借款500万元，科技公司股东杨某、付某同时提供连带责任保证。2003年，因科技公司擅自改变借款用途，银行诉请解除借款合同，归还借款并承担相关担保责任。同时以会计师事务所2000年为科技公司由50万元增资至1000万元提供虚假验资报告为由，要求会计师事务所承担侵权责任。

法院认为： 会计师事务所在验资过程中，未按规定实施必要验资程序，为科技公司提供了虚假验资报告，致使科技公司工商登记注册资金得以由50万元变更为1000万元，具有过错。依《注册会计师法》第42条及最高人民法院《关于会计师事务所为企业出具虚假验资证明应如何承担责任问题的批复》规定，会计师事务所应在科技公司、杨某、付某不能清偿债务时，在证明金额范围内承担补充清偿责任。鉴于银行发放贷款时有抵押物担保，并非完全信赖科技公司变更后的注册资本，故酌定会计师事务所在出具虚假证明金额950万元的80%即760万元范围内对本案债务承担补充清偿责任。判决解除银行与科技公司的借款合同，科技公司偿还借款500万元及利息，银行对抵押物享有优先受偿权，杨某、付某对抵押物价值不足清偿部分承担连带清偿责任，会计师事务所在上述债务人、保证人财产不足以清偿全部债务时，对不足部分在760万元范围内承担补充清偿责任。

实务要点： 会计师事务所在验资过程中，未按规定实施必要验资程序，出具虚假验资报告，应对债务人、保证人不足清偿

3.3

2005商:89

2004

部分向债权人承担侵权责任。保证人承担的连带清偿责任，已涵盖因出资不实应承担的补充清偿责任的，无需另行追究其出资不实的民事责任。

案例索引： 广东高院（2004）粤高法民二终字第102号“某银行与某科技公司等借款合同纠纷案”，见《中国南湾农行珠海市南湾支行诉珠海市扬富科技有限公司等借款合同案（会计师事务所的民事责任）》（邱丹、胡田），载《中国审判案例要览》（2005商事:89）。

保证重生

537 外国政府贷款债务人和担保人明确的，无需再确定

——国有企业虽经多次重组、改组，但所欠外国政府贷款债务主体和责任明确，无需政府再重新确定债务人和担保人。

标签： 保证 | 保证重生 | 破产 | 保证期间 | 诉讼时效 | 特殊债权

案情简介： 1985年，银行向模塑公司发放外国政府贷款，轻工业局、外经贸委提供担保。1998年，银行诉请偿还，生效判决认定债权超过诉讼时效，故驳回银行诉讼请求。2002年，银行以模塑公司多次重组为由，根据2000年国务院发文关于所欠外国政府贷款，“对已实行重组、改组或破产的项目，

法院认为： 根据国务院《批转财政部国家计委关于进一步加强外国政府贷款管理若干意见的通知》（国发〔2000〕15号）关于“对已实行重组、改组或破产的项目，必须重新确定债务人和担保人”规定，是为了明确和落实还贷及担保责任，如债务人和担保人明确，则无须重新确定债务人和担保人。本案所涉世界银行贷款属于外国政府贷款项目，债务人虽经多次重组、改组，但债务人和担保人身份和责任明确，且已为生效民事判决所确认，故无需人民政府重新确定债务人和担保人。本案银行债权之所以不能实现，系因其主张债权已超过诉讼时效，故应驳回银行诉讼请求。

必须重新确定债务人和担保人”规定，诉请市政府履行法定职责，要求重新确定债务人和担保人。

实务要点： 国有企业虽经多次重组、改组，但所欠外国政府贷款项目债务的债务人和担保人身份和责任明确，且已由生效民事判决所确认，无需人民政府重新确定债务人和担保人。

案例索引： 最高人民法院（2004）行终字第4号“某银行与某市政府行政诉讼案”，见《中国光大银行诉武汉市人民政府不履行法定职责案》（审判长赵大光，审判员杨临萍，代理审判员马永欣），载《最高人民法院公报·裁判文书选登》（2004:291）。

1.1

2004:291

2004

538 主债务人对超过时效债务确认，效力不及于保证人

——诉讼时效届满后，主债务人放弃诉讼时效抗辩权的行为，不影响保证人可依法行使主债务诉讼时效届满的抗辩权。

标签： 保证 | 保证重生 | 诉讼时效 | 时效放弃 | 主债务人确认

3

案情简介： 1993年，冶金公司向银行贷款，焦化厂提供连带责任保证。1998年，对超过诉讼时效的该笔债务，冶金公司在银行催收通知上盖章确认。焦化厂以超过诉讼时效主张免除保证责任。

法院认为： 案涉担保行为发生于《担保法》实施前，且当事人对保证方式约定不明，故根据最高人民法院《关于涉及担保纠纷案件的司法解释的适用和保证责任方式认定问题的批复》第2条规定，本案保证人承担的保证方式应为一般保证。银行于1998年催收时，该笔债权已过诉讼时效期间。冶金公司对该笔债务进行了重新确认，但焦化厂并无对重新确认后的债务进行担保的意思表示，因该笔债务不符合最高人民法院《关于处理担保法生效前发生前发生保证行为的保证期间问题的通知》（法〔2002〕144号）第1条规定情形，故焦化厂对该笔债务不承担保证责任。

2.1

200501/7:309

2005

实务要点： 诉讼时效届满后，主债务人对债务的重新确认，是其处分自己权利的行为。主债务人放弃诉讼时效抗辩权的行为不影响保证人依法行使主债务诉讼时效届满的抗辩权。

案例索引： 最高人民法院（2005）民二终字第50号“某资产公司与某冶金公司等借款担保合同纠纷案”，见《中国信达资产管理公司西安办事处与西安市冶金工业公司等单位借款担保合同纠纷上诉案》（审判长徐瑞柏，审判员张树明，代理审判员张雪楳），载《民商事审判指导·判决书选登》（200501/7:309）。

539 担保人在催款通知上确认担保，应认定成立新保证

——保证期限届满后保证人在载明主债务数额、保证责任及期间的催收通知上签收的，应当视为订立了新的担保合同。

标签： 保证 | 保证重生 | 诉讼时效 | 催收内容

案情简介： 2003年4月，对超过保证期间的债务，担保人锡业公司在债权人资产公司发出的《履行担保义务通知书回执》上签字和盖章。该回执载明：我单位在该回执上签章表示愿意对93425号借款合同的债务继续承担连带保证责任，保证责任期间为签收之日起两年。随后，资产公司多次催收，并于2010年起诉。

法院认为： 根据锡业公司法定代表人肖某签名和盖章的《履行担保义务通知书回执》记载内容，应认定双方订立了新的保证合同，锡业公司应按新的保证合同承担连带责任。根据该保证合同，保证期间为两年，资产公司在该期间多次催收，诉讼时效中断。资产公司2010年提起本案诉讼并未超过诉讼时效，锡业公司应承担担保责任。

实务要点： 保证期间超过后，担保人在债权人明确载明主债务数额、保证责任、保证期间的《履行担保义务通知书回执》上签收的，视为订立了新的担保合同。

案例索引： 最高人民法院（2011）民申字第638号"某资产公司与某锡业公司等借款合同纠纷申请再审案"，见《云南锡业集团有限责任公司与中国信达资产管理公司昆明办事处及一审被告云南雅棣塑料制品有限公司、云南省个旧市制鞋总厂借款合同纠纷申请再审案》（审判长侯建军，审判员王季君，代理审判员万挺），载《立案工作指导·优秀裁判文书选登》（201202/33:222）。

2.3

201202/33:222

2011

540 在明确记载保证内容的催收单上签字，构成新保证

——保证债务催收通知清楚、明确记载保证债务金额、保证责任方式及保证期间等内容的，应认定成立新的保证合同。

标签： 保证 | 保证重生 | 不良资产 | 债务重生 | 诉讼时效 | 催收内容

案情简介： 1992年至1996年，冶炼厂为电容器厂向银行贷款提供连带责任保证。1997年3月，经银行同意，冶炼厂承债式兼并电容器厂。2000年7月，冶炼厂与其他单位联合成立电子公司，电子公司承接了冶炼厂债务。2003年，电子公司偿还了部分借款。

法院认为： 本案所涉借款行为发生时，冶炼厂作为保证人向债权人提供了连带责任保证，在其以承债方式兼并原借款人电容器厂并将本案债务转移给电子公司后，其作为保证人的法律地位并未改变。从资产公司向电子公司、冶炼厂发出的催收逾期贷款通知书中载明内容看，该通知书中记载的保证债务、保证责任方式及保证期间等内容清楚、明确，符合我国《合同法》和《担保法》有关担保合同成立的规定，并经保证人冶炼厂盖章认可，依据最高人民法院《关于人民法院应当如何认定保证人在保证期间届满后又在催款通知书上签字问题的批复》（法释〔2004〕4号）的规定，应认定在冶炼厂与资产公司之间成立了新

2004年6月，资产公司受让银行该不良债权并进行了债权转让及催收公告。2005年4月，资产公司先后向冶炼厂、电子公司送达催收通知，载明："我单位为上述贷款的保证人，自愿承担新的连带保证责任，保证期间自本催收通知送达签收后两年。"冶炼厂予以签收。关于该签收行为是否构成新的保证合同，成为争议焦点之一。

2.6

v.6:455

2011

的保证合同，冶炼厂应按照新的保证合同承担保证责任。

实务要点： 保证人在保证期间届满后又在催款通知书上签字的，通知书中记载的保证债务、保证责任方式及保证期间等内容清楚、明确，符合我国《合同法》和《担保法》有关担保合同成立的规定，应认定在保证人与债权人之间成立了新的保证合同，保证人应按照新的保证合同承担保证责任。

案例索引： 最高人民法院（2011）民二终字第27号"某资产公司与某实业公司保证合同纠纷案"，见《保证人在债权人催收通知书上盖章的行为的法律效力——中色（宁夏）东方集团有限公司与中国信达资产管理股份有限公司陕西省分公司保证合同纠纷案》（审判长王宪森，审判员殷媛，代理审判员张雪楳），载《最高人民法院商事审判指导案例·合同与借贷担保卷（6）》（2012:455）。

3

541 债权转让合同与公告内容不一致时，应以合同为准

——债权转让公告不同于物权登记，不产生物权登记公示效力。当公告登载内容与合同不一致时，应以合同约定为准。

标签：保证 | 保证重生 | 不良资产 | 公告 | 债权转让 | 转让内容

案情简介： 2007年，资产公司将从银行受让的金融不良债权转让给投资公司，并约定放弃对保证人丝绸公司的责任追究，受让人承诺在其与后手签署的协议中要求后手也放弃该等权利。2008年，双方在报纸上刊登的《债权转让公告》仍将丝绸公司担保债务列入其中。几经倒手最终受让债权的广告公司，向丝绸公司主张保证债权时，丝绸公司主张免责。

法院认为： 案涉债权系附条件债权让与，受让人投资公司以免除担保人丝绸公司的担保义务为条件受让债权。资产公司和投资公司签订债权转让合同后，双方之间形成了特定的权利义务关系，该合同排除了丝绸公司的债务。受让人再转让时，后手受让人不能取得大于前手的合同权利。《债权转让合同》经资产公司和投资公司签字盖章即发生法律效力。《债权转让公告》并非合同，该公告的发布并未使资产公司与投资公司之间设立有别于《债权转让合同》的新的权利义务关系。该公告不同于物权登记，不产生类似于物权登记的公示效力。当公告登载内容与合同不一致时，尤其转让人资产公司并未申请放弃或变更合同上述条款，则应以合同约定为准。债权转让合同案涉约定内容对丝绸公司产生免责的法律效力。故广告公司等后手受让人不能依据《债权转让公告》向丝绸公司主张权利，丝绸公司对本案债务不承担连带保证责任。

2.4

201002/32:85

2010

实务要点：《债权转让合同》经双方当事人签字盖章即发生法律效力。《债权转让公告》并非合同，该公告的发布并未使当事人之间设立有别于《债权转让合同》的新的权利义务关系。该公告不同于物权登记，不产生类似于物权登记的公示效力。当公告登载内容与合同不一致时，应以合同约定为准。

案例索引：最高人民法院判决“某资产公司与某丝绸公司等债权转让合同纠纷案”，见《债权转让公告并非合同，亦不同于物权登记，不产生类似于物权登记的公示效力——广西壮族自治区丝绸进出口公司与横县桂华茧丝绸有限责任公司、广西安和投资置业有限公司、南宁大步广告有限公司、中国信达资产管理公司南宁办事处债权转让合同纠纷案》（于松波，最高院审监庭），载《审判监督指导·案例评析》（201002/32:85）。

542 保证债务重生后，因超过保证期间，保证责任免除

——保证人对超过保证期间的债务确认的，成立新的保证法律关系，但因债权人未在新的保证期间内主张权利而免责。

标签：保证 | 保证重生 | 诉讼时效 | 重新确认

案情简介：1994年，供销社为物资公司1年期银行贷款提供保证担保。2000年6月，银行将该债权转让给资产公司，并联合向物资公司、供销社发出《债权转移确认通知书》，要求物资公司及供销社偿还全部债务款项527万余元。物资公司及供销社均在该通知书回执上加盖公章。2001年10月以后连续开始公告催收。

法院认为：银行与资产公司向物资公司发出《债权转移确认通知书》，要求物资公司及供销社偿还全部债务款项时，主债务履行期限及诉讼时效均已届满，物资公司在该通知书回执上盖章行为是对主债务的重新确认。供销社在该通知回执上盖章承诺保证继续履行担保合同或协议约定的各项义务，系双方就保证人继续承担保证责任达成了新的合意，符合我国《合同法》和《担保法》中有关合同成立的规定，形成了新的保证合同法律关系。因新的保证合同没有约定保证方式及保证期间，根据《担保法》第19条、第26条第1款规定，供销社应按连带责任保证承担保证责任，保证期间应为自主债务履行期限届满之日起6个月。资产公司未在该保证期间内主张保证责任，供销社保证责任应当免除。

2.3

200804/19:100

2008

实务要点：主债务履行期及诉讼时效均已届满情况下，债务人和保证人均对债务重新确认的，应认定重新成立保证合同法律关系，因未约定保证方式及保证期间，依法应认定为连带保证，保证期间自主债务履行期限届满之日起6个月。债权人未在此期间主张保证责任的，保证人保证责任免除。

案例索引： 最高人民法院裁定“某物资公司与某供销社等借款合同纠纷申请再审案”，见《主债务人与担保人在债权转移通知书回执上盖章后的法律效果——清远市威达环保发展公司与清远物资回收公司、清远市供销合作社借款合同纠纷申请再审案》（陈宜芳，最高院立案庭），载《立案工作指导·申诉与申请再审疑案评析》（200804/19:100）。

543 刊登催收公告，不能使时效届满债权恢复诉讼时效

——债权转让本身并不能引起诉讼时效中断的法律效果，催收公告亦不能使诉讼时效期限已届满的债权恢复诉讼时效。

标签：保证 | 保证重生 | 诉讼时效 | 公告催收 | 债权转让

案情简介： 当事人受让的债权在“债权转让及催收公告”刊出前诉讼时效已届满的，受让人能否因公告重新获得胜诉权？

法院认为： 债权转让本身，并不能引起诉讼时效中断的法律效果。在债权转让情况下，受让成为债权人的民事主体，享有原债权人权利，包括向债务人提出要求和提起诉讼。在国家级或下落不明的当事人一方住所地的省级有影响的媒体上刊登《债权转让及催收公告》，虽系债权人主张权利的一种方式，但如公告涉及的债权诉讼时效已届满，则债权人所主张的权利能否实现，完全取决于债务人是否行使时效抗辩权。故催收公告不能使诉讼时效已经届满的债权恢复诉讼时效。

3

2.2

200804/36:277

2008

实务要点： 债权转让本身，并不能引起诉讼时效中断的法律效果，催收公告也不能使诉讼时效已经届满的债权恢复诉讼时效。

案例索引： 见《催收公告不能使诉讼时效期限已经届满的债权“起死回生”》（《民事审判指导与参考》研究组），载《民事审判指导与参考·民事审判信箱》（200804/36:277）。

544 保证期满后，保证人又在催收单上盖章的责任认定

——保证期间届满，保证人在催款通知书上签字，除非该通知内容能认定担保合同成立，否则不得认定保证责任继续。

标签：保证 | 保证重生 | 诉讼时效 | 盖章行为

案情简介： 1995年，煤矿向银行贷款400万元，借款期限为1995年12月15

法院认为： 案涉保证责任方式虽约定为连带责任保证，但未约定保证期间。根据《担保法》第26条规定，其保证期间应认定为主债务履行期届满之日起6个月。故该借款保证期间应认定为1998年12月15日至1999年6月15日。债权银行未在保证期间内向保证人主张权利，根据《担

日至1998年12月15日。冶金公司提供连带责任保证，但未约定保证期限。银行在2000年9月15日进行了催收，冶金公司在催收通知上加盖了公章。

保法》第26条第2款规定，对该400万元借款保证人不再承担保证责任。虽然债权银行于2000年9月15日对冶金公司进行了催收，但此时保证人的保证期间已届满，根据最高人民法院《关于人民法院应当如何认定保证人在保证期间届满后又在催款通知书上签字问题的批复》(法释〔2004〕4号)，被告仅在催收通知书上盖章，不能认定保证人继续承担保证责任，故冶金公司对该笔借款不承担保证责任。

2.1

200502/8:205

200501/7:182

2005

实务要点： 根据最高人民法院《关于人民法院应当如何认定保证人在保证期间届满后又在催款通知书上签字问题的批复》(法释〔2004〕4号)规定，保证责任消灭后，债权人书面通知保证人要求承担保证责任或者清偿债务，保证人在催款通知书上签字的，法院不得认定保证人继续承担保证责任。但是，该催款通知书内容符合《合同法》和《担保法》有关担保合同成立的规定，并经保证人签字认可，能够认定成立新的保证合同的，法院应当认定保证人按照新保证合同承担责任。

案例索引： 最高人民法院判决“某银行与某煤矿等借款担保合同纠纷案”，见《贯彻意思自治的原则，当事人没有上诉的应视为其对权利的放弃，二审法院不再予以保护》(于松波，最高院民二庭)，载《民商事审判指导·案例分析》(200502/8:205)；另见《在民事诉讼中应更多地贯彻当事人意思自治的原则，当事人没有上诉的应视为其对权利的放弃，二审法院不再予以保护——宁夏兴平冶金化工股份有限公司与中国工商银行平罗县支行、宁夏平罗大石头煤矿借款担保合同纠纷上诉案》(于松波，最高院民二庭)，载《民商事审判指导·案例分析》(200501/7:182)。

545 对超诉讼时效债务，保证人承担责任条件如何认定

——保证人收到催款通知及债权转让通知后，明确作出继续履行的承诺，应认定当事人之间成立了新的保证合同关系。

标签： 保证 | 保证重生 | 不良资产 | 债务重生 | 诉讼时效 | 债权转让

案情简介： 1997年12月17日，器材厂所欠银行贷款到期后，银行直至1999年12月31日才向器材厂发出《逾期

法院认为： 银行于1999年12月31日向器材厂发出《逾期贷款催收通知单》前，无证据表明其催收过该笔借款。因上述合同载明还款日期是1997年12月17日，故该笔借款已超过诉讼时效期间。但在2000年7月的《债权转让协议》中，器材厂承诺向资产公司清偿包括该笔借款在内的全部债务本息，可视为器材厂对该笔债务的重新确认。资产公司承

贷款催收通知单》。2000年7月，银行将该债权转让给资产公司。三方所签《债权转让协议》中，器材厂承诺向资产公司清偿包括该笔借款在内的全部债务的本息。

2.1

200501/7:160

2005

接该项债权后，于2002年4月在省级报纸上发布债权催收公告，就上述债权向器材厂及设备厂主张权利，再次形成诉讼时效中断。故器材厂仍应对该笔债务承担还款责任。

实务要点： 保证人在收到催款通知，并得知原债权转让给资产管理公司后，明确表示其对"债权转移不持任何异议"，并"继续履行借款合同、担保合同或协议规定的各项义务"。该承诺显然不同于"在一般性催收通知上签字"情形，故不能适用法释〔2004〕4号批复的第一部分规定，而应适用该解释中"但书"规定，即应认定当事人之间成立了新的保证合同关系，保证人应据此承担保证责任。

案例索引： 最高人民法院判决"某资产公司与某城建公司借款担保合同纠纷案"，见《保证期间届满后债权人与保证人之间是否成立了新保证合同的认定及法律适用——中国长城资产管理公司广州办事处与广东省新会市会城建设发展总公司、新会市长江贸易总公司借款担保合同纠纷上诉案》（王宪森，最高院民二庭），载《民商事审判指导·案例分析》（200501/7:160）。

3

546 保证期间届满后，保证人又在催款单上签字的效力

——主债务人单方面重新确认债务引起诉讼时效再生的行为，其效力不及于保证人，保证人仍可行使诉讼时效的抗辩。

标签：保证 | 保证重生 | 诉讼时效 | 主债再生

案情简介： 化工厂向银行的贷款于1996年9月到期后，银行直至1999年才向化工厂和保证人化纤厂发出催款通知，两债务人在催款通知单上均加盖了公章。

2.1

200401/5:203

2004

法院认为： 银行向化工厂催款时，主债务人的诉讼时效已超过，但因化工厂在该催款通知单上盖具了公章，根据最高人民法院《关于超过诉讼时效期间借款人在催款通知单上签字或者盖章的法律效力问题的批复》（法释〔1999〕7号）规定，应认定为化工厂对该笔债务的重新确认，故该笔债务诉讼时效应从重新确认之日重新起算。而主债务人单方面重新确认债务引起诉讼时效再生的行为，其效力不能及于保证人，保证人仍可行使主债务超过诉讼时效的抗辩。本案催款通知单虽然写明了该笔债务的到期日，但因保证合同未明确约定保证期间，使得保证人对是否超过保证期间认识不清，不能断定保证人具有愿意继续承担保证的意思表示，不能认定新的保证合同的成立。故化纤厂对该笔债务不应承担保证责任。

实务要点： 主债务人单方面重新确认债务引起诉讼时效再生的行为，其效力不能及于保证人，保证人仍可行使主债务超过诉讼时效的抗辩。保证人对超过保证期间的债务催收单上签字的，除非该催款通知书内容符合《合同法》和《担保法》有关担保合同成立的规定，否则不能认定成立新的保证合同。

案例索引： 最高人民法院判决“九江化学纤维总厂与中国信达资产管理公司、九江化工厂等借款保证合同纠纷案”，见《借款保证合同的几个问题》（王洪光，最高院民二庭），载《民商事审判指导·民商事审判》（200401/5:203）。

547 超保证期限的催款通知，不构成保证债务时效中断

——债权人如不能证明保证人对超过保证期限的债务重新作出担保承诺，即使有催收行为，亦不构成完整的保证合同。

标签： 保证 | 保证重生 | 不良资产 | 债务重生 | 诉讼时效 | 企业改制

案情简介： 1989年，电石厂向银行贷款87万元，约定1992年8月30日清偿。胶带厂提供连带责任保证，但未约定保证期间。借款合同到期后，债权人向债务人和担保人发出催收通知，签收人虽为胶带厂但催款时间和签收时间均为空白。1998年1月14日，胶带厂改制重组为胶带公司。2000年7月18日，银行向胶带公司发出催收通知。其后，受让该金融不良债权的资产公司起诉追索该笔债权。

法院认为： 借款合同约定担保人提供连带责任保证，但未约定保证期限，根据最高人民法院《关于审理经济纠纷案件有关保证的若干问题的规定》第11条规定，保证期限应为2年，即至1994年8月30日。借款合同到期后，债权人向债务人和担保人发出催收通知，签收人虽为胶带厂，但催款时间和签收时间均为空白，故即使推定债权人在保证期限届满前即1994年8月30日前进行催收，向保证人主张过权利，亦不能改变保证债务超过诉讼时效的事实。至于债权人于2000年7月18日以后的催收行为，因其不能证明保证人对超过保证期限的债务重新作出担保的承诺，不能构成完整的保证合同，故应认定保证债务诉讼时效已过，保证人应免于承担保证责任。

实务要点： 债权人如不能证明保证人对超过保证期限的债务重新作出担保的承诺，即使有催收行为，亦不能构成完整的保证合同，保证人应免于承担保证责任。

2.1

200501/7:248

2004

案例索引： 最高人民法院（2004）民二终字第208号“某资产公司与某进出口公司等借款担保合同纠纷案”，见《中国信达资产管理公司银川业务部与宁夏五金矿产进出口公司等借款担保合同纠纷上诉案》（审判长吴庆宝，代理审判员宫邦友、刘敏），载《民商事审判指导·判决书选登》（200501/7:248）。

548 企业法人工作人员签收函件，对该法人有法律效力

——企业法人工作人员签收函件，事后该企业法人以签收人系办公室人员而非收发人员否认签收事实的，不予支持。

标签：保证 | 保证重生 | 诉讼时效 | 催收对象 | 签收 | 否认签收 | 抗辩理由

案情简介： 1996年，就是否免除保证责任事宜，作为保证人的投资公司给债权人银行复函。事后银行否认收到该函，理由：其签收章系圆形而非椭圆形、该签收章未预留或备案、签收簿上无收件显示、签收人白某系办公室人员非收发员、投函人无法提供函件中提及的“1995年12月15日来函”。

3

2.3

200601/12:164

200301/2:138

2002

法院认为： 国务院对国家行政机关和企业、事业单位印章的有关文件规定，仅是对国家机关、企业、事业单位、社会团体的印章规定为圆形，而对其他专用章并未要求为圆形，且只要报经上级领导机关批准后即可自行刻制，故银行以该答辩理由作为反驳自己曾使用过该椭圆形收发章的事实，不予采信。收发章尽管未在上级银行预留，亦未在当地公安机关备案，只能证明银行预留印章及公安机关备案印章中，未发现案涉收发章这一事实，而该证明与银行所应证明的从未曾使用过该印章这一事实之间，尚不足以证明存在证据上的关联性。银行提供的收发登记簿，系当事人一方提供，即使真实，亦不能说明其登记的收发件是全部无遗漏的，更不能说明1996年复函送达方式不妥，故亦不足以证明该函未送达。白某既系银行办公室人员，纵然事后查明其非银行收发人员，但对此一事实，投资公司送达函件并由白某签收时并不知情，换言之投资公司对不知白某并非银行收发人员这一事实系善意且无过失，故白某签收在外观上足以使投函人投资公司相信系属于职务行为，应对银行发生签收上的法律效力。从证据关联性分析，该复函中所提银行“1995年12月25日来函”，虽然银行否认发出、投资公司称前期档案管理不善无法提供，但作为间接证据，其与1996年投资公司函件并不存在充分必要条件，即投资公司在纠纷发生七八年后不能举证1996年复函中提及的1995年来函，可能存在各种因素，并不必然推定1996年复函的不存在。投资公司反证若其伪造1996年复函就根本不会在该函中提及一份不存在的、无法提供的函件，则具有一定说服力。

实务要点： 企业法人工作人员签收函件，事后以签收章为圆形非椭圆形、该签收章未预留或备案、签收簿上无收件显示、签收人系办公室人员非收发员、投函人无法提供函件中提及的材料为由，否认签收事实的，不予支持。

案例索引： 最高人民法院《关于广西开发投资有限公司与中国信达资产公司南宁办事处借款合同担保纠纷一案请示的复函》（2002年10月11日〔2002〕民立他字第44号）、最高人民法院

（2004）民二监字第34-1号“某资产公司与某投资公司保证合同纠纷申请再审案”，见《广西投资（集团）有限公司与中国信达资产管理公司南宁办事处保证合同纠纷申请再审案》（梁曙明，最高院立案庭），载《立案工作指导·申诉与申请再审疑案评析》（200601/12:164）；另见《关于广西开发投资有限公司与中国信达资产公司南宁办事处借款合同担保纠纷一案的请示与答复》（李伟，最高院立案庭），载《立案工作指导与参考·请示与答复》（200301/2:138）。

549 超过保证期间后，承诺协助催收，保证债务不重生

——保证人在债权人超过保证期间的催收通知书上签字，并明确表明“协助催收”内容的，不应认定为保证债务重生。

标签：保证 | 保证重生 | 诉讼时效 | 协助催收

案情简介： 1993年5月，投资公司为开发公司向银行贷款1000万元提供连带责任保证，贷款期限3个月。1995年9月，投资公司在银行给其催收通知书上签章并承诺协助催收。1996年，针对银行拟提起诉讼的律师函，投资公司“表示理解”，并表示“尽可能敦促和协调”开发公司还贷。此后，受让该债权的资产公司诉请投资公司承担担保责任。

法院认为： 本案担保行为发生在《担保法》实施前，故应适用最高人民法院《关于审理经济合同纠纷有关保证的若干问题的规定》，因保证期间不明确，故保证人应在被保证人承担责任的期限内即两年诉讼时效内承担担保责任。本案主债务履行期间届满为1993年8月，被保证人承担责任期限为1995年8月。债权人未在此期间向保证人主张保证责任，故债权人对保证人的起诉已过诉讼时效。1995年9月，投资公司在银行给其的催收通知书上盖章并承诺协助催收行为，其意思表示很明确是“协助催收”，该行为发生在1996年复函之前，对投资公司此后依法行使意在免除其担保责任的权利并无法律上的阻碍。1996年1月和3月，投资公司发函行为，是1993年5月担保行为派生出来的行为，而不是创设新的担保关系，该函中述及“尽可能督促和协调催贷”的意思表示明确，应认定投资公司保证责任免除。

实务要点： 保证人在超过保证期间的催收通知书上签字，明确表明“协助催收”的，不应认定保证债务重生。

2.3

200601/12:164

200301/2:138

2002

案例索引： 最高人民法院《关于广西开发投资有限公司与中国信达资产公司南宁办事处借款合同担保纠纷一案请示的复函》（2002年10月11日〔2002〕民立他字第44号）、最高人民法院（2004）民二监字第34-1号“某资产公司与某投资公司保证合同纠纷申请再审案”，见《广西投资（集团）有限公司与中国信达资产管理公司南宁办事处保证合同纠纷申请再审案》（梁曙明，最高院立案庭），载《立案工作指导·申诉与申请再审疑案评析》（200601/12:164）；另

见《关于广西开发投资有限公司与中国信达资产公司南宁办事处借款合同担保纠纷一案的请示与答复》（李伟，最高院立案庭），载《立案工作指导与参考·请示与答复》（200301/2:138）。

550 保证期间届满，保证人签收催收通知，非重新担保

——保证期间届满后，保证人仅在催收到期贷款通知单上签字或盖章的行为，不能成为其应重新承担保证责任的依据。

标签：保证 | 保证重生 | 诉讼时效 | 签字盖章

案情简介：1996年，工贸公司向银行借款120万元，还款期限截至1996年12月20日。安装公司提供连带责任保证，未约定保证期间。银行起诉提供的催收通知单上虽有工贸公司、安装公司公章及法定代表人名章，但银行提供的原件上的落款催收日期“98.4.27”经鉴定系后添加或改写，工贸公司提供的内容一致的复印件上，落款时间处显示空白。

3

2.4

200302/10:137

2002

法院认为：银行提供的催收通知书，经鉴定为有改动，不能作为证据使用，安装公司、工贸公司提供的催收通知书落款又无时间约定，应属无效。最高人民法院《关于超过诉讼时效期间借款人在催款通知单上签字或者盖章的法律效力问题的批复》不适用于保证人。保证期间届满后，保证人如无其他明示，仅在债权人发出的催收到期贷款通知单上签字或盖章的行为，不能成为重新承担保证责任的依据。且本案借款合同截止期限为1996年12月20日，因保证合同未约定保证期间，根据《担保法》第26条规定，债权人在6个月内未向保证人主张权利，保证人应免除保证责任。

实务要点：保证期间届满后，保证人如无其他明示，仅在债权人发出的催收到期贷款通知单上签字或盖章的行为，不能成为重新承担保证责任的依据。最高人民法院《关于超过诉讼时效期间借款人在催款通知单上签字或者盖章的法律效力问题的批复》不适用于保证人。

案例索引：最高人民法院（2002）民监他字第14号“某银行与某安装公司等借款担保合同纠纷案”，见《关于锦州市商业银行与锦州市华鼎工贸商行、锦州市经济技术开发区实华通信设备安装公司借款纠纷一案的请示与答复——担保人在催款通知书上签字、盖章不能成为重新承担保证责任的依据》（张新民、宫鸣），载《审判监督指导与研究·请示与答复》（200302/10:137）。

551 对超过保证期间债务，保证人在催保单上签字效果

——保证期间届满债权人未主张保证责任的，保证责任免除。保证人在催款通知单上签章行为并不导致保证责任重生。

法院认为：根据借款合同约定的借款期限及保证期间，本案保证期间应为1999年

标签：保证 | 保证重生 | 诉讼时效 | 催保通知

案情简介：1998年，燃料公司向银行借款，借款期限约定为1998年6月17日至1999年5月20日。热电公司提供连带责任保证，保证期间为2年。诉讼中，银行称其曾于2000年向热电公司发出催保通知，同时提供了2004年热电公司在催保单上签章的回执。

3.3

2009商:61

2007

5月21日至2001年5月21日。银行诉称其曾于2000年向热电公司发出催保通知。但由于该催保通知上无具体日期记载，故该催保通知不能成为计算保证债务诉讼时效具体起始日期的证据。即便从充分保护债权人的角度考虑，把催保通知单上的日期推定为2000年12月31日，那么，按资产公司所述热电公司盖章的第二份催保通知单回执为2004年签收，亦超过保证债务诉讼时效。最高人民法院《关于适用〈担保法〉若干问题的解释》第34条第2款规定："连带责任保证的债权人在保证期间届满前要求保证人承担保证责任的，从债权人要求保证人承担保证责任之日起，开始计算保证合同的诉讼时效。"因热电公司享有诉讼时效期间届满的抗辩权，故判决燃料公司承担偿还资产公司借款本金及利息的责任。

实务要点： 连带责任保证的债权人在保证期间届满前未要求保证人承担保证责任的，保证责任免除。保证人在催款通知单上签章行为并不导致其承担保证责任的后果。

案例索引： 辽宁鞍山中院（2007）鞍民三初字第280号"某资产公司与某燃料公司等借款合同纠纷案"，见《中国长城资产管理公司大连办事处诉鞍山市工业燃料总公司等借款合同案（保证人在债权人的催款通知单上签字或盖章行为的法律后果）》（李春放），载《中国审判案例要览》（2009商事:61）。

552 债务承担情形，保证债务重生后时效届满如何认定

——免责的债务承担中，债务人主体发生变更，但其债务性质和内容均不变更，已超过履行期限的债务转移仍然有效。

标签：保证 | 债务重生 | 不良资产 | 诉讼时效 | 债务加入

案情简介：1999年，电器厂向银行贷款，借款期限至2000年4月23日，电器公司提供连带责任保证。2001年，各方签订债务转移协议，由电器集团代替电器厂作为新债务人偿还逾期贷款5600万余元，电器公司提供担保。

法院认为： 本案债权转让、债务转移均合法有效。依借款债务转移协议约定，本案债务应认定为免责的债务承担，即在不改变债务同一性前提下债务发生转移，原债务人脱离债的关系而免责，承担人成为新债务人承担债务。债务承担中，债务人主体发生变更，但其债务仍为同一债务，并非成立新的债务。原债务性质和内容均不变更。电器集团成为借款合同新债务人后，除另有约定外，应按借款合同约定内容履行。法律并无明文禁止当事人转移履行期限届满或超过诉讼时效期间之债务，借款债务转移协议当事人对此知道并应承担相应的法律后果。当事人

新的借款合同还款计划栏空白。2003年10月21日，电器集团和电器公司均在银行催收通知书上签收。2004年6月，银行将该不良债权转让给资产公司，并在报纸上公告催收。2005年11月，资产公司起诉。

3.4

200812:32

2007

3

如需变更借款合同履行期限，应依协议另行作出明确约定。依《合同法》第78条“当事人对合同变更的内容约定不明确的，推定为未变更”规定，各方当事人对借款债务转移协议中履行方式空白处未予填写，未选择其中的一种履行方式，当事人并无变更借款合同履行期限的意思表示，不能推定为履行期限不明确。案涉借款合同约定履行期限届满日为2000年4月23日，故诉讼时效期间应计至2002年4月23日。因电器集团在2003年10月21日于其贷款催收通知上盖章，根据最高人民法院《关于超过诉讼时效期间借款人在催收通知单上签字或者盖章的法律效力问题的批复》规定，应视为电器集团对原债务的重新确认，诉讼时效重新起算。同时根据最高人民法院《关于人民法院应当如何认定保证人在保证期间届满后又在催款通知书上签字问题的批复》规定，电器公司在收到逾期贷款催收通知书回执上盖章，应认定成立新的保证合同。根据《担保法》第19条、第26条规定，当事人对保证方式没有约定的，按照连带责任保证承担保证责任，连带责任保证的保证人与债权人未约定保证期间的，债权人有权自主债务履行期限届满之日起6个月内要求保证人承担保证责任。因本案主债务履行期限早已届满，保证期间应自电器公司在逾期贷款催收通知书回执上盖章之日起算，即2003年10月21日起6个月至2004年4月21日保证期间届满，因在此期间债权人未要求保证人承担保证责任，保证人电器公司应免除保证责任。故判决电器集团偿还借款。

实务要点： 免责的债务承担中，债务人主体发生变更，但其债务仍为同一债务，原债务性质和内容均不变更，已超过履行期限的债务转移仍然有效。保证债务重生情形，新成立的保证合同未约定保证期间，保证期间为6个月，届满前债权人未要求保证人承担保证责任的，保证责任免除。

案例索引： 广东高院（2007）粤高法民二终字第44号“中国东方资产管理公司广州办事处与广州万宝集团有限公司、万宝冷机集团有限公司担保合同纠纷案”，见《债务承担及新保证合同的认定》（李洪堂），载《人民司法·案例》（200812:32）。

553 超过诉讼时效期间，保证人在催收单上签章亦无责

——保证人在超过诉讼时效期间的借款催收通知单回执上签字盖章，只证明收到通知，不足以成为承担保证责任理由。

标签：保证 | 保证重生 | 诉讼时效 | 签字盖章

法院认为： 根据最高人民法院《关于适用〈担保法〉若干问题的解释》第32条规定，保证合同约定的保证期间早于或等于主债务履行期限的，视为没有约定，保证期间为主债务履行期届满之日起六个月。本案中，借款担保合同约定早于主债务履行期限，视为没有约定，保证期间为主债务履行期届满之日起6个月。基金会将债权让与信用社后，居委会同意继续担保，该内容明确，应视为对上述债权重新提供担保，但因未约定保证期限，依法应确定保证期间为6个月，因信用社在该期间内未向居委会主张权利，依法应免除保证人保证责任。信用社向保证人催收逾期借款，保证人在通知单回执上签字盖章，只能证明其收到催款通知，不能当然地视为承担保证责任。因此时已免除责任，其享有因保证期间届满产生的免责抗辩权，保证人在收到的催收通知单上签字或盖章行为并不足以成为承担保证责任的理由，且最高人民法院《关于超过诉讼时效期间借款人在催款通知单上签字或盖章的法律效力问题的批复》亦非针对保证人的，故判决韩某偿还信用社借款本息。

案情简介：1998年，韩某向基金会贷款，居委会提供担保，担保期间与主债务履行期间相同。1999年7月，基金会清理整顿，信用社依法受让基金会债权债务，居委会同意继续担保。2001年9月，居委会在信用社催收逾期借款通知单上签字。2002年，信用社起诉追索担保债权。

3.1

2004商:82

2002

实务要点： 保证人在超过诉讼时效期间的借款催收通知单回执上签字盖章，不足以成为承担保证责任的理由。

案例索引： 山东潍坊中院2002年10月28日判决“某信用社与韩某等借款合同纠纷案”，见《青州市益都农村信用合作社诉韩明吉、青州市昭德街道苏桥居民委员会因担保期限不明而引发的借款合同案》（王学堂、孙勇），载《人民法院案例选》（2004/商事·知识产权专辑:82）。

554 超过保证期间，保证人在催收单签字，债务不重生

——最高人民法院《关于超过诉讼时效期间借款人在催款通知单上签字或者盖章的法律效力问题的批复》不适用保证。

标签：保证 | 保证重生 | 诉讼时效 | 法律适用

法院认为： 银行未在保证合同约定的保证期间内向材料公司主张权利，保证期间届满后，材料公司保证责任即告免除，依法不再承担保证责任。

案情简介：1996年4月，保证期间届满后，为实业公司向银行贷款提供保证担保的材料公司仍在银行催收保证债务的通知单上签章。

3.1

200101/35:193

1999

由于保证责任为严格的民事责任，须以双方当事人明确的意思表示并通过书面形式才能成就，保证期间届满后债权人已不存在可向保证人主张的权利。最高人民法院《关于超过诉讼时效期间借款人在催款通知单上签字或者盖章的法律效力问题的批复》仅适用于特定问题，即限定在债权人与债务人之间的债权债务关系上。故材料公司在逾期贷款催收函上签字，不能推定为银行与材料公司之间重新确立保证合同，判决确认材料公司保证责任免除。

实务要点：最高人民法院《关于超过诉讼时效期间借款人在催款通知单上签字或者盖章的法律效力问题的批复》仅适用于特定问题，即限定在债权人与债务人之间的债权债务关系上。

案例索引：浙江高院1999年9月17日判决“某银行与某建筑公司等借款保证合同纠纷案”，见《桐乡市工商支行诉桐乡市化轻建材总公司于保证期间届满后在其发出的保证贷款逾期催收函上盖章仍应承担保证责任案》(陆永棣)，载《人民法院案例选》(200101/35:193)。

3

诉讼时效

555 债务人放弃对诉讼时效的抗辩权，担保人仍可行使

——对于债务人放弃的抗辩权，担保人仍可行使，主债务人放弃时效届满抗辩权的行为，对保证人不应发生法律效力。

标签：保证 | 诉讼时效 | 时效放弃 | 重新确认 | 保证债务

法院认为：服装公司的担保函中承诺内容属于对保证期间约定不明，根据最高人民法院《关于处理担保法生效前发生保证行为的保证期间问题的

案情简介：1995年1月14日，畜产公司向银行贷款，约定半年期。服装公司作为保证人在担保函中承诺“自签订之日起生效，至还清借款方所欠全部本息和费用时自动失效”。1995年7月14日贷款到期后，畜产公司最后一次部分清偿日期为1996年7月31日。银行于1999年8月31日、1999年9月13日两次向畜产公司发出催收通知书，畜产公司均在通知书上加盖印章。2002年8月8日，银行起诉畜产公司，并要求服装公司承担连带保证责任。服装公司以保证债务超过诉讼时效为由，进行抗辩。

1.1

2003:277

2003

通知》第1条规定，债权人可以自该通知下发之日起6个月内向保证人主张权利。银行于2002年8月8日向法院提起诉讼，符合该通知规定的精神。案涉借款于1995年7月14日到期，债务人畜产公司最后一次部分清偿在1996年7月31日，故主债务的诉讼时效应从1996年8月1日起算，到1998年7月31日届满。现无证据证明银行与畜产公司之间存在约定延期还款的事实，而银行是在1999年8月31日、1999年9月13日向畜产公司发出催收贷款通知书的，故银行对畜产公司的债权已超过诉讼时效，债务人依法取得时效届满的抗辩权。但银行两次向畜产公司发出催收通知书时，畜产公司均在通知书上加盖印章，依最高人民法院《关于超过诉讼时效期间借款人在催款通知单上签字或者盖章的法律效力问题的批复》规定，畜产公司在催收通知书上加盖印章应视为对原债务的重新确认，故该债权仍受法律保护。主债权已超过诉讼时效，根据《担保法》第20条第1款规定，担保人依法取得了主债务人享有的主债权诉讼时效届满产生的抗辩权。嗣后畜产公司虽在催收通知书上盖章，放弃了原债权诉讼时效届满的抗辩权，但依《担保法》第20条第1款规定，对于债务人放弃的抗辩权，担保人仍可行使，畜产公司放弃时效届满抗辩权的行为，对服装公司不发生法律效力。

实务要点：虽然主债务人对于超过诉讼时效的借款在催收通知书上盖章，放弃了原债权诉讼时效届满的抗辩权，但依《担保法》第20条第1款规定，对于债务人放弃的抗辩权，担保人仍可行使，主债务人放弃时效届满抗辩权的行为，对保证人不发生法律效力。

案例索引：最高人民法院（2003）民二终字第93号“某资产公司诉某畜牧集团等借款担保纠纷案”，见《中国东方资产管理公司大连办事处诉辽宁华曦集团公司等借款担保纠纷上诉案》（审判长江必新，审判员宋晓明、曹士兵），载《最高人民法院公报·裁判文书选登》（2003:277）。

556 债权人向保证人之一主张权利效力及于其他保证人

——债权人在保证期间内，向保证人之一主张权利，该主张行为对另一连带共同保证人也同样发生诉讼时效中断效力。

标签：保证 | 诉讼时效 | 保证责任主张 | 不良资产 | 保证时效 | 连带保证

法院认为：粮油集团与油脂库分别为油脂公司对银行的同一笔借款提供保证，且未与银行约定各自的保证份额，根据《担保法》第12条及最高

案情简介：2004年，油脂公司向银行借款720万元，油脂库和粮油集团提供连带责任保证。2008年5月29日，从资产公司受让前述金融债权的信托公司起诉油脂公司偿债，并诉请油脂库和粮油集团承担连带责任。粮油集团以债权人只向油脂库而未向粮油集团主张保证债务为由，主张免除保证责任。

人民法院《关于适用〈担保法〉若干问题的解释》第19条第1款规定，两个保证人构成连带共同保证，应对油脂公司的该笔债务承担连带责任。根据最高人民法院《关于审理民事案件适用诉讼时效制度若干问题的规定》第17条第2款规定："对于连带债务人中的一人发生诉讼时效中断效力的事由，应当认定对其他连带债务人也发生诉讼时效中断的效力"，故资产公司向保证人之一的油脂库催收债务，不仅中断了油脂库保证债务的诉讼时效，对另一连带共同保证人粮油集团也同样发生诉讼时效中断的效力。信托公司于2008年5月29日向法院提起本案诉讼并未超过诉讼时效，且该起诉行为也表明债权人履行了债权转让的通知义务，故判决粮油集团和油脂库对油脂公司债务承担连带责任。

2.1

201203/31:217

2.6

3

v.6:476

2011

实务要点：债权人在保证期间内，向保证人之一主张权利，不仅中断了该保证人保证债务的诉讼时效，对另一连带共同保证人也同样发生诉讼时效中断的效力。

案例索引：最高人民法院（2011）民提字第266号"某信托公司诉某粮油集团等借款合同纠纷案"，见《债权人在保证期间向保证人之一主张权利的效力及于其他连带责任保证人——申请再审人中信信托有限责任公司与被申请人天津市粮油集团有限公司、天津市油脂（集团）有限公司、天津市油脂公司新港油脂库借款合同纠纷申请再审案》（沙玲，最高院民二庭；审判长贾纬，审判员沙玲，代理审判员周伦军），载《商事审判指导·商事审判案例分析》（201203/31:217）；另见《债权人在保证期间向保证人之一主张权利的效力及于其他连带责任保证人》，载《最高人民法院商事审判指导案例·合同与借贷担保卷（6）》（2012:476）。

557 保证人替主债务人偿债，可引起担保债务时效中断

——在保证期间内，保证人同意承担保证债务，由此推定债权人向保证人主张了权利，构成保证债务诉讼时效的中断。

标签：保证 | 诉讼时效 | 债务加入 | 保证债务 | 代为清偿

案情简介：1997年，电子公司向银行贷款230万余美元，电子集团提供连

法院认为：电子集团于2001年9月13日将421万余元汇至电子公司以偿还银行债务，虽然从该款的划转手续看，是先由电子集团汇至电子公司账户，再由电子公司转至银行，但该款项系保证人电子集团提供，且电子集团将该款项转至电子公司账户目的明确，即为偿还银行该笔到期债务，

带责任保证，保证期间至2002年11月12日。2001年9月13日，电子集团将421万余元人民币转至电子公司账户，再由电子公司归还银行，电子集团出具说明表示该款系电子集团替电子公司归还。该还款行为是否构成保证债务诉讼时效中断，成为争议焦点之一。

电子集团出具说明明确表明该款项系电子集团替电子公司归还。故应认定电子集团认可并同意承担该笔债务，由此推定原债权人银行向电子集团主张了权利。根据《担保法》司法解释第34条第2款规定，连带责任保证的债权人在保证期间届满前要求保证人承担保证责任的，从债权人要求保证人承担保证责任之日起，开始计算保证合同的诉讼时效，故本案诉讼时效应从2001年9月13日起算。

实务要点： 保证期间内，保证人明确表明替债务人归还到期债务的，应认定保证人同意承担保证债务，由此推定债权人向保证人主张了权利，构成保证债务诉讼时效的中断。

2.1

201003/23:123

2.7

2011:322

2010

案例索引： 最高人民法院判决“某银行与某电子公司等借款担保合同纠纷案”，见《保证期间和诉讼时效的认定以及同一抵押物上多个抵押权的实现——中国电子进出口总公司与中国农业银行股份有限公司昆明经济技术开发区支行、中电云南进出口公司借款合同纠纷再审案》（高燕竹，最高院民二庭），载《商事审判指导·商事审判案例分析》（201003/23:123）；另载《最高人民法院商事审判裁判规范与案例指导·案例指导》（2011:322）。

558 另案中保证人对保证责任认可，视为诉讼时效中断

——保证人在另案诉讼中承认对债权人的保证责任并未解除，应视为其愿意承担担保责任，构成保证债务的时效中断。

标签： 保证 | 诉讼时效 | 证据规则 | 另案中陈述

案情简介： 1997年，电子公司向银行贷款238万美元，电子集团提供连带责任保证，保证期间至2002年11月12日。2003年9月，银行向电子集团主张保证债务。2004年10月，电子集团在另案中陈述，其对银行的保证责任并未解除。2005年8月，银行起诉主张债权。

法院认为： 2004年10月，电子集团在另案起诉状中陈述其为电子公司238万美元贷款承担连带保证责任，应视为其愿意承担本案担保责任，该陈述是对本案所涉债务的承认和认可，故而构成诉讼时效中断，本案诉讼时效自该日起重新起算。

实务要点： 保证期间内，保证人在另案诉讼中承认对债权人的保证责任并未解除，应视为其愿意承担担保责任，故而构成保证债务诉讼时效中断。

案例索引： 最高人民法院判决“某银行与某电子公司等借款担保合同纠纷案”，见《保证期间和诉讼时效的认定以及同一抵押物上多个抵押权的实现——中国电子进出口总公司与中国农业银

2.1

201003/23:123

2.7

2011:322

2010

行股份有限公司昆明经济技术开发区支行、中电云南进出口公司借款合同纠纷再审案》(高燕竹，最高院民二庭)，载《商事审判指导·商事审判案例分析》(201003/23:123)；另载《最高人民法院商事审判裁判规范与案例指导·案例指导》(2011:322)。

559 债权申报后，至破产程序终结日，诉讼时效应中断

——主债务人破产的，债权人自申报债权之日起至破产程序终结，诉讼时效中断，破产程序终结后重新开始计算时效。

标签：保证 | 诉讼时效 | 保证期间 | 破产 | 破产程序 | 时效中止

3

案情简介：1992年，实业公司向银行贷款1500万元，贷期至1993年5月22日。外贸公司提供连带责任保证，保证期间至“全部还清贷款本息止”。1994年12月，实业公司进入破产程序，银行申报了破产债权。2001年8月，破产程序终结，银行仅得受偿14万余元。2003年1月，银行诉请外贸公司承担保证责任。

法院认为：按诉讼时效中断的含义，诉讼时效应自中断之日起重新计算，不应剔除任何时间段。只有在中止情况下才存在将诉讼时效障碍原因排除在外不予计算的情况。本案主债务人承担责任期限应为借款合同期限届满后两年内，即1993年5月22日至1995年5月22日，根据最高人民法院《关于审理经济合同纠纷案件有关保证的若干问题的规定》第11条规定，本案保证人外贸公司的保证期限亦在该两年之内。实业公司因1994年12月进入破产程序，且债权人银行在破产程序中申报了债权而导致诉讼时效中断，根据前述司法解释第29条规定，“主债务的诉讼时效中断，保证债务的诉讼时效亦中断”，故本案债权人银行在2001年8月28日破产程序终结后，重新开始起算保证债务的诉讼时效两年，其于2003年1月起诉并未超过规定的诉讼时效期间。

2.3

200804/19:76

2008

实务要点：最高人民法院《关于审理经济合同纠纷案件有关保证的若干问题的规定》第29条中“主债务的诉讼时效中断，保证债务的诉讼时效亦中断”，在主债务人破产情形，债权人自申报债权之日起至破产程序终结，诉讼时效中断。

案例索引：最高人民法院裁定“某外贸公司与某投资公司借款担保合同纠纷申请再审案”，见《担保法生效前保证期间主债务人破产应如何适用法律的探析——外贸公司与投资公司借款担保合同纠纷申请再审案》(王洪光、晏景，最高院立案庭)，载《立案工作指导·申诉与申请再审疑案评析》(200804/19:76)。

560 保证人发函督促债权人向债务人收款，不中断时效

——保证期间届满后，保证人督促债权人向主债务人收款或督促主债务人还款，不表明保证人放弃时效期间的抗辩权。

标签：保证 | 诉讼时效 | 催收主体 | 督促函 | 保证人督促函

案情简介：1999年6月，化工公司为化工厂向银行贷款1500万余元提供连带责任保证。为证明保证债权未超过保证期间和诉讼时效，受让该银行债权的资产公司提供证据证明化工公司分别于2001年12月、2003年8月、2004年11月和2005年8月，向银行发函督促其向化工厂催款及向化工厂发函督促其还款。

2.6

v.2:812

2006

法院认为：连带保证情形下，保证合同的债权人须在保证期间内向债务人主张权利，此时开始计算保证合同的诉讼时效，而案涉债务是保证合同债务人向债权人发函督促其向主合同债务人收款或督促主合同债务人还款，而非债权人向债务人主张权利，不能引起诉讼时效中断。在保证期间内保证合同的债权人未向债务人主张权利，保证期间届满后保证人不承担保证责任。故即使在保证期间内化工公司发函要求银行向主债务人催款，在保证期间届满后其即免除保证责任。在保证期间届满后，除非化工公司明确承诺继续承担保证还款责任且具备法律规定形式，如在银行催收通知上签字盖章，否则不能得出化工公司的函件表示其会继续承担保证责任而放弃保证期间已过、不再承担保证责任的抗辩权的结论。至于最高人民法院《贯彻执行最高人民法院“十二条”司法解释有关问题的函》，其所规定的是主合同的债权转让的诉讼时效溯及到划转点，并不影响本案保证人的保证责任，保证人仍应在保证合同约定的保证期间内承担保证责任，而不能重新设定一个新的保证责任期间。故本案化工公司不应承担担保责任。

实务要点：保证人在保证期间届满后，发函督促债权人向主合同债务人收款或督促主合同债务人还款，并不表明保证人放弃保证期间已过的抗辩权。

案例索引：最高人民法院（2006）民二终字第240号“某资产公司与某化工公司等借款担保合同纠纷案”，见《保证人在保证期间届满后，发函督促债权人向主合同债务人收款或督促主合同债务人还款，并不表明保证人放弃保证期间已过——中国信达资产管理公司太原办事处与山阴县康立化工有限责任公司、山阴县腾宇化工有限责任公司、山阴县石星化工有限责任公司、山阴县鑫邦燕麦实业有限责任公司借款担保纠纷案》（审判长吴庆宝，代理审判员王宪森、张雪棵），载《最高人民法院商事审判指导案例·借款担保卷（下）》（2011:812）。

561 保证合同无效，保证人过错赔偿责任的时效为两年

——国家机关违反法律规定为债务人提供担保导致保证合同无效，保证人需承担的过错赔偿责任诉讼时效期间为两年。

标签：保证 | 诉讼时效 | 合同无效 | 过错赔偿

案情简介：1996年，石油公司向银行贷款，市财政局提供连带责任保证。一审判决石油公司偿还银行贷款。二审中，银行又新提出：财政局系实际用款人、石油公司资产重组后的新公司应追加为第三人。

2.1

3

200301/3:436

2002

法院认为：因市财政局系国家机关，依照《担保法》第8条关于"国家机关不得为保证人"及最高人民法院《关于适用〈担保法〉若干问题的解释》第3条关于"国家机关违反法律规定提供担保的，担保合同无效。因此给债权人造成损失的，应当根据担保法第五条第二款的规定处理"之规定，应认定该保证合同无效。因保证合同无效，保证人市财政局需承担的是过错赔偿责任而不是保证责任，过错赔偿责任的诉讼时效期间为2年，诉讼期间起算日应确定为主合同履行期限届满之日即主债务人石油公司应承担赔偿责任之日。因银行起诉之日已超过2年诉讼时效，故丧失胜诉权。市财政局在超过诉讼时效期间后在催款通知上的盖章行为只是证明其收到通知，从该通知内容看，既得不出其放弃对债权受让人抗辩权的意思表示，亦得不出其放弃对原保证关系进行重新承诺的意思表示，故本案诉讼时效期间不应从该通知发出之日起重新计算。故市财政局不应承担保证责任。

实务要点：国家机关违反法律规定提供担保导致担保合同无效，保证人需承担的过错赔偿责任诉讼时效期间为2年。

案例索引：最高人民法院（2002）民二终字第87号"某资产公司与某石油公司等借款担保合同纠纷案"，见《中国信达资产管理公司郑州办事处与濮阳市石油公司等借款担保纠纷上诉案》（审判长姜伟，代理审判员陈百灵、王涛），载《民商审判指导与参考·裁判文书选登》（200301/3:436）。

562 债权人向连带共同保证人之一主张权利的法律效果

——债权人向共同保证人中的任何一人主张权利，都是债权人要求保证人承担保证责任行为，其效力及于所有保证人。

标签：保证 | 诉讼时效 | 保证责任主张 | 连带保证 | 共同连带

案情简介：2008年，沈某向周某借款13万余元，约定2009年8月15日前归

法院认为：保证人与债权人未约定保证方式，应按连带责任保证承担保证责任。连带责任保证的债务人在主合同规定的债务履行期届满未履行债务的，债权人可要求债务人履行债务，亦可要求保证人在其保证范围内承担保证责任，故周某有权选择只起诉保证人，本案无须追加沈某

还，出具的借条上“担保人”栏有林某、唐某、张某签名。2009年国庆期间，周某曾要求张某还款。2011年4月，周某直接起诉林某、唐某、张某要求还款。

3.6

201104/16:36

2011

作为本案被告。当事人未对保证期间约定，根据《担保法》第26条规定，保证期间应为主债务履行期届满之日起6个月。本案主债务履行期届满日为2009年8月15日，故保证期间至2010年2月15日止。现有证据表明周某在保证期间内向保证人之一的张某主张过权利，故周某于2011年4月向法院起诉未超过保证合同2年的诉讼时效。由于林某、唐某与张某系连带共同保证，且在连带共同保证中，保证人是作为一个整体共同对债权人承担保证责任，故债权人向共同保证人中的任何一人主张权利，都是债权人要求保证人承担保证责任的行为，其效力自然及于所有保证人，判决林某、唐某、张某返还周某借款13万余元及利息并互负连带责任。

实务要点： 连带共同保证中，保证人作为一个整体共同对债权人承担保证责任，债权人向共同保证人中任何一人主张权利，都是债权人要求保证人承担保证责任的行为，其效力及于所有保证人。

案例索引： 江苏宿迁中院（2011）宿中民终字第0916号“周某与林某等担保纠纷案”，见《周广春诉林军等连带共同保证合同纠纷案》，载《江苏省高级人民法院公报》（201104/16:36）。

管辖

563 数份借款合同分别约定仲裁和法院管辖，均为有效

——当事人签订的数份借款合同分别约定了仲裁管辖和法院管辖的，应视为当事人真实意思表示，各管辖约定均有效。

标签： 保证 | 管辖 | 借款合同 | 选择管辖 | 仲裁 | 关联合同

法院认为： 当事人并未明确约定案涉借款合同相互关系，从各个借款合同内容及特征来看，借款金额及履行行为

案情简介： 2004年，医院与银行签订9份借款合同，并有相应担保。其中第1份约定了仲裁管辖条款，后8份约定"由贷款人所在地法院管辖"。2007年，银行持9份借款合同起诉医院及担保人。医院提出管辖异议。

1.1

2007:408

2007

3

亦分别独立，并不能看出各个合同之间的关联性。从合同解释角度来看，当事人对合同条文发生争议时，须探究当事人内在的真实意思表示。判断当事人真实的意思表示首要方法是判断当事人字面的意思表示，只有在文义解释不能确定该条款的准确含义时，再运用其他解释方法确定合同条款的含义，以及填补合同的漏洞。本案除第1份借款合同之外，其余借款合同条款中均明确写明"由贷款人所在地法院管辖"，应认定该约定就是当事人真实意思表示。本案有关借款合同所涉的诉讼条款虽属格式合同条款，但按通常理解并不会引起歧义，故不应适用我国《合同法》有关格式条款解释规则。裁定驳回银行第1份借款合同及相应保证合同对医院及担保人的起诉，驳回医院对该案其余8笔借款合同所提出的管辖权异议。

实务要点： 对于合同条文的解释，须探究合同当事人内在的、真实的意思表示，而判断合同当事人真实意思表示的首要方法，是判断合同条文的字面意思表示，即文义解释方法。只有在文义解释不能确定合同条文的准确含义时，才能运用其他解释方法。当事人签订的数份借款合同分别约定了仲裁管辖和法院管辖的，应视为当事人真实意思表示，管辖约定均有效。

案例索引： 最高人民法院（2007）民二终字第99号"某医院与某银行等借款担保合同纠纷管辖异议案"，见《淄博万杰医院与中国银行股份有限公司淄博博山支行、淄博博易纤维有限公司、万杰集团有限责任公司借款担保合同纠纷管辖权异议案》（审判长裴莹硕，代理审判员朱海年、宫邦友），载《最高人民法院公报·裁判文书选登》（2007:408）。

564 将付款行为地视为实际履行地，确定借款合同管辖

——借款合同未约定履行地，以实际履行地来确定管辖时，可将付款行为视为实际履行，不论该履行是否适当、合法。

标签： 保证 | 管辖 | 借款合同 | 实际履行地 | 实际履行

案情简介： 2002年，投资公司、开发公司、香港青鸟公司、北京青鸟公司签订《可转换债发行协议》，约定开

法院认为： 《民事诉讼法》第24条规定："因合同纠纷提起的诉讼，由被告住所地或者合同履行地人民法院管辖。"因本案所涉协议未约定合同履行地，故应以合同实际履行地来确定管辖权。开发公司和投资公司作为《可转换债发行协议》中本债的发行人和买受人，均确认投资公司已委托其关联公司支付款项给开发公司在北京的关联公司的事实，

发公司作为本债的发行人，香港青鸟公司和北京青鸟公司为作为买受人的投资公司提供连带担保责任。为履行协议，投资公司委托其关联公司从广州的银行划款1亿余元到开发公司在北京的关联公司。2005年，投资公司以借款合同纠纷为由，在广东法院起诉。被告北京青鸟公司认为，投资公司付款受限于我国外汇管理规定，所付款项不能用于履行协议，且未接到合同已履行的通知，合同并未实际履行。

1.1

2008:280

2006

并认可该行为的目的是为履行《可转换债发行协议》。尽管北大青鸟公司提出该付款行为受限于我国外汇管理规定，所付款项不能用于履行协议，且其未接到合同已履行的通知，协议未实际履行。但合同是否得以履行是事实问题，而履行合同是否适当、合法，属于合同履行的后果及责任问题，是法律对于法律事实、行为的价值判断。其关于合同未履行的主张不能得到支持。《合同法》第62条第3项规定："履行地点不明确，给付货币的，在接受货币一方所在地履行"，从本案主合同当事人确认的事实看，接受货币的一方为开发公司在北京的关联公司，即电子公司，住所地在北京，故本案合同履行地应认定为北京。投资公司起诉中所主张的还款额在1亿元以上，按照最高人民法院核准的收案标准，北京高院对本案享有管辖权。北京青鸟公司向投资公司出具《担保函》，承诺对香港青鸟公司因《可转换债发行协议》产生的债务承担连带保证责任，故该《担保函》应为《可转换债发行协议》的从合同。因《担保函》中未约定仲裁条款，北京青鸟公司住所地在北京，且投资公司将主债务人及担保人一并起诉，故北京高院对该担保纠纷亦享有管辖权。裁定广东高院将本案移送北京高院审理。

实务要点： 合同是否得以履行是事实问题，而履行是否适当、合法，属于合同履行的后果及责任问题，是法律对于法律事实、行为的价值判断。如借款合同未约定履行地，以实际履行地来确定管辖时，可将付款行为视为实际履行，不论该履行是否适当、合法。

案例索引： 最高人民法院（2006）民四终字第28号"某投资公司与某科技公司等借款担保合同纠纷案"，见《中国恒基伟业集团有限公司、北京北大青鸟有限责任公司与广晟投资发展有限公司、香港青鸟科技发展有限公司借款担保合同纠纷案》（审判长陈百灵，代理审判员任雪峰、高晓力），载《最高人民法院公报·裁判文书选登》（2008:280）。

565 不良资产受让方起诉，受限于原借款合同管辖约定

——不良债权虽几经转让，但新的债权人均未与债务人、保证人重新约定管辖法院，原协议管辖约定应认定继续有效。

标签：保证 | 管辖 | 借款合同 | 不良资产 | 债权转让 | 概括转让

法院认为： 投资公司主张的债权受让自资产公司，资产公司又受让自银行。本案所涉原始借款保证合同约定，如发生纠纷由银行所在地法院通过诉

案情简介：2000年，位于河南的化工公司与银行签订借款合同，由位于北京的化工集团提供保证担保，借款合同和保证合同均由银行所在地法院管辖。之后，受让银行该不良资产的资产公司又将该债权转让给位于北京的投资公司。投资公司在北京起诉，化工集团主张应按原始借款保证合同约定的地域管辖确定，即河南高院才有管辖权。北京高院一审认为：债权再次转让形成新的债权债务关系，原借款保证合同就地域管辖约定对新的法律关系主体不具有约束力，故驳回化工集团管辖异议。化工集团向最高人民法院上诉称：两次债权转让均属于原合同权利义务的概括转让，新的受让人应承继履行让与人在原合同中的全部义务，包括约定管辖。

3

1.1

2007:270

2006

讼方式解决。本案所涉主债权经过两次转让，相关的债权转让合同当事人均未与主债务人和保证人约定新的管辖法院，亦未排除原借款保证合同中对管辖权的约定。根据最高人民法院法释《关于审理涉及金融资产管理公司收购、管理、处置国有银行不良贷款形成的资产的案件适用法律若干问题的规定》第3条第2款“原债权银行与债务人有协议管辖约定的，如不违反法律规定，该约定继续有效”之规定，及最高人民法院法《关于金融资产管理公司收购、处置银行不良资产有关问题的补充通知》第1条“金融资产管理公司受让不良贷款后，通过债权转让方式处置不良资产的，可以适用本院发布的上述规定”之规定，可认定各原始借款保证合同约定的纠纷解决方式对本案双方当事人仍然具有约束力。另外，审理化工集团与投资公司之间因保证合同产生的纠纷，应以相关的借款关系为基础，而原债权人银行与主债务人化工公司住所地均在河南省，由河南省的有关法院审理本案便于查清案件事实。依最高人民法院《关于各高级人民法院受理第一审民事、经济纠纷案件问题的通知》有关规定，本案争议金额达到河南高院受理标准，故裁定移送河南高院审理。

实务要点：当事人在订立合同中，为解决可能发生的纠纷而明确约定了管辖法院。此后基于合同形成的债权几经转让，但新的债权人均未与债务人、保证人重新约定管辖法院，亦未排除原合同关于管辖法院约定的，只要原协议管辖约定不违反法律规定，则应认定继续有效。

案例索引：最高人民法院（2006）民二终字第186号“某化工集团诉某投资公司借款合同纠纷案”，见《中国昊华化工（集团）总公司与中企国际投资有限公司借款合同纠纷案》（审判长贾纬，代理审判员沙玲、苑多然），载《最高人民法院公报·裁判文书选登》（2007:270）。

566 基于转让形成的欠款担保纠纷，另行约定管辖有效

——涉外经济合同当事人以书面形式另行约定或确认担保纠纷适用我国《担保法》有关规定处理的，依法应确认有效。

标签：保证 | 管辖 | 涉外管辖 | 诉讼程序 | 法律适用

法院认为：香港置业公司是以付款补充协议及《抵押担保合同》及《保证合同》为依据向法院提起欠款担保纠纷诉讼。根据本案事实，转让合约

案情简介：1995年1月，通过签订转让合约，香港置业公司、沈某、梁某将香港新发公司股份，包含香港新发公司投资设立的上海置业公司的债权转让给香港伟成公司，后者支付前者报酬2.7亿港元，同时约定因本合约产生的纠纷，"适用香港法律，均服从于香港最高法院管辖，但并非由其享有唯一管辖权"。1997年1月，香港置业公司和香港伟成公司又陆续签订《付款补充协议书》、《抵押担保合同》，约定对前述产权及业权转让合约，香港伟成公司以上海置业大厦作为还款担保，同时签订的《工作备忘》，约定同意以上海置业公司为还款保证人，"基于上海置业大厦买卖为主要内容所签一切协议等法律文件的释义均以中国法律为最终定义"。1997年2月，上海置业公司与香港置业公司签订《保证合同》，上海置业公司同意为香港伟成公司还款义务提供连带责任保证。沈某作为上海置业公司和香港置业公司的双重法定代表人在合同上签字，并加盖上海置业公司合同专用章。1997年6月，上海置业公司法定代表人更名为尹某。1999年4月，香港置业公司以欠款纠纷起诉香港伟成公司支付余下欠款1亿港元，并由上海置业公司承担连带清偿责任。

是香港置业公司与香港伟成公司以及案外人沈某、梁某等之间签订的，本案争议并非上述各方当事人之间的转让合约纠纷，而是香港置业公司与香港伟成公司、上海置业公司之间的欠款担保纠纷。故即使转让合约约定了法律适用及管辖条款，对于本案所涉付款补充协议以及担保法律关系亦无约束力。根据香港新发公司和上海置业公司签订的《工作备忘》约定，香港置业公司和上海置业公司对于已经签订的所有协议包括付款补充协议及其说明，以及三个担保文件均同意适用中国法律。根据当时有效的《涉外经济合同法》第5条即"合同当事人可以选择处理合同争议所适用的法律"的规定，本案争议的解决依据上述约定应适用中华人民共和国的法律，即本案所涉欠款纠纷应适用《民法通则》的有关规定进行处理，担保纠纷应适用《担保法》的有关规定进行处理。

实务要点： 涉外经济合同当事人以书面形式另行约定或确认担保纠纷适用我国《担保法》有关规定处理的，依法应确认有效。

案例索引： 最高人民法院（2001）民四终字第13号"某香港置业公司与上海置业公司等欠款担保纠纷案"，见《香港新建业有限公司等诉上海新建业有限公司等欠款担保纠纷案》（审判长王玧，代理审判员陈纪忠、任雪峰），载《最高人民法院公报·裁判文书选登》（2004:174）。

1.1

2004:174

2001

567 保证合同约定“债权人所在地法院管辖”，应有效

——担保合同中约定“债权人所在地”法院管辖，可确定双方在保证合同中的管辖约定实际指向的是合同履行地法院。

标签：保证 | 管辖 | 担保合同 | 协议管辖 | 债权人所在地 | 合同履行地

案情简介：2006年，湖北某银行在湖北高院起诉住所地在湖北的实业公司，并要求住所地在北京的担保公司承担连带保证责任。担保公司以保证合同约定“债权人所在地”法院管辖非属《民事诉讼法》规定的允许当事人约定管辖范围为由，主张本案应移送保证人所在地法院即北京高院管辖。

3

2.6

v.2:852

2006

法院认为：银行依其与实业公司所签借款合同请求该公司偿还贷款，同时依其与担保公司所签保证合同请求担保公司承担连带保证责任，故本案借款合同是确定各方借款担保法律关系的主合同，保证合同是确定各方借款担保法律关系的从合同。依据《民事诉讼法》规定，对法人或者其他组织提起的民事诉讼，应由被告住所地人民法院管辖，由于本案实业公司与担保公司住所地不一致，根据最高人民法院《关于适用〈担保法〉若干问题的解释》第129条规定，因主合同和担保合同发生纠纷提起诉讼的，在主合同和担保合同选择管辖的法院不一致的情况下，应当根据主合同确定案件管辖。故本案应根据借款合同中被告实业公司住所地确定案件管辖。保证合同约定的“债权人所在地”法院虽非《民事诉讼法》直接规定的管辖地，但因本案债权人系贷款方银行，而根据最高人民法院《关于如何确定借款合同履行地问题的批复》（法复〔1993〕10号）中有关“除当事人另有约定外，应确定贷款方所在地为合同履行地”的规定，可确定双方在保证合同中的管辖约定在本案中实际指向的是合同履行地法院，该选择符合《民事诉讼法》规定。故本案应驳回担保公司的管辖异议。

实务要点：担保合同中约定的“债权人所在地”法院虽非《民事诉讼法》直接规定的管辖地，但根据最高人民法院《关于如何确定借款合同履行地问题的批复》规定，可确定双方在保证合同中的管辖约定实际指向的是合同履行地法院。

案例索引：最高人民法院（2006）民二终字第233号“某银行与某担保公司等借款担保合同纠纷案”，见《因主合同和担保合同发生纠纷提起诉讼的，在主合同和担保合同选择管辖的法院不一致的情况下，应当根据主合同确定案件管辖——中泰信用担保有限公司与中国银行股份有限公司湖北省分行、武汉道博股份有限公司借款担保合同纠纷案》（审判长王东敏，代理审判员雷继平、李京平），载《最高人民法院商事审判指导案例·借款担保卷（下）》（2011:852）。

568 主合同与从合同约定管辖不一致，应依主合同确定

——借款合同的借款人和担保人住所地不一致，借款合同和担保合同选择管辖法院亦不一致，应根据主合同确定管辖。

标签：保证 | 管辖 | 担保合同 | 约定管辖 | 主合同

案情简介：2006年，湖北某银行在湖北高院起诉住所地在湖北的实业公司，并要求住所地在北京的担保公司承担连带保证责任。担保公司以保证合同约定“债权人所在地”法院管辖非属《民事诉讼法》规定的允许当事人约定管辖范围为由，主张本案应移送保证人所在地法院即北京高院管辖。

2.6

v.2:852

2006

法院认为：银行依其与实业公司所签借款合同请求该公司偿还贷款，同时依据其与担保公司所签保证合同请求担保公司承担连带保证责任，故本案借款合同是确定各方借款担保法律关系的主合同，保证合同是确定各方借款担保法律关系的从合同。依《民事诉讼法》规定，对法人或其他组织提起的民事诉讼，应由被告住所地人民法院管辖，由于本案实业公司与担保公司住所地不一致，依最高人民法院《关于适用〈担保法〉若干问题的解释》第129条规定，因主合同和担保合同发生纠纷提起诉讼的，在主合同和担保合同选择管辖的法院不一致的情况下，应依主合同确定案件管辖。故本案应根据借款合同中被告实业公司住所地确定案件管辖。保证合同约定的“债权人所在地”法院虽非《民事诉讼法》直接规定的管辖地，但因本案债权人系贷款方银行，而根据最高人民法院《关于如何确定借款合同履行地问题的批复》（法复〔1993〕10号）中有关“除当事人另有约定外，应确定贷款方所在地为合同履行地”的规定，可确定双方在保证合同中的管辖约定在本案中实际指向的是合同履行地法院，该选择符合《民事诉讼法》规定。故本案应驳回担保公司的管辖异议。

实务要点：借款合同是确定各方借款担保法律关系的主合同，保证合同是从合同。作为被告的借款人和担保人住所地不一致，借款合同和担保合同选择管辖的法院亦不一致的情况下，应根据主合同确定案件管辖。

案例索引：最高人民法院（2006）民二终字第233号“某银行与某担保公司等借款担保合同纠纷案”，见《因主合同和担保合同发生纠纷提起诉讼的，在主合同和担保合同选择管辖的法院不一致的情况下，应当根据主合同确定案件管辖——中泰信用担保有限公司与中国银行股份有限公司湖北省分行、武汉道博股份有限公司借款担保合同纠纷案》（审判长王东敏，代理审判员雷继平、李京平），载《最高人民法院商事审判指导案例·借款担保卷（下）》（2011:852）。

569 连带责任担保合同纠纷，由担保人住所地法院管辖

——因借款担保人承担连带责任的担保合同发生纠纷，债权人向担保人主张权利的，应当由担保人住所地的法院管辖。

标签：保证 | 管辖 | 不良资产 | 担保合同 | 主合同 | 从合同

案情简介：2006年，受让银行金融债权的长城资产公司南昌办事处在江西高院起诉位于景德镇的陶瓷公司及担保人煤气厂。煤气厂以办事处不具有法人资格为由，主张应由长城资产公司所在地即北京高院受理。

2.6

3

v.1:671

2006

法院认为：长城资产公司南昌办事处持有中国银监会江西监督局颁发的《金融许可证》，并向江西省工商局办理了工商登记。根据最高人民法院《关于审理涉及金融资产管理公司收购、管理、处置国有银行不良贷款形成的资产的案件适用法律若干问题的规定》第1条规定，长城公司南昌办事处具备诉讼主体资格。本案系办事处与陶瓷公司之间成立的资金拆借合同关系，属于借款合同纠纷。根据《民事诉讼法》关于"因合同纠纷提起的诉讼，由被告住所地或者合同履行地人民法院管辖"的规定，以及最高人民法院《关于如何确定借款合同履行地问题的批复》关于贷款方所在地为合同履行地的规定，本案贷款方及借款方住所地均在江西省境内，故江西高院受理该案符合法律规定。煤气厂是上述借款合同的连带责任保证人，根据最高人民法院《关于适用〈担保法〉若干问题的解释》第129条第1款关于"主合同和担保合同发生纠纷提起诉讼的，应当根据主合同确定案件管辖。担保人承担连带责任的担保合同发生纠纷，债权人向担保人主张权利的，应当由担保人住所地的法院管辖"的规定，本案亦应由江西高院管辖。故裁定驳回陶瓷公司的管辖异议。

实务要点：主合同和担保合同发生纠纷提起诉讼的，应根据主合同确定案件管辖。担保人承担连带责任的担保合同发生纠纷，债权人向担保人主张权利的，应当由担保人住所地的法院管辖。

案例索引：最高人民法院（2006）民二终字第170号"某资产公司与某煤气公司借款合同管辖异议案"，见《主合同和担保合同纠纷管辖法院的确定——景德镇市焦化煤气总厂与中国长城资产管理公司南昌办事处借款合同纠纷案件管辖权异议案》（审判长裴莹硕，审判员朱海年，代理审判员宫邦友），载《最高人民法院商事审判指导案例·合同卷（下）》（2011:671）。

570 担保追偿权纠纷，可由任一被告住所地的法院管辖

——作为追偿权纠纷和反担保合同纠纷两个不同诉讼合并审理的四个当事人，在确定案件管辖问题上无先后顺序之分。

标签：保证 | 管辖 | 追偿权 | 合并审理 | 第一被告

案情简介：2005年，化工公司承担保证责任后，以借款担保追偿权纠纷起诉住所地在辽宁的主债务人实业公司，以及为其提供反担保的科技公司、开发公司。科技公司认为其系第一被告，故应由其住所地的北京法院管辖。

法院认为：化工公司作为借款合同连带责任保证人在承担债务人实业公司债务的偿还责任后，将其向债务人行使追偿权和要求反担保人科技公司、开发公司等承担反担保责任的两个诉并案提起诉讼，不违反法律规定。根据《民事诉讼法》关于“对法人或者其他组织提起的民事诉讼，由被告住所地人民法院管辖。同一诉讼的几个被告住所地、经常居住地在两个以上人民法院辖区的，各该人民法院都有管辖权”的规定，作为本案的四个被告住所地法院均对本案有管辖权。在多个法院对案件均有管辖权的情况下，原告有权向任何一个有管辖权的法院提起诉讼。作为追偿权纠纷和反担保合同纠纷两个不同诉讼合并审理的四个当事人，在确定案件管辖问题上没有先后顺序之分，故辽宁高院对本案有管辖权。

2.6

v.2:375

2005

实务要点：作为追偿权纠纷和反担保合同纠纷两个不同诉讼合并审理的四个当事人，在确定案件管辖问题上没有先后顺序之分。

案例索引：最高人民法院（2005）民二终字第168号“某实业公司与某化工公司等借款担保追偿权纠纷案”，见《作为追偿权纠纷和反担保合同纠纷两个不同诉讼合并审理的当事人，在确定案件的管辖问题上没有先后顺序之分——北京北大青鸟有限责任公司与辽宁华锦化工（集团）有限责任公司、沈阳公用发展股份有限公司、北京地业房地产开发有限公司、沈阳江胜金融大厦管理有限公司借款担保追偿权纠纷案》（审判长吴庆宝，代理审判员宫邦友、刘敏），载《最高人民法院商事审判指导案例·借款担保卷（上）》（2011:375）。

571 担保纠纷由担保人住所地法院管辖，非属专属管辖

——担保纠纷由担保人住所地法院管辖不是专属管辖性质。当事人在合同中关于合同履行地法院管辖的约定应为有效。

标签：保证 | 管辖 | 不良资产 | 担保管辖 | 专属管辖 | 担保合同

法院认为：根据《民事诉讼法》关于“因合同纠纷提起的诉讼，由被告住所地或者合同履行地人民法院管辖”和最高人民法院《关于如何确定

案情简介：2002年，投资公司向银行借款，实业公司、开发公司等担保人分别与银行签订质押合同或保证合同，所有合同均约定由乙方即银行所在地法院管辖。2004年，受让银行该不良债权的资产公司在银行和资产公司所在地即北京高院起诉，实业公司认为本案应由第一被告投资公司所在地即新疆高院管辖。

2.6

v.2:386

2005

3

借款合同履行地问题的批复》（法复〔1993〕10号）关于“除当事人另有约定外，应确定贷款方所在地为合同履行地”之规定，本案所涉借款合同履行地应为银行所在地即北京市，案件可由北京法院管辖。尽管最高人民法院《关于适用〈担保法〉若干问题的解释》第129条第1款规定：“担保人承担连带责任的担保合同发生纠纷，债权人向担保人主张权利的，应当由担保人住所地的法院管辖”，但该规定并非专属管辖的规定。根据《民事诉讼法》关于“合同的双方当事人可以在书面合同中协议选择被告住所地、合同履行地、合同签订地、原告住所地、标的物所在地人民法院管辖，但不得违反本法对级别管辖和专属管辖的规定”之规定，由于本案当事人关于管辖的约定并未违反法律关于级别管辖和专属管辖的规定，故本案诉讼管辖约定应为有效。鉴于银行与资产公司签订债权转让协议并受让债权，合同中关于诉讼管辖的约定亦应对资产公司产生效力。由于本案中，无论贷款人还是债权受让人住所地皆在北京，故北京高院对本案享有管辖权。

实务要点： 最高人民法院《关于适用〈担保法〉若干问题的解释》第129条第1款规定：“担保人承担连带责任的担保合同发生纠纷，债权人向担保人主张权利的，应当由担保人住所地的法院管辖。”该规定并非专属管辖的规定。当事人在合同中约定合同履行地法院管辖的，只要不违反级别管辖和专属管辖的规定，应为有效。

案例索引： 最高人民法院（2005）民二终字第125号“某投资公司与某实业公司等借款合同纠纷案”，见《担保人承担连带责任时由担保人住所地法院管辖的规定，并非专属管辖——重庆国际实业投资股份有限公司与北京首创资产管理有限责任公司、德隆国际战略投资有限公司、新疆航空公司、武汉华策投资有限公司、新疆德隆（集团）有限责任公司借款合同纠纷案》（审判长叶小青，审判员陈明焰，代理审判员王闯），载《最高人民法院商事审判指导案例·借款担保卷（上）》（2011:386）。

572 当事人约定的贷款人所在地法院管辖，应优先适用

——当事人协议约定贷款人所在地法院管辖应优先适用，唯在当事人未约定情况下，才适用法律规定来确定地域管辖。

标签：保证 | 管辖 | 借款合同 | 专属管辖 | 协议管辖 | 担保合同

法院认为： 案涉借款合同和保证合同均对争议解决作出“由贷款方所在地法院诉讼解决”的约定，属于《民事诉

案情简介：2006年，银行在其住所地的山东高院以借款担保合同纠纷起诉实业公司及担保人开发公司。借款合同和保证合同管辖条款均约定“由贷款方所在地法院诉讼解决”。两被告均提出管辖异议：实业公司以其系上海证券交易所挂牌上市公司为由，主张应由上海高院管辖；开发公司以其住所地及被查封不动产在北京为由，认为应由北京高院管辖。

讼法》规定的协议管辖的性质。当事人选择诉讼管辖的连接地点亦属法定可选择范围，即贷款人所在地法院管辖案件。对该约定，当事人并未证明系违背其真实意思而签订，符合我国《民事诉讼法》及最高人民法院《关于当事人在合同中协议选择管辖法院问题的答复》（法函〔1995〕157号），亦不违反法律强制性规定，应认定有效。该协议管辖约定，应在适用《民事诉讼法》“因合同纠纷提起的诉讼，由被告住所地或者合同履行地人民法院管辖”规定确定管辖前，得到优先适用。只有在当事人对诉讼管辖未约定情况下，才适用法律规定来确定地域管辖。故应驳回双方的管辖异议。

实务要点：当事人协议管辖约定，应优先于《民事诉讼法》关于“因合同纠纷提起的诉讼，由被告住所地或者合同履行地人民法院管辖”的规定而得到适用。只有在当事人对诉讼管辖未约定的情况下，才有适用法律规定来确定地域管辖的问题。

2.6

v.1:674

2005

案例索引：最高人民法院（2006）民二终字第146号“某银行与某实业公司等借款担保合同管辖权异议案”，见《协议管辖有效的条件——山东金泰集团股份有限公司、北京新恒基房地产集团有限公司与中国工商银行股份有限公司济南高新支行借款担保合同纠纷案件管辖权异议案》（审判长裴莹硕，审判员朱海年，代理审判员宫邦友），载《最高人民法院商事审判指导案例·合同卷（下）》（2011:674）。

573 借款合同中“乙方所在地”协议管辖条款，应有效

——当事人在借款担保合同中约定由“乙方所在地法院”管辖，而“乙方所在地”即贷款人银行所在地，该约定有效。

标签：保证 | 管辖 | 借款合同 | 选择管辖 | 乙方所在地 | 原告所在地

案情简介：2005年，位于广东的银行以借款担保合同纠纷在本地法院起诉投资公司及保证人实业公司。被告以借款合同及保证合同中约定的“乙方所在地”法院管辖条款超出法律规定范围，应认定无效为由，提出应由被

法院认为：本案借款合同与保证合同所约定的关于发生纠纷形成诉讼的管辖法院是一致的，由乙方即出借方银行所在地的法院管辖。而出借方在本案中就是原审原告，该约定符合我国《民事诉讼法》及最高人民法院《关于当事人在合同中协议选择管辖法院问题的答复》（法函〔1995〕157号）有关当事人协议管辖所选择范围的规定。本案合同约定的管辖条款具有合法性，对当事人具有约束力。由于本案主、从合同约定的管辖条款的一致性，不存在原告如何分别或单独仅起诉主债务人和担保人的情况下应适用不同管辖约定的问题。本案当事人协议

告住所地法院即北京法院管辖。

管辖条款未违反《民事诉讼法》关于级别和专属管辖的强制性规定，故应驳回被告的管辖异议。

2.6

v.1:678

2005

实务要点： 当事人在借款担保合同中约定由“乙方所在地法院”管辖，而“乙方所在地”即发放贷款的银行所在地。出借人银行作为原告提起诉讼，符合《民事诉讼法》及最高人民法院《关于当事人在合同中协议选择管辖法院问题的答复》（法函〔1995〕157号）有关当事人协议管辖所选择范围的规定，故该协议管辖约定有效。

案例索引： 最高人民法院（2005）民二终字第124号“某银行与某投资公司等借款担保合同管辖异议案”，见《协议管辖符合法律规定需要具备的条件——深圳市生物港投资公司、中国普天信息产业集团公司与中国民生银行股份有限公司深圳分行借款担保合同纠纷管辖权异议案》（审判长叶小青，审判员朱海年、陈明焰），载《最高人民法院商事审判指导案例·合同卷（下）》（2011:678）。

3

574 应以名义借款人而非实际借款人的住所地确定管辖

——作为被告的借款人以其系名义借款人为由，主张应按实际借款人或用资人的住所地来确定管辖的，法院不予支持。

标签： 保证 | 管辖 | 借款合同 | 实际借款人 | 形式内容 | 实质关系

案情简介： 2005年，位于广东的银行以借款担保合同纠纷在广东高院起诉投资公司及保证人实业公司。被告提出实业公司系实际借款人和用资人，应由实业公司住所地法院即北京高院管辖。

法院认为： 本案借款合同形式上表现出来的是银行与投资公司之间签订，实业公司只是担保人，属于不同的法律关系。至于实业公司所称本案合同存在以合法形式掩盖非法目的，需要实体审理查明。但确定本案管辖仍要以合同形式内容来确定，而不是以所谓实质关系来确定。故应驳回投资公司及实业公司的管辖权异议。

实务要点： 借款人以其系名义借款人主张应按实际借款人或用资人的住所地来确定管辖法院的，法院不予支持。

2.6

v.1:678

2005

案例索引： 最高人民法院（2005）民二终字第124号“某银行与某投资公司等借款担保合同管辖异议案”，见《协议管辖符合法律规定需要具备的条件——深圳市生物港投资公司、中国普天信息产业集团公司与中国民生银行股份有限公司深圳分行借款担保合同纠纷管辖权异议案》（审判长叶小青，审判员朱海年、陈明焰），载《最高人民法院商事审判指导案例·合同卷（下）》（2011:678）。

575 保证人担责后，行使追偿权可由其住所地法院管辖

——多个连带责任保证人之一代替借款人还款后，作为原告向借款人及其他保证人起诉还款，可以其住所地法院管辖。

标签：保证 | 管辖 | 担保合同 | 多个保证人 | 贷款人住所地法院管辖

案情简介：2001年，位于湖南的软件公司为位于黑龙江的科技公司向银行贷款2亿元提供连带责任保证。同时，位于陕西的科技集团、位于海南的电子公司均以持有软件公司的股权为银行提供联合质押担保。因科技公司到期未偿，银行依保证合同约定扣划软件公司1.8亿元后，软件公司在湖南法院起诉科技公司、科技集团、电子公司。科技公司提出管辖异议。

法院认为：本案系因贷款合同履行还款义务引发纠纷，故应依贷款合同确定地域管辖。根据最高人民法院《关于如何确定借款合同履行地问题的批复》，贷款方所在地法院享有本案的地域管辖权。由于软件公司代替科技公司履行了还款义务，故实际上软件公司取得了银行作为贷款方的法律地位。软件公司的住所地即湖南法院享有本案的地域管辖权。故本案应驳回科技公司所提管辖权异议。

实务要点：多个连带责任保证人之一代替借款人还款后向借款人及其他保证人起诉还款，原告实际上取得贷款方的法律地位，依据最高人民法院《关于如何确定借款合同履行地问题的批复》，可以其住所地法院管辖。

案例索引：湖南高院裁定"某软件公司与某科技公司等借款合同纠纷管辖异议案"，见《中科软件集团有限公司与黑龙江圣方科技股份有限公司、西安圣方科技股份有限公司、三亚宽频数码港有限责任公司借款合同纠纷管辖权异议案》（袁皓，湖南高院立案庭），载《立案工作指导·诉讼管辖》（200401/6:39）。

2.3

200401/6:39

2004

576 主合同仲裁管辖条款的效力，不及于从合同保证人

——主合同约定有仲裁条款，从合同即保证合同未约定，债权人单独对保证人起诉时，不受主合同仲裁条款约定拘束。

标签：保证 | 管辖 | 仲裁 | 关联合同 | 主、从合同

案情简介：1994年，房产公司将工程发包给市政府直属的开发公司，双方所签《总承包工程合同》约定了仲裁条款。同日，市政府作为保证人与房产公司签订的《履约确认书》未约定仲裁条款。2001年，因开发公司未依

法院认为：债权人与保证人签订的《履约确认书》中并未约定仲裁条款。本案系房产公司诉市政府的履约担保纠纷，与房产公司和开发公司之间的承包工程合同纠纷系两个不同的民事关系。房产公司与市政府之间形成的履约担保民事关系不受房产公司与开发公司承包合同中约定的仲裁条款的约束，双方在所签《履约确认书》中并未选择仲裁方式解决纠纷。房产公司的起诉符合《民事诉讼法》的规定，广东高院应予受理。

约完工，房产公司起诉开发公司、市政府承担偿还工程款后撤诉，又单独起诉市政府要求支付工程款2.4亿余元。

实务要点： 主合同约定有仲裁条款，从合同即保证合同未约定仲裁条款，债权人单独对担保人提起诉讼时，不受主合同约定的仲裁条款约束。

案例索引： 最高人民法院判决“某房产公司与某政府担保纠纷案”，见《主合同协议仲裁管辖的，其效力能否及于从合同中的保证人——惠州纬通房产有限公司与惠州市人民政府履约担保纠纷案》（刘敏），载《民商审判指导与参考·案例评析》（200201/1:250）。

2.1

200201/1:250

2002

3

577 债权人申请仲裁后，可单就保证合同纠纷提起诉讼

——主合同约定了仲裁条款，保证合同未约定，债权人就主合同申请仲裁并在裁决作出后可就保证合同纠纷单独起诉。

标签： 保证 | 管辖 | 担保合同 | 仲裁 | 关联合同 | 融资租赁

案情简介： 1986年，租赁公司与纤维厂签订融资租赁合同，银行提供担保，约定“在纤维厂无力还款时，于逾期10日内代纤维厂承担还款义务”。因租赁合同约定了仲裁条款，保证合同未约定仲裁条款，1997年，租赁公司在纤维厂无力履行债务时，起诉银行承担保证责任。法院发现仲裁条款后裁定中止诉讼。1998年11月，仲裁委员会就租赁公司与纤维厂债务作出裁决后，法院恢复诉讼，并于1999年4月作出一审判决，判令银行承担清偿责任。2000年9月，最高人民法院终审维持原判。2001年2月，租赁公司申请执行。

法院认为： 银行为纤维厂和租赁公司所作担保未约定仲裁条款，故仲裁委作出仲裁裁决后，纤维厂要求确认保证范围和性质不属于仲裁协议范围。银行非仲裁协议主体，保证事宜不属仲裁管辖。本案仲裁只是诉讼中的一个环节，不能将其作为一个孤立的仲裁案件对待。法院对租赁公司提起的保证合同纠纷案件立案审理正确，不能将仲裁裁决作出之日作为申请执行的期限开始计算之日。因保证合同作为独立的法律关系，依最高人民法院《关于人民法院执行工作若干问题的规定（试行）》第18条规定，本案可立案执行。

实务要点： 主合同约定了仲裁条款，一般保证合同未约定仲裁条款，债权人就主合同申请仲裁并在仲裁裁决作出后可就保证合同纠纷单独起诉，仲裁裁决作出之日不能作为要求保证人承担保证责任的申请执行期限计算起始日。

案例索引： 最高人民法院《关于华和国际租赁有限公司申请强制执行一案应否立案请示的复函》（2001年9月6日〔2001〕执立他字第1号），案见“中国工商银行高密市支行与山东省高密合成纤维总厂、华和国际租赁有限公司租赁合同纠纷执行案”，见《关于华和国际租赁有限公司申请强制执行一案应否立案的请示与答复》（张桂花，最高院立案庭），载《立案工作指导与参考·请示

2.3

与答复》（200201/1:158）。

200201/1:158

2001

578 侵权案中有担保纠纷的，按侵权法律关系确定管辖

——在侵权纠纷中，存在担保纠纷的，亦应根据主合同确定案件管辖，以主诉的侵权法律关系来确定整个案件的管辖。

标签：保证 | 管辖 | 竞合关系 | 法律关系

案情简介：2007年，客运公司与运输公司车辆相撞，运输公司就其处理事故过程中替客运公司垫付的3.3万元医疗费，向作为共同被告的保证人顾某所在地法院提起侵权诉讼。客运公司以其住所地不在该辖区为由提出管辖权异议。

法院认为：因主诉法律关系和担保法律关系发生纠纷提起诉讼的，应根据主诉法律关系确定案件管辖。本案中，顾某给运输公司出具保函，自愿承担保证责任，本案应存在两个法律关系：一是运输公司与客运公司之间的财产损害赔偿法律关系，二是顾某与运输公司之间的保证合同关系，该两种法律关系属于主、从法律关系。故本案应以主诉法律关系确定管辖，裁定移送至客运公司住所地法院管辖。

实务要点：合同担保纠纷中，主从合同同时发生纠纷的，应根据主合同确定案件管辖。在侵权纠纷中，存在担保纠纷的，应参照适用前述规定，以主诉的侵权法律关系来确定整个案件的管辖。

3.4

201002:21

2009

案例索引：江苏南通中院（2009）通中民一立终字第0064号“海门市华欣客运有限公司与启东安康石化运输有限公司、顾陆平担保侵权赔偿纠纷案”，见《侵权诉讼因担保产生管辖权争议的处理》（石志祥），载《人民司法·案例》（201002:21）。

579 香港当事人在香港获胜诉判决后，仍可在内地起诉

——香港公司在香港胜诉并获得部分执行后以担保人在我国内地拥有财产为由，在内地另行起诉的，内地法院应受理。

标签：保证 | 管辖 | 涉港澳台 | 执行 | 涉外执行 | 诉讼程序 | 重复诉讼

案情简介：1998年，因置业公司欠具有放债许可证的财务公司贷款，香港法院裁决保证人实业公司对置业公司逾期贷款承担连带清偿责任。2000年，

法院认为：虽然本案纠纷曾在香港诉讼，但因目前内地与香港特别行政区之间尚无相互申请承认和执行对方法院判决的安排，且本案当事人在有关贷款协议及承诺书中并未选择管辖法院，故财务公司在其权益仍未得到有效保障情况下，向有可供执行财产地的内地法院起诉请求保护其合法权益，本案法院具有司法管辖权。因合同当事人约定适用香港法律，根据香港《放债人条例》规定及香港现行有关债之担保的法例，

在获得部分执行后，就余下贷款，财务公司在内地向实业公司财产所在地法院以借款担保合同纠纷提起诉讼。

3.1

200202/40:300

2000

实业公司依约应对财务公司承担担保责任。

实务要点： 在大陆与香港之间建立司法文书相互承认与协助执行制度前，香港公司在香港胜诉并获得部分执行后以担保人在我国内地享有财产为由，在内地另行起诉的，内地法院享有管辖权。

案例索引： 广东广州中院2000年4月13日判决“某财务公司诉某置业公司等债务纠纷案”，见《美达多公司在香港胜诉并获执行后诉瑞昌公司等以在内地的财产清偿尚欠债务案》（汪秀兰、王天喜），载《人民法院案例选》（200202/40:300）。

3

合并审理

580 同一债权人多笔债权有多个担保人的，应分开审理

——原告据以提起诉讼的基础法律关系涉及多份借款合同，担保人、担保对象、金额、方式均不相同，不应合并审理。

标签： 保证 | 合并审理 | 不良资产 | 管辖 | 担保合同 | 抵押

案情简介： 2007年，从资产公司受让不良债权3200万余元的投资公司起诉债务人矿业集团和矿产公司，同时起诉为数份债务提供担保的农机公司等6个担保人，包括自然人和法人，保证方式包括保证和抵押。农机公司提出管辖权异议，并称不能合并审理。

法院认为： 投资公司据以起诉的基础法律关系涉及多份借款合同，借款人为矿业集团和矿产公司两家公司，为借款合同提供担保的担保人既有多个自然人又有多个法人，各担保人所提供担保的对象、金额、方式也不相同。根据《民事诉讼法》第53条规定，此类诉的合并需要当事人同意和法院许可。而作为本案当事人之一的农机公司对投资公司在原审法院提起的诉讼明确提出了管辖权异议且不同意合并审理，原审法院也不认为本案可以合并审理，故投资公司在原审法院所提起的诉讼不具备法定的合并审理的条件，依法应予驳回。

一审法院裁定认为本案不属于合并审理的共同诉讼，应根据每个借款合同分别起诉，各自分开审理。

实务要点： 原告据以提起诉讼的基础法律关系涉及多份借款合同，虽然借款人为同一主体，但多份借款合同提供担保的担保人均系多人，各担保人所提供担保的对象、金额、方式也不相同。根据《民事诉讼法》的规定，此类诉讼的合并需要当事人同意并经法院许可，否则法院对此类案件不予合并审理。

1.1

2008:447

2007

案例索引： 最高人民法院（2007）民四终字第28号“某投资公司与某矿业集团等借款担保合同纠纷案”，见《瑞华投资控股公司与山东鲁祥铜业集团有限公司、山东省嘉祥景韦铜业有限公司、陈中荣、高学敏等借款担保合同纠纷案》（审判长陆效龙，代理审判员陈纪忠、奚向阳），载《最高人民法院公报·裁判文书选登》（2008:447）。

581 担保人与债务人相同的，诉的合并与否，法院决定

——诉的合并既可基于当事人的申请，亦可由法院决定。担保人与债务人系同一人的，诉的合并与否，可由法院决定。

标签： 保证 | 合并审理 | 借款合同 | 法院受理 | 不良资产 | 管辖 | 担保合同

案情简介： 1994年至1997年，水泥厂先后5次向银行借款1260万元，建材公司与化工公司分别作为保证人。2000年，银行将该5笔不良金融债权本息转让给资产公司。2003年，何某受让债权后起诉。化工公司认为本案担保人不同，不应合并审理。

法院认为： 诉的合并既可基于当事人的申请，亦可由法院决定。本案中涉及的两个债务纠纷，债权人均为何某，债务人均为水泥厂，债权债务的性质相同，且均属于一审法院管辖范围，法院将两个债务纠纷合并审理并无不当。化工公司仅以债务的担保人不同，提出不应合并审理，其主张应予驳回。

实务要点： 诉的合并既可基于当事人的申请，亦可由法院决定；担保人与债务人系同一人的，由法院决定是否合并审理。

1.1

2004:197

2.2

200304/16:412

2003

案例索引： 最高人民法院（2003）民一终字第46号“何某诉某化工公司等债务纠纷案”，见《何荣兰诉海科公司等清偿债务纠纷案》（审判长俞宏武，代理审判员贾劲松、关丽），载《最高人民法院公报·裁判文书选登》（2004:197）；另见《东营市海科化学工业有限责任公司与何荣兰、东营水泥制品厂、东营市黄河口建材开发总公司清偿债务纠纷上诉案》，载《民事审判指导与参考·最高人民法院裁判文书选登》（200304/16:412）。

582 同一保证人为同一债权人数笔债担保，可合并审理

——同一债权人因同一保证人为数个不同主债务人提供连带保证责任而诉请保证人承担保证责任，法院可以合并审理。

标签：保证 | 合并审理 | 不良资产 | 管辖 | 担保合同 | 诉的客体合并

案情简介：1998年至2000年期间，电子公司分别为实业公司等4个不同的债务人向银行借款提供连带责任保证。2011年，受让银行该不良债权的资产公司起诉电子公司，要求承担上述4笔总计1.6亿余元的保证债务。电子公司在二审提出管辖权异议，法院以应追加主债务人作为无独立请求权第三人为由发回重审。重审过程中，电子公司以4笔债务不同，且均不符合一审高院级别管辖的数额为由，提出管辖权异议。

3

2.6

v.9:463

2012

法院认为：本案中，资产公司仅起诉电子公司，符合最高人民法院《关于适用〈担保法〉若干问题的解释》第126条“连带责任保证的债权人可以将债务人或者保证人作为被告提起诉讼，也可以将债务人和保证人作为共同被告提起诉讼”规定。依《民事诉讼法》第56条关于“对当事人双方的诉讼标的，第三人虽然没有独立请求权，但案件处理结果同他有法律上的利害关系的，可以申请参加诉讼，或者由人民法院通知他参加诉讼”规定，基于查清案涉主债务数额等相关事实，明确担保责任范围需要，应将案涉主债务人追加为第三人。依最高人民法院《关于适用〈民事诉讼法法〉若干问题的意见》第66条“在诉讼中，无独立请求权的第三人有当事人的诉讼权利义务，判决承担民事责任的无独立请求权的第三人有权提出上诉。但该第三人在一审中无权对案件的管辖权提出异议，无权放弃、变更诉讼请求或者申请撤诉”规定，即使主债务人作为无独立请求权的第三人参加本案诉讼，其在诉讼中亦无独立的诉讼请求，无权提出管辖权异议。《民事诉讼法》第53条主要是对诉的主体合并的规定，其适用条件之一是当事人一方或双方应为二人以上。本案双方均为单一主体，实质上是诉的客体合并。关于诉的客体合并，我国法律并无“必须经当事人同意”的强制性规定。依审判惯例，法院将此类案件合并审理，可节约诉讼成本，减少当事人诉累，且不损害当事人合法权益。电子公司一审未提出管辖权异议，法院据此进行了实体审理，在二审以未追加主债务人参加诉讼发回重审过程中，基于管辖恒定原则，不宜再改变管辖法院。故本案应继续由原审法院审理。

实务要点：同一债权人因同一保证人为数个不同主债务人提供连带保证责任而诉请保证人承担保证责任引起的保证合同纠纷，法院基于诉的客体合并，在法律并无“必须经当事人同意”的强制性规定情况下，可以合并审理。

案例索引：最高人民法院（2012）民二终字第117号“某资产公司与电子公司保证合同纠纷案”，见《关于诉的客体的合并，我国法律中并无“必须经当事人同意”的强制性规定——中国长

城资产管理公司长春办事处与吉林华星电子集团有限公司保证合同纠纷案》（审判长王东敏，审判员刘崇理，代理审判员曾宏伟），载《最高人民法院商事审判指导案例（2012）·公司与金融》（2013:463）。

583 债权人可将同一债务人和多个保证人列为共同被告

——债权人和债务人相同的多笔借款合同，尽管借款期限、金额、保证人不同，各保证人仍可作为共同被告合并审理。

标签：保证 | 合并审理 | 不良资产 | 共同被告

案情简介：2002年至2004年，开发公司先后四次向银行借款，分别由不同保证人提供担保。2005年，受让该金融债权的公司以开发公司和各保证人为共同被告一并起诉。

法院认为：最高人民法院《关于适用〈民事诉讼法〉若干问题的意见》第53条规定："因保证合同纠纷提起的诉讼，债权人向保证人和被保证人一并主张权利的，人民法院应当将保证人和被保证人列为共同被告。"故本案法院将各保证人列为共同被告进行合并审理，符合法律规定。

实务要点：债权人和债务人相同的多笔借款合同，尽管借款期限、金额，保证主体、期限、方式不同，各保证人仍可作为共同被告，由法院合并审理。

2.6

v.2:782

2007

案例索引：最高人民法院（2007）民二终字第180号"某资产公司与某实业公司等借款担保合同纠纷案"，见《因保证合同纠纷提起的诉讼，债权人向保证人和被保证人一并主张权利的，人民法院应当将保证人和被保证人列为共同被告——西藏海特实业开发有限公司与中国长城资产管理公司成都办事处、成都海成实业开发有限公司、成都市兴泰装饰工程有限公司、成都市公交瑞阳实业有限公司借款担保合同纠纷案》（审判长付金联，审判员张树明，代理审判员王涛），载《最高人民法院商事审判指导案例·借款担保卷（下）》（2011:782）。

584 借款人相同，担保人不同的数份合同，可合并审理

——对于诉讼主体相同，且合同目的、解除条件上均有一定关联性的多份借款担保合同，法院进行合并审理并无不当。

标签：保证 | 合并审理 | 借款合同 | 法院受理 | 担保人不同 | 借款主体相同

法院认为：案涉6份借款合同，债权人均为银行，债务人均为线缆公司。上述合同在合同目的、解除条件上均有一定关联性。银行将上述借款合同纠纷一并起诉并无不当，法院合

案情简介： 2003年至2004年，线缆公司先后与银行签订6份借款合同，分别由铝业公司等不同的担保人提供担保。2005年，银行以借款合同纠纷起诉。线缆公司以本案不能合并审理为由，主张程序违法。

2.6

v.2:324

2005

3

并审理并不违反《民事诉讼法》相关规定。本案合并审理并不妨碍债务人线缆公司行使诉权，同时减少了包括债务人线缆公司在内的相关当事人的诉累，提高了诉讼效率，故线缆公司关于本案不能合并审理的理由，不予支持。

实务要点： 对于诉讼主体相同，且合同目的、解除条件上均有一定关联性的多份借款担保合同，合并审理并不妨碍债务人行使诉权，同时减少了当事人诉累，提高了诉讼效率，当事人以保证人不同提出不能合并审理的，不予支持。

案例索引： 最高人民法院（2005）民二终字第224号“某银行与某线缆公司等借款合同纠纷案”，见《合同系附解除条件的合同的，解除条件成立时，债权人可以立即解除合同——河北宝丰线缆有限公司与中国建设银行股份有限公司沧州新华路支行及河北惠丰塑料制造有限公司、河北神力电工机械有限公司、河北振海铝业集团有限公司借款合同纠纷案》（审判长金剑锋，代理审判员陈百灵、杨征宇），载《最高人民法院商事审判指导案例·借款担保卷（上）》（2011:324）。

585 担保追偿权纠纷，可由任一被告住所地的法院管辖

——作为追偿权纠纷和反担保合同纠纷两个不同诉讼合并审理的四个当事人，在确定案件管辖问题上无先后顺序之分。

标签： 保证 | 合并审理 | 管辖 | 追偿权 | 第一被告

案情简介： 2005年，化工公司承担保证责任后，以借款担保追偿权纠纷起诉住所地在辽宁的主债务人实业公司，以及为其提供反担保的科技公司、开发公司。科技公司认为其系第一被告，故应由其住所地的北京法院管辖为由提出异议。

法院认为： 化工公司作为借款合同连带责任保证人在承担债务人实业公司债务的偿还责任后，将其向债务人行使追偿权和要求反担保人科技公司、开发公司等承担反担保责任的两个诉并案提起诉讼，不违反法律规定。根据《民事诉讼法》关于“对法人或者其他组织提起的民事诉讼，由被告住所地人民法院管辖。同一诉讼的几个被告住所地、经常居住地在两个以上人民法院辖区的，各该人民法院都有管辖权”的规定，作为本案的四个被告住所地法院均对本案有管辖权。在多个法院对案件均有管辖权的情况下，原告有权向任何一个有管辖权的法院提起诉讼。作为追偿权纠纷和反担保合同纠纷两个不同诉讼合并审理的四个当事人，在确定案件管辖问题上没有先后顺序之分，故辽宁高院对本案有管辖权。

2.6
v.2:375
2005

实务要点： 作为追偿权纠纷和反担保合同纠纷两个不同诉讼合并审理的四个当事人，在确定案件管辖问题上没有先后顺序之分。

案例索引： 最高人民法院（2005）民二终字第168号“某实业公司与某化工公司等借款担保追偿权纠纷案”，见《作为追偿权纠纷和反担保合同纠纷两个不同诉讼合并审理的当事人，在确定案件的管辖问题上没有先后顺序之分——北京北大青鸟有限责任公司与辽宁华锦化工（集团）有限责任公司、沈阳公用发展股份有限公司、北京地业房地产开发有限公司、沈阳江胜金融大厦管理有限公司借款担保追偿权纠纷案》（审判长吴庆宝，代理审判员宫邦友、刘敏），载《最高人民法院商事审判指导案例·借款担保卷（上）》（2011:375）。

586 同一债权人但债务人、担保人不同的合并审理特例

——对于案件的诉讼标的属于同一种类，法院认为可以合并审理并经各方当事人同意的，可以作为共同诉讼合并审理。

标签：保证 | 合并审理 | 不良资产 | 管辖 | 担保合同

案情简介： 1989年至1996年，银行分别向电石厂、冶炼厂发放三批贷款，并分别由胶带厂、油漆厂、矿产公司提供连带责任保证。2004年，受让该批不良金融债权的资产公司以借款担保合同纠纷合并起诉。一审以超过诉讼时效或无证据原件判决驳回，资产公司上诉要求改判，同时提出一审合并审理三个不同的法律关系存在程序瑕疵。

法院认为： 本案涉及三个不同的法律关系，除了债权人为同一主体即资产公司外，债务人、担保人均不相同，诉讼标的不同，但属于同一种类。根据《民事诉讼法》相关规定，对诉讼标的为同一种类，法院认为可以合并审理并经当事人同意的，为共同诉讼。本案三个被上诉人虽在一审答辩期间未提出管辖异议，但对原审法院合并审理提出过异议，未被原审法院采纳。鉴于本案是上诉人作为一审原告提起的共同诉讼，已经原审开庭审理，上诉人在具体上诉请求中又要求二审改判三被上诉人分别承担连带保证责任，应视为上诉人同意本案由二审法院审理并作出实体判决。故对上诉人关于原审法院合并审理案件存在程序瑕疵的问题，本院不再审理。

实务要点： 对诉讼标的为同一种类，法院认为可以合并审理并经当事人同意的，可以作为共同诉讼合并审理。

2.1
200501/7:248
2004

案例索引： 最高人民法院（2004）民二终字第208号“某资产公司与某进出口公司等借款担保合同纠纷案”，见《中国信达资产管理公司银川业务部与宁夏五金矿产进出口公司等借款担保合同纠纷上诉案》（审判长吴庆宝，代理审判员宫邦友、刘敏），载《民

商事审判指导·判决书选登》(200501/7:248)。

587 违法合并审理，不影响实体公正的，可不发回重审

——应经而未经各方当事人同意而合并审理的案件，鉴于案件实体审理并无不当，二审可对此案不再作发回重审处理。

标签：保证 | 合并审理 | 诉讼程序 | 借款合同 | 管辖 | 担保合同

案情简介：1998年至1999年，武汉农行下属青山支行某分理处、武昌支行某分理处、办事处分别与商贸公司签订抵押借款合同，实业公司、经贸公司等分别提供保证担保。2002年，湖北农行下发通知，要求案涉三份债权由江城支行行使。2004年，江城支行一并起诉主张上述贷款本息，一审合并审理并判决支持。二审中实业公司提出本案不应合并审理。

法院认为：借款合同分别约定了不同的内容和权利义务主体，属于三个不同的法律关系，所生纠纷原则上应分别予以受理。根据《民事诉讼法》关于“当事人一方或者双方为二人以上，其诉讼标的是共同的，或者诉讼标的是同一种类、人民法院认为可以合并审理并经当事人同意的，为共同诉讼”的规定，对于诉讼标的是同一种类、法院认为可将若干案件合并审理的，原则上应经合并各方当事人同意，否则不得合并审理。一审法院在未经当事人同意情况下，将三个案件合并审理不符合法律规定。但鉴于实业公司上诉并未主张二审法院将该案发回重审，且本案实体审理并无不当，根据《民事诉讼法》关于“原判决违反法定程序，可能影响案件正确判决的，裁定撤销原判决，发回原审人民法院重审”规定，本案不再发回重审。

3

2.6

v.2:378

2004

实务要点：对于诉讼标的是同一种类、法院认为可将若干案件合并审理的，原则上应经合并各方当事人同意，否则不得合并审理。但鉴于上诉人并未主张二审法院将该案发回重审，且案件实体审理并无不当，二审法院可对此案不再作发回重审处理。

案例索引：最高人民法院（2004）民二终字第202号“某银行与某实业公司等借款抵押合同纠纷案”，见《银行分支机构基于法人授权代行主张其他分支机构的债权，并未发生债权转让的法律事实，不属于最高额抵押担保的债权转让违反法律禁止性规定的情形——武汉黄鹤集团股份有限公司与中国农业银行武汉市江城支行、武汉黄鹤大洲商城有限公司、武汉华中商城借款抵押合同纠纷案》（审判长吴庆宝，代理审判员宫邦友、刘敏），载《最高人民法院商事审判指导案例·借款担保卷（上）》（2011:378）。

诉讼程序

588 判决将连带责任变为补充赔偿责任，未超诉请范围

——债权人诉请抽逃出资股东在抽逃出资范围内承担连带责任，法院调整为补充赔偿责任，不违背“不诉不理”原则。

标签：保证 | 诉讼程序 | 出资责任 | 连带责任 | 补充赔偿责任

案情简介：2008年，实业公司为贸易公司向银行贷款3000万元提供连带责任保证。2009年，银行起诉实业公司、贸易公司偿还贷款，并以投资公司在2000年为实业公司增资时将验资款5000万元划转为由，要求投资公司在抽逃资金范围内承担连带清偿责任。原审判决判令投资公司在抽逃资金范围内承担补充赔偿责任。投资公司据此认为原审判决违背“不诉不理”原则。

法院认为：股东抽逃出资，减少公司资本，损害公司和债权人利益，应在其抽逃范围内对公司债务不能清偿部分承担补充赔偿责任。银行在提起本案诉讼时请求判令投资公司承担连带偿还责任。原审法院判令投资公司对实业公司债务承担的补充给付责任与连带偿还责任相比，补充赔偿责任的承担人享有在对主债务人进行强制执行之前拒绝承担责任的抗辩权，故其责任轻于连带偿还责任，故原审判决事项并未超出原告请求范围。

实务要点：债权人诉请抽逃出资股东在抽逃出资范围内承担连带责任，法院调整为较轻的补充赔偿责任，因补充赔偿责任的承担人享有在对主债务人进行强制执行之前拒绝承担责任的抗辩权，故其责任轻于连带偿还责任，法院裁判调整不违背“不诉不理”原则。

案例索引：最高人民法院（2011）民提字第86号“某银行与某实业公司等借款合同纠纷案”，见《抽逃出资行为的认定及应承担的责任——源润控股集团股份有限公司与上海浦东发展银行股份有限公司天津分行、天津港保税区国臣国际贸易有限公司、天津国信集团有限公司、天津市通泰实业发展有限公司、天津国臣投资集团有限公司、孙建国借款合同纠纷案》（审判长雷继平，审判员陈明焰，代理审判员苑多然），载《最高人民法院商事审判指导案例-7·公司与金融卷》（2012:244）。

2.6

v.7:244

2011

589 保证人提起消极确认之诉时债权人的举证证明程度

——保证人以免除保证责任为由，以债权人为被告提起诉讼，因该消极确认之诉符合受案条件，故人民法院应予受理。

标签：保证 | 诉讼程序 | 消极确认之诉 | 担保关系

案情简介：2007年，钢铁集团以其收到银行要求其承担担保责任的催收函而主动起诉，要求确认其不承担担保责任。诉讼中，银行因未找到钢铁集团向其出具的担保书原件，未提起反诉，但出具了其他间接证据，以此证明双方之间可能存在的担保法律关系。

法院认为：诉权是当事人请求法院行使审判权保护其民事权益的权利，当事人行使诉权需具备当事人之间存在现实争议和诉的利益两个要件。本案资产公司向钢铁集团发出催收函后，双方之间就钢铁集团是否应承担担保责任的争议已存在，且钢铁集团存在通过诉讼尽早明确其法律地位的确认利益，由此避免由于争议所导致的不确定性，故钢铁集团提起要求确认其不承担担保责任的诉讼，符合法律规定，法院应予受理。作为一个主张消极事实的诉讼，钢铁集团要确认某种法律关系不存在有现实困难，故其行为意义上的举证责任因其客观上无法提供证据证明而完成，但这并不当然代表其结果意义上的举证责任亦已完成，而需要反观作为被告的资产公司是否有证据证明钢铁集团关于担保关系不存在的主张不成立。因资产公司未在本案中提出反诉，故资产公司的上述证明责任并不意味着其应承担担保关系确实存在的举证责任，而是通过资产公司的抗辩和证明来判断钢铁集团主张的事实是否成立。如因钢铁集团举证未达到证明标准以致事实真伪不明时，根据举证责任分配原则，钢铁集团应承担败诉的法律后果。本案资产公司提供的证据能否充分证明双方之间存在担保法律关系尚存在一定的不确定因素，但由此可能认定担保关系成立的概率远大于钢铁集团主张的双方不存在担保法律关系的概率。在目前双方是否存在担保法律关系的事实不清的情况下，应当依法驳回钢铁集团关于其不承担担保责任的诉讼请求。鉴于资产公司在本案中并未提出反诉，故关于资产公司是否对钢铁集团享有担保债权，本案不予审理。

3

2.1

201003/23:164

2.1

200904/20:126

2.7

2010:846

2.6

v.2:708

2009

实务要点：保证人以免除保证责任为由，以债权人为被告提起诉讼，因该诉符合《民事诉讼法》的受案条件，故法院应予受理。主张不承担担保责任而提起消极确认之诉的一方，行为意义上的举证责任因其客观上无法提供证据证明而完成，并不当然代表其结果意义上的举证责任亦已完成，在双方是否存在担保法律关系的事实不清的情况下，应依法驳回原告关于其不承担担保责任的诉讼请求。

案例索引：最高人民法院（2009）民二终字第119号“某资产公司与某钢铁集团保证合同纠纷案”，见《上诉人中国信达资产管理公司沈阳办事处与被上诉人中国中钢集团公司保证合同纠纷上诉案》（审判长张勇健，代理审判员刘敏、杨征宇），载《商事审判指导·商事裁判文书选登》（201003/23:164）；另见《消极确认诉讼案件的受理及举证责任分配问题——上诉人中国信达资产管理公司沈阳办事处与被上诉人中国中钢集团公司保证合同纠纷上诉案》（张勇健、刘敏，最高院民二庭），载《商事审判指导·商事审判案例分析》（200904/20:126）；另载《最高人民法院商事审判裁判规范与案例指导·案例指导》（2010:846）；另见《担保人存在通过诉讼尽早明确其法律地位的确认利益，享有提起要求确认其不承担担保责任的诉讼权利——中国信达资产管理公司沈阳办事处与中国中钢集团公司保证合同纠纷案》，载《最高人民法院商事审判指导案例·借款担保卷（下）》（2011:708）。

590 最高院驳回再审申请后，仍可因抗诉启动再审程序

——最高人民法院裁定驳回申请人再审申请后，因抗诉指令高级人民法院再审的，再审法院应另行组成合议庭予以再审。

标签：保证｜诉讼程序｜再审启动｜再审管辖｜通知驳回

案情简介：1999年，银行以担保纠纷起诉保证人开发公司要求承担连带责任，中院判决开发公司偿还银行646万余元款项后，因均未上诉而生效。2001年，开发公司申请再审，相继被中院、高院驳回。2003年，开发公司向省检察院申诉，省高院依检察院抗诉裁定提审并撤销原判，发回重审。2004年，中院重审驳回银行诉讼请求，银行上诉，省高院撤销重审判决，改判开发公司承担保证责任。2005年，省高院、最高人民法院相继裁定驳回开发公司再审申请。2006年，最高人民检察院提出抗诉。2007年，最高人民法院指令省高院再审。省高院认为开发公司的再审管辖权异议成立，该院不能再次进行再审。

法院认为：省高院依省检察院抗诉裁定提审后发回重审，对此抗诉案件并未进行实体审理；中院重审判决是一审判决，当事人可以上诉。银行不服中院重审判决上诉，省高院适用二审程序作出终审判决，不属于再审判决。最高人民法院通知驳回开发公司再审申请，决定不对本案提起再审，不等于通知省高院不能对本案提起再审，也不等于检察院不能抗诉。依《民事诉讼法》规定，检察院抗诉案件，法院应当再审。最高人民法院《关于正确适用〈关于人民法院对民事案件发回重审和指令再审有关问题的规定〉的通知》第1条规定："各级人民法院对本院已经发生法律效力的民事判决、裁定，不论以何种方式启动审判监督程序的，一般只能再审一次。"本案省高院并未对其二审案件进行过再审，省高院对开发公司再审申请予以驳回的通知和最高人民法院不予提起再审通知，均未进入再审程序。故本案由省高院再审，程序合法，省高院应另行组成合议庭对本案予以再审。

实务要点：最高人民法院裁定驳回申请人再审申请后，因最高人民检察院抗诉，最高人民法院指令高级人民法院再审的，高级人民法院应另行组成合议庭对该案予以再审。

2.3

200901/20:71

2009

案例索引： 最高人民法院裁定“某银行与某开发公司承兑汇票合同纠纷申请再审案”，见《上一级法院提审后裁定发回重审的案件，重审后所作的一、二审裁判不属于再审裁判——最高人民法院关于武汉华福房地产开发有限公司与招商银行武汉分行承兑汇票担保合同纠纷一案再审管辖权异议的答复》（张绳祖，最高院立案庭），载《立案工作指导·诉讼管辖》（200901/20:71）。

591 一方变更诉请，对方未提异议，法院可否继续审理

——一方当事人在庭审期间改变诉讼请求，对方当事人未提出异议，亦未要求法庭休庭，法院未休庭不构成程序违法。

标签：保证 | 诉讼程序 | 诉讼请求 | 变更诉讼请求 | 直接答辩

法院认为： 资产公司当庭改变诉讼请求，石材集团未提出异议，亦未要求法庭休庭，给予其相应的答辩期限，且当庭进行了答辩。石材集团上述行为应视为对自己诉讼权利的处分，原审法院未休庭不构成程序违法。

案情简介： 2005年，资产公司诉请石材集团承担石材厂欠款的偿还责任，一审庭审中放弃该诉请，要求承担上述欠款的连带保证责任。石材集团未提异议，亦未要求休庭及答辩期，而是当庭答辩。二审中认为原审变更诉讼请求程序违法。

3

实务要点： 一方当事人一审庭审期间当庭改变诉讼请求，对方当事人未提异议，亦未要求法庭休庭，给予其相应的答辩期限，且当庭进行了答辩，应视为对自己诉讼权利的处分，一审法院未休庭不构成程序违法。

案例索引： 最高人民法院（2007）民二终字第174号“某资产公司与某石材公司等借款担保合同纠纷案”，见《担保人在涉及债务人欠款的〈催收通知书〉的担保人位置加盖公章的，视为承诺提供担保——哈尔滨玉堂石材集团有限公司与中国信达资产管理公司哈尔滨办事处、北京东方玉堂石材贸易有限公司借款担保合同纠纷案》（审判长张树明，审判员王闯，代理审判员沙玲），载《最高人民法院商事审判指导案例·借款担保卷（下）》（2011:774）。

2.6

v.2:774

2007

592 借款人法定代表人涉嫌犯罪不影响借款担保案审理

——借款人的法定代表人因涉嫌犯罪被追究刑事责任，并不因此影响借款人承担民事责任，亦不需中止民事诉讼程序。

标签：保证 | 诉讼程序 | 借款合同 | 刑民交叉 | 法定代表人 | 一事不再理

法院认为： 本案借款人制衣公司、保证人酒店未按还款协议履行，虽然银行曾以相同诉讼标的、相同理由、相同被告在广州中院提起过诉讼，广州中院经审查认为有经济犯罪嫌

案情简介：2003年，银行诉请酒店对制衣公司所欠借款、信用证垫款承担连带保证责任。公安局认为制衣公司法定代表人杨某采用虚构事实和隐瞒事实真相方法，在无真实货物贸易背景情况下，签订虚假贸易合同，骗取银行信用证款项，涉嫌信用证诈骗罪。受案广州中院遂将该案移送公安局。2006年，银行又向广东高院起诉，经公安局函复刑事案件仍在侦查中，广东高院遂裁定驳回银行起诉。银行不服，向最高人民法院上诉。

疑，已将案件全案移送给公安机关侦查，但广州中院并未对当事人之间发生争议的民事纠纷进行实体审理和判决。本案系平等主体之间因财产关系发生纠纷而引起的民事案件，且未经法院实体审理和判决，属于法院受理民事诉讼范围，银行起诉符合《民事诉讼法》规定的受理条件，法院应予受理。制衣公司法定代表人杨某涉嫌信用证诈骗被追究刑事责任并不影响制衣公司承担民事责任。本案所涉合同是否有效，银行、酒店是否应承担民事责任及承担民事责任份额等，应通过实体审理才能依法决定。如本案在审理过程中须以刑事案件审理结果为依据，亦可中止本案诉讼，据此，银行关于本案属于法院受案范围，其起诉应予受理的主张，应予支持。

实务要点：借款人的法定代表人涉嫌犯罪被追究刑事责任并不影响借款人承担民事责任，不需中止诉讼程序。

2.6

v.2:836

2006

案例索引：最高人民法院（2006）民二终字第105号“某银行与某制衣公司等借款担保合同纠纷案”，见《借款人的法定代表人涉嫌犯罪被追究刑事责任并不影响借款人承担民事责任，不需中止诉讼程序——中国民生银行股份有限公司广州分行与广州百丰织袜制衣有限公司、广州市肇庆大酒店借款、担保合同纠纷案》（审判长付金联，审判员张树明，代理审判员王涛），载《最高人民法院商事审判指导案例·借款担保卷（下）》（2011:836）。

593 当事人本该享有的实体权利，因未上诉，视为放弃

——二审当事人未提出诉讼请求，除非一审判决违反法律禁止性规定、侵害社会公共利益或他人利益，否则不予审查。

标签：保证 | 诉讼程序 | 审理范围 | 企业改制 | 二审审理范围

案情简介：1995年和1997年，煤矿分别向银行贷款400万元、300万元，冶金公司均提供连带责任保证。期间，煤矿下属的化工厂与其他企业成立了化工集团，银行一直向化工厂和化工集团主张债权。后来，化工集团在未通知债权人情况下分立变更成由化工

法院认为：银行向化工集团追讨债务，应认定为向化工集团所有的所属企业主张权利的行为。化工集团在企业分立过程中未履行法定通知义务的行为，违反了《公司法》关于“公司分立时，应当自作出分立决议之日起10日内通知债权人，并在30日内在报纸上至少公告三次”的规定。根据《民法通则》第44条第2款规定，化工集团分立，其债务应由变更后的法人化工公司和煤矿公司共同承担。但因银行未提出上诉，根据最高人民法院《关于民事经济审判方式改革问题的若干规定》第35条规定，二审对煤矿公司应承担的民事责任问题不予审查，判决冶金公司在承担300万元借款本息的担保责任后，有权向煤矿公司追偿。

厂和煤矿分别改制而成的化工公司和煤矿公司。2004年，银行起诉时始知分立事宜，于是追加煤矿公司为被告。一审认为煤矿公司所欠银行的700万元贷款已过诉讼时效，但冶金公司应承担300万元的担保债务未过诉讼时效，故判决冶金公司偿还银行借款300万元及利息。一审判决后，冶金公司上诉，银行及煤矿公司均未上诉。

实务要点： 二审应围绕当事人请求的范围进行，当事人没有提出请求的，除非一审判决违反法律禁止性规定、侵害社会公共利益或他人利益，否则不予审查。

案例索引： 最高人民法院判决“某银行与某煤矿等借款担保合同纠纷案”，见《贯彻意思自治的原则，当事人没有上诉的应视为其对权利的放弃，二审法院不再予以保护》（于松波，最高院民二庭），载《民商事审判指导·案例分析》（200502/8:205）；另见《在民事诉讼中应更多地贯彻当事人意思自治的原则，当事人没有上诉的应视为其对权利的放弃，二审法院不再予以保护——宁夏兴平冶金化工股份有限公司与中国工商银行平罗县支行、宁夏平罗大石头煤矿借款担保合同纠纷上诉案》（于松波，最高院民二庭），载《民商事审判指导·案例分析》（200501/7:182）。

2.1

200502/8:205

200501/7:182

2005

594 已申报债权的债权人，可诉请保证人承担清偿责任

——在担保人承担连带责任的案件中，债务人破产的，债权人有选择申报债权或向保证人主张权利或同时主张的权利。

标签： 保证 | 诉讼程序 | 保证责任主张 | 不良资产 | 破产 | 保证债权

案情简介： 1999年，陶瓷厂向银行的借款本息2800万元到期未偿。2003年，法院宣告陶瓷厂破产还债。在破产程序未终结前，受让该银行不良债权的资产公司起诉前述借款合同的保证人投资公司要求承担清偿责任。

法院认为： 根据最高人民法院《关于适用〈担保法〉若干问题的解释》第44条规定：“保证期间，人民法院受理债务人破产案件的，债权人既可以向人民法院申报债权，也可以向保证人主张权利。债权人申报债权后在破产程序中未受清偿的部分，保证人仍应承担保证责任。债权人要求保证人承担保证责任的，应当在破产程序终结后六个月内提出。”债权人资产公司在向法院申报了债权、参加了破产程序的同时，又另行起诉要求担保人投资公司承担担保责任并无不当。但因债务人陶瓷厂破产案件尚未终结，债权人在破产程序中能否受偿，以及受偿的数额还无法确定；担保人投资公司应当承担担保责任的范围也不能确定。故本案应当中止审理，待破产案件终结后再进行处理。

实务要点： 在担保人承担连带责任的案件中，为充分保护债权人合法权益，债务人破产的，应允许债权人有权选择申报债权或向保证人主张权利，或同时主张权利。但债权人申报了债权，参

2.1

200501/7:152

2005

加了破产程序，其向保证人主张的权利在一定期间内应当受到限制，不能在加入债务人破产程序的同时要求保证人承担保证责任，而只能在破产程序终结后6个月内提出。对债权人在债务人破产程序尚未终结前起诉担保人的案件，法院立案受理的，应中止案件审理，待破产案件程序终结后，视破产程序中债权人的受偿情况决定案件的处理结果，仅就债权人在破产程序中未受偿的部分作出判决。

案例索引： 最高人民法院判决“某资产公司与某投资公司借款担保合同纠纷案”，见《债务人被宣告破产而破产程序尚未终结、债权人在申报债权的同时又向担保人主张权利的，案件应当中止审理——鹤壁市经济发展建设投资公司与中国信达资产管理公司郑州办事处保证合同纠纷上诉案》（于松波，最高院民二庭），载《民商事审判指导·案例分析》（200501/7:152）。

595 本案当事人主张抵押权的方式，是否符合法律规定

——诉讼请求包括“在抵押物不足以清偿时”的保证责任，一审中又主张对抵押物优先受偿权，应视为主张了抵押权。

标签： 保证 | 诉讼程序 | 担保主体 | 抵押 | 合并审理 | 增加诉讼请求

案情简介： 2004年，线缆公司向银行抵押借款。2005年，银行起诉，诉讼请求中提出“在抵押物不足以清偿借款本息时”，判令各保证人承担保证责任，庭审中又再次请求对抵押物进行拍卖或变卖并主张优先受偿权。二审时，线缆公司提出银行增加抵押权的诉讼请求超出法定期限。

法院认为： 银行起诉书中提出的诉讼请求包括“在抵押物不足以清偿借款本息时”，判令各保证人承担保证责任，庭审中又再次请求对抵押物进行拍卖或变卖并主张优先受偿权。上述两次意思表示内容一致，即银行作为抵押权人请求法院依法支持其行使抵押权利。根据最高人民法院《关于适用〈民事诉讼法〉若干问题的意见》第156条规定，在案件受理后，法庭辩论结束前，原告增加诉讼请求，被告提出反诉，第三人提出与本案有关的诉讼请求，可以合并审理的，人民法院应当合并审理。可见，无论是将银行在庭审中的意思表示认定为对其诉讼请求的进一步明确，还是认定为新增加的诉讼请求，银行在原审期间提出行使抵押权利的主张都不违反法律的规定，不存在增加诉讼请求超出法定期限的情形。

2.6

v.2:324

2005

实务要点： 根据最高人民法院《关于适用〈民事诉讼法〉若干问题的意见》第156条规定，无论是将当事人在庭审中的意思表示认定为对其诉讼请求的进一步明确，还是认定为新增加的诉讼请求，当事人在原审期间提出行使抵押权利的主张都不违反法律规定，不存在增加诉讼请求超出法定期限的情形。

案例索引： 最高人民法院（2005）民二终字第224号“某银行与某线缆公司等借款合同纠纷案”，见《合同系附解除条件的合同的，解除条件成立时，债权人可以立即解除合同——河北宝丰线缆有限公司与中国建设银行股份有限公司沧州新华路支行及河北惠丰塑料制造有限公司、河北神力电工机械有限公司、河北振海铝业集团有限公司借款合同纠纷案》（审判长金剑锋，代理审判员陈百灵、杨征宇），载《最高人民法院商事审判指导案例·借款担保卷（上）》（2011:324）。

596 违法合并审理，不影响实体公正的，可不发回重审

——应经而未经各方当事人同意而合并审理的案件，鉴于案件实体审理并无不当，二审可对此案不再作发回重审处理。

标签：保证 | 诉讼程序 | 合并审理 | 借款合同 | 管辖 | 担保合同

3

案情简介： 1998年至1999年，武汉农行下属青山支行某分理处、武昌支行某分理处、办事处分别与商贸公司签订抵押借款合同，实业公司、经贸公司等分别提供保证担保。2002年，湖北农行下发通知，要求案涉三份债权由江城支行行使。2004年，江城支行一并起诉主张上述贷款本息，一审合并审理并判决支持。二审中实业公司提出本案不应合并审理。

法院认为： 借款合同分别约定了不同的内容和权利义务主体，属于三个不同的法律关系，所生纠纷原则上应分别予以受理。根据《民事诉讼法》关于“当事人一方或者双方为二人以上，其诉讼标的是共同的，或者诉讼标的是同一种类、人民法院认为可以合并审理并经当事人同意的，为共同诉讼”的规定，对于诉讼标的是同一种类、法院认为可将若干案件合并审理的，原则上应经合并各方当事人同意，否则不得合并审理。一审法院在未经当事人同意情况下，将三个案件合并审理不符合法律规定。但鉴于实业公司上诉并未主张二审法院将该案发回重审，且本案实体审理并无不当，根据《民事诉讼法》关于“原判决违反法定程序，可能影响案件正确判决的，裁定撤销原判决，发回原审人民法院重审”规定，本案不再发回重审。

实务要点： 对于诉讼标的是同一种类、法院认为可将若干案件合并审理的，原则上应经合并各方当事人同意，否则不得合并审理。但鉴于上诉人并未主张二审法院将该案发回重审，且案件实体审理并无不当，二审法院可对此案不再作发回重审处理。

2.6

v.2:378

2004

案例索引： 最高人民法院（2004）民二终字第202号“某银行与某实业公司等借款抵押合同纠纷案”，见《银行分支机构基于法人授权代行主张其他分支机构的债权，并未发生债权转让的法律事实，不属于最高额抵押担保的债权转让违反法律禁止性规定的情形——武汉黄鹤集团股份有限公司与中国农业银行武汉市江城支行、

武汉黄鹤大洲商城有限公司、武汉华中商城借款抵押合同纠纷案》（审判长吴庆宝，代理审判员宫邦友、刘敏），载《最高人民法院商事审判指导案例·借款担保卷（上）》（2011:378）。

597 二审中增加的独立的诉讼请求，不在法院审理范围

——当事人二审程序中增加独立的诉讼请求，法院可依当事人自愿原则进行调解，调解不成的，告知当事人另行起诉。

标签：保证 | 诉讼程序 | 借款合同 | 审理范围 | 企业改制

案情简介： 1996年，石油公司向银行贷款，市财政局提供连带责任保证。一审判决石油公司偿还银行贷款。二审中，银行提出，财政局系实际用款人、石油公司资产重组后的新公司应追加为第三人。

法院认为： 银行二审期间提出的关于财政局系实际用款人，应追加为第三人的主张，因其在一审期间未提出，应依法视为是其在二审程序中增加了独立的诉讼请求，对该增加的诉讼请求，依最高人民法院《关于适用〈民事诉讼法〉若干问题的意见》第184条关于“在二审程序中，原审原告增加独立的诉讼请求的，第二审人民法院可以根据当事人自愿的原则就新增加的诉讼请求进行调解，调解不成的，告知当事人另行起诉”之规定，可另行起诉解决。

实务要点： 当事人在二审程序中增加独立的诉讼请求，二审法院可根据当事人自愿的原则就新增加的诉讼请求进行调解，调解不成的，告知当事人另行起诉。

2.1

200301/3:436

2002

案例索引： 最高人民法院（2002）民二终字第87号“某资产公司与某石油公司等借款担保合同纠纷案”，见《中国信达资产管理公司郑州办事处与濮阳市石油公司等借款担保纠纷上诉案》（审判长姜伟，代理审判员陈百灵、王涛），载《民商审判指导与参考·裁判文书选登》（200301/3:436）。

598 保证人就保证合同效力抗辩，适用一事不再理原则

——保证人提起确认保证合同效力之诉并获生效判决后，在无新法律事实情况下，不得在另案中再就其效力提出抗辩。

标签：保证 | 诉讼程序 | 重复诉讼 | 一事不再理 | 抗辩理由

案情简介： 1995年，实业公司向银行贷款，信托公司提供连带责任保证。1998年，信托公司以恶意串通为由

法院认为： 本案审理应以生效判决认定的信托公司保证行为有效为前提。信托公司本案中提出的涉及合同效力的理由包括：主合同当事人恶意串通，骗取担保；主合同当事人在保证人信托公司不知情的情况下，协议以新贷偿还旧贷。这些理由只能在前述生效判决中提出并加以审理，即使这些理由系前述判决后新发现的事实据以证实的，也不能在本案

诉请确认保证担保条款无效。2000年，生效判决确认担保行为有效。随后，银行起诉实业公司偿还贷款，信托公司承担连带责任。二审中，信托公司提出：主合同当事人恶意串通，骗取担保；主合同当事人在保证人信托公司不知情的情况下，协议以新贷偿还旧贷，故应免除担保责任。

二审程序中审理并变更已经发生法律效力的终审判决事项，故对信托公司的上诉理由，法院不予审理。

实务要点： 法院就保证人主动提起的确认保证合同效力之诉作出生效判决认定，在无新的法律事实情况下，保证人在债权人提起的借款担保合同纠纷中，再就保证合同效力提出抗辩理由的，法院不予审理。

2.1

200202/2:388

2002

案例索引： 最高人民法院（2002）民二终字第95号“某银行与某糖业公司等借款担保合同纠纷案”，见《中国经济信托投资公司武汉证券营业部与武汉市商业银行民主路支行等借款担保纠纷上诉案》（审判长叶小青，审判员曹士兵，代理审判员钱晓晨），载《民商审判指导与参考·裁判文书选登》（200202/2:388）。

3

599 以裁定书解决实体问题，不属于严重违反法定程序

——法院对生效判决书中当事人一方应承担的保证责任性质以裁定方式补正，如未影响案件正确审理，不应再审改判。

标签： 保证 | 诉讼程序 | 法定程序 | 裁定补正 | 实体问题

案情简介： 1998年，海南高院就建材公司诉旅业公司、银行转让合同纠纷案作出再审判决，判令旅业公司支付股权转让款259万余美元，银行保证责任方式约定不明，应承担连带清偿责任。该判决作出后，又以裁定书方式，将“银行承担连带清偿责任”补正为“银行为旅业公司支付上述款项不足部分承担清偿责任”。

法院认为： 本案担保行为发生在《担保法》实施前，由于保证合同约定在旅业公司不能按期付清转让款时，银行将履行部分或全部付款责任，属于保证责任方式约定不明，依最高人民法院《关于审理经济合同纠纷案件有关保证的若干问题的规定》规定，银行应承担补充赔偿责任。海南高院据此裁定补正连带清偿责任为补充赔偿责任。因我国《民事诉讼法》规定民事裁定书适用范围只能是程序性问题或补正判决书的笔误，而当事人应承担何种保证责任方式涉及实体问题，该裁定用于解决实体问题，程序不当。因该程序瑕疵不属于我国《民事诉讼法》规定的应当再审的情形，故虽然违反法定程序，但并未影响案件正确判决，应予维持。

实务要点： 法院对生效判决书中当事人一方应承担的责任性质以裁定方式补正，属于以裁定解决实体问题，虽违反法定程序，但如未影响案件正确审理，不应再审改判。

2.3
200403/8:140
2000

案例索引： 最高人民法院（2000）经监字第353-1号“某银行与某建材公司等转让合同纠纷申请再审案”，见《中国银行海南省分行与香港建材国际有限公司、海南大进实业股份有限公司出资额转让合同纠纷申请再审案》（于金陵，最高院立案庭），载《立案工作指导·申诉与申请再审疑案评析》（200403/8:140）。

600 香港当事人在香港获胜诉判决后，仍可在内地起诉

——香港公司在香港胜诉并获得部分执行后以担保人在我国内地拥有财产为由，在内地另行起诉的，内地法院应受理。

标签： 保证 | 诉讼程序 | 管辖 | 重复诉讼 | 涉港澳台 | 执行 | 涉外执行

案情简介： 1998年，因置业公司欠具有放债许可证的财务公司贷款，香港法院裁决保证人实业公司对置业公司逾期贷款承担连带清偿责任。2000年，在获得部分执行后，就余下贷款，财务公司在内地向实业公司财产所在地法院以借款担保合同纠纷提起诉讼。

法院认为： 虽然本案纠纷曾在香港诉讼，但因目前内地与香港特别行政区之间尚无相互申请承认和执行对方法院判决的安排，且本案当事人在有关贷款协议及承诺书中并未选择管辖法院，故财务公司在其权益仍未得到有效保障情况下，向有可供执行财产地的内地法院起诉请求保护其合法权益，本案法院具有司法管辖权。因合同当事人约定适用香港法律，根据香港《放债人条例》规定及香港现行有关债之担保的法例，实业公司依约应对财务公司承担担保责任。

实务要点： 在大陆与香港之间建立司法文书相互承认与协助执行制度前，香港公司在香港胜诉并获得部分执行后以担保人在我国内地享有财产为由，在内地另行起诉的，内地法院享有管辖权。

3.1
200202/40:300
2000

案例索引： 广东广州中院2000年4月13日判决“某财务公司诉某置业公司等债务纠纷案”，见《美达多公司在香港胜诉并获执行后诉瑞昌公司等以在内地的财产清偿尚欠债务案》（汪秀兰、王天喜），载《人民法院案例选》（200202/40:300）。

I

刑民交叉

601 民间借贷不因涉嫌非法吸收公众存款罪影响其效力

——民间借贷涉嫌或构成非法吸收公众存款罪，当事人可能被追究刑事责任的，并不当然影响到民间借贷合同的效力。

标签：保证 | 刑民交叉 | 借款合同 | 非法吸收公众存款 | 民间借贷

3

案情简介：2008年，开发公司为陈某向吴某借款200万元提供连带责任保证。2009年，吴某诉请偿还。开发公司以陈某涉嫌非法吸收公众存款罪被公安机关立案侦查为由，主张本案应中止审理，如确定构成犯罪，其应免除担保责任。

1.1

2011:525

2010

法院认为：本案陈某涉嫌非法吸收公众存款罪，涉嫌犯罪的当事人单个借贷行为不构成犯罪，只有达到一定量后才发生质变，构成犯罪，即犯罪行为与合同行为不重合，故其民事行为应为有效。鉴于此，法院受理、审理可以"刑民并行"。同时合同效力的认定应尊重当事人的意思自治原则，只要订立合同时各方意思表示真实，又没有违反法律、行政法规的强制性规定，就应确认合同有效。最高人民法院《关于适用〈合同法〉若干问题的解释（二）》第14条对《合同法》第52条第5项规定的"强制性规定"解释为效力性强制性规定。本案陈某触犯刑律的犯罪行为，并不必然导致借款合同无效。因借款合同订立未违反法律、行政法规的效力性强制性规定，效力上采取从宽认定，是该司法解释的本意，亦可在最大程度上尊重当事人的意思自治，故判决陈某偿还吴某200万元，开发公司承担连带清偿责任。

实务要点：民间借贷涉嫌或构成非法吸收公众存款罪，合同一方当事人可能被追究刑事责任的，并不当然影响民间借贷合同及相对应的担保合同效力。如民间借贷案件审理并不必须以刑事案件审理结果为依据，则民间借贷纠纷案件无须中止审理。

案例索引：浙江湖州中院2010年8月2日判决"吴某与陈某等借贷、担保合同纠纷案"，见《吴国军诉陈晓富、王克祥及德清县中建房地产开发有限公司民间借贷、担保合同纠纷案》，载《最高人民法院公报·案例》（2011:525）。

602 负责人对外担保构成犯罪，不免除单位的民事责任

——单位直接主管人员以单位的名义对外签订担保协议或出具监管协议构成犯罪的，同时该单位依法应承担民事责任。

标签：保证 | 刑民交叉 | 证券 | 质押 | 法人行为 | 诈骗犯罪

案情简介：2002年，信托公司与开发公司签订《资金信托贷款合同》。同日，施某冒用刘某名义与信托公司签订《质押担保合同》，以刘某股票作为质押担保，并与证券公司就并不存在的刘某股票、资金账户签订共管协议。证券公司负责人沈某在信托公司向开发公司发放7000万元贷款后，向信托公司出具了质押登记证明并定期向信托公司出具虚假股票市值证明。2005年，信托公司发现受骗后报案，生效刑事裁定认定沈某及开发公司法定代表人构成诈骗罪共犯。2006年，信托公司诉请证券公司对开发公司贷款7000万元偿还承担连带责任。

法院认为：沈某作为原证券公司负责人，在质押人刘某并未在证券公司指定交易及开具资金账户情形下，于信托公司放款当日，出具质押登记证明，在开发公司借款期间及未按期归还贷款时，仍出具虚假的市值证明，致使信托公司相信开发公司有还款能力，从而使开发公司放款并数次展期。上述虚假证明，均系沈某以证券公司名义出具。沈某行为虽已被生效刑事裁定认定为犯罪，但按最高人民法院《关于在审理经济纠纷案件中涉及经济犯罪嫌疑若干问题的规定》第3条规定，单位直接主管人员以单位名义对外签订经济合同构成犯罪的，除追究行为人的刑事责任外，该单位对行为人签订、履行经济合同造成的后果，依法应承担民事责任。故沈某犯罪行为所产生的民事责任后果应由证券公司承担。证券公司作为质押资产监管人，并非担保人的协助人，其监管责任独立于债务人及担保人，故不应适用或参照适用《担保法》及相关司法解释规定来确定其所应承担的过错责任。信托公司作为专业性金融公司，在发放贷款时，仅凭沈某以证券公司名义出具的一纸证明就放弃了实质性审查，对质押人身份和质押物情况未进行必要的审核即发放贷款的行为，且在相关股票市值证明出现明显疑点时，亦未予以应当的注意和及时核实，具有明显过错，故信托公司对质押人和质押物疏于审核是造成贷款损失的重要原因，应承担贷款损失的主要责任，判决证券公司对开发公司不能清偿部分的40%承担补充赔偿责任。

2.8

2011:700

2007

实务要点：单位直接主管人员以单位名义对外签订担保协议或出具监管协议构成犯罪的，除追究行为人的刑事责任外，该单位对行为人签订、履行担保协议或出具监管协议造成的损失，依法应承担民事责任。

案例索引：最高人民法院（2007）民二监字第201号、上海高院再审“某证券公司与某开发公司等借款合同纠纷案”，见《按照过错责任原则，行为人、受害人对受害人的损失均存在过错，应根据行为人与受害人各自的过错程度，承担相应的民事责任——航天证券经纪有限责任公司等与上海爱建信托投资有限责任公司、上海

金行房地产开发实业有限公司借款合同纠纷案》（杨宁，上海高院），载《全国法院再审典型案例评注（下）》（2011:700）。

603 借款保证不因涉嫌非法吸收公众存款罪而影响效力

——民间借贷涉嫌犯罪，不影响民间借贷合同及相对应的担保合同效力，案件无须中止审理，司法实践中可刑民并行。

标签：保证 | 刑民交叉 | 非法吸收公众存款罪 | 效力性强制性规定

案情简介：2008年，王某为陈某向吴某借款200万元提供连带责任保证。2009年，吴某起诉时，王某以借款涉嫌非法吸收公众存款罪为由，要求中止审理、免除保证责任。

法院认为：合同效力的认定应尊重当事人的意思自治原则，只要订立合同时各方意思表示真实，又未违反法律、行政法规的强制性规定，就应确认合同有效。最高人民法院《关于正确适用〈合同法〉若干问题的解释（二）》第14条对《合同法》第52条第5项规定中的强制性规定解释为效力性强制性规定。本案陈某触犯刑律的犯罪行为，并不必然导致借款合同无效。因借款合同订立未违反法律、行政法规效力性强制性规定，效力上采取从宽认定，是该司法解释本意，亦可最大程度上尊重当事人的意思自治，故判决借款合同解除，陈某归还吴某借款200万元，王某承担连带清偿责任。

3

3.4

201022:79

2009

实务要点：根据法理和相关法律规定的精神，民间借贷涉嫌或构成非法吸收公众存款罪的，并不影响民间借贷合同以及相对应的担保合同效力，案件无须中止审理，司法实践中可刑民并行。

案例索引：浙江湖州中院（2009）浙湖商终字第276号"吴国君与陈晓富、王克祥、德清县中建房地产开发有限公司借款担保合同纠纷案"，见《构成非法吸收公众存款罪的民间借贷及其担保合同效力》（沈芳君），载《人民司法·案例》（201022:79）。

证据规则

604 对已修改格式条款有异议的，应提交原本予以反驳

——债权人提交证据证明保证期间格式条款已修改的，已协商变更格式条款不再视为格式条款，不适用不利解释规则。

标签：保证 | 证据规则 | 合同文本 | 诉讼时效 | 瑕疵合同 | 格式条款

案情简介：2004年，凌某为王某向信用社贷款10万元提供连带责任保证，借款期限至2005年5月，保证期间在打印好的"二年"基础上经手写改为"五年"，"本合同一式三份，借款人、保证人、贷款人各持一份"。同日，凌某又向信用社出具担保书载明保证期间"至贷款偿还为止"。2007年12月，信用社向凌某催告履行保证债务未果起诉。凌某以信用社擅自修改保证期间无效，其未收到合同原本无法比对为由主张免除保证责任。

法院认为：本案保证期间认定应以书面合同载明为准。凌某不能提供格式条款未予变更的合同原本，应认定合同订立时约定的保证期间系在原格式条款所载2年的基础上已变更为5年。凌某称信用社当时未交付合同给他留存，一则不符合合同签订习惯，二则无证据证明，三则即如其所述，亦系对自己权利的漠视和放弃，由此导致的不利法律后果应由其自己承担。凌某嗣后出具的担保书中保证期间虽约定不明，尽管可依最高人民法院《关于适用〈担保法〉若干问题的解释》第32条第2款规定，推定为2年，但在有其他明确约定情况下，则不必适用司法解释来进行推定。本案尚在主债权诉讼时效期间内，不宜以担保期间超过主债权法定诉讼时效期间为由否认5年的保证期间。故判决凌某承担保证责任。

实务要点：债权人提交保证期间格式条款已修改的，合同对方主张格式条款未修改的应负举证责任。已协商变更格式条款不应再视为格式条款，不适用格式条款不利解释规则。当事人在合同中明确约定了保证期间，又出具保证期间约定不明的担保书，应以合同约定为准。

案例索引：湖南娄底中院再审"某信用社与凌某借款保证合同纠纷案"，见《格式条款的内容在合同订立时被变更，该条款不应再视为格式条款——双峰县农村信用合作联社与凌建光金融借款保证合同纠纷案》（刘凯珊，湖南娄底中院），载《全国法院再审典

2.8

2011:365

2011

型案例评注（上）》（2011:365）。

605 另案中保证人对保证责任认可，视为诉讼时效中断

——保证人在另案诉讼中承认对债权人的保证责任并未解除，应视为其愿意承担担保责任，构成保证债务的时效中断。

标签：保证 | 证据规则 | 诉讼时效 | 另案中陈述

案情简介：1997年，电子公司向银行贷款238万美元，电子集团提供连带责任保证，保证期间至2002年11月12日。2003年9月，银行向电子集团主张保证债务。2004年10月，电子集团在另案中陈述，其对银行的保证责任并未解除。2005年8月，银行起诉主张债权。

法院认为：2004年10月，电子集团在另案起诉状中陈述其为电子公司238万美元贷款承担连带保证责任，应视为其愿意承担本案担保责任，该陈述是对本案所涉债务的承认和认可，故而构成诉讼时效中断，本案诉讼时效自该日起重新起算。

实务要点：保证期间内，保证人在另案诉讼中承认对债权人的保证责任并未解除，应视为其愿意承担担保责任，故而构成保证债务诉讼时效中断。

案例索引：最高人民法院判决“某银行与某电子公司等借款担保合同纠纷案”，见《保证期间和诉讼时效的认定以及同一抵押物上多个抵押权的实现——中国电子进出口总公司与中国农业银行股份有限公司昆明经济技术开发区支行、中电云南进出口公司借款合同纠纷再审案》（高燕竹，最高院民二庭），载《商事审判指导·商事审判案例分析》（201003/23:123）；另载《最高人民法院商事审判裁判规范与案例指导·案例指导》（2011:322）。

3

2.1

201003/23:123

2.7

2011:322

2010

606 证明犯罪行为不足的言辞笔录，可作民事证据使用

——刑事案件虽撤销，但并不因此得出合法讯问采集的证明犯罪行为不足的言词笔录，不得作为民事证据使用的结论。

标签：保证 | 证据规则 | 刑案笔录 | 证明标准

案情简介：1996年，投资公司、信用社为工贸公司向银行借款980万元提供连带保证责任。信用社嗣后以其出

法院认为：本案证人证言是以刑事侦查阶段的笔录形式出现，虽然公安机关因证据不足撤销了刑事侦查案件，卢某的行为不构成犯罪，但并不因此得出合法讯问采集的证明犯罪行为不足的言词笔录，不得作为民事证据使用的结论。证明犯罪行为存在，除了证据使用要比证明民事行为存在具有更高的盖然性以外，更主要的是行为是否达到了刑事法律

具的担保函系他人冒用其名义主张免除担保责任，并提供了投资公司、工贸公司法定代表人卢某以及其他被询问人在刑事侦查阶段的笔录证明银行取得信用社担保函属于恶意串通转嫁风险。卢某最终因证据不足未被认定构成犯罪。规范的假设条件。故不能证明犯罪行为存在的证据并非不能证明民事行为的存在，本案多人多份笔录相互印证描述的事实具有客观性。根据卢某等人的证言，银行未与信用社协商、未向信用社核保，以及贷款给工贸公司用于偿还投资公司的旧贷等事实证明，银行与工贸公司、投资公司的行为属于恶意串通转嫁风险的性质。从担保函制作过程和内容，可认定该担保函非信用社真实意思表示，故信用社不应承担担保责任。

2.6

v.5:285

2010

实务要点： 证人证言是以刑事侦查阶段的笔录形式出现，虽然公安机关因证据不足撤销了刑事侦查案件，犯罪嫌疑人行为不构成犯罪，但并不因此得出合法讯问采集的证明犯罪行为不足的言词笔录，不得作为民事证据使用的结论。

案例索引： 最高人民法院（2010）民提字第156号“恒丰银行股份有限公司与烟台银行股份有限公司烟台山支行、烟台开发区长城投资咨询公司、烟台市环海工商总公司借款保证合同纠纷案”，见《恶意串通转嫁风险的责任承担——恒丰银行股份有限公司与烟台银行股份有限公司烟台山支行等借款保证合同纠纷案》（审判长贾纬，代理审判员沙玲、周伦军），载《最高人民法院商事审判指导案例·第五卷（上）》（2011:285）。

607 在反复攻击防御中提出新证据，不受举证期限限制

——法院对当事人在证据交换后提出反驳并提出的新证据再次进行交换质证，不违反法律规定，亦不受举证期限限制。

标签： 保证 | 证据规则 | 新证据 | 攻击防御 | 举证期限 | 证据交换

案情简介： 2004年，实业公司为开发公司向银行贷款提供连带责任保证。2009年，因开发公司逾期未偿，银行起诉，并在举证期限提交了加盖实业公司印章的《担保人履行责任通知书》，以此证明其在保证期间内依法向担保人主张了权利。实业公司以通知书上加盖的印章系其已通过公安

法院认为： 银行与实业公司在双方反复攻击防御中提出新的证据，符合最高人民法院《关于民事诉讼证据的若干规定》第40条关于“当事人收到对方交换的证据后提出反驳并提出新证据的，人民法院应当通知当事人在指定的时间进行交换”规定。证据交换过程实际上包括了庭审中质证的部分功能，质证的主要内容是双方当事人对对方提出的证据进行质辩，即一方当事人对对方提出证据的有效性和真实性进行攻击，另一方则对对方的攻击进行防御。无论是在证据攻击还是证据防御中都涉及到新的用以攻击或者防御的证据的提出，这种新证据的提出恰恰是当事人在举证、进行证据交换以及质证中所必需的。法院对于当事人在证据交换后提出反驳并提出的新证据再次进行交换质证，并不

机关销毁的印章为由，向法院提交了公安局出具的印章销毁证明书等反驳证据，并提出对加盖印章进行鉴定的申请后，银行通过向法院提交公证书予以反驳。在实业公司提出上述公证书送达地址非其法定地址后，银行再次提交另外的公证书进行反驳。嗣后实业公司以法院采信超过举证期限的新证据为由，提起上诉。

违反法律规定。实业公司以银行在双方上述反复攻击防御中提出的新的证据超过举证期限为由，主张公证书系无效证据不能作为定案依据的理由，法院不予支持。

实务要点： 法院对于当事人在证据交换后提出反驳并提出的新证据再次进行交换质证，并不违反法律规定。一方以在双方反复攻击防御中提出的新的证据超过举证期限为由，主张新提交证据系无效证据不能作为定案依据的理由，不予支持。

2.6

v.7:590

3

2010

案例索引： 最高人民法院（2010）民二终字第62号“某银行与某实业公司等借款保证合同纠纷案”，见《保全送达行为公证的效力——大连实德集团有限公司与中国农业银行股份有限公司沈阳和平支行、沈阳宏元集团有限公司金融借款保证合同纠纷案》（审判长钱晓晨，审判员刘敏，代理审判员李京平），载《最高人民法院商事审判指导案例-7·公司与金融卷》（2012:590）。

608 企业财务报表对债权未予记载，不等于该债权虚假

——有其他证据佐证情况下，不能以相关债权人在其财务报表中对债权债务情况未予记载而作出否定其真实性的结论。

标签： 保证 | 证据规则 | 证据形式 | 债权真实性

案情简介： 2008年，贸易公司与钢铁公司签订《往来情况说明》，确认后者共欠前者8000万余元。随后，船务公司通过债权转让协议受让债权，实业公司为钢铁公司的偿还责任提供担保。嗣后，实业公司以其查询的贸易公司、船务公司年检报告及审计报告并无相关债权债务记载为由，主张债权虚假。

法院认为： 会计师事务所对企业财务状况进行审计并出具审计报告，虽是通过审计工作对相关企业是否遵照有关会计准则和会计制度编制了企业财务报告等情况进行审查确认，但其毕竟是以企业的财务报表为审查对象和基础，而企业报表虽应反映企业的全部资产和债权债务情况，但其并不足以作为确定企业对外债权债务关系的唯一依据；同样，企业的年检报告中所附的资产负债表亦系由企业编制申报、供工商行政管理机关审查备案的单方文件，不能单独作为确定企业对外关系的依据。本案中，实业公司所提交的贸易公司、船务公司的年检报告以及对贸易公司的审计报告中，虽对案涉债权均无记载，但因本案主债务双方经核对其间的业务往来，以书面形式共同确认上述债务，且作为债务人的钢铁公司承认上述欠款事实。据此，在原债权债务双方对债务的存在以及债务的金额均确认无误、原债权人亦提供了债权发生时的有关文件、单证予以佐证的情况下，不能以相关债权人在其财务报表中对债权债务情况未予记载而作出否定其真实性的结论。

2.6
v.5:304
2009

实务要点： 在原债权债务双方对债务的存在及债务金额均确认无误、原债权人亦提供了债权发生时的有关文件、单证予以佐证的情况下，不能以相关债权人在其财务报表中对债权债务情况未予记载而作出否定其真实性的结论。

案例索引： 最高人民法院（2009）民二终字第140号“某贸易公司与某实业公司等欠款及担保合同纠纷案”，见《法定代表人签订担保合同的效力——南京华新瑞实业有限公司与武汉瑞通船务疏浚工程有限公司、无锡华业钢铁有限公司、江苏海外集团海通国际贸易有限公司及南京市华新瑞实业有限公司泰州钢铁分公司欠款及担保合同纠纷案》（审判长周帆，代理审判员殷媛、杜军），载《最高人民法院商事审判指导案例·第五卷（上）》（2011:304）。

609 生效刑事判决对借款担保合同的定性，应有预决力

——生效刑事判决已认定借款担保合同系以合法形式掩盖非法目的犯罪行为，民事程序中，亦应依法认定该协议无效。

标签： 保证 | 证据规则 | 生效裁判 | 质押 | 刑民交叉

案情简介： 2003年，朱某借用汽车公司名义向银行贷款1.5亿元，并以在证券公司所购价值1.67亿元的记账式国债为质押，银行与证券公司签订了国债托管协议。生效刑事判决认定朱某、银行行长龚某、证券公司负责人钟某等人因操作贷款构成违法放贷罪被判处有期徒刑。2004年，银行就未追回的贷款损失7000万余元以借款担保合同纠纷诉请汽车公司、证券公司、朱某连带偿还。

法院认为： 基于银行与汽车公司之间签订的借款合同、权利质押合同，银行与证券公司之间签订的国债托管合同，证券公司向银行出具的承诺函，本案存在三个法律关系，即银行与汽车公司之间的借款、质押法律关系，银行与证券公司之间的借款担保法律关系及国债监管法律关系。经生效刑事判决认定，本案性质为以贷款合同为表现形式的违法放贷及贷款诈骗，系以合法形式掩盖非法目的犯罪行为。由此可认定，上述三个法律关系均是基于同一非法目的而形成，即违法放贷及贷款诈骗。故依《合同法》第52条规定，应认定银行与汽车公司之间签订的借款合同、权利质押合同，银行与证券公司之间签订的国债托管协议均无效。龚某作为银行原行长，以单位名义对外签约，公章真实，其行为系职务犯罪。对于龚某违法发放贷款所形成的损失，银行应承担相应民事责任。

实务要点： 生效刑事判决已认定当事人之间签订的借款合同、权利质押合同、国债托管协议属于以贷款合同为表现形式的违法放贷及贷款诈骗，系以合法形式掩盖非法目的犯罪行为。民事程序中，应依《合同法》第52条规定，认定上述协议均无效。

2.6

v.5:372

2009

案例索引： 最高人民法院（2009）民二终字第146号“某银行与某证券公司等借款担保合同纠纷案”，见《以国债出质的，质押合同亦国债登记管理机构办理质押登记为生效条件——中国银行股份有限公司武汉汉阳支行与长江证券股份有限公司、长江证券股份有限公司武汉友谊大道证券营业部、湖北元通汽车销售有限公司借款担保合同纠纷案》（审判长贾纬，代理审判员沙玲、周伦军），载《最高人民法院商事审判指导案例·第五卷（上）》（2011:372）。

610 法院生效法律文书证明力，一般高于其他书面证据

——法院针对破产程序所作生效法律文书、破产债权申报、破产审计报告等法律文件的证明力一般高于其他书面证据。

标签： 保证 | 证据规则 | 破产 | 破产债权 | 生效裁判询证函

3

案情简介： 1999年8月，实业公司为化工公司向银行贷款1.45亿元提供连带责任保证。2005年，化工公司偿还了9000万元，对于剩余5500万元，在银行主张债权时，实业公司提出该债务已擅自转移给化工集团，故应免除保证责任。为此，实业公司提供了银行、化工公司、化工集团之间签订的三方转让协议复印件，银行与会计师事务所之间的询证函，及化工公司连续8年的审计报告，化工集团收款收据及记账凭证、科目余额。银行提供了化工公司破产程序中破产债权申报、破产审计报告、法院生效裁定书主张未发生债务转移。

法院认为： 《合同法》第84条规定，债务人将合同义务全部或部分转移给第三人的，应当经债权人同意。本案实业公司仅提供了银行、化工公司、化工集团之间签订的三方转让协议复印件，银行对该复印件不予认可，故该复印件不具有证据效力。该笔贷款发放后，化工公司偿还了9000万元，且在化工公司破产债权申报、破产审计报告、法院生效裁定书等法律文件中，均对化工公司负有该笔债务下剩余的5500万元的事实予以确认。该系列证据所证明的事实，要强于实业公司所提交的银行与会计师事务所之间的询证函，及化工公司连续8年的审计报告所形成的证据证明的事实。实业公司提交的化工集团收款收据及记账凭证、科目余额等证据，亦仅能说明化工公司与化工集团之间可能发生的内部账务的事实，而不能证明该笔债务的转移，故本案不能证明案涉借款已转移给化工集团。

实务要点： 人民法院的生效法律文书、破产审计报告等法律文件的证明力一般高于其他书面证据。

2.7

2011:341

案例索引： 最高人民法院（2009）民二终字第4号“某信托公司与某实业公司保证合同纠纷案”，见《中诚信托有限责任公司与沧州大化集团有限责任公司保证合同纠纷案》（审判长付金联，代理审判员王涛、李相波），载《最高人民法院商事审判裁判规范与案例指导·裁判文书》（2011:341）；另见《借款人清偿部分贷款后又借入相同金额贷款，保证人在不知情的情况下作出为原债务展期承担担保责任的，不能认定是其真实的意思表示，不应承

2.6

v.2:716

2009

担保证责任》，载《最高人民法院商事审判指导案例·借款担保卷（下）》（2011:716）。

611 合同原件是确定借款担保关系的最原始和直接证据

——在一方应持有却未提供原件，又无其他证据推翻对方原件的情况下，应依对方出示的借款合同原件认定其真实性。

标签：保证 | 证据规则 | 担保主体 | 借款合同 | 合同文本 | 合同原件

案情简介：1992年，物资公司和贸易公司联营协议约定一方借贷，另一方担保，“物资公司贷款逾期未偿时，由贸易公司盘清库存以物抵债”。1993年，信用社于同一日分别与贸易公司和物资公司签订了贷款1000万元的借款合同，实业公司作为保证人。随后，信用社将1000万元贷款转入物资公司账户，物资公司将其中800万元汇给贸易公司购货，自用200万元购货使用。本案历经再审、重审、最高人民法院两次审理，焦点在于：贸易公司是否为借款人、保证人？

法院认为：依证据适用规则，原始证据、直接证据的证明力一般大于其他形式的证据。涉案借款担保合同是确定各方当事人权利义务的原始证据和直接证据，依合同自由原则，合同确定的内容应是各方当事人共同的真实意思表示，应对各方当事人有约束力。本案中，合同明确载明实业公司系保证方，实业公司已签章承诺对物资公司不能偿还的涉案到期债务承担担保责任。审理中，信用社提交了合同原件，其他当事人不能提供原件，在无其他令人信服的证据推翻原始证据、不能否定实业公司签章真实性的前提下，因借款合同的实际履行，应认定实业公司为物资公司与信用社借款合同的保证人，依约承担民事责任。

实务要点：在当事人应持有却未提供合同原件，又无其他令人信服的证据推翻原始证据或当事人签章真实性的情况下，应依借款合同原件认定借款合同的保证人，按合同约定承担民事责任。

2.4

200901/27:98

2009

案例索引：最高人民法院判决“某银行与某供销公司等借款担保合同纠纷案”，见《应依据合同原件确定借款合同的保证人——咸阳市商业银行与咸阳市渭城区乡镇企业供销公司、咸阳市渭城区经委物资供应公司、咸阳市金源物资总公司借款担保合同纠纷再审案》（马东旭，最高院审监庭），载《审判监督指导·案例评析》（200901/27:98）。

612 贷款数额涂改，保证人仅对认可金额承担保证责任

——贷款合同、贷款申请书等证据上贷款数额确有明显涂改痕迹，担保人对其认可承担保证责任以外的金额应予免责。

法院认为：《担保法》第24条规定：“债权人与债务人协议变更主合同的，应当

标签：保证 | 证据规则 | 主合同变更 | 举证责任 | 贷款数额涂改

案情简介：1996年，村委会为商场向银行贷款提供连带责任保证。商场到期未偿致诉。村委会提出借款担保合同上的借款数额225万元的大小写均有明显的添加涂改痕迹，其只认可25万元的保证金额。

取得保证人书面同意，未经保证人书面同意的，保证人不再承担保证责任。保证合同另有约定的，按照约定。”最高人民法院《关于适用〈担保法〉若干问题的解释》第30条规定：“保证期间，债权人许可债务人对主合同数量、价款、币种、利率等内容作了变动，未经保证人同意的，如果减轻债务人的债务的，保证人仍应当对变更后的合同承担保证责任；如果加重债务人的债务的，保证人对加重的部分不承担保证责任。”本案贷款数字的改动意味着贷款合同的实质变更。银行至今未能提供保证人对变更的贷款数额明知或认可的证据，故担保人对其确认担保数额以外的金额部分，应免除担保责任。

2.3

200804/19:84

2008

3

实务要点：贷款合同、贷款申请书等证据上贷款数额确有明显涂改痕迹，在债权人不能提供证据证明担保人对涂改后的贷款数额同意或认可的证据的情况下，担保人对其认可承担保证责任以外的金额应免除担保责任。

案例索引：最高人民法院裁定“某银行与某村委会等借款合同纠纷申请再审案”，见《借款担保合同金额被涂改以后的举证责任分配——杭州市江干区彭埠镇建华村村委会与杭州市联合农村合作银行、杭州建联副食品商场、黄志富借款合同纠纷申请再审案》（高榉，最高院立案庭），载《立案工作指导·申诉与申请再审疑案评析》（200804/19:84）。

613 银行不能凭合同中非合意的涂改添加部分主张权益

——债权人以借款担保合同中涂改、添加的部分主张权益的，应就该部分外观瑕疵系双方共同意思表示承担举证责任。

标签：保证 | 证据规则 | 借款合同 | 诉讼时效 | 涂改添加

案情简介：1998年12月，银行起诉设备厂，要求其偿还贷款190万元，同时要求村委会承担连带保证责任。银行提供的1996年3月签字的《借款申请》中“担保单位意见”，以及《保

法院认为：银行提供的《借款申请书》和《保证担保借款合同》中，关于保证期限均有明显涂改的痕迹，且未加盖校正章。因银行提供的证据材料外观形式存在缺陷，故不能单独作为认定该涂改、添加后的担保期限系各方当事人协商一致意思表示的依据。因银行以合同中涂改、添加内容主张权益，故其应对该涂改、添加系各方合意负举证责任，并应承担举证不能的不利后果。现主债务履行期满后6个月内，银行未要求村委会承担保证责任，因此，村委会的保证责任依法应被免除。

证担保借款合同》中，关于担保期限至“1998年12月31日”的数字，均有明显涂改的痕迹，且改动之处未有签章。村委会据此主张，其应承担的担保责任因超过保证诉讼时效应被免除。

实务要点： 债权人以借款担保合同中涂改、添加部分主张权益的，应就该部分外观瑕疵系双方共同意思表示进行举证，否则承担举证不能的不利后果。

案例索引： 最高人民法院（2005）民二提字第4号“某信用社与某设备厂等借款担保合同纠纷案”，见《持形式上有瑕疵的证据主张权益的当事人应承担继续举证责任——长沙市雨花区韶山路农村信用合作社与长沙市天心区新开铺街道办事处新天村民委员会、长沙轴瓦设备厂借款担保合同纠纷案》（姜华，最高院审监庭），载《审判监督指导·案例评析》（200804/26:186）。

2.4

200804/26:186

2005

614 无法核对原件的复印件，不能单独作认定事实依据

——一方持有无法与原件核对的复印件，对方不予认可其真实性的，该复印件依法不能单独作为认定案件事实的依据。

标签： 保证 | 证据规则 | 合同文本 | 复印件

案情简介： 1997年，铝业公司为金属公司向银行贷款提供连带责任保证，保证合同约定“合同一式三份，借、贷、保证人各持一份”。诉讼过程中，铝业公司以银行提供的保证合同上添加的借款目的为以贷还贷内容系银行单方擅自添加主张免责为由，同时提供了自己持有的复印件，该复印件上并无添加内容。

法院认为： 保证合同系填写式的格式合同，明确约定“合同一式三份，借、贷、保证人各持一份”，而铝业公司未按照合同约定持有该合同原件，其仅以合同复印件予以抗辩，不符合最高人民法院《关于民事诉讼证据的若干规定》第69条关于“无法与原件、原物核对的复印件、复制品不能单独作为认定案件事实的依据”的规定，故对其抗辩不予支持。铝业公司提供的鉴定结论及证人询问笔录不能证明以贷还贷的添加内容系银行单方擅自添加，依据最高人民法院《关于民事诉讼证据的若干规定》第70条第1款第1项“一方当事人提出的书证原件等，对方当事人提出异议但没有足以反驳的相反证据的，人民法院应当确认其证明力”之规定，应对银行提交的保证合同原件的真实性予以确认。判决铝业公司对金属公司债务承担连带清偿责任。

实务要点： 在合同明确各方当事人各执一份的情况下，当事人一方持有无法与原件核对的复印件进行抗辩，因该复印件依法不能单独作为认定案件事实的依据，故对其抗辩不予支持。

案例索引： 最高人民法院（2005）民二终字第77号“某银行与某金属公司等借款担保合同纠纷案”，见《无法与原件、

2.6

v.2:918

2005

原物核对的复印件、复制品以及无正当理由未出庭作证的证人证言不能单独作为认定案件事实的依据——河南省登封铝业有限公司与中国农业银行郑州市金水支行、河南省乡镇企业金属材料总公司、河南省索克实业有限公司借款担保合同纠纷及代位权纠纷案》（审判长付金联，审判员金剑锋，代理审判员李京平），载《最高人民法院商事审判指导案例·借款担保卷（下）》（2011:918）。

615 公安机关询问笔录属证人证言，亦需接受出庭质证

——刑事询问笔录在其他民事案件中属于证人证言，证人无正当理由亦需接受出庭质证，否则不能作为认定事实依据。

标签： 保证 | 证据规则 | 刑案笔录 | 证人证言 | 询问笔录 | 出庭质证

3

案情简介： 1997年，铝业公司为金属公司向银行贷款提供连带责任保证。诉讼过程中，铝业公司以银行提供的保证合同上添加的借款目的为以贷还贷内容系银行事后添加主张免责，同时提供了检察院、公安局对银行工作人员周某、尚某的询问笔录以佐证。

法院认为： 铝业公司提供的检察院、公安局对周某、尚某的询问笔录，不能证明案涉争议条款系银行单方擅自所为，且该询问笔录属于证人证言，缺乏其他有效的民事证据相佐证。依最高人民法院《关于民事诉讼证据的若干规定》第69条“无正当理由未出庭作证的证人证言不能单独作为认定案件事实的依据”规定，应不予采纳。换言之，铝业公司并未提供有效证据证明案涉争议条款系银行单方擅自所为，其提交的反驳证据材料不足以印证其对银行就案涉款项实施借新还旧并不知情这一法律事实。判决铝业公司对金属公司债务承担连带清偿责任。

2.6

v.2:918

2005

实务要点： 公安机关、检察机关作出的询问笔录在其他民事案件中属于证人证言，如缺乏其他有效的民事证据相佐证，或证人无正当理由未出庭作证，该证人证言不能单独作为认定案件事实的依据。

案例索引： 最高人民法院（2005）民二终字第77号“某银行与某金属公司等借款担保合同纠纷案”，见《无法与原件、原物核对的复印件、复制品以及无正当理由未出庭作证的证人证言不能单独作为认定案件事实的依据——河南省登封铝业有限公司与中国农业银行郑州市金水支行、河南省乡镇企业金属材料总公司、河南省索克实业有限公司借款担保合同纠纷及代位权纠纷案》（审判长付金联，审判员金剑锋，代理审判员李京平），载《最高人民法院商事审判指导案例·借款担保卷（下）》（2011:918）。

616 催收通知回执原件，可佐证担保合同复印件真实性

——即使债权人提交的担保合同为复印件，但因担保人在催款通知回执上加盖公章，足以证明担保人提供担保的事实。

标签：保证 | 证据规则 | 合同文本 | 企业改制 | 催收通知回执

法院认为： 银行提交的担保合同虽系复印件，但催收保证债务的通知回执载明的内容明确了借款合同的合同号、借款时间、借款金额，均与转贷合同一致。银行催促承担担保责任的意思表示明确，化肥公司否认曾为债务人提供担保，但又不能有效说明其盖章行为并非认可担保的行为，故该催款通知足以证明化肥公司提供担保的事实，从而证明本案担保合同的真实性。尽管化肥厂未为轮胎厂1989年的借款提供担保，但其为橡胶厂承接该笔债务提供担保的事实清楚，借款双方当事人并未将贷新还旧的事实对化肥厂隐瞒，应认定担保合同有效，化肥公司应承担担保责任。至于案涉两次债务转移，均系行政部门对借款企业改制的结果，并非债权人的主动行为，且改制未造成主债务人的财产减少或灭失，并不影响化肥公司应对本案承担担保责任。化肥公司认为债务转移未通知担保人而免责的理由不能成立。

案情简介： 1998年，橡胶厂以承担债务式兼并轮胎厂，轮胎厂1989年所借银行贷款由橡胶厂承担，化肥厂为橡胶厂该债务偿还向银行提供连带责任保证。1999年，化肥厂改制为化肥公司。2004年，银行诉请化肥公司承担连带责任，并提供了担保合同复印件和2002年加盖化肥公司公章的保证债务催收通知回执。

2.6

v.2:950

2004

实务要点： 担保人在催款通知回执上盖章足以证明担保人提供担保的事实，即使债权人提交的担保合同为复印件。

案例索引： 最高人民法院（2004）民二终字第231号“某银行与某化肥公司等借款担保合同纠纷案”，见《担保人在催款通知回执上盖章足以证明担保人提供担保的事实，即使债权人提交的担保合同为复印件——新疆新化化肥有限责任公司与中国建设银行新疆维吾尔自治区分行营业部、新疆昆仑股份有限公司借款及担保合同纠纷案》（审判长徐瑞柏，审判员王洪光，代理审判员雷继平），载《最高人民法院商事审判指导案例·借款担保卷（下）》（2011:950）。

617 银行职员在办公场所提供虚假保函应承担赔偿责任

——银行职工私刻单位公章在银行办公场所以银行名义进行担保，行为人构成犯罪的，银行仍应承担相应的民事责任。

标签：保证 | 刑民交叉 | 虚假保函

法院认为： 案涉保函虽经鉴定系伪造，但油厂工作人员在交付定金前，曾到当时任银行副行长甘某的办公室向其核实，并在银行拿到盖有银行公

案情简介：1997年，油厂与实业公司签订购销合同后，依约定在银行副行长甘某办公室取得加盖银行公章及行长私章的保函。后经鉴定，该保函系银行职员甘某、邓某长期利用银行办公场所为他人提供虚假保函骗取债权人信任，甘某、邓某在1999年分别因受贿、金融凭证诈骗罪被判处有期徒刑3年、死缓。对于油厂支付未收回的310万元定金损失，油厂诉请银行双倍赔偿。

章和行长私章的保函，故油厂已尽到自己应尽的注意义务。且银行是否出具保函是油厂交付定金的前提，油厂之所以相信保函真实性并将汇票交付给实业公司，系基于在银行办公地点拿到了保函和对国有商业银行的信任，故油厂无过错。甘某、邓某系银行工作人员，且多次利用银行名义，在营业场所长期实施诈骗犯罪活动并屡屡得逞，说明银行存在对其工作人员监督不力，对其工作场所管理不严问题，存在过错。根据《担保法》第5条第2款规定，有过错的担保人对无效担保应承担应相应民事责任，同时根据最高人民法院《关于在审理经济纠纷案件中涉及经济犯罪嫌疑若干问题的规定》第5条第2款规定，行为人私刻单位公章签订合同进行犯罪行为，有明显过错的单位应对受害人相关经济损失承担赔偿责任。因承担定金罚则责任只及于收取定金的当事人，故银行对油厂的赔偿责任应限于未收回的定金损失310万元及利息范围内。

2.4

3

200502/18:159

2003

实务要点：银行职工私刻单位公章在银行办公场所以银行名义进行担保，担保合同无效，行为人构成犯罪的，银行仍应承担相应的民事赔偿责任。

案例索引：最高人民法院（2003）民二提字第3号“某银行与某经贸公司等担保合同纠纷案”，见《中国工商银行广西壮族自治区武鸣县支行与安徽省蚌埠市城南油厂、南宁市汇霆经贸有限责任公司购销进口毛豆油担保合同纠纷提审案》（审判长何抒，代理审判员孙基刚、陈佳），载《审判监督指导·裁判文书》（200502/18:159）。

618 债务人篡改保证数额，不能对抗善意无过失债权人

——债务人单方篡改保证数额，仅是保证人出具担保的原因瑕疵，保证人不具备法定免责条件，其保证责任不能免除。

标签：保证 | 证据规则 | 刑民冲突 | 原因瑕疵 | 善意无过失

案情简介：1996年，实业公司经理王某将与保险公司签订的保证合同上的“伍”字篡改为“伍佰”字，将5万元保证数额改为500万元保证金额，

法院认为：根据有关规定，王某被追究刑事责任，并不能免除保险公司依保证合同对银行所应承担的保证责任。王某篡改保证合同保证数额，虽违背了保证人真实意思表示，但债权人银行对于王某上述行为并不知晓，且在银行签订借款合同时，该保证合同上保证人签字盖章真实齐全。合同签订后，银行又前去核保，后按借款合同数额发放了贷款，已尽审查义务，债权人银行于本案中并无过错，不符合《担保法》第30

同时在保险公司盖章签字的两份空白保证合同上补填上保证金额500万元。随后，实业公司据此向银行贷款，银行核保后发放贷款400万元。因实业公司逾期未偿被诉，王某在刑事立案后潜逃。保险公司以实业公司篡改保证金额主张免责。

条有关主合同双方当事人串通、欺骗保证人提供保证等情形。至于债务人欺骗保证人出具担保，仅是保证人保险公司出具担保的原因上有瑕疵，由于保证合同系产生于债权人银行与保证人保险公司之间的合同，这种瑕疵并不能对抗善意且无过错的债权人，不影响保证合同效力。故本案保险公司应承担保证责任。

实务要点： 债务人单方篡改保证合同保证数额，仅是保证人出具担保的原因上有瑕疵，其不能对抗善意且无过失的债权人，保证人不具备法律规定的免责条件，其保证责任不能免除。

2.4

200101/1:204

2001

案例索引： 山东高院再审“某银行与某实业公司等借款担保合同纠纷案”，见《潍坊市商业银行与中国太平洋保险公司潍坊分公司、潍坊市盛佥实业总公司、潍坊金冠实业总公司借款担保合同纠纷申请再审案——债务人单方篡改保证数额，保证人仍应承担保证责任》（黄建中，山东高院审监庭），载《审判监督指导与研究·案例评析》（200101/1:204）。

619 券商对监管资金去向举证不能，应负侵权赔偿责任

——委托理财受托人违约责任无法证明情况下，证券公司作为监管人应对监管资金去向承担举证及侵权损害赔偿责任。

标签： 保证 | 证据规则 | 监管义务 | 证券 | 账户监管 | 委托理财 | 侵权责任

案情简介： 2000年，交流中心与叶某、证券公司签订投资管理协议，约定交流中心将200万元委托叶某进行托管经营，并约定了固定年收益率，同时约定证券公司对叶某、交流中心设立的共管账户进行监管，还约定了20%的违约责任。嗣后因该账户内资金去向不明致诉。

法院认为： 案涉投资管理协议约定交流中心将其自有资产200万元委托叶某全权进行托管经营，证券公司对上述二者之间的责权行使和履行进行监管，由此应认定该投资管理协议具有委托合同性质，该协议系当事人真实意思表示，且未违反我国法律、行政法规的强制性规定，应认定有效。本案委托理财合同保底条款无效并不导致委托监管合同的整体无效，交流中心仍可依三方协议要求证券公司承担监管责任。由于证券公司对其监管下托管账户中的委托资产的实际去向举证不能，无法证明其如实履行了监管义务，同时证券公司存在挪用委托资产或违规划转委托资产的嫌疑，对此应承担返还资产的侵权损害赔偿责任，判决证券公司返还交流中心200万元并支付违约金40万元。

实务要点： 委托理财合同约定的保底条款无效并不导致监管协议整体无效。在受托人违约责任无法证明情况下，证券公司

3.3

2007商:160

2006

作为监管人无法证明自己如实履行了监管义务，对监管资金去向举证不能，应承担返还监管资产的侵权损害赔偿责任。

案例索引： 北京一中院（2006）一中民终字第13869号“某交流中心与某证券公司等委托合同纠纷案”，见《中日青年交流中心诉长江证券有限责任公司北京展览路证券营业部等委托合同案（委托理财责任）》（王晴），载《中国审判案例要览》（2007商事:160）。

3

图书在版编目（CIP）数据

中国商事诉讼裁判规则．3，担保卷 / 蒋勇，陈枝辉主编．-- 北京：法律出版社，2016.1
ISBN 978-7-5118-9059-7

Ⅰ．①中… Ⅱ．①蒋… ②陈… Ⅲ．①商法 – 民事诉讼 – 审判 – 中国 ②担保法 – 民事诉讼 – 审判 – 中国 Ⅳ．① D923.99

中国版本图书馆 CIP 数据核字（2016）第 014849 号

责任编辑 / 孙慧　　书籍设计 / 刘晓翔工作室　李瞻

出版：法律出版社
总发行：中国法律图书有限公司　　经销：新华书店
印刷：固安华明印业有限公司　　责任印制：沙磊

开本：880 毫米 ×1230 毫米 1/16　　印张：40.5　　字数：1043 千
版本：2016 年 5 月第 1 版　　印次：2016 年 5 月第 1 次印刷

法律出版社：北京市丰台区莲花池西里 7 号（100073）
电子邮件：info@lawpress.com.cn　销售热线：010-63939792/9779
网址：www.lawpress.com.cn　咨询电话：010-63939796　无讼热线：4000105353

中国法律图书有限公司　　北京市丰台区莲花池西里 7 号（100073）
全国各地中法图分、子公司电话：
第一法律书店：010-63939781/9782　西安分公司：029-85388843
上海公司：021-62071010/1636　北京分公司：010-62534456
深圳公司：0755-83072995　重庆公司：023-65382816/2908

书号：ISBN 978-7-5118-9059-7　　定价：112.00 元
（如有缺页或倒装，中国法律图书有限公司负责退换）